Herbert Schneider / Reinhard Wiesend (Hg.)
Die Oper im 18. Jahrhundert

Handbuch der musikalischen Gattungen

Herausgegeben von Siegfried Mauser

Band 12

Herbert Schneider / Reinhard Wiesend (Hg.)

Die Oper im 18. Jahrhundert

Unter Mitarbeit von

Daniel Brandenburg, Michele Calella, Arnold Jacobshagen,
Francesca Menchelli-Buttini, Herbert Schneider, Reinhard Strohm
und Reinhard Wiesend

Mit
31 Notenbeispielen
und 67 Abbildungen

Laaber

Die deutsche Bibliothek – CIP-Einheitsaufnahme

Handbuch der musikalischen Gattungen /
hg. von Siegfried Mauser. – Laaber: Laaber-Verl.
ISBN 3–89007–124–4
NE: Siegfried Mauser [Hg.]

Bd. 12. Die Oper im 18. Jahrhundert. – 2001

Die Oper im 18. Jahrhundert /
Herbert Schneider ; Reinhard Wiesend (Hg.). –
Laaber : Laaber-Verl. 2001
(Handbuch der musikalischen Gattungen ; Bd. 12)
ISBN 3–89007–135–X

© 2001 by Laaber-Verlag, Laaber
Alle Rechte vorbehalten
Printed in Germany / Imprimé en Allemagne
ISBN 3–89007–124–4 (Gesamtwerk)
ISBN 3–89007–135–X
Layout: Emmerig DTP, Lappersdorf
Druck und buchbinderische Verarbeitung: Offizin Andersen Nexö, Leipzig
Umschlagbild: Hauptszene der Oper *Teofane* von Antonio Lotti,
Dresden 1719 (Dresden, Kupferstichkabinett)

INHALTSVERZEICHNIS

EINLEITUNG 9

KAPITEL I:
DIE ITALIENISCHE OPER IM 18. JAHRHUNDERT: HINFÜHRUNG 15

    Literaturhinweise 21

KAPITEL II:
DIE WELT DER OPERA SERIA 23

    Die Opera seria Metastasios 23
        Zu Metastasios Anschauungen vom Theater 23
        Zum Konflikt und zum Begriff von Anfang und Ende 25
        Die Librettoformen und ihr Verhältnis zur Musik 29
    Händels Opern im europäischen Zusammenhang 37
        Voraussetzungen 37
        Chronologischer Überblick 37
        Stil und Kunstcharakter 39
    Die Opera seria im späten 18. Jahrhundert 45
        Der Komponist als Dramatiker 46
        Alte und neue Motive 49
        Die neue Dramaturgie 51
    Literaturhinweise 58

KAPITEL III:
REFORMEN UND ALTERNATIVEN 63

    Kleinere szenische Gattungen (›componimenti drammatici‹) 63
    Opernkritik und Opern-»Reform« 74
    Dramma eroicomico, Opera buffa und Opera semiseria 84
    Literaturhinweise 93

KAPITEL IV:
DIE KOMISCHE ITALIENISCHE OPER 97

    Die frühe Commedia per musica (1700–1740) 97
        La Cilla von 1706 99
        Von *Patrò Calienno de la costa* zu *Li zite 'ngalera* und *Amor vuol
        sofferenza*: Die Verselbständigung der Musikkomödie 101

Das frühe Intermezzo (1700–1740) 106
    Text, Dramaturgie, szenische Darstellung und Musik 109
    Etappen der späteren Gattungsgeschichte: Sarro, Hasse und Pergolesi ... 112
Das komische Musiktheater Carlo Goldonis 115
    Goldoni als Librettist von Intermezzi 116
    Die Libretti der komischen Mehrakter 117
    Goldonis Libretti und ihre Vertonung: Galuppi und Piccinni 122
Die Opera buffa im späteren 18. Jahrhundert (1760–1800) 130
    Giovanni Paisiello: Von *L'idolo cinese* zu *Il barbiere di Siviglia* und
    Nina o sia la pazza per amore 133
    Domenico Cimarosa: Mit *Il matrimonio segreto* auf dem Weg zu Rossini 141
Literaturhinweise 143

KAPITEL V:
TRAGÉDIE LYRIQUE 147

Allgemeine Gesichtspunkte 147
Die Tragédie en musique nach Lully.. 155
Rameaus Tragédies 168
Die Epoche zwischen Rameau und Gluck 181
Glucks Pariser Opern 182
Die Tragédie lyrique zwischen Gluck und der Revolution 202
Die Oper während der Revolution 213
Literaturhinweise 218

KAPITEL VI:
OPÉRA-BALLET, BALLET HÉROÏQUE, COMÉDIE LYRIQUE UND ANDERE GATTUNGEN 221

Literaturhinweise 237

KAPITEL VII:
OPÉRA-COMIQUE 239

Die Opéra-comique von den Anfängen bis zum Buffonistenstreit 239
Die Übergangszeit zum Drame lyrique 255
Drame lyrique und Opéra-comique. »Un spectacle qui favorise
le caractère de la nation« 263
Zur musikalischen Entwicklung der Opéra-comique 269
Die Opéra-comique während der Revolution 289
Literaturhinweise 298

Kapitel VIII:
Das Singspiel vor Mozart 301

    Zur Terminologie 301
    Zur Theorie des ›Singspiels‹ 302
    Zur Entwicklung im 18. Jahrhundert 304
    Literaturhinweise 321

Kapitel IX:
Mozart und die Operngattungen 323

    Literaturhinweise 333

Anhang 335

    Namenregister 337
    Sachregister 347

Einleitung

Der optimistische Titel *Die Oper im 18. Jahrhundert* sollte nicht über das besondere Wagnis des vorliegenden Bandes hinwegtäuschen. Denn infolge einer in der Kulturgeschichte in diesem Ausmaß selten anzutreffenden Werte- und Akzeptanzverschiebung muß sich der moderne Betrachter stets aufs Neue die besondere und grandiose Rolle der Gattung Oper im 18. Jahrhundert ins Gedächtnis zurückrufen: Bereits am Beginn des Jahrhunderts war sie als gesellschaftliche und kulturelle Größe längst selbstverständlich und etabliert, erlebte in der Folgezeit einen gewaltigen Aufschwung, kam zu einer Verbreitung selbst bis an die Ränder Europas und wurde mithin zu einem zentralen kulturellen Ereignis; auch konnten der Gattung die teilweise heftigen Diskussionen und Fehden um ihre Berechtigung und wahre Gestalt nie ernsthaft zur Gefahr werden. Trotz – und wahrscheinlich auch infolge – intensiver Forschungsanstrengungen verfestigt sich demgegenüber die Einsicht, daß die Kenntnis der Oper des 18. Jahrhunderts angesichts einer damals schier unübersehbaren Opernpflege noch vergleichsweise gering ist: Viele äußere Daten sind bisher nur ungenügend bekannt, und ebenso sind die Grundlinien der räumlich, institutionell und in ihren Erscheinungsformen vielfach differenzierten Gattungsgeschichte erst in Ansätzen herausgearbeitet.

Nur mühsam gelingt es dabei, den verengten modernen Erfahrungshorizont wieder zu weiten. Das betrifft zunächst die gesellschaftliche Einbindung der Oper, denn obwohl sie als Unternehmen immer wieder auch Personen oder Institutionen aus bürgerlichen Kreisen anvertraut worden ist, war sie vor allem auch ein wichtiger Teil des höfischen Lebens und bildete etwa bei Hochzeiten oder im Karneval den Höhepunkt des Hoffestes. Ansätze zu einem bürgerlichen Opernbetrieb, die nicht von vornherein lokal bedingt waren (wie z. B. in Venedig oder in London) spielten demgegenüber eine untergeordnete Rolle. Wie groß aber auch sonst die Distanz der Moderne zur kulturellen Situation des 18. Jahrhunderts ist – in dem immer noch die Vokalmusik dominierte – und welchen Stellenwert in ihm die Oper einnehmen konnte, wird allein schon aus der schieren Quantität der aufgeführten Werke anschaulich, denn für das 18. Jahrhundert ist von einer deutlich fünfstelligen Zahl auszugehen. Der Erinnerung wert ist etwa auch der Sachverhalt, daß in Venedig allein zwischen 1760 und 1780 rund 300 Produktionen von (überwiegend neuen) Opern erfolgt sind, oder – um andere willkürlich gewählte Beispiele herauszugreifen –, daß Jean-Philippe Rameau rund 30 wichtige Werke für das Musiktheater komponiert hat, daß die Position des kaiserlichen Hofdichters über ein halbes Jahrhundert von einer Persönlichkeit eingenommen worden ist, die vor allem als Librettist wirkte (Pietro Metastasio), daß selbst Voltaire und Goethe selbstverständlich Libretti angefertigt haben, oder daß (außerhalb Frankreichs) ein verbreitetes Stimmklangideal das des Kastraten war, dem als ›Primo uomo‹ in der Regel das besondere Augenmerk von Komponist und Publikum galt.

Ins Repertoire der modernen Opernhäuser sind nur wenige Werke des 18. Jahrhunderts gelangt, weit mehr ist allerdings in Einspielungen verfügbar. Auf den Bühnen erscheinen vorzugsweise (ausgewählte) Werke von Händel, Gluck und Mozart, deren Pflege sich selbstverständlich auch dem Vorhandensein von Gesamtausgaben verdankt und die andererseits die gängige Erfahrung mit der Gattung insgesamt weitgehend geprägt haben, auch dadurch, daß sie als prototypisch für den italienischen, französischen oder deutschen Gattungsbereich angesehen werden konnten. In den letzten Jahrzehnten sind zunehmend auch andere Werke wiederaufgeführt worden[1], die zwar das Bild entscheidend erweitert haben, ohne allerdings in den meisten Fällen im Opernbetrieb eine tiefere Spur als die der dankbar aufgenommenen Alternative zu hinterlassen. Einer echten Wiedergewinnung für das Repertoire dürften dabei weniger traditionelle Erwartungshaltungen an Musik des 18. Jahrhunderts entgegenstehen als vielmehr der fundamentale Wandel der gesellschaftlichen Voraussetzungen, der damit verbundene Wandel im Bereich der Sujets, die Schwierigkeiten der Rekonstruktion und angemessenen Realisierung der historischen Aufführungspraxis usw.

Oper wird heute gern als Kunstform rezipiert, die sich vor allem musikalisch definiert; dies ist aus den Erfahrungen der späteren Operngeschichte ebenso verständlich, wie es durch den Wegfall der Voraussetzungen der ursprünglichen gesellschaftlichen Funktion und Einbettung nahegelegt wird. Im 18. Jahrhundert spielten hingegen das Sujet und seine Formung im Libretto eine wesentlich gewichtigere Rolle; nicht zufällig wird in der Mitte des Jahrhunderts ein Librettist, Pietro Metastasio, zur zentralen Figur der italienischen Oper, was in der Operngeschichte wohl eine einmalige Konstellation darstellt. Textdichtung und Vertonung werden durch die Quellentypen Libretto und Partitur überliefert, denen naturgemäß die besondere Aufmerksamkeit der Opernforschung gilt. Freilich ist zu bedenken, daß das Modell eines Werks, das in erster Linie durch die Partitur und in zweiter durch das Libretto definiert und vor allem genau umrissen ist, in der Oper des 18. Jahrhunderts nur bedingt gültig ist. Gerade bei einer gattungstypologischen Betrachtung der Oper ist vielmehr zu berücksichtigen, daß Komponenten der Ausführung eine stärkere konstitutive Bedeutung aufweisen können als in späterer Zeit. Dies gilt für den Bereich der Vokalität, bei der in der Regel das Einbringen individueller Fähigkeiten und des persönlichen Geschmacks nicht nur geduldet, vielmehr vom jeweils ausführenden Sänger vorausgesetzt werden worden ist. Dies gilt vor allem aber auch für den ganzen Bereich des Szenisch-Visuellen, dessen Rekonstruktion, so nötig sie wäre, in der Regel kaum mehr möglich ist. (Die lange Zeit insbesondere in Deutschland fehlende Forschung auf dem Gebiet des Bühnenbilds und des Kostüms ist einer der Gründe für diese Situation, die sich durch Arbeiten, die in Frankreich und Italien entstanden sind, inzwischen allerdings zunehmend verbessert.) Sicherlich ein Extrem, aber keine prinzipielle Ausnahme stellt in diesem Zusammenhang etwa die Aufführung des *Ezio* 1755 in Dresden dar. Wie wenig der Blick in das Libretto (eine Metastasio-Adaption) und in die Partitur (die Musik ist von Johann Adolf Hasse) genügt, um ein adäquates Bild vom Total der künstlerischen Wirklichkeit zu erhalten, wird durch Heranziehung weiterer Zeugnisse deutlich: Höhepunkt der Aufführung waren ein dreiviertelstündiges Schlußballett sowie, gleich zu Anfang, ein halbstündiger Triumphzug des Ezio, mit mehreren Hundert Statisten und vielen Tieren.[2] Die Primärquellen Partitur und Libretto enthalten die genannten Teile (deren Musik wohl von Johann Adam, einem Mitglied der Dresdner Hofkapelle, stammte) nicht. Die revuehafte szenische Komponente, die eine ungewöhnliche Attraktion der Aufführung war, kann vom ›Dramma‹ und seinen Quellen aus gesehen also nur als Einschub in das Eigentliche des Werks gesehen werden, das vom Belcanto der Hasseschen Arien geprägt ist.

Die Operngeschichte des 18. Jahrhunderts spielt sich im wesentlichen im Spannungsgefüge von italienischer und französischer Gattungsausformung ab, andere nationalsprachliche Entwicklungstendenzen nehmen von hier ihren Ausgang, wie z. B. das deutsche Singspiel, das sich vor allem an die Opéra comique anlehnt. Trotz Vermischungen und Grenzfällen bleibt in beiden genannten Bereichen die Scheidung von repräsentativ-heroischer Operngattung und Formen des komischen Musikthea-

---

1 Vgl. etwa die Aufstellung bei C. Deshoulières, *L'Opéra baroque et la scène moderne. Essai de synthèse dramaturgique*, Paris 2000, S. 847–895.
2 Vgl. *Friedrich der Große und Wilhelmine von Baireuth, Bd. II: Briefe der Königszeit 1740–1758*, hg. v. G. B. Volz, Berlin und Leipzig 1926, S. 287f.

ters grundsätzlich aufrecht erhalten (wozu im französischen Bereich die typischen Gattungserweiterungen durch Einbeziehung auch des Balletts kamen). Abgesehen von dieser Gemeinsamkeit beschreiten italienische und französische Oper im 18. Jahrhundert deutlich getrennte Wege, wenngleich sich diese mehrfach gekreuzt haben. So gingen im zentralistisch verwalteten Frankreich die entscheidenden Impulse vor allem von Paris aus, wobei die Wirkung zunächst wesentlich auf Frankreich beschränkt blieb, bevor sich ab der Jahrhundertmitte vor allem durch den Export der Opéra comique, aber auch in Hinsicht auf Reformansätze eine nachhaltige Wirkung auch im Ausland einstellte. Demgegenüber konnten sich in dem in Kleinstaaten zergliederten Italien Opernzentren etablieren, und zwar aufgrund der Voraussetzungen von Produktion und Nachfrage, und von diesen Zentren gingen dann in der Regel auch kräftige Impulse für die Distribution der Werke aus. Daß zum Beispiel in den 1730er Jahren Rom und im folgenden Jahrzehnt Venedig zur maßgeblichen Drehscheibe für die weitere, auch internationale Verbreitung der aus Neapel kommenden frühen Opera buffa wurde, ist das Kennzeichen eines Marktes, dem jede obrigkeitliche Regulierung fremd ist.

Der wichtigste Berührungspunkt zwischen italienischer und französischer Oper dürfte das um die Jahrhundertmitte deutlich zunehmende Interesse an der komischen Gattung sein, das in Frankreich durch das Erlebnis der Aufführung von Pergolesis Intermezzo *La serva padrona* (Paris 1752) und durch die von ihr ausgelöste Querelle des bouffons eine neue Orientierung erhielt. In allen anderen Bereichen triften italienische und französische Oper eher auseinander. Denn während in Frankreich die heroische Opernform der Tragédie lyrique sich stets an der großen französischen Sprechtheatertradition des 17. Jahrhunderts messen lassen mußte und in der sensibel differenzierten Deklamationsrhythmik wiederum einen Reflex auf diese aufweist, ist in Italien durch das Fehlen einer vergleichsweise gewichtigen Sprechtheatertradition die Oper die eigentliche und beherrschende Form des Theaters (wenngleich die das Jahrhundert durchziehenden Reformtendenzen immer wieder eine Orientierung auch am französischen Theater suchten). Nicht zufällig also konnte die italienische Opera seria den Gesang, den Belcanto zu ihrem zentralen Kriterium machen, was zu einer idealen Voraussetzung für die internationale Verbreitung, um nicht zu sagen für die Überflutung des Kontinents mit dieser Gattung werden sollte. Die Faszination des Belcanto führte letztlich auch dazu, daß Opern in italienischer Sprache selbst an europäischen Residenzen, die nach Sprache, Kultur und Zeremoniell nach Frankreich orientiert waren, selbstverständlich und regelmäßig zur Aufführung kamen. Die Tragédie lyrique hingegen war gleichsam per definitionem an das französische Sprachgebiet gebunden, ähnlich übrigens wie die Opéra-ballet. Tragédie lyrique und Opera seria haben als Gattung praktisch das ganze Jahrhundert über Geltung, wenngleich in beiden Bereichen die im Laufe der Zeit vorgenommenen Veränderungen nicht unerheblich sind. In Frankreich kommt eine sonst nicht bekannte Repertoirebildung hinzu, insofern es in der Académie royale de musique ein Repertoire mit Neuinszenierungen gibt und viele Opern über Jahrzehnte hinweg immer wieder aufgenommen worden sind. Wenn man dabei Werke von Lully sogar bis zu 100 Jahre nach ihrer ersten Aufführung gegeben hat, bedeutet dies einen prinzipiellen Unterschied zur Kurzlebigkeit der italienischen Oper, in deren Bereich zwanzig Jahre alte Werke kaum mehr Akzeptanz finden konnten (was einen hohen Bedarf an Neukompositionen mit sich brachte). Ein nennenswertes Repertoire ergab sich an italienischen Theatern bekanntlich erst im frühen 19. Jahrhundert durch Werke von Rossini, in Deutschland und Frankreich zeitgleich vor allem durch solche von Mozart.

Die naive Freude an Spektakel und Belcanto war kein Hinderungsgrund, die Oper als anspruchsvolles Kulturgut zu begreifen – so war zumal in Frankreich der opernästhetische Diskurs über Jahrzehnte hinweg virulent, und Metastasio ließ mehrere Gesamtausgaben seiner Textdichtungen drucken. Zudem wurden die Formen der heroischen Oper als Möglichkeit absolutistischer Repräsentation wahrgenommen: Stoffe und Handlungsschemata waren in der Regel als mythologisch oder historisch verbrämte Darstellung höfischer Themen und Verhaltensweisen zu rezipieren. Und schließlich hatte der Theatersaal als Repräsentationsraum zu fungieren, nicht nur durch das Anbringen von Wappen, durch die hierarchische Disposition der Logen oder durch Gestaltungen des Bühnenbilds, das gern die Formensprache der Barockarchitektur des Zuschauerraums wiederholte, sondern auch durch die Verwendung als Festraum für Bälle, Schauessen und ähnliche Veranstaltungen, bei denen die Grenzen zwischen Darstellung und Rezeption, von Fiktion und Realität ineinander flossen. Noch in Francesco Algarottis *Saggio sopra l'opera in musica* wird die optische Präsentation des Publikums gefordert (in der Fassung von 1763): »Auch die Zuschauer müssen Teil des Schauspiels und deshalb sichtbar sein, wie die Bücher in den Schränken einer Bibliothek oder wie die Edelsteine in der Fassung eines Juwels«.[1] Die philanthropische Färbung dieser Passage ist kaum zu überhören. Es überrascht vor allem auch nicht, daß der gewichtigste italienische Operntraktat der Aufklärung einer Kunstform huldigt, die wie kaum eine andere bereits der Selbstdarstellung des Absolutismus dienen konnte (die Opera buffa mit ihrer Möglichkeit der ironischen Distanz spielt in dem Traktat bezeichnenderweise so gut wie keine Rolle); ein anschaulicherer Beleg für die Virulenz der Gattung Oper dürfte kaum zu finden sein.

Angesichts der Überfülle des Materials konnte es nicht Aufgabe dieses Bandes sein, alle Facetten der Operngeschichte des 18. Jahrhunderts auch nur annähernd erschöpfend abzuhandeln. Die Herausgeber haben sich daher entschlossen, anstelle einer ohnehin nicht zu erreichenden enzyklopädischen Vollständigkeit Schwerpunkte zu schaffen und damit die Möglichkeit zur thematischen Vertiefung und zu einem Abriß der Gattungsproblematik zu geben. Die Hinzunahme des deutschen Singspiels zum italienischen und zum französischen Bereich dürfte dabei der historischen Gewichtung entsprechen, andererseits werden bestimmte Aspekte der Oper vom Anfang des Jahrhunderts, die hier nicht behandelt werden konnten, voraussichtlich in dem Band über die Oper im 17. Jahrhundert zur Sprache kommen. Daß sich in einem Gattungshandbuch auch Kapitel über einzelne Komponistenpersönlichkeiten finden, mag erstaunen, darf aber nicht als Rückfall in die Tradition einer Heroengeschichtsschreibung mißverstanden werden; die Diskussion des Opernschaffens von Rameau, Händel und Mozart erwies sich vielmehr gerade sub specie der Gattung als ertragreich Aufgrund der skizzierten Quellenlage stehen in den einzelnen Kapiteln Fragen der Librettistik, der Kompositionstechnik und der Musikdramatik im Vordergrund; nur am Rande thematisiert werden konnten demgegenüber Aspekte einer im weiteren Sinne kulturgeschichtlich orientierten Opernforschung, also etwa die Inszenierungspraxis, Rolle und Sozialstatus der Sänger, die gesellschaftliche Relevanz der Stoffe u.a.

Am vorliegenden Band haben Spezialisten für verschiedene Gebiete zusammengearbeitet. Wenn sich gelegentlich leichte Überschneidungen einstellen, so war dies bei der nicht immer eindeutigen Abgrenzbarkeit der Phänomene nicht zu verhindern. Ohnehin ist die Pluralität der Perspektiven und Darstellungsweisen als Chance begriffen worden, eine über das Äußere hinausgehende Vereinheitlichung wurde nicht angestrebt. Leider konnten nicht alle der zunächst vorgesehenen Notenbeispiele und Abbildungen in den Band aufgenommen werden, mit der Konsequenz, daß dem Leser der Nachvollzug der beschriebenen Beispiele nicht immer leichtfallen dürfte. Besonders in den Kapiteln zur französischen Oper wurden Texte in der Original-

---

[1] »[...] e gli spettatori debbono far parte anch'essi dello spettacolo, ed essere in vista essi medesimi, come i libri negli scaffali di una biblioteca, come le gemme ne' castoni del gioiello«, vgl. F. Algarotti, *Saggio sopra l'opera in musica*, Livorno 1763, S. 82.

sprache zitiert, wodurch notwendigerweise subjektiv interpretierende Übersetzungen vermieden und andererseits Quellentexte in der Originalsprache vorgelegt werden. Da das Gros des französischen Repertoires in der zweiten Hälfte des 18. Jahrhunderts wiederum auch in Deutschland zur Aufführung gekommen ist, wurden einige Passagen in ihrer zeitgenössischen deutschen Übersetzung präsentiert, um Beispiele für diese Art des Transfers zu geben.

Herbert Schneider
Reinhard Wiesend

Kapitel I: Die italienische Oper im 18. Jahrhundert: Hinführung
Von Reinhard Wiesend

Es dürfte kaum einen anderen Bereich der Musikgeschichte geben, bei dem das Gefälle zwischen dem Anspruch der Gattung und ihrer damaligen Verbreitung einerseits und der heutigen geringen Kenntnis und Akzeptanz andererseits ähnlich stark ausprägt ist wie bei der italienischen Oper des 18. Jahrhunderts. Noch immer läßt sich ihre Geschichte nur in Umrissen erahnen, und von der unübersehbaren Opernproduktion des Settecento haben bis heute nur wenige Werke auf der Bühne überlebt. Es verwundert deshalb nicht, daß die Wahrnehmung des Opernschaffens etwa von Händel, Gluck und Mozart – und auch dies jeweils nur in Ausschnitten – das Bild von der Oper des 18. Jahrhunderts fast völlig bestimmt hat. (Hinzuzunehmen ist Pergolesis Intermezzo *La serva padrona*, das aufgrund seiner ununterbrochenen Aufführungsgeschichte als eines der ersten Repertoirestücke der Operngeschichte zu gelten hat.) Und welchem Rollenwandel die Oper unterzogen worden ist, kann man beim Blick auf Joseph Haydn ermessen, dessen musikgeschichtliche Bedeutung mit Recht in der Etablierung von Sinfonie und Streichquartett als Gattungen von höchstem Anspruch gesehen wird, dessen überwiegende Tätigkeit aber die des Dirigenten und Komponisten von Opern war.

Gegenüber dem lange gültigen Bild dringt erst allmählich in das breitere Bewußtsein, was Spezialisten schon länger vertraut ist, daß nämlich im 18. Jahrhundert eine ungeheure Menge an italienischen Opern zur Aufführung kam. Ihre Zahl ist deutlich fünfstellig, allein für Venedig, eines der Opernzentren des Jahrhunderts, sind mehr als 1.200 Titel nachgewiesen.[1] Um eine fast beliebige weitere Zahl zu nennen: Von Johann Adolf Hasse, dem wohl erfolgreichsten Opernkomponisten in den mittleren Jahrzehnten des Jahrhunderts, sind heute noch weit über 600 handschriftliche Opernpartituren erhalten, und bereits dieser einfache Sachverhalt erlaubt nicht nur Rückschlüsse auf die brillante persönliche Karriere des Komponisten, sondern wirft vor allem ein Licht auf die Akzeptanz der Gattung. Es handelt sich um enorme Zahlen, selbst wenn man die Unschärfe einräumen muß, daß die exakte Zahl an *Werken* wohl nie feststellbar sein wird, da aufgrund der üblichen Praktiken bei der Opernproduktion die Grenzlinien vor allem zwischen der (überwiegenden) Neuvertonung eines Librettos und der (gelegentlich anzutreffenden) Adaption einer Komposition für eine Wiederaufführung in vielen Fällen nicht hinreichend genau gezogen werden können; die unveränderte Wiederaufnahme einer Komposition stellt ohnehin die Ausnahme dar. Als Faustregel kann gelten, daß von den nachgewiesenen Aufführungen[2] der weitaus größte Teil aus Neuvertonungen bestand.

Für die spätere rückwärts gewandte Opernpflege, die Einrichtung eines Repertoires italienischer Opern, wurden neben Werken Rossinis vor allem auch solche von Mozart maßgeblich. Eben deshalb, weil einige wenige Werke des 18. Jahrhunderts ins Repertoire gelangen konnten – wahrscheinlich war die wichtigste Voraussetzung hierfür ihre Sonderrolle gegenüber den Standards der zeitgenössischen Produktion, also gerade das Nicht-Repräsentative – erscheinen Settecento-Opern dem breiteren Bewußtsein heute möglicherweise als museal, andererseits können die vereinzelten Bemühungen um die Rückgewinnung, die »Ausgrabung« weiterer Werke die Attitüde des Alternativen manchmal kaum verbergen. Demgegenüber weist allein schon die schiere Quantität an Werken auf das ungebrochene Selbstverständnis der italienischen Oper im gesamten 18. Jahrhundert hin, auch darauf, wie sehr sie im Zentrum des öffentlichen Interesses stand. In ganz Europa, buchstäblich von Palermo bis Kopenhagen und von Lissabon bis St. Petersburg wurde dieselbe Opernkultur gepflegt, kamen dieselben Stoffe und teilweise auch dieselben Stücke zur Aufführung.

Das eingangs erwähnte Gefälle ist nicht zuletzt auch ein Symptom der Distanz, die den modernen Betrachter vom genannten Selbstverständnis der Entstehungszeit trennt. Das vitale Interesse, das die Oper des Settecento fand, hat naturgemäß verschiedene Wurzeln. Oper ist und war immer die festlichste Form von Theater, diente der Ausschmückung von höfischen Festen und war oft genug deren Höhepunkt. Den Anspruch der Repräsentation einer vorrevo-

---

1 T. Wiel, *I teatri musicali veneziani del Settecento. Catalogo delle opere in musica*, Venedig 1897 (mehrere Nachdrucke).
2 Die Spielpläne können durch die erhaltenen Librettodrucke, die für jede Produktion neu veranlaßt worden sind, ziemlich genau rekonstruiert werden; vgl. z.B. die Libretto-Verzeichnisse von C. Sartori, *I libretti italiani a stampa dalle origini al 1800*, 7 Bände, Cuneo 1990–1994.

lutionären Gesellschaft erfüllt dabei naturgemäß in idealer Weise die Opera seria, aber nach seiner Emanzipation als ebenbürtige Gattung konnte auch das komische Genre diesen Zweck erfüllen, zumal sich die Opera buffa seit den ersten Anfängen im Neapel des frühen 18. Jahrhunderts mit der Opera seria den größten Teil des – adligen wie bürgerlichen – Publikums teilte (und ebenso wie die Opera seria auf eine solide finanzielle Basis angewiesen war). In der Opera seria waren die aus Historie oder Mythos gewählten Stoffe und die Art der dramaturgischen Umsetzung auf die Personen der Handlung in der Regel kaum verhüllte Chiffren für höfisch geprägte Erfahrungswelten und Verhaltensweisen. Sinnfällig wird dies allein schon in der spezifischen Gestaltung von Bühnenbild und Kostümen, die so gut wie immer dem Formenkanon der Uraufführungszeit entsprachen: Für ein nicht historistisch belastetes Publikum war eine Prinzessin der römischen Kaiserzeit selbstverständlich nur im Reifrock und vor dem Hintergrund einer barocken Architektur vorstellbar.

Insbesondere im politisch zerrissenen, immer wieder von Fremdherrschaft geprägten Kernland Italien kam der Oper aufgrund ihrer Verbreitung, ihres literarischen Anspruchs und ihrer singulären Wirkungsmöglichkeiten eine bedeutende identitätsstiftende Rolle zu. Diese konnte sie auch deshalb einnehmen, weil sie über Jahrzehnte hinweg (und anders als in Frankreich) die einzige Theatergattung von Gewicht darstellte; so hatte sich Carlo Goldonis Komödienreform zwar gegenüber der Praxis der Commedia dell'arte durchzusetzen, mußte sich aber vor

Pietro Domenico Olivero: Opernaufführung im Teatro Regio zu Turin, 1740 (Torino, Museo Civico). In welchem Maße die Opera seria der Repräsentation der höfischen Gesellschaft dient, wird aus der barocken Kostümierung ersichtlich, die der fingierten historischen Situation nicht entspricht, zudem überspielt das Bühnenbild durch eine perspektivisch sich schnell verjüngende Weiterführung von Architekturelementen des Bühnenrahmens dessen Wirklichkeit und Fiktion trennende Funktion. Das Reichen von Erfrischungen und das lockere Verhalten des Publikums verraten, wie wenig die Aufführung den Zwängen des ritualisierten Kunstgenusses im bürgerlichen Zeitalter bestimmt war.

allem neben der alltäglichen, übermächtigen Realität des etablierten Opernbetriebs behaupten (zu der der erfolgreiche Librettist Goldoni in nicht geringem Maße selbst beitrug). Durch die italienische Oper erfuhr ganz Europa, auch und gerade in jenen Residenzen zum Beispiel, die nach Zeremoniell und Kultur französisch orientiert waren, eine kulturelle Bindung. Ohne Übertreibung darf die italienische Oper als das zentrale kulturelle Ereignis im Europa des 18. Jahrhunderts genannt werden; Könige entwarfen Opernlibretti, und die erlauchtesten Geister diskutierten opernästhetische Themen.

Vieles unterscheidet zunächst eine Oper von Domenico Cimarosa vom Ausgang des Jahrhunderts von einem Werk Alessandro Scarlattis, dessen Œuvre das Scharnier zwischen Sei- und Settecento bildet. Dennoch treten demgegenüber die Konstanten der Operngeschichte des Jahrhunderts viel stärker hervor: In der Auswahl der Sujets und der Verwendung von dichterischen, dramaturgischen, formalen und kompositionstechnischen Gestaltungsmöglichkeiten erfolgt ein Wandel eher behutsam und oft ohne die Substanz anzugreifen. Mozart war es selbst bei seiner letzten italienischen Oper, *La clemenza di Tito* (1791), kein Problem, ein über 50 Jahre altes Libretto aus der Feder von Pietro Metastasio zu vertonen (die Adaption durch Caterino Mazzolà an moderne dramaturgische Standards und die Umdeutung der ursprünglichen Konzeption durch Mozarts individuelle Kompositionsweise wiegen demgegenüber leichter), und das mehr als ein halbes Jahrhundert während Opernschaffen Hasses verdankte seinen ausnehmenden Erfolg gerade der großen Konstanz der eingesetzten stilistischen Mittel. Angesichts der ungebrochenen Präsenz des Opernbetriebs und der Tendenz zur Konstanz der Opernformen (eine Opernarie von 1770 unterscheidet sich von einer Komposition um 1730 nur partiell) müssen vor allem auch die Ansätze zu einer Epochengliederung im 18. Jahrhundert neu überdacht werden, zumal sie vor allem an der Instrumentalmusik entwickelt worden sind. Singendes Allegro, Akzentuierung der Taktmetrik und ähnliche kompositionstechnische Merkmale erscheinen dann möglicherweise eher als Modifikationen von Konstanten denn als Kriterien einer Stilausprägung. Die allein schon quantitativ alles dominierende, auch im Musikalischen robuste Operntradition läßt insbesondere jede Konstruktion einer Epochenschwelle, etwa von einem musikalischen Barock zu einer musikalischen Klassik, brüchig scheinen, und ähnlich wenig gelingt die Zusammenschau der Operngeschichte mit Konzeptionen wie etwa einem galanten oder einem empfindsamen Stil, solange diese abgrenzend gemeint sind.

Für die italienische Oper ist im gesamten 18. Jahrhundert die Ambivalenz ihrer Konzeption charakteristisch, worauf bereits die sozusagen offizielle Gattungsbezeichnung ›dramma per musica‹ bzw. ›dramma giocoso per musica‹ verweist. Einerseits erhebt die im Libretto niedergelegte Textdichtung den Anspruch des eigenständigen literarischen Werks, das auch ohne Musik gelesen werden sollte oder, in wenigen Ausnahmefällen, sogar als Sprechdrama realisiert worden ist. Nicht zufällig besteht die Lebensleistung Pietro Metastasios, der mehr als 50 Jahre die Stelle des kaiserlichen Hofpoeten (›poeta cesareo‹) einnahm, vor allem in der Abfassung von Libretti, von denen schon zu Lebzeiten des Dichters mehrere Gesamtausgaben erschienen sind. Und wenn Francesco Algarotti im brillantesten und folgenreichsten Operntraktat um die Mitte des Jahrhunderts in aufklärerischem Impetus Gedanken zu einer Revision der Oper niederlegt[1], so sieht er als zentrale Instanz des Opernbetriebs den Dichter, der in seinem Text die Realisierung aller Komponenten des Werks und seiner Aufführung vorgibt oder gar mehr oder weniger verbindlich festlegt. Der Primat der Dichtung über alle anderen Parameter einer Oper und ihrer Aufführung ist aber nur die eine Seite der Medaille, was auch Algarotti zumindest implizite einräumt, wenn er bei Gelegenheit der Diskussion des Theaterbaus der ungehinderten Entfaltung und der günstigsten Aufnahme des Gesanges die Priorität gibt. Das Dramma ›per musica‹ ist das Theaterstück, das trotz seines literarischen Eigenwerts immer in Hinblick auf die Musik konzipiert worden ist. Diese galt aber lange als akzidentiell: Ein und dasselbe Libretto konnte immer wieder vertont, also sozusagen neu inszeniert werden; es ist deshalb kein Zufall, daß noch im Libretto zur Aufführung von *La clemenza di Tito* 1791 in Prag der Komponist, Mozart, an eher versteckter Stelle Erwähnung findet, zusammen mit Bühnenbildnern und Kostümschneider. Und 1773 urteilt Hasse über eine fremde Komposition ganz im Sinne einer Opera-seria-Ästhetik (deren Geltung in jenen Jahren allerdings verblaßt war), der Komponist habe sich viel Mühe gegeben, die Sängerin gut einzukleiden (»per ben vestir la Virtuosa«).[2] Die Idee des »Dramma« erfüllte sich in der Vertonung und in deren Aufführung, mußte sich gegenüber beiden aber auch behaupten. Das Parallelogramm der Interessen zwischen Konzeption und Ausführung ver-

---

[1] F. Algarotti, *Saggio sopra l'opera in musica*, Venedig 1755; völlige Neufassung Livorno 1763.

[2] Brief an G. Ortes vom 19.11.1773, in: *Johann Adolf Hasse e Giammaria Ortes. Lettere (1760–1783)*, hg. v. L. Pancino, Turnhout 1998. Vgl. dazu auch R. Wiesend, *Schlechte Opern und Hochwasser. Zu Hasses Brief vom 19. November 1773*, in: Hasse-Studien 4, 1998, S. 10–16.

Pierleone Ghezzi: Karikatur von Farinelli in einer Frauenrolle, Rom 1724. Der als 19-jähriger dargestellte Farinelli (eigentlich Carlo Broschi) war in Neapel und Rom bereits ein gefeierter Opernsänger, dem eine beispiellose internationale Karriere offenstehen sollte. Als Kastrat gehörte er zu jener Gruppe von Sängern, die das Publikum zu hysterischen Exzessen hinriß. Dabei entsprach der physiologischen Unnatürlichkeit oft jene in der Darstellung, daß der Kastrat in Frauenrollen auftrat, und zwar nicht nur in Rom, wo die Bühne Frauen versperrt war.

schob sich gern zugunsten der letzteren, was bei den das Jahrhundert durchziehenden kritischen Reflexionen zur Oper immer wieder beklagt worden ist.

Es ist eine Binsenweisheit, daß mit jeder Form niedergeschriebener, komponierter Musik die Notwendigkeit des Erklingens in der Aufführung verbunden ist. Die Aufführung wiederum erschöpft sich nicht in der Realisierung des Werks, dieses wird vielmehr durch den Akt der Interpretation um das von dem oder von den Interpreten zwangsläufig Eingebrachte erweitert. Diese Idee der performativen Dimension gilt für die Oper des Settecento in besonderem Maße. Schon ihrer Konzeption nach rechnet sie neben den in Textdichtung und Komposition niedergelegten primär werkhaften Komponenten mit der Wirkung auch von Bühnenbild und Kostümen sowie von der szenischen Präsenz der Akteure. Vor allem aber wurde als selbstverständlich das Eigengewicht der sängerischen Leistung vorausgesetzt, was das improvisatorische Einbringen individueller stimmlicher Fertigkeiten und des persönlichen Geschmacks mit einschließt. Auch ist die Möglichkeit der Adaption an die jeweiligen Aufführungsgegebenheiten – bei Wiederaufführungen ebenso wie schon bei der ersten Produktion einer Oper – nicht als Kompromiß verstanden worden, sondern in vielen Fällen bereits als Voraussetzung der Konzeption.

Für ein volles Verständnis der italienischen Oper des 18. Jahrhunderts dürfen also verschiedene Fassungen einer Oper angesichts der weitgehend offenen Werkgestalt nicht von vornherein als Angelegenheit der Philologie abgetan werden. Noch bei Mozarts *Don Giovanni*, um ein beliebiges Beispiel herauszugreifen, ist unentschieden, ob der Version der ersten

Aufführung (Prag 1787) ein höherer Grad an Originalität und Verbindlichkeit zuzusprechen ist als derjenigen Fassung, die der Komponist selbst für die Aufführung in Wien (1788) erstellt hat.[1] Es kann auch nicht in jedem Fall genügen, eine »Werkidee« im klassizistischen Sinne lediglich an den Quellentypen Libretto und Partitur ablesen zu wollen, zumal die überlieferten Partituren, selbst wenn sie autograph sind oder anspruchsvoll kopierte Widmungsexemplare darstellen, in der Regel kaum als Träger eines definitiven Werktextes einzuordnen, sondern eher dem Material einer konkreten Aufführung zuzurechnen sind.

[1] Eine Zusammenfassung der Diskussion im Hinblick auf Folgen für die Edition geben die Statements von W. Rehm, »*Don Giovanni*«: Nochmals »Prager Original« – »Überarbeitung Wien« – »Mischfassung«, in: Mozart-Jahrbuch 1987/88, S. 195–203, und S. Kunze, *Werkbestand und Aufführungsgestalt*, ebd., S. 205–215.

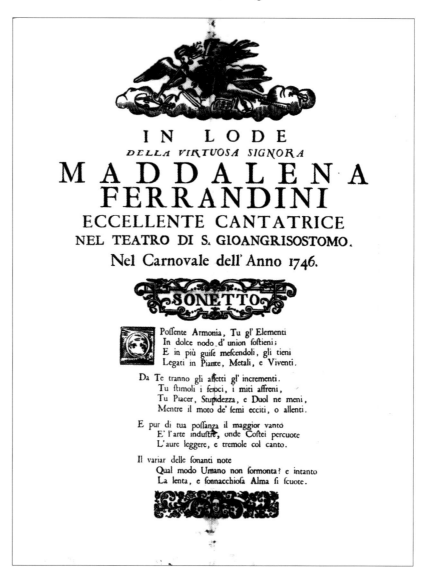

Anonymes Huldigungsgedicht, Einblattdruck (Venezia, Archivio di Stato). Der Wirkung des Belcanto erlag das Opernpublikum von Anfang an. Ein anonym gebliebener Verehrer der Sängerin Maddalena Ferrandini, die vor allem am Münchner Hof wirkte und im Karneval 1746 am venezianischen Teatro di S. Giovanni Grisostomo engagiert war, ließ in seinem Huldigungssonett den Gesang als Nonplusultra der Musik feiern.

Die beschriebene Offenheit der Werkidee schlägt sich nicht nur im Grad der Verbindlichkeit des Notierten nieder, sondern betrifft auch die performative Ebene, wodurch wiederum eine enge Wechselbeziehung zu der dramaturgischen Begründung eines Stückes entstehen kann. Den Beginn des ersten Aktes der erfolgreichsten Opera buffa der 1750er Jahre, *Il filosofo di campagna* auf einen Text von Carlo Goldoni und mit Musik von Baldassare Galuppi, bildet ein Duett zweier Frauenstimmen, der Bürgertochter Eugenia und des Dienstmädchens Lesbina, über die Vergänglichkeit weiblicher Schönheit. In den folgenden Szenen wird die Thematik auseinandergefaltet: Die im Libretto als »parte seria« spezifizierte, sentimental verliebte Eugenia beklagt ihre Situation unter dem strengen Vater und läßt ihren Gefühlen in einer Gleichnisarie, die das Bild des Schiffes im Seesturms bemüht, freien Lauf, während sich Lesbina im Dialog, insbesondere aber in ihren drei schnippischen Liedern (»Canzonen«) pragmatisch und clever gibt. So vertraut diese Rollenkonstellation ist, so wenig verraten Libretto und Partitur, welche dramaturgischen Momente bereits in dieser kurzen Episode möglicherweise implizit angelegt sind. Insbesondere dürfte der zeitgenössische Zuschauer die durch die Vertonung als Duett hergestellte völlige Gleichwertigkeit der Personen verschiedenen Standes als ungebührlich – und damit komisch – empfunden haben, auch wird das Einmünden des jungmädchenhaften Liebesschmerzes in die Seesturmarie, einen in diesem Kontext unangemessenen und überzogenen Topos der heroischen Oper, als das verstanden worden sein, was später Verfremdung genannt werden wird. Ganz zu schweigen ist von der Möglichkeit mimisch-gestischer Intervention, die zumal eine Opera buffa in hohem Maße geprägt haben dürfte: Lesbina wird sich nicht damit begnügt haben, ihrem Fräulein ein despektierliches »Povera padroncina!« hinterherzuschicken (I/2), sondern sie dürfte bereits während der Arie einschlägig agiert und sich damit gerade nicht nach Art einer Standesperson reserviert verhalten haben.[1] Und ähnlich komisch wird der Zuschauer den jugendlichen Liebhaber, den »gentiluomo« Rinaldo, allein schon infolge der Besetzung der Rolle empfunden haben, wenn nämlich die männliche »parte seria« sich zwar im Rollenprofil nicht zuletzt an die geschlechtliche Sonderform des Kastraten der Opera seria anlehnt, dann aber wiederum von einer Frau repräsentiert wird.

Unter der Voraussetzung einer bereits bei der Konzeption vorgesehenen pantomimischen Ergänzung der werkhaft definierten Handlung, einer Leerstelle, die mit Ausfüllung in der Aufführung rechnet, wird man zum Beispiel auch den Schluß der *Finta semplice* von Goldoni/Coltellini und Mozart (1768) nicht mehr als dramaturgisch unbefriedigend einschätzen: Daß der dümmliche Polidoro beim Zueinanderfinden der Paare leer ausgeht, dennoch aber offensichtlich in das »Tutti« des versöhnlichen Schlußgesanges einstimmen soll, wird gerade bei der Annahme einer non-verbal zu realisierenden komischen Aktion plausibel.

Die verschiedenen Intentionen, die die Konzeption einer Oper des Settecento bestimmen, haben ihre Konsequenzen bei der Einschätzung der Quellen auch für den Praktiker. Wenn die Adaption auf konkrete Aufführungsbedingungen schon für die Autoren einer Oper selbstverständlich war, und wenn selbst Mozart, dessen Musikdramatik in einem bislang unbekannten Maße von satztechnischer Arbeit getragen wird, bis in seine letzten Lebensjahre eigene wie fremde Werke für Wiederaufführungen arrangiert hat, so stellt sich dem Betrachter die Frage nach dem Grad an Autorität und Verbindlichkeit der überlieferten Quellen. Mozart hat in der *Zauberflöte* die extrem schwierigen Passagen der Königin der Nacht für die Sängerin der Uraufführung, Josepha Hofer komponiert. Bei einer späteren Produktion der Oper, im Hinblick auf eine Sängerin mit einer anderen Tessitura, hätte Mozart wahrscheinlich für eine Alternative gesorgt, wobei es für unsere Überlegungen unerheblich bleibt, ob diese in einer völlig neuen Komposition der beiden Arien bestanden hätte oder lediglich in Arrangements.

[1] Die Präsenz anderer Rollen während einer Arie war in der Opera seria aufgrund ihrer dramaturgischen Schematik die Norm. Wie sehr diese um 1780 ins Wanken gekommen ist, belegt unter anderem eine Äußerung Mozarts zu einer konkreten Stelle im *Idomeneo*, an der eine Arie oder ein Duett »für die andern acteurs, die so hir stehen müssen, sehr genant« sei (Brief an Leopold Mozart vom 13.11.1780). Vgl. *Mozart. Briefe und Aufzeichnungen. Gesamtausgabe*, hg. v. W. A. Bauer u. O. E. Deutsch, Bd. III: 1780–1786, Kassel u.a. 1963.

Wolfgang Amadeus Mozart, *Die Zauberflöte*, aus der Arie der Königin der Nacht (II/8): oben die Komposition Mozarts, unten ein Vorschlag der Modifikation

Die von Mozart in der Arie des zweiten Akts komponierten ungemein hoch liegenden, bis zum f''' reichenden Koloraturen (vgl. Notenbeispiel, Version a) evozieren die Welt der Opera seria und sind traditionelles Stilmittel der Rachearie. Ihren dramatischen Sinn können sie im konkreten Fall jedoch nur entfalten, wenn sie mit absoluter Souveränität vorgetragen werden. Eine mindere sängerische Leistung wäre zu Lasten der intendierten Wirkung gegangen und wurde nach dem Usus des 18. Jahrhunderts deshalb nicht riskiert. Gerade an der zitierten Stelle tritt eine werkhafte Satztechnik, die Mozarts Musik sonst in einem Höchstmaß prägt, zu Gunsten der schlichten Sängerpräsentation zurück. Nur einem modernen Purismus, der hinter die Erfahrungen vollkommen werkhafter bestimmter Musik nicht mehr zurückfindet, wird es als Sakrileg erscheinen, die Koloraturen zu entschärfen und etwa nach Art der Version b ausführen zu lassen. Die Andersartigkeit der Settecento-Oper ist nicht zuletzt darin begründet, daß über das ganze Jahrhundert hinweg das Anliegen einer optimalen Wirkung der Aufführung der Idee der Einhaltung einer Werkkonzeption überlegen bleibt.

Literaturhinweise

Algarotti, F.: *Saggio sopra l'opera in musica*, Venedig 1755, völlige Neufassung Livorno 1763.
Arteaga, [E. de /] S.: *Le rivoluzioni del teatro musicale italiano dalla sua origine fino al presente*, Bd. 1, Bologna 1783 (Nachdruck ebenda 1969 [Biblioteca musica Bononiensis III/6]).
Bianconi, L.: *Il teatro d'opera in Italia. Geografia, caratteri, storia*, Bologna 1993.
Dahlhaus, C. / Miller, N.: *Europäische Romantik in der Musik*, Bd. 1: *Oper und symphonischer Stil 1770–1820*, Stuttgart und Weimar 1999.
Dubowy, N. / Strohm, R.: Artikel »*Dramma per musica*«, in: *Die Musik in Geschichte und Gegenwart*, zweite, neubearbeitete Ausgabe, hg. v. L. Finscher, Sachteil Bd. 2, Kassel u.a. 1995, Sp. 1452–1500.
Durante, S.: *Alcune considerazioni sui cantanti di teatro del primo Settecento e la loro formazione*, in: *Antonio Vivaldi. Teatro musicale, cultura e società*, hg. v. L. Bianconi und G. Morelli, Bd. 2, Florenz 1982, S. 427–481.
Folena, G.: *Una lingua per la musica*, in: ders., *L'Italiano in Europa. Esperienze linguistiche del Settecento*, Turin 1983 (Einaudi Paperbacks 139), S. 219–355.
Gallarati, P.: *Musica e maschera. Il libretto italiano del Settecento*, Turin 1984 (Biblioteca di cultura musicale).
Geschichte der italienischen Oper, hg. v. L. Bianconi und G. Pestelli, aus dem Italienischen von C. Just und P. Riesz, *Systematischer Teil*, Bände 4–6, Laaber 1990–1991.
Gier, A.: *Das Libretto. Theorie und Geschichte einer musikoliterarischen Gattung*, Darmstadt 1998.
Goldin, D.: *La vera fenice. Librettisti e libretti tra Sette e Ottocento*, Turin 1985 (Piccola Biblioteca Einaudi 454).
Johann Adolf Hasse e Giammaria Ortes. Lettere (1760–1783), hg. v. L. Pancino, Turnhout 1998.
Joly, J.: *Dagli Elisi all'inferno. Il melodramma tra Italia e Francia dal 1730 al 1850*, Florenz 1990 (Discanto. Contrappunti 27).
Kunze, St.: *Werkbestand und Aufführungsgestalt*, in: Mozart-Jahrbuch 1987/88, Kassel 1988, S. 205–215.
Landmann, O. / Lazarevich, G.: Artikel »*Intermezzo*«, in: *Die Musik in Geschichte und Gegenwart*, zweite, neubearbeitete Ausgabe, hg. v. L. Finscher, Sachteil Bd. 4, Kassel u.a. 1996, Sp. 1026–1048.
Luzker, P. V. / Susidko, I. P.: *Ital'janskaja Opera XVIII veka*, Bd. 1, Moskau 1998.
Lippmann, F.: *Tendenzen der italienischen Opera seria am Ende des 18. Jahrhunderts – Mozart*, in: Studi musicali 21 (1992), S. 307–358.
Lühning, H.: *Titus-Vertonungen im 18. Jahrhundert. Untersuchungen zur Tradition der Opera seria von Hasse bis Mozart*, Laaber 1983 (Analecta musicologica 20).
Mozart. Briefe und Aufzeichnungen. Gesamtausgabe, hg. v. W. A. Bauer und O. E. Deutsch, Bd. III: 1780–1786, Kassel u.a. 1963.
Musica in scena. Storia dello spettacolo musicale, hg. v. A. Basso, Bände 4–5, Turin 1995.
Napoli-Signorelli, G.: *Storia critica de' teatri antichi e moderni*, Napoli 1790.
Pipers Enzyklopädie des Musiktheaters, hg. v. C. Dahlhaus und dem Forschungsinstitut für Musiktheater der Universität Bayreuth unter der Leitung von S. Döhring, 7 Bände, München und Zürich 1986–1997.
Rehm, W.: »*Don Giovanni*«: *Nochmals »Prager Original« – »Überarbeitung Wien« – »Mischfassung«*, in: Mozart-Jahrbuch 1987/88, Kassel 1988, S. 195–203.
Rosselli, J.: *Singers of Italian Opera. The History of a Profession*, Cambridge 1992.
Sartori, C.: *I libretti italiani a stampa dalle origini al 1800. Catalogo analitico con 16 indici*, 7 Bände, Cuneo 1990–1994.
Strohm, R.: *Italienische Opernarien des frühen Settecento (1720–1730)*, 2 Bände, Köln 1976 (Analecta musicologica 16).
Strohm, R.: *Die italienische Oper im 18. Jahrhundert*, Wilhelmshaven 1979 (Taschenbücher zur Musikwissenschaft 25).
Strohm, R.: *Dramma per Musica. Italian Opera Seria of the Eighteenth Century*, New Haven und London 1997.
Wiel, T.: *I teatri musicali veneziani del Settecento. Catalogo delle opere in musica*, Venedig 1897 (mehrere Nachdrucke).
Wiesend, R.: Artikel »*Opera buffa*«, in: *Die Musik in Geschichte und Gegenwart*, zweite, neubearbeitete Ausgabe, hg. v. L. Finscher, Sachteil Bd. 7, Kassel u.a. 1997, Sp. 653–665.
Wiesend, R.: *Schlechte Opern und Hochwasser. Zu Hasses Brief vom 19. November 1773*, in: Hasse-Studien 4, 1998, S. 10–16.

Kapitel II: Die Welt der Opera seria

Die Opera seria Metastasios
Von Francesca Menchelli-Buttini

>»Man darf sagen …, daß ein Dichter,
>der diesen Namen verdient, seit Tasso nicht mehr
>in Italien geboren wurde – es sei denn, Metastasio«
>(Giacomo Leopardi, *Zibaldone* II, S. 140)

Pietro Trapassi wurde 1698 in Rom geboren und zeigte bereits früh ein besonderes poetisches Improvisationstalent. Er studierte eifrig bei einem hervorragenden Vertreter der römischen Kultur, dem Professor für römisches Recht Gian Vincenzo Gravina. Gravina war Kenner des Griechischen und verfaßte Tragödien im klassischen Stil; er gab Pietro den Namen Metastasio (griech. Übersetzung von Trapassi). Pietro trat 1718 unter dem Namen Artino Corasio in die *Accademia dell'Arcadia* ein und feierte sein literarisches Debüt mit dem Gedicht »*La strada della gloria*«, das dem Andenken des gerade verstorbenen Lehrers gewidmet war. Die 1690 in Rom gegründete *Arcadia* betrachtete sich als literarische Republik; ihre Mitglieder gaben sich Vornamen aus der klassischen bukolischen Dichtung und Nachnamen, die einen den Musen geweihten Ort bezeichneten. Die Akademie pflegte nicht nur Schäferpoesie, sondern auch lyrisch-musikalische, geistliche und heroische Dichtungsgattungen.[1] Da freilich die Poetik Gravinas in Rom angefeindet wurde und eine Anstellung am päpstlichen Hof nicht erreichbar schien, begab sich Metastasio nach Neapel. Die Residenzstadt des bourbonischen Vizekönigtums mit ihren gastfreundlichen Adelspalästen als Treffpunkt von Musikern und Sängern ein geeignetes Milieu für die Planung und praktische Vorbereitung einer Theaterkarriere. Die ersten Erfolge in Neapel, unter anderem mit vier Serenaten und dem ersten eigenen Dramma per musica, *Didone abbandonata* (1724), verstärkten den Ehrgeiz des jungen Dichters und lenkten die Aufmerksamkeit der fortschrittlichen literarischen Welt auf ihn; 1729 folgte die »unerwartete«,[2] aber nicht unverdiente Einladung an den Wiener Hof. Dort sollte Metastasio dem kaiserlichen Poeten Apostolo Zeno zur Seite stehen, der allerdings bald beschloß, dem jüngeren Kollegen die Aufgabe ganz zu überlassen. Geehrt und bewundert von den Habsburgern, behielt Metastasio seine Stellung als Hofpoet bis zu seinem Tode im Jahr 1782.[3]

Der Titel des kaiserlichen Hofdichters (»poeta cesareo«) sicherte ihm zunächst einen unbestreitbaren Vorrang in der literarischen Welt, der trotz der Kritik einiger weniger Gegner für ein halbes Jahrhundert erhalten blieb, freilich inmitten eines Panoramas weitgreifender Veränderungen. Auch die von Metastasio gepflegte Werkgattung des Dramma per musica gehörte als Sonderform zum literarischen Drama (»tragedia«) und war durch kulturelle Faktoren in ihrer Umwelt privilegiert. Nach allgemeiner Auffassung waren seine »Gedichte« – wie Ranieri de' Calzabigi formulierte – »musikalische Dichtungen, wenn sie mit Musik verschönt wurden, aber ohne diesen zusätzlichen Schmuck echte, vollkommene und kostbare Tragödien, vergleichbar den berühmtesten aller übrigen Nationen«.[4]

Zu Metastasios Anschauungen vom Theater

In einer kulturhistorischen Situation des Übergangs und der Vielfalt stellt sich Metastasio in erster Linie den großen Problemen, die die französischen Dramatiker des 17. Jahrhunderts und, in ihren Fußstapfen, die Arcadia beschäftigt hatten: Erstens das Thema der Zweckbestimmung und der Moralität der Kunst, das die gesamte Diskussion des europäischen Theaters dominierte, und zweitens die Frage der ungeschriebenen Konventionen im Verhältnis zwischen Bühne und Zuschauer. Nicht nur verteidigte man das Metier des Dichters mit dem längst überstrapazierten klassischen Motto der Mischung von Nutzen und Vergnügen[5], son-

---

1 Zur Arcadia und ihrem Verhältnis zum Barock vgl. (grundlegend) C. Calcaterra, *Il barocco in Arcadia e altri scritti sul Settecento*, Bologna 1950, und neuerdings A. L. Bellina / C. Caruso, *Oltre il barocco. La fondazione dell'Arcadia. Zeno e Metastasio. La riforma del melodramma*, in: *Storia della letteratura italiana*, Bd. 6: *Il Settecento*, hg. v. E. Malato, Rom 1998, S. 239–312, mit umfassender Bibliographie.
2 Brief an Luigi Pio di Savoia, Rom 28.9.1729, in: P. Metastasio, *Tutte le opere*, hg. v. B. Brunelli, Mailand 1947–1954 (I classici Mondadori). Im Folgenden wird, wo nicht anders angegeben, stets nach dieser Gesamtausgabe zitiert: Briefe mit Angabe des Datums, dramatische Werke nur mit dem Titel.
3 Zur Biographie vgl. auch die Bibliographien in *Storia della letteratura italiana*. Metastasios hohes Ansehen machte ihn zum Objekt internationaler literarischer Neugier: Am Ende des 18. Jahrhunderts gab es Biographien, Textausgaben, Kommentare und Würdigungen (›elogi‹) in fast allen europäischen Sprachen; unter den deutschen Schriften sei hervorgehoben J. A. Hiller, *Über Pietro Metastasio und seine Werke nebst einigen ins Deutsche übersetzten Stücken desselben*, Leipzig 1786.
4 *Dissertazione sulle poesie drammatiche di Pietro Metastasio* (1755), in: P. Metastasio, *Opere complete*, Bd. 12, Florenz 1830, S. 203–355: 203.
5 »Omne tulit punctum, qui miscuit utile dulci, / lectorem delectando pariterque monendo«: Horaz, *Ars poetica*, V. 343f. Metastasio arbeitete lange (1749–1773) an einer Übersetzung der berühmten Schrift (*Dell'arte poetica: Epistola di Q. Orazio Flacco a' Pisoni*, in: *Tutte le opere*, hg. v. Brunelli, Bd. 2, S. 1229–1278), vgl. seine Briefe an Anna Pignatelli di Belmonte (vom 13.12.1749), an Saverio Mattei (11.3.1773) und an Mattia Damiani (10.5.1773).

Pietro Metastasio, *Poesie*, Paris 1755, Titelseite des 2. Bandes. Die Wertschätzung der Libretti Metastasios schlägt sich auch in den zahlreichen zu seinen Lebzeiten erschienenen Werkausgaben nieder. Die Ausgabe von 1755 ist wichtig wegen der umfangreichen *Dissertazione su le poesie drammatiche del signor abate Pietro Metastasio*, die Ranieri de' Calzabigi, der später kritische Töne anschlagen sollte, dem 1. Band vorangestellt hat.

dern man war auch hochinteressiert an den Wirkungen der ästhetischen Erfahrung. In den auf der Bühne gezeigten Leidenschaften fühlt sich der Zuschauer zwar »abgespiegelt«, »erkennt sich in ihnen wieder«[1] – doch erlaubt ihm der Zustand des Sich-von-außen-Betrachtens auch das Nachdenken über moralische Grundsätze. Und nach den Vorstellungen der französischen Klassiker ist der moralische Effekt der »kathartischen Identifizierung« zugleich der Mechanismus, der die erzieherische Wirkung des Theaters, und damit seine Legitimation überhaupt, begründet.[2] ›Kathartisch‹ heißt unter diesen Bedingungen eine dramatische Situation, die »den Zuschauer zwar auch in die Lage des leidenden oder bedrängten Helden versetzt, doch nun in der Absicht, durch tragische Erschütterung oder komische Entlastung eine Befreiung seines Gemüts herbeizuführen«.[3]

Die ästhetische Erfahrung soll also einen Akt der Distanznahme einschließen; das Vergnügen beschränkt sich nicht auf kühles Urteilen oder Hingabe an Gefühle, sondern ergibt sich aus der Bewegung zwischen diesen Extremen. Die »kathartische Identifizierung« benötigt einen Sicherheitsabstand, der verhindert, daß die gefühlsmäßige Teilnahme an der Handlung, die Illusion, zu bloßem Sympathisieren ausartet. Dies geschieht durch Kunstmittel, die den Zuschauer wieder zu sich selbst bringen, z.B. indem sie die Identifizierung nur scheinbar hervorrufen, um sie dann zu negieren oder zu ironisieren.[4]

Metastasios Kunstmittel zur Brechung der Illusion sind die Verwendung von metatheatralischen Figuren oder Situationen einerseits und Ironie andererseits. Zu letzterer gehört der

1 P. Metastasio, *Il Parnaso accusato e difeso* (1738), in: *Tutte le opere*, hg. v. Brunelli, Bd. 2, S. 249–262: 255. Die Tendenz zu theoretischer Reflektion in den *Feste teatrali* der Jahre 1735 bis 1760 gipfelt im metatheatralischen Aufbau des kleinen Meisterwerks *Le Cinesi* (1753): vgl. J. Joly, *Les fêtes théâtrales de Métastase à la cour de Vienne (1731–1767)*, Clermont Ferrand 1978, S. 135–238.
2 Vgl. hierzu die Erklärung, die Jean Racine im Vorwort zu *Phèdre* (1677) seinen Kritikern entgegenhält: *Œuvres complètes*, Paris 1962, S. 247.
3 H. R. Jauß, *Ästhetische Erfahrung und literarische Hermeneutik*, Bd. 1: *Versuche im Feld der ästhetischen Erfahrung*, München 1977 (Uni-Taschenbücher 692), S. 218. Nach Jauß findet sich eine solche Bestimmung der ästhetischen Erfahrung regelmäßig in den Poetiken des europäischen literarischen »Klassizismus«.
4 H. R. Jauß, *Ästhetische Erfahrung*, Bd. 1, S. 212–227: 221.

von Nebenfiguren eingeführte Kontrapunkt, wie Barces Kommentar in *Attilio Regolo* (III/8), der den heroischen Opfermut der anderen ironisiert und die Fassade eines allzu erbaulichen Theaters untergräbt. Wenn Issipile vorgibt (*Issipile*, II/4), vom Schatten ihres Vaters Toante verfolgt zu sein, läßt sich sogar Eurinome, ihre intelligenteste Gegenspielerin, von ihrer suggestiven ›Inszenierung‹ verführen und ruft aus: »io gelo, e so che finge« (ich schaudere, und weiß doch, daß sie es nur spielt). Das überwältigende Gefühl des Schreckens wird unterbrochen durch das Eingeständnis einer Dramenfigur, von der Aufführung, die sie klar als Theater erkennt, ebenso gebannt zu sein wie die Zuschauer im Theaterraum. Wird der Ausdruck »finge« als Teil der Intrige betrachtet, verrät er, daß die Protagonistin von keinem bösen Schatten verfolgt wird; aber zugleich wird der Zuschauer auf die theatralische Fiktion im allgemeinen hingewiesen, etwa im Sinne von »wir sind eben im Theater«.

Obwohl Issipiles Bericht also zweifellos seine Wirkung erzielt, wird an dem Punkt, an dem die stärkste Versuchung zur Identifikation gegeben ist, eine klare Aufforderung zur Distanzierung ausgesprochen. Auf Pathos wird weder hier noch in anderen Werken verzichtet, denn selbst im 18. Jahrhundert konnte man den Erfolg einer Opernaufführung schlicht an den vergossenen Zuschauertränen messen:[1] Tränen, die gesucht und vergossen wurden in einer präzisen Zeremonialität, die u.a. auf Racine zurückging.

Was konnte rührender sein als die Tränen eines leidenden oder mitleidenden Mädchens, als die Bitten einer Jungfrau, die ihren Verfolger anfleht? Das ungeheure Prestige solcher Bilder in der Literatur und Kunst der Zeit deutet sich an in jenen Zeilen von Racines *Britannicus* (1669), die Metastasio in *Adriano in Siria* (II/3) wiederholt, in denen Nero sich an seine erste Begegnung mit Junie erinnert: »triste, levant au ciel ses yeux mouillés de larmes, / qui brillaient au travers des flambeaux et des armes«.[2] Es geht nicht nur um den erotischen Reiz von Tränen, die getrocknet werden wollen;[3] die große Wirkung gehört bereits zum Akt der Anschauung selbst. »Von der Macht des Anblicks überwältigt« lautet Metastasios Beschreibung einer solchen Reaktion.[4] Ähnlich wird im Epilog von Antoine Houdar de La Mottes *Inés de Castro* (1723) die mitleidlose Haltung des Königs erschüttert vom Anblick der zwei Kinder an der Hand ihrer Mutter: ein szenisches Wagnis, das der Autor im Vorwort zur zweiten Ausgabe der Tragödie damit verteidigen konnte, daß die »Natur« die Herzen der kritischen Zuschauer zu Tränen gerührt habe.[5]

Die Aspekte des metastasianischen Theaters, die vom heutigen Geschmack am weitesten entfernt scheinen[6], dürften mit beabsichtigter Steuerung der (damaligen) Publikumsreaktionen zu tun haben – also mit der ästhetischen Intention selbst –, obwohl solch dichterischer Kalkül seinerseits der Interferenz der Bühnenaufführung unterlag. Von den Wirkungen der Musik, gerade auch in den verschiedenen Vertonungen, wird noch zu sprechen sein, denn »les expressions de cette langue vont droit au cœur, sans traverser, pour ainsi dire, l'esprit; elles produisent directement *peine* ou *plaisir* [...]«.[7]

Zum Konflikt und zum Begriff von Anfang und Ende

Eine Aufstellung der Konstanten und Varianten, an denen die Unterschiede zwischen Metastasios dramatischen Intrigen zu messen wären, müßte die Arten der Konfliktregie berücksichtigen. Das einfachste Schema ist wohl die äußere Gegnerschaft. Nur mit Ausnahme von *Catone in Utica* (1728) wird in allen frühen Libretti bis zu *Adriano in Siria* (1732) sowie später in *Zenobia* (1740), *Il trionfo di Clelia* (1762) und *Romolo e Ersilia* (1765) der Konflikt von einem Bösewicht erzeugt – während er in *Demofoonte* (1733), *Ciro riconosciuto* (1736), *Ipermestra* (1744), *Nitteti* (1756) und schwächer in *Antigono* (1744) aus der Gegnerschaft zwischen Sohn und Vater-König entsteht. Die dramatischen Funktionen dieser Figuren freilich sind stärker aufgefächert. Einerseits fungieren Demofoonte, Astiage, Danao, Antigono und Amasi gleichermaßen als »Hindernisse« für das Glück des Helden[8], andererseits wird der Zuschauer bald zu unterscheiden lernen zwischen dem gerechten Amasis, dem auf seinen Sohn eifersüchtigen Antigono, dem despotischen Gesetzeshüter Demofoonte oder den anderen beiden Herrschern, die zur Erhaltung ihres Thrones zu Schandtaten bereit scheinen. Auch etwa das Verschwörungsthema wird immer neuen Konstellationen angepaßt, die manchmal

---

1 »... ho veduto pianger gli orsi« (Ich habe die Bären weinen gesehen), berichtet Metastasio stolz an M. Benti Bulgarelli (Brief vom 12.12.1732) von seiner erfolgreichen Personenregie der »scena delle sedie« (II/12) in *Demetrio*.

2 J. Racine, *Œuvres complètes*, S. 149; vgl. J. J. Roubine, *La stratégie des larmes au XVIIe siècle*, in: Littérature 9 (1973), S. 56–73. Zur metastasianischen Nachahmung vgl. R. Strohm, *Auf der Suche nach dem Drama im dramma per musica. Die Bedeutung der französischen Tragödie*, in: *De Musica et Cantu. Studien zur Geschichte der Kirchenmusik und Oper. Helmut Hucke zum 60. Geburtstag*, hg. v. P. Cahn und A.-K. Heimer, Hildesheim 1993 (Musikwissenschaftliche Publikationen 2), S. 481–493: 489 ff.

3 So Erich Auerbachs Kommentar zum »unterbrochenen Abendessen« der *Histoire de Manon Lescaut et du chevalier Desgrieux* (1731) von A.-F. Prévost, in: *Mimesis. Dargestellte Wirklichkeit in der abendländischen Literatur*, Bern 1946 (Sammlung Dalp 90), S. 350f.

4 »Sopraffatto dall'autorità degli sguardi«: *Estratto dell'Arte Poetica d'Aristotele e considerazioni su la medesima*, in: *Tutte le opere*, hg. v. Brunelli, Bd. 2, S. 957–1171: 1076.

5 *Théâtre du XVIIIe siècle*, Paris 1972, Bd. 1, S. 517–562: 517f. Zum vielgestaltigen Phänomen der Tränen vgl. die umfassende Studie von A. Vincent-Buffault, *Histoire des larmes XVIIIe–XIXe siècle*, Marseille 1986.

6 Eine zynische Interpretation von Stellen wie derjenigen Barces und Eurinomes wird immer nur eine angebliche Äquivalenz des »ernsten« und des »komischen« Elements sehen; sie deutet sich an im berühmten Urteil von F. De Sanctis, *Storia della letteratura italiana*, Bd. 2, hg. v. N. Gallo, Turin 1958, S. 853–881. Metastasios Mühe mit dem heroischen Stil und seine Sympathie mit Barces Kommentar betont P. Gallarati, *Musica e maschera. Il libretto italiano del Settecento*, Turin 1984 (Biblioteca di cultura musicale), S. 49f.

7 Stendhal, *Vies de Haydn, de Mozart et de Métastase*, Paris 1926, S. 291f.

8 Zur syntaktischen Figur der Opposition vgl. A. J. Greimas, *Sémantique structurale. Recherche de méthode*, Larousse 1966 (Langue et langage), und A. Ubersfeld, *Lire le théâtre*, Paris 1977 (Classiques du peuple. Critique 3), S. 67–107.

das Unrecht vergrößern, wie im Falle von falscher Identität, verfolgter Unschuld oder Familienzwist. In *Adriano* und *Zenobia* allerdings muß der Bösewicht einem Sinneswandel des von ihm verführten Protagonisten zuvorkommen; besonders im *Adriano* wird die Verräterfigur (Aquilio) für die Intrige fast entbehrlich.

Auch in *Demetrio* (1731) ist der äußere Konflikt schwach artikuliert, und schließlich wird in *Olimpiade* (1733), *Achille in Sciro* (1736), *Il re pastore* (1751) und weniger auffallend in *L'eroe cinese* (1752) und *Ruggiero* (1771) der innere Konflikt zwischen Pflicht und Gefühlen das einzige Movens der Verwicklung. Schon in *Demetrio* wird der äußere Gegner erfolgreich durch eine berechnete innere Unsicherheit der Protagonistin ersetzt – als ob je nach den Umständen die eine Konfliktquelle oder eine andere zur Herstellung der Intrige benützt würde.[1]

Es bleiben die einander nahestehenden Dramen *La clemenza di Tito* (1734), *Temistocle* (1736)[2] und *Attilio Regolo* (1740), für die unser Katalog eine neue Sachgruppe benötigt: Hier kämpft der Held nicht gegen unkontrollierbare Widerstände, sondern seine von Anfang an feststehende Ehrenhaftigkeit bestätigt sich mit jeder neuen Prüfung. Allerdings ist die Erfindung eines exemplarischen Tugendbolds nicht das Ende der Erforschung menschlicher Spannungen und Gefühle, denn schließlich muß moralische Vollkommenheit mit schmerzlicher Isolation und Unverstandensein bezahlt werden.

Zeitgenössische Theoretiker waren vor allem von Metastasios genialer Konfliktregie beeindruckt, ganz unabhängig von den thematischen und formalen Varianten. Man sah im wesentlichen die Einzelelemente der Dramaturgie, wie z.B. die ausgeklügelte Intrige, die Motivierung der Ereignisse, die Verbindung von Haupt- und Nebenhandlungen, und beurteilte sie im Sinne einer ›rationalistischen‹ Vorstellung von planender Vernunft und unter dem Einfluß aristotelischer Poetik. Esteban de Arteaga, eher ein Bewunderer von Metastasios dramaturgischer Geschicklichkeit als seiner poetischen Begabung, schrieb: »Man beachte die leichte Hand des Autors in der Präsentation der Ereignisse [...] Man beachte, wie er der Lösung zustrebt, ohne sich mit den einzelnen Situationen mehr aufzuhalten als für die Lösung nötig ist. Und man beachte seine bewundernswerte Knappheit und Präzision im Dialog, wo sie erfordert wird [...]«.[3]

Zu solchen Zwecken bediente sich der Dichter gern des Fonds der zeitgenössischen Dramenliteratur, was die literarische Praxis des 18. Jahrhunderts voll und ganz erlaubte; man richtete sich dabei nach dem aristotelischen Prinzip (*Poetik* XIV), daß der Dichter überlieferte Stoffe zwar modifizieren, aber nicht ihre Grundlinien verändern dürfe.[4] Metastasio freilich redisponiert in individueller Weise die Ereignisse und das Wechselspiel von Klimax und Antiklimax; ihn leitet nicht die Bequemlichkeit des Abschreibers, sondern der Geist der Nachahmung. Seine Entlehnungen atmen die Luft des Neuen.

Unter Metastasios Vorbildern stellt das dramatische Werk von Pierre und Thomas Corneille ein wertvolles Arsenal politischer Intrigenhandlungen dar, während ihm Racine gewöhnlich die Affekte der Personen liefert. In *Ezio* (1728) ist die Verschwörung Massimos jener Maximians in der gleichnamigen Tragödie (1662) von Thomas Corneille nachgestaltet, jedoch führt die Rivalität zwischen Ezio und dem Kaiser Valentiniano um dieselbe Frau zurück zur Verwendung einer berühmten Szene aus *Britannicus* (II/3–7).[5] Ähnlich ist in *La clemenza di Tito* die Verschwörungshandlung derjenigen in Corneilles *Cinna* (1641) verwandt, aber die frustrierten Liebesbeziehungen der Personen erinnern viel mehr an die Konflikte zwischen Hermione, Oreste und Pyrrhus in Racines *Andromaque* (1667). Als weitere wichtige Quellen benutzt Metastasio *Gerusalemme Liberata* (Canto XVI) für *Achille in Sciro* und – wahrhaft exzentrisch – Tassos *Il re Torrismondo* (1587) für den Schlußakt von *Demofoonte*, ein Libretto, das sich sonst vor allem mit *Inés de Castro* von La Motte berührt.[6] Für die Handlung von *Issipile* (1732) fehlt offenbar ein dramatisches Vorbild, obwohl der Stoff klassischer Herkunft ist. Die zentrale Szene des zweiten Aktes (II/11; *scena di forza*) freilich beruht auf einem Topos, den auch *Camma* (1661) von Thomas Corneille oder *Lucio Vero* (1700) von Zeno gebrauchen: Die Heldin verhindert die Ermordung ihres Bräutigams, wird aber mit der Waffe in der Hand überrascht und selbst für schuldig gehalten. Metastasios Version des Themas wurde auch bildlich dargestellt in einer Illustration der autorisierten Ausgabe seiner Dramen (Paris, Hérissant 1780–1782) durch Giuseppe Pezzana. Noch 1787 findet sich der Topos am Schluß des ersten Aktes von Giovanni de' Gamerras *Pirro*, natürlich in einer spektakuläreren Fassung.

---

[1] Vgl. J. Joly, *Dagli Elisi all'inferno. Il melodramma tra Italia e Francia dal 1730 al 1850*, Florenz 1990 (Discanto / Contrappunti 27), S. 24f.

[2] In *Temistocle* bleibt der Bösewicht (Sebaste) ganz außerhalb der Intrige: Er begeht keine Untat, beeinflußt weder die Beziehungen der anderen noch den Handlungsablauf; als seine Absichten enthüllt sind, bereut er und erlangt Vergebung.

[3] *Le rivoluzioni del teatro musicale italiano*, Bd. 1, Bologna 1783 (Nachdruck ebenda 1969 [Biblioteca musica Bononiensis III/6]), S. 346. Vgl. auch Ranieri de' Calzabigis Urteil, der seine Wertschätzung dieser Dramen schon in der bloßen Nacherzählung der Handlung auszudrücken weiß (*Dissertazione*, S. 262–279).

[4] Aristoteles, *Werke*, Bd. 4: *Über die Dichtkunst*, hg. v. F. Susemihl, Leipzig 1874, S. 125.

[5] R. Strohm, *Handel, Metastasio, Racine. The Case of »Ezio«*, in: The Musical Times 118 (1977), S. 901ff.

[6] Vgl. F. Menchelli-Buttini, *Pietro Metastasio's Drammi per Musica in their Musical Settings (1730–1745)*, Diss., University of Oxford, 1999, S. 152–161. Schon Zenos *Mitridate* (Wien 1728) war von *Inés* angeregt (wie im *Argomento* angegeben), jedoch unter Verwendung anderer Episoden.

Pietro Metastasio, *Opere*, Paris 1780-82. Die von Giuseppe Pezzana besorgte Edition ist eine Ausgabe letzter Hand. In einer dramatisch wie emotional extremen Szene treffen die Protagonisten Issipile und Giasone vor dem Hintergrund eines Feldlagers aufeinander (*Issipile*, II/12).

Genügte der Dichter somit den traditionellen Ansprüchen der Konfliktregie und des Hervorrufens von Situation und Aktion, so ersparte ihm doch seine Geschicklichkeit nicht andere Schwierigkeiten. Strukturell hat jedes Drama zwei Teile, die Schürzung des Knotens und die Lösung, wobei die erstere nicht die ganze Energie auf sich ziehen darf, sondern eine ebenso überzeugende Schlußlösung vorbereiten muß. Schon Aristoteles hatte vor falscher Gewichtsverteilung gewarnt bei Autoren, »welche den Knoten zwar glücklich zu schürzen, aber schlecht zu lösen verstehen; allein es ist erforderlich, daß man stets beide Aufgaben bemeistert« (*Poetik* XVIII).[1]

Über Metastasios Erfolg in dieser Technik gingen die Meinungen auseinander. Ein häufiger Vorwurf, auch von Arteaga, betraf die Einförmigkeit seiner Lösungen: die allzu oft verwendete »Wiedererkennung« sei dramatisch schwach und »auf unnatürliche, ja romanhafte Weise« herbeigeführt, also mithilfe von Zeichen, Schmuckstücken, Briefen u.a., während die unvermeidliche Doppelhochzeit »zwar eher zur komischen Gattung als zur tragischen gehöre, aber aus althergebrachter Theatertradition entschuldigt werden könne«.[2]

Hier wird auch das verwandte Problem von tragischem und glücklichem Ausgang berührt. Metastasios Vorsicht gegenüber dem aristotelischen Prinzip des tragischen Ausgangs

---

1 Aristoteles, *Über die Dichtkunst*, S. 141.
2 Arteaga, *Rivoluzioni*, Bd. 1, S. 404.

wird deutlich z.B. an seiner Reaktion auf die Stelle in *Poetik* XIII, wo es heißt, die Versöhnung zweier Erzfeinde sei ein nur für die Komödie geeigneter Ausgang; er schreibt: »Ein solcher Ausgang war vielleicht zu Aristoteles Zeiten unpassend, doch ist er es heutzutage nicht mehr; man darf vermuten, daß der Philosoph, wenn er heute schreiben würde, seine Regeln den heutigen Sitten angepaßt hätte, nicht denen von vor zwei Jahrtausenden«.[1]

Richtig betrachtet, waren die Verstöße gegen solche Konventionen in *Attilio Regolo* oder *Didone abbandonata* isolierte Experimente; im *Catone* erscheint der Held tödlich verwundet auf der Bühne und wird danach sterbend in die Kulisse geführt – doch es folgten die Revisionen. »Der Autor ist sich bewußt, daß der Auftritt des verwundeten Catone ein Risiko war, sowohl gegenüber der Empfindsamkeit des modernen Theaterpublikums, das den Schrecken der antiken Bühne ablehnt, als auch wegen der Schwierigkeit, einen Schauspieler zu finden, der dies würdig darzustellen vermag. Deshalb hat er den dritten Akt weitgehend umgearbeitet«.[2] Doch blieb die Handlung genau dieselbe, außer daß Catone nach seinem Monolog zum Sterben in die Kulisse abgeht.

Umgekehrt stellte die Konvention des »Lieto fine« nicht zwangsläufig zufrieden. Ein Gefühl der Niederlage geht durch die Schlußverse von *Adriano in Siria*; der Seelenfrieden des Kaisers scheint so unsicher, daß er ihn schon beim Anblick der parthischen Prinzessin Emirena wieder zu verlieren droht, die zum unschuldigen Objekt seiner Sehnsucht geworden war und sein Verlöbnis mit der Römerin Sabina gefährdet hatte.[3] In *La clemenza di Tito* erhalten Vitellia und Sesto Pardon für die Verschwörung gegen den Kaiser, jedoch mit einer übergesetzlichen Geste der Begnadigung, die den Abstand zwischen absolutem Monarchen und Untertanen nur noch akzentuiert. Und die Ankündigung der Hochzeit, die wie eine schmerzhafte Buße auferlegt wird, erscheint hastig und nur von der Autorität des Fürsten gewollt. Sesto, mit dem sich der Zuschauer identifiziert, bleibt mit seiner eingestandenen Schuld belastet; sie wird nicht durch unerwartete Ereignisse oder Erkenntnisse von ihm genommen wie in *Demofoonte*, wo eine doppelte Wiedererkennung die verbotene Verbindung Timantes mit Dircea legitimiert und somit dessen Begnadigung durch den Vater-König de facto überflüssig macht.[4]

Die allzu oft – wenn auch in erfindungsreichen Varianten – gebrauchte Schlußlösung durch ›Enthüllung‹ bezieht sich einerseits auf die ›Erkennung‹ der Identität des Protagonisten, andererseits auf das Erkennen der Wahrheit. Letzteres ergibt sich, wenn die Handlung einen Bösewicht hat, dessen Entlarvung zur Erkenntnis der wahren Umstände und zum Sieg der Unschuld führt. Eine solche ›doppelte‹ Lösung wird von Aristoteles (*Poetik* XIII) der Komödie zugeschrieben, von Pierre Corneille (*Discours de la tragédie*) aber für die Tragödie in Anspruch genommen und mit der moralischen Bestimmung des Theaters gerechtfertigt.[5]

In Metastasios Libretti ist die Idealform der ›doppelten Katastrophe‹ selten beibehalten.[6] Vielmehr gibt es oft eine Begnadigung des Übeltäters, die hastig und gleichsam ungewollt erscheinen kann (*Ezio, Adriano, Artaserse*) oder auch mit Emphase und Autorität verliehen wird, wobei die Großmut des ›Opfers‹ die Reue des Schuldigen stimuliert (*Siroe, Alessandro*).[7] Und das Schlußbild von *Semiramide riconosciuta* (1729) zeigt die Versöhnung als Akt der Zivilisation, im deutlichen Unterschied zu der ›naturhaften‹, barbarischen Haltung Ircanos, der der Rache zuneigt oder zumindest an strafende Justiz gewöhnt ist.

Die Gegenbeispiele sind freilich nicht zu übersehen. Trotzige Gegner wie Zopiro (*Zenobia*) oder Acronte (*Romolo ed Ersilia*) finden ein gewaltsames Ende hinter der Szene und der Verräter Tarquinio (*Il trionfo di Clelia*) flieht bei seiner Entlarvung; doch Learco (*Issipile*) hält einen erregten Monolog, bevor er sich, unfähig sich zu bekehren oder seine Untat auszuführen, auf der Bühne ersticht. Er ist offenbar verloren für die Gemeinschaft aller Guten.[8] Als klassisches Erzählgut sollte dieser Stoff wohl eine archaische Gerechtigkeitsauffassung widerspiegeln; doch läßt der Selbstmord – im Unterschied etwa zu einer Bestrafung durch den Herrscher – das Glück der anderen ungeschmälert und bricht die Verkettung des Bösen. Metastasios Geschick besteht in der Disposition der Ereignisse, die zur Selbstmordszene führen – unter anderem die von Learco ungewollt ausgesprochenen Vorahnungen – in einer organischen und überzeugenden Abfolge. »Nur weil er die Zweifel Learcos von Anfang an so gut angedeutet und durchgehend bis zum Ende lebendig erhalten hatte, konnte er diese spektakuläre Katastrophe zustandebringen, die auf andere Weise unmöglich gewesen wäre«.[9]

---

[1] *Estratto*, in: *Tutte le opere*, hg. v. Brunelli, Bd. 2, S. 957–1117: 1072.

[2] *Avviso* (gedruckt 1780), in: *Tutte le opere*, hg. v. Brunelli, Bd. 1, S. 1399. Schon 1733, bei der Übersendung der zweiten Fassung an den Drucker Giuseppe Bettinelli, schlug Metastasio vor, diese neben der ersten abzudrucken, um seine Bevorzugung der ersten zu betonen, während die zweite eine Konzession darstelle: ein Beispiel des Kompromisses zwischen Autor und Publikum bzw. Auftraggebern. Zum Problem tragischer Ausgänge in Libretti bis um 1730, vgl. R. Strohm, *Dramma per Musica. Italian Opera Seria of the Eighteenth Century*, London und New Haven 1997, S. 165–176.

[3] Vgl. auch F. Menchelli-Buttini, *Il libretto dell'»Adriano in Siria«. Vent'anni di rappresentazioni (1732–1754)*, Referat gehalten bei der Tagung »Il canto di Metastasio« (Venedig 1999), Druck in Vorbereitung.

[4] Zum Vergleich sei die französische Bearbeitung des *Titus* (1757) von Pierre-Laurent Buirette de Belloy erwähnt (*Œuvres choisies*, Paris 1811, S. 1–67), wo im Gegensatz zur Tradition Sextus' Schuld verringert oder neutralisiert wird. Nur Lentulus und Vitellie erscheinen verantwortlich für das Attentat auf Titus und bezahlen dafür mit ihrem Leben (er wird umgebracht, sie vergiftet sich).

[5] *Œuvres complètes*, Paris 1963, S. 832.

[6] Es überrascht auch nicht, daß Metastasio sie in seinem *Estratto* (in: *Tutte le opere*, hg. v. Brunelli, Bd. 2, S. 1073) zwar erwähnt, aber nicht weiter diskutiert.

[7] Zum Unterschied zwischen Metastasios Gerechtigkeitsbegriff und dem der Franzosen sowie der vorangehenden italienischen Librettotradition vgl. E. Sala di Felice, *Virtù e felicità alla corte di Vienna*, in: *Metastasio e il melodramma. Atti del seminario di studi, Cagliari, 29–30 ott. 1982*, hg. v. E. Sala di Felice und L. Sannia Nowè, Padua 1985 (Biblioteca di cultura. Saggi 1), S. 55–87.

[8] J. Joly, *Dagli Elisi all'inferno*, S. 39.

[9] R. de' Calzabigi, *Dissertazione*, S. 279.

Die Librettoformen und ihr Verhältnis zur Musik

Nach einer traditionellen Einschätzung ist die Opera seria nicht mehr als eine Bündelung von Konzertarien oder eine Aneinanderreihung von Affekt-Monaden. Dem läßt sich entgegenhalten, daß das Dramma per musica nicht Episodik, sondern Kohärenz und Zielgerichtetheit der Aktion und Narration bevorzugt, etwa in der Verkettung der Auftritte und Abgänge der Personen (»liaison de scènes«) oder der Steigerungsanlage der einzelnen Akte oder Bühnenbild-Einheiten. Auch der Auffassung, Rezitativ und Arie stünden für völlig gegensätzliche Zwekke, muß widersprochen werden. Zwar handelt es sich um verschiedene Dichtungsformen und Vortragsarten – Monolog oder Dialog in ›versi sciolti‹ (Mischung ungereimter Sieben- und Elfsilbler) einerseits, gesungene Lyrik in der Gattungstradition der ›canzonetta‹ andererseits – doch gehören Rezitativ und Arie nicht grundsätzlich separaten Diskurstypen wie »Erzählung und Affektdarstellung« oder auch »Handlung und Betrachtung« an. Vielmehr werden ihre dramatischen Funktionen von der jeweiligen Handlungsführung und Gesamtbalance bestimmt. Die Funktionen von Metastasios Arien lassen sich kaum auf die Affektdarstellung einschränken und erst recht nicht auf die Darstellung nur punktuell aus einer Szene hervorgehender Affekte. Der Dichter selbst nennt viel mehr als Aufgaben der Arie »caratteri, situazioni, affetti, senso, ragione«[1], d.h. Personendarstellung, dramatische Situationen, Gefühle, Meinungen oder Interessen, Urteile, wie sie vom Lauf der dramatischen Ereignisse geliefert und entwickelt werden. Wie andere Librettisten auch wechselt Metastasio gern zwischen affektstarken und -schwachen Arien ab, wie überhaupt der »chiaroscuro« genannte Wechsel zwischen Extrem- und Mittelwerten empfohlen wurde. Dieselbe Variationsbreite gibt es im Rezitativ, das nur rhetorisch-praktisch eine andere Art des Vortrags (der ›pronuntiatio‹) erfordert.[2]

Die Rezitative dienen ohnehin einem viel umfassenderen Zweck als dem der dramatischen Aktion. Da Metastasio noch einer Poetik des Theaters verpflichtet ist, die das Wort gegenüber dem Bild privilegiert[3], nimmt bei ihm die Narration in Dialog und Monolog bedeutenden Raum ein, und zwar in den verschiedenen Formen der Erzählung der Vorgeschichte, des Botenberichts und der Phantasieerzählung. Narrative Passagen sind selten ganz für sich gestellt, sondern in die Gefühls- und Handlungsdarstellung eingewoben. Wofern sie relativ selbständig hervortreten, wurden sie freilich oft als überflüssig betrachtet und in späteren Aufführungen gestrichen. Damit konnte andererseits stärkere Kohärenz der Handlungsführung erzielt werden.

Metastasios beneidenswert leichte Hand in der Präsentation der Vorgeschichte »ohne das Gedächtnis der Hörer überzubelasten oder zu verwirren«[4] und oft bei einem szenischen Beginn ›in medias res‹ wurde schon von Zeitgenossen anerkannt.[5] Dieselbe »agevolezza« hilft ihm in der Situation des Botenberichts, besonders wo die Prinzipien des ›decorum‹ (›bienséances‹) es verbieten würden, bestimmte Ereignisse szenisch darzustellen.[6] Klar erkennbar ist die rhetorische Strategie, das Ereignis unvermittelt und packend ankündigen zu lassen, worauf entsprechend überraschte Reaktionen der Mitspieler folgen, dann aber die Vorgänge, die im Präsens und unter häufiger Beschwörung des visuellen Modus (deiktisches »Siehe da«, u.a.) erzählt werden, gleichsam szenisch vor das innere Auge der Mitspieler und Zuschauer zu führen; gern werden die leidenschaftlichen Reaktionen der ursprünglichen Zuschauer berichtet und damit die aktuellen Zuhörer zu nachahmender Anteilnahme ermutigt.[7] Und wie oben an *Issipile* (II/4) gezeigt, stellt der Erzähler dabei manchmal den Sicherheitsabstand der Zuschauer mit rhetorischen Signalen, die zur Reflektion auffordern, wieder her.

Bei der Phantasieerzählung kann ein erzähltes (imaginäres) Geschehen außerhalb der Bühne geheime Befürchtungen des Erzählers verraten (*Olimpiade* I/1), oder das Erzählen kann der Überredung eines Partners dienen (*Demofoonte* II/2); die Schilderung nicht sichtbarer Vorgänge im Dialog kann also entweder Gefühlsdarstellung oder Interaktion zwischen Handlungspartnern sein.

Metastasios Monologe, die oft aus Rezitativ und nachfolgender Arie bestehen (das spätere Klischee »scena ed aria« ist direkt von ihnen abgeleitet), sind gewöhnlich strategisch placiert, etwa am Anfang oder Ende von Akten oder Bühnenbild-Einheiten. In solchen Szenen gibt es verschiedene Diskurstypen, die man in ›oratorische‹, ›dialektische‹ und ›lyrische‹ gruppieren könnte: Ansprache an die Zuschauer, Dialog mit sich selbst, Vortrag von Poesie. Charakteri-

---

[1] Brief an Jean-François de Chastellux vom 15.7.1765. Hierzu vgl. Gallarati, *Musica e maschera*, S. 60. Metastasio verstand unter frz. »sentiment«, ital. »senso« oder »sentenza«, sowohl »Fühlen, Affekt, Emotion« als auch (und hier im besonderen) »Denken, Idee, Meinung«.

[2] Zum Verhältnis Arie-Rezitativ vgl. ferner C. Maeder, *Metastasio, L'*»*Olimpiade*« *e l'opera del Settecento*, Bologna 1993, S. 45–87.

[3] »... les Actions ne sont que dans l'imaginations du spectateur à qui le poëte par adresse le fait concevoir comme visibles, et cependant qu'il n'y a rien de sensible que le discours«: F. H. D'Aubignac, *La pratique du théâtre*, Paris 1657, S. 372.

[4] P. Metastasio, *Estratto*, in: *Tutte le opere*, hg. v. Brunelli, Bd. 2, S. 1036.

[5] So besonders Arteaga, *Rivoluzioni*, Bd. 1, S. 344.

[6] Zum restriktiven Einfluß der *bienséances* auf das, was im Theater zu zeigen als schicklich gilt, vgl. J. Scherer, *La dramaturgie classique en France*, Paris 1950, S. 383–421.

[7] Was Scherer, *La dramaturgie classique*, S. 235–239, in diesem Sinne an französischen Sprechtragödien beobachtet, läßt sich etwa auf folgende metastasianische Passagen beziehen: *Ezio* (II/2), *Demetrio* (I/8, Vorgeschichte), *La clemenza di Tito* (II/2), *Antigono* (III/9), *L'eroe cinese* (III/7), *Romolo e Ersilia* (III/2–3), *Ruggiero*, (III/1, I/5 Vorgeschichte) und vor allem *Olimpiade* (II/13 und III/2), *Demofoonte* (III/2), *Ciro riconosciuto* (I/11). In *Issipile* (I/13) ist die Erzählung des Massakers der Bewohner von Lemnos trotz ihrer Kürze ganz im Präteritum gehalten, als ob die Grausamkeit der Ereignisse größtmögliche Distanz auferlege.

stisch für Metastasio ist die Mischung dieser Typen, etwa indem der Sprecher schon bei der resümierenden Erzählung der erreichten Handlungssituation in Gefühlsreaktionen auf diese verfällt oder sich selbst darüber befragt, oder indem der lyrischen Form der Arie nicht nur Affektdarstellung, sondern auch Selbstdialog oder Handlungsresümee anvertraut wird. Zu unterscheiden sind Auftritts- und Abgangsmonologe. Erstere sind typischerweise im Ausgang offen und auf Unterbrechung durch die nächstauftretende Person hin geplant, deren Erscheinen im Monolog selbst angekündigt werden kann (»*Eccolo. Oh, come altero, come lieto s'avanza!*«, *Ezio* III/1). Deshalb ist auch die Verwendung lyrischer Formen auf die verkürzte Arie oder Kavatine beschränkt, wie in den berühmten letzten Auftritten Didones (»*Va crescendo il mio tormento*«, *Didone abbandonata* III/8, und Schlußmonolog III/20, »*Ah, che dissi, infelice!*« mit Kavatine »*Vado ... Ma dove? Oh dio!*«).[1] Ferner kann bei Auftrittsmonologen das Bühnenbild in den Text einrücken, z.B. wenn der Sprecher beim Anblick der Szenerie gleichsam in Gedanken und Erinnerungen verfällt, so Massimo beim Anblick der palatinischen Gärten in der Morgendämmerung (»*Qual silenzio è mai questo!*«, *Ezio* II/1), was Händel in seiner Vertonung 1731 zu einer meditativen Sinfonia angeregt hat. Im Aktschlußmonolog hingegen bleibt nach einer Abgangs-Serie im Sinne der *liaison des scènes* eine Einzelperson am Ende des Geschehens zurück und kann nun ›endlich‹ die in den vorangegangenen Dialogen aufgestaute Emotion aussprechen: die Technik der ›Enthüllung‹ einer zuvor verhehlten inneren Handlung paßt zur Steigerungsanlage der Gattung insgesamt. Am Ende des zweiten Akts von *Artaserse* folgt auf Artabanos Gefühlsaufwallung »*Son pur solo una volta [...]*«, sozusagen der These, sofort auch die Antithese, ein Entschluß zu neuer Tat (»*si difenda il figlio*«), und dann eine Gleichnisarie, in der als Synthese die gesamte eigene Situation aus narrativer Distanz erscheint (»*Così stupisce e cade*«).

Solche effektvollen Szenen, die schnell berühmt und nachgeahmt wurden, bildeten andererseits auch Anlässe für übersteigernde Bearbeitungen der Libretti. Anstelle der genannten Originalszene (Rom 1730, vertont von Vinci) enthielt schon die venezianische Vertonung von Johann Adolf Hasse (ebenfalls 1730) eine ausgedehnte *scena d'ombra* (Geisterszene), in der Artabano sich nicht nur den Gefühlen überläßt, sondern auch von Visionen heimgesucht wird (»*Eccomi al fine in libertà del mio dolor ... Pallido il sole, / torbido il cielo*«).[2] Dieses offensichtliche Zugeständnis an die Gesangs- und Schauspielkunst des schon betagten Kastraten Nicolino Grimaldi besteht in einer pathetischen – unmetastasianischen – Übersteigerung und lyrischen Vereinfachung der Gefühlssituation; die Szene wird zum Tableau, dessen Vereinheitlichung auch von der durchgehenden musikalischen Ausarbeitung als ›recitativo obbligato‹, d.h. mit »obligater Violinbegleitung« gewährleistet wird. Artabanos originaler Monolog war zu knapp, zu sehr oratorisch und dialektisch angelegt.

Technik und Funktion des Recitativo obbligato wurden gerne und weitgreifend debattiert. Die vollere musikalische Begleitung ersetzte einen Aspekt des Vortrags selbst, stellte diesem gleichsam eine innere Bühne zur Verfügung. Der Vortragsstil sollte außerdem freier sein als in der Arie, »herausgeschleudert und unterbrochen, in seinen Fortschreitungen die Spannung und Verwirrung des Sprechenden andeutend; instrumentale Musik sollte zwischen den Gesangsphrasen das ausdrücken, was der Sänger verschwieg«.[3] Auch die *gradatio* der Affekte zwischen einfachem Rezitativ, begleiteten Rezitativ und Arie war ein bekanntes Thema der Traktate.[4]

Metastasio verhielt sich der vordringenden Gattung gegenüber eher reserviert. Seine vergleichsweise restriktiven Empfehlungen an Hasse zu den Rezitativen von *Attilio Regolo*, die der Komponist befolgte[5], könnten auf die Existenz anderer mündlich geführter Diskussionen solcher Fragen zwischen Librettist und Komponist deuten – aber eben auch darauf, daß selbst Metastasio die Gelegenheit, den Komponisten vor Übergebrauch der Technik zu warnen, nicht allzu oft gehabt haben kann.

Grimaldis Delirium hatte auch musikalisch eine ähnliche Funktion wie noch die Monologszene Deidamias (*Achille in Sciro* II/11: »*Achille m'abbandona!*«) in einer Fremdbearbeitung für die Sopranistin Caterina Spagnoli und die Musik Hasses in der Version von Neapel 1759. Wie in vielen solcher Fälle wird Metastasios dramaturgische Ökonomie bei dieser stark erweiternden Bearbeitung mißachtet; der zweite Akt endet zunächst mit dem Monolog (Selbstdialog) einer anderen Rolle, und Deidamia hat erst in III/3 Grund, ihren ganzen Trennungsschmerz vorzutragen (und zwar direkt an Achille, mit Überredungsziel). Der umfangreiche

---

[1] Vgl. W. Osthoff, *Mozarts Cavatinen und ihre Tradition*, in: *Helmuth Osthoff zu seinem siebzigsten Geburtstag*, hg. v. W. Stauder, U. Aarburg und P. Cahn, Tutzing 1969 (Frankfurter Musikhistorische Studien), S. 139–177; R. Strohm, *Die italienische Oper im 18. Jahrhundert*, Wilhelmshaven 1979 (Taschenbücher zur Musikwissenschaft 25), S. 185f.

[2] Die Musik wird beschrieben in D. Heartz, *Hasse, Galuppi and Metastasio*, in: *Venezia e il melodramma del Settecento*, Bd. 1, hg. v. M. T. Muraro, Florenz 1978 (Studi di musica veneta 6), S. 309–337: 312. Der Librettist der venezianischen *Artaserse*-Bearbeitung war G. Boldini.

[3] Arteaga, *Rivoluzioni*, Bd. 1, S. 49.

[4] Vgl. z.B. Stendhals Bemerkungen zur Musik des 18. Jahrhunderts (*Vies*, S. 294f.).

[5] Vgl. u. a. W. Osthoff, *»Attilio Regolo«. Metastasios musikdramatische Konzeption und Hasses Ausführung*, in: *Dresdener Operntraditionen*, Dresden 1986, S. 147–173. S. Henze-Döhring, *Die »Attilio Regolo«-Vertonungen Hasses und Jommellis – ein Vergleich*, in: *Colloquium »Johann Adolf Hasse« und die Musik seiner Zeit (Siena 1983)*, hg. v. F. Lippmann, Laaber 1987 (Analecta musicologica 25), S. 131–158.

[1] Der verminderte Septakkord wurde in diesem Jahrhundert ein beliebtes Gestaltungsmittel gerade im Accompagnato-Rezitativ. Vgl. A. Schönberg, *Harmonielehre*, Wien 1922, S. 301; D. de la Motte, *Harmonielehre*, Kassel ³1980, S. 78f. und 92–97.

neapolitanische Monolog jedenfalls nähert sich bedenklich dem Klischee des Lamento der verlassenen Nymphe (Arianna, Armida, Olimpia, Didone u.a.), obwohl er andererseits aus dem Zusammenhang gerissene Fragmente des Originaltexts benützt (hier in Kursive):

> Misera, qual torrente
> mi ruina sul cor! Bella mercede
> mi rende il traditore!
> Ah, che *capace*
> *più non è di riguardi il mio dolore.*
> *Si raggiunga l'ingrato, e sopra il lido*
> *spirar mi vegga, e parta poi l'infido.*
> Vadasi pur ... ma, oh dèi! che veggo! Oh vista
> crudele, miserabile, infelice! [...]

Wie oft, setzen die Streicher bei den Fortsetzungspunkten (von »vadasi pur ...«) ein, da Instrumentalmusik zunächst das vom Sprecher Unausgesprochene zu repräsentieren strebt. Doch das hastige Losstürmen der Streicher und ihr Steckenbleiben auf dem verminderten Septakkord beschreibt nicht Ungesagtes, auch nicht das von Deidamia plötzlich erblickte Panorama (die scheinbar ausfahrenden Schiffe im Hafen), sondern ihre eigene äußere – und vielleicht auch innere – Bewegung, die bei diesem Anblick stockt. Dies wiederholt sich mit dem ›metatheatralischen‹ Ausruf »Gott, was seh' ich?«, worauf sie erst zum Stehen kommt (gehaltene Akkorde) und ihre eigene rhetorisch aufgeplusterte Reaktion auf das Geschehen vortragen kann, nun durch die Ausdrucksqualität desselben verminderten Septakkords affektsemantisch unterstützt. So geschehen hier gleich mehrere Dinge, die in der regulären Metrik und Kadenzharmonik der Arie kaum unterzubringen wären: die physische Bewegung auf der Bühne oder wenigstens deren mimisch-musikalische Andeutung, das Steckenbleiben auf unaufgelöstem Klang und die fortgesetzte Suspension auf demselben Klang zum Zwecke hochgradig erregten Deklamierens.[1]

Johann Adolf Hasse, *Achille in Sciro* (1759), Beginn des I. Akts. Partiturautograph (Mailand, Conservatorio di musica Giuseppe Verdi)

Hasse bringt den verminderten Septakkord erst im dritten Abschnitt des Monologs wieder, beginnend mit den Worten »dolce mio mal«, wo Deidamias Zorn sich in Schmerz und Liebesklage auflöst – passend zu der Mehrdeutigkeit, die nicht nur diesem musikalischen Mittel, sondern dieser Vortragsgattung insgesamt anhaftet.[1]

Im Dramma per musica ist die Arie eine musikalische ›pièce de résistance‹, die die Fremdartigkeit der Operngattung innerhalb der klassischen Tradition des Dramas bezeugt. Die ›ariette‹ oder ›canzonette‹ stammen aus der italienischen bukolischen, nicht aus der dramatischen Dichtung und waren durch ihre jeweils verschiedene Strophenform und musikalische Rundung aus dem Einerlei der Versi sciolti hervorgehoben. Ihr Vortrag – das Singen – verstößt gegen die dramatische Wahrscheinlichkeit. Der Ausweg einer ›Rechtfertigung‹ der Arie als reales Singen innerhalb der Handlung oder auch als Sentenz und quasi-volkstümliches Spruchgut – und jedenfalls als Bestandteil einer ›metatheatralischen‹ Ebene – geht durch die ganze barocke Opernpraxis hindurch. Librettisten wie Zeno entschuldigten die Ariette als Zugeständnisse an die Musiker und an die Vergnügungssphäre überhaupt, der die Oper angehört. Erst recht galt dies für die angeblich den Sängern zuliebe eingeführte Da-capo-Anlage, deren undramatische Refrain-Wiederholung der sonst zielgerichteten Dramaturgie widersprach. Bei zeitgenössischen Aufführungen von Dramen Metastasios ohne Musik bestand der Dichter selbst auf dem gesprochenen Vortrag der Arientexte, die er auf die Chorlieder der griechischen Tragödie zurückführte, was übrigens auch Calzabigis Anschauung war.[2] Jedenfalls glaubte er an die Verankerung der Prinzipien von Rezitativ (›armonia‹) und Arie (›melodia‹) schon in der aristotelischen Poetik und war ein Verfechter der Musik als qualitativem Bestandteil (›partie

---

[1] Die musikalischen Techniken des einfachen (secco-)Rezitativs waren im wesentlichen analog. Ein Versuch, den Werkcharakter von Vertonungen metastasianischer Rezitative nachzuweisen, ist R. Monelle, *Recitative and Dramaturgy in the Dramma per Musica*, in: Music and Letters 59 (1978), S. 245–267. Vgl. ferner die Analysen bei Maeder, *Metastasio*, S. 85–131.

[2] P. Metastasio, *Estratto*, in: *Tutte le opere*, hg. v. Brunelli, Bd. 2, S. 1116. Brief an Daniel Schiebeler vom 7.5.1767. Zu diesen Äußerungen wie zum Rechtfertigungsproblem der Arie im Drama vgl. R. Strohm, *Dramma per musica*, S. 202–205.

intégrante‹, Pierre Corneille) der ›tragedia‹.¹ Daß die Arien in Metastasios Libretti damals gelegentlich gestrichen oder ersetzt wurden, beweist keineswegs, daß der Dichter sie nicht für den »melodischen« Vortrag seines Werkes benötigt hätte.

Ariendichtungen aus Metastasios Drammi per musica, Serenaten und Kantaten waren seinerzeit die bekanntesten Zeugen seiner Kunst. Der Klang ihrer Worte wurde nicht nur als innerlich musikalisch gehört, sondern wahrscheinlich spontan in bestimmten musikalischen Vertonungen erinnert. Die Schlichtheit ihrer Form – meist zwei Halbstrophen von je vier Versen gleichen Metrums – mag zu oraler Verbreitung beigetragen haben. Die sorgfältig kontrollierte Rhetorik und Klangqualität ihrer Wortwahl konnte als Summierung italienischer Lyrik bis zurück zu Petrarca empfunden werden. Ihre oft betonte Sanglichkeit ist keine Legende, sondern läßt sich etwa im Vergleich mit Zenos eckigen und unrhythmischen Versen auf Schritt und Tritt nachweisen. Metastasios Arienverse dienten als Inspiration oder Motto in der Instrumentalmusik (z.B. bei G. Tartini) und in der Literatur. Sie wurden auch weitab vom Operntheater musikalisch rezipiert, so in der Gesellschaftsmusik, für deren Zwecke Mozart, Beethoven und sogar Metastasio selbst Vertonungen beigetragen haben. Da aber diese Wirkung von Texten ausging, die eine Stimme, einen personifizierten Sprecher, implizieren, war doch wieder das Theater und die Welt der regulierten Affekte assoziiert.

Die Vertonung von Metastasios Arien durch Hunderte von Komponisten ist insofern symptomatisch für die Vokalmusik des 18. Jahrhunderts, als hier (ähnlich wie beim Madrigal des 16. Jahrhunderts) das Singen als repetitive Zeremonie oder auch rekreative Praxis mit Werkförmigkeit zusammenstößt und Fragen der Imitationsästhetik wie der gesellschaftlichen Normen berührt. Die Spitzenkunst professioneller Opernsänger wurde an Arien erprobt, und zwar sowohl in der Beherrschung komponierter Strukturen als auch aufführungspraktischer Finessen. Der Gesang der Kastraten, wie z.B. von Metastasios engem Vertrauten Farinelli, wurde nur in dieser Gattung als Geschmacks- und Kunstmuster akzeptiert. Die besondere Bedeutung der Arie in der Opera seria und die Aufführung durch Kastraten waren interdependent; in der nicht-metastasianischen Oper der Zeit (auch in der Opera seria vor und nach ihm) ist keine der beiden so stark ausgeprägt. Die Werkförmigkeit der Vertonungen metastasianischer Arien war *sui generis*. Einerseits wurden bestimmte Arientexte unzählige Male vertont und vorgetragen (auch außerhalb des Theaters), was Serien von kompositorischer Nachahmung, Parodie und Innovation ermöglichte; andererseits wurden sie für spezifische Dramen und deren spezifische Aufführungen und Sänger bestimmt, was ihnen auch die Aura des Unwiederholbaren verlieh.² Gerade in der serienhaften Rezeption der Arien als Einzelstücke konsolidierte sich also ihr Werkcharakter, während die Einbindung in das literarisch-dramatische Werk und dessen Aufführung sie zu gleichsam zufälligen Artikulationen zeremonieller Bühnenbewegung reduzieren konnte.

Wie sehr die metastasianische Arie die Komponisten und Sänger – und damit die Entwicklung der Opernmusik insgesamt – inspiriert hat, kann hier nicht im Einzelnen demonstriert werden. Dieser Erfolg war freilich nicht voraussetzungslos; zur schon erwähnten besonderen Ehrenstellung des Dichters am kaiserlichen Hofe (die wie schon im Falle Zenos die Wiederverwendung seiner Libretti an anderen Hoftheatern fast garantierte³) kommt seine frühe und intensive Zusammenarbeit mit oft in Neapel ausgebildeten Komponisten (Leo, Vinci, Hasse, Porpora, Pergolesi, Jommelli, u.a.) und Sängern (Benti Bulgarelli, Carestini, Farinelli, Caffarelli, Gizziello u.a.), die ihn musikalisch beeinflußt haben dürften. Metastasio war wie alle Theaterdichter in Neapel, Rom und Wien regelmäßig mit den Bühnenproben seiner Stücke betraut, was sich auch in seinen sparsamen, aber effektiven Szenenanweisungen niederschlägt.⁴ Daß er umgekehrt in der Lage war, den Situationen seiner Libretti immer wieder die konziseste und doch bilderreichste rhetorische Arienformel abzugewinnen, verdankte er auch den bühnengerechten Libretti seiner wichtigsten Vorbilder Antonio Salvi und Carlo Sigismondo Capeci, sowie über sie hinaus den französischen Dramatikern.⁵

Am anderen Ende der Entwicklung war doch wohl der Vorrang und das Interesse der musikalischen Vertonung so angewachsen, daß einerseits das Ideal edler Einfachheit der poetischen Darstellung gefährdet war, das Metastasio ebenso wie seine frühen Vertoner inspiriert hatte, und andererseits die Opernpraxis mehr und mehr auf unmittelbar poetische oder dramatische Wirkungen der Musik vertraute, wie sie nicht zuletzt durch die Sänger und Instrumente vermittelt werden konnten. Im Sinne dieser Praxis wurde das Dramma per musica Metasta-

---

1 *Estratto*, in: *Tutte le opere*, hg. v. Brunelli, Bd. 2, S. 963f., 1028f. und 1068f. Hierzu vgl. R. Strohm, *Italienische Opernarien des frühen Settecento (1720–1730)*, Bd. 1, Köln 1976 (Analecta musicologica 16), S. 228f.

2 Für die interessante These, daß Serien verwandter Vertonungen desselben Textes von Sängern übermittelt sein könnten, vgl. K. Hortschansky, *Die Rolle des Sängers im Drama Metastasios. Giovanni Carestini als Timante im »Demofoonte«*, in: *Metastasio e il mondo musicale*, hg. v. M. T. Muraro, Florenz 1986 (Studi di musica veneta 9), S. 207–234.

3 Vgl. K. Hortschansky, *Die Rezeption der Wiener Dramen Metastasios in Italien*, in: *Venezia e il melodramma del Settecento*, Bd. 2, hg. v. M. T. Muraro, Florenz 1981 (Studi di musica veneta 7), S. 402–424; man beachte, daß die Vertonungen des Hofkomponisten Antonio Caldara (1670–1736) nicht dasselbe Privileg errangen.

4 Vgl. Joly, *Dagli Elisi all'inferno*, S. 11–83.

5 Den Toskaner Antonio Salvi behandeln F. Giuntini, *I drammi per musica di Antonio Salvi. Aspetti della »riforma« del libretto nel primo Settecento*, Bologna 1994 (Proscenio 7), und R. Strohm, *Dramma per musica*, S. 165–198; über den Römer Capeci liegt noch keine stilkritische Studie vor.

sios zwar nicht verdrängt, aber durch performative Emphase verändert. Schon der Dichter selbst mußte öfters in Revisionen den Arien größeren Raum geben und die Rezitative kürzen, doch waren die Kürzungen, Ariensubstitutionen, Erweiterungen, ja Streichungen oder Umstellungen ganzer Szenen, die bei Wiederaufführungen von Impresario, Kapellmeistern, Sängern oder Mäzenen angeregt wurden, gewöhnlich viel radikaler. Zur »Kunst des Streichens« schreibt Metastasio anläßlich einer Neufassung des *Alessandro nell'Indie* für Madrid, 1754, er habe insgesamt 561 Rezitativverse und neun Arien gestrichen, hingegen die Lebhaftigkeit und Spannung der Handlung erhöht, besonders im völlig überarbeiteten dritten Akt.[1] In den 1750er Jahren bearbeitete Metastasio auf Verlangen von Farinelli, der damals am Hof von Madrid wirkte, *Didone abbandonata*, *Semiramide*, *Alessandro nell'Indie*, *Adriano in Siria* und die Festa teatrale *Le cinesi*. Später scheint er die revidierten Fassungen vorgezogen zu haben und autorisierte Giuseppe Pezzana, die Dramen in dieser Form zu veröffentlichen.[2]

Es war nur zu erwarten, daß sich die Praxis der meisten Theater durchsetzte, die diese Libretti zwar ihren Repertoires einverleibt hatten, jedoch nur mit den jeweils aufführungspraktisch notwendig erscheinenden Änderungen. Selbstverständlich hatten die Prinzipien, die sich in der langen Reihe der Bühnenadaptierungen allmählich herauskristallisierten, auch in den eigenen Revisionen des Dichters der 1750er Jahre einen Platz. Man denke etwa an die Einführung von Liebesduetten in *Semiramide* und *Adriano*: in letzteres Libretto war schon 1734 in Neapel, 1736 in Rom und 1745 in Gorizia ein Liebesduett eingefügt worden (hingegen 1733 in Venedig ein Quartett und 1740 in Vicenza ein Terzett). Duette erscheinen auch in Metastasios Originallibretti nach *Ciro riconosciuto* – außer in *Temistocle*, *Attilio Regolo*, *Il trionfo di Clelia* und *Il Ruggiero* – während *Il re pastore* ein Quartett und *Nitteti* ein Terzett aufweist.

Ein »gründlich gearbeitetes« Duett (»lavorato a dovere«) hatte auf der Bühne des Settecento immer Aussicht auf Erfolg; dies bezeugt Arteaga, der zwar den Vorwurf der Unwahrscheinlichkeit zweier »gleichzeitig sprechender und sich gegenseitig verwirrender Partner« anerkennt, was eben der »Zauber der Musik glaubhaft machen müsse«, jedoch im Duett einen Höhepunkt imitierender Musik sieht, in der die aufgewühlte Leidenschaft die Verwirrung der Worte sehr wohl erklären könne.[3] Entsprechendes mußte für Ensembles von drei, vier, fünf oder sechs Personen gelten, die nur umso seltener angewendet wurden, als sie auffallender in die Balance des Dramas eingriffen.[4]

Die wichtigste dramaturgische Wirkung der Ensembles besteht wohl in einer verstärkenden oder bündelnden Konfliktdarstellung – oft auch klanglicher und visueller Art – im Unterschied zu der breiteren Streuung der Affekt- und Interessenkontraste in der diachronischen Abfolge solistischer Arien. Eine solche drastischere Theatralik scheint in *Nitteti* (1758) auf dem Wege zu sein, besonders im Schlußbild des zweiten Aktes, dessen Ausgangssituation durchaus mit der Szene in *Demofoonte* vergleichbar scheint, wo der Held (Timante bzw. Sammete) gegen den Vater-König (Demofoonte bzw. Amasi) rebelliert, um den Verlust der Geliebten (Dircea bzw. Beroe) zu verhindern.

In *Demofoonte* gipfeln der Entführungsversuch, der Zusammenstoß zwischen Vater und Sohn und der wütende Abgang des Monarchen mit der Arie »*Perfidi, già che in vita*« im zärtlichen Abschiedsduett der Liebenden »*La destra ti chiedo*«. Dieses Stück erschien den Zeitgenossen als so himmlisch, daß es sogar in der *Encyclopédie* als Musterbeispiel der Gattung zitiert wurde.[5] Eine der bekanntesten Vertonungen war diejenige von Leonardo Leo für eine neapolitanische Aufführung (1735), zu der auch die Kollegen Francesco Mancini und Domenico Sarro Arien beisteuerten, während die Rezitative und Intermezzi von Giuseppe Sellitti stammten.[6] Der Erfolg der Aufführung wird bestätigt durch die Ankündigung einer Wiederaufführung im Herbst 1741, in der die musikalische Fassung weitgehend unangetastet blieb, abgesehen von einigen Arien, die Leo und Sarro selbst der neuen Gesangsbesetzung anpassen mußten.[7] Diese war in der Tat in beiden Aufführungen bemerkenswert, beide Male mit Gaetano Majorano detto Caffarelli als Timante und mit Giustina Turcotti bzw. Giovanna Astrua als Dircea.

Damalige Hörer dürften bei Leos Vertonung die Tradition jener kantablen und rührenden Abschiedsduette assoziiert haben, die meist im langsamen geraden Takt und in einfach gehendem Rhythmus gehalten waren, und zu denen etwa Pergolesis berühmte Beispiele »*L'estremo pegno almeno*« (*Adriano in Siria*, Neapel 1734) und »*Ne' giorni tuoi felici*« (*Olimpiade*, Rom 1735) gehörten.

---

1 P. Metastasio, Brief an C. Broschi (Farinelli) vom 4.2.1754. Zu Metastasios eigenen Revisionen s. R. Wiesend, *Metastasios Revisionen eigener Dramen und die Situation der Opernmusik in den 1750er Jahren*, in: Archiv für Musikwissenschaft 40 (1983), S. 255–275.

2 P. Metastasio, *Opere*, hg. v. G. Pezzana, Paris 1780-82. Vgl. z.B. seinen Brief an Ivone Gravier vom 16.6.1773.

3 *Rivoluzioni*, Bd. 1, S. 58.

4 Vgl. D. Heartz, *Hasse, Galuppi and Metastasio*, S. 309–339; R. Wiesend, *Zum Ensemble in der Opera seria*, in: Colloquium »Johann Adolf Hasse« und die Musik seiner Zeit« (Siena 1983), hg. v. F. Lippmann (Analecta musicologica 25), Laaber 1987, S. 187–222.

5 M. Grimm, Artikel »*Poëme lyrique*«, in: *Encyclopédie, ou dictionnaire raisonné des sciences, des arts et des métiers*, Bd. 12, Neuenburg 1765, S. 823-836: 825.

6 Die Anteile der Komponisten sind im Libretto von 1735 (I-Mb Racc. Dramm. 653) genau vermerkt. Eine nur Leo zugeschriebene Partiturhandschrift, die in Einzelheiten abweicht, befindet sich in der British Library: »Demofoonte / Atto Primo / Del Sign.e Leonardo Leo«. GB-Lbl Add. 16043–16044.

7 *Giunta de' Teatri*, fasc. 16, 24.7.1741, zitiert nach G. A. Pastore, *Leonardo Leo*, Galatina 1957, S. 67f.

[1] Ein klassisches Modell war Pergolesis »*Se cerca, se dice*« (*Olimpiade* II/10); ihm folgen Leo (*Olimpiade*, Neapel 1737) und Galuppi (*Olimpiade*, Mailand 1748).

Die schlichte Deklamation kommt durch die Artikulation des Versmaßes (›senario‹) in zwei dreisilbige Einheiten gleich wieder ins Stocken, sie stellt das Zögern einer Person dar, die im Drang der Gefühle nicht sofort weitersprechen kann. Die komplementärrhythmisch antwortende und gestisch nach oben ausgreifende Instrumentalbegleitung wird somit zum Abbild einer inneren Bewegung.[1] Die Überbrückung der Pause bei dem Wort »dolce« – auf Dircea bezogen – ist auch gesanglich eine Befreiung, der in T. 5–8 dann eine große Geste folgen kann, mit einer Öffnung zur Subdominante und von pathetischen Synkopen und rührenden Betonungen auf der ›falschen‹ Silbe (in T. 5 und 6) emphatisch verstärkt.

[2] M. Grimm, Artikel »*Poëme lyrique*«, S. 825.

[3] Die eher symbolisch als tonmalerisch zu verstehende Mollwiederholung fiel bereits Francesco Florimo auf (*La scuola musicale di Napoli e i suoi conservatori*, Bd. 3, Neapel 1881 (Nachdruck Bologna 1969 [Bibliotheca musica Bononiensis III/9]), S. 35).

Ein solcher von Timante mit sentimentaler Melancholie vorgetragener Abschied, »seroit l'écueil du courage de son amante éplorée; elle fondroit sans doute en larmes, ou frappée d'un témoignage d'amour autrefois si doux, aujourd'hui si cruel«.[2] In der Tat wiederholt Dircea, Timante die Hand reichend, das melodische Schema, jedoch in Moll (T. 12ff.) – ein Ausdruck von geradezu heroischer Schlichtheit.[3] Die rhetorische und tonmalerische Ausgestaltung liegt eher im Detail: der verlängerte Auftakt von Dirceas Seufzer (T. 12), der Oktavaufschwung bei »unser« (T. 15), die dissonanten, von den Violinen intensivierten Melodieschritte bei der Annäherung an die Kadenz (T. 17–19), wo sich die schmerzliche Aussage bestätigt.

[4] Vgl. H. Engel, Artikel »*Terzett*«, in: *Die Musik in Geschichte und Gegenwart*, Bd. 13, hg. v. F. Blume, Kassel u.a. 1966, S. 249–255.

Im selben Jahr, 1735, gab man in Venedig eine stark bearbeitete Fassung des *Demofoonte* mit Musik von Gaetano Maria Schiassi: die Arie des Monarchen und das Schlußduett wurden ersetzt durch das Terzett »*Perfidi, già che in vita*« (also mit den Originalversen der Arie beginnend). Erwartungsgemäß handelte es sich um ein homogenes Duett der Liebenden mit gegensätzlicher dritter Stimme.[4] Der Zuschauer bleibt am Ende des Aktes beeindruckt von der schreckenerregenden Verdammung durch den König, nicht der bittersüßen Schicksalserwartung der Liebenden. Doch scheint diese Variante nur zu logisch, wenn man bedenkt, daß Metastasio selbst sie in *Nitteti* eingeführt hat, wo die Konfrontation des Liebespaares mit dem König den außerordentlichen Episoden des Gewitters und der Schlacht einen würdigen Abschluß verleiht.[1] Von *Demofoonte* bis hin zu *Nitteti* bleibt das zentrale Ereignis die Flucht der Liebenden, die in der Tat in den Editionen beider Dramen in der Pariser Ausgabe bei Hérissant mit Kupferstichen dargestellt wurde.

1 Joly charakterisiert *Nitteti* mit dem Waffenlärm (»fragore delle armi«), wodurch Metastasio sich den neuen, dramatischeren Erwartungen des Publikums gestellt habe (*Dagli Elisi all'inferno*, S. 112–138).

Die Entwicklung der metastasianischen Texte, in dessen eigenen Revisionen wie denen von fremder Hand, war nicht nur unausbleibliche Konsequenz einer sich verändernden Bühnenpraxis, sondern auch eine Entfaltung von Ideen für und durch die Musik. Arteaga meint das wohl, wenn er behauptet, die Komponisten hätten sich viele gesuchte Erfindungen sparen können, wenn die Librettisten sie mit reicheren und variableren Libretti versehen hätten.[2] Metastasio bot solche an, auch gerade in dem Sinn, daß die Bühnenpraxis den ›Werkcharakter‹ seiner Dramen in einen ›Vorlagecharakter‹ jeweils auszuarbeitender Präsentationen umdenken konnte. Natürlich nahmen Zahl und Ausmaß der Veränderungen seiner Texte mit fortschreitendem Jahrhundert zu, wobei auch die Beziehung zwischen Musik und Drama sich grundlegend neu konsolidierte.

(Übersetzung und Revision von Reinhard Strohm)

Pietro Metastasio, *Opere*, Paris 1780-82. In den der Ausgabe beigegebenen Kupferstichen wird das zentrale Motiv der Flucht des Liebespaares (Dircea und Timante, *Demofoonte* II/9; Beroe und Sammete, *Nitteti* II/11) analog gestaltet: Der brennende Tempel und die zerstörten Kultgegenstände sind ebenso von dramatischer Aussagekraft und unmittelbarer Wirkung wie das im Gewitter tobende Meer.

2 *Rivoluzioni*, Bd. 1, S. 373.

Händels Opern im europäischen Zusammenhang
Von Reinhard Strohm

Voraussetzungen

Händels Opern gehören in einen Zusammenhang, der sowohl eine geographische als auch eine geschichtliche Dimension hat. Im Europa des 18. Jahrhunderts war Händels Praxis der Opera seria geographisch relativ isoliert, historisch hat sie jedoch eine außerordentliche Nachwirkung entfaltet. Im 20. Jahrhundert hat es mehr Aufführungen und Einspielungen von Opern Händels gegeben als von irgendeinem anderen Komponisten vor Mozart. Diese Rezeption ist über viele Nationen und Interessengruppen verteilt.

Jedoch beschäftigt uns heute weniger die von Händel gepflegte Opera seria als der Komponist selbst. Seine (wenn auch bedingte) Stellung unter den deutschen musikalischen Klassikern verdankt er nicht seinen Opern, sondern seinen Kompositionen schlechthin. Gerade deswegen scheint der moderne »Nachhol-Erfolg« der Operngattung bei Händel bemerkenswert; bei Antonio Vivaldi oder Joseph Haydn ist er ausgeblieben. Es dürfte sich lohnen, seinen Grund auch in der Sache selbst zu suchen.

Händels 42 Opern – neben Pasticci und kleineren dramatischen Werken – entstanden in den Jahren 1704 bis 1740 für Hamburg, Florenz, Venedig und vor allem London.[1] Vor der Konstruktion eines »Händelschen Operntyps« muß gewarnt werden, auch wenn er der heutigen, komponistenzentrierten Rezeptionsform schmeicheln sollte. Es ist noch zu wenig erhellt, welche Aspekte von Händels Opernpraxis wirklich von ihm selbst bestimmt wurden, wieviel verschiedenen Operntypen er im Laufe jener 36 Jahre gehuldigt haben mag, und schließlich, was an seinen Opern auf seine Komponistenpersönlichkeit, was auf einen Gattungstypus konvergiert. Dieses Problem wird durch eine Berücksichtigung des europäischen Zusammenhangs erleichtert.

Die europäische Opernlandschaft von Händels Jugendzeit (1685–1705) war an den Höfen orientiert. Oper diente der Legitimation von Macht und der kulturellen Selbstdarstellung der Herrschenden, wie ja auch andere Künsten und Wissenschaften bis hin zu Genealogie, Jagd und Militärwesen. Die bekannten Ausnahmen vom Hofopernsystem, die »öffentlichen« Bühnen Venedigs (seit 1637) und Hamburgs (seit 1678), nahmen keineswegs die Opernpflege moderner Staatswesen vorweg, sondern waren aristokratisch-patrizisch kontrolliert. Jedoch entwickelten sich in solchen Zentren (außer in Venedig und Hamburg auch in Florenz, Rom, Bologna, später London), wo höfischer Einfluß mit den Interessen des Großbürgertums bzw. des Klerus zusammentraf, gebildete Zirkel oder ›Akademien‹, die Literatur, Musik und Theater mehr um der Kunst willen pflegten und diskutierten. Sie verfolgten meist klassizistische Ideale, wie z.B. die 1690 gegründete römische Accademia dell'Arcadia. Man interessierte sich in Rom nicht nur für die klassische Literaturtradition und das utopische Ideal edler (›arkadischer‹) Einfachheit, sondern auch z.B. für die Opernpraxis der Pariser Académie Royale de Musique am Hof Ludwigs XIV. und für das Drama von Pierre Corneille, Jean Baptiste Molière und Jean Baptiste Racine.

Chronologischer Überblick

Händels öffentliche Laufbahn als Komponist war verknüpft mit dem Musiktheater als einer höfisch-intellektuellen Kunstgattung. Er hatte die Universität Halle besucht und in Leipzig Opern kennengelernt; seit 1703 wirkte er an der kosmopolitischen Hamburger Oper, die sein damaliger Mentor Johann Mattheson im Hinblick auf die eigene Ausbildung seine »Universität« genannt hat. Das Hamburger gemischtsprachige Opernrepertoire, damals von Reinhard Keiser dominiert, hatte Venedig und überhaupt Norditalien zum Vorbild, orientierte sich jedoch auch an der mitteleuropäischen Hofkultur etwa von Braunschweig-Wolfenbüttel, Weißenfels, Hannover, Berlin, Düsseldorf, Wien und Dresden, wo Opern von Reinhard Keiser,

---

[1] Die eingehendste Darstellung bildet W. Dean / J. M. Knapp, *Handel's Operas 1704–1726*, Oxford 1987. Der Band für die Zeit nach 1726 ist in Vorbereitung.

Ruggiero Fedel Fedeli, Giovanni Bononcini, Attilio Ariosti, Agostino Steffani, Pietro Torri oder Johann Hugo von Wilderer gespielt wurden. Diese bilden mit Hamburgs Repertoire zusammen einen stilistischen Kontext auch für Händels frühe Opern. Seine Erstlinge *Der in Kronen erlangte Glückswechsel, oder: Almira* und *Die durch Blut und Mord erlangte Liebe, oder: Nero* (1705) folgen der Praxis und Theorie des (pseudo-) historischen Dramma per musica, das zur Demonstration von Moral, Macht und Muse koloraturfreudige Protagonisten mit einem militär- und ballettkundigen Hofstaat umgibt. Die Doppeloper *Der beglückte Florindo* und *Die verwandelte Daphne* (1708 nach Händels Abreise aufgeführt) ist eine Hofpastorale mit Chören und verwickelter Handlung. Wie die *Almira*-Partitur beweist (die anderen Kompositionen sind verschollen), hatte Händel schon »auf dem Wege nach Italien«[1] in seinem Gepäck den von Johann Joachim Quantz so benannten »vermischten Geschmack«, wie ihn Mattheson 1713 in *Das Neu-Eröffnete Orchestre* beschrieb.

1706 folgte Händel einer Einladung an den Hof der Medici in Florenz; er hätte gewiß Italien auch ohne diesen Anlaß besucht. 1706–1709 lebte er meist in Rom, in engem Kontakt mit der katholischen Hierarchie bzw. der Accademia dell'Arcadia. Wegen Opernverbots im Kirchenstaat erhielt Händel Opernaufträge nur für Florenz (*Rodrigo*, Oktober 1707) und Venedig (*Agrippina*, 26. Dezember 1709). *Rodrigo* ähnelt *Almira*, sowohl in Francesco Silvanis »iberischem« Libretto als auch in Händels energischer Vertonung. Kardinal Vincenzo Grimanis *Agrippina*-Libretto ist eine politische Satire nach älterem venezianischen Muster, die Händel durch Zusammenstellung seiner besten bis dahin komponierten Musik verlebendigte, die damalige Routine der venezianischen Karnevalsoper weit überbietend.

Händel erlebte in Italien nicht nur Opernaufführungen (in Florenz, Venedig, wahrscheinlich Neapel), sondern auch Oratorien, kirchliche Feste, Orgelmusik, Salonkonzerte und literarische Debatten, Kunst- und Büchersammlungen. Er traf viele Musiker (Alessandro Scarlatti, Arcangelo Corelli, Marguerita Durastanti, Giuseppe Maria Boschi u.a.) und Autoren (vielleicht die Librettisten Antonio Salvi und Carlo Sigismondo Capeci). Solche Erfahrungen hatten manchmal viel spätere Auswirkungen in der Londoner Kultursphäre.[2]

Um 1705 hatten englische Adlige die Einführung der italienischen Oper in London gegen den Widerstand konservativer Kritiker (John Dennis und Joseph Addison) durchgesetzt. Impresarios wie John Vanbrugh und John Jacob Heidegger produzierten zunächst englische Pasticcio-Opern »after the Italian Manner«; dann, u.a. auf Initiative des römischen Cellisten Nicola Francesco Haym, auch Drammi per musica von Alessandro Scarlatti, Giovanni Bononcini (dessen *Camilla*, 1706, wurde noch bis 1728 wiederholt) und Francesco Mancini. Händel, der mit dieser Opernkunst gut vertraut war, wurde 1708 aus Italien nach London eingeladen, wo er 1711 eintraf. Seine Anstellung (1710) bei Kurfürst Georg Ludwig von Hannover, der 1714 König von England wurde, spielte für seine Opernkarriere zunächst keine Rolle. Händels erste Opern für London, das Abenteuerdrama *Rinaldo* (1711) und die Pastorale *Il pastor fido* (1712), entstanden in Zusammenarbeit mit dem Theaterdirektor Aaron Hill. Trotz ihrer italienischen literarischen Vorlagen (Tasso bzw. Guarini) reflektieren sie auch englische Traditionen. Der Abstand vom Dramma per musica vergrößert sich noch bei *Teseo* (1713) und *Amadigi* (1715), die auf tragédies lyriques von Jean-Baptiste Lully (*Thésée*, 1675) bzw. André Cardinal Destouches (*Amadis de Grèce*, 1699) zurückgehen. Der Kunstmäzen Richard Boyle, dritter Earl von Burlington, war mit für den französischen Geschmack dieser Werke verantwortlich. Burlington war Händels Auftraggeber von ca. 1714 bis 1720; Anfang 1715 begegnete er in Rom auch Giovanni Bononcini und lud ihn nach London ein.

In der Folge war Händel der Londoner Royal Academy of Music (1719–1728) verbunden, einem von Adligen unter königlicher Protektion geführten Aktienunternehmen.[3] Sie besaß ein faktisches Opern-Monopol wie eine Hofoper, doch war sie am ehesten vergleichbar den akademisch-adligen Operngesellschaften von Bologna, Modena, Florenz und Mailand.[4] Erwartungsgemäß machte das Unternehmen 1728 Bankrott, was seine künstlerische Bedeutung nicht schmälert. Im King's Theatre am Haymarket konkurrierten Händels 13 Opern von *Radamisto* (1720) bis *Tolomeo re d'Egitto* (1728) mit sieben Werken von Bononcini, sieben von Ariosti, je einem von Domenico Scarlatti und Giovanni Porta sowie einigen Bearbeitungen und Pasticci. Die Stellung des »Sekretärs« und Librettodichters wechselte zwischen Haym und Paolo Antonio Rolli. Die Komponisten erhielten individuelle Opernaufträge. Die Gesangsvirtuosen wurden im Saisonrhythmus engagiert, doch waren Anastasia Robinson, Fran-

---

1 B. Baselt, *Händel auf dem Wege nach Italien*, in: *G. F. Händel und seine italienischen Zeitgenossen. Bericht über die wissenschaftliche Konferenz zu den 27. Händelfestspielen der DDR in Halle (Saale) am 5. und 6. Juni 1978*, hg. v. W. Siegmund-Schultze, Halle 1979 (Kongreß- und Tagungsberichte der Martin-Luther-Universität Halle-Wittenberg), S. 10–21.

2 R. Strohm, *Händel und Italien – ein intellektuelles Abenteuer*, in: Göttinger Händel-Beiträge 5 (1993), S. 5–43.

3 E. Gibson, *The Royal Academy of Music 1719–1728: the Institution and its Directors*, New York 1989 (Outstanding Dissertations in Music from British Universities).

4 F. Piperno, *Das Produktionssystem bis 1780*, in: *Geschichte der italienischen Oper. Systematischer Teil*, hg. v. L. Bianconi und G. Pestelli, aus dem Italienischen v. C. Just und P. Riesz, Bd. 4: *Die Produktion: Struktur und Arbeitsbereiche*, Laaber 1990, S. 15–79.

cesco Bernardi genannt Senesino, Francesca Cuzzoni, Gaetano Berenstadt und Faustina Bordoni längerfristig anwesend und sehr einflußreich.[1] Erfolgreiche Produktionen (z.B. Händels *Giulio Cesare*, Bononcinis *Astarto*) wurden in weiteren Spielzeiten wiederholt wie bei der Impresario-Oper Venedigs oder Hamburgs. Aus Italien kamen Sänger, Libretti, Partituren, Bühnenmaler[2] und Zuschauer; viele Orchestermusiker waren Italiener, Franzosen oder Deutsche. Das adlige Opernpublikum war der wichtigste Rückhalt für diese ausländische Künstlerkolonie in London. Internationales Publikum brachte auch der Königshof mit seinen diplomatischen Außenposten auf dem Kontinent. Der Operntraktat des modenesischen Gesandten Giuseppe Riva (London 1727)[3] und die europäische Korrespondenz der Künstler und ihrer Mäzene beweisen die Einbettung der Haymarket-Oper in den Kulturaustausch der Zeit.[4]

Händel reiste 1719 nach Dresden und Hamburg und 1729 nach Italien, um Sänger anzuwerben; Francesco Borosini und Faustina Bordoni wurden 1724 bzw. 1725 aus Wien engagiert. Opern Händels (und zunächst Bononcinis) wurden bis 1741 auch in Braunschweig und Hamburg wiederaufgeführt, meist durch deutsche Kollegen wie Georg Caspar Schürmann, Mattheson und Georg Philipp Telemann. Ein geplantes Gastspiel in Paris 1723–1724 kam nicht zustande. In Italien wurde nach den Neapler Aufführungen von *Agrippina* (1713) und *Rinaldo* (1718) keine Händeloper mehr gespielt. Bononcinis und Ariostis Londoner Opern wurden auf dem Kontinent nicht wiederholt.

1729 bis 1733 hatte Händel die »Alleinherrschaft« in der Haymarket-Oper; erst seit Herbst 1733 machte ihm die sogenannte »Opera of the Nobility« Konkurrenz. Andererseits entwickelte sich seit dem großen Erfolg der *Beggar's Opera* (1728) ein Pluralismus von Opera seria und englischsprachiger Oper (Ballad Opera, Burleske und zum Teil ernster Oper). Dies stimulierte auch die Londoner Opernkritik, die sich zuvor gerne an Sängerpersönlichkeiten geheftet hatte und die nun wie kaum sonst in Europa die Oper als Bestandteil nationaler Kultur problematisierte.[5] Händels Rivalität mit der Opera of the Nobility wurde sogar im Lichte verfassungspolitischer Konflikte gesehen. 1734 bis 1737 finanzierten im wesentlichen dieselben höfisch-aristokratischen Kreise sowohl Händels Opern als auch die der Nobility,[6] Händel produzierte in diesem Zeitraum zwölf neue Opern, die Konkurrenz zwanzig. Der künstlerische Spielraum Händels war während seiner Zusammenarbeit mit den Impresarios John Jacob Heidegger (1729–1734 am Haymarket) und John Rich (1734–1737 am Theatre Royal, Covent Garden) relativ groß. In der Spielzeit 1736/37 erlangte er eine Subvention des Prince of Wales und 1737/38 einen Vertrag mit Heidegger. Doch war aristokratische Unterstützung für die Oper inzwischen stark geschwunden. *Jupiter in Argos* (1739) und *Imeneo* (1740) rechnen mit geringerem Bühnenaufwand. Nach *Deidamia* (1741) gab Händel die italienische Oper ganz auf. Die Londoner Pasticciopraxis der 1740er Jahre erhielt, wie später die historisierende Händelpflege, einzelne berühmte Arien noch lange im öffentlichen Bewußtsein.

Stil und Kunstcharakter

Händels Opernkunst läßt sich nicht dadurch erfassen, daß man sie einer stereotyp konzipierten italienischen Nationaltradition gegenüberstellt. Auch andere wichtige Musiker exportierten italienische Oper; die Händelschen Lösungen waren weder sein Monopol noch immer in London oder gar Deutschland erfolgreich. Vor allem geht es nicht nur um den Komponisten allein.

Kompositionsästhetisch gehörte Händel um 1720 bereits zu einer konservativen Gruppe, die Alessandro Scarlatti, Giacomo Antonio Perti und Francesco Gasparini einschloß und die in Schriften von Pier Jacopo Martello (1715), Benedetto Marcello (*Il Teatro alla Moda*, 1720) und Pier Francesco Tosi (*Opinioni de' cantori antichi e moderni*, 1723) gerühmt bzw. gegen Neuerer verteidigt wurde. Martellos Traktat ist Händels Kunst am nächsten.[7] Tosi verteidigt den Geschmack des »Patetico« (anwendbar z.B. auf »Cara sposa« in *Rinaldo* und »Ombra cara« in *Radamisto*, die Händel selbst besonders geschätzt haben soll): die emphatische Vertiefung der Einzelaussage des Bühnenhelden durch Rhetorik, Geste und Belcanto. Daneben waren galant-kantabler Geschmack (Giovanni Bononcini und Francesco Gasparini) oder motorisch-koloristische Partiturgestaltung (Antonio Lotti und Antonio Vivaldi) im Interesse

---

[1] C. S. La Rue, *Handel and His Singers. The Creation of the Royal Academy Operas, 1720–1728*, Oxford 1995 (Oxford Monographs on Music).

[2] L. Lindgren, *The Staging of Handel's Operas in London*, in: *Handel Tercentenary Collection*, hg. v. S. Sadie und A. Hicks, London 1987, S. 93–119.

[3] F. Degrada, *Giuseppe Riva e il suo »Avviso ai compositori ed ai cantanti«*, in: Studien zur italienisch-deutschen Musikgeschichte, Bd. IV, hg. v. F. Lippmann, Köln und Graz 1967 (Analecta musicologica 4), S. 112–132.

[4] L. Lindgren, *Musicians and Librettists in the Correspondence of Gio. Giacomo Zamboni*, in: RMA Research Chronicle 24 (1991), S. 1–194. G. E. Dorris, *Paolo Rolli and the Italian Circle in London, 1715–1744*, Den Haag 1967 (Studies in Italian Literature 2).

[5] Vgl. S. E. Aspden, *Opera and Nationalism in mid-Eighteenth-Century Britain*, Diss. (masch.) Oxford 1999.

[6] T. McGeary, *Handel, Prince Frederick, and the Opera of the Nobility Reconsidered*, in: Göttinger Händel-Beiträge 7 (1998), S. 156–178.

[7] P. Weiss, *Pier Jacopo Martello on Opera (1715), an Annotated Translation*, in: The Musical Quarterly 66 (1980), S. 378–403.

theatralischer Vielfalt willkommen. Händels reicherer Kontrapunkt (z.B. in der immer lebendigen Baßführung) und instrumentatorischer Ehrgeiz beunruhigte allerdings arkadische Einfachheitsapostel (Ludovico Antonio Muratori und Giuseppe Riva) und vielleicht Theaterpraktiker. Seine Rezitative waren schon in frühen Opern eher harmonisch-expressiv als melodisch-rhetorisch konzipiert. Der traditionelle Begriff ›Arioso‹ (ein kantables Rezitativbruchstück) scheint in Händels Opernautographen zu fehlen; doch beschreibt Martello eine auf Händel anwendbare Praxis der rhetorisch verkürzten Arie (›apocope‹). Die Da-capo-Arie hat bei Händel (wie schon bei Giovanni Bononcini und Reinhard Keiser) ihren Kanzonetten-Status überwunden und wird als musikalische *imitatio naturae* legitimiert, somit auch länger und motivreicher. Konzertierende Instrumente werden mimetisch oder virtuos eingesetzt. Diese stilistischen Grundlagen ermöglichten Händel in London, sein Publikum allein mit Musik »anzusprechen« und blieben durch alle Opernerfahrungen hindurch bis zuletzt relevant.

Tosi schrieb 1723, der neueste Stil werde jenseits der Alpen noch nicht akzeptiert. In London enthielten aber bereits die Pasticci *Elpidia* (1725) und *Elisa* (1726) viele Arien von Leonardo Vinci bzw. Nicola Porpora. Seit 1730 bot Händel in Pasticcio-Opern dezidiert Musik von Vinci, Leonardo Leo, Geminiano Giacomelli und Johann Adolf Hasse an, deren periodisches Metrum, obligates Akkompagnement und melodiebestimmte Textur zu Tosis »neuestem Stil« gezählt werden muß. Auch in Händels eigenen Opern erscheint das Idiom, vorzugsweise um 1730–34 (in *Partenope, Poro, Arianna*; später etwa *Faramondo*) – bleibt aber *ad libitum*, ein Bestandteil der reichen Palette.

Händels Musik identifiziert sich mit der sängerischen Geste und Vortragshaltung, Stimme und Bewegung. Zwar ist Tonmalerei – etwa zur »Nachahmung« bestimmter Naturzustände oder Affekte – in immer wieder überraschenden Orchestertechniken reich entwickelt, mehr als etwa bei Alessandro Scarlatti oder bei Gasparini. Aber entscheidend ist die Vortragshaltung des Gesangs – kantabel, pathetisch, erregt, spielerisch u.a. Diese definiert dann die »Ariencharaktere«, die eine momentane dramatisch-allegorische Situation verwirklichen: Agrippinas »*Pensieri, voi mi tormentate*« gegenüber »*Ogni vento*«, Ruggieros »*Bramo di trionfar*« gegenüber »*Mi lusinga il dolce affetto*«. Viele Opernarien beruhen auf Tanztypen – Sarabande, Menuett, Passepied, Rigaudon u.a. – bis zurück zum Repertoire Steffanis und Lullys. Diese Typen, und weitere instrumentale oder auch folkloristische Gattungen (Concerto, Siciliano), evozieren soziale, historische, topographische oder emotionale Räume. Die (immer »französischen«) Ouvertüren und Akteingangs-Sinfonien, die Ballettsätze und Finaltutti, die vielen pastoralen Arien sind von archaischer Suggestivität, zaubern eine exotische oder vergangene Welt herauf. Händel ist z.B. mit der alten Tradition der Vision des Parnaß vertraut und präsentiert diese (mit einem geradezu florentinischen Intermedien-Instrumentarium) in der Arie »*V'adoro, pupille*« so überzeugend, daß Giulio Cesare beim Gesang Cleopatras, den diese inkognito als Lidia vorträgt, das glauben muß, was er sieht. Theater auf dem Theater, und nicht etwa Charakterpsychologie, war Händels Stärke: dramatische Identifikation resultiert nicht einfach aus Affektdarstellung, sondern der Zuschauer, der von der Musik ebenso umhüllt wird wie der Sänger selbst, identifiziert sich mit diesem als Spielendem. Damit hat Händel allerdings das mimetische Theater des Barock in einem wichtigen Punkt überschritten.

Vieles, was der heutige Operndiskurs vom Komponisten her erklärt, war damals eine Frage von Ausführung und Produktion. Tosi behandelte den Gegensatz zwischen »antichi« und »moderni« als eine Frage der Gesangspraxis. In Produktionsfragen hat Händel keinen eigenen Operntypus entwickeln können, auch nicht während seiner »Alleinherrschaft« 1729–1733. Einerseits hat er die Tendenz, es immer wieder anders zu machen, und ist andererseits abhängig von Sängern und Publikumswünschen. Händel reiste 1729 nach Italien mit dem Vorhaben, neue Sänger zu engagieren, »um neue Opern schreiben zu können«. Als Primadonna verpflichtete er die junge Anna Maria Strada del Pò; dazu suchte er zwei verschiedene Kastratenstimmen, einen hohen Sopran und einen Mezzosopran des konservativeren Belcanto. Es gelang ihm nicht, Farinelli zu engagieren. Mit Senesino konnte er sich nicht einigen und wählte statt seiner den etwa stimmgleichen Antonio Maria Bernacchi. Später erwog er Giovanni Carestini anstatt Farinelli, konnte ihn aber nicht neben Bernacchi verpflichten, da sich die beiden entzweit hatten. Als ihn 1730/31 Publikumswünsche zwangen, anstatt Bernacchi den beliebten Senesino wieder zu engagieren, nahm er den Altkastraten Antonio Gualandia Campioli und den Baß(-Bariton) Antonio Montagnana neu hinzu. Als diese Sänger 1733 zur

Georg Friedrich Händel, *Agrippina* II/13, Beginn der Arie der Agrippina »*Pensieri, voi mi tormentate*«.

Nobility überliefen, setzte er mit den Kastraten Carestini und Carlo Scalzi neben Strada eine Variante seines ursprünglichen Projekts durch. Seit 1734 engagierte er zunehmend – zum Teil mit Glück – englische Sänger, blieb aber bei der Soprankastratenrolle; auf Carestini folgten Gioacchino Conti und Gaetano Majorano genannt il Caffarelli. Farinelli seinerseits sang 1734–1737 für die Nobility, die andere einst von Händel gewählte Sänger weiterbeschäftigte. Abgesehen von den englischen Sängern wichen beide Londoner Unternehmen nicht grundsätzlich von der Besetzungspolitik italienischer Opernhäuser ab.

Die Ablösung der Oper durch das Oratorium bei Händel sollte nicht im Sinne eines »Fortschritts« beurteilt werden. Für ihn selbst, einen Mitgestalter des römischen Oratoriums, bildeten Oper und Oratorium ohnehin einen weit geringeren Gegensatz als für das britische Bürgertum, das bei der italienischen Sprache und Sängerkultur des Dramma per musica ästhetisch und moralisch überfordert war. Händel dürfte andererseits Statusgründe gehabt haben, sich nicht mit der englischen Oper einzulassen; die soziale Spannung zwischen überregionalem Dramma per musica und einheimischer Musikkomödie war ihm schon aus Hamburg und Neapel gut bekannt.

Händels Repertoireplanung und Bühnenästhetik beweist einerseits eher Pragmatismus als Prinzipientreue, andererseits ein absichtsvolles Überschreiten traditioneller Grenzen. Schon 1711 bis 1715 absorbierte er englische und französische Dramatik (vgl. oben), während seine Londoner Kollegen hauptsächlich mit eindimensionalen Reformdramen Apostolo Zenos operierten. Diese entsprachen Heideggers Geschmack, der auch die Zeno-Libretti mehrerer Händel-Pasticci sowie von *Faramondo* und *Alessandro Severo* (1737/38) empfohlen haben dürfte.

In den 1720er Jahren erfand Händel die verschiedensten musikalischen Antworten auf das heroische Dramma per musica mit ›lieto fine‹ (Pierre Corneille nannte es ›comédie heroïque‹), mit historisch-dynastischer Thematik, gefühlsgeladenem Dialog und französisch-klassizistischer Dramaturgie.[1] Er fand es bei den akademischen Reform-Librettisten Antonio Salvi, Francesco Silvani, Silvio Stampiglia, Carlo Sigismondo Capeci, Domenico Lalli und Agostino Conte di Piovene (nicht bei Zeno oder Metastasio). Im Gegensatz zu seinen Londoner

Georg Friedrich Händel, *Agrippina* II/21, Arie der Agrippina »*Ogni vento*« (T. 55–86).

[1] R. Strohm, *Tolomeo: Handel and the Rules of Tragedy*, in: ders., *Dramma per musica. Italian Opera Seria of the Eighteenth Century*, London und New Haven 1997, S. 201–219.

Georg Friedrich Händel, *Julius Caesar in Aegypten*: Titelblatt des Librettos der Hamburger Aufführung (1725, Hamburg, Staats- und Universitätsbibliothek). Das gezeigte Bild stellt wahrscheinlich eine der Bühnendekorationen dar (»Hafen von Alexandria«), die von Giacomo Fabris hergestellt wurden. Der Text der Oper wurde von Thomas Lediard (1685–1743) ins Deutsche übersetzt. Zu Lediard, der später in Hamburg auch als Bühnenbildner tätig war, vgl. H. C. Wolff, *Ein Engländer als Direktor der alten Hamburger Oper*, in: *Hamburger Jahrbuch für Musikwissenschaft* 3 (1978), S. 75–83.

Konkurrenten vertonte er aber auch barocke Spektakelopern wie *Alessandro* und *Admeto* (nach hannoveranischen Vorbildern) oder dynastisch-mittelalterliche Legenden wie *Ottone* und *Riccardo Primo*. Zwischen beiden Polen steht – als gelungene Synthese – *Giulio Cesare in Egitto* (1724) mit seiner reichen Palette heroischer, spektakulärer und tonmalerischer Kolorite. Seit 1725 wurden die »gotisch-langobardischen« Sujets einiger Händelopern kritisiert und dafür Metastasios Dramen empfohlen[1]; Händels Vertonungen von Rollis galantem *Scipione* (1726) und Metastasios *Siroe re di Persia* (1728) reagierten vielleicht hierauf. Der von Italienern bevorzugten arkadisch-heroischen Pastorale (z.B. Domenico Scarlattis *Narciso* von 1720), folgt Händel mit *Tolomeo* (1728).

Bei Wiederaufnahmen früherer Opern in den 1730er Jahren berücksichtige Händel – vielleicht auf Wunsch des Hofes – gerade auch die retrospektiven Stücke (z.B. *Rinaldo*, *Pastor fido*, *Giulio Cesare*, *Ottone*, *Alessandro*, *Admeto*), bei Pasticci hingegen Libretti von Metastasio und Zeno.[2] Davon, wie auch untereinander, unterschieden sich seine eigenen Opern beträchtlich. Mit Salvis Tyrannendramen (*Lotario* 1729, *Sosarme* 1732) kontrastierten Stampiglias galante *Partenope* (1730), die von der Royal Academy erwogen, aber wegen unmoralischer Szenen abgelehnt worden war, und Metastasios *Ezio* (1732), der allerdings wie *Lotario* auch Kerkerszene, Bösewicht und Hochverrat enthielt. Metastasios *Poro* (1731) sowie das unausgeführte Fragment *Titus l'Empereur* (1732, nach Jean Baptiste Racines *Bérénice*) deuten auf eine aufklärerische Philosophie. Capecis arkadischer *Orlando*, der vielleicht schon 1729 geplant war, wartet in Händels Fassung von 1733 mit intermezzo-artiger Schäferin, Magier und Flugmaschinen auf, um höhere Moral zu empfehlen. Pariatis *Arianna in Creta* (1734) führt den Minotaurus im Labyrinth vor – rationalistischer Ersatz einer barocken Unterweltszene. Mit dem Horror kontrastieren eine besonders rührende Nebenhandlung und eine aus *Orlando* übernommene Flugattraktion. 1734–35 produzierten Christopher Rich und Hän-

---

1 H.-D. Clausen, *Der Einfluß der Komponisten auf die Librettowahl der Royal Academy of Music (1720–1729)*, in: *Zur Dramaturgie der Barockoper: Bericht über die Symposien 1992 und 1993*, hg. v. H. J. Marx, Laaber 1994 (Veröffentlichungen der Internationalen Händel-Akademie 5), S. 55–72.

2 R. Strohm, *Handel's Pasticci*, in: ders., *Essays on Handel and Italian Opera*, Cambridge 1985, S. 170–196.

Bühnenentwurf von John Devoto, London 1724 (*Reggia del Sole*?, British Museum. Prints and Drawings, 1962-12-8-7). John Devoto war ein Bühnenmaler wahrscheinlich französischer Herkunft, der um 1719 bis 1752 in London lebte und neuerdings mit Händelschen Opernproduktionen (u.a. *Ezio*, 1732) in Verbindung gebracht wird. Vgl. Lowell Lindgren, *The Staging of Handel's Operas in London*, in: *Handel. Tercentenary Collection*, hg. S. Sadie und A. Hicks, London, 1987, S. 93–119.

del, einer internationalen Tradition folgend, mit Marie Sallé und ihrer Truppe einige ›Ballettopern‹[1] oder ›Pastoralen‹. Im Unterschied zu den Produktionen von 1734 – dem mythologischen Tanzspiel *Terpsichore* als Prolog zur Pastoraloper *Il pastor fido* und dem streng klassizistischen Pasticcio *Oreste* – waren die auf Ariosts *Orlando furioso* beruhenden Opern von 1735, *Ariodante* und *Alcina*, kühne Kontaminationen von Ethos und Natur mit Spektakel und Spielerei. Nur für die letzteren, eklektischen Werke verlangte Händel sich neue Musik ab.

Auch bei der Opera of the Nobility sah man einerseits klassizistische Dramen wie *Enea nel Lazio*, *Ifigenia in Aulide* (vielleicht eine Replik auf *Oreste*), *Mitridate* und *Onorio*, andererseits Pastoralen und mythologische Schaustücke wie *Arianna in Nasso*, *Belmira in Creta*, *Polifemo*, *Orfeo*, *La Festa d'Imeneo* und *Sabrina*, deren Partituren (von Porpora, Veracini, Hasse u.a.) eine üppige Musikkultur verraten.

Sehr wichtig waren die Handlungsschauplätze und somit die Kostüme und Bühnenbilder. Den Opern der Nobility fehlte das 1725 kritisierte »gotische« Element – sie spielten sich fast alle im gesitteten Mittelmeerraum ab. Auch Giovanni Bononcini und Attilio Ariosti hatten in der Tat meist klassische Sujets oder Pastoralen vertont. Was Händel mit den »langobardischen« Herrschern *Flavio* und *Rodelinda*, dem »karolingischen« Ritter *Orlando*, dem »schottischen« Prinzen *Ariodante*, oder der »atlantischen« Zauberin *Alcina* im Sinn hatte, war vielleicht eine Überschreitung von Grenzen sowohl des Geschmacks wie der Geographie.

Atalanta (1736), die Hochzeitspastorale für Frederick Prince of Wales und Augusta von Sachsen-Gotha, mit Maschinenspektakel und Apotheose, gehört in eine dichte Tradition deut-

[1] Zur Rolle des Balletts in Händels Opern vgl. S. McCleave, *Handel's Unpublished Dance Music*, in: Göttinger Händel-Beiträge 6 (1996), S. 127–142.

scher Hofpastoralen schon seit dem mittleren 17. Jahrhundert, die auch in Gotha 1736 noch lebendig war. Auf die Protektion oder gar Bestellung durch das Prinzenpaar dürfte auch die »germanische« Oper *Arminio* (1737) zurückzuführen sein.

Serse beruht auf einem alten venezianischen Libretto in einer Neufassung durch Silvio Stampiglia und Antonio Maria Bononcini von 1694. Händel ließ sich von Bononcinis Vertonung inspirieren, sogar zu dem berühmten arkadischen Larghetto »Ombra mai fu«.[1] Für die Mehrzahl seiner Opern hat er ältere Kompositionen entlehnt, sowohl eigene wie fremde, die er aber immer umarbeitete und integrierte. Für seine Operntexte ließ Händel die Librettisten Haym, oder Giacomo Rossi jeweils ihm bekannte ältere Originale bearbeiten (auch wenn der Stoff etwa vom Hof vorgegeben war). Weder diese Bearbeitungen noch die musikalischen »borrowings« sind in diesem Ausmaß für die damalige europäische Opernpraxis typisch. Händel pflegte Retrospektivität sowohl dem Hof zuliebe als auch um ihrer selbst willen, ja als Ausdrucksqualität. Er blickte zurück in die Opern-Vergangenheit durch die Brille der mitteleuropäisch-höfischen und der römisch-arkadischen Traditionen und Loyalitäten seiner Jugendzeit. Andererseits verrät eine solche Zuspitzung des Interesses auf die Vergangenheit – die kreative Inbesitznahme der Vorbilder oder der Dialog mit ihnen – ein historisches Bewußtsein. Vielleicht wird man eine solche Haltung dem intellektuellen Umfeld des frühkapitalistischen London zuschreiben. Händel – und durchaus auch seine Londoner Mitstreiter in Literatur und Kunst – behandelten Oper und Oratorium als Importware aus humanistischer Vergangenheit, als Luxus des Geistes und der Sinne, der einem noch weitgehend »barbarischen« Publikum zu unterbreiten war. Diese Ideologie war es wohl, die seine Werke wiederum späteren Jahrhunderten anempfohlen hat.

Die Opera seria im späten 18. Jahrhundert
Von Michele Calella

Die Opera seria im späten 18. Jahrhundert war bis vor einigen Jahren ein wenig berücksichtigtes Phänomen. Deutlich wird dies an jenen Musik- bzw. Operngeschichten, in denen das Dramma per musica in der Zeit zwischen Gluck und Rossini trotz der wichtigen Forschungsansätze Friedrich Lippmanns[2] in der Regel stillschweigend weggelassen oder höchstens in Bezug auf Mozart berücksichtigt wurde. Die spärlichen Kenntnisse von diesem Repertoire waren nicht ohne Konsequenzen für das historische Bild der Gattung: Auf der einen Seite hat man den Einfluß von Glucks Opern so überbewertet, daß die Geschichte der Opera seria im späten 18. Jahrhundert nicht selten als ein Kampf zwischen »Reformen« und »Konventionen« geschildert worden ist, auf der anderen Seite hat man Rossinis Melodrammi allzu dezidiert als individuelle Prägung betrachtet, ohne deren wichtige Verbindungen mit dem Opernrepertoire des ausgehenden 18. Jahrhunderts zu berücksichtigen. Erst in jüngerer Zeit haben einige Gesamtdarstellungen mehr Licht auf dieses wenig bekannte Repertoire geworfen.[3] Man hat dabei festgestellt, daß sich die Reformversuche Glucks und Calzabigis außerhalb ihrer unmittelbaren Wirkungszentren nicht durchsetzen konnten und oft Kompromisse mit dem System des »teatro impresariale« eingehen mußten. Unklar ist, inwiefern aus der Radikalität dieser Experimente – trotz ihres scheinbaren Scheiterns – Anregungen für den öffentlichen Opernbetrieb kamen. Jedenfalls erfuhr die Opera seria im letzten Viertel des 18. Jahrhunderts einen grundlegenden Wandel, ohne den das Melodrama des frühen 19. Jahrhunderts nicht verständlich wäre.

Hinter dieser Entwicklung steht eine neue Generation von Librettisten und Komponisten, die mehr oder weniger programmatisch zur Umwandlung der Opera seria metastasianischer Prägung beitrugen. Das Opernschaffen von Giuseppe Sarti, Giovanni Paisiello, Giuseppe Gazzaniga, Domenico Cimarosa, Antonio Salieri, Niccolò Zingarelli, Francesco Bianchi, Gaetano Andreozzi, Wolfgang Amadeus Mozart, Johann Simon Mayr und Ferdinando Paer – um nur die führenden Vertreter der Opera seria ab ca. 1775 zu erwähnen – wird jedoch erst verständlich, wenn man es im Rahmen der poetologischen Bemühungen einiger Librettisten betrachtet, die sich um eine graduelle, jedoch grundlegende Umgestaltung der Seria-Dramaturgie bemühten. Die Namen von Ranieri de' Calzabigi, Mattia Verazi, Giovanni de Gamerra,

---

[1] W. Osthoff, *Händels »Largo« als Musik des goldenen Zeitalters*, in: Archiv für Musikwissenschaft 30 (1973), S. 175–189.

[2] F. Lippmann, *Vincenzo Bellini und die italienische Opera seria seiner Zeit*, Köln und Wien 1969 (Analecta musicologica 6), insb. S. 53–71, 140–151; ders., *Tendenzen der italienischen Opera seria am Ende des 18. Jahrhunderts – Mozart*, in: Studi musicali 21 (1992), S. 307–358.

[3] F. Piperno, *L'opera in Italia nel secolo XVIII*, in: *Musica in scena. Storia dello spettacolo musicale*, hg. v. A. Basso, Bd. 2: *Gli italiani all'estero. L'opera in Italia e in Francia*, Turin 1996, S. 97–199: 167–199; A. Chegai, *L'esilio di Metastasio: forme e riforme dello spettacolo d'opera fra Sette e Ottocento*, Florenz 1998 (Storia dello spettacolo. Saggi 2). Vgl. ferner die knappe, aber präzise Darstellung von F. Della Seta, Artikel »Melodramma«, in: *Die Musik in Geschichte und Gegenwart*, zweite, neubearbeitete Ausgabe, hg. v. L. Finscher, Sachteil Bd. 6, Kassel u.a. 1997, Sp. 99–114: 99–104.

Ferdinando Moretti, Gaetano Sertor, Giuseppe Sografi und Giuseppe Maria Foppa wären in dieser Hinsicht mehr als eine Erwähnung wert.

Selbst wenn eine saubere Unterscheidung zwischen höfischer und bürgerlicher Oper im Bereich des Seria-Repertoires problematisch ist, läßt sich nicht leugnen, daß sich das Dramma per musica in dieser Zeit immer mehr von seinem repräsentativen Rahmen ablöste, und dieser Prozeß schlug sich nicht zuletzt in einem allmählichen Abbau der ursprünglichen poetologischen Grundlagen nieder. Die letzten zwanzig Jahre des 18. Jahrhunderts erfuhren zudem eine grundlegende Veränderung der musikalischen Landschaft, wobei neue Zentren in den Mittelpunkt des internationalen Opernlebens rückten, während andere eine immer peripherere Rolle spielten. Städte wie Berlin, London, Dresden, Mannheim, St. Petersburg hatten zu dieser Zeit ihre zentrale Rolle in der Pflege der Opera seria eingebüßt. In Mannheim oder Berlin spielten die zunehmenden Bestrebungen, nationalsprachige Operntypen zu begründen, eine nicht zu unterschätzende Rolle. In anderen Zentren, wie Wien oder St. Petersburg, konnte die Konkurrenz der Opera buffa die Opera seria völlig in den Hintergrund drängen.[1] Auch in Italien sprechen die Zahlen für eine zunehmende Beliebtheit des komischen Repertoires gegenüber dem ernsten,[2] und es kommt hinzu, daß ab den neunziger Jahren die neue Gattung der Opera semiseria rasch an Popularität gewann. Trotzdem konnten sich Städte wie Venedig, Neapel, Turin, Florenz und Mailand – nicht zuletzt dank einiger wichtiger Theatergründungen wie im Falle des Teatro alla Scala in Mailand (1778) und des Teatro la Fenice in Venedig (1792) – als europäische Zentren der Opernpflege sowie als Hochburgen der Opera seria überhaupt bestätigen.[3]

Der Komponist als Dramatiker

Auch am Ende des 18. Jahrhunderts blieb die Aufführung einer Opera seria Teil eines sozialen Rituals, das sich als höfisch geprägtes Spektakel konkretisierte und das eher einem Fest als einer modernen Dramenaufführung ähnelte.[4] In dieser Zeit blieb auch die Nummerndramaturgie der Oper grundlegend, die Leistung der Sänger stand weiterhin im Mittelpunkt des Interesses des Publikums, dessen Aufmerksamkeit sehr variabel sein konnte. Der Einsatz des Orchesters bei den Recitativi accompagnati, den Arien und den Ensembles signalisierte eine Verlagerung des Akzents von der musikalischen geprägten Textdeklamation hin zur Betonung eines eigenständig musikalischen Moments, auf den das Publikum seine Aufmerksamkeit richtete. Hinter den Veränderungen der Opera seria am Ende des 18. Jahrhunderts steht der Versuch, die bestehende Nummerndramaturgie durch den musikdramatischen Ausbau der geschlossenen Formen zu erweitern. Dies erfolgte insbesondere im Rahmen eines sich in der zweiten Hälfte des 18. Jahrhunderts anbahnenden ästhetischen Wandels, wobei der Musik ein neuer ästhetischer Status zukam.

Die auffällige Expansion des Musikalischen auf Kosten des Sprechgesangs – und das unterscheidet die Opera seria am Ende des 18. Jahrhunderts eindeutig von der Metastasianischen Oper Hassescher Prägung der fünfziger und sechziger Jahre – ist als Emanzipation aus einer Dramaturgie anzusehen, in der Arien und – viel seltener – Ensembles eine affektive bzw. sentenzhafte Entrückung aus der vom Sprechgesang getragenen Handlung darstellten. Metastasios fast puristischer Versuch, die Musik als »Sklavin der Poesie« durch eine dramaturgische Trennung von Rezitativen und »Nummern« (Arien etc.) unter Kontrolle zu halten, hatte eine unerwünschte Nebenwirkung herbeigeführt. Eine – von Metastasio bezeichnenderweise verpönte – musikalisch anspruchsvolle Vertonung der Dialoge wurde in der Tat selten vorgenommen, und die Anzahl von Accompagnato-Rezitativen hielt sich auch um die Mitte des 18. Jahrhunderts in Grenzen. Für die um das »dramma« besorgten Literaten war jedoch die rasche Entwicklung der Nummern als Hauptattraktion der Oper zum Problem geworden. Als Aufführungsereignis bestand die Opera seria aus einer Abfolge von Arien, deren fiktional motivierte Verbindung nicht immer nachvollziehbar sein mußte. Viele Zuschauer, die oft täglich in die Oper gingen, erlebten ein Dramma per musica wie ein inszeniertes Konzert, da die – oft durch die Lektüre des Librettos begleitete – Wahrnehmung der rezitativischen Dialoge möglich, jedoch nicht verbindlich war. Am Ende des 18. Jahrhunderts hatte sich das Verhal-

1 Vgl. R.-A. Mooser, *Annales de la musique et des musiciens en Russie au XVIIIme siècle*, Bd. 2, Genf 1951, S. 287ff.
2 F. Piperno, *L'opera in Italia nel secolo XVIII*, S. 170–176.
3 Zur führenden Rolle Venedigs im Bereich der Opera seria: M. P. McClymonds, *The Venetian Role in the Transformation of Italian Opera Seria during the 1790s*, in: *I vicini di Mozart*, Bd. 1: *Il teatro musicale tra Sette e Ottocento*, hg. v. M. T. Muraro, Florenz 1989 (Studi di musica veneta 15), S. 221–240.
4 Eine interessante anthropologische Interpretation des Phänomens bietet M. Feldmann, *Magic Mirrors and the Seria Stage: Thoughts toward a Ritual View*, in: Journal of the American Musicological Society 48 (1995), S. 423–484.

Die Opera seria im späten 18. Jahrhundert

ten des italienischen Publikums nicht wesentlich verändert, und noch im 19. Jahrhundert waren die Zuschauer hauptsächlich an den Nummern interessiert.[1] Arien und Ensembles hatten jedoch eine Bedeutung bekommen, die über ihre in der Metastasianischen Oper festgelegten Grenzen hinausging. Dieses Phänomen ist seit dem 19. Jahrhundert – besonders unter dem Einfluß von Wagners Musikästhetik – als Emanzipation des »musikalischen Dialogs« angesehen worden, eine Idee, die aus der für die klassische Dramentheorie charakteristischen Äquivalenz von »Dialog« und »Drama« herrührt. Das Repertoire der Opera seria im späten 18. Jahrhundert zeigt hingegen, daß die dramatische Legitimation des Musikalischen im Dramma per musica zu einer Steigerung eher der szenisch-pantomimischen als der dialogischen Komponenten der Musik führte.

Daß die Gefährdung des Wortes durch die Musik für die meisten Librettisten der Generation nach Metastasio kein Problem mehr war, wird durch die rasche Entwicklung der Ensembles in der zweiten Hälfte des 18. Jahrhunderts deutlich. Die stärkere Präsenz des gleichzeitigen Gesanges mehrerer Personen in der Opera seria verweist nicht nur auf die Preisgabe jener aus der französischen Klassik stammenden poetologischen Kategorien wie »Wahrscheinlichkeit« und »Angemessenheit«, die der Entwicklung des Ensembles im Dramma per musica im Wege standen, sondern auch auf eine Befreiung von jener »dittatura della parola«, die für die Opera buffa als Gattung ›niedrigen Ranges‹ nie ein Problem gewesen war. Die Möglichkeit, eine Szene mit einer musikalischen Nummer zu beginnen, die außerdem nicht nur einen einzigen, sondern mehrere Affekte sowie deren unwiderrufliche Wechsel ohne Hilfe des Rezitativs schildern konnte, setzt das Postulat voraus, daß die Musik auch ohne die Unterstützung musikalisch deklamierter Dialoge für die Gestaltung eines dramatischen Moments auskommen könne. Dabei eröffnete die in der zweiten Hälfte des 18. Jahrhunderts im Bereich der Musik neu bewertete Pantomime neue Wege. Die Einführung der Introduktion, d.h. eines Ensembles, oft mit Chor, ohne vorangehendes Rezitativ am Anfang des ersten Aktes, impliziert nicht, daß einer musikalischen Nummer die Möglichkeit gegeben war, die bei Metastasio rezitativisch gestaltete Dramenexposition musikalisch zu ersetzen, sondern daß das »Quadro« – eine Übersetzung des französischen »Tableau«, die die Librettistik des späten 18. Jahrhunderts möglicherweise aus den Szenarien der Ballette entnahm – in den Vordergrund auf Kosten des »Dialogo« getreten war. Diese Ballette wurden die ›gefährlichsten‹ Konkurrenten der Opera seria, da sie als deren Zwischenakte aufgeführt wurden und bald das Hauptinteresse des Publikums auf sich zogen.[2] In den sechziger Jahren beschrieb der Engländer Samuel Sharp in seinen *Letters from Italy* das Verhalten des neapolitanischen Publikums in der Oper und mußte bemerken, daß der Lärm und die Unaufmerksamkeit, welche die Opernaufführung begleitete, aufhörte, sobald das Ballett begann.[3] Dieses Bedürfnis nach musikalischer Pantomime war möglicherweise für die Entwicklung der Opera seria nach Metastasio entscheidend. Bezeichnender Weise griff im späten 18. Jahrhundert die Opera seria immer häufiger auf Stoffe zurück, die bereits als Ballett bearbeitet worden waren.

Insbesondere an den Libretti Mattia Verazis läßt sich der Versuch erkennen, Musik und Bühnenaktion enger miteinander zu verbinden. Die Eröffnungsszene von *Europa riconosciuta* (1778) zeigt unverkennbar den revolutionären Charakter der neuen Dramaturgie, der besonders in den als Fußnoten gedruckten szenischen Anweisungen zum Ausdruck kommt:

---

[1] Ein lebendiger Bericht ist zu finden in: Stendhal, *Vie de Rossini. Ornée des portraits de Rossini et Mozart*, Paris 1824, deutsche Ausgabe: *Rossini*, aus dem Französischen von B. Brumm, Frankfurt a. M. 1988, S. 100.

[2] P. Metastasio klagt in einem Brief vom 16.12.1771 an die Prinzessin Pignatelli di Belmonte, daß die Sänger zu »Intermezzi« der Tänzer dienten, sodaß die Oper zu einem »langweiligen Anhang« des Spektakels geworden war (P. Metastasio, *Tutte le opere*, hg. v. Brunelli, Bd. 5, S. 125).

[3] C. Price / J. Milhous / R. Hume, *Italian Opera in Late Eighteenth-Century London*, Bd. 1: *The King's Theatre, Haymarket 1778–1791*, Oxford 1995, S. 17.

ATTO PRIMO	ERSTER AKT
Scena 1	Erste Szene
Deserta spiaggia di mare. Selva da un lato: rupi dall'altro; fra le quali sterpi, cespugli, e serpeggianti edere adombran l'ingresso d'un'oscura, e profonda caverna.	Einsamer Meeresstrand. Auf der einen Seite ein Wald, auf der anderen Felsen mit Gestrüpp, Büschen und gewundenem Efeu, die den Eingang zu einer dunklen, tiefen Höhle verbergen.
Tempesta con lampi, tuoni, pioggia, sibilo di venti, e fragor di sconvolti flutti. (1) Durante la medesima si vede in lontananza numerosa flotta di legni. Alcuni sommergonsi miseramente nell'onde; altri si perdono affatto di vista. Da un lacero vascello, che viene impetuosamente ad urtar contro il lido, sortono *Asterio, Europa, e un picciolo fanciullo, con varie donzelle seguaci d'Europa, ed alcuni guerrieri Cretensi*.	Sturm mit Blitzen, Donnern, Regen, Pfeifen des Windes und Getöse von schlagenden Wellen. (1) Währenddessen sieht man von Ferne eine große Flotte. Einige Schiffe versinken erbärmlich in den Wellen, andere geraten völlig aus dem Blick. Aus einem brüchigen Schiff, das heftig ans Ufer getrieben wird, kommen *Asterio, Europa und ein kleines Kind, dazu Frauen aus dem Gefolge Europas sowie kretische Krieger*.

ASTERIO (2) Sposa ... (3) Figlio ... (4) Ah voi piangete! (5) Con quel pianto a me volete Rammentar che reo son io. Ma non merta il fallo mio così barbaro martir.	ASTERIO (2) Meine Gattin ... (3) Mein Sohn ... (4) Ach, ihr weint! (5) Durch euer Weinen wollt ihr mich daran erinnern, daß ich schuldig bin. Aber meine Verfehlung verdient nicht eine solch barbarische Qual.
(1) S'apre la scena mentre incomincia la sinfonia, ch'è un'imitazione dell'orrenda procella, e che si va rallentando a proporzione che questa si scema, e che ritorna la calma. È questa annunziata dal dolce suono d'un oboe, che prende il luogo dell'andante dell'apertura, e che serve d'accompagnamento alla cavatina d'Asterio.	(1) Die Szene öffnet sich beim Beginn der Sinfonie, welche die Nachahmung des furchterregenden Sturmes ist und die desto langsamer wird, je mehr dieser abnimmt und die Ruhe zurückkehrt. Diese wird durch den süßen Klang einer Oboe angekündigt, der das Andante der Eröffnung ersetzt, und der als Begleitung der Kavatine Asterios dient.
(2) Con sospensioni, ed interrompimenti a guisa di recitativo istrumentato. (3) Mentre dal fanciullo, e da Europa si fa mostra di piangere, l'oboe, facendosi flebilmente sentir a solo, esprime i loro mesti lamenti. (4) Replica dello stesso querulo suono dell'oboe. (5) Incomincia la cantilena continuata con l'accompagnamento dell'oboe concertante.	(2) Mit Verzögerungen und Unterbrechungen, in der Art eines Accompagnato-Rezitativs. (3) Während das Kind und Europa zu weinen scheinen, drückt die als Solo leise wahrnehmbare Oboe ihre traurige Klagen aus. (4) Wiederholung der klagenden Weise der Oboe. (5) Es beginnt die Melodie, die mit Begleitung der konzertierenden Oboe fortgesetzt wird.

Dieses Beispiel ist in verschiedener Hinsicht von Bedeutung. Nach Verazis Anweisungen soll das Orchester nicht nur eine tonmalerische Funktion durch die musikalische Darstellung des Sturmes übernehmen (1), sondern auch den Auftritt Asterios mit einem später in seiner Cavatina wieder erklingenden Motiv begleiten (2) und ebenfalls durch die Oboe das nur pantomimisch dargestellte Weinen Europas und ihres Sohns ausdrücken (3). Hier zeigt sich emblematisch die neue Funktion der Musik, das »unausgesprochene« szenische Ereignis zu versinnbildlichen. Auch wenn Verazis Libretti nicht den Normalfall darstellen[1], zeigt die Librettistik des späten 18. Jahrhunderts dennoch eine auffällige Zunahme von Regieanweisungen, die auf eine Betonung der Gestik sowie auf deren musikalische Einbindung hinweisen. Arien und Ensembles, die in der Tradition der Metastasianischen Oper das statische musikalische Moment der Szene bildeten, konnten jetzt durch gezielte Angaben des Librettisten pantomimisch bewegt werden. Die an der *Europa riconosciuta* deutlich gewordene Tendenz, Worte durch Gebärden und Musik zu ersetzen, ist für das späte 18. Jahrhundert charakteristisch und führte zu einer Neubewertung der Instrumentalmusik im Rahmen der Oper.[2]

Auch der Rückgriff auf das in die Opera buffa schon längst eingebürgerte Finale bedeutete – nicht anders als die Introduktion – eine deutliche Entfernung von der Metastasianischen Dramaturgie. Damit war die Möglichkeit geschaffen, die aufeinander folgenden Auftritte der Dramenfiguren nicht primär dialogisch – durch Einsatz des Sprechgesangs –, sondern musikalisch-pantomimisch in einem musikalischen Gebilde zu umfassen. Die Übernahme von Strukturen aus dem komischen Repertoire weist eher auf deren in der ernsten Oper deutlich später erfolgte Legitimation als auf eine »Gattungsmischung« hin.[3] Dieser dramaturgische Paradigmenwechsel bedeutete eine neue Funktion für den Komponisten von Opere serie, dessen Aufgabe sich nicht mehr auf die Vertonung von isolierten, szenisch unbewegten Nummern beschränkte, sondern der durch die Musik den Rhythmus der Handlung bestimmen konnte.

So deutet sich in der zweiten Hälfte des 18. Jahrhunderts die neue Rolle des Komponisten von Opere serie als Dramatiker an.[4] Seiner ästhetischen Anerkennung entspricht eine soziale. Als musikalischer Autor eines Dramma per musica wird er immer wichtiger und kann seine Stellung neben Sängern und Tänzern behaupten. Es gibt viele Anzeichen für diesen Wandel: höhere Honorare, häufigere Erwähnung seines Namens bei Aufführungsankündigungen, intensivere Streuung einzelner Partituren sowie die – allerdings seltene – Drucklegung erfolgreicher Werke.[5] Hinzu kommt der allmähliche Schwund der Pasticcio-Praxis und die deutliche Abnahme von Neuvertonungen desselben Librettos.[6] Damit war das Schicksal des Librettisten entschieden: Selbst wenn viele wie Gaetano Sertor oder Giuseppe Sografi noch selbstbewußt in ihren Vorreden auftreten und das Libretto im späten 18. Jahrhundert noch Gegenstand ernster Diskussionen der Literaten sein konnte, bedeutete die neu gewonnene Funktion der Musik einen Statusverlust für den Text. Die stark zielgerichtete Funktionalität des Textes auf die Vertonung sorgte dafür, daß dessen literarische Qualität als gesprochenes »Dramma« nicht mehr relevant erschien. So erklärt sich, warum im 19. Jahrhundert der Librettist von

---

1 Zur Wirkung von Verazis Libretti auf die italienische Opernbühne vgl. M. Petzold McClymonds, *Transforming Opera Seria: Verazi's Innovations and their Impact on Opera in Italy*, in: *Opera and the Enlightenment*, hg. v. T. Bauman und M. Petzold McClymonds, Cambridge 1995, S. 119–132.

2 Vgl. dazu F. Piperno, *L'opera in Italia nel secolo XVIII*, S. 179.

3 Mit Recht betont A. Gerhard, daß »der Grund für die regelmäßige Verwendung des Ensembles in der Opera seria in vielen Fällen darin lag, daß das Verhältnis der einzelnen Personen zueinander dramaturgisch neu bestimmt worden war und daß der Entwicklungsstand des buffa-Ensembles nur die kompositionstechnischen Voraussetzungen dafür bot, diesen neuen inhaltlichen Bedürfnissen auch musikalisch gerecht zu werden.« (Ders., *Republikanische Zustände – Der »tragico fine« in den Dramen Metastasios*, in: *Zwischen Opera buffa und Melodramma: italienische Oper im 18. und 19. Jahrhundert*, hg. v. J. Maehder und J. Stenzl, Frankfurt am Main 1994 (Perspektiven der Opernforschung 1), S. 27–65: 53.

4 Für die »narrative« Präsenz des Komponisten in der Oper seit dem späten 18. Jahrhundert vgl. L. Zoppelli, *L'opera come racconto. Modi narrativi nel teatro musicale dell'Ottocento*, Venedig 1994 (Musica critica. Saggi Marsilio).

5 Zu erwähnen wäre die Drucklegung von Hasses *Alcide al Bivio* (Leipzig 1763), Glucks *Orfeo ed Euridice* (Paris 1764), Bertonis *Orfeo* (Venedig 1776), Sartis *Giulio Sabino* (Wien 1781), Paisiellos *Olimpiade* (Neapel 1786).

6 F. Piperno, *Das Produktionssystem bis 1780*, S. 52f.

italienischen Literaten als »armer Verwandter« behandelt werden konnte.¹ Und einer der erfolgreichsten Librettisten des frühen 19. Jahrhunderts, Gaetano Rossi, bezeichnete sich – sicher im Scherz, aber nicht ohne Hintersinn – als »parolajo« (Dichterling, Verseschmied).

Alte und neue Motive

Angesichts eines beeindruckenden Pluralismus im Repertoire läßt sich die Stoffgeschichte der Opera seria im fraglichen Zeitraum kaum unter einen gemeinsamen Nenner zu bringen. Metastasios Libretti wurden – freilich wesentlich bearbeitet – nach wie vor vertont, selbst wenn die Zahlen für einen allmählichen, aber deutlichen Schwund seiner Präsenz auf der Opernbühne sprechen.² Algarotti hatte die vorwiegend historischen Handlungen Metastasios wegen ihrer mangelnder Wahrscheinlichkeit kritisiert und empfohlen, Stoffe aus einer zeitlichen bzw. geographischen Ferne zu wählen, damit die gesungene Handlung glaubwürdig erscheine. Diese Aussage hatte eine breite Resonanz in der Diskussion über das Musiktheater gefunden.³ Die Mehrheit der neuen Libretti seit den achtziger Jahren scheint diesem Anliegen entgegenzukommen, obwohl dabei verschiedene Stränge zu unterscheiden sind. Ein großer Teil der höfischen »Experimente« der sechziger und siebziger Jahre ist von dem Versuch charakterisiert, für die Opera seria in Anlehnung an die Tragédie lyrique mythologisch-wunderbare Stoffe zu verwenden, was sich aber im öffentlichen Opernbetrieb nicht durchsetzen konnte, auch wenn einschlägige Motive (wie z.B. der Armida-Stoff)⁴ noch in den achtziger Jahren zirkulierten. Wenn die Mythologie im späten 18. Jahrhundert noch Gegenstand der Opera seria war, dann wurde sie in der Regel einem Prozeß der Rationalisierung unterzogen, in dem übernatürlichen Elementen kein Platz eingeräumt wurde. Die Präsenz des Wunderbaren in einer Oper wie *Aci e Galatea* von Francesco Bianchi und Giuseppe Maria Foppa (Venedig 1792) zeigt eher einen experimentellen Charakter, der sich an der im Libretto veröffentlichten Aussage des Unternehmers Cavos ablesen läßt, es handele sich um »uno spettacolo di genere alquanto diverso dagli usati finora«. Der Schluß von *Telemaco in Sicilia* von Giuseppe Sografi und Antonio Calegari (Padua 1792), in dem Mentore sich in Minerva verwandelt, während Diana am Himmel erscheint und auf dem Schiff Eneas herunterschwebt, gehört zu den wenigen Fällen eines dargestellten Deus ex machina in der Opera seria des späten 18. Jahrhunderts. Wenn ein glücklicher Ausgang der Handlung in dieser Zeit erwünscht war, wurde das rationale Lieto fine nach Metastasianischer Art vorgezogen. Ansonsten wurde der Deus ex machina eher erzählt als gezeigt, wie in *Apelle* von Giuseppe Sografi und Niccolò Zingarelli (Venedig 1793), wo der Chor von dem wunderbaren Ereignis berichtet, das zur Rettung der Hauptfiguren führt. Ein weiteres Beispiel bietet *Oreste* von Francesco Gonella und Giuseppe Moneta (Florenz 1798), wo Pammene in der letzten Szene Elettra von der Erscheinung Dianas und ihren Forderungen erzählt.

Bei der Entdeckung der Exotik in der Opera seria spielt die Voltaire-Rezeption, die auf italienischem Boden in den sechziger Jahren beginnt und sich insbesondere in beiden letzten Jahrzehnten des 18. Jahrhunderts konsolidiert⁵, eine wichtige Rolle. Aber nicht weniger entscheidend waren unter diesem Aspekt andere Werke, wie Jean-François Marmontels Erzählung *Les Incas, ou la destruction de l'empire du Pérou* (1777), welche die Handlungsvorlage zahlreicher Opern mit dem Titel *Cora* oder *Idalide* bildete.⁶ Das – in Italien ab den späten siebziger Jahren belegte – Interesse an Shakespeare war teilweise mit einer Reaktion gegen Voltaire und die französische Kultur verbunden.⁷ Auf der Opernbühne war die Rezeption des englischen Dramatikers jedoch gering und weitgehend durch französische Bearbeitungen von François Ducis vermittelt, wie in den *Amleto*-Opern von Fabio Dorfeno und Luigi Caruso (Florenz 1790) und Giuseppe Maria Foppa und Gaetano Andreozzi (Padua 1792) sowie in *Giulietta e Romeo* von Giuseppe Maria Foppa und Niccolò Zingarelli (Mailand 1796). Die ausgeprägte Vorliebe für die nordischen Sagen um 1800 wurde besonders durch die Rezeption der Ossian-Dichtung angeregt. Melchiorre Cesarottis 1763 erschienene Übersetzung von MacPhersons Fälschung trug zu einer allgemeinen ästhetischen Neuorientierung bei: Grotten, Türme, Friedhöfe und andere, später als »romantisch« empfundene Elemente fanden Platz auf der Opernbühne.⁸ Einen wichtigen Sonderfall bildete seit Mitte der achtziger Jahre die neapolitanische Tradition der

---

1 F. Della Seta, *Der Librettist*, in: *Geschichte der italienischen Oper. Systematischer Teil*, hg. v. L. Bianconi und G. Pestelli, aus dem Italienischen v. C. Just und P. Riesz, Bd. 4: *Die Produktion: Struktur und Arbeitsbereiche*, Laaber 1990, S. 245–295: 264f.

2 Vgl. F. Piperno, *L'opera in Italia nel secolo XVIII*, S. 185–187, und A. Chegai, *L'esilio di Metastasio*, S. 30–39.

3 R. Di Benedetto, *Poetiken und Polemiken*, in: *Geschichte der italienischen Oper. Systematischer Teil*, hg. v. L. Bianconi und G. Pestelli, aus dem Italienischen v. C. Just und P. Riesz, Bd. 6: *Theorien und Techniken. Bilder und Mythen*, Laaber 1992, S. 9–73: 40ff.

4 Dazu: M. P. McClymonds, *Haydn and the Opera Seria Tradition: Armida*, in: *Napoli e il teatro musicale in Europa tra Sette e Ottocento. Studi in onore di Friedrich Lippmann*, hg. v. B. M. Antolini und W. Witzenmann, Florenz 1993 (Quaderni della Rivista italiana di musicologia 28), S. 191–206.

5 Vgl. R. S. Ridgway, *Voltairian Bel Canto: Operatic Adaptions of Voltaire's Tragedies*, in: Studies on Voltaire and the Eighteenth Century 241 (1986), S. 125–154.

6 Vgl. N. Dubowy, *Wandlungen eines beliebten Opernstoffs: Die Cora-Opern von Johann Simon Mayr*, in: *Giovanni Simone Mayr. L'opera teatrale e la musica sacra*, Atti del Convegno internazionale di studio 1995, Bergamo 16–18 novembre 1995, hg. v. F. Bellotto, Bergamo 1997, S. 253–278.

7 Vgl. A. Chegai, *L'esilio di Metastasio*, S. 156.

8 Vgl. G. Folena, *Cesarotti, Monti e il melodramma fra Sette e Ottocento*, in: *Die stilistische Entwicklung der italienischen Musik zwischen 1770 und 1830 und ihre Beziehungen zum Norden*, hg. v. Fr. Lippmann, Laaber 1982 (Analecta musicologica 21), S. 236–262.

während der Fastenzeit aufgeführten biblischen Opern, die bis 1820 bestand.[1] Kurzlebig, jedoch von einer gewissen historischen Bedeutung waren Opern jakobinischen Inhalts, die in den neunziger Jahren, besonders unter der napoleonischen Herrschaft, en vouge waren.[2] Die Einhaltung gemeinsamer dramaturgischer Elemente bei disparaten Vorlagen führten in den Libretti am Ende des 18. Jahrhunderts zu einer eklektischen Verquickung heterogener Traditionen, insbesondere bei den Bühnenbildern: Südamerikanische Landschaften wimmeln von klassizistischen Gebäuden, mittelalterlich anmutende Türme werden mit Tempeln verbunden, während bei christlichen Sujets sakrale Szenen heidnischen Charakters erscheinen.

Verkörperten Metastasios Dramen in Anlehnung an die französische Klassik das höfisch geprägte Prinzip der »schönen Natur«, in dem das Unangenehme bzw. das Häßliche verbannt wurde oder höchstens stilisiert erschien, so bahnte sich in der zweiten Hälfte des 18. Jahrhundert eine deutliche Tendenz zum »Grauenvollen« an. Eine intensive Diskussion über das »Erhabene« als ästhetischer Begriff begann in Italien spät und verlief eher beiläufig[3], eine dezidierte Kritik an der Ästhetik des »Angenehmen« findet sich jedoch bereits bei Melchiorre Cesarotti. In seinem *Ragionamento sopra il diletto della tragedia* (1762) kritisiert er Bernard de Fontenelles Theorie des »diletto« (Vergnügen) als Hauptziel der Tragödie und plädiert für eine Legitimierung des Grauens als ästhetische Erfahrung durch eine Neubewertung des Schmerzes als primäre Wirkung des Dramas.[4] Selbst wenn das Gruselige bzw. das Häßliche nur zurückhaltend in der Welt der Opera seria Fuß faßten, hinterließ dieser ästhetische Wandel nachhaltige Spuren in der Operndramaturgie: Man denke etwa an die zunehmende Anzahl von Orakel- bzw. Geisterszenen oder an den Szenentyp des Kerkers, der wie in der Vormetastasianischen Oper als »oscuro«, »orrido« oder »tetro«, also betont schrecklich charakterisiert worden ist. Die stärkere Präsenz

1 F. Piperno, »*Stellati sogli*« e »*immagini portentose*«: *Opere bibliche e stagioni quaresimali a Napoli prima del Mosè*, in: *Napoli e il teatro musicale in Europa tra Sette e Ottocento. Studi in onore di Friedrich Lippmann*, hg. v. B. M. Antolini und W. Witzenmann, Florenz 1993 (Quaderni della Rivista italiana di musicologia 28), S. 267–298.

2 Dazu M. Nocciolini, *Il melodramma nella Milano napoleonica: teatro musicale e ideologia politica*, in: Nuova Rivista Musicale Italiana 29 (1995), S. 5–30.

3 M. Garda, *Musica sublime. metamorfosi di un'idea nel Settecento musicale*, Mailand und Lucca 1995 (Le sfere 25), S. 131–145.

4 Vgl. M. Calella, *Die Rezeption der Tragödien Voltaires auf den venezianischen Opernbühnen und das Problem der Tragik in der Oper des späten 18. Jahrhunderts*, in: *Johann Simon Mayr und Venedig. Beiträge des Internationalen musikwissenschaftlichen Johann Simon Mayr-Symposions in Ingolstadt vom 5. bis 8. November 1998*, hg. v. F. Hauk und I. Winkler, München und Salzburg 1999 (Mayr-Studien 2), S. 155–165: 158f.

der Pantomimik, von der schon die Rede war, bekam auch im Rahmen dieser neuen Tendenzen eine neue Qualität. Die Figuren einer Opera seria des späten 18. Jahrhunderts scheinen oft von heftigen und widersprüchlichen Leidenschaften getragen zu sein, die nicht selten durch eine unkontrollierte Gestik zum Ausdruck kommt. Die Tendenz zum Schrecken erregenden »coup de théâtre« ist in der Dramaturgie der Opera seria um 1800 stark ausgeprägt.

Das Verbot einer unmittelbaren Darstellung eines Mordes auf der Bühne, das die Metastasianische Oper charakterisierte, gehörte zu den »bienséances« der klassischen Dramentheorie, die jedoch den Selbstmord unter Umständen als »heroisch« tolerieren konnte, wie noch Metastasios *Didone abbandonata* und die erste Fassung seines *Catone in Utica* bezeugen. Die Verlagerung des Freitodes hinter die Kulissen in der zweiten Fassung des letztgenannten Librettos sowie die feste Etablierung des Lieto fine in den übrigen Werken des kaiserlichen Hofpoeten weist auf den widersprüchlichen Status eines Dramma per musica hin. Wurde einer Opera seria auf dem Papier der Rang einer Tragödie zugeschrieben, war sie bei ihrer szenisch-musikalischen Verwirklichung doch in ein soziales Ritual eingebettet, das eher einem Fest als einer Dramenaufführung ähnelte. So erklärt sich der Widerstand, auf den der tragische Schluß in der Opera seria bis ins frühen 19. Jahrhunderts stieß.[1] Im Libretto von *Piramo e Tisbe* von Gaetano Sertor und Francesco Bianchi (Venedig 1783) wurden zwei Schlußszenen gedruckt. Die erste, vom Autor vorgesehene, läßt die Hauptdarsteller auf der Bühne während eines Terzetts durch dreifachen Selbstmord sterben. Im Anschluß an den Text der Oper schrieb der Librettist, daß er gezwungen worden sei, die Szene zu ändern, da man ihm erklärt habe, ein tragischer Schluß sei hier nicht angebracht. In der als Anhang gedruckten alternativen Schlußszene fehlt jenes Mißverständnis, das die Katastrophe auslöst, so daß die Oper mit der Versöhnung von Piramo, Tisbe und Zoria endet. Auch *Idomeneo* von Gaetano Sertor und Giuseppe Gazzaniga (Padua 1790) machte dasselbe Schicksal durch. Hier mußte Sertor jedoch den tragischen Schluß als Anhang veröffentlichen, was wahrscheinlich den emphatischen Ton erklärt, mit dem er diese Fassung als »intenzione dell'autore« vorstellte.

Die oft vorkommende nachträgliche Hinzufügung eines Lieto fine zeigt symptomatisch die Ambivalenz, welche die Gattung »Opera seria« in dieser Phase ihrer Entwicklung charakterisierte. Die für eine Tragödie selbstverständliche Präsenz eines »finale funesto« verstieß in einem Dramma per musica gegen den üblichen gesellschaftlichen Aufführungsrahmen: Ein Fest hatte keinen traurigen Ausgang zu nehmen. Der nunmehr deutlich sichtbare Konflikt zwischen Intention des Librettisten und Erwartungen des Publikums verweist auf eine neue Ästhetik. Opere serie ohne Lieto fine – was manchmal durch den Titelanfang »La morte di ...« signalisiert wird – wurden im späten 18. Jahrhundert immer häufiger.[2]

Die neue Dramaturgie

Auch im späten 18. Jahrhundert blieb der Kontrast zwischen politischer und erotischer Intrige für die Opera seria grundlegend, wobei eine auffällige Verlagerung des dramatischen Fokus auf die drei oder vier Hauptrollen erfolgte. Sehr wahrscheinlich unter der Konkurrenz der am selben Abend aufgeführten Ballette verloren die Drammi per musica in den achtziger und neunziger Jahren ihre feste dreiaktige Gliederung zugunsten einer zweiaktigen. Den Nebenrollen wurde immer weniger Raum gewährt: Als Vertraute, Offiziere oder Waffenträger wurden sie in der Regel lediglich zu Begleitern der Hauptdarsteller und hatten immer weniger Anspruch auf eine eigene Geschichte, was zu einer Vereinfachung der Handlung führte. Die Zahl der Kastraten auf der Bühne sank am Ende des Jahrhunderts drastisch, besonders in der Zeit der französischen Herrschaft, ihr Schwund war jedoch bereits von einem wirtschaftlich bzw. ideologisch bedingten Rückgang der Anzahl der Kastrationen um die Mitte des 18. Jahrhunderts vorbereitet worden.[3] Die Tradition der weiblichen Stimme für den Haupthelden blieb noch in den ersten Jahrzehnten des 19. Jahrhundert bestehen, wobei eine Frau die männliche Hauptrolle übernahm und in dieser Funktion als »musico« bezeichnet wurde.

Bei der festen Etablierung des Chores im Dramma per musica des späten 18. Jahrhunderts könnte der – nicht zuletzt durch die verschiedenen »Reformen« vermittelte – Einfluß der Tragédie lyrique eine wichtige Rolle gespielt haben, aber auch die Rezeption des Antikendramas dürfte in dieser Hinsicht von Bedeutung gewesen sein. Der aus Gründen der Inszenie-

---

1 Man denke z.B. an die zwei Fassungen der Schlußszenen in Rossinis *Tancredi* und *Otello*.

2 M. P. McClymonds, »*La morte di Semiramide ossia La vendetta di Nino*« and the Restoration of Death and Tragedy to the Italian Operatic Stage in the 1780s and 90s, in: *Atti del XIV congresso della Società Internazionale di Musicologia. Trasmissione e recezione delle forme di cultura musicale*, Bd. 3: *Free Papers*, hg. v. A. Pompilio u.a., Turin 1990, S. 285–292.

3 Vgl. J. Rosselli, *Singers of Italian Opera. The History of a Profession*, Cambridge 1992, S. 54f.

Abbildung linke Seite: Giuseppe Sarti: *Giulio Sabino*, 2. Akt, 4. Szene; Frontispiz des Partiturdrucks, Wien 1781. Die Gefängnisszene (»Sotterraneo«) übernahm in den letzten Jahrzehnten des 18. Jahrhunderts die seit dem späten 18. Jahrhundert für diesen Topos charakteristische schreckenserregende Funktion wieder, welche in der metastasianischen Oper zugunsten einer neutraleren Szenerie in den Hintergrund getreten war. In Sartis Oper schlägt sich das Grauen des Kerkers nicht direkt in der musikalischen Substanz der Szene nieder, wie es für die Opera seria um 1800 typisch ist, doch weist die Entscheidung, gerade diese Szene als Abbildung für den Partiturdruck zu wählen, auf einen bedeutenden ästhetischen Wandel hin.

Eine Proklamation der französischen Behörde in Modena aus dem Jahre 1797, in der die Wiedereröffnung des wegen Tumult geschlossenen Opertheaters an der Via Emilia verordnet wird. Dabei wird das Publikum daran erinnert, daß »das Theater eine Schule der Sitten ist, in der man lernt, vor seinen eigenen Fehlern zu erröten, die Unglücklichen wegen ihrer Schicksalsschläge zu bemitleiden, und alle jenen Tugenden zu lieben, die einzig eine republikanische Regierung festigen.« Diese ausgeprägt moralische Funktion der Oper läßt sich, besonders in der Zeit der französischen Herrschaft in Italien, auch in der Stoffwahl und an der Handlungsführung vieler Opere serie sehen.

rung meist in den Eckszenen der Akte eingesetzte Chor kann unterschiedliche dramatische Funktionen übernehmen. Er erscheint hauptsächlich als fest definierte Gruppe (Volk, Soldaten, Offiziere, Priester u.a.), und seine Präsenz beschränkt sich zuerst, z.B. in einigen Libretti Metastasios, auf das vom Rest der Handlung isolierte Tableau mit einer primär festlichen Funktion. Immer mehr wird er jedoch in die Handlung einbezogen und entwickelt sich durch die Übernahme appellativer Sprachfunktionen zur Dramatis persona. Dafür typisch werden die Arien mit Chor, in denen die Wechselrede zwischen Solist und Masse zu einer Steigerung der affektiven Lage sowie zum Tempowechsel in den Nummern führt. In *Giovanna d'Arco* von Gaetano Andreozzi und Giuseppe Sografi (Vicenza 1789) beginnt die Gefängnisszene nicht wie üblich mit einem Solo, sondern mit einem Chor, der den Gemütszustand und die Bewegungen des eingesperrten Helden beschreibt.

Mit der Auflockerung des festen Verhältnisses zwischen Rezitativ und musikalischen Nummern, das nach dem Prinzip von Ursache und Wirkung für die Metastasianische Oper konstitutiv gewesen war, erfolgte eine musikdramatische Expansion von Arien und Ensembles und eine immer häufigere Verwendung von Accompagnato-Rezitativen und Ariosi. Die Zahl bzw. die Länge der Secco-Rezitative sank merklich, was eine Betonung der szenisch-musikalischen Komponente des Dramma per musica auf Kosten des Dialogischen mit sich brachte. So mußte Michelangelo Prunetti im Vorwort zu *Fedra* (Rom 1804, Musik von Giuseppe Nicolini) beklagen, »die von den heutigen Zuschauern geforderte Kürzung der Rezitative läßt das vorliegende Drama wie ein erbärmliches Gerippe gegenüber der Tragödie ähnlichen Sujets aussehen«.[1]

Die damit zusammenhängende dramaturgische Umfunktionalisierung von Arien und Ensembles führte zu einer Veränderung ihrer Faktur. Deutlich wird dies zuerst am zunehmenden inhaltlichen Bezug der Arien- bzw. Ensembletexte auf die dramatische Situation, durch den die

---

[1] M. Rinaldi, *Due secoli di musica al teatro Argentina*, Florenz 1978 (Storia dei teatri italiani), S. 345.

Nummern einen geringeren Grad an Austauschbarkeit erhielten. So sank im späten 18. Jahrhundert die Anzahl von Gleichnis- bzw. Sentenzarien, die zwar noch im frühen 19. Jahrhundert hier und da auftauchen, aber lediglich als Einlagearien von Nebenrollen gesungen werden. Nicht zufällig weisen einige der im späten 18. Jahrhundert besonders beliebten musikdramatischen Topoi ein enges Verhältnis zum Bühnenraum auf, wie z.B. die sakrale Szene, die Szene »außerhalb der Stadt« und das »sotterraneo«. Damit ist nicht gesagt, daß Tempel oder Kerker neue Elemente gegenüber der älteren Tradition der Opera seria bilden, denn in nicht wenigen Libretti Metastasios findet man einen »tempio«, eine »ara« oder einen »carcere«. Nur sind sie dort symbolische Elemente, deren Ausstrahlung sich nicht direkt auf die musikdramatischen Strukturen auswirkt. Die Behauptung, daß das für die Metastasianische Tradition charakteristische Prinzip der wechselnden Schauplätze im späten 18. Jahrhundert durch die Variation eines Handlungsortes ersetzt wird[1] (so daß man dasselbe Gebäude von verschiedenen Standpunkten betrachtet), wird auch durch die Szene »außerhalb der Stadt« bestätigt. Der Darstellung des Schauplatzes der ersten Szene der Oper folgt oft die Ankunft des Helden am Stadtrand – in der Regel bei den plastisch dargestellten, sprachlich evozierten Stadtmauern oder an einer Küste. Dieser Szenentypus, in der nicht selten die Liebe für die wiedergesehene Heimat ausgedrückt wird, entwickelt sich wahrscheinlich in der Opera seria der achtziger Jahre. Bereits *Ifigenia in Aulide* von Ferdinando Moretti und Luigi Cherubini (Turin 1788) zeigt eine Cavatina an dieser Stelle (»*A voi torno, o sponde amate*«). In den neunziger Jahren wird sie zu einem der erfolgreichsten Topoi des Dramma per musica, und um 1800 hat sie bereits feste Konturen angenommen. In *Gli sciti* von Gaetano Rossi und Johann Simon Mayr (Venedig 1800) begegnet sie in der sechsten Szene des ersten Aktes in einer Anlage (Instrumentale Einführung – Accompagnato-Rezitativ »*Questa è dunque la Scizia?*« – Cavatina »*Ah! Che all'aure i mesti accenti*«), die sich im frühen 19. Jahrhundert nicht wesentlich verändert hat.[2] Auch das »sotterraneo« (diese Bezeichnung befindet sich nicht selten als Überschrift in den Partituren) wird in den neunziger Jahren zu einem der populärsten szenisch-musikalischen Topoi und besteht aus einer Kerkerszene, die mit einer düsteren, langsamen instrumentalen Einleitung sowie einem sich daran anschließenden Accompagnato-Rezitativ bzw. einem Arioso beginnt. Hier beschreibt der Held oder die Heldin den erschreckenden Ort bzw. seine Gefühle.[3]

Auch die formale Anlage der Arien erfuhr unterschiedliche Entwicklungsstadien: Formal hatte das Da-capo-Prinzip bereits um die Mitte des Jahrhunderts zugunsten des Dal segno seine Bedeutung eingebüßt. Zwei Arientypen wurden in den letzten Jahrzehnten des 18. Jahrhunderts populär: die Cavatina und das Rondò.

Mit ›Cavatina‹ ist in der Regel eine »kleine Arie« gemeint, die sich nicht nur durch ihre musikalische Faktur, sondern auch durch ihre Stellung und dramaturgische Funktion von der Da-capo- bzw. Dal segno-Arie unterscheidet. Sie ist im späten 18. Jahrhundert eine kurze, formal freie Arie in mäßigem Tempo, die in der Regel nicht am Ende einer Szene als Abgangsarie steht. Eingesetzt wurde die Cavatina in der Regel in Situationen, in denen die starke Kontextualisierung der Nummer im dramatischen Geschehen eine gewisse Kürze verlangte, wie z.B. in den Ombra-Szenen oder bei den Gebeten.[4] In dieser Hinsicht wurde sie in der Opera seria besonders ab den 1790er Jahren als Auftrittsarie (mit oder ohne vorangehendes Rezitativ) verwendet – wie z.B. in der oben erwähnten Szene »außerhalb der Stadt« und im »sotterraneo« –, wobei sie aber zum Privileg der Hauptrollen wurde. Noch erfolgreicher wurde in der zweiten Hälfte des 18. Jahrhunderts das Rondò. Es handelt sich um eine Arie, die vom Helden oder von der Heldin in der Regel auf dem Höhepunkt des Konfliktes vor dem Schluß der Oper gesungen wurde. In ihren Anfängen ist sie einsätzig (wie das berühmte Beispiel »*Che farò senza Euridice?*« aus *Orfeo ed Euridice* von Ranieri de' Calzabigi und Christoph Willibald Gluck), seit den späten Siebzigern entwickelte sie sich angeblich dank Giuseppe Sarti zur zweisätzigen Arie nach dem Schema langsam – schnell.[5] Zu den Merkmalen des Rondò zählen die ausschließliche Verwendung von Achtsilbern (Ottonari), der gavottartige melodische Duktus des Allegro-Teils und die Verwendung der letzten Verse als Refrain.[6] Es ist noch nicht eindeutig geklärt worden, in welchem Verhältnis das zweisätzige Rondò mit der im 19. Jahrhundert beliebten Arienanlage »Cantabile – Cabaletta« steht, da der Begriff »cabaletta« um 1800 nicht eindeutig ist. Noch im frühen 19. Jahrhundert konnte damit der Allegro-Teil einer Rondo-Arie bezeichnet werden.

Die im letzten Jahrzehnt des 18. Jahrhunderts rasch zunehmende Präsenz von »pertichini«, d.h. von kurzen solistischen Einlagen in einc Arie, bestätigt, daß die für die Metastasiani-

---

1 Die These wird vertreten in: N. Dubowy, *Templi, vergini e sacerdoti. Aspekte des Sakralen in der venezianischen Opera seria um 1800*, in: »*L'aere è fosco, il ciel s'imbruna*«. *Arti e musica a Venezia dalla fine della Repubblica al Congresso di Vienna. Atti del convegno internazionale di studi Venezia 10–12 aprile 1997*, hg. v. F. Passadore und F. Rossi, Venedig 2000.
2 Vgl. das entsprechende Rezitativ »*Oh patria*« und die Cavatina »*Tu che accendi*« aus G. Rossinis *Tancredi* (Edizione critica delle opere, Bd. 10/1, hg. v. P. Gossett, Pesaro 1984, S. 107ff.). Dazu vgl. S. Döhring / S. Henze-Döhring, *Oper und Musikdrama im 19. Jahrhundert*, Laaber 1997 (Handbuch der musikalischen Gattungen 13), S. 18–22.
3 Zu diesem Topos in der Oper des späten 18. Jahrhunderts vgl. H. Lühning, *Florestans Kerker im Rampenlicht. Zur Tradition des Sotterraneo*, in: *Beethoven zwischen Revolution und Restauration*, hg. v. H. Lühning und S. Brandenburg, Bonn 1989, S. 137–204.
4 Dazu vgl. H. Lühning, *Die Cavatina in der italienischen Oper um 1800*, in: *Colloquium »Die stilistische Entwicklung der italienischen Musik zwischen 1770 und 1830 und ihre Beziehungen zum Norden« (Rom 1978)*, hg. v. F. Lippmann, Laaber 1982 (Analecta musicologica 21), S. 333–368.
5 Zur Zuschreibung der zweisätzigen Cavatina-Form an Sarti vgl. P. Fabbri, *La farsa Che originali di Mayr e la tradizione melodrammatica*, in: *Giovanni Simone Mayr. L'opera teatrale e la musica sacra, Atti del Convegno internazionale di studio 1995, Bergamo 16–18 novembre 1995*, hg. v. F. Bellotto, Bergamo 1997, S. 139–160: 151f.
6 Dazu vgl. H. Lühning, *Die Rondo-Arie im späten 18. Jahrhundert. Dramatischer Gehalt und musikalischer Bau*, in: Hamburger Jahrbuch für Musikwissenschaft 5 (1981), S. 219–246.

sche Dramenkonzeption charakteristische musikalische Isolierung der Figur zugunsten einer immer stärker interpersonellen Dramaturgie preisgegeben wurde. Die Entwicklung des Ensembles ist dafür symptomatisch. Das durchschnittliche Dramma per musica der siebziger Jahre hat in der Regel zwei Ensembles (meistens ein Duett und ein Terzett), die in der Regel am Ende der beiden ersten Akte stehen. Ihre Zahl nimmt in den achtziger Jahren rasch zu, und die Entwicklung des Finales trägt dazu bei, das Gesicht der Opera seria grundlegend zu verändern. Um 1800 sind Drammi per musica mit drei Duetten, einem Terzett und zwei Finali keine Seltenheit mehr. Für das langsame Liebesduett der Metastasianischen Oper wird bereits in den sechziger Jahren – also deutlich früher als in der Arie – die zweisätzige Anlage langsam – schnell statt der Da-capo-Anlage typisch. Dreisätzige Duette kommen in den achtziger und neunziger Jahren gelegentlich vor, aber die Elemente für die im 19. Jahrhundert zur »üblichen Duettform« festgelegten Anlage werden aus der für Metastasio typischen Textstruktur entwickelt. Die Textanlage des Metastasianischen Duetts mit dem Schema Dialog – »a due« (= Simultanabschnitt) – »a due« wird durch Hinzufügung eines dialogisierenden Teils zwischen den »a due«-Teilen ausgebaut, so daß sich die Szene als Wechsel von formal definierten appellativen und expressiven Momenten in der vierteiligen Form Dialog – »a due« – Dialog – »a due« herauskristallisiert.[1] Die Expansion des textlichen Umfangs des Duetts bedeutet nicht, daß kleinere Strukturen verschwanden. Die jetzt zur Verfügung stehende formale Vielfalt erlaubte vielmehr einen dramatisch gezielten Einsatz der unterschiedlichen zweistimmigen Nummern. So wird im späten 18. Jahrhundert für die knappe Darstellung eines Affektes oft das Duettino – ein kurzes, einsätziges Duett, nicht selten ausschließlich simultan gesungen – verwendet. Das für das Metastasianische Duett typische kompositorische Verfahren der Wiederholung des Hauptmotivs in der zweiten Stimme blieb in dieser Zeit charakteristisch, selbst wenn die motivische Abgrenzung der Figuren oft zur Darstellung besonders kontrastvoller Situationen verwendet wurde. Im Duett »*Veggo uscir da quella tomba*« aus *Amleto* von Giuseppe Maria Foppa und Gaetano Andreozzi (Padua 1792; siehe Beispiel S. 54f.) schildert die melodische Differenzierung beider Stimmen die dramatische Spannung der simultanen Mo-

[1] Zu den noch nicht völlig geklärten Verbindungen zwischen dem Metastasianischen Duett und dem viersätzigen Duett des 19. Jahrhunderts vgl. S. Balthazar, *Mayr, Rossini and the Development of the Opera Seria Duet: Some Preliminary Conclusions*, in: *I vicini di Mozart*, Bd. 1: *Il teatro musicale tra Sette e Ottocento*, hg. v. M. T. Muraro, Florenz 1989 (Studi di musica veneta 15), S. 377–398. Vgl. zum Ausgangsstadium auch M. Calella, *Hasse und die Tradition des Metastasianischen Duetts*, Referat gehalten auf dem Kongreß *Johann Adolf Hasse in seiner Zeit* 1999 in Hamburg, Bericht hg. v. R. Wiesend, Druck in Vorbereitung.

nologe. Das Duett als Streit bzw. Abschied der Liebenden ist im späten 18. Jahrhundert nur eine der Möglichkeiten, die solistische Mehrstimmigkeit in der Opera seria einzusetzen. In einem Duett kann das Liebespaar sein Gefühl ohne Konflikte ausdrücken (was in der Regel die typische Situation für ein Duettino bildet), zwei Feinde können sich bedrohen, und es wird jetzt sogar möglich in einem Duett zu sterben – wie in *La morte di Cleopatra* von Giuseppe Sografi und Sebastiano Nasolini (Vicenza, 1791). Die zunehmende Einbeziehung des Bühnenraums in die Ensembles läßt sich am *Pizarro nell'Indie* in der Vertonung von Giuseppe Giordani (Florenz 1784) zeigen. In der Kerkerszene (I/10) wird ein Terzett von drei Figuren gesungen, die sich nicht sehen können. Während Ataliba gefangen gehalten wird, hört man die Stimmen von Zedina und Aza, die sich hinter den Kulissen aus verschiedenen Richtungen zur Bühne hin bewegen, um sich am Schluß des Ensembles zu treffen.

Mit dem Wort »Finale« war im späten 18. Jahrhundert lediglich ein den Akt abschließendes Ensemble gemeint, dessen dramatische Funktion und musikalische Faktur variieren konnte. Das Finale als szenenübergreifendes Ensemble nacheinander folgender Auftritte der Figuren setzt sich ab den siebziger Jahren schrittweise in der Opera seria durch. Zwei Librettisten scheinen dabei einen entschiedenen Einfluß auf die Geschichte der Gattung ausgeübt zu haben: Mattia Verazi und Giovanni de Gamerra. Der erste hatte bereits in *Calliroe* (Stuttgart, 1770, Musik von Sacchini) ein Terzett geschrieben, das durch den Auftritt zweier weiterer Figuren zum Quintett wird. Seine Libretti für die Eröffnungssaison des Teatro alla Scala in Mailand im Jahre 1778 (*L'Europa riconosciuta*, *Troia distrutta*, *Calliroe* und *Cleopatra*) weisen alle Aktionsensembles auf, die mehrere Szene übergreifen.[1] De Gamerra schrieb bereits im zweiten Akt von *Sismano nel Mogol* (Mailand, 1773, Musik von Giovanni Paisiello) ein Ensemble, das den Finali der Opera buffa – freilich ohne die für diese typisch possenhaften Elemente – vergleichbar ist.[2] Ob die beiden Finali des ebenfalls von De Gamerra und Paisiello stammenden *Pirro* (Neapel 1787) wirklich die ersten »finali concertati« in der Geschichte der Opera seria sind, sei dahingestellt. Wichtig scheint die Tatsache, daß sie über die neapolitanische Opernszene hinaus viel Aufsehen erregt und sicherlich neue Impulse zur Entwicklung des Opernensembles gegeben haben. Das Finale des ersten Aktes folgt einem dramaturgischen Konzept, das noch bei Rossini seine Gültigkeit bewahrt. Das Geschehen konkretisiert sich in einem durch motivische und agogische Einschnitte gegliederten musikalischen Kontinuum, in dem aktive und reflexive Momente – nichts anders als in der festen Metastasianischen Reihenfolge »Rezitativ – Arie« – nach dem Prinzip »Ursache – Wirkung« abwechseln. Der Aktion folgt der Affekt, dem »coup de théâtre« das kollektive Staunen, in dem die Fragmentierung des Wortes die psychische Erschütterung der Figuren versinnbildlicht (siehe Beispiel S. 56f.).

1 M. P. McClymonds, »*La clemenza di Tito*« *and the Action-Ensemble Finale in Opera Seria before 1791*, in: Mozart-Jahrbuch 1992, Salzburg u.a. 1993, S. 766–771.

2 F. Lippmann, *Das »Große Finale« in Opera buffa und Opera seria: Paisiello und Rossini*, in: *Traditionen – Neuansätze. Für Anna Amalie Abert (1906–1996)*, hg. v. K. Hortschansky, Tutzing 1997, S. 377–398.

Die Opera seria im späten 18. Jahrhundert

In den neunziger Jahren setzt sich das Finale, nicht anders als die Introduktion, als fester Bestandteil der Seria-Dramaturgie durch.[1]

Die neu geschaffene Möglichkeit, ein Dramma per musica »in media re« durch eine musikalisch ausgestaltete, affektiv zugespitzte Situation zu eröffnen sowie einen Akt durch die primär szenisch-musikalisch bewegte Verknüpfung der letzten Szenen abzuschließen war, wie gesagt, das Symptom eines musikdramatischen Paradigmenwechsels. Das musikalische Drama bestand nicht mehr aus der für die Metastasianische Auffassung charakteristischen Reihenfolge von musikalisch ausgedrückten, durch deklamierte Dialoge sauber getrennten Affekten, sondern konkretisierte sich jetzt in szenisch-musikalischen Gebilden, die den Wechsel der Affekte, die sprachlose Gebärde und sogar die unheimliche Suggestion eines Schauplatzes beschreiben konnten. Der sich im 19. Jahrhundert einbürgernde Terminus »Melodramma«[2] veranschaulicht den ästhetischen Wandel: Die Opera seria war nicht mehr eine musikdramatische Gattung, in welcher der Text den Anspruch hatte, auch allein ein »Dramma« zu sein, sondern ein sich erst durch die Musik konstituierendes dramatisches Werk.

---

1 Zur Entwicklung des Finale um 1800 vgl. S. L. Balthazar, *Mayr, Rossini, and the Development of the Early »Concertato« Finale*, in: Journal of the Royal Musical Association 116 (1991), S. 236–266.

2 F. Della Seta (Artikel »*Melodramma*«, Sp. 100) vermutet, daß der Begriff sich in Italien als Analogon zum französischen »mélodrame« in der Zeit der napoleonischen Herrschaft durchsetzte. Dies rühre jedoch nicht aus einer Gattungsäquivalenz, sondern aus der Idee einer Vereinigung von Wort und Musik her.

Literaturhinweise

Aristoteles: *Werke*, Bd. 4: *Über die Dichtkunst*, hg. v. F. Susemihl, Leipzig 1874.
Arteaga, [E. de /] S.: *Le rivoluzioni del teatro musicale italiano dalla sua origine fino al presente*, Bd. 1, Bologna 1783 (Nachdruck ebenda 1969 [Biblioteca musica Bononiensis III/6]).
Aspden, S. E.: *Opera and Nationalism in mid-Eighteenth-Century Britain*, Diss. (masch.) Oxford 1999.
Auerbach, E.: *Mimesis. Dargestellte Wirklichkeit in der abendländischen Literatur*, Bern 1946 (Sammlung Dalp 90).
Balthazar, S.: *Mayr, Rossini and the Development of the Opera Seria Duet: Some Preliminary Conclusions*, in: *I vicini di Mozart*, Bd. 1: *Il teatro musicale tra Sette e Ottocento*, hg. v. M. T. Muraro, Florenz 1989 (Studi di musica veneta 15), S. 377–398.
Balthazar, S. L.: *Mayr, Rossini, and the Development of the Early »Concertato« Finale*, in: Journal of the Royal Musical Association 116 (1991), S. 236–266.
Barnett, D.: *The Art of Gesture. The Practices and Principles of 18th Century Acting*, Heidelberg 1987 (Reihe Siegen 64).
Baselt, B.: *Händel auf dem Wege nach Italien*, in: *G. F. Händel und seine italienischen Zeitgenossen. Bericht über die wissenschaftliche Konferenz zu den 27. Händelfestspielen der DDR in Halle (Saale) am 5. und 6. Juni 1978*, hg. v. W. Siegmund-Schultze, Halle 1979 (Kongreß- und Tagungsberichte der Martin-Luther-Universität Halle-Wittenberg), S. 10–21.
Bellina, A. L.: *Metastasio a Venezia. Appunti per una recensione*, in: Italianistica 13 (1984), S. 145–173.
Bellina, A. L. / Caruso, C.: *Oltre il Barocco. La fondazione dell'Arcadia. Zeno e Metastasio. La riforma del melodramma*, in: *Storia della letteratura italiana*, Bd. 6: *Il Settecento*, hg. v. E. Malato, Rom 1998, S. 239–312.
Bianconi, L.: *Die pastorale Szene in Metastasios Olimpiade*, in: *Bericht über den Internationalen Musikwissenschaftlichen Kongreß Bonn 1970*, hg. v. C. Dahlhaus u.a., Kassel u.a. 1971, S. 185–191.
Binni, W.: *L'Arcadia e il Metastasio*, Florenz 1963 (Studi critici 6).
Brizi, B.: *Metrica e musica verbale nella poesia di Pietro Metastasio*, in: Atti dell'Istituto veneto di scienze, lettere ed arti 131 (1972/73), S. 679–740.
Brosses, C. De: *Lettres familières sur l'Italie (1739–1740)*, hg. v. I. Bézard, Paris 1931.
Buirette de Belloy, P.-L.: *Œuvres choisies*, Paris 1811.
Calcaterra, C.: *Il Barocco in Arcadia e altri scritti sul Settecento*, Bologna 1950.
Calella, M.: *Die Rezeption der Tragödien Voltaires auf den venezianischen Opernbühnen und das Problem der Tragik in der Oper des späten 18. Jahrhunderts*, in: *Johann Simon Mayr und Venedig. Beiträge des Internationalen musikwissenschaftlichen Johann Simon Mayr-Symposions in Ingolstadt vom 5. bis 8. November 1998*, hg. v. F. Hauk und I. Winkler, München und Salzburg 1999 (Mayr-Studien 2), S. 155–165
Calella, M.: *Hasse und die Tradition des Metastasianischen Duetts*, Referat gehalten auf dem Kongreß *Johann Adolf Hasse in seiner Zeit* 1999 in Hamburg, Bericht hg. v. R. Wiesend, Druck in Vorbereitung.
Calzabigi, R. de': *Dissertazione sulle poesie drammatiche di Pietro Metastasio* (1755), in: P. Metastasio, *Opere complete*, Bd. 12, Florenz 1830, S. 203–355.
Calzabigi, R. de': *Dissertazione sulle poesie drammatiche di Pietro Metastasio*, in: *Scritti teatrali e letterari*, hg. v. A. L. Bellina, Rom 1994.
Chegai, A.: *L'esilio di Metastasio. Forme e riforme dello spettacolo d'opera fra Sette e Ottocento*, Florenz 1998 (Storia dello spettacolo. Saggi 2).
Clausen, H.-D.: *Der Einfluß der Komponisten auf die Librettowahl der Royal Academy of Music (1720–1729)*, in: *Zur Dramaturgie der Barockoper: Bericht über die Symposien 1992 und 1993*, hg. v. H. J. Marx, Laaber 1994 (Veröffentlichungen der Internationalen Händel-Akademie 5), S. 55–72.
Colomés, G.: *Paragone fra il Demofoonte di Metastasio e l'Ines di La Motte*, in: *Osservazioni di vari letterati sopra i drammi dell'abate Pietro Metastasio*, Bd. 1, Nizza 1785, S. 174–202.
Corneille, P.: *Œuvres complètes*, Paris 1963.
Croce, B.: *I teatri di Napoli secolo XV-XVIII*, Neapel 1891.
Croce, B.: *I teatri di Napoli dal Rinascimento alla fine del secolo Decimottavo*, Mailand 1992 (Biblioteca Adelphi 258).
D'Aubignac, F. H.: *La pratique du théâtre*, Paris 1657.
De Sanctis, F.: *Storia della letteratura italiana*, Bd. 2, hg. v. N. Gallo, Turin 1958.
Dean, W.: *Handel and the Opera seria*, Berkeley und Los Angeles 1969 (The Ernest Bloch Lectures 1).
Dean, W. / Knapp, J. M.: *Handel's Operas 1704–1726*, Oxford 1987.
Degrada, F.: *Giuseppe Riva e il suo »Avviso ai compositori ed ai cantanti«*, in: Studien zur italienisch-deutschen Musikgeschichte, Bd. IV, hg. v. F. Lippmann, Köln und Graz 1967 (Analecta musicologica 4), S. 112–132.
Degrada, F.: *Vivaldi e Metastasio. Note in margine a una lettura dell'Olimpiade*, in: *Vivaldi veneziano europeo*, hg. v. F. Degrada, Florenz 1980 (Studi di musica veneta. Quaderni vivaldiani 1), S. 155–181.
Della Seta, F.: *Der Librettist*, in: *Geschichte der italienischen Oper. Systematischer Teil*, hg. v. L. Bianconi und G. Pestelli, aus dem Italienischen v. C. Just und P. Riesz, Bd. 4: *Die Produktion: Struktur und Arbeitsbereiche*, Laaber 1990, S. 245–295
Della Seta, F.: Artikel »Melodramma«, in: *Die Musik in Geschichte und Gegenwart*, zweite Ausgabe, hg. v. L. Finscher, Sachteil Bd. 6, Kassel u.a. 1997, Sp. 99–114.
Di Benedetto, R.: *Poetiken und Polemiken*, in: *Geschichte der italienischen Oper. Systematischer Teil*, hg. v. L. Bianconi und G. Pestelli, aus dem Italienischen v. C. Just und P. Riesz, Bd. 6: *Theorien und Techniken. Bilder und Mythen*, Laaber 1992, S. 9–73.
Döhring, S. / Henze-Döhring, S.: *Oper und Musikdrama im 19. Jahrhundert*, Laaber 1997 (Handbuch der musikalischen Gattungen 13).

Dorris, G. E.: *Paolo Rolli and the Italian Circle in London, 1715–1744*, Den Haag 1967 (Studies in Italian Literature 2).

Dubowy, N.: *Wandlungen eines beliebten Opernstoffs: Die Cora-Opern von Johann Simon Mayr*, in: *Giovanni Simone Mayr. L'opera teatrale e la musica sacra, Atti del Convegno internazionale di Studio 1995, Bergamo 16–18 novembre 1995*, hg. v. F. Bellotto, Bergamo 1997, S. 253–278

Dubowy, N.: *Templi, vergini e sacerdoti. Aspekte des Sakralen in der venezianischen Opera seria um 1800*, in: *»L'aere è fosco, il ciel s'imbruna«. Arti e musica a Venezia dalla fine della Repubblica al Congresso di Vienna. Atti del convegno internazionale di studi Venezia 10–12 aprile 1997*, hg. v. F. Passadore und F. Rossi, Venedig 2000.

Durante, S.: *Alcune considerazioni sui cantanti di teatro del primo Settecento e la loro formazione*, in: *Antonio Vivaldi. Teatro musicale, cultura e società*, hg. v. L. Bianconi und G. Morelli, Bd. 2 (Studi di musica veneta. Quaderni vivaldiani 2), Florenz 1982, S. 427–481.

Engel, H.: Artikel *»Terzett«*, in: *Die Musik in Geschichte und Gegenwart*, Bd. 13, hg. v. F. Blume, Kassel u.a. 1966, S. 249–255.

Fabbri, P.: *La farsa Che originali di Mayr e la tradizione melodrammatica*, in: *Giovanni Simone Mayr. L'opera teatrale e la musica sacra, Atti del Convegno internazionale di studio 1995, Bergamo 16–18 novembre 1995*, hg. v. F. Bellotto, Bergamo 1997, S. 139–160

Feldmann, M.: *Magic Mirrors and the Seria Stage: Thoughts toward a Ritual View*, in: Journal of the American Musicological Society 48 (1995), S. 423–284.

Florimo, F.: *La scuola musicale di Napoli e i suoi conservatori*, Bd. 3, Neapel 1881 (Nachdruck Bologna 1969 [Biblioteca musica Bononiensis III/9]).

Folena, G.: *Cesarotti, Monti e il melodramma fra Sette e Ottocento*, in: *Die stilistische Entwicklung der italienischen Musik zwischen 1770 und 1830 und ihre Beziehungen zum Norden*, hg. v. F. Lippmann, Laaber 1982 (Analecta musicologica 21), S. 236–262

Fubini, E.: *Razionalità e irrazionalità in Metastasio*, in: *Metastasio e il melodramma. Atti del seminario di studi, Cagliari, 29–30 ott. 1982*, hg. v. E. Sala di Felice und L. Sannia Nowè, Padua 1985 (Biblioteca di cultura. Saggi 1), S. 39–53.

Gallarati, P.: *Musica e maschera. Il libretto italiano del Settecento*, Turin 1984 (Biblioteca di cultura musicale).

Gallarati, P.: *Zeno e Metastasio tra melodramma e tragedia*, in: *Metastasio e il melodramma. Atti del seminario di studi, Cagliari, 29–30 ott. 1982*, hg. v. E. Sala di Felice und L. Sannia Nowè, Padua 1985 (Biblioteca di cultura. Saggi 1), S. 89–104.

Garda, M.: *Musica sublime. metamorfosi di un'idea nel Settecento musicale*, Mailand und Lucca 1995 (Le sfere 25).

Gattungskonventionen der Händel-Oper. Bericht über die Symposien 1990 und 1991, hg. v. H. J. Marx, Laaber 1992 (Veröffentlichungen der Internationalen Händel-Akademie 4).

Gerhard, A.: *Republikanische Zustände – Der »tragico fine« in den Dramen Metastasios*, in: *Zwischen Opera buffa und Melodramma: italienische Oper im 18. und 19. Jahrhundert*, hg. v. J. Maehder und J. Stenzl, Frankfurt am Main 1994 (Perspektiven der Opernforschung 1), S. 27–65.

Gibson, E.: *The Royal Academy of Music 1719–1728: the Institution and its Directors*, New York 1989 (Outstanding Dissertations in Music from Brittish Universities).

Giuntini, F.: *I drammi per musica di Antonio Salvi. Aspetti della »riforma« del libretto nel primo Settecento*, Bologna 1994 (Proscenio 7).

Goldin, D.: *Per una morfologia dell'aria metastasiana*, in: *Metastasio e il mondo musicale*, hg. v. M.T. Muraro, Florenz 1986 (Studi di musica veneta 9), S. 13–37.

Greimas, A. J.: *Sémantique structurale. Recherche de méthode*, Larousse 1966 (Langue et langage).

Grimm, M.: Artikel *»Poëme lyrique«*, in: *Encyclopédie, ou dictionnaire raisonné des sciences, des arts et des métiers*, Bd. 12, Neuenburg 1765, S. 823–836.

Gronda, G.: *Metastasiana*, in: Rivista Italiana di Musicologia 19 (1984), S. 314–332.

Heartz, D.: *Hasse, Galuppi and Metastasio*, in: *Venezia e il melodramma del Settecento*, Bd. 1, hg. v. M. T. Muraro, Florenz 1978 (Studi di musica veneta 6), S. 309–337.

Henze-Döhring, S.: *Die »Attilio Regolo«-Vertonungen Hasses und Jommellis – ein Vergleich*, in: *Colloquium »Johann Adolf Hasse« und die Musik seiner Zeit (Siena 1983)*, hg. v. F. Lippmann, Laaber 1987 (Analecta musicologica 25), S. 131–158.

Hiller, J. A.: *Über Pietro Metastasio und seine Werke*, Leipzig 1786.

Hortschansky, K.: *Die Rezeption der Wiener Dramen Metastasios in Italien*, in: *Venezia e il melodramma del Settecento*, Bd. 2, hg. v. M. T. Muraro, Florenz 1981 (Studi di musica veneta 7), S. 402–424.

Hortschansky, K.: *Die Rolle des Sängers im Drama Metastasios. Giovanni Carestini als Timante im »Demofoonte«*, in: *Metastasio e il mondo musicale*, hg. v. M. T. Muraro, Florenz 1986 (Studi di musica veneta 9), S. 207–234.

Jauß, H. R.: *Ästhetische Erfahrung und literarische Hermeneutik*, Bd. 1: *Versuche im Feld der ästhetischen Erfahrung*, München 1977 (Uni-Taschenbücher 692).

Joly, J.: *Les fêtes théâtrales de Métastase à la cour de Vienne (1731–1767)*, Clermont Ferrand 1978.

Joly, J.: *Dagli Elisi all'inferno. Il melodramma tra Italia e Francia dal 1730 al 1850*, Florenz 1990 (Discanto. Contrappunti 27).

Kubik, R.: *Händels Rinaldo. Geschichte, Werk, Wirkung*, Stuttgart 1982.

La Motte, A. H. de: *Inés de Castro (1723)*, in: *Théâtre du XVIIIe siècle*, Bd. 1, Paris 1972, S. 517–562.

La Motte, D. de: *Harmonielehre*, Kassel u.a. ^{3}1980.

La Rue, C. S.: *Handel and His Singers. The Creation of the Royal Academy Operas, 1720–1728*, Oxford 1995 (Oxford Monographs on Music).

The Librettos of Handel's Operas. A Collection of seventy-one Librettos documenting Handel's career, 13 Bände, hg. v. E. T. Harris, New York 1989 (A Garland Series).

Lindgren, L.: *The Staging of Handel's Operas in London*, in: *Handel Tercentenary Collection*, hg. v. S. Sadie und A. Hicks, London 1987, S. 93–119.

Lindgren, L.: *Musicians and Librettists in the Correspondence of Gio. Giacomo Zamboni*, in: RMA Research Chronicle 24 (1991), S. 1–194.

Lippmann, F.: *Vincenzo Bellini und die italienische Opera seria seiner Zeit*, Köln und Wien 1969 (Analecta musicologica 6).

Lippmann, F.: *Tendenzen der italienischen Opera seria am Ende des 18. Jahrhunderts – Mozart*, in: Studi musicali 21 (1992), S. 307–358.

Lippmann, F.: *Das »Große Finale« in Opera buffa und Opera seria: Paisiello und Rossini*, in: *Traditionen – Neuansätze. Für Anna Amalie Abert (1906–1996)*, hg. v. K. Hortschansky, Tutzing 1997, S. 377–398.

Lühning, H.: *Die Rondo-Arie im späten 18. Jahrhundert. Dramatischer Gehalt und musikalischer Bau*, in: Hamburger Jahrbuch für Musikwissenschaft 5 (1981), S. 219–246.

Lühning, H.: *Titus-Vertonungen im 18. Jahrhundert. Untersuchungen zur Tradition der Opera seria von Hasse bis Mozart*, Laaber 1983 (Analecta musicologica 20).

Lühning, H.: *Die Cavatina in der italienischen Oper um 1800*, in: *Colloquium »Die stilistische Entwicklung der italienischen Musik zwischen 1770 und 1830 und ihre Beziehungen zum Norden« (Rom 1978)*, hg. v. F. Lippmann, Laaber 1982 (Analecta musicologica 21), S. 333–368.

Lühning, H.: *Florestans Kerker im Rampenlicht. Zur Tradition des Sotterraneo*, in: *Beethoven zwischen Revolution und Restauration*, hg. v. H. Lühning und S. Brandenburg, Bonn 1989, S. 137–204.

Luzker, P. V. / Susidko, I. P.: *Ital'janskaja Opera XVIII Veka*, Bd. 1, Moskau 1998.

Maeder, C.: *Metastasio, L'»Olimpiade« e l'opera del Settecento*, Bologna 1993.

Mancini, G.: *Riflessioni pratiche sul canto figurato rivedute, corrette ed aumentate*, Mailand ³1777 (Nachdruck, Bologna 1970 [Biblioteca musica Bononiensis II/41]).

Mattioda, E.: *Teorie della tragedia nel Settecento*, Modena 1994 (Centro di studi alfierani. Studi e documenti 4).

MacCleave, S.: *Handel's Unpublished Dance Music*, in: Göttinger Händel-Beiträge 6 (1996), S. 127–142.

McClymonds, M. P.: *The Venetian Role in the Transformation of Italian Opera Seria during the 1790s*, in: *I vicini di Mozart*, Bd. 1: *Il teatro musicale tra Sette e Ottocento*, hg. v. M. T. Muraro, Florenz 1989 (Studi di musica veneta 15), S. 221–240.

McClymonds, M. P.: *»La morte di Semiramide ossia La vendetta di Nino« and the Restoration of Death and Tragedy to the Italian Operatic Stage in the 1780s and 90s*, in: *Atti del XIV congresso della Società Internazionale di Musicologia. Trasmissione e recezione delle forme di cultura musicale*, Bd. 3: *Free Papers*, hg. v. A. Pompilio u.a., Turin 1990, S. 285–292.

McClymonds, M. P.: *»La clemenza di Tito« and the Action-Ensemble Finale in Opera Seria before 1791*, in: Mozart-Jahrbuch 1992, Salzburg u.a. 1993, S. 766–771.

McClymonds, M. P.: *Haydn and the Opera Seria Tradition: Armida*, in: *Napoli e il teatro musicale in Europa tra Sette e Ottocento. Studi in onore di Friedrich Lippmann*, hg. v. B. M. Antolini und W. Witzenmann, Florenz 1993 (Quaderni della Rivista italiana di musicologia 28), S. 191–206.

McGeary, T.: *Handel, Prince Frederick, and the Opera of the Nobility Reconsidered*, in: Göttinger Händel-Beiträge 7 (1998), S. 156–178.

Mellace, R.: *Tre intonazioni dell'Achille in Sciro a confronto. Caldara, Leo, Hasse*, in: Il Saggiatore Musicale 3 (1996), S. 33–70.

Menchelli-Buttini, F.: *Il libretto dell'»Adriano in Siria«. Vent'anni di rappresentazioni (1732–1754)*, Referat gehalten bei der Tagung »Il canto di Metastasio« (Venedig 1999), Druck in Vorbereitung.

Menchelli-Buttini, F.: *Pietro Metastasio's Drammi per Musica in their Musical Settings (1730–1745)*, Diss. (masch.) Oxford 1999.

Metastasio, P.: *Poesie*, hg. v. R. de' Calzabigi, 9 Bände, Paris 1755.

Metastasio, P.: *Opere*, hg. v. G. Pezzana, 12 Bände Paris 1780–1782.

Metastasio, P.: *Tutte le opere*, hg. v. B. Brunelli, 5 Bände, Mailand 1947–1954 (I classici Mondadori).

Millner, F. L.: *The Operas of Johann Adolf Hasse*, Ann Arbor 1979 (Studies in Musicology 2).

Monelle, R.: *The Rehabilitation of Metastasio*, in: Music & Letters 57 (1976), S. 268–291.

Monelle, R.: *Recitative and Dramaturgy in the Dramma per Musica*, in: Music & Letters 59 (1978), S. 245–267.

Mooser, R.-A.: *Annales de la musique et des musiciens en Russie au XVIIIme siècle*, Bd. 2, Genf 1951.

Muresu, G.: *Metastasio e la tradizione poetica italiana*, in: *Convegno indetto in occasione del secondo centenario della morte di Metastasio (Roma, 22–27 maggio 1983)*, hg. v. P. Alatri, Rom 1985 (Accademia nazionale dei Lincei. Atti di convegni lincei 65), S. 111–146.

Music and Theatre: Studies in Honour of Winton Dean for his 70th Birthday, hg. v. N. Fortune, Cambridge 1987.

Napoli-Signorelli G.: *Storia critica de' teatri antichi e moderni*, Neapel 1790.

Nocciolini, M.: *Il melodramma nella Milano napoleonica: teatro musicale e ideologia politica*, in: Nuova Rivista Musicale Italiana 29 (1995), S. 5–30.

Osthoff, W.: *Mozarts Cavatinen und ihre Tradition*, in: *Helmuth Osthoff zu seinem siebzigsten Geburtstag*, hg. v. W. Stauder, U. Aarburg und P. Cahn, Tutzing 1969 (Frankfurter Musikhistorische Studien), S. 139–177.

Osthoff, W.: *Händels »Largo« als Musik des goldenen Zeitalters*, in: Archiv für Musikwissenschaft 30 (1973), S. 175ff.

Osthoff, W.: *»Attilio Regolo«. Metastasios musikdramatische Konzeption und Hasses Ausführung*, in: *Dresdener Operntraditionen*, Dresden 1986, S. 147–173.

Pastore, G. A.: *Leonardo Leo*, Galatina 1957.

Petzoldt McClymonds, M.: *Transforming Opera Seria: Verazi's Innovations and their Impact on Opera in Italy*, in: *Opera and the Enlightenment*, hg. v. T. Bauman und M. Petzoldt McClymonds, Cambridge 1995, S.119–132.

Piperno, F.: *Das Produktionssystem bis 1780*, in: *Geschichte der italienischen Oper. Systematischer Teil*, hg. v. L. Bianconi und G. Pestelli, aus dem Italienischen v. C. Just und P. Riesz, Bd. 4: *Die Produktion: Struktur und Arbeitsbereiche*, Laaber 1990, S. 15–79.

Piperno, F.: »*Stellati sogli*« e »*immagini portentose*«: *Opere bibliche e stagioni quaresimali a Napoli prima del Mosè*, in: *Napoli e il teatro musicale in Europa tra Sette e Ottocento. Studi in onore di Friedrich Lippmann*, hg. v. B. M. Antolini und W. Witzenmann, Florenz 1993 (Quaderni della Rivista italiana di musicologia 28), S. 267–298.

Piperno, F.: *L'opera in Italia nel secolo XVIII*, in: *Musica in scena. Storia dello spettacolo musicale*, hg. v. A. Basso, Bd. 2: *Gli italiani all'estero. L'opera in Italia e in Francia*, Turin 1996, S. 97–199.

Pirrotta, N.: *Metastasio e i teatri romani*, in: *Le Muse galanti. La musica a Roma nel Settecento*, hg. v. B. Cagli, Rom 1985 (Biblioteca internazionale di cultura 15), S. 23–34.

Price, C. / Milhous, J. / Hume, R.: *Italian Opera in Late Eighteenth-Century London*, Bd. 1: *The Kings's Theatre, Haymarket 1778–1791*, Oxford 1995

Raimondi, E.: »*Ragione*« e »*sensibilità*« *nel teatro del Metastasio*, in: *Sensibilità e razionalità nel Settecento*, Bd. 1, hg. v. V. Branca, Florenz 1967 (Civiltà europea e civiltà veneziana 5), S. 249–267.

Racine, J.: *Œuvres complètes*, Paris 1962.

Renucci, P.: *Irradiazione eroica e impostazione psicologica nei drammi del Metastasio*, in: *Problemi di lingua e letteratura italiana nel Settecento. Atti del 4. congresso dell'associazione internazionale per gli studi di lingua e letteratura italiana. Magonza e Colonia, 28 aprile – 1 maggio 1962*, hg. v. W. T. Elwert, Wiesbaden 1965, S. 56–70.

Rinaldi, M.: *Due secoli di musica al teatro Argentina*, Florenz 1978 (Storia dei teatri italiani).

Ridgway, R. S.: *Voltairian Bel Canto: Operatic Adaptions of Voltaire's Tragedies*, in: Studies on Voltaire and the Eighteenth Century 241 (1986), S. 125–154.

Romagnoli, S.: *Pietro Metastasio*, in: *I classici italiani nella storia della critica*, Bd. 2, hg. v. W. Binni, Florenz 1955, S. 91–136.

Rosselli, J.: *Singers of Italian Opera. The History of a Profession*, Cambridge 1992.

Roubine, J. J.: *La stratégie des larmes au XVIIe siècle*, in: Littérature 9 (1973), S. 56–73.

Sala di Felice, E.: *Metastasio. Ideologia, drammaturgia, spettacolo*, Mailand 1983 (Il Settecento 132).

Sala di Felice, E.: *L'Ezio di Metastasio*, in: *Orfeo in Arcadia. Studi sul teatro a Roma nel Settecento*, hg. v. G. Petrocchi, Rom 1984 (Biblioteca di cultura 14), S. 47–62.

Sala di Felice, E.: *Virtù e felicità alla corte di Vienna*, in: *Metastasio e il melodramma. Atti del seminario di studi, Cagliari, 29–30 ott. 1982*, hg. v. E. Sala di Felice und L. Sannia Nowè, Padua 1985 (Biblioteca di cultura. Saggi 1), S. 55–87.

Sala di Felice, E.: *Il desiderio della parola e il piacere delle lacrime nel melodramma metastasiano*, in: *Metastasio e il mondo musicale*, hg. v. M.T. Muraro, Florenz 1986 (Studi di musica veneta 9), S. 39–97.

Sartori, C.: *I libretti italiani a stampa dalle origini al 1800. Catalogo analitico con 16 indici*, 7 Bände, Cuneo 1990–1994.

Scherer, J.: *La dramaturgie classique en France*, Paris 1950.

Stendhal, *Vie de Rossini. Ornée des portraits de Rossini et Mozart*, Paris 1824.

Stendhal, *Vies de Haydn, de Mozart et de Métastase*, Paris 1926.

Stendhal, *Rossini*, aus dem Französischen von B. Brumm, Frankfurt am Main 1988,

Schönberg, A.: *Harmonielehre*, Wien 1922.

Sommer-Mathis, A.: *Il lamento di Metastasio. Metastasio and the Viennese Theatre in a Changing Society*, in: *Metastasio at Home and Abroad. Papers from the International Symposium*, hg. v. D. Neville, London / Ont. 1996 (Studies in Music from The University of Western Ontario 16), S. 73–85.

Strohm, R.: *Italienische Opernarien des frühen Settecento (1720–1730)*, 2 Bände, Köln 1976 (Analecta musicologica 16).

Strohm, R.: *Handel, Metastasio, Racine. The Case of »Ezio«*, in: The Musical Times 118 (1977), S. 901–903.

Strohm, R.: *Die italienische Oper im 18. Jahrhundert*, Wilhelmshaven 1979 (Taschenbücher zur Musikwissenschaft 25).

Strohm, R.: *Essays on Handel and Italian Opera*, Cambridge 1985.

Strohm, R.: *Auf der Suche nach dem Drama im dramma per musica. Die Bedeutung der französischen Tragödie*, in: *De Musica et Cantu. Studien zur Geschichte der Kirchenmusik und Oper. Helmut Hucke zum 60. Geburtstag*, hg. v. P. Cahn und A.-K. Heimer, Hildesheim 1993 (Musikwissenschaftliche Publikationen 2), S. 481–493.

Strohm, R.: *Händel und Italien – ein intellektuelles Abenteuer*, in: Göttinger Händel-Beiträge 5 (1993), S. 5–43.

Strohm, R.: *Dramma per Musica. Italian Opera Seria of the Eighteenth Century*, New Haven und London 1997.

Strohm, R.: *Dramatic Dualities: Metastasio and the Tradition of the Opera Pair*, in: Early Music 26 (1998), S. 551–561.

Surian, E.: *Metastasio, i nuovi cantanti, il nuovo stile. Verso il classicismo. Osservazioni sull'Artaserse (Venezia 1730) di Hasse*, in: *Venezia e il melodramma del Settecento*, Bd. 1, hg. v. M. T. Muraro, Florenz 1978 (Studi di musica veneta 6), S. 133–149.

Trigiani, A.: *Il teatro raciniano e i melodrammi di Pietro Metastasio*, Turin 1951 (Università di Torino. Pubblicazioni della facoltà delle lettere e filosofia).

Ubersfeld, A.: *Lire le théâtre*, Paris 1977 (Classiques du peuple. Critique 3).

Viale Ferrero, M.: *Le didascalie sceniche del Metastasio*, in: *Metastasio e il mondo musicale*, hg. v. M.T. Muraro, Florenz 1986 (Studi di musica veneta 9), S. 133–149.

Villatico, D.: *In margine al Demetrio di Metastasio. Fonti francesi del melodramma metastasiano*, in: *Nuovi studi vivaldiani. Edizione e cronologia critica delle opere*, Bd. 2, hg. v. A. Fanna und G. Morelli, Florenz 1988 (Studi di musica veneta. Quaderni vivaldiani 4/2), S. 273–284.

Vincent-Buffault, A.: *Histoire des larmes XVIIIe–XIXe siècle*, Marseille 1986.

P. Weiss, *Pier Jacopo Martello on Opera (1715), an Annotated Translation*, in: The Musical Quarterly 66 (1980), S. 378–403.

Weiss, P.: Metastasio, *Aristotle and Opera seria*, in: Journal of Musicology 1 (1982), S. 385–394.

Weiss, P.: *Teorie drammatiche e »infranciosamento«. Motivi della »riforma« melodrammatica nel primo Settecento*, in: *Antonio Vivaldi. Teatro musicale, cultura, società*, Bd. 2, hg. v. L. Bianconi und G. Morelli, Florenz 1982 (Studi di musica veneta. Quaderni vivaldiani 2), S. 273–296

Wiel, T.: *I teatri musicali veneziani del Settecento*, Venezia 1897 (Nachdruck, hg. v. R. Strohm, Leipzig 1979 [Musikwissenschaftliche Studienbibliothek Peters. Peters Reprints]).

Wiesend, R.: *Metastasios Revisionen eigener Dramen und die Situation der Opernmusik in den 1750er Jahren*, in: Archiv für Musikwissenschaft 40 (1983), S. 255–275.

Wiesend, R.: *Studien zur Opera seria von Baldassare Galuppi. Werksituation und Überlieferung. Form und Satztechnik. Inhaltdarstellung*, 2 Bände, Tutzing 1984 (Würzburger Musikhistorische Beiträge 8).

Wiesend, R.: *Zum Ensemble in der Opera seria*, in: *Colloquium »Johann Adolf Hasse« und die Musik seiner Zeit« (Siena 1983)*, hg. v. F. Lippmann (Analecta musicologica 25), Laaber 1987, S. 187–222.

Wiesend, R.: *Metastasios Alexander. Herrscherfigur und Rollentypus. Aspekte der Rezeptionsgeschichte*, in: *Opernheld und Opernheldin im 18. Jahrhundert. Aspekte der Librettoforschung. Ein Tagungsbericht*, hg. v. K. Hortschansky, Hamburg und Eisenach 1991 (Schriften zur Musikwissenschaft aus Münster 1), S. 139–152.

Zoppelli, L.: *L'opera come racconto. Modi narrativi nel teatro musicale dell'Ottocento*, Venedig 1994 (Musica critica. Saggi Marsilio).

Kapitel III: Reformen und Alternativen

Kleinere szenische Gattungen (›componimenti drammatici‹)
Von Michele Calella

Eine nicht zu unterschätzende Rolle spielen im 18. Jahrhundert neben der Opera seria »kleinere« szenische Gattungen, deren Benennung äußerst variabel sein konnte. ›Festa teatrale‹, ›azione teatrale‹, ›serenata‹, ›componimento drammatico‹ sind die häufigsten der in den zeitgenössischen Quellen verwendeten Bezeichnungen, deren genaue Abgrenzung noch heute umstritten ist, unter anderem deshalb, weil in den Libretti dieselben Begriffe für die Kennzeichnung verschiedenartiger Werke verwendet werden. Außerdem wird in den Quellen nicht selten ein und dasselbe Werk unterschiedlich genannt, wobei die Diskrepanzen häufig zwischen Libretto und Partitur bestehen.

Es ist fraglich, ob man mit diesen Termini wirklich unterschiedliche Gattungen genau bezeichnen wollte. Die scheinbare Verwirrung und die damit zusammenhängende Austauschbarkeit der einzelnen Begriffe – deren Verwendung sowohl historisch als geographisch stark variieren konnte – sollte jedoch nicht den Eindruck der Beliebigkeit erwecken, sondern eher den Gedanken nahelegen, daß man durch die terminologische Vielfalt unterschiedliche Aspekte desselben Objektes zu erfassen versuchte. Es ist trotzdem schwierig, ein solches Objekt als Gattung mit fest umrissenen Konturen zu beschreiben. Will man ›feste‹, ›azioni‹, ›serenate‹, ›componimenti‹ u.a. unter einen gemeinsamen Nenner bringen, so sollte man sich zuerst mit der Feststellung begnügen, es handele sich um Opern, denen aus unterschiedlichen Gründen (Inhalt, Länge, Gliederung, nicht-szenische Aufführung) nicht der Status eines Dramma per musica zuerkannt wurde. Das wird durch die Tatsache bestätigt, daß der Oberbegriff für solche Werke im Gegensatz zur Opera seria nicht Dramma, sondern meist ›componimento drammatico‹ war.[1] Dieser letztgenannte Terminus wurde in den Libretti oft als Bezeichnung für kleindimensionierte musikdramatische Werke verwendet, die nicht einmal als Festa bezeichnet werden konnten. Ein Componimento drammatico konnte auch eine nicht inszenierte Kantate bedeuten – wobei der Terminus ›cantata‹ im 18. Jahrhundert nicht selten auch bei szenischen Werken auftaucht. Mit ›serenata‹ war ursprünglich ein musikdramatisches Werk gemeint, das nachts im Freien aufgeführt wurde.[2] Der Begriff wurde jedoch im Laufe des 18. Jahrhunderts immer seltener und nicht sehr konsequent verwendet. Er konnte allgemein ein musikdramatisches Gelegenheitswerk bezeichnen, wie z.B. Giuseppe Parinis und Wolfgang Amadeus Mozarts *Ascanio in Alba*.[3] Eine ›azione teatrale‹ war in der Regel ein ein- oder zweiteiliges Componimento drammatico, dessen Aufführung im Rahmen eines feierlichen Anlasses erfolgen konnte. Der allgemeine Begriff ›azione‹ bezog sich im 18. Jahrhundert auch auf dramatische Werke, die aus verschiedenen Gründen – z.B. wegen Bühnenverbots in der Fastenzeit – ohne Inszenierung aufgeführt werden mußten (der Terminus ›azione sacra per musica‹ für das Oratorium wäre ein Beispiel dafür). ›Festa teatrale‹ war in der Regel eine andere Bezeichnung für eine aus einem besonders feierlichen Anlaß aufgeführte Azione teatrale, die ihrer Zweckbestimmung entsprechend meist prunkvoll inszeniert wurde.[4]

Aus dieser terminologischen Sachlage resultiert eine im Hinblick auf eine präzise Gattungsbestimmung irritierende Austauschbarkeit der Begriffe, die jedoch der Wirklichkeit des 18. Jahrhunderts entspricht: Eine Festa teatrale konnte nämlich auch Azione teatrale, Cantata teatrale, Serenata teatrale und Componimento drammatico genannt werden. Die Schwierigkeiten, denen man außerdem begegnet, wenn man versucht, all diese kleineren szenischen Werke nach ihrer Beschaffenheit zu typisieren, liegt an ihrem wenig normierten Charakter. Die poetologische Daseinsberechtigung sowie die Faktur eines Componimento drammatico ließ sich nur bedingt durch die in der Operndiskussion herrschenden Kategorien des »Dra-

---

[1] Vgl. etwa die gedruckten Vorworte der Libretti, in denen häufig z.B. von »il presente drammatico componimento« die Rede ist.

[2] Vgl. M. Talbot, *The Serenata in Eighteenth-Century Venice*, in: The Royal Muscial Association Research Chronicle 18 (1982), S. 1–50: 1–12. Zur römischen und neapolitanischen Tradition um 1700: T. Griffin, *Alessandro Scarlatti e la serenata a Roma e a Napoli*, in: *La musica a Napoli durante il Seicento*, hg. v. D. A. D'Alessandro und A. Ziino, Rom 1987 (Miscellanea musicologica 2), S. 351–368.

[3] Zur Diskussion des Begriffs ›serenata‹ im deutschen Musikschrifttum vgl. K. Hortschansky, *Mozarts »Ascanio in Alba« und der Typus der Serenata*, in: *Colloquium »Mozart und Italien« (Rom 1974)*, hg. v. F. Lippmann, Köln 1978 (Analecta musicologica 18), S. 148–158.

[4] Vgl. R. Monelle, *Gluck and the »Festa teatrale«*, in: Music & Letters 54 (1973), S. 308–325. Die umfangreichste Arbeit über Metastasios Componimenti drammatici bleibt nach wie vor J. Joly, *Les fêtes théâtrales de Métastase à la cour de Vienne (1731–1767)*, Clermont-Ferrand 1978. Als festliche Einleitungen waren auch die wenig erforschten ›prologhi‹ konzipiert, die vor besonders feierlichen Dramen- bzw. Opernaufführungen gespielt wurden. Ihr autonomer Charakter als Componimento läßt sich an ihrer häufig erfolgten gesonderten Drucklegung sehen.

mas« rechtfertigen oder ablehnen, da es als »Gelegenheitswerk« primär durch die äußeren Umstände des ihnen zugrundeliegenden Anlasses legitimiert und geprägt war. Diese Sachlage erklärt, warum es im Gegensatz zur Opera seria nie Gegenstand ernster Kritiken wurde. Nicht nur schienen sie als »Bagatellen«[1] nicht einer Diskussion wert zu sein, sondern sie waren wegen ihrer anlaßbedingten Faktur als Gattung kaum greifbar.

In dieser Hinsicht verwundert es nicht, daß diese Opern als Sammelbecken dessen erscheinen, was die Opera seria durch ihre am Anfang des 18. Jahrhunderts erfolgte »Reinigung« des Musiktheaters ausschließen mußte. Diese führte in Anlehnung an den französischen Aristotelismus zwar zu einer deutlichen Verschärfung der Restriktionen für das Dramma per musica, tastete jedoch wenig die Beschaffenheit der Componimenti an, da ihnen nicht der Rang eines Dramma zugesprochen wurde. Dies bedeutete, daß die kleineren szenischen Werke oft durch eine musikdramatische Flexibilität charakterisiert waren, die in der Opera seria nicht zugelassen wurde. Übernatürlich-mythologische sowie allegorische Elemente, die im frühen 18. Jahrhundert aus den Drammi per musica allmählich verdrängt worden waren, wurden – als traditionelle Mittel der höfischen Huldigung – zu wichtigen Bestandteilen dieser componimenti. Opere serie waren zwar auch oft »Gelegenheitswerke«, aber der Bezug auf den Anlaß bestimmte höchstens die Stoffwahl und kam erst nach abgeschlossener Handlung in der Licenza deutlich zum Ausdruck. Die für bestimmte Anlässe geschriebenen Componimenti drammatici waren hingegen meist durch einen emphatischen festlichen Charakter geprägt, der eine betont ernste Handlung grundsätzlich ausschloß und das besondere Ereignis durch eine mehr oder weniger direkte, manchmal durch Allegorie unterstützte Anspielung auf den Ort bzw. auf die Widmungsträger innerhalb der Handlung betonen konnte. Dies wurde im Libretto – das nicht selten die repräsentative Funktion eines Festprotokolls annehmen konnte – durch den Großdruck der auf die gefeierten Hoheiten direkt bezogenen Worte besonders hervorgehoben.

[1] So bezeichnet Metastasio u.a. diese Componimenti in einem Brief an Farinelli: »Diese kleinen Bagatellen (›fanfaluche‹) sind schwerer in der Erfindung als die größeren (Dramen): Zum Beweis: Unter den alten Opern findet man wenigstens einige, die leidlich sind. Aber unter den alten Bühnenwerken ist keine Serenata, keine Festa und kein Oratorium, das nicht unerträglich ist« (Brief an Carlo Broschi vom 16. Dezember 1752, in P. Metastasio, *Tutte le opere*, hg. v. B. Brunelli, Bd. 3, Mailand 1951, S. 769.)

Ferdinand Zellbell, *Il giudizio di Aminta* (St. Petersburg 1758, Text von Lodovico Lazzaroni). Das Libretto dieser zum Geburtstag der russischen Kaiserin Elisabeth Petrowna aufgeführten Festa teatrale zeigt eine typographische Gepflogenheit, die für viele Gelegenheitsopern charakteristisch ist. Die sich direkt auf die Herrscherin beziehenden Worte werden durch Großbuchstaben hervorgehoben.

Der primär feierlich-repräsentative Charakter dieser Componimenti erklärt, warum sie poetologisch meist auf einer »mittleren Ebene« zwischen der Tragik des Dramma per musica und der Komik der Buffo-Oper angesiedelt waren.[2] Ihre Figuren stammten meistens aus der mythologisch-pastoralen Welt von Ovid, Battista Guarini, Torquato Tasso und Giovan Battista Marino.[3] Aber auch andere Stoffgebiete waren möglich (man denke an die bürgerlich-exotische Handlung von Metastasios *L'isola disabitata*), so daß die Termini ›festa‹, ›azione‹, ›serenata‹ und ›pastorale‹ oft als Verlegenheitsbegriffe in denjenigen Fällen verwendet wurden, in denen die Bedingungen für ein Dramma per musica aus unterschiedlichen Gründen nicht

[2] Componimenti komischen Charakters trugen häufig die Bezeichnung ›scherzo drammatico per musica‹.
[3] Die pastorale Prägung eines Componimento drammatico konnte durch Bezeichnungen wie ›favola pastorale‹, ›pastorale in musica‹, oder ›azione pastorale‹ betont werden.

Kleinere szenische Gattungen (›Componimenti drammatici‹) 65

erfüllt waren. Die Bezeichnung ›festa teatrale‹ für *Le feste galanti* von Giampietro Tagliazucchi und Carl Heinrich Graun (Berlin 1747) mag erstaunen, wenn man bedenkt, daß es sich um eine dreiaktige Oper ohne pastorale bzw. mythologische Elemente handelt; wegen der ausschließlich erotischen Intrige sowie angesichts der Tatsache, daß die dramatis personæ in jedem Akt einen Tanz aufführen lassen, wäre die Bezeichnung ›tragedia‹ oder ›dramma per musica‹ jedoch unangemessen gewesen.[1] Ähnlich liegt der Fall bei den Opéras comiques *Zémir et Azor* und *La rosière de Salency* von André-Ernest-Modeste Grétry, die von Mattia Verazi für die Bühne des Mannheimer Hofes als *Zemira e Azor* und *La festa della rosa* ins Italienische übersetzt und bearbeitet wurden: Auf den Libretti der 1775 und 1776 stattgefundenen Aufführungen heißt die erste »azione teatrale per musica«, die zweite »pastorale per musica«.[2]

Das im Titel dieses Kapitels verwendete Attribut »klein« deutet auf eine der wichtigsten Unterscheidungskriterien dieser Werke gegenüber der Opera seria hin. Diese Componimenti waren in der Regel nicht in drei Akte, sondern in ein oder zwei Teile gegliedert. Ihre Aufführungslänge konnte nicht zuletzt wegen der Präsenz von Balletten sehr variabel sein, erreichte jedoch nur in seltenen Fällen die eines Dramma per musica. Das nicht seltene Fehlen einer Gliederung der Teile nach Szenen, insbesondere bei kurzen Werken, hängt u.a. mit der Tatsache zusammen, daß manchmal alle Darsteller während der Aufführung auf der Bühne stehen bzw. sitzen blieben.

Bestimmend für Inhalt, Struktur und Länge eines Componimento konnten Anlaß und Funktion im Rahmen der Feierlichkeiten sein. Für die Festlichkeiten anläßlich der Hochzeit der Erzherzogin Maria Josepha mit dem Kurprinzen Friedrich August II. von Sachsen in Dresden vom 1. bis zum 26. September 1719 wurden u.a. die ›festa musicale‹ *La gara degli dei* und die ›introduzione musicale‹ *Diana sull'Elba* aufgeführt. In der ersten, die im Gartentheater des Holländischen Palais aufgeführt wurde, treffen sich Mars, Diana, Merkur, Venus, Jupiter und Saturn, um dem Brautpaar zu huldigen und zu überlegen, wie der Tag zu feiern sei. Jeder Gott schlägt etwas vor: ein Feuerwerk, eine Jagd auf der Elbe, ein Karussell u.a. Das Componimento diente als Überblick über die Feierlichkeiten, da die dort erwähnten Veranstaltungen für die folgenden Wochen festgelegt waren. Die kurze Kantate *Diana sull'Elba* bildete den Auftakt der am 19. September veranstalteten Wasserjagd auf der Elbe: Diana erschien mit den Musikern auf einem muschelförmigen Schiff und sang mit den Nymphen vor dem königlichen Jagdzelt.[3] Bei höfischen Festen dienten in dieser Zeit kleine Componimenti häufig als Einleitungen zu Feuerwerken, Tänzen, Turnieren oder Maskeraden aufgeführt. So wurde die einaktige ›azione pastorale‹ *Il trionfo d'amore* von Giampietro Tagliazucchi und Niccolò Jommelli zum Abschluß eines am 16. Februar 1763 im Schloß Ludwigsburg veranstalteten Festes aufgeführt. Die Handlung nimmt keinen direkten Bezug auf den Anlaß. Das pastorale Schlußballett wird jedoch von der plötzlichen Erscheinung des Gottes Vulkan unterbrochen, der – nach der Art der Licenza – sich an das Publikum richtet und es auffordert, ihm zu folgen. Hiermit war das anschließende Feuerwerk allegorisch angekündigt. Das Libretto berichtet über den folgenden Ablauf des Festes:

»Hierauf wird der Vorhang am Ende der Schaubühne aufgezogen, und dadurch die Aussicht nach einer ungemeinen Ferne geöffnet. Seine Herzogliche Durchlaucht erheben Sich in Begleitung sämmtlicher hohen Anwesenden auf die Schaubühne, folgen dem Vulcanus, und verfügen Sich nach dem Platz allwo selbiger einer von denen anwesenden Damen die brennende Lunte reichet, womit dieselbe die erste Raquet loßbrennt, welche nach einem, hinter dem Schloß, vor der sogenannten Favorite, befindlichen Gerüste flieget, und das daselbst errichtete Luft=Feuer entzündet, womit sich alsdann dieses herrliche Freuden=Fest endiget.«[4]

Die Funktion und die oft damit zusammenhängende Länge eines Componimento drammatico schlugen sich in der Handlungsführung nieder. Das Spektrum der Möglichkeiten reicht von der ereignisarmen Huldigung bis zur reich differenzierten Intrige mit Lieto fine. Dabei mußte die Verbindung zwischen Handlung und Anlaß nicht unbedingt eng sein. Das zweiteilige Componimento drammatico *L'arrivo di Enea nel Lazio* von Vincenzo Alamanni und Baldassarre Galuppi (Florenz 1765) wurde anläßlich einer von der Accademia dei Nobili veranstalteten Reitvorführung in Anwesenheit des Großherzoglichen Paares aufgeführt. Die festgestellte Ähnlichkeit zwischen den von Vergil berichteten athletischen Übungen der jungen Römer und jenen der Ritter der Akademie hatte nach Aussage des Librettisten den Anstoß zur Wahl des Stoffes gegeben.[5]

---

1 Die französische Vorlage von Joseph-François Duché de Vancys *Les festes galantes* war ein von Henry Desmaret vertontes Ballett, das 1698 an der Pariser Académie Royale de Musique uraufgeführt wurde.
2 T. Betzwieser *Opéra comique als italienische Hofoper: Grétrys »Zemira e Azor« in Mannheim* (1776), Referat gehalten bei dem Kongreß »*Ein Paradies der Tonkünstler?*« 1999 in Mannheim, Druck in Vorbereitung.
3 A. Sommer-Mathis, *Tu felix Austria nube: Hochzeitsfeste der Habsburger im 18. Jahrhundert*, Wien 1994 (Dramma per musica 4), S. 42ff.
4 *Il trionfo d'amore*, Ludwigsburg 1763, S. 53.
5 *L'arrivo di Enea nel Lazio*, Florenz 1765, S. iv.

Durch den ausgeprägten Gelegenheitscharakter vieler dieser Werke war ihre Wiederverwendung nicht selbstverständlich und vorwiegend auf höfische Zentren beschränkt. Seltener als bei der Opera seria kam es zu einer Mehrfachvertonung desselben Textes, wobei die »Anpassung« eines Componimento drammatico weniger durch Besetzung und Rollenhierarchie als durch den Adressaten sowie den Aufführungsrahmen bedingt war. Metastasios für den Geburtstag des Jahres 1732 der Kaiserin Elisabeth Christine geschriebene und von Caldara komponierte Festa teatrale *L'asilo d'amore* wurde von Johann Adolf Hasse neuvertont und 1743 in Hubertusburg anläßlich des Geburtstags von August III. aufgeführt. Die einzigen wesentlichen Abweichungen vom Original betrafen die Huldigung am Dramenende, die dem neuen Adressaten angepaßt wurde, und die Hinzufügung einer Licenza.[1] Auch Metastasios *Endimione* mußte 1759 in der Vertonung Jommellis für den Stuttgarter Hof stark bearbeitet werden: Der 1720 für die Hochzeit des Prinzen Antonio Pignatelli di Belmonte und Anna Francesca Pinelli di Sangro geschriebene Text war ein für eine mit aller Wahrscheinlichkeit nicht-szenische Aufführung gedachtes Componimento mit vier Rollen (Diana, Endimione, Amore und Nice). Die Handlung schildert Dianas Liebe für Endimione, der jedoch Nice liebt. Der verkleidete Amor erweist sich – wie in dieser Art Dichtung üblich – als Ursache des Konfliktes, den er selbst am Ende durch Enthüllung seiner wahren Identität auflöst. Obwohl die Stuttgarter Aufführung mit keinem besonderen Anlaß verbunden war, mußte der fast kammermusikalische Charakter des Textes wegen des fürstlichen Aufführungsrahmens zugunsten des Festes aufgeopfert werden. So hieß das Werk jetzt *L'Endimione ovvero Il trionfo d'Amore* und wurde zu einer zweiteiligen »Pastorale per musica ornata di balli, trasformazioni e machine [sic]«. Der Untertitel deutet auf eine radikale Veränderung des Librettos: Die Rolle von Nice wurde gestrichen, so daß in diesem Fall Amor wirklich triumphieren konnte. Der Text mußte größtenteils neu geschrieben werden, da sowohl eine neue Nebenrolle, Silvio, als auch, wie bereits auf dem Titelblatt angekündigt, Tänze, Veränderungen der Szene und Maschineneffekte hinzugefügt wurden. Der erste Teil endete mit einer Jagdszene, in der ein Hirsch auf der Bühne getötet wurde, worauf ein Tanz »zum Zeichen der allgemeinen Freude« folgte.

Der im Vergleich zu den Opere serie metastasianischer Prägung wenig normierte Charakter der kleineren szenischen Werke schlug sich in ihrer musikalischen Dramaturgie nieder. Die häufig fehlende heroische Intrige und die daraus folgende Konzentration der Handlung auf eine pastorale Liebesgeschichte bzw. auf eine allegorische Huldigung erklären, warum die für die Opera seria charakteristische Szenenform, die wesentlich von der stereotypen Abfolge von Rezitativ und Arie geprägt ist, hier nicht immer streng eingehalten mußte. Abgesehen davon, daß diese Werke, wie schon gesagt, nicht immer in Szenen gegliedert waren, wurde in ihnen eine scharfe dramaturgische Trennung zwischen Handlung und Affekt nicht immer vorgenommen. Die Forschung hat häufig festgestellt, daß groß angelegte Azioni teatrali sich oft durch eine höhere Anzahl von Accompagnato-Rezitativen von der Opera seria auszeichnen. Diese Diskrepanz läßt sich noch im späten 18. Jahrhundert feststellen: Giovanni Paisiello komponierte in St. Petersburg für die zweiteilige Azione teatrale *Lucinda e Armidoro* von Coltellini (1777) acht Accompagnato-Rezitative in 13 Szenen, während in *Nitteti* (1777) acht in 33 und in *Achille in Sciro* (1778) gar nur drei in 32 Szenen enthalten sind. Der Grund für diesen Unterschied läßt sich eher durch den höheren literarischen Status des Dramma per musica als durch einen vermeintlich fortschrittlichen Zug dieser Componimenti erklären. Das Eindringen des Orchesters in einen dramaturgischen Bereich, der in der Regel einer schlichten, vom Continuo begleiteten Deklamation vorbehalten war, kam in der Opera seria selten vor, am ehesten bei Monologen, deren Text eine stark affektive Prägung aufwies. Das Secco-Rezitativ bewahrte die Dialoge vor der zu stark emotionalen Kraft der Musik und garantierte der Opera seria so den Rang eines Dramas. Nur so konnte es als einigermaßen vernünftig erscheinen, daß sich historische Figuren »musikalisch« unterhielten. Die Componimenti drammatici waren – unabhängig von Inhalt und Anlage – von einer solchen Poetik in der Regel nicht betroffen. Die häufige Präsenz einer übernatürlichen Mythologie machte aus ihnen von der »klassischen« Perspektive her zwar keine Drammi, erlaubte aber eine Entfaltung des Musikalischen in einem Grade, der in diesen nicht immer möglich war. Der für die Tragédie lyrique grundlegende und selbstverständliche Gedanke, daß sich Götter oder andere Gestalten einer mythischen Welt musikalisch unterhalten, wurde stillschweigend auch für die Dramaturgie einiger Componimenti drammatici als konstitutiv angenommen.

1 Vgl. P. Mücke, *Johann Adolf Hasses Dresdener Opern im Kontext der Hofkultur*, Diss. (masch.) Marburg 1999.

Der musikalische Stil eines Componimento drammatico unterschied sich nicht wesentlich von dem einer Opera seria. Für die kleineren Gattungen war jedoch eine ausgeprägte musikalische Darstellung des »Lokalkolorits« bei pastoralen Stoffen charakteristisch. Das kam sonst besonders bei Chören und Balletten zum Ausdruck, konnte aber auch im Orchestersatz deutlich geschildert werden, wie das Accompagnato-Rezitativ aus der dritten Szene des ersten Aktes von Johann Christian Bachs *Endimione* (London 1772) zeigt (siehe Beispiel S. 67–70). Im Text evoziert die unglückliche Nice den Wald als Schauplatz ihres früheren Glücks. Ihr stark lyrischer Monolog wird plötzlich durch die in der Jagdmusik angekündigte Ankunft des von ihr vergeblich geliebten Jägers Endimione abgebrochen (T. 28ff.). Im Orchester wird dabei durch den abrupten Wechsel einiger musikalischen Parameter (Rhythmus, Harmonie, Orchesterklang) die für die pastorale Tradition charakteristische Ambivalenz des Waldes geschildert: Auf der einen Seite ist er Ort der friedlichen Liebe, auf der anderen Schauplatz einer Jagd, die als keusch auszuübende Kunst in dieser Welt als Negierung der Liebe erscheint.

Der feierliche Charakter der meisten dieser Componimenti drammatici sowie ihr lockerer Umgang mit den für das Dramma per musica konstitutiven Normen erklärt das häufige Vorkommen von Ensembles bei großangelegten Werken. Besonders Ensembles mit Chor-Refrains scheinen typisch für dieses Genre zu sein. So läßt die Annahme, das Schlußensemble von Ranieri de' Calzabigi und Christoph Willibald Glucks *Orfeo ed Euridice* sei ein aus der Tradition der Opéra comique stammendes ›Vaudeville-Finale‹,[1] die Tatsache unberücksichtigt, daß Ensembles, in denen sich solistische Strophen mit einem Chorrefrain abwechselten, bereits in Metastasios und Fux' *Il tempio dell'eternità* (Wien 1731) und besonders in Metastasios und Caldaras *L'asilo d'amore* (Wien 1732) zu finden sind. Auf jedem Fall ist diese musikdramatische Struktur – deren Tradition noch nicht geklärt ist – nicht immer mit einer Finale-Funktion verbunden.

Mit *Orfeo ed Euridice* ist die vieldiskutierte Frage der Beziehungen zwischen der Festa bzw. Azione teatrale und der »Opernreform« angeschnitten. Der häufig auf die ab 1762 von Gluck komponierten Opern angewendete Begriff der »Reformoper« hat eine historisch korrekte Erschließung der sich in diesen Werken überschneidenden Operntraditionen verhindert.

---

1 B. A. Brown, *Gluck and the French Theatre in Vienna*, Oxford 1991, S. 366.

Kleinere szenische Gattungen (›Componimenti drammatici‹)

1 Außer dem oben zitierten Aufsatz von R. Monelle vgl. auch R. Strohm, *Die italienische Oper im 18. Jahrhundert*, Wilhelmshaven 1979 (Taschenbücher zur Musikwissenschaft 25), S. 314f.

2 Vgl. F. Degrada, *Aspetti gluckiani nell'ultimo Hasse*, in: Chigiana 29f. (1975), S. 309–329 (deutsche Übersetzung *Glucksche Aspekte in einem Spätwerk Hasses* in: Hasse-Studien, 3 (1996), S. 5–23), und E. Harriss, *Johann Adolf Hasse and the »Sturm und Drang« in Vienna*, in: Hasse-Studien 3 (1996), S. 24–53.

Wie jedoch gezeigt wurde[1], weist der *Orfeo* als Azione teatrale in der Tat alle Elemente des festlichen Componimento drammatico auf: Er ist in zwei Teile gegliedert, behandelt einen mythologischen pastoralen Stoff, besteht aus einer sehr einfachen Handlung mit wenigen Figuren und enthält reichlich Ballette und Chöre. Die ständige Begleitung der Rezitative durch das Orchester war jedoch neu, selbst wenn, wie gesagt, der intensive Einsatz der Accompagnato-Rezitative für das Genre des Componimento drammatico typisch war. Glucks folgende Werke zeigen – abgesehen von der als Reformmaßnahmen empfundenen Verringerung vokalen der Virtuosität wie der Instrumentalritornelle – eine Annäherung an die Dramaturgie der Tragédie lyrique, aber auch an die Ästhetik des Componimento drammatico. Viele Elemente im Dramma per musica *Paride ed Elena* (Wien 1770) weisen auf diese Tradition hin, nämlich der mythologische Stoff, die kleine Besetzung (Paride, Elena, Amore und Pallade, die jedoch nur kurz auf einer Wolke erscheint), der mit dem ›scherzo drammatico‹ verwandte stark burleske Charakter der Handlung (besonders in der Verkleidung Amors), die lockere Verwendung von Ensembles und besonders die Präsenz von Nummern mit Chorrefrain.

Auch das ›intermezzo tragico‹ *Piramo e Tisbe* von Marco Coltellini und Johann Adolf Hasse ist in die Reformdiskussion einbezogen worden.[2] Die These, diese kleine Oper stelle schon in ihrer Bezeichnung eine programmatische Mischung von Komik und Tragik dar, beruht auf der Voraussetzung, daß der italienische Begriff ›intermezzo‹ notwendigerweise mit der Gattung des ›intermezzo comico‹ assoziiert wird. Nichts spricht jedoch gegen die Vermutung, daß diese Bezeichnung lediglich auf die Funktion eines Zwischenspiels hinweist, und daß *Piramo e Tisbe* tatsächlich als Intermezzo zwischen den Akten eines (Sprech-)Dramas aufgeführt wurde. Der genaue Aufführungsrahmen dieser Oper ist jedoch nicht bekannt. Man weiß lediglich aus Hasses Briefwechsel, daß die Oper von einer französischen Dame in Auftrag gegeben wurde und von Amateuren auf dem Land aufgeführt wurde. Dies bedeutete für Librettisten und Komponisten eine gewisse Freiheit in der musikdramaturgischen Gestaltung der Oper. Die kleine Besetzung (Piramo, Tisbe und deren Vater), die Gliederung in zwei Teile, die häufig zäsurlose Folge von Rezitativen und Arien, die intensive Verwendung von Accompagnato-Rezitativen, die zahlreichen Duette und die drei aufeinanderfolgenden Selbstmorde auf der Bühne, alle diese Elemente lassen eher an eine ›azione tragica‹ als an eine Opera seria denken. Dafür ist es bezeichnend, daß Gaetano Sertor im Vorwort zu seiner von

Johann Adolf Hasse, *Piramo e Tisbe* (Wien 1768, Text von Marco Coltellini). Die Bezeichnung »Azione« statt »Intermezzo« – wie es im Libretto als auch in der autographen Partitur zu finden ist – legt den Gedanken nahe, daß dieses Werk, das häufig für eine »Reformoper« oder eine Gattungsmischung gehalten worden ist, eher in der Tradition der kleineren szenischen Componimenti zu sehen ist. (Handschrift I-Nc, Rari 6.4.21-22)

Francesco Bianchi vertonten Opera seria *Piramo e Tisbe* Coltellinis Libretto als Cantata erwähnt und selbst erklärt:

»Die einzige Freiheit, die ich mir erlaubt habe, besteht darin, Tisbes Vater als König von Assyrien darzustellen, um allen Figuren jene Größe und Würde zu verleihen, die ernste Dramen verlangen und die man bei unbekannten Privatpersonen nicht finden kann.«[1]

Hasses Oper schlägt in der Tat oft einen privaten, »mittleren« Ton an, der manchmal an die empfindsam-pathetischen Figuren aus dem Dramma giocoso der sechziger Jahre erinnert. Die erste Szene der Oper ist dafür symptomatisch (siehe Beispiel S. 71f.). Das Bühnenbild

1 *Piramo e Tisbe*, Venedig 1783, S. 5. Zum Lieto fine von Sertors Libretto vgl. den Abschnitt *Die Opera seria im späten 18. Jahrhundert* in diesem Band.

Kleinere szenische Gattungen (›Componimenti drammatici‹) 73

[1] Zur Rezeption dieser Oper im deutschen Musikschrifttum vgl. R. Wiesend, »... Das ist man so'ne kleine Operette«. Hasses »Piramo e Tisbe« in Zeugnissen einer »mittleren« Ästhetik, in: Festschrift Klaus Hortschansky, hg. v. A. Beer und L. Lütteken, Tutzing 1995, S. 153–165.

schildert keinen Palazzo, keine Loggia oder keinen Atrio wie in der metastasianischen Oper, sondern einen bürgerlich geprägten Raum, nämlich ein tapeziertes Zimmer im Hause Tisbes. Kein Rezitativ eröffnet die Oper, wie es in der Opera seria üblich wäre, sondern eine kleine pathetische Arie in g-Moll und im 3/8-Takt, deren Charakter eindeutig in der Tradition von Piccinnis *La buona figliuola* steht. Es fällt schwer, dieses Werk eindeutig einem Genre zuzuweisen, und die These einer Gattungsmischung ist problematisch. Viel plausibler erscheint es, dieses Intermezzo tragico in der Tradition des tragischen Componimento zu sehen, das möglicherweise eine wichtige Rolle in bürgerlichen bzw. religiösen Kreisen gespielt hat, über das man jedoch noch wenig weiß. Bezeichnender Weise war der Stoff von Piramo und Tisbe wegen seiner tragischen Handlung auch vor Hasse nie als Opera seria vertont worden, sondern höchstens als Azione drammatica (Urbino 1740). In dieser Hinsicht verwundert es nicht, daß Coltellinis Libretto in der Vertonung Venanzio Rauzzinis auch als »azione tragica per musica« bezeichnet wurde (Wien 1777 und Braunschweig 1782).[1]

Durch die Auflockerung der Seria-Dramaturgie in der zweiten Hälfte des 18. Jahrhunderts – und besonders durch die in den achtziger und neunziger Jahren fast zur Regel gewordene zweiaktige Gliederung der Opere serie – konnten die Grenzen zwischen Drammi per musica und großangelegten Componimenti drammatici etwas fließend werden, besonders wenn erstere einen leichten galanten Charakter annahmen oder letztere einen höheren Ton anschlugen. Metastasios *Alcide al bivio* ist ein gutes Beispiel für eine Festa teatrale, die in der zweiten

Pietro Metastasio, *Alcide al bivio*, 5. Szene. Alcide steht vor der Entscheidung zwischen Aretéa (die Tugend, links), in der er die Züge seiner Mutter wiederzuerkennen glaubt, und Edonide (das Vergnügen, rechts), die ihn zurückhält. Diese Festa teatrale, zu der sich der kaiserliche Hofpoet skeptisch wegen ihres zu ernsten Tons äußerte, verbirgt hinter den für die Gelegenheitsopern charakteristischen mythologischen, allegorischen Elementen eine ausgeprägt freimaurerische Symbolik, die die Handlung als Initiationsritus interpretierbar macht.

Hälfte des 18. Jahrhunderts auch als Opera seria galt, wie einige spätere Libretti (Kopenhagen 1774, Lissabon 1778 und St. Petersburg 1780) zeigen. Der Dichter selbst war bei der Abfassung des Textes um den ernsten Charakter dieser für die Vermählung des Erzherzogs Joseph mit der Prinzessin Isabella von Parma geschriebenen, von ihm als »festa morale« bezeichneten Oper besorgt;[1] neuere Untersuchungen haben übrigens dieses Werk mit der Ästhetik der Freimaurerei in Verbindung gebracht, die angeblich auch in *Orfeo ed Euridice* eine wichtige Rolle spielt.[2]

Das bedeutet nicht, daß es im späten 18. Jahrhundert keine Azione, Festa, Serenata oder Componimento teatrale gab. Nur bezogen sich diese Termini meistens auf Werke mit einer betont pastoralen Komponente, wie z.B. die Azioni pastorali *Nettuno ed Egle* von Gaetano Sertor und Antonio Pio (Venedig 1783) oder *Gli amanti in Tempe* von Giovanni de Gamerra und Gaetano Andreozzi (Florenz 1792), sowie auf kleine Opern mit emphatischem Gelegenheitscharakter.

Opernkritik und Opern-»Reform«
Von Arnold Jacobshagen

Die nach der Mitte des 18. Jahrhunderts an einzelnen europäischen Residenzen verstärkt hervortretenden Bestrebungen zu einer Erneuerung des Dramma per musica sowie die Rolle Christoph Willibald Glucks innerhalb derselben sind in der musikwissenschaftlichen Forschung der vergangenen Jahrzehnte in ihrer historischen Bedeutung nachhaltig relativiert worden. Da sich unmittelbare Auswirkungen der in diesem Zusammenhang zu nennenden Werke auf die weitere Gattungsentwicklung der Opera seria kaum nachweisen lassen, wurde berechtigterweise die Frage gestellt, ob es eine »Opernreform« überhaupt gegeben habe[3], und ob die Opera seria nicht vielmehr insgesamt eine »genuine Reformgattung« darstellte[4], deren Anpassungsfähigkeit eine permanente »Gratwanderung zwischen antinaturalistischer Artifizialität und idealer Naivität« ermöglichte.[5] Zugleich ist mit Fug und Recht bezweifelt worden, daß die »Reform« den zentralen Aspekt des Gluckschen Werkes bildet[6], dessen Verständnis unter den zum Teil bis heute fortlebenden teleologischen Geschichtskonstruktionen des 19. Jahrhunderts beinahe ebenso gelitten hat wie das der Musik seiner Zeitgenossen.

Zu den methodischen Schwierigkeiten und fragwürdigen Prämissen, auf denen das von der älteren Forschung geprägte Bild der »Opernreform« beruht, zählen vor allem die einseitige Sicht auf das Dramma per musica Metastasios und seine »Verfallsgeschichte«[7], die Außerachtlassung von Unterschieden der Gattungen (Dramma per musica, Festa teatrale) und der nationalen Traditionen Italiens und Frankreichs sowie die Überschätzung der Rolle der Komponisten im Gefüge der am Entstehungsprozeß musikdramatischer Werke dieser Zeit beteiligten Personen. Tatsächlich waren in erster Linie einzelne, zumeist außerhalb Italiens gelegene Residenzen und ihre Theaterintendanten Initiatoren und Träger expliziter Erneuerungsbestrebungen, die innerhalb eines exklusiven Rahmens von höfischer Erlesenheit stattfanden, während an den öffentlichen, von Impresari geleiteten Opernhäusern der großen italienischen Städte die bestehenden Traditionen aus sich heraus weiterentwickelt wurden. Nur in zweiter Linie können einzelne Librettisten als Urheber von ausdrücklichen Reformversuchen gelten; gar von »Reformkomponisten« zu sprechen, wie es die Musikwissenschaft vor allem mit Blick auf Gluck sowie die ebenfalls an deutschen Höfen tätigen Niccolò Jommelli und Tommaso Traetta traditionell tat, erscheint für die italienische Oper des 18. Jahrhunderts überaus prekär, da die Komponisten zunächst die Aufträge der Theaterleitung zu erfüllen und die Vorgaben des jeweiligen Librettos musikalisch umzusetzen hatten. So ist es für so unterschiedliche Komponisten wie Jommelli, Traetta, Gluck, Niccolò Piccinni, Johann Christian Bach oder Wolfgang Amadeus Mozart in ähnlicher Weise kennzeichnend, daß sie je nach den Entstehungsumständen ihrer einzelnen Bühnenwerke an traditions- wie an reformorientierten Tendenzen gleichermaßen teilhatten. Für eine Beurteilung der verschiedenen Innovationsprojekte ist es unerläßlich, die aus ihnen hervorgegangenen musikdramatischen Werke in ihrem Kontext zu betrachten, der im wesentlichen von zweierlei Faktoren geprägt ist: zum einen von der allgemeinen Entwicklung der literarischen Opernkritik im 18. Jahrhundert, zum an-

---

1 Brief von Metastasio an T. Filipponi, in: P. Metastasio, *Tutte le Opere*, hg v. Brunelli, Bd. 4, Mailand 1954, S. 171f.

2 A. Chegai, *L'esilio di Metastasio: Forme e riforme dello spettacolo d'opera fra Sette e Ottocento*, Florenz 1998 (Storia dello spettacolo. Saggi 2), S. 93–101. Für *Orfeo* vgl. G. Tocchini, *I fratelli d'Orfeo: Gluck e il teatro musicale massonico fra Vienna e Parigi*, Florenz 1998 (Accademia toscana di scienze e lettere La Colombaria. Studi 174), S. 3–141.

3 Vgl. R. Strohm, *Die italienische Oper im 18. Jahrhundert*, S. 308.

4 N. Dubowy / R. Strohm, Artikel »Dramma per musica«, in: *Die Musik in Geschichte und Gegenwart*, zweite, neubearbeitete Ausgabe, hg. v. L. Finscher, Sachteil Bd. 2, Kassel u.a. 1995, Sp. 1452–1500: 1493.

5 S. Kunze, *Die Opera seria und ihr Zeitalter*, in: *Colloquium »Johann Adolf Hasse und die Musik seiner Zeit« (Siena 1983)*, hg. v. F. Lippmann, Laaber 1987 (Analecta musicologica 25), S. 1–15: 15.

6 S. Kunze, *Christoph Willibald Gluck, oder: die »Natur« des musikalischen Dramas*, in: *Christoph Willibald Gluck und die Opernreform*, hg. v. K. Hortschansky, Darmstadt 1989 (Wege der Forschung 613), S. 390–418: 403.

7 Eine sehr differenzierte Darstellung der Metastasio-Rezeption im späteren 18. Jahrhundert und der librettistischen Gegenentwürfe bietet A.Chegai, *L'esilio di Metastasio*.

deren von den spezifischen historischen Voraussetzungen, die an den jeweiligen Wirkungsstätten gegeben waren.

Die Entwicklung der italienischen Oper wurde während des gesamten 18. Jahrhundert von intensiven literarischen Diskussionen begleitet, die einerseits grundsätzliche Einwände von ästhetischer, gesellschaftlicher oder moralischer Ausrichtung thematisierten, andererseits spezifische Probleme ihrer Struktur, ihrer Ausdrucksmittel und ihrer Interpretation in den Vordergrund rückten. Die Auseinandersetzung um den Anspruch der Gattung konzentrierte sich auf das erste Jahrhundertdrittel und kreiste um das Verhältnis zwischen Oper und klassischer Tragödie sowie das Problem der Unwahrscheinlichkeit des Gesangs auf der Bühne. Während zahlreiche einflußreiche Schriftsteller auf dieser Grundlage zunächst das Dramma per musica als Entartung der Tragödie kritisiert hatten[1], waren vor allem die Produktionsverhältnisse der Oper, ihre gesellschaftlichen Rahmenbedingungen und die soziale Rollenverteilung der an ihr Beteiligten das gesamte Jahrhundert hindurch bevorzugte Gegenstände für Satiren unterschiedlichster Art, deren Urheber gewöhnlich aus dem engeren Umfeld des Opernbetriebs selbst oder aus gelehrten Liebhaberkreisen stammten. Karikierte bereits Benedetto Marcellos berühmter Traktat *Il Teatro alla moda* (Venedig 1720) die Kapricen der Gesangsstars und empfahl den Theaterdichtern ein ehrfurchtsvolles Betragen gegenüber den allmächtigen Vokalvirtuosen, so skizzierte noch Matteo Borsa in seinem *Saggio filosofico sopra la musica imitativa teatrale* (Mailand 1781) das Bild des Sängers als eines despotischen Bühnenherrschers, der an seinen eigenen Koloraturen zu ersticken drohte, und Giambattista Castis Libretto *Prima la musica e poi le parole* (Musik von Salieri, Wien 1786) behandelt neben der Rivalität zwischen Dichter und Komponist vor allem diejenige zweier exzentrischer Sängerinnen.

Ebenso unerbittlich geriet die Rolle des Impresarios und damit die gesamte Organisation des Opernbetriebes in die Kritik, ein Thema, das gleichfalls zum Gegenstand erfolgreicher Opernparodien werden konnte, wie Ranieri de' Calzabigis Libretto *L'opera seria* (Musik von Florian Gassmann, Wien 1769) belegt. Zahlreiche Kritiker stimmten darin überein, daß der Impresario die Hauptschuld an den beklagten Mißständen des Opernwesens trage und forderten Abhilfe von übergeordneten Instanzen: den herrschenden Fürsten bzw. den aristokratischen Theaterträgern. Jede Diskussion über Opernreformen erübrige sich, solange an der Allmacht der Impresari nichts geändert werde[2], schrieb Francesco Algarotti, dessen *Saggio sopra l'opera in musica* (1755/1762) zur einflußreichsten opernästhetischen Schrift des 18. Jahrhunderts in Italien werden sollte. Algarotti zufolge müsse die Theaterleitung in den Händen eines Direktors liegen, der mit der Autorität eines kunstsinnigen Fürsten der Zügellosigkeit im Bühnenbetrieb Einhalt gebiete. Die Entwicklungen der Operndarbietung spiegeln nicht zuletzt auch das Bestreben, die Repräsentationsaufgaben des Spätabsolutismus einem aufkommenden bürgerlichen Konsumverhalten und dem wachsendem Bedürfnis nach öffentlichem Erscheinen anzupassen. So fügte Algarotti in der zweiten Fassung (1763) seines *Saggio* ein ausführliches Kapitel über den Theaterbau hinzu, das den Wandel der Rolle des Zuschauers und die »Emanzipation von der Anonymität in der Staffage des Hoffestes zur Individualität des interessierten und kundigen Zeugen der Aufführung«[3] reflektiert.

Die meisten der Argumente, die Algarotti und mit ihm weitere Autoren wie Ranieri de'Calzabigi (*Dissertazione sulle poesie drammatiche di Pietro Metastasio*, Paris 1755), Antonio Planelli (*Dell'Opera in Musica*, Neapel 1772) oder Matteo Borsa (*Saggio filosofico sopra la musica imitativa teatrale*, Mailand 1781) hinsichtlich des Verhältnisses von Drama und Musik formulierten und die jeweils auf eine Priorität des ersteren hinauslaufen, waren keineswegs grundsätzlich neu, sondern stehen in einem kontinuierlichen Diskurszusammenhang, in dem Argumentationsmuster fortlebten, die sich bereits bei Autoren wie Pier Jacopo Martello (*Della tragedia antica e moderna*, Rom 1714) oder Giuseppe Riva (*Avviso ai compositori ed ai cantanti*, London 1727) finden.[4] Deutliche Kritik an den »Reformern« übten hingegen beispielsweise Pietro Napoli Signorelli (*Storia critica de' Teatri antichi e moderni*, Neapel 1777), Esteban Arteaga (*Rivoluzioni del Teatro Musicale Italiano*, Bologna 1783, 2. Aufl., 3 Bände, Venedig 1785) und Francesco Franceschi (*Apologia in difesa delle opere drammatiche di Metastasio*, Lucca 1786).[5]

Einen Topos der Opernkritik im 18. Jahrhundert bildet der Vergleich der italienischen mit der französischen Oper. Die Forderungen einiger Theoretiker und Librettisten, die Opera seria nach dem Vorbild der Tragédie lyrique zu erneuern, konzentrierten sich vor allem auf nicht

---

[1] Z.B. G. V. Gravina (*Della tragedia*, 1715), S. Maffei (*Teatro italiano*, 1723), J. C. Gottsched (*Versuch einer kritischen Dichtkunst vor die Deutschen*, 1730).

[2] »Al presente il Teatro è in mano d'Impresarj, che non altro cercano se non trar guadagno dalla curiosità, e dall'ozio di pochi Cittadini, non sanno il più delle volte, ciò che fare si convenga, o atteso i mille rispetti che sono forzati di avere, nol possono mandare ad effetto. Sino a tanto che non mutino le cose, inutile è ogni discorso, ogni desiderio è vano: E come mutar potriano, salvo se nella Corte di un qualche Principe caro alle Muse presiedesse al Teatro un abile Direttore, in cui al buon volere fosse giunta la possa? Allora solamente saranno i virtuosi sotto regola e governo, e noi potremmo sperare a' giorni nostri di veder quello che a' tempi de' Cesari, e de' Pericli vedeano Roma, ed Atene.« F. Algarotti, *Saggio sopra l'opera in musica*, Livorno 1763, S. 12.

[3] R. Wiesend, *Opernreform und Theaterbau bei Francesco Algarotti*, in: *Opernbauten des Barock. Eine internationale Tagung des Deutschen Nationalkomitees von ICOMOS und der Bayerischen Verwaltung der staatlichen Schlösser, Gärten und Seen, Bayreuth 1998*, in: ICOMOS – Hefte des deutschen Nationalkomitees 31, S. 100–103.

[4] Vgl. R. Strohm, *Die italienische Oper im 18. Jahrhundert*, S. 311.

[5] Zu den Auseinandersetzungen der italienischen Theoretiker siehe das Kapitel *Utopie della riforma dell'opera in Italia* bei Chegai, *L'esilio di Metastasio*, S. 53–90.

primär musikalische Aspekte, beispielsweise auf die Stoffwahl (Mythologie, Einbeziehung des »Meraviglioso«), die literarische Form oder die szenische Gesamtkonzeption (Kategorie des Spektakulären, Verwendung von Chor und Tanz u.a.).

Unter den Residenzen, an denen es nach der Jahrhundertmitte zur praktischen Umsetzung von explizit geäußerten Reformvorstellungen in einer Reihe von Opern experimentellen Charakters kam, zeigten sich diese Tendenzen besonders deutlich in Parma, das nach dem Herrschaftsantritt der Bourbonen in der zweiten Hälfte des 18. Jahrhunderts nicht nur politisch, sondern auch kulturell ganz unter französischem Einfluß stand. Zu den kulturpolitischen Zielen, die unter dem Minister Guillaume du Tillot in Angriff genommen wurden, zählte auch die Neuorientierung des Theaterbetriebes nach Pariser Vorbild. Neben den französischen Gattungen des Sprechtheaters wurden Werke aus den musiktheatralen Genres der Opéra-comique, des Opéra-ballet und schließlich auch der Tragédie lyrique nach Parma exportiert. Ihre Bearbeitung und Bühneneinrichtung war Aufgabe des Hofdichters Carlo Innocenzo Frugoni, der mit Algarotti befreundet war und mit diesem seine Opernprojekte ausführlich diskutierte. In einem Brief vom 3. Februar 1756 hatte er sich bei Algarotti für den Erhalt des *Saggio sopra l'opera in musica* bedankt, der seine eigene Opernauffassung nachhaltig prägen sollte. 1759 erhielt Frugoni den Auftrag, ein Libretto nach Simon-Joseph Pellegrins *Hippolyte et Aricie* zu verfassen, das in der Vertonung Jean-Philippe Rameaus aus dem Jahre 1733 eine

Bild links: Francesco Algarotti, *Saggio sopra l'opera in musica*. Titelseite der zweiten Ausgabe Livorno 1763. Die wesentlich erweiterte zweite Auflage von Algarottis Traktat erschien im Verlag von Marco Coltellini, der als Librettist den Grundsätzen Algarottis nahestand. – Bild oben: Antonio Planelli, *Dell'opera in musica*. Titelseite der Erstausgabe von 1772. Planellis opernästhetische Schrift übt Kritik am Dramentypus Metastasios und zählt zu den wichtigsten Traktaten aus dem Umkreis der »Reformer«.

neue Ära der französischen Operngeschichte eingeleitet hatte. Auch Frugoni beansprucht im Vorwort seines Librettos *Ippolito ed Aricia* den Status einer »Novità« und begründet dies durch die Einführung von Chören, die Integration des Tanzes in die dramatische Handlung sowie den Rückgriff auf einen mythologischen Stoff, durch Eigenschaften mithin, die auch aus der italienischen Oper bekannt waren, wenngleich nur aus »längst vergangenen glücklichen Zeiten.«[1] Für deren Wiederbelebung hatte 1755 Algarotti plädiert, der als Spiritus rector persönlich an dem Parmenser Opernexperiment mitwirkte. Als literarische Vorbilder benennt Frugoni »l'Autore del Opera Francese, Euripide e l'immortale Mr. Racine«, doch folgt der dramaturgische Aufbau der fünf Akte nicht etwa der Tragödie des letztgenannten, sondern Pellegrins Libretto.[2]

Ebenso wie das ursprüngliche Libretto bildet auch die Musik Rameaus eine entscheidende Quelle, die dem 1758 nach Parma verpflichteten Hofkapellmeister Tommaso Traetta im Partiturdruck vorgelegen haben muß. Zu den unmittelbaren Anleihen an Rameau zählen insbesondere zahlreiche Tänze, Chöre und Instrumentalpassagen.[3]

Traetta, *Ippolito ed Aricia* – Danza delle deità infernali. Das Beispiel ist unmittelbar aus der Tragédie lyrique *Hippolyte et Aricie* (1733) von Jean-Philippe Rameau entlehnt.

Die Premiere von *Ippolito ed Aricia* am 9. Mai 1759 wurde mit einem beispiellosen inszenatorischen Aufwand begangen und als Kulturereignis von europäischem Rang gefeiert. Die Bedeutung, die man der Aufführung beimaß, spiegelt sich auch in der Entsendung eines Kritikers des *Mercure de France*, demzufolge Traetta »den seinem eigenen Genie entsprungenen Schönheiten die am meisten bewunderten Passagen aus der Oper Rameaus beizumengen verstanden« habe.[4] Traetta verwahrte sich indes gegen diese nur zu berechtigten Feststellungen und beteuerte in einem Brief an Mattia Verazi sogar, die Musik Rameaus noch nicht einmal gesehen zu haben.[5] Auch wenn *Ippolito ed Aricia* heute als »Konglomerat unterschiedlicher stilistischer Einflüsse«[6] erscheint, sah Algarotti seine Reformabsichten in diesem Werk exemplarisch verwirklicht.

Algarottis im *Saggio* niedergelegte Opernkonzeption konkretisierte sich vor allem aus den persönlichen Erfahrungen, die er während seines langjährigen Aufenthalts (1740 bis 1753) am Berliner Königshof Friedrichs II. mit der dortigen Opernpflege gewonnen hatte. In der friderizianischen Opera seria zeichneten sich bereits in den späten vierziger und frühen fünfziger Jahren unterschiedliche Tendenzen ab, den metastasianischen Typus des Dramma per musica um neuartige Elemente zu bereichern. Neben die zunächst im Berliner Repertoire

---

1 »Si sono introdotti dei Cori; ma questi non sono Stranieri ai Teatri d'Italia, che gli adottarono ugualmente in altri tempi felici.« Vgl. *Ippolito ed Aricia, Tragedia da rappresentarsi nel Reale Teatro di Parma nella Primavera dell'Anno MDCCLIX, Nuovamente composta, e adattata alle Scene Italiane dal Sig. Abate Frugoni*, Reprint in: *Italian opera librettos: 1640–1770*, hg. v. H. M. Brown, Bd. 14, New York 1983, S. xi.

2 Zu den grundsätzlichen Unterschieden zwischen beiden Gestaltungen des Stoffes vgl. L. Bianconi, *Introduzione*, in: *La drammaturgia musicale*, hg v. dems., Bologna 1986 (Problemi e prospettive), S. 7–49: 30–35.

3 Vgl. D. Heartz, *Operatic Reform at Parma: Ippolito ed Aricia*, in: *Atti del Convegno sul Settecento Parmense nel 2° Centenario della morte di C.I. Frugoni (Parma, 10-11-12 maggio 1968)*, hg. v. F. Borri, Parma 1968, S. 271–300; M. Cyr, *Rameau e Traetta*, in: Nuova Rivista Musicale Italiana 12 (1978), S. 166–182; J. Riedlbauer, *Die Opern von Tommaso Trajetta*, Hildesheim – Zürich – New York 1994 (Studien und Materialien zur Musikwissenschaft 7), S. 143–146.

4 Mercure de France 77/I (1759), S. 199, zitiert nach: D. Heartz, *Operatic Reform at Parma*, S. 299.

5 »… pour ce qui regarde l'Opéra d'Hyppolite et d'Aricie je proteste sur mon honneur que je n'ai pas même vû sa Musique.« *Journal des Journaux ou Précis des principaux Ouvrages Périodiques de l'Europe*, Bd. 1, Mannheim 1760, S. 70f., zitiert nach: J. Riedlbauer, *Die Opern von Tommaso Trajetta*, S. 24.

6 S. Leopold, Artikel »*Tommaso Traetta, Ippolito ed Aricia*«, in: *Pipers Enzyklopädie des Musiktheaters*, hg. v. C. Dahlhaus und dem Forschungsinstitut für Musiktheater der Universität Bayreuth unter Leitung von S. Döhring, Bd. 6, München und Zürich 1997, S. 312–315: 314.

noch vorherrschenden Libretti Metastasios und Zenos traten ab 1748 zunehmend Bearbeitungen französischer Tragödien Corneilles, Racines und Voltaires, die Friedrich der Große teilweise selbst in französischer Sprache skizzierte und sodann von Algarotti sowie den Hofdichtern Leopoldo da Villati und Giampietro Tagliazucchi als italienische Bühnenfassungen zur Vertonung durch den Hofkapellmeister Carl Heinrich Graun einrichten ließ: so *Cinna* (1748, nach Corneille), *Ifigenia in Aulide* (1748), *Il Mitridate* (1751), *Britannico* (1751, alle nach Racine), *Semiramide* (1754, nach Voltaire), *I fratelli nemici* (1756, nach Racine) und *Merope* (1756, nach Voltaire).[1] Das Bestreben Friedrichs, die an seinem Hofe gepflegte Opera seria durch die Wahl der Sujets dem ästhetischen Rang der gesprochenen Tragödie anzunähern, zeigt sich strukturell in der Abkehr vom regelmäßigen Alternieren zwischen Rezitativ und Arie und der starken Bereicherung um Duette und Terzette.[2]

Eine zweite bemerkenswerte Entwicklung im Berliner Repertoire der späten vierziger Jahre bedeutete die Wiederkehr von Opern mit mythologischen Stoffen. Bei zwei von ihnen – *Fetonte* (1750) und *Armida* (1751) – handelte es sich um Übersetzungen von Tragédies lyriques Philippe Quinaults, die dieser 1683 bzw. 1686 für Jean-Baptiste Lully geschrieben hatte. Während *Armida* von Villati ins Italienische übertragen worden war, wirkten bei dem Libretto zu *Fetonte* wiederum auch Friedrich und Algarotti mit.

Villattis *Fetonte* wurde 1753 auch von Niccolò Jommelli vertont, der mit diesem Werk seine erste Neukomposition für den Stuttgarter Hof lieferte und dort kurz darauf zum 1. Januar 1754 seine Berufung als Oberkapellmeister erhielt. Operngeschichtlich bedeutender war Jommellis zweite Oper über denselben Stoff, die 1768 nach einem Libretto Mattia Verazis als

1 Vgl. S. Oschmann, *Gedankenspiele – Der Opernheld Friedrichs II. von Preußen*, in: *Opernheld und Opernheldin im 18. Jahrhundert. Aspekte der Librettoforschung. Ein Tagungsbericht*, hg. v. K. Hortschansky, Hamburg und Eisenach 1991 (Schriften zur Musikwissenschaft aus Münster 1), S. 175–193; C. Henzel, *Zu den Aufführungen der großen Oper Friedrichs II. von Preußen 1740–1756*, in: Jahrbuch des Staatlichen Instituts für Musikforschung Preußischer Kulturbesitz 1997, Stuttgart und Weimar 1997, S. 9–57.

2 Vgl. M. Calella, *Metastasios Dramenkonzeption und die Ästhetik der friderizianischen Oper*, in: *Metastasio im Deutschland der Aufklärung*, hg. v. L. Lütteken und G. Splitt, Druck in Vorbereitung.

Porträt Jommelli (aus dem Jommelli-Buch von Marita P. McClymonds, Fundort dort leider nicht angegeben). »Sig.re Jomella. Maestro di Musica. Napoletano«. Anonyme Federzeichnung. Habitus und Kleidung spiegeln das hohe gesellschaftliche Ansehen, das Jommelli als einer der berühmtesten Komponisten seiner Zeit genoß.

letzte Stuttgarter Oper des Komponisten über die Bühne gehen sollte.[1] Die beiden *Fetonte*-Vertonungen Jommellis bezeichnen so zwei Eckpfeiler einer Periode, in der das Dramma per musica an der Stuttgarter Hofoper bemerkenswerten Entwicklungen unterworfen war.

Als der 16jährige Herzog Carl Eugen von Württemberg im Jahre 1744 seine Regierung in Stuttgart antrat, hatte er eine auch für seine musikalischen Vorlieben prägende Erziehung am Hofe Friedrichs des Großen hinter sich. So wurde das 1750 in ein Theater umgewandelte Lusthaus mit Grauns Oper *Artaserse* eröffnet, deren Berliner Premiere Carl Eugen sieben Jahre zuvor beigewohnt hatte. Neben Jommelli, der für eineinhalb Jahrzehnte die Gesamtleitung über alle Opernaktivitäten innehatte, berief der Herzog 1755 Mattia Verazi als Librettisten, der sich bereits in seinem ersten Opernlibretto *Ifigenia in Aulide* (Musik von Jommelli, Rom 1751) durch die Integration komplexer Ensembleszenen ausgewiesen hatte und für Stuttgart zunächst die beiden französisch geprägten mythologischen Opern *Enea nel Lazio* und *Pelope* beisteuerte (beide 1755, Musik jeweils von Jommelli). Die Orientierung am französischen Musiktheater erhielt weiteren Auftrieb durch die 1758 vollzogene Angliederung einer französischen Ballett-Truppe unter François Sauveterre, die ab 1760 von Jean-Georges Noverre geleitet wurde. Die vollständige Integration des Balletts in die Opernhandlung war somit eine weitere Errungenschaft, auf die Verazi und Jommelli in der zweiten *Fetonte* von 1768 aufbauen konnten, auch wenn Noverre selbst infolge der wegen der aufwendigen Hofhaltung eingetretenen Finanzkrise die Residenz kurz zuvor verlassen hatte.

Fetonte bezeichnet unter den Stuttgarter Opern Verazis und Jommellis die entschiedenste Abkehr vom metastasianischen Operntypus und zugleich eine Annäherung an die Ästhetik der Tragédie lyrique, die zumal hinsichtlich der Durchkomposition großer Formabschnitte und der Verwendung von aufsehenerregenden Bühnenereignissen weit über Frugonis und Traettas Parmenser Exempel hinausweist. Besonders deutlich zeigt sich dies im Schlußbild des dritten Aktes, das ein spektakuläres Katastrophenfinale darstellt.[2] Schon den Beginn der Szene, der Fetontes verhängnisvollen Flug und das allmähliche Entflammen des gesamten Himmels zeigt, hat Verazi mit ungewöhnlich präzisen Schauplatzangaben und einer Fülle von Regieanweisungen versehen, die verdeutlichen, wie sehr hier die visuellen Wirkungsmittel im Vordergrund stehen.[3] In der Vertonung der folgenden Szene von drastischer Bildhaftigkeit, in der das Feuer auch die Erde erfaßt und Jupiter das Gespann Fetontes mit einem Blitzstrahl ins Meer stürzen läßt, alternieren zunächst deklamatorische Accompagnatoabschnitte mit gestischen Instrumentalpassagen und den Interventionen eines unterirdischen Chores, ehe in einem erregten Schlußterzett die Könige Epafo und Orcane mit ihren herbeieilenden Soldaten vergeblich Fetontes Mutter Climene am Selbstmord durch einen Sprung von den Klippen zu hindern suchen.

---

[1] Zu Verazi s. M. P. McClymonds, *Mattia Verazi and the Opera at Mannheim, Stuttgart, and Ludwigsburg*, in: Studies in Music from the University of Western Ontario 7 (1982), S. 99–136.

[2] Hierzu vgl. S. Henze-Döhring, *Götter am Hofe. Zur Rezeption der »Tragédie lyrique« an deutschen Residenzen*, in: *Beiträge zur Musik des Barock. Tanz – Oper – Oratorium. Bericht über die Symposien 1994–1997. Günter Könemann zum 65. Geburtstag*, hg. v. H. J. Marx, Laaber 1998 (Veröffentl. der Intern. Händel-Akademie Karlsruhe 6), S. 253–268.

[3] »Vastissima campagna. Biondeggianti mature spighe a destra, in parte già recise, ed in alte masse insieme adunate. Densa, oscura foresta a sinistra. Prospetto di mare, ingombro d'Egizzie navi nel fondo; con elevato pratticabile scoglio più avanti. Fetonte assiso sul carro del Sole, dissipate le nubi, comparisce da lunghe sull'orizonte. A proporzione ch'avanza smarrito nel suo camino, e che incerto scorre innanzi ed indietro per l'incendiato cielo, spaventose, orribili fiamme si spandon per l'aria, ed alla terra communicandosi, par che vada tutto in combustion l'universo.« (Ein sehr weites Feld. Reife Früchte auf der rechten Seite, welche zum Teil schon abgeschnitten sind und haufenweise beisammen liegen. Ein dichter, finsterer Wald auf der linken Seite. Die Aussicht nach dem Meer ganz hinten, welches mit ägyptischen Schiffen besetzt ist, mit einem ein wenig erhöhten Hügel vorwärts. Phaëton auf dem Sonnenwagen erscheint von Ferne am Horizont. Sowie derselbe auf seinem Weg verirrt, und an dem entzündeten Himmel vor- und hinterwärts ganz verlegen umherfährt, breiten sich in der Luft fürchterliche, mit dichtem Rauch vermengte Flammen aus, welche bis an die Erde reichen und eine allgemeine Entzündung drohen.) Vgl. N. Jommelli, *Fetonte*, hg. v. H. Abert, Leipzig 1907 (Denkmäler Deutscher Tonkunst I/32f.), S. 271.

Trotz des außerordentlichen Erfolges des *Fetonte*, der bis zum Ende des Jahrhunderts in Stuttgart mehrfach wiederaufgenommen wurde, stand Jommelli selbst diesem Opernexperiment sehr kritisch gegenüber und zog ihm seinen zuvor komponierten *Vologeso* vor: »Vincerà dunque sempre, nel confronto, il *Vologeso* al *Fetonte*. Questo è fatto Favoloso; e quello è Istorico. Quello deve toccare; e questo può sorprendere. In quello, il core degli ascoltanti è tutto passione; in questo è tutto ammirazione.« (Es wird also im Vergleich immer *Vologeso* über *Fetonte* siegen. Dieser ist ein fabulöser, jener ein historischer Stoff. Jener muß berühren; und dieser mag überraschen. In jenem ist das Herz der Zuhörer ganz von Leidenschaft erfüllt; in diesem ist es voll Bewunderung.)[1]

Ein ähnlich tragisches Finale mit einem Selbstmord der weiblichen Protagonistin, aber auch eine vergleichbare Fülle minutiöser Regieanweisungen, wie sie in der italienischen Oper früher nicht bekannt waren, hatte Verazi bereits sechs Jahre zuvor im Mannheim des Erzherzogs Carl Theodor in der von Traetta vertonten *Sofonisba* (1762) zur Geltung gebracht.[2] Eine weitere Neuerung in diesem Werk bildet nach französischem Vorbild die programmatische Sinfonia, die eine pantomimische Kampfszene schildert. Auch die Verknüpfung der Einzelnummern zu großräumigen Szenenkomplexen ist auffällig und führt am Ende des 3. Aktes zu einer umfassenden Satzfolge ohne jeglichen Rekurs auf Arien. Daß die an sich schon außergewöhnliche Sterbeszene der Titelfigur auch noch in einem umfangreichen Quintett ausgekostet wird, bedeutete gewiß das schockierendste Element dieser Oper. Gleichwohl zählte *Sofonisba* zu den wenigen unter den sogenannten Reformlibretti, denen auch außerhalb ihres Ursprungsortes ein bemerkenswerter Erfolg beschieden war. Baldassare Galuppi vertonte 1764 das Libretto für Turin, Antonio Boroni komponierte es im selben Jahr für Venedig, und Mattia Vento schrieb 1766 in London eine *Sofonisba* nach einem Libretto von Giovanni Gualberto Bottarelli, das ebenfalls auf Verazis Text basierte. All diese späteren Versionen sind jedoch symptomatisch für die Probleme, die sich generell bei der Rezeption vergleichbarer Werke einstellen sollten. Gewöhnlich wurden Chöre, Ballette sowie die Spektakelszenen komplett gestrichen, die Katastrophenfinali und weitere ungewöhnliche Nummern wurden durch konventionellere Stücke ersetzt. Eine nachhaltige Wirkung konnte eine Oper wie *Sofonisba* nicht wegen ihrer Neuerungen, sondern nur zu Lasten derselben entfalten, die weitgehend den bestehenden Aufführungskonventionen geopfert wurden.

Die Feststellung, daß die an verschiedenen europäischen Residenzen entstandenen sogenannten »Reformopern« für die nachfolgende Entwicklung der italienischen Oper nur sehr geringe unmittelbare Folgen zeitigten, gilt nicht nur für die bisher behandelten musikdrama-

---

[1] Brief an G. Martinelli vom 17.10.1769, zitiert nach: M. P. McClymonds, *Niccolò Jommelli. The Last Years (1769–1774)*, Ann Arbor 1978 (Studies in Musicology 23), S. 474.

[2] Vgl. S. Henze-Döhring, *Opera seria am kurpfälzischen Hofe. Traettas »Sofonisba«, de Majos »Ifigenia in Tauride«, Bachs »Temistocle«*, in: *Mannheim und Italien – Zur Vorgeschichte der Mannheimer*, hg. v. R. Würz, Mainz 1984 (Beiträge zur mittelrheinischen Musikgeschichte 25), S. 78–96.

tischen Experimente Frugonis und Verazis bzw. Traettas und Jommellis, sondern kaum weniger auch für jene Werke, die Giacomo Durazzo, Ranieri de' Calzabigi und Christoph Willibald Gluck zur gleichen Zeit in Wien schufen, ungeachtet der intensiven und kontinuierlichen Rezeption, die zumindest *Orfeo ed Euridice* erfuhr.[1]

In der Habsburgermetropole waren die Voraussetzungen für eine Synthese der verschiedenen europäischen Traditionen und für die Erprobung neuer musiktheatraler Formen besonders günstig. Hier hatte die 1756 geschlossene politische und militärische Allianz zwischen Frankreich und Österreich auch auf das Kulturleben tiefgreifende Auswirkungen, die sich besonders nachhaltig in der zunehmenden Bedeutung des Wiener französischen Theaters mit Schauspiel-, Ballett- und Operndarbietungen im Burgtheater offenbarten, das bereits 1752 an die Stelle der italienischen Operntruppe getreten war.[2] Unter der Intendanz des seit 1754 amtierenden »Generalspektakeldirektors« Giacomo Graf von Durazzo, der sich italienischen, französischen und lokalen Traditionen gegenüber gleichermaßen aufgeschlossen zeigte, kamen hier zahlreiche Opéras-comiques zur Aufführung, für deren musikalische Einrichtung Gluck persönlich verantwortlich war. Nachdem sich Gluck zunächst auf die Komposition ergänzender Nummern beschränkt hatte, schuf er zwischen 1758 und 1764 die Musik zu nicht weniger als acht Opéras-comiques vollständig neu und eignete sich dabei einen musikalischen Stil an, der auch für seine italienischen Opern prägend werden sollte.

Ebenso grundlegend für Glucks weiteres Opernschaffen war seine intensive Auseinandersetzung mit dem Bühnentanz, die 1761 in der Musik zu dem von Gasparo Angiolini choreographierten Ballett *Le Festin de pierre, ou Don Juan* einen ersten Höhepunkt fand.[3] Zu diesem Werk hatte der im selben Jahr in Wien eingetroffene Ranieri de' Calzabigi die von Angiolini unterzeichnete programmatische Vorrede geliefert und damit auf Veranlassung Durazzos den Grundstein einer intensiven Zusammenarbeit mit Gluck gelegt, aus der in den folgenden Jahren die Azione teatrale *Orfeo ed Euridice* (1762), die Tragedia per musica *Alceste* (1767) und das Dramma per musica *Paride ed Elena* (1770) hervorgehen sollten.

Nachdem bereits 1759 die italienische Oper durch die Wandertruppe Mingottis nach Wien zurückgekehrt war, hatte ihre Pflege durch die 1760 gefeierte Hochzeit des Erzherzogs Josef mit Isabella von Parma großen Auftrieb erhalten. Die von Durazzo ausgeübte Doppelintendanz über Burg- und Kärntnertortheater ermöglichte es, zu Ereignissen wie diesem das Personal beider Häuser für Opernaufführungen zu vereinigen. Traditionsgemäß stammte das zu diesen Festivitäten gegebene musikdramatische Hauptwerk *Alcide al bivio* von Metastasio und Hasse, während Glucks Beitrag auf die Serenata *Tetide* beschränkt blieb. Zum Geburtstags Isabellas im folgenden Jahr entstand die von Durazzo verfaßte Azione teatrale *Armida* nach dem Libretto von Philippe Quinault, für deren Vertonung Tommaso Traetta verpflichtet wurde.

Derselben festlichen Operngattung gehört auch Calzabigis und Glucks ein Jahr darauf anläßlich des Namenstages von Franz I. aufgeführte Azione teatrale *Orfeo ed Euridice* an. Aus diesem Gattungskontext heraus lassen sich auch bestimmte Eigenschaften des Werkes herleiten, die in der älteren Forschung zu einseitig als Reformkennzeichen interpretiert worden sind, etwa die sehr konzise Handlungsführung, die Integration des Tanzes, die bedeutende Beteiligung des Chores oder die Orchesterbegleitung der Rezitative.[4] Daneben bestehen enge Beziehungen zur Opéra-comique, jener Gattung also, in der Gluck in den vorangegangenen Jahren überwiegend tätig gewesen war. So beruht der Beginn der berühmten Arie »*Che farò senza Euridice*«, die wegen ihres schlichten syllabischen Stils ebenso gefeiert wie kritisiert wurde[5], auf dem Air »*Avec nous il prit naissance*« aus *L'Ivrogne corrigé* (Der bekehrte Trunkenbold, 1760), und der Schlußchor »*Trionfi, Amore*« läßt sich gleichermaßen auf die Gattungstradition der Festa teatrale wie auf jene des Schluß-Vaudeville der Opéra-comique beziehen.[6]

Nachdem Gluck im Anschluß an *Orfeo ed Euridice* sich zunächst mit *Il trionfo di Clelia* (Bologna 1763) und der zweiten Fassung des *Ezio* (Wien 1763) wieder zwei Drammi per musica Metastasios zugewandt hatte, kam es nach dem Ausscheiden Durazzos aus seinem Amt (1. April 1764), aber wohl noch auf dessen Vermittlung, mit *Telemaco, ossia l'isola di Circe* (Wien 1765) zur Zusammenarbeit mit Marco Coltellini, der die opernästhetischen Auffassungen Calzabigis teilte und von diesem gerne als sein Schüler bezeichnet wurde. Freilich weist die Anlage dieses Librettos mit seiner eigentümlichen Mischung heterogener Stoffquellen wenig Berührungspunkte zu Calzabigis für Gluck geschriebenen Libretti auf, sondern

---

1 Vgl. A. Martina, *Orfeo-Orphée di Gluck. Storia della trasmissione e della recezione*, Turin 1995 (Tesi 7).

2 Zum französischen Theater in Wien siehe die grundlegende Studie von B. A. Brown, *Gluck and the French Theatre in Vienna*.

3 Vgl. A. L. Bellina, *I gesti parlanti ovvero il recitar danzando. »Le Festin de pierre e Sémiramis«*, in: *La figura e l'opera di Ranieri de' Calzabigi*, hg. v. F. Marri, Florenz 1989 (Historiae musicae cultores. Biblioteca 54), S. 107–117.

4 Vgl. R. Monelle, *Gluck and the »festa teatrale«*, S. 308–325; M. Robinson, *The 1774 S. Carlo Version of Gluck's »Orfeo«*, in: Chigiana 29f. (1972/73), S. 395–413.

5 Zur zeitgenössischen Rezeption der Arie vgl. L. Finscher, *Che farò senza Euridice*, in: *Festschrift Hans Engel zum siebzigsten Geburtstag*, hg. v. H. Heussner, Kassel u.a. 1964, S. 96–110; nachgedruckt in: *Christoph Willibald Gluck und die Opernreform*, hg. v. K. Hortschansky, Darmstadt 1989 (Wege der Forschung 613), S. 135–153.

6 Vgl. B. A. Brown, *Gluck and the French Theatre in Vienna*, S. 366.

knüpft vielmehr an die Azione teatrale *Armida* (1761) von Durazzo und Traetta nach Quinault und damit in der Betonung des »Merveilleux« an die französische Tradition an.[1] Nicht zuletzt deshalb sollte Gluck in seiner Pariser *Armide* (1777) reichlich auf diese Wiener Partitur zurückgreifen können.[2] Vergleichsweise »modern« ist in *Telemaco* gegenüber den Libretti Calzabigis die wesentlich größere Bedeutung der Ensembles sowie deren Behandlung, von denen einige nicht mehr durch Rezitative isoliert sind, sondern innerhalb größerer musikdramatischer Komplexe stehen.[3] Die gelegentliche Verwendung konventioneller Szenen aus Seccorezitativ und Abgangsarie in diesem Dramma per musica als »Rückschritt« gegenüber *Orfeo* zu deuten, hieße allerdings den Gattungsunterschied beider Werke zu verkennen.

Relikte des Seccorezitativs finden sich – ungeachtet der diesbezüglichen Bemerkung in der Vorrede des Partiturdrucks – auch in *Alceste* (1767), jener Oper Calzabigis und Glucks, die den konsequentesten Gegenentwurf zum metastasianischen Operntypus darstellt. Das der Partitur vorangestellte Dedikationsschreiben an den Großherzog der Toscana bildet ein programmatisches Manifest, das an Deutlichkeit wenig zu wünschen übrig läßt, auch wenn es in seiner musikgeschichtlichen Bedeutung vielfach überschätzt wurde und die erhobenen Forderungen überwiegend bereits in Algarottis *Saggio* nachzulesen waren. Das Hauptanliegen Glucks und Calzabigis, »die Musik auf ihre wesentliche Aufgabe [zu] beschränken, der Poesie zum Behufe des Ausdrucks und der Situation des Gedichtes zu dienen, ohne die Handlung zu unterbrechen oder durch unnütze und überflüssige Verzierungen zu erkälten«[4], bildete schlechthin den gemeinsamen Nenner aller Reformdiskussionen im 18. Jahrhundert. Auch die Beseitigung von Ritornellen und Kadenzen, die Einschränkung der Virtuosenwillkür, die Vorbereitung auf die Handlung in der Ouvertüre, die Aufhebung des Gegensatzes zwischen Rezitativ und Arie, die Ersetzung der »blumenreichen Schilderungen, der überflüssigen Gleichnisse und der sentenziösen und kalten Sittensprüche« durch »die Sprache des Herzens, die starken Leidenschaften, die fesselnden Situationen und ein immer wechselndes Schauspiel« sowie allgemein das Streben nach einer »bella semplicità« (»einfachen Schönheit«) waren keine grundsätzlich neuen Forderungen, doch waren sie in der italienischen Oper zuvor noch nicht in entsprechender Konsequenz in die musikalische Praxis umgesetzt worden.

Womöglich gravierender noch als diese Aspekte erscheinen die Unterschiede zum Dramma per musica Metastasios hinsichtlich der Gesamtanlage des Werkes, das auf einem einzigen Handlungsstrang beruht und dessen handelnde Figuren nicht die zur Passivität verurteilten Sterblichen, sondern ausschließlich Götter sind. Ähnlich wie im *Orfeo* gibt es auch hier nur einen einzigen »tragenden Charakter«, dessen Konflikt gleichsam als »inneres Drama« gestaltet ist.[5] Anstelle der metastasianischen Dramaturgie des beständigen Affektwechsels beruht das Werk im Grunde nur auf einem einzigen Affekt, denn das Leiden des Königspaares und seines Volkes bleibt bis zum glücklichen Ende bestimmend. Die hieraus resultierende statuarische Monumentalität wird formal durch die Einfügung von zahlreichen Chorblöcken unterstützt; insgesamt sechs Szenen (I/1, I/2, I/3, I/4, II/6, III/3) erhalten durch zum Teil mehrfache und wörtliche Wiederholungen vollständiger Chorsätze eine äußerst strenge formale Geschlossenheit, deren Gliederungsprinzip an die Stelle des aus der Opera seria vertrauten Wechsels von Rezitativ und Arie tritt.[6] Die Arien selbst, deren es im ersten Akt nur zwei, im letzten sogar lediglich eine einzige gibt, zeichnen sich durch einen ungewöhnlich deklamatorischen Gestus aus, Calzabigis Ideen zu einer »musica di declamazione« gemäß.[7] Unter den zahlreichen, voll in die Handlung integrierten Tanznummern sind vor allem die Balli pantomimi in jedem der drei Akte zu erwähnen, deren erster beispielsweise »fra gl'intervalli del Coro, per esprimere il dolore, e la desolazione del popolo di Fera« (in den Pausen des Chores, als Ausdruck des Schmerzes und der Verzweiflung des Volkes von Phera«) getanzt wird und das Pathos des Chorblocks mit visuellen Mitteln unterstützt.

Einen völlig anderen Weg als in *Alceste* schlugen Calzabigi und Gluck in ihrer letzten gemeinsamen Oper *Paride ed Elena* (1770) ein, und schon in der Widmung der Partitur an den Herzog von Braganza wird hervorgehoben, daß

»il dramma del Paride [...] non somministra alla fantasia del compositore quelle passioni forti, quelle immagini grandi e quelle situazione tragiche, che nell'Alceste scuotono gli spettatori e danno tanto luogo ai grandi effetti dell'armonia; onde non s'aspetta sicuramente l'istessa forza e l'istessa energia nella musica, come non esigerebbe in un quadro a lume aperto l'istessa forza di chiaroscuro e gli stessi risentiti contraposti, che può impiegare il pittore in un soggetto, che gli a dato luogo a scegliere un lume ristretto.«

---

1 Hierzu vgl. R. Strohm, *Die italienische Oper im 18. Jahrhundert*, S. 329.
2 Vgl. K. Hortschansky, *Parodie und Entlehnung im Schaffen Christoph Willibald Glucks* (Analecta musicologica 13), Köln 1973.
3 Vgl. M. Calella, *Das Ensemble in der Tragédie lyrique des späten Ancien Régime*, Eisenach 2000, S. 285.
4 Dedikationsschreiben an den Großherzog von Toscana, dt. Übersetzung von J. Grimm, in: Chr. W. Gluck, *Alkestis, nach der italienischen Urfassung von 1767*, übersetzt von H. Abert, Klavierauszug mit Text von H. Viecenz, Leipzig 1925, S. II.
5 N. Miller, *Christoph Willibald Gluck und die musikalische Tragödie. Zum Streit um die Reformoper und den Opernreformator*, in: *Gattungen der Musik und ihre Klassiker*, hg. v. H. Danuser, Laaber 1988 (Publikationen der Hochschule für Musik und Theater Hannover 1), S. 109–153: 125.
6 Zu den Chorsätzen bei Gluck vgl. A. Jacobshagen, *Der Chor in der französischen Oper des späten Ancien Régime*, Frankfurt am Main 1997 (Perspektiven der Opernforschung 5), S. 135–197.
7 Vgl. P. Gallarati, *Ranieri de' Calzabigi e la teoria della »musica di declamazione«*, in: *La figura e l'opera di Ranieri de' Calzabigi*, hg. v. F. Marri, Florenz 1989 (Historiae musicae cultores. Biblioteca 54), S. 5–13.

(... das Drama des Paris der Phantasie des Musikers nicht jene starken Leidenschaften, jene großartigen Gemälde und tragischen Situationen darbietet, die in der Alceste die Zuhörer erschüttern und Anlaß zu großen musikalischen Wirkungen sind. Daher darf man hier auch nicht dieselbe Kraft und Stärke in der Musik erwarten, ähnlich wie man von einem in vollem Tageslicht gemalten Bild nicht die Verhaltenheit eines Helldunkelbildes und dieselben wirkungsvollen Gegensätze fordern wird; derartiges wird der Maler nur dann erstreben, wenn der Gegenstand ihm zur Wahl eines beschränkten Lichtes geeignet erscheint.)[1]

Und Calzabigi behauptete wenig später sogar, »un nuovo genere tutto galante, senza Diavoli« (ein neues Genre, ganz und gar galant, ohne Teufel) geschaffen zu haben.[2]

Betrachtet man Glucks Wiener Opern ab *Orfeo ed Euridice* insgesamt, so zeigt sich, daß von einer Umsetzung und Weiterentwicklung eines geschlossenen Reformprogramms kaum die Rede sein kann. Ähnlich wie die späteren Pariser Opern *Armide* und *Echo et Narcisse* in ihrer Struktur und Ästhetik schwerlich mit den beiden Tragédies lyriques *Iphigénie en Aulide* und *Iphigénie en Tauride* zu vergleichen sind, handelt es sich auch bei den Wiener Opern um ästhetisch und dramaturgisch sehr unterschiedliche Werke, die zudem verschiedenen Gattungen des Musiktheaters angehören. Glucks nicht zu bestreitende Sonderstellung unter den Opernkomponisten seiner Generation rührt nicht zuletzt daher, daß er dank der ihm zur Vertonung angetragenen Libretti und der besonderen Umstände seiner Karriere als einziger sowohl innerhalb der italienischen wie auch der französischen ernsten Oper wirkungsmächtige Alternativkonzeptionen unter Rekurs auf die Qualitäten der jeweils anderen Opernkultur anbieten konnte.

Die wechselseitige Dialektik in den Entwicklungslinien von italienischer und französischer Oper erkannte bereits 1777 Pietro Napoli Signorelli sehr deutlich, als er Calzabigis Verdienste in Zweifel zog

»di cambiar con pravo consiglio il sistema dell'*Opera Italiana* per quello della *Francese*, mentre che i Francesi alquanto spregiudicati si studiano d'imitar la nostra; di maniera che noi siamo in procinto di cader nelle miracolose stravaganze del teatro lirico francese, ed essi in caso di cagionare in questo una crisi favorevole, e convertir l'Opera loro in Tragedia confinata all'imitazione della Natura, com'è la nostra.«
(... mit schlechtem Rat das System der italienischen Oper gegen das französische auszutauschen, so daß wir in die wunderbaren Extravaganzen des französischen Musiktheaters verfielen, während diese im Begriff sind, eine günstige Krise zu bewirken und ihre Oper in eine der Imitation der Natur verpflichtete Tragödie zu verwandeln, wie es die unsere ist).[3]

Daß die vom französischen Musiktheater geprägten Reformbestrebungen auch in jenen Fällen, in denen sie durch musikalisch überzeugende Vertonungen unterstützt wurden, für den breiten Opernbetrieb Italiens ohne nachhaltige Konsequenzen blieben, erklärt sich vor allem aus dem anhaltenden Erfolg der traditionellen Opera seria, die weiterhin, wie Antonio Planelli 1772 konstatieren konnte[4], die vorherrschende Theaterform Europas darstellte.

Dramma eroicomico, Opera buffa und Opera semiseria
Von Arnold Jacobshagen

In der italienischen Oper des späten 17. und auch noch des frühen 18. Jahrhunderts, die eine strikte terminologische Trennung zwischen heroischen, pastoralen und komischen Gattungen nicht kannte, war das Nebeneinander von Personen hohen und niederen Standes sowie die lächerliche Darstellung von Heldenfiguren keine Seltenheit. Entsprechende Züge finden sich sowohl im Dramma per musica als auch in Libretti, die mit Bezeichnungen wie ›Dramma tragicomico‹[5], ›Tragicomedia per musica‹[6], ›Opera tragicomica‹[7], ›Tragicomedia eroico-pastorale‹[8] oder ›Opera serioridicola‹[9] überschrieben sind. Erst durch die Festigung einer dualistischen Gattungskonzeption, deren Gegenpole das Dramma per musica und die Opera buffa mit jeweils spezifischen, untereinander nicht kompatiblen Produktionsbedingungen und gesellschaftlich in zunehmendem Maße getrennten Zielgruppen bildeten, wurde die Mischung von Ernstem und Komischem zur ästhetischen Ausnahmeerscheinung, für die sich erst im späteren 18. Jahrhundert wieder relativ deutlich profilierte Formen ausbildeten. Grundsätzlich müssen hierbei zwei Richtungen unterschieden werden, von denen die eine – verkörpert vor allem im ›Dramma eroicomico‹ – in starkem Maße auf die Opera seria Bezug nimmt, während es sich bei der anderen – repräsentiert durch das sentimentale ›Dramma giocoso‹ mit

---

1 Chr. W. Gluck, *Paride ed Elena*, hg. v. R. Gerber, Kassel und Basel 1954 (Sämtliche Werke I/4), S. XIII.
2 Brief an Frisi vom 20. 12.1770, zitiert nach M. Donà, *Dagli archivi milanesi: lettere di Ranieri de Calzabigi e di Antonia Bernasconi*, in: Studien zur italienisch-deutschen Musikgeschichte, Bd. 9, hg. v. F. Lippmann, Köln 1974 (Analecta musicologica 14), S. 268–300: 292.
3 P. Napoli Signorelli, *Storia critica de' teatri antichi e moderni*, Neapel 1777, S. 435f.
4 A. Planelli, *Dell'opera in musica*, hg. v. F. Degrada, Fiesole 1981 (L'illusione teatrale. 1), S. 4.

5 Z.B. G. D. Pucitta, *La rosa ciminia*, Viterbo 1670.
6 Z.B. A. Zeno, *Don Chisciotte in Sierra Morena*, tragicomedia per musica, Wien 1719; Antonio Oliva, *La Rosilla*, Neapel 1733.
7 Z.B. M. Americhi, *Le sventurate grandezze d'Oronte*, Rom 1677.
8 Z.B. G. Frigimelica Roberti, *Il selvaggio eroe*, Venedig 1707.
9 Z.B. G. Claudio Pasquini, *Don Chisciotte in corte della duchessa*, opera serioridicola per musica, Wien 1727.

aufgewerteten ›parti serie‹ – um eine immanente Entwicklung im gattungsgeschichtlichen Rahmen der ›Opera buffa‹ handelt. Zu diesen beiden heterogenen, wenngleich einander teilweise überlagernden Strömungen tritt am Ende des 18. Jahrhunderts eine dritte hinzu, die an die französische ›Opéra comique‹ der Revolutionszeit anknüpft und den unmittelbaren Anstoß für das ›Melodramma semiserio‹ des frühen 19. Jahrhunderts bildet.

Das Dramma eroicomico geht historisch sowohl auf das ›poema eroicomico‹ zurück, worunter man seit dem frühen 17. Jahrhundert allgemein die Parodie auf das Heldenepos verstand, als auch auf die von Pierre Corneille um die Mitte des 17. Jahrhunderts begründete ›comédie héroïque‹.[1] Während »eroico« auf den hohen sozialen Stand der handelnden Personen verweist, bezieht sich »comico« auf die Handlung selbst, die im Unterschied zur Tragödie oder zur Opera seria vergleichsweise unbedeutend ist. Kennzeichnend für die meisten Opern dieses Typs sind »die parodistische Attacke auf die Opera seria« und der »neue Heldentyp französischer Art, der am Ende ungebrochen aus den Zwistigkeiten hervorgeht, obwohl er vorher sehr viel Schwäche gezeigt hat.«[2] Vor allem in der ersten Entwicklungsphase

1 Vgl. H. Geyer-Kiefl, *Die heroisch-komische Oper, 1770–1820*, Tutzing 1987 (Würzburger musikhistorische Beiträge 9), Bd. 1, S. 16.
2 Ebd., Bd. 1, S. 23.

Abbildung rechte Seite: Bühnenbildentwurf von Pietro Travaglia für die Uraufführung von Joseph Haydns *Orlando paladino* (Akt I, Bild 1) auf Schloß Esterháza 1782. Travaglias verschneite Gebirgslandschaft steht im Gegensatz zu den seinerzeit in der italienischen Oper vorherrschenden Typendekorationen. Der Künstler war seit 1771 als Bühnenbildner am Hof von Esterháza tätig.

der Gattung, die in den siebziger und achtziger Jahren anzusetzen ist, begegnen zahlreiche Werke, in denen das Moment der Seria-Parodie sehr bedeutsam ist. Die Sujets rekurrieren oft auf das Ritterepos und sind zugleich fest in der Ästhetik des Wunderbaren verankert. Eines der frühesten Beispiele dieses Typs bildet Giovanni Bertatis und Tommaso Traettas 1776 am Teatro San Moisè in Venedig uraufgeführtes Dramma eroicomico *Il cavaliere errante*, das in der Tradition der Zauberoper wurzelt und Motive aus Ariosts *Orlando furioso* (1516) aufgreift. Geisterbeschwörung, Himmelswagen, Verzauberung und Wahnsinn sind zentrale Elemente eines Handlungsgerüstes, das dem Komponisten Gelegenheit zu kontrastreichen musikalischen Schilderungen gab. Eine bemerkenswerte Parodie auf die Opera seria ist Guidos geistesverwirrter Vortrag der Arie »Che farò senza Euridice« (siehe Beispiel S. 85f.) aus Glucks *Orfeo*, wobei durch die veränderte Instrumentalaufteilung des Begleitsatzes »der Eindruck der Monotonie, der sich schon im Original fühlbar macht, bis an die Grenze des Stumpfsinns gesteigert« wird.[1] Neben zehn Arien in jedem der beiden Akte enthält die Partitur insgesamt fünf Ensembles, unter denen sich die Introduktion (Duett) und die beiden Finali (ein Sextett und ein Septett) durch ihre Aktionsintensität und Komplexität herausheben und in der Betonung der Anfangs- und Schlußkomponenten eine deutliche Distanz zur metastasianischen Dramaturgie bezeichnen, sowie drei Chöre, die unmittelbar in die Handlung eingreifen.

In den gleichen Themenkreis gehört Nunziato Portas und Joseph Haydns Dramma eroicomico *Orlando paladino* (1782), dessen Vorlage die Medoro-Episode aus Ariosts Epos bildet. Der Stoff mit seiner charakteristischen Mischung aus magischen, heroischen und komischen Elementen wurde im späten 17. und frühen 18. Jahrhundert in zahlreichen italienischen Opern behandelt (z.B. von Antonio Vivaldi, 1727, und von Georg Friedrich Händel, 1733), war aber wenig später aufgrund eben dieser Elemente mit dem Operntypus metastasianischer Prägung unvereinbar und trat im zweiten Jahrhundertdrittel im Dramma per musica zunehmend in den

1 H. Abert, *Anhang*, in: C. W. Gluck, *Orfeo ed Euridice*, hg. v.dems., Wien und Leipzig 1914 (Werke I = Denkmäler der Tonkunst in Österreich XXI/2=44a), S. 175ff.: 175.

1 Vgl. die Untersuchung der Dramen und Libretti über diesen Stoff bei R. Döring, *Ariostos »Orlando Furioso« im italienischen Theater des Seicento und Settecento*, Hamburg 1973 (Hamburger romanistische Dissertationen 9).
2 Hierzu S. Leopold, *Wahnsinn mit Methode. Die Wahnsinnsszenen in Händels dramatischen Werken und ihre Vorbilder*, in: *Opernheld und Opernheldin im 18. Jahrhundert. Aspekte der Librettoforschung. Ein Tagungsbericht*, hg. v. K. Hortschansky, Hamburg und Eisenach 1991 (Schriften zur Musikwissenschaft aus Münster 1), S. 71–83: 72.
3 Vgl. M. K. Hunter, *Haydn's Aria Forms: A Study of the Arias in the Italian Operas Written at Eszterháza, 1766–1783*, Ann Arbor 1984, S. 371.

Hintergrund.[1] Vor allem die für die Figur Orlandos wesentliche Darstellung des Wahnsinns war im rational und ethisch begründeten Musikdrama des zweiten Jahrhundertdrittels grundsätzlich nicht statthaft.[2] Die Emanzipation von der metastasianischen Dramaturgie ermöglichte nun im späten 18. Jahrhundert das Wiedererstehen älterer Motive im Gewand des Dramma eroicomico. Orlandos Entwicklung wird bei Porta und Haydn musikalisch gleichsam als Wandlungsprozeß vom Buffa- zum Seria-Charakter nachvollzogen.[3] Während seine erste Arie »*D'Angelica il nome*« (vgl. Beispiel S. 88), die wie auch seine beiden weiteren einsätzig ist und sich formal deutlich von den Seria-Arien Medoros und Angelicas unterscheidet, mit ihren kurzatmigen, diastematisch eng bemessenen Gesangsphrasen und den begleitenden Streicherstaccati deutliche Buffo-Merkmale aufweist, erzielt seine letzte Solonummer »*Miei pensieri, dove siete*« (vgl. Beispiel S. 89) bei äußerlich ähnlich reduzierten Gestaltungsmitteln durch Tempodehnung und harmonische Verdichtung eine beinahe tragische Wirkung: Orlando ist von seinem »komischen« Liebesleiden geheilt, nicht aber von seinem Wahnsinn, er ist nur noch ein Schatten seiner selbst.

In Portas Libretto bleibt die Verbindung heroischer und komischer Züge indes keineswegs auf Orlando beschränkt, sondern kennzeichnet die männlichen Ritterfiguren insgesamt, den furchtsamen und unentschlossenen Medoro ebenso wie den Barbarenkönig Rodomonte. Haydns Oper wurde bald nach ihrer Premiere auch in Preßburg, Prag, Wien, Budapest, Mannheim, Dresden, Köln, Leipzig, Frankfurt, Berlin und München aufgeführt und zählt somit zu den erfolgreichsten Vertretern der Gattung im ausgehenden 18. Jahrhundert. Ihre Verbreitung vor allem im mitteleuropäischen Raum teilt sie mit zahlreichen weiteren Drammi eroicomici die-

ser Zeit. Daß Wien zum wichtigsten Zentrum eines Genres der italienischen Oper werden konnte, erklärt sich aus dem Zusammentreffen der Traditionen italienischer, französischer und deutscher Theaterformen, den spezifischen institutionellen Voraussetzungen sowie der engen persönlichen Bindungen einzelner Librettisten und Komponisten an die Habsburgermetropole.[1]

Unter den Dichtern muß vor allem Giovanni Battista Casti erwähnt werden, dessen *Il re Teodoro in Venezia* (Wien 1784) ein besonders ungewöhnliches Dramma eroicomico darstellt. Als Vorlage diente die historische Episode des westfälischen Hochstaplers Theodor Baron von Neuhoff, der 1736 vorübergehend als König von Korsika regierte, jedoch sogleich wieder gestürzt wurde und schließlich 1749 im Schuldgefängnis endete.[2] Die enorme Diskrepanz zwischen willkürlicher Herrscherrolle und ernüchternder Realität läßt Teodoro als heroisch-komische Figur par excellence erscheinen. Außergewöhnlich im Kontext des Genres ist vor allem die Aktualität der historischen Begebenheiten sowie die Tatsache, daß das Werk

1 Hierzu B. A. Brown, *Gluck and the French Theatre in Vienna*; ders., »*Lo specchio francese*«: *Viennese opera buffa and the legacy of French theatre*, in: *Opera buffa in Mozart's Vienna*, hg. v. M. Hunter und J. Webster, Cambridge 1997 (Cambridge Studies in Opera), S. 50–81; M. Hager, *Die Opernprobe als Theateraufführung. Eine Studie zum Libretto im Wien des 18. Jahrhunderts*, in: *Oper als Text. Romanistische Beiträge zur Libretto-Forschung*, hg. v. A. Gier, Heidelberg 1986 (Studia Romanica 63), S. 101–124.

2 Zu *Il re Teodoro in Venezia* vgl. neuerdings C. Villinger, »*Mi vuoi tu corbellar*«. *Die Opere buffe von Giovanni Paisiello. Analysen und Interpretationen*, Tutzing 2000 (Mainzer Studien zur Musikwissenschaft 40), S. 99ff.

ohne »lieto fine« auskommt und den Helden im Kerker enden läßt. Ähnlich pessimistische Züge tragen auch die beiden weiteren halbernsten, jeweils von Antonio Salieri vertonten Opern Castis, die bezeichnenderweise wegen ihrer politischen Satire zu Lebzeiten ihrer Schöpfer nicht aufführbar waren: *Cublai Gran Can de' Tartari* (komponiert 1788, uraufgeführt in Würzburg 1998) und *Catilina* (komponiert 1792, uraufgeführt in Darmstadt 1994).[1] Auch Salieri nimmt durch die große Anzahl und stilistische Vielfalt seiner halbernsten Opern eine besonders prominente Position im gegebenen Zusammenhang ein. In seinem eigenhändigen Werkverzeichnis unterscheidet Salieri zwischen Opern im »tragischen Style«, im »tragisch-komischen Style«, im »heroisch-komischen Style«, im »ländlichen Styl« und im »komischen Styl«.[2] Als tragisch-komisch wird von Salieri neben *Catilina* auch *Axur Rè d'Ormus* (1788) eingestuft, eine Bearbeitung seiner französischen Oper *Tarare* (nach Beaumarchais), dem »heroisch-komischen Style« weist er sogar vier Werke zu, darunter neben *Cublai Can* insbesondere das 1800 uraufgeführte Dramma eroicomico *Cesare in Farmacusa*.

1 Siehe auch R. Angermüller, *Die entpolitisierte Oper am Wiener und am Fürstlich Esterházyschen Hofe*, in: Haydn-Jahrbuch 10 (1978), S. 5–22.
2 Vgl. R. Angermüller, *Antonio Salieri. Sein Leben und seine weltlichen Werke unter besonderer Berücksichtigung seiner »großen« Opern*, Bd. 1: *Werk- und Quellenverzeichnis*, München 1971 (Schriften zur Musik 16), S. 288ff.

Als repräsentatives Werk für die zweite der eingangs angesprochenen Richtungen, die Sentimentalisierung des Dramma giocoso, ist Carlo Goldonis *La buona figliuola* (1756, Erstvertonung von Egidio Duni) zu nennen, das in seiner 1760 uraufgeführten Zweitvertonung durch Niccolò Piccinni auch das bei weitem erfolgreichste Beispiel darstellt. *La buona figliuola* basiert auf Samuel Richardsons Roman *Pamela, or Virtue Rewarded* (1740), der auch schon den Stoff für Goldonis vorausgegangene Komödie *La Pamela, o sia la virtù premiata* (1750) geliefert hatte.[1] Im Vorwort des Librettos kennzeichnet Goldoni das Werk als eine Komödie, in der die Leidenschaften in gleicher Intensität wie in einer Tragödie dargestellt werden[2], und wie für die Romanvorlage sind auch für das Opernlibretto der hohe moralische Anspruch, die sentimentale Gestaltung der Figuren, das Streben nach Natürlichkeit und die zentrale Rolle des Femininen prägend. Ebenso bezeichnend sind freilich auch die Unterschiede zwischen Libretto und Roman, etwa wenn sich am Ende der Oper Pamelas adlige Herkunft offenbart und a posteriori die Intensität ihrer Leidenschaften in durchaus traditioneller Weise legitimiert. Zugleich wird die Figurenkonstellation dadurch insoweit ausbalanciert, als mit Cecchina nunmehr eine vierte aristokratische Gestalt den insgesamt vier komischen Rollen gegenübersteht. Stilistisch sind das eigentliche »Seria«-Paar (die Marchesa und der Cavaliere Armidoro) und die komischen Figuren (Sandrina, Paoluccia, Tagliaferro und Mengotto) um die als »mezzi caratteri« angelegten Protagonisten des Marchese und der Gärtnerin Cecchina gruppiert, in deren psychologischer und musikalischer Individualisierung die Existenz gesellschaftlicher Schranken aufgehoben scheint. Der Vielschichtigkeit der Figurenkonstellation entspricht im musikalischem Satz eine Pluristilistik, die nicht nur in hierarchischen Stilhöhen, sondern auch in differierenden chronologischen Stilstufen zum Tragen kommt[3], wobei die altmodischen Da-capo-Arien des Seria-Paares die beharrenden Kräfte der Gesellschaft[4], die unterschiedlichen und sehr flexiblen Formlösungen der Mezzo-carattere-Figuren hingegen gleichsam die Möglichkeit sozialer Mobilität darzustellen scheinen.[5]

Die noch in jüngeren Untersuchungen gelegentlich vertretene Auffassung, derzufolge die Einteilung der Figuren in »parti serie« und »parti buffe« sowie gegebenenfalls auch »parti di mezzo carattere«, wie wir sie beispielsweise in *La buona figliuola* und zahlreichen weiteren Libretti Goldonis finden, ein Kriterium für die Gattungszugehörigkeit zur Opera semiseria sei[6], entbehrt jeglicher historischer Grundlage. Vielmehr sind die Drammi giocosi grundsätzlich komische Opern mit ernsten Elementen, die stets auch Rollen unterschiedlicher Stilhöhen umfassen, ohne daß hieraus bereits auf die erst später existierende Gattung der Opera semiseria geschlossen werden könnte. Auch die Tatsache, daß der Begriff Opera semiseria im späten 18. Jahrhundert noch nicht geläufig war, bleibt für die generelle Unterscheidung zwischen Dramma giocoso und Opera semiseria bedeutungslos. Tatsächlich wurde selbst ein Spätwerk der Opera buffa wie etwa Giuseppe Verdis *Un giorno di regno* (1839), dessen Figurenkonstellation überwiegend aus »parti serie« besteht und dessen musikalische Formen den Standards des Melodramma serio weit näher stehen als denen des zeitgenössischen Dramma giocoso, niemals mit der Opera semiseria in Verbindung gebracht, die damals seit Jahrzehnten als voll ausgebildetes Genre existierte. Das sentimentale Dramma giocoso bildet hierfür lediglich einen Ausgangspunkt, in dem entscheidende Merkmale der Opera semiseria (z.B. eine nicht bloß sentimentale, sondern entsetzenerregende, potentiell tragische Handlung, in der die Protagonisten beständig akuten Lebensgefahren ausgesetzt werden) nicht einmal in Ansätzen vorhanden waren.

Spiegelt das Vordringen sentimentaler und ernster Elemente im Dramma giocoso den allgemeinen Geschmackswandel am Ende des 18. Jahrhunderts, so waren zugleich ökonomische Faktoren für die Ausbreitung dieses Operntyps entscheidend. Ein bemerkenswerter Beleg hierfür ist der von Esteban Arteaga geschilderte fiktive Dialog zwischen einem Dichter und einem Impresario, wobei letzterer sich dagegen wendet,

> »daß das Drama durchaus ernsthaft wäre, weil zu viele Kosten dazu erforderlich sind, eben so wenig aber ganz komisch, weil es sonst mit den schlechten Opern verwechselt werden möchte.«[7]

Arteagas Impresario bevorzugte eine Oper

> »von Mittelcharakter (das heißt genau genommen, es soll gar keinen haben), damit es zu gleicher Zeit lachen und weinen mache, daß das Lustige in eine Verbindung gebracht werde, die es nie mit dem pathetischen gehabt hat, daß es auf eine leidenschaftliche Arie eine recht verwirrte enthalte.«[8]

---

1 M. Hunter, »Pamela«: *The Offspring of Richardson's Heroine in Eighteenth-Century Opera*, in: Mosaic 18/4 (1985), S. 61–76.

2 »Questa è una Commedia, in cui le passioni sono con tanta forza e tanta delicatezza trattate, quanto in una Tragedia richiederebbesi.«: C. Goldoni, *Tutte le opere*, hg. v. G. Ortolani, Bd. 3: *Commedie*, Mailand 1939, S. 332f.

3 Hierzu vgl. die Untersuchung von F. Piperno: »*La mia cara Cecchina è baronessa*«: *Livelli stilistici e assetto drammaturgico ne La buona figliuola di Goldoni-Piccinni*, in: Studien zur italienischen Musikgeschichte XV, hg. v. F. Lippmann, Laaber 1998 (Analecta musicologica 30/II), S. 523–542.

4 Vgl. R. Strohm, *Die italienische Oper im 18. Jahrhundert*, S. 270.

5 Vgl. J. Stenzl, »*Una povera ragazza*«. *Carlo Goldonis »La buona figliuola« in Niccolò Piccinnis Vertonung*, in: *Zwischen Opera buffa und Melodramma. Italienische Oper im 18. und 19. Jahrhundert*, hg. v. J. Maehder und J. S., Frankfurt am Main 1994 (Perspektiven der Opernforschung 1), S. 81–97.

6 Diese These bildet u.a. den Ausgangspunkt der Dissertation von R. Wochnik, *Die Musiksprache in den opere semiserie Joseph Haydns unter besonderer Berücksichtigung von »L'incontro improvviso«*, Eisenach und Hamburg 1993 (Hamburger Beiträge zur Musikwissenschaft 42). Die irreführende Bezeichnung von insgesamt sechs Werken Haydns als »Opere semiserie« geht zurück auf G. Feder, *Opera seria, opera buffa und opera semiseria bei Haydn*, in: *Opernstudien. Anna Amalie Abert zum 65. Geburtstag*, hg. v. K. Hortschansky, Tutzing 1975, S. 37–55.

7 S. Arteaga: *Geschichte der italiänischen Oper von ihrem ersten Ursprung an bis auf gegenwärtige Zeit*, aus dem Italienischen v. J. N. Forkel, Leipzig 1789 (Nachdruck, Hildesheim und New York 1973), Bd. 2, S. 412.

8 Ebd., S. 412f.

Der Impresario wendet sich dagegen,

»daß das Thema aus der Geschichte genommen wäre; es würde zu ernsthaft werden, und könnte bloß nach den Regeln des Aristoteles zusammen gesetzt werden, die doch mit der Opern nichts zu thun haben. Dennoch sähe ichs gerne, daß viele Veränderungen der Scenen und Maschinen nach dem Geschmack der Franzosen darin angebracht würden. O, diese Franzosen haben sich in allen Dingen des Schönen bemächtigt! Abgerechnet, daß die Decorationen dem Volke sehr gefallen, möchte ich auch gerne ein schönes Gemälde von einem Gefängniß und einem Walde sehen lassen, welches sich unter den Scenen findet, die ich gemietet habe.«[1]

Die Einführung ungewöhnlicher Schauplätze, die die Szenographie zu einem wesentlichen Faktor für den Erfolg eines Werkes machten, ging dabei mit dem Bestreben der Librettisten einher, mit der Gestaltung leidenschaftlicher Konflikte intensive Gefühlsregungen beim Publikum hervorzurufen. Arteagas Ausführungen sind vor dem Hintergrund der Rezeption des französischen Theaters und nicht zuletzt der Opéra-comique in Italien zu sehen, die eine wesentliche Voraussetzung für die Entwicklung der Opera semiseria bildet.[2] In Turin, das hierbei gemeinsam mit Genua aufgrund der Nähe zu Frankreich eine Vorreiterrolle spielte, fanden bereits 1765 Aufführungen von mindestens sechs Opéras-comiques statt, und rund ein Jahrzehnt später kamen hier mit Philidors *Tom Jones* und vor allem Monsignys *Le Déserteur* auch die ersten sogenannten »Drames lyriques« auf die Bühne, eine Gattung, deren Sujets den Grundstock für die Vorläufer der späteren Semiseria legten. *Le Déserteur* bildet ein besonders aufschlußreiches Beispiel für die Bearbeitungspraxis französischer Bühnenwerke in der italienischen Librettistik des späten Settecento. Ein Jahr nach der Uraufführung von Michel-Jean Sedaines und Pierre-Alexandre Monsignys Erfolgsoper (1769) kam in Paris – ebenfalls unter der Gattungsbezeichnung ›Drame‹ – ein gleichnamiges Schauspiel Louis-Sébastien Merciers auf die Bühne, das im Unterschied zur Oper tragisch endet, nämlich mit der tatsächlich vollzogenen Erschießung des Protagonisten. Diese beiden Stücke lieferten das Material für eine Reihe höchst unterschiedlicher Libretti. Carlo Francesco Badinis *Il disertore* (Musik von Pietro Guglielmi, London 1770)[3] basiert allein auf Sedaines Stück und überträgt dieses – unter Ausschluß seiner ernsthaften Elemente – in die Form der Opera buffa: die angebliche Desertion ist hier nur eine Finte, um die Treue der Liebenden auf die Probe zu stellen. Auf Sedaine geht auch die anonyme »azione comica per musica« *Il disertore per amore* zurück, die in einer nicht überlieferten Vertonung Antonio Sacchinis 1774 in Prag uraufgeführt wurde, sowie Giuseppe Gazzanigas »dramma giocoso« *Il disertor francese* (Bologna 1779). An Mercier orientiert sich – freilich unter Verzicht auf den tragischen Schluß – Bartolomeo Benincasas »dramma serio per musica« *Il disertore*, dessen Vorwort die generelle Anlehnung der italienischen Oper an das französische Drame und die Einführung von zeitgenössischen ernsten Opernstoffen mit nicht-heroischen Figuren propagiert. Zurecht hat Stefano Castelvecchi dieses Vorwort als »the most explicit manifesto for a third genre in Italian opera«[4] bezeichnet. Im Unterschied zum Dramma eroicomico oder der sentimentalen Opera buffa sollte diese dritte Gattung nach den Vorstellungen Benincasas jedoch keineswegs – wie bei Sedaine und Monsigny, die er deswegen kritisierte – tragische und komische Elemente mischen, sondern einen gänzlich ernsten Charakter tragen. Tatsächlich versteht sich die Gattungsbezeichnung mit dem ausdrücklichen Zusatz »serio« als wörtliche Übersetzung des französischen »Drame sérieux«.[5] Auch die Originalvertonung des Librettos von Francesco Bianchi (Venedig 1785) bewegt sich formal wie stilistisch ganz in den Bahnen der Opera seria. So ist die männliche Hauptrolle ein Kastrat (ein außerhalb Roms nicht nur in der Opera buffa dieser Zeit, sondern auch im Dramma eroicomico grundsätzlich ausgeschlossener Stimmtyp), und die formale Anlage mit alternierenden Rezitativen und Arien wird nicht häufiger durch Ensembles bereichert, als dies in einer durchschnittlichen Opera seria dieser Zeit der Fall ist. Außergewöhnlich ist das Werk primär dadurch, daß es in der Gegenwart spielt und sich auf bürgerliche Protagonisten beschränkt. Diese Eigenschaften reichten aus, daß Benincasas Libretto ein krasser Einzelfall blieb. Ein drittes Genre wurde durch *Il disertore* zwar propagiert, konnte jedoch von der Opera seria ausgehend vorerst nicht begründet werden. Das klassizistische Axiom eines notwendigen Zusammenhangs zwischen einer tragischen Handlung und herrschaftlichen Protagonisten längst vergangener Zeiten, das durch das Bürgerliche Trauerspiel außer Kraft gesetzt worden war, sollte im Dramma per musica auch weiterhin Bestand haben.

---

1 Ebd., S. 413.
2 Hierzu s. M. Marica, *L'opéra-comique in Italia. Rappresentazioni, traduzioni e derivazioni (1770–1830)*, Diss. (masch.) Rom 1998; ders.: *Le rappresentazioni di opéra-comiques in Italia (1750–1820)*, in: *L'Opéra-comique et son rayonnement en Europe au XIXe siècle*, hg. v. M. Pospíšil, A. Jacobshagen und F. Claudon, Prag 2001; ders., *Le traduzioni italiane in prosa di opéras comiques francesi (1763–1813)*, in: *Die Opéra Comique und ihr Einfluß auf das europäische Musiktheater im 19. Jahrhundert. Bericht über den Internationalen Kongreß Frankfurt 1994*, hg. v. H. Schneider und N. Wild, Hildesheim – Zürich – New York 1997 (Musikwissenschaftliche Publikationen 3), S. 385–447.
3 M. F. Robinson, *Two London Versions of »The Deserter«*, in: *Report of the Twelfth Congress, Berkeley 1977*, hg. v. D. Heartz und B. Wade, Kassel – Basel – London 1981, S. 239–245.
4 S. Castelvecchi, *Sentimental Opera. The Emergence of a Genre, 1760–1790*. Diss. (masch.) Chicago 1996, S. 111.
5 Vgl. ebd., S. 108f.

Einen geeigneten Nährboden fanden vergleichbare Bestrebungen im späten 18. Jahrhundert also auch weiterhin nur in der Opera buffa. Bereits Goldoni hatte in seinen Memoiren seine Komödie *Pamela* nachträglich als »un drame selon la définition des François« und als »une Pièce à sentimens« bezeichnet.¹ Hierunter verstand er eine Gattung der Bühnenkunst zwischen Komödie und Tragödie, die für empfindsame Herzen geschaffen sei und diese, da sie von ihresgleichen handelt, weit stärker rühre als das Schicksal tragischer Helden.²

Dies gilt gewiß auch für Giovanni Paisiellos 1789 uraufgeführten Einakter *Nina o sia La pazza per amore*, der auf der Übersetzung von Nicolas Dalayracs einaktiger comédie mêlée d'ariettes *Nina ou La Folle par amour* (1787) beruht und auch insofern eine neue Stufe der Opéra-comique-Rezeption in Italien bezeichnet, als hier erstmals die Dialoge nicht durch Rezitative ersetzt wurden, sondern als gesprochene Prosaabschnitte bestehen blieben.³ Besonders die Darstellung des Wahnsinns in dieser Oper erregte großes Aufsehen. Hatte die »pazzia« auf Grund unerfüllter Liebe in Werken wie Haydns *Orlando paladino* noch überwiegend komischen Charakter, so setzte sich Dalayracs Librettist Benoît-Joseph Marsollier mit den seinerzeit neuesten medizinischen Forschungen und den psychopathologischen Dimensionen des Wahnsinns auseinander.⁴

Sollte die Geistesverwirrung der Protagonistin aus Liebeskummer zu einem zentralen Thema der Opera semiseria des 19. Jahrhunderts avancieren, so finden sich zahlreiche andere Schlüsselelemente des Genres in einer weiteren Opéra comique von Marsollier und Dalayrac, *Camille ou Le Souterrain* (Paris 1791). Dieses Werk bildet die Vorlage für Ferdinando Paers Dramma serio-giocoso *Camilla ossia Il sotteraneo* (Wien 1799), das zu den ersten voll entwickelten Gattungsbeispielen der Opera semiseria zu rechnen ist. Das Werk spielt in einem halbverfallenen Schloß im andalusischen Wald und handelt vom beklagenswerten Schicksal einer jungen Frau, die nach ihrer Befreiung aus räuberischer Gefangenschaft von ihrem Retter Loredano sexuell bedrängt worden war und daraufhin vom misanthropischen Herzog Uberto geehelicht wurde, der sie aus Eifersucht jahrelang in einem Kerker gefangen hielt. Dem Tode nahe, wird sie gemeinsam mit ihrem kleinen Sohn am Ende aus den einstürzenden Schloßmauern befreit. Zu den gattungstypischen Merkmalen dieses Sujets zählen der »schauerromantische« Schauplatz im spätfeudalen, ländlichen Milieu, der Gegensatz zwischen aristokratischen und bäuerlichen Lebenswelten sowie derjenige zwischen grauenerregenden und buffonesken Szenen, die Konstellation eines tugendhaften Mädchens und eines männlichen Despoten sowie die Rettung aus Lebensgefahr in letzter Minute. Wie Mathias Brzoska nachweisen konnte, ist die Musik Paers in hohem Maße durch diejenige Dalayracs inspiriert: so läßt sich etwa an der Pantomime des Herzogs

»Takt für Takt verfolgen, daß sich Paer an die charakterisierende Motivtechnik Dalayracs anlehnt. Auch die Verknüpfung größerer szenischer Komplexe mittels motivischer Verarbeitung ist in Dalayracs Partitur zumindest vorgeprägt; das Verfahren als solches findet ohnehin in der französischen Oper, namentlich Cherubinis, die greifbarsten Vorbilder.«⁵

Die Bedeutung der Pantomime steht dabei stellvertretend für die generelle Aufwertung der visuellen Darstellungselemente, wie sie für die Opera semiseria insgesamt typisch werden sollte.

Ebenso wie Paer, der das Genre mit weiteren Werken wie *Griselda* (1798), *I fuorisciti* (1802), *Sargino ossia L'allievo dell'amore* (1803), *Leonora ossia L'amore conjugale* (1804) und *Agnese* (1812) von Wien und Dresden ausgehend popularisierte, trug vor allem Johann Simon Mayr um 1800 von Venedig aus zur Durchsetzung des neuen Operntypus bei.⁶ Als eigenständige Gattung des italienischen Musiktheaters konnte sich das Melodramma semiserio neben Opera seria und Opera buffa nur im ersten Drittel des 19. Jahrhunderts behaupten.⁷

---

1 *Mémoires* II.9, in: C. Goldoni, *Tutte le opere*, hg. v. G. Ortolani (I classici Mondadori), Bd. 1, Mailand 1935, S. 280.

2 »Ces ouvrages auxquels on donne en France le titre de ›Drames‹, ont certainement leur mérite, c'est un genre de représentation théâtrale, entre la Comédie et la Tragédie. C'est un amusement de plus fait pour les cœurs sensibles; les malheurs des Héros tragiques nous intéressent de loin, mais ceux de nos égaux doivent nous toucher davantage. La Comédie qui n'est qu'une imitation de la nature, ne se refuse pas aux sentimens vertueux et pathétiques, pourvu qu'elle ne soit pas dépouillée de ces traits comiques et saillans qui forment la base fondamentale de son existence.« (*Mémoires* I II.3), ebd., S. 256.

3 Zur Frage des gesprochenen Dialogs in der italienischen Oper des späten 18. Jahrhunderts siehe A. Chegai, *L'esilio di Metastasio*, S. 239–251; E. Sala, *Réécritures italiennes de l'opéra comique français: le cas du Renaud d'Ast*, in: *Die Opéra Comique und ihr Einfluß auf das europäische Musiktheater im 19. Jahrhundert*, S. 363–373.

4 Vgl. C. Villinger, »*Mi vuoi tu corbellar*«, S. 67; S. Castelvecchi, *From »Nina« to »Nina«: Psychodrama, Absorption and Sentiment in the 1780s*, in: Cambridge Opera Journal 8/2 (1996), S. 94–101; M. Couvreur, *La Folie à l'Opéra-Comique: Des grelots de Momus aux larmes de Nina*, in: *Grétry et l'Europe de l'opéra-comique. Conseil de la musique de la Communauté Française de Belgique*, hg. v. P. Vendrix, Lüttich 1992 (Collection musique. Musicologie), S. 201–219.

5 Vgl. M. Brzoska, *»Camilla« und »Sargino«: Ferdinando Paers italienische Adaptionen der französischen Opéra comique*, in: Recercare 5 (1993), S. 171–192: 191.

6 Vgl. A. Jacobshagen, *Farsa sentimentale – Melodramma eroicomico – Opera semiseria. Zur Gattungskonvergenz in der venezianischen Oper um 1800*, in: *Johann Simon Mayr und Venedig. Beiträge des Internationalen musikwissenschaftlichen Johann-Simon-Mayr-Symposions Ingolstadt 1998*, hg. v. F. Hauk und I. Winkler, München und Salzburg 1999 (Mayr-Studien 2), S. 95–104.

7 Hierzu siehe das Kapitel *Von Comédie larmoyante und »Rettungsoper« zum Melodramma semiserio*, in: S. Döhring / S. Henze-Döhring, *Oper und Musikdrama im 19. Jahrhundert*, Laaber 1997 (Handbuch der musikalischen Gattungen 13), S. 48–56.

Literaturhinweise

Abert, H.: *Anhang*, in: C. W. Gluck, *Orfeo ed Euridice*, hg. v. dems., Wien und Leipzig 1914 (Werke I = Denkmäler der Tonkunst in Österreich XXI/2=44a), S. 175–177.
Algarotti, F.: *Saggio sopra l'opera in musica*, Venedig 1755, völlige Neufassung Livorno 1763.
Angermüller, R.: *Die entpolitisierte Oper am Wiener und am Fürstlich Esterházyschen Hofe*, in: Haydn-Jahrbuch 10 (1978), S. 5–22.
Angermüller, R.: *Antonio Salieri. Sein Leben und seine weltlichen Werke unter besonderer Berücksichtigung seiner »großen« Opern*, 3 Bände, München 1971–1974 (Schriften zur Musik 16f. und 19 = Publikationen des Instituts für Musikwissenschaft der Universität Salzburg 2, 3/1 und 4).
Arteaga, S.: *Geschichte der italiänischen Oper von ihrem ersten Ursprung an bis auf gegenwärtige Zeit*, aus dem Italienischen v. J. N. Forkel, 2 Bände, Leipzig 1789 (Nachdruck, Hildesheim und New York 1973).
Bellina, A. L.: *I gesti parlanti ovvero il recitar danzando. »Le Festin de pierre e Sémiramis«*, in: *La figura e l'opera di Ranieri de' Calzabigi*, hg. v. F. Marri, Florenz 1989 (Historiae musicae cultores. Biblioteca 54), S. 107–117.
Betzwieser, T.: *Opéra comique als italienische Hofoper: Grétrys »Zemira e Azor« in Mannheim (1776)*, Referat gehalten bei dem Kongreß *»Ein Paradies der Tonkünstler?«* 1999 in Mannheim, Druck in Vorbereitung.
Bianconi, L.: *Introduzione*, in: *La drammaturgia musicale*, hg v. dems., Bologna 1986 (Problemi e prospettive), S. 7–49.
Brzoska, M.: *»Camilla« und »Sargino«: Ferdinando Paers italienische Adaptionen der französischen Opéra comique*, in: Recercare 5 (1993), S. 171–192.
Brown, B. A.: *Gluck and the French Theatre in Vienna*, Oxford 1991.
Brown, B. A.: *»Lo specchio francese«: Viennese opera buffa and the legacy of French theatre*, in: *Opera buffa in Mozart's Vienna*, hg. v. M. Hunter und J. Webster, Cambridge 1997 (Cambridge Studies in Opera), S. 50–81.
Calella, M.: *Das Ensemble in der Tragédie lyrique des späten Ancien Régime*, Eisenach 2000.
Calella, M.: *Metastasios Dramenkonzeption und die Ästhetik der friderizianischen Oper*, in: *Metastasio im Deutschland der Aufklärung*, hg. v. L. Lütteken und G. Splitt, Druck in Vorbereitung.
Castelvecchi, S.: *Sentimental Opera. The Emergence of a Genre, 1760–1790*. Diss. (masch.) Chicago 1996.
Castelvecchi, S.: *From »Nina« to »Nina«: Psychodrama, Absorption and Sentiment in the 1780s*, in: Cambridge Opera Journal 8/2 (1996), S. 94–101.
Chegai, A.: *L'esilio di Metastasio: Forme e riforme dello spettacolo d'opera fra Sette e Ottocento*, Florenz 1998 (Storia dello spettacolo. Saggi 2).
Couvreur, M.: *La Folie à l'Opéra-Comique: Des grelots de Momus aux larmes de Nina*, in: *Grétry et l'Europe de l'opéra-comique. Conseil de la musique de la Communauté Française de Belgique*, hg v. P. Vendrix, Lüttich 1992 (Collection musique. Musicologie), S. 201–219.
Cyr, M.: *Rameau e Traetta*, in: Nuova Rivista Musicale Italiana 12 (1978), S. 166–182.
Degrada, F.: *Aspetti gluckiani nell'ultimo Hasse*, in: Chigiana 29f. (1975), S. 309–329 (deutsche Übersetzung: *Glucksche Aspekte in einem Spätwerk Hasses*, in: Hasse-Studien 3 (1996), S. 5–23).
Döhring, S. / Henze-Döhring, S.: *Oper und Musikdrama im 19. Jahrhundert*, Laaber 1997 (Handbuch der musikalischen Gattungen 13).
Döring, R.: *Ariostos »Orlando Furioso« im italienischen Theater des Seicento und Settecento*, Hamburg 1973 (Hamburger romanistische Dissertationen 9).
Donà, M.: *Dagli archivi milanesi: lettere di Ranieri de Calzabigi e di Antonia Bernasconi*, in: Studien zur italienisch-deutschen Musikgeschichte, Bd. 9, hg. v. F. Lippmann, Köln 1974 (Analecta musicologica 14), S. 268–300.
Dubowy, N. / Strohm, R.: *Artikel »Dramma per musica«*, in: *Die Musik in Geschichte und Gegenwart*, zweite, neubearbeitete Ausgabe, hg. v. L. Finscher, Sachteil Bd. 2, Kassel u.a. 1995, Sp. 1452–1500.
Feder, G.: *Opera seria, opera buffa und opera semiseria bei Haydn*, in: *Opernstudien. Anna Amalie Abert zum 65. Geburtstag*, hg. v. K. Hortschansky, Tutzing 1975, S. 37–55.
Finscher, L.: *Che farò senza Euridice*, in: *Festschrift Hans Engel zum siebzigsten Geburtstag*, hg. v. H. Heussner, Kassel u.a. 1964, S. 96–110; nachgedruckt in: *Christoph Willibald Gluck und die Opernreform*, hg. v. K. Hortschansky, Darmstadt 1989 (Wege der Forschung 613), S. 135–153.
Gallarati, P.: *Ranieri de' Calzabigi e la teoria della »musica di declamazione«*, in: *La figura e l'opera di Ranieri de' Calzabigi*, hg. v. F. Marri, Florenz 1989 (Historiae musicae cultores. Biblioteca 54), S. 5–13.
Geyer-Kiefl, H.: *Die heroisch-komische Oper, 1770–1820*, 2 Bände, Tutzing 1987 (Würzburger musikhistorische Beiträge 9).
Goldoni, C.: *Tutte le opere*, hg v. G. Ortolani, Mailand 1935ff. (I classici Mondadori).
Griffin, T.: *Alessandro Scarlatti e la serenata a Roma e a Napoli*, in: *La musica a Napoli durante il Seicento*, hg. v. D. A. D'Alessandro und A. Ziino, Rom 1987 (Miscellanea musicologica 2), S. 351–368.
Hager, M.: *Die Opernprobe als Theateraufführung. Eine Studie zum Libretto im Wien des 18. Jahrhunderts*, in: *Oper als Text. Romanistische Beiträge zur Libretto-Forschung*, hg. v. A. Gier, Heidelberg 1986 (Studia Romanica 63), S. 101–124.
Harriss, E.: *Johann Adolf Hasse and the »Sturm und Drang« in Vienna*, in: Hasse-Studien 3 (1996), S. 24–53.
Heartz, D.: *Operatic Reform at Parma: Ippolito ed Aricia*, in: *Atti del Convegno sul Settecento Parmense nel 2º Centenario della morte di C.I. Frugoni (Parma, 10-11-12 maggio 1968)*, hg. v. F. Borri, Parma 1968, S. 271–300.
Henze-Döhring, S.: *Opera seria am kurpfälzischen Hofe. Traettas »Sofonisba«, de Majos »Ifigenia in Tauride«, Bachs »Temistocle«*, in: *Mannheim und Italien – Zur Vorgeschichte der Mannheimer*, hg. v. R. Würz, Mainz 1984 (Beiträge zur mittelrheinischen Musikgeschichte 25), S. 78–96.

Henze-Döhring, S.: *Götter am Hofe. Zur Rezeption der »Tragédie lyrique« an deutschen Residenzen*, in: *Beiträge zur Musik des Barock. Tanz – Oper – Oratorium. Bericht über die Symposien 1994–1997. Günter Könemann zum 65. Geburtstag*, hg. v. H. J. Marx, Laaber 1998 (Veröffentlichungen der Internationalen Händel-Akademie Karlsruhe 6), S. 253–268.
Henzel, C.: *Zu den Aufführungen der großen Oper Friedrichs II. von Preußen 1740–1756*, in: Jahrbuch des Staatlichen Instituts für Musikforschung Preußischer Kulturbesitz 1997, Stuttgart und Weimar 1997, S. 9–57.
Hortschansky, K.: *Parodie und Entlehnung im Schaffen Christoph Willibald Glucks* (Analecta musicologica 13), Köln 1973.
Hortschansky, K.: *Mozarts »Ascanio in Alba« und der Typus der Serenata*, in: *Colloquium »Mozart und Italien« (Rom 1974)*, hg. v. F. Lippmann, Köln 1978 (Analecta musicologica 18), S. 148–158.
Hunter, M.: *»Pamela«: The Offspring of Richardson's Heroine in Eighteenth-Century Opera*, in: Mosaic 18/4 (1985), S. 61–76.
Hunter, M. K.: *Haydn's Aria Forms: A Study of the Arias in the Italian Operas Written at Eszterháza, 1766–1783*, Ann Arbor 1984.
Jacobshagen, A.: *Der Chor in der französischen Oper des späten Ancien Régime*, Frankfurt am Main 1997 (Perspektiven der Opernforschung 5).
Jacobshagen, A.: *Farsa sentimentale – Melodramma eroicomico – Opera semiseria. Zur Gattungskonvergenz in der venezianischen Oper um 1800*, in: *Johann Simon Mayr und Venedig. Beiträge des Internationalen musikwissenschaftlichen Johann-Simon-Mayr-Symposions Ingolstadt 1998*, hg. v. F. Hauk und I. Winkler, München und Salzburg 1999 (Mayr-Studien 2), S. 95–104.
Joly, J.: *Les fêtes théâtrales de Métastase à la cour de Vienne (1731–1767)*, Clermont-Ferrand 1978.
Kunze, S.: *Die Opera seria und ihr Zeitalter*, in: *Colloquium »Johann Adolf Hasse und die Musik seiner Zeit« (Siena 1983)*, hg. v. F. Lippmann, Laaber 1987 (Analecta musicologica 25), S. 1–15.
Kunze, S.: *Christoph Willibald Gluck, oder: die »Natur« des musikalischen Dramas*, in: *Christoph Willibald Gluck und die Opernreform*, hg. v. K. Hortschansky, Darmstadt 1989 (Wege der Forschung 613), S. 390–418.
Leopold, S.: *Wahnsinn mit Methode. Die Wahnsinnsszenen in Händels dramatischen Werken und ihre Vorbilder*, in: *Opernheld und Opernheldin im 18. Jahrhundert. Aspekte der Librettoforschung. Ein Tagungsbericht*, hg. v. K. Hortschansky, Hamburg und Eisenach 1991 (Schriften zur Musikwissenschaft aus Münster 1), S. 71–83.
Leopold, S.: *Artikel »Tommaso Traetta, Ippolito ed Aricia«*, in: *Pipers Enzyklopädie des Musiktheaters*, hg. v. C. Dahlhaus und dem Forschungsinstitut für Musiktheater der Universität Bayreuth unter Leitung von S. Döhring, Bd. 6, München und Zürich 1997, S. 312–315.
Marica, M.: *Le traduzioni italiane in prosa di opéras comiques francesi (1763–1813)*, in: *Die Opéra Comique und ihr Einfluß auf das europäische Musiktheater im 19. Jahrhundert. Bericht über den Internationalen Kongreß Frankfurt 1994*, hg. v. H. Schneider und N. Wild, Hildesheim – Zürich – New York 1997 (Musikwissenschaftliche Publikationen 3), S. 385–447.
Marica, M.: *L'opéra-comique in Italia. Rappresentazioni, traduzioni e derivazioni (1770–1830)*, Diss. (masch.) Rom 1998.
Marica, M.: *Le rappresentazioni di opéra-comiques in Italia (1750–1820)*, in: *L'Opéra-comique et son rayonnement en Europe au XIXe siècle*, hg. v. M. Pospíšil, A. Jacobshagen und F. Claudon, Prag 2001.
Martina, A.: *Orfeo-Orphée di Gluck. Storia della trasmissione e della recezione*, Turin 1995 (Tesi 7).
McClymonds, M. P.: *Mattia Verazi and the Opera at Mannheim, Stuttgart, and Ludwigsburg*, in: Studies in Music from the University of Western Ontario 7 (1982), S. 99–136.
McClymonds, M. P.: *Niccolò Jommelli. The Last Years (1769–1774)*, Ann Arbor 1978 (Studies in Musicology 23).
Metastasio, P.: *Tutte le opere*, hg. v. B. Brunelli, 5 Bände, Mailand 1947–1954 (I classici Mondadori).
Miller, N.: *Christoph Willibald Gluck und die musikalische Tragödie. Zum Streit um die Reformoper und den Opernreformator*, in: *Gattungen der Musik und ihre Klassiker*, hg. v. H. Danuser, Laaber 1988 (Publikationen der Hochschule für Musik und Theater Hannover 1), S. 109–153.
Monelle, R.: *Gluck and the »Festa teatrale«*, in: Music & Letters 54 (1973), S. 308–325.
Mücke, P.: *Johann Adolf Hasses Dresdener Opern im Kontext der Hofkultur*, Diss. (masch.) Marburg 1999.
Napoli Signorelli, P.: *Storia critica de' teatri antichi e moderni*, Neapel 1777.
Italian opera librettos: 1640–1770, hg. v. H. M. Brown, 16 Bände, New York 1978–1984.
Oschmann, S.: *Gedankenspiele – Der Opernheld Friedrichs II. von Preußen*, in: *Opernheld und Opernheldin im 18. Jahrhundert. Aspekte der Librettoforschung. Ein Tagungsbericht*, hg. v. K. Hortschansky, Hamburg und Eisenach 1991 (Schriften zur Musikwissenschaft aus Münster 1), S. 175–193.
Piperno, F.: *»La mia cara Cecchina è baronessa«: Livelli stilistici e assetto drammaturgico ne La buona figliuola di Goldoni-Piccinni*, in: Studien zur italienischen Musikgeschichte XV, hg. v. F. Lippmann, Laaber 1998 (Analecta musicologica 30/II), S. 523–542.
Planelli, A.: *Dell'opera in musica*, hg. v. F. Degrada, Fiesole 1981 (L'illusione teatrale. 1).
Riedlbauer, J.: *Die Opern von Tommaso Trajetta*, Hildesheim – Zürich – New York 1994 (Studien und Materialien zur Musikwissenschaft 7).
Robinson, M.: *The 1774 S. Carlo Version of Gluck's »Orfeo«*, in: Chigiana 29f. (1972/73), S. 395–413.
Robinson, M. F.: *Two London Versions of »The Deserter«*, in: *Report of the Twelfth Congress, Berkeley 1977*, hg. v. D. Heartz und B. Wade, Kassel – Basel – London 1981, S. 239–245.
Sala, E.: *Réécritures italiennes de l'opéra comique français: le cas du Renaud d'Ast*, in: *Die Opéra Comique und ihr Einfluß auf das europäische Musiktheater im 19. Jahrhundert. Bericht über den Internationalen Kongreß Frankfurt 1994*, hg. v. H. Schneider und N. Wild, Hildesheim – Zürich – New York 1997 (Musikwissenschaftliche Publikationen 3), S. 363–373.
Sommer-Mathis, A.: *Tu felix Austria nube: Hochzeitsfeste der Habsburger im 18. Jahrhundert*, Wien 1994 (Dramma per musica 4).

Stenzl, J.: *»Una povera ragazza«. Carlo Goldonis »La buona figliuola« in Niccolò Piccinnis Vertonung*, in: Zwischen Opera buffa und Melodramma. Italienische Oper im 18. und 19. Jahrhundert, hg. v. J. Maehder und J. S., Frankfurt am Main 1994 (Perspektiven der Opernforschung 1), S. 81–97.

Strohm, R.: *Die italienische Oper im 18. Jahrhundert,* Wilhelmshaven 1979 (= Taschenbücher zur Musikwissenschaft 25).

Talbot, M.: *The Serenata in Eighteenth-Century Venice*, in: The Royal Muscial Association Research Chronicle 18 (1982), S. 1–50.

Tocchini, G.: *I fratelli d'Orfeo: Gluck e il teatro musicale massonico fra Vienna e Parigi*, Florenz 1998 (Accademia toscana di scienze e lettere La Colombaria. Studi 174), S. 3–141.

Villinger, C.: *»Mi vuoi tu corbellar«. Die Opere buffe von Giovanni Paisiello. Analysen und Interpretationen*, Tutzing 2000 (Mainzer Studien zur Musikwissenschaft 40).

Wiesend, R.: *»... Das ist man so'ne kleine Operette«. Hasses »Piramo e Tisbe« in Zeugnissen einer »mittleren« Ästhetik*, in: *Festschrift Klaus Hortschansky zum 60. Geburtstag,* hg. v. A. Beer und L. Lütteken, Tutzing 1995, S. 153–165.

Wiesend, R.: *Opernreform und Theaterbau bei Francesco Algarotti*, in: *Opernbauten des Barock. Eine internationale Tagung des Deutschen Nationalkomitees von ICOMOS und der Bayerischen Verwaltung der staatlichen Schlösser, Gärten und Seen, Bayreuth 1998,* in: ICOMOS – Hefte des deutschen Nationalkomitees 31, S. 100–103.

Wochnik, R.: *Die Musiksprache in den opere semiserie Joseph Haydns unter besonderer Berücksichtigung von »L'incontro improvviso«*, Eisenach und Hamburg 1993 (Hamburger Beiträge zur Musikwissenschaft 42).

Kapitel IV:
Die komische italienische Oper
Von Daniel Brandenburg

Die frühe Commedia per musica (1700–1740)

Die Commedia per musica als erste Form von komischer italienischer Oper in mehraktiger Ausprägung entstand im ersten Jahrzehnt des 18. Jahrhunderts in Neapel. Sie müßte terminologisch genau eigentlich mit ihrem neapolitanischen Namen als ›commedeja pe' mmuseca‹ bezeichnet werden, weil die hochitalienische Fassung dieser Gattungsbezeichnung sich im Laufe des Jahrhunderts so weit verselbständigte, daß sie gleichbedeutend mit ›dramma giocoso‹ oder ›opera buffa‹ benutzt wurde: Es mag in diesem Zusammenhang genügen darauf hinzuweisen, daß selbst Wolfgang Amadeus Mozarts *Le nozze di Figaro* (1786) im Uraufführungslibretto die Bezeichnung »Commedia per musica« trägt. ›Commedeja pe' mmuseca‹ bezeichnete hingegen eine Spielart des komischen Musiktheaters, die eng mit den besonderen Gegebenheiten Neapels verbunden war und ihre Identität, sowohl was das Lokalkolorit als auch was ihre sprachliche und literarische Form anbelangt, aus dieser Bindung gewann. Leider sind uns die meisten einschlägigen Werke nur noch im Libretto erhalten, so daß sich die nachfolgenden Ausführungen weitgehend auf die sprachlich-literarische Seite beschränken müssen.

Ihre Entstehung verdankte die Commedeja pe' mmuseca dem Bedürfnis des Adels und des gebildeten Bürgertums nach komischer Unterhaltung in der Oper.[1] Diese war nur in einer Art sozialer Vogelschau zu erreichen, durch die verhindert werden konnte, daß das Amüsement die bestehende gesellschaftliche Ordnung in Frage stellte: Das alltägliche Leben der kleinen Leute wurde unter anderem deshalb zum Gegenstand der Unterhaltung der oberen Schichten und zum Inhalt der Commedeja pe' mmuseca gemacht, weil Gelächter über Könige, Prinzessinnen und adeligen Helden in Gegenwart der echten Vertreter des Adelsstandes als Unbotmäßigkeit verstanden worden wäre. Die Schilderung der Lebensumstände von Fischern, Handwerkern und Tagelöhnern ermöglichte ferner Aussagen und Ausdrucksformen[2], die in ihrer Spontaneität in der höfischen Oper undenkbar waren und schon aus diesem Kontrast heraus beim Publikum ein breites Spektrum von Reaktionen auszulösen konnten, von der nostalgischen Rührung bis hin zum Gelächter. Welche soziale Sprengkraft dieser Gattung durch die Zusammenführung zweier ansonsten weit voneinander getrennt lebenden Gesellschaftsschichten zugetraut wurde, mag man daraus ersehen, daß sich das komische Musiktheater in Neapel erst unter der vergleichsweise liberalen Herrschaft der Österreicher und nicht schon unter den strengeren Bourbonen öffentlich etablierte.[3]

Die Commedeja pe' mmuseca war im Gegensatz zu manchen späteren Erscheinungsformen der Opera buffa kein primär volkstümliches Phänomen: die Aufführungen der ersten so benannten Werke fanden in Privathäusern und vor ausgewähltem Publikum statt. Die früheste nachweisbare Commedeja, *La Cilla* (Libretto von Francesco Antonio Tullio, Musik von Michelangiolo Faggioli) wurde 1706 im Hause des Principe di Chiusano unter Anwesenheit des österreichischen Vizekönigs Daun gegeben.[4] Der hierin schon rein äußerlich dokumentierte elitäre Anspruch findet seine Bestätigung auch darin, daß sich die Commedeja pe' mmuseca von Anfang an mehr der in den kleinen, gebildeten Zirkeln gepflegten Sprechkomödie verpflichtet fühlte als dem in Neapel sehr lebendigen Stegreiftheater. Als »Komödie für (mit) Musik« sollte sie nach dem Willen ihrer Schöpfer eine literarische Antwort auf das gekünstelte Barocktheater sein, dem sie die Natürlichkeit[5] der einfachen Bevölkerung Neapels, den neapolitanischen Dialekt als Ausdrucksmedium und die Alltäglichkeit des einfachen Lebens gegenüberstellte. Der im Vergleich zur Opera seria engere Realitätsbezug erforderte es, daß die Libretti in der alltäglichen Sprache Neapels, dem Dialekt abgefaßt wurden, ohne daß dieser jedoch schon primär als soziales Charakteristikum eingesetzt worden wäre.[6] Trotz der Ablehnung des höfischen Musiktheaters und seiner Inhalte und Konventionen behielt die

---

1 R. Strohm, *Die italienische Oper im 18. Jahrhundert*, Wilhelmshaven 1979 (Taschenbücher zur Musikwissenschaft 25), S. 143f.
2 Vgl. dazu M. Rak, *L'opera comica napoletana di primo Settecento*, in: *Musica e cultura a Napoli dal XV al XIX secolo* (Quaderni della Rivista italiana di musicologia 9), Florenz 1983, S. 217–224: 221.
3 Strohm, *Die italienische Oper*, S. 145. Rak, *L'opera comica napoletana di primo Settecento*, S. 221.
4 Vgl. dazu F. Piperno, *Il teatro comico*, in: *Musica in scena: Storia dello spettacolo musicale*, hg. v. A. Basso, Bd. II: *Gli Italiani all'estero. L'opera in Italia e in Francia*, Turin 1996, S. 97–199: 143.
5 Vgl. dazu Rak, *L'opera comica napoletana*, S. 221.
6 Vgl. dazu P. Weiss, *Ancora sulle origini dell'opera comica: il linguaggio*, in: Studi Pergolesiani / Pergolesi Studies I (1986), S. 124–127.

Commedeja pe' mmuseca zunächst dessen formale Bestandteile, dessen Anspruch auf hohes literarisches Niveau sowie dessen Wege der Vermittlung bei. Da es in Neapel schon eine eigene dialektale literarische Tradition gab – in Dichtung wie im Sprechtheater –, war der Dialekt nicht nur Couleur locale, sondern auch eine allen Volksschichten gemeinsame sprachliche Grundlage, die sich zugleich zur Verwirklichung literarischer Absichten eignete. Das Toskanische sollte erst später in die Libretti Eingang finden und nur in wenigen Ausnahmefällen zur vorherrschenden Sprache werden (z.B. in *Il trionfo dell'onore* von Alessandro Scarlatti auf das Libretto von Francesco Antonio Tullio, Teatro de' Fiorentini 1718).

Die Wiedergabe von Gestalten, Berufen, Sitten, Gebräuchen und Örtlichkeiten des täglichen Lebens in Neapel erfolgte in der Commedeja pe' mmuseca trotz allem mehr als gefiltertes Zitat denn als realistische Schilderung[1] und blieb damit ganz im Rahmen dessen, was die zeitgenössische Prosakomödie vorgab. Die Darstellung des ›einfachen Lebens‹, die schon von der Accademia dell'Arcadia und ihren zahlreichen, über ganz Italien verteilten Kolonien kultiviert wurde, war unter deren Einfluß in den literarischen Zirkeln eine feste Gepflogenheit geworden, mit Auswirkungen selbst auf jene Literatur, die zur Vertonung bestimmt war.[2] Die Lieder, Tänze und besonders die in Eröffnungsszenen so beliebten volkstümlichen Strophengesänge, Duette, Ständchen und Arbeitsliedchen dienten als gelehrte Andeutung einer dem Publikum sonst fernen Realität, als verklärte Spiegelung einer gerade im Süden Italiens häufig armseligen sozialen Wirklichkeit. Die in dieser Umgebung angesiedelte Handlung unterschied sich allerdings in ihren komplizierten Verwicklungen, den für diese wesentlichen verwandtschaftlichen Beziehungen der Protagonisten, kaum von den Schemata, die in der zeitgenössischen Opera seria verwirklicht wurden, so wie die Struktur der Libretti in Arien und Rezitativen, die Verwendung der Verse und deren Vertonung sich offenkundig ebenfalls an diesem Modell orientierte.[3]

Die Tatsache, daß die Musik zu den ersten Libretti (bis etwa 1720) vornehmlich aus der Feder zweitrangiger Komponisten, wie z.B. Tommaso De Mauro, Michele De Falco, Antonio Orefice, Ignazio Prota, Antonio Pisano oder von jungen Anfängern wie Leonardo Vinci stammte, zeugt davon, daß bei der Commedeja pe' mmuseca die musikalische Seite der textlichen zunächst untergeordnet war. All diese Musiker waren in irgendeiner Form einem der Konservatorien Neapels verbunden, hatten dort studiert, lehrten dort und verdienten sich nicht selten mit einem komischen Werk die ersten Sporen. Häufig waren an einem Werk mehrere Komponisten beteiligt, die jeweils einen Teil zu vertonen hatten.[4] Die Autoren der Texte gehörten zumeist dem in Neapel stark vertretenen Juristenstand an, einer Bevölkerungsgruppe also, die durch ihren berufsbedingten Kontakt zum einfachen Volk dazu prädestiniert war, dieses auf die Bühne zu bringen. Zudem kann man davon ausgehen, daß außer den Angehörigen des Klerus und einigen gebildeten Adeligen es vor allem die Juristen waren, die aufgrund ihrer Ausbildung über die nötigen Kenntnisse und Fähigkeiten zur literarischen Betätigung verfügten. Es mag mit ihrem Standesbewußtsein zusammenhängen, daß manche dieser Literaten sich als Librettisten hinter einem Pseudonym oder einem Anagramm ihres bürgerlichen Namens verbargen: Francesco Antonio Tullio benutzte z.B. den Namen Colantuono Feralintisco (siehe z.B. *La Cilla*). Bis heute nicht eindeutig geklärt ist hingegen, wer Agasippo Mercotellis war, der unter anderem das Libretto zu *Patrò Calienno de la costa* (Musik von Antonio Orefice, Teatro de' Fiorentini 1709) verfaßte. Eine ganze Reihe dieser Textdichter schrieb sowohl Prosakomödien als auch Commedeja-Libretti, so z.B. Niccolò Corvo, Pietro Trinchera und Gennarantonio Federico, was eine weitere Erklärung für die inhaltlichen Gemeinsamkeiten der beiden Genera abgibt, die bis zur Libretto-Adaption erfolgreicher Komödienstoffe reichten.

Das Publikum der Musikkomödie unterschied sich nicht von dem der Opera seria: Als der Schritt vom adeligen Zirkel zum öffentlichen Theater vollzogen wurde, trat das Teatro de' Fiorentini, das sich als erstes von den kleineren neapolitanischen Sprechtheaterbühnen diesem neuen Genre zuwandte (was 1706 anläßlich eines Wechsels im Impresariat geschah)[5], in direkte Konkurrenz zum Teatro S. Bartolomeo, dem ersten Theater am Platz. Ein Zeitgenosse berichtet am 31. Dezember 1709 darüber wie folgt: »... questi Napolitani, che sono tutti di pessimo gusto, non ci vanno [al teatro S. Bartolomeo], e più tosto empiono il teatro de' Fiorentini, ove si fa una porcheria, indegna di essere vista, in lingua Napolitana.«[6] (... diese Neapolitaner, die alle einen sehr schlechten Geschmack haben, gehen nicht dorthin [ins Teatro S. Bartolomeo], sondern füllen vielmehr das Teatro de' Fiorentini, wo eine unwürdige Saue-

---

[1] Vgl. dazu Piperno, *Il teatro comico*, S. 144.

[2] Vgl. Rak, *L'opera comica napoletana*, S. 220.

[3] Weiss, *Ancora sulle origini dell'opera comica*, S. 128.

[4] Z.B. *Lo spellecchia* (Teatro de' Fiorentini 1709): Musik des I. und III. Akts von unbekannten Autoren, II. Akt von Tommaso de Mauro, Libretto von Carlo de Petris. Vgl. dazu P. Simonelli, *Lingua e dialetto nel teatro musicale napoletano del 700*, in: *Musica e cultura a Napoli dal XV al XIX secolo* (Quaderni della Rivista italiana di musicologia 9), Florenz 1983, S. 225–237: 230.

[5] E. Battisti, *Per una indagine sociologica sui librettisti napoletani buffi del Settecento*, Rom 1960, S. 5.

[6] Zitiert nach: L. Frati, *Un impresario teatrale del Settecento e la sua biblioteca*, in: Rivista musicale italiana 18 (1911), S. 64–84: 71.

rei in neapolitanischer Sprache gegeben wird.) Die Verachtung, die aus dieser Bemerkung spricht, zeugt von dem Spannungsverhältnis, das die Opera buffa über weite Strecken ihrer öffentlichen Existenz begleiten sollte: dem breiten Publikumserfolg stand immer die fehlende Gesellschaftsfähigkeit des Opern-Betriebes dieser Sparte, namentlich der Buffa-Interpreten und der Spielstätten gegenüber. Nicht zuletzt aus diesem Grunde fühlten sich die Anhänger aus gehobenerem Milieu dazu veranlaßt, die Buffa-Theater inkognito zu besuchen. Daß es sich dabei wohl vor allem um ein Problem handelte, das mit dem Schritt in die Öffentlichkeit zu tun hatte, läßt sich auch daran erkennen, daß in den Anfangsjahren und auch noch nach *La Cilla* Commedeje pe' mmuseca, ehe sie im Teatro de' Fiorentini auf die Bühne kamen, zunächst vor einer geschlossenen Gesellschaft gegeben wurden: Als Beispiele dafür seien *Lollo Pisciaportelle* (Libretto von Nicola Orilia, Musik von Michele de Falco, Uraufführung im Palazzo Paternò, 1709) und *Lo Spellecchia finto razullo* (Libretto von Carlo de Petris, Musik von Tommaso De Mauro, Uraufführung im Palazzo Monteleone, 1709) genannt. Ob es sich dabei um eine bewußt analoge Vorgehensweise zur Aufführungspraxis der Opere seria handelt, die in Neapel zunächst im Königspalast gegeben wurden, ehe sie ins Teatro S. Bartolomeo hinüberwanderten, mag dahingestellt bleiben.[1]

La Cilla von 1706[2]

Die erste für uns nachweisbare Commedeja pe' mmusica, *La Cilla*, ist nur in ihrem für die Gattungsgeschichte aufschlußreichem Libretto überliefert. Diesem Textbuch, das eine Widmung an den Justizminister des Königreichs Neapel trägt, ist eine lange, auf Toskanisch abgefaßte Vorrede des Komponisten Michelangiolo Faggioli vorausgeschickt, die offenkundig möglichen Schwierigkeiten mit der Obrigkeit zuvorkommen sollte und deutlich macht, daß mit der Übernahme dieses Werks in ein öffentliches Theater durchaus ein Wagnis eingegangen wurde, dessen Ausgang ungewiß war. Ebenso mit Augenmerk auf die Zensur geschrieben, wenngleich viel kürzer, ist die im neapolitanischen Dialekt gehaltene Vorrede des Librettisten. Auffällig ist, daß sich der Komponist auf dem Titelblatt als »Dottore« zu erkennen gibt, sicherlich ein weiteres Indiz für den elitären Anspruch der hinter dem Stück steht.

Die Commedeja pe' mmuseca des frühen 18. Jahrhunderts verzichtete weitgehend auf die Übernahme der Typen bzw. Masken des Stegreiftheaters, weshalb auch in *La Cilla* die Handlung vor allem von Personen mit volkstümlichen oder volkstümlich verkürzten Namen getragen wird, ganz im Sinne einer etwas verklärten Milieuschilderung. Während das Stegreiftheater eine eher lockere Szenenfolge mit ebenso leichtfüßiger Handlung bevorzugte, dienten der Commedeja pe' mmuseca, so auch im hier zur Rede stehenden Werk, eher die Commedia erudita und die Opera seria als Vorbild. Welche Verwicklungen den Ausgangspunkt der Handlung bilden, wird schon bei der Vorstellung der dramatis personæ deutlich:

Cienzo pescatore, creduto patre de Cilia (che po' se trova patre de Tore) e nnammorato de Tolla.	Cienzo, ein Fischer, von dem man glaubt, er sei der Vater Cilias (der sich aber später als Vater Tores herausstellt) und der in Tolla verliebt ist.
Cilla, creduta figlia de Cienzo, (che po' se scommoglia pe figlia de Capetà Masone) e nnammorata de Tore.	Cilla, von der man glaubt, sie sei die Tochter Cienzos (die sich aber dann als Tochter des Capitano Masone herausstellt) und die in Tore verliebt ist.
Tore, creduto figlio de Tolla (che po' se scopre pe figlio de Cienzo) e nnammorato de Cilla.	Tore, von dem man annimmt, er sei Sohn Tollas (der sich aber dann als Sohn Cienzos herausstellt) und der in Cilla verliebt ist.
Capetà Masone, nnammorato de Cilla, che po' se trova patre de la stessa	Capitano Masone, der in Cilla verliebt ist, von dem sich dann aber herausstellt, daß er der Vater derselben ist.
Tolla, creduta Mamma de Tore, nnammorata de Capetà Masone.	Tolla, die angebliche Mutter Tores, die in Capitano Masone verliebt ist.
Luccio, pescatoriello, guarzone de Cienzo	Luccio, Fischerjunge und Gehilfe Cienzos.
Cannacchia, cannaruto, crejato de Capetà Masone	Cannacchia, verfressener Diener des Capitano Masone.

---

[1] Vgl. dazu Piperno, *Il teatro comico*, S. 145.

[2] LA CILLA. *Commeddia pe' Museca de lo segnore Col'Antuono Feralintisco posta n'museca da lo Dottore Segnore Michel Faggioli* [...], Venedig o.J. Einziges Exemplar I-Nc Rari 10.3.30/5. Vgl. C. Sartori *I libretti italiani a stampa dalle origini al 1800. Catalogo analitico con 16 indici*, 7 Bände, Cuneo 1990–1994, Nr. 5602.

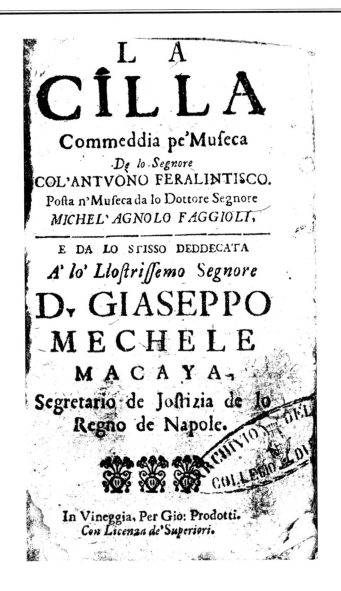

Titelblatt des Librettos zu *La Cilla* (von Francesco Antonio Tullio, Musik von Michelangiolo Faggioli) mit einer Widmung an den Justizminister Neapels, Don Giuseppe Michele Macaya. Diese Geste der Ehrerbietung sollte vermutlich dafür sorgen, daß der Versuch der Konstituierung einer neuen Gattung von der Obrigkeit mit Wohlwollen begleitet wurde. Die Bedeutung, die diesem Experiment seitens der Autoren beigemessen wurde, läßt sich daran erkennen, daß sich der Komponist Faggioli mit dem Titel »Dottore« schmückt und der Textdichter trotz Pseudonym hervorhebt, daß er »Signore« ist. Das Titelblatt ist im Neapolitanischen Dialekt abgefaßt. (Neapel, Conservatorio S. Pietro a Majella, Rari 10.3.30 [5]).

Die durch die Liebe gestifteten Verwirrungen werden durch die Wiedererkennung, einen auch in der Opera seria beliebten dramaturgischen Kunstgriff, gelöst und zu einem guten Ende geführt, bei dem die allgemeine Ordnung wieder hergestellt wird. All das geschieht vor realem Hintergrund, in Chiaia: »La Scena se fegne a Chiaja, e de tiempo de state, ed accommenza doje, ò tre ora nnanzejuorno, co la Luna.« (Die Handlung spielt in Chiaia zur Sommerszeit und beginnt zwei oder drei Stunden vor Anbruch des Tages, bei Mondschein.)[1] Wie die Ortsangabe, so sind auch alle Szenenanweisungen im Dialekt verfaßt, ein sicheres Indiz dafür, daß es hier um mehr als sprachlich-volkstümliches Kolorit geht.

Die Handlung des Werks, das wie alle diese Musikkomödien dreiaktig ist, beginnt mit einer volkstümlichen Genreszene, wie sie für die Commedeja pe' mmuseca typisch wurde, in deren Mittelpunkt in diesem Fall ein Ständchen Tores steht, der seinen Gesang mit einem Colascione begleitet. Der anfängliche Sologesang wird durch die Antwort Cillas zum Wechselgesang, ein szenischer Topos, der sich auch in der späteren Opera buffa bis Rossini finden läßt.[2] Genreszenen dieser Art waren die Keimzelle der später in der Opera buffa üblichen ›Introduzioni‹, breit angelegten orchesterbegleiteten einführenden Szenen. Der erste Akt endet mit einem Duett, der dritte mit einem Chor der Solisten. Die Sologesänge sind überwiegend Abgangsarien, entsprechend den etwa zur selben Zeit sich manifestierenden Konventionen der Opera seria. Ein Mittel von burlesker Komik ist hingegen die zum Teil ausgesprochen derbe Sprache. So ergeht sich der Capitano in der sechsten Szene des ersten Aktes in einer Beschimpfung Tollas, die an Derbheit nur wenig zu wünschen übrig läßt. Er sitzt auf der

1 Vgl. das Libretto von *La Cilla*.
2 *L'inutil precauzione ossia il barbiere di Siviglia*, I/4: Canzone des Grafen mit Antwort Rosinas.

Die frühe Commedia per musica (1700–1740)

Straße, während Tolla sich aus einem Fenster lehnt. Der Streit, der sich zwischen beiden entwickelt, gipfelt in einer Tirade des Capetà Masone: »Siente, Cacapatacche / Scalorcia, sbergognata / A ssà facce cacata, / Nce voglio fà cenquantamilia natecene.« (in etwa: Hör doch, die Klugscheißerin, / Schindmähre, schamlose / deren beschissenen Gesicht / will ich fünfzigtausend verpassen). Während diese Szene noch im Kern eine südländische volkstümliche Straßenszene sein mag, wie man sie vielleicht noch heute in den Quartieri Spagnoli Neapels erleben kann, verwendet die erste Szene des dritten Aktes gleich mehrere komische Topoi. Cienzo und Cannacchia sind betrunken, Cannacchia trägt Frauenkleider, beide lallen und rülpsen eine ganze Szene lang. Die Szene endet mit einer Arie des Cienzo. Auf die Trunkenheit folgt die Übelkeit, hier in Form einer »Erbrechensarie« des Cannacchia in der darauffolgenden dritten Szene. Dem gegenüber stehen Solostücke, die mit der metaphorischen Sprache der Opera seria spielen. In einer Soloszene des Capitano (I/16) heißt es in der Abgangsarie:[1]

Marte Ammore, guerra e pace	Mars und Amor, Krieg und Frieden
Stanno suocce mpietto à mme.	sind beide in meinem Herzen.
Ma già Marte s'è abbeluto	Doch Mars hat schon resigniert
Da che Ammore nc'è trasuto:	seitdem Amor hineingekommen ist:
Ed Ammore cchiù mme piace,	Und Amor gefällt mir mehr,
Cilla mia, mpenzann'à te.	wenn ich an Dich, meine Cilla denke.

So wie hier von Mars und Amor die Rede ist, so trifft man überall in dieser Commedeja pe' mmuseca auf Formulierungen, die aus der Opera seria vertraut sind: Passagen wie z.B. »aciervo affanno« (»acerbo affanno« – bittere Sorge, Arie des Tore II/2)[2], »O de stò pietto / Ammoruso dellietto« (»O di questo petto / amoroso diletto« – etwa: O dieser Brust / geliebte Erbauung)[3], »O stelle mmalorate / Si morta mme volite / Datemillo a la mpressa / Sto contiento« (etwa: Oh ihr unheilvollen Sterne / wenn ihr meinen Tod wollt / so gebt mir bald / diese Erlösung),[4] »Ombra afritta e desperata« (»Ombra aflitta e disperata«, Gepeinigter und verzweifelter Schatten)[5] wurden vom damaligen Publikum sicherlich als dialektal verfremdete Chiffren der höfischen Oper erkannt und entsprechend belustigt zur Kenntnis genommen.

Der Erfolg von *La Cilla* zog weitere Werke dieser Art nach sich und bewirkte, daß die neue Gattung eine Eigendynamik entwickelte, die zur Ausprägung eigenständiger Merkmale und schon bald zu einer schrittweisen weiteren Entfernung vom Modell der Opera seria führte.

Von Patrò Calienno de la costa *zu* Li zite 'ngalera *und* Amor vuol sofferenza*: Die Verselbständigung der Musikkomödie*

Patrò Calienno de la costa[6] ist ebenfalls ohne Musik überliefert und wurde 1709 im Teatro de' Fiorentini gegeben.[7] Die Musik schrieb Antonio Orefice, das Libretto jener rätselhafte Agasippo Mercotellis, den Benedetto Croce mit dem Juristen und Komödiendichter Nicolò Corvo identifizieren zu können glaubt.[8] Croce begründete seine Vermutung damit, daß die Handlung der genannten Commedeja pe' mmuseca bis auf wenige Einzelheiten identisch mit der von Corvos handschriftlich überlieferten Prosakomödie *La Perna* sei. Wie schon in *La Cilla* spielt auch im *Patrò Calienno* die Wiedererkennung als Verwirrungen lösender Faktor eine große Rolle. Zu den weiteren äußerlichen Gemeinsamkeiten gehören ferner die eröffnende ›volkstümliche‹ Szene mit einem entsprechenden Lied als koloritstiftendem Element sowie die durchweg ›volkstümlichen‹ Handlungsträger. Obwohl das Libretto ganz im Dialekt geschrieben ist, erweist sich das sprachliche Niveau im Vergleich zu *La Cilla* insofern als höher, als offenbar bewußt auf Kraftausdrücke verzichtet wurde. Zugleich ist die Zahl der sprachlichen Anspielungen auf die Opera seria zurückgegangen, ein Hinweis darauf, daß die Commedeja pe' mmuseca zu einer eigenen Sprache zu finden begann. Damit verbunden waren offenbar auch, soweit sich das aus dem Text ersehen läßt, Versuche, zu einem eigenen Formenkanon der geschlossenen Nummern und zu eigenen inhaltlichen Akzenten zu finden. So beginnen sich die nachmals für die Opera buffa typischen Tiraden zu häufen, jene langen, zum Teil an Aufzählungen reichen Monologe, die schon dem Stegreiftheater nicht fremd waren.[9] Zu diesen gehört die Arie des Caporale Sciarillo, der dem Diener des Titelhelden, Fortunato, seine zahlreiche Liebschaften aufzählt:[10]

---

1 *La Cilla*, S. 13.
2 Ebd., S. 27.
3 Ebd., S. 47.
4 Ebd., S. 47.
5 Ebd., S. 62.
6 *PATRÒ CALIENNO DELLA COSTA. Commeddia pe museca de lo dottore Agasippo Mercotellis. Posta 'n museca da lo segnore Antonicco Arafece*, Venedig 1709. Exemplar I-Nc Rari 10.7.3,1. Vgl. Sartori, *I libretti italiani*, Nr. 18213.
7 Für eine ausführliche Inhaltsangabe siehe M. Scherillo, *L'opera buffa napoletana durante il Settecento. Storia letteraria*, Neapel 1883 (Nachdruck Bologna 1975 [Biblioteca musica Bononiensis III/45]), S. 60–74.
8 Vgl. B. Croce, *I teatri di Napoli dal Rinascimento alla fine del secolo decimottavo*, Neapel 1916 (Nachdruck Mailand 1992 [Biblioteca Adelphi 258]), S. 158.
9 Vgl. dazu *Selva overo Zibaldone di concetti comici raccolti dal P. P. Placido Adriani di Lucca*, 1738 (I-PEc Ms. A 90).
10 *Patrò Calienno della Costa*, S. 36f.

Nce vorria no Razionale	Man bräuchte einen Rechner,
Pe poterele contà;	um sie zählen zu können.
Va contanno tu nfra tanto,	Zähle du inzwischen:
Miette Checca la Romana	Checca die Römerin,
Che pe mme fece no chianto	die mir so nachweinte,
Che restaje co la scazzimma,	daß es ihr die Augen verklebte,
Pò na fravola Tedesca,	dann die deutsche Erdbeere,
Bella, janca, chiatta, e fresca,	hübsch, weiß, rund und frisch.
Puccia appriesso Melanese;	Dann Puccia, die Mailänderin,
Betta pò che co lo canto	Betta, die mit dem Gesang
(Chesta mo è Beneziana)	(sie ist Venezianerin)
Te facea cose de spanto;	Wunderbares fertigbrachte;
Nne vuò chiù? de sto paese	Willst du mehr? Aus dieser Stadt
Nce sarria po Fata, e Lella,	wären noch Fata und Lella,
Lisa, Dea, e Cannetella;	Lisa, Dea und Cannetella;
Fortonà, no miezzo munno	Fortonato, die halbe Welt,
Nn' averraggio affé scartato	habe ich stehen lassen,
Senza l'aute che stofato,	ohne weiteres, da ich ermüdet
L'aggio ditto tunno, tunno,	diesen klar und deutlich gesagt
Mme volite à lo dereto	habe, in einen Abgrund wollt ihr
Proprio fà precepetá.	mich stürzen!
Nce vorria no Razionale … ecc.	Man bräuchte …

Alle drei Akte enden mit einem Ensemble, im Falle des dritten Akts mit einer ›mattarella‹, einer volksmusikalischen Szene mit Tanz und Gesang unter Beteiligung von Tamburins, Colascione und Arciliuto:[1] Die Aktschlüsse bekommen dadurch äußerlich eine deutlich unterschiedene Gewichtung. Ihre dramaturgische Funktion ist jedoch noch nicht so klar umrissen, wie es in der späteren Opera buffa der Fall sein wird. Sie sind lediglich turbulent-komischer (Akt I und II) bzw. fröhlich-festlicher Höhepunkt eines Handlungsabschnitts, ohne eine bewußt auf den gesamten Handlungs- und Spannungsbogen ausgerichtete Funktion.

In der Spielzeit 1718–1719 wurden im Teatro de' Fiorentini zwei in Toskanisch verfaßte Musikkomödien gegeben, *Il trionfo dell'onore* und *Il gemino amore*[2], die lediglich als kurze, für die Entwicklung der Gattung zu diesem Zeitpunkt nicht maßgebliche Episode Erwähnung finden sollen: beide Stücke stammen im Libretto von Francesco Antonio Tullio und haben, für den Gattungszusammenhang untypisch, ›heroische‹ Züge.[3] Nicht zuletzt darin wird der Grund dafür zu suchen sein, daß eines dieser zwei Libretti, *Il trionfo dell'onore*, vom damaligen Hofkapellmeister Alessandro Scarlatti vertont wurde.[4] Die Verherrlichung der ›virtù‹, des adeligen Ehrenkodex und die Ausgrenzung des Dialekts nähern diese Stücke so weit an die höfische Oper an, daß auch ein Komponist ersten Ranges sich zu seiner Mitwirkung bekennen konnte. Dieser Versuch der Veredelung der Commedeja schlug offenkundig fehl, weil er einer Entwicklung vorausgriff, die sich erst im Anfangsstadium befand: der Etablierung zweier unterschiedlicher Sprachniveaus – des neapolitanischen Dialekt und des Toskanischen – im Zusammenhang mit der Einführung romantischer und ernster Elemente. Bernardo Saddumene hatte wesentlichen Anteil daran, wie schon aus der Commedeja pe' mmuseca *Li zite 'ngalera* (Das Mädchen auf der Galeere, Teatro de' Fiorentini 1722, 3 Akte) ersichtlich ist, zu der er das Libretto schrieb. Die Musik zu diesem Werk, die erstmals mehr oder weniger vollständig überliefert ist, schrieb Leonardo Vinci (1696–1730). *Li zite 'ngalera* ist die achte oder neunte von Vincis insgesamt elf oder zwölf Commedeje[5] und zeigt im Libretto deutliche Einflüsse der Mantel- und Degen-Literatur, eine Annäherung, die von Saddumene im Vorwort seiner Commedeja *La noce de Veneviento* (Teatro de' Fiorentini 1722) programmatisch angekündigt wurde. Zu den dramatis personæ gehören neben Personen aus dem einfachen Volk bzw. aus der bürgerlichen Sphäre (Col'Agnolo, ein Barbier; Ciccariello, dessen Gehilfe; Meneca Vernillo, Witwe eines Seefahrers; Ciomma Palummo, eine Verwandte derselben; Titta, Menecas Sohn; Federico Mariano, Galeerenkapitän und Belluccia, seine Tochter, die sich als Mann verkleidet und unter dem Namen Peppariello auftritt) auch ein adeliger Herr aus Sorrent, der die Tochter des Kapitäns Federico Mariano, Belluccia, vor Jahren schmählich verlassen hat. Der Konflikt ergibt sich nicht aus in Unkenntnis wahrer verwandtschaftlicher Beziehungen eingegangenen unmöglichen Liebesbeziehungen, sondern aus der Verletzung des adeligen Ehrenkodex. Der flüchtige und wortbrüchige Liebhaber, dem die Verlassene in Männerkleidung nachspürt, ist ein Motiv, das auch in späteren Buffa-Werken eine Rolle spielt

---

[1] Vgl. dazu auch D. Brandenburg, *Zu Tanz und Bewegungsphänomenen in der Opera buffa des 18. Jahrhunderts*, in: *Tanz und Bewegung in der barocken Oper. Kongreßbericht Salzburg 1994*, hg. v. S. Dahms und S. Schroedter, Innsbruck und Wien 1996 (Derra de Moroda Dance Archives 3), S. 159–173.

[2] Vgl. dazu F. Florimo, *La scuola musicale di Napoli e i suoi conservatorii, con uno sguardo sulla storia della musica in Italia*, Bd. IV: *Elenco di tutte le opere in musica*, Neapel 1881 (Nachdruck Bologna 1969 [Biblioteca musica Bononiensis III/7]), S. 40.

[3] Scherillo bezeichnet die genannten Stücke als »eroico-borghesi« (*L'opera buffa napoletana*, S. 96).

[4] Strohm, *Die italienische Oper*, S. 147f.

[5] Vgl. dazu R. Strohm, Artikel »*Leonardo Vinci, Li zite 'ngalera*«, in: *Pipers Enzyklopädie des Musiktheaters*, hg. v. C. Dahlhaus und dem Forschungsinstitut für Musiktheater der Universität Bayreuth unter Leitung v. S. Döhring, Bd. 6, München und Zürich 1997, S. 505ff.: 505.

Vorwort des Librettisten Bernardo Saddumene zu *La noce de Veneviento*, in dem er die Annäherung an die Mantel- und Degen-Komödie (Commeddia de cappa e spata) und die Einführung von »Personen von Stand« (perzune cevile) programmatisch ankündigt (Z. 4ff.): »[...] und deshalb habe habe ich sie nicht wie üblich gestaltet, also nur mit einfachen Leuten, sondern habe auch gehobenere Personen eingeführt, so als wäre es eine Komödie (wie man so sagt) mit Mantel und Degen, um etwas neues zu machen, nicht so sehr um die Szenen zu verändern, als wegen des Neapolitanischen [...]«. (Bologna, Civico Museo Bibliografico Musicale G. B. Martini).

A Chi me fà piacere de leggere.

Avenno da componere sta Commedia, haggio havuto da obbedire a chi me l'hà commannata, e non fareme strafcenare da lo gusto mio; e perzò non ll'haggio fatta comm' a lo sfoleto, sulo de perzune prebeje, ma ng' haggio mmefcato pure perzune cevile, justo justo si fosse na Commeddia (comme se sole dicere) de cappa, e spata, pe fà na cosa nova, non tanto pe le mutaziune de Scene, quanto pe lo pparlà Napoletano, ch'è de doje manere, chiù cevile, e chiù grossolano, p'assomigliareme a chi parlava, e pe non fà tanto defficele la lengua nostra a cierte Frostiere, che la rapprefentano. Sì haggio fatto buono, mille grazie a chi me l'hà fatto fare; e si nò, scofateme, ca si chiù sapeya, meglio faceva; ed io ne stò aspettanno la settenza da chi ne sape, e la compassejone da chi hà descrezzione, ca dell' aute poco me ne curo; e ponn'abbajare quanto vonno (e non nce mancarrà chi me faccia sta cortesia) ca io attenno a dormire, e nò me sceto pe darele sto gusto de vedereme correre pe secotarele.

Chello, che m' haggio mmentato, è. No Patre galant' ommo haveva no figlio sulo, c' amava, ed era amato da na parente soja, chiamata Lilla; e perche n' auta parente, chiammata Cintia, s' era nnammorata d'isso, vedenno ca non poteva fà niente, pe sfuoco se confedaje co la Notriccia, che senza direle la malantenzione soja, fece fare na fattura a no schiecco de Lilla, azzocchè non amasse chiù lo giovane, che se chiammava Mimmo, comme soccesse. Sto poveriello pe sta motazione trasie ntanta malenconia, che lo Patre pe farelo stà alliegro, teneva spisso commerzazione de pariente, ed amice; ma chesto non havarria jovato eria, si la Notriccia de Cintia non havessè scopierto la mbroglia a la Notriccia de Mimmo, che co l' ajuto de la Fattocchiara jette a Veneviento a guastà la fattura, e ne soccesse chello, che leggiarraje.

Ntuorno a chesto m'accorre de dicere doje cose pe defesa mia. La primma, che non m' accuse d'havè appojato la favola ncoppa a no cunto de vecchiarelle, che sò le ffattecchie, è la Noce de Veneviento. Pecchè te responno, ca le ffatture, pe movere amore, ed odio, se danno, e non è cunto de vecchie. E la Noce de Veneviento, addò se facevano stregonarie, è fama prubbeca, che nc'è stata, si è lo vero, no lo sfaccio, me vasta esfereme abbiato co la Poeteca d'Arazio; *Aut verum, aut famam sequere*. E si sta Noce non nce stà mò, nò mporta; li Pojete, che ponno chiantà laure, e mortelle, ponno puro pastenà na noce, o na castagna.

L' auta cosa è ncoppa a lo titolo. LA NOCE DE VENEVIENTO; addove me dirraje, c' a li Poeme, Traggedie, Commeddie, ed aute Poesie, lo titolo se piglia da l'azione prencepale, o da la primma perzona, e maje da lo luoco, o da carcauta còsa. Ed io te responno, ch'è lo vero nquanto lo luoco sulo; ma si lo luoco è accompagnato dall'azione è fauzo; Perchè Omero decette. *Iliade*, azoè la guerra fatta ad Ilio. Tasso. *La Gerusalemme liberata*, ch' è no titolo composto de luoco, ed azione. Statio scrisse *La Tebaide*, comme fece Omero, &c. E co chesta regola facette io a doje Commeddie, lo titolo de *Castiello Sacchejato*, e de *Funnaco Revotato*, ch' è composto de luoco, e d'azejone.

Nquanto all' aute ccose, puro è fauzo, si ntuorno ad essa se fà l'azione prencepale; e nfrà ll'aute lo ffà vedere Plauto, che ntetolaje paricchie Commeddie soje da le ccose, ch' erano soggetto de l'azione; comme fonco *l'Aulularia*, *l'Asi-*
l'Asinaria, *la Cistellaria*, *lo Trinummo*; e accossì haggio fatto mò io, c'haggio pigliato lo titolo da la *Noce de Veneviento*, addove segno, che se fece, e se guastaje la fattecchia, ch'è lo soggetto de sta Commedia. Ma si non te piacesse, Amico, fancillo meglio tu, ca te ne vaso le mmano.

Le pparole *Sciorte*, *Fato*, *Destino*, &c. già se sapa, ca sò chiacchiare de Pojete, e comme tale me ne sonco servuto, ma faccio chello, che devo credere, e dicere comme Cristiano, e te vaso le mmano.

MUTANZE DE SCENA.

Loggia sopra mare guarnuta de teste de fiure.
Spiaggia de mare a lo Burgo de Lorito.
Vuosco de Veneviento.

BALLE.

De Galantuommene vestute a la Franzése.
De Pescature.
De Stregune.

Lo Derettore de li Balle lo Sio Rocco Luonco.

La Scena a lo Burgo de Lorito a Napole.

Napole 6. Aprile 1722.

Umel. Dev. ed Obbreg. Schiavo
Velardino Bottone Mpresario.

(nicht zuletzt in Vertonungen des Don Juan-Stoffs) und zweifellos auf die Tradition spanischer Mantel- und Degen-Sujets zurückzuführen ist. Anders als in der späteren Opera buffa ist es hier aber nicht der Adelige, der Toskanisch spricht, sondern der Galeeren-Kapitän Mariano, derjenige also, der zum Schluß für ein glückliches Ende und die Wiederherstellung der Ehre Belluccias sorgt.

Eine gattungsgeschichtliche Einordnung von *Li zite 'ngalera* speziell unter musikalischem Aspekt ist insofern nicht unproblematisch, als es in dieser Hinsicht an Vergleichsmöglichkeiten mit vorhergehenden Commedeje pe' mmuseca fehlt.[1] Die insgesamt in ihren instrumentalen Mitteln und musikalischen Formeln recht einfach gehaltene Partitur könnte jedoch dadurch, daß sie auf die praktischen Gegebenheiten des Teatro de' Fiorentini zugeschnitten sein mußte, durchaus als beispielhaft für die Gattung angesehen werden. Diese Einfachheit der Mittel wird von Vinci in Abstufungen, auf verschiedenen Stilebenen benutzt, von der reinen Folklore bis hin zu tragischem Pathos. Das Stück beginnt mit einem volkstümlichen Lied des Barbiergehilfen Ciccariello, das den Versuch erkennen läßt, authentische Volksmelodie einzufangen (siehe Beispiel S. 105), und die simpelste der stilistischen Stufen darstellt. Vinci zielt in seiner Vertonung vornehmlich auf Verdeutlichung, nicht auf Ausdeutung des Textes, und läßt in der Lebhaftigkeit des musikalischen Duktus vielfach klar erkennen, welche Bedeutung die szenisch-gestische Seite für den Textvortrag in Rezitativ und Arie hatte.[2] Interessant im Hinblick auf die bereits angesprochene Anlehnung der Commedeja pe' mmuseca an Modelle der Opera seria ist die Tatsache, daß auch bei *Li zite 'ngalera* die hohen Stimmen (Sopran und Tenor) überwiegen und sogar Männerrollen (Carlo und Ciccariello) als Sopran- bzw. Altpartien (Titta, gesungen von männlichem Alt) konzipiert wurden. Die Tatsache, daß der Protagonist (Carlo) mit einer Sopranstimme zu besetzen ist, deutet klar auf das Seria-Vorbild des primo uomo hin, der fast ausschließlich mit einem Kastraten besetzt wurde. Eine Übernahme aus den Scene buffe der älteren Opera seria ist hingegen Meneca, die von einem Tenor gesungene komische Alte. Die Orientierung an der Rollenhierarchie der Opera seria brachte es zudem auch mit sich, daß die Commedeje weitgehend von Arien dominiert wurden, da diese für die Bestimmung des Rangs einer Partie von besonderer Bedeutung waren.

Die Vorliebe für hohe Stimmen läßt sich auch noch bei späteren Werken feststellen, so z.B. bei Giovanni Battista Pergolesis *Lo frate nnamorato* (Der verliebte Bruder, Teatro de' Fiorentini 1732) und *Il Flaminio* (Teatro Nuovo sopra Toledo 1735, beide Libretti stammen von Gennaro Antonio Federico) sowie bei Leonardo Leos *Amor vuol sofferenza* (Lieben heißt leiden, Teatro Nuovo sopra Toledo 1739). Auch in diesen Werken wurde der liebende Protagonist nicht von einer Männerstimme, sondern von einem vermutlich weiblichen Sopran gesungen. Nach Vincis *Li zite 'ngalera* nehmen zudem die toskanisch sprechenden Personen beständig größeren Raum ein: Während in Vincis genanntem Werk nur eine der dramatis personæ sich nicht im Dialekt ausdrückt, sind es in Leonardo Leos *Amor vuol sofferenza* nur noch zwei, die neapolitanisch reden. Dies ist ein deutliches Zeichen dafür, daß die Commedeja pe' mmuseca sich von ihrer strengen lokalen Bindung zu emanzipieren begann, ganz im Sinne der von Saddumene avisierten Anpassung der Texte an überregionale Bedürfnisse.[3] Das bedeutet aber auch, daß die Musikkomödie in zunehmendem Maße von Gestalten bevölkert wurde, die entweder nicht aus Neapel stammen, oder sich durch das Toskanische als sozial höher gestellte Personen zu erkennen gaben. Daß durch solche Charaktere natürlich auch neue Umgangsformen, Werte und Moralvorstellungen eingebracht wurden, versteht sich von selbst. Die jungen Liebenden, um die sich die Verwicklungen ranken, im Jargon der Theaterleute »Amorosi« oder »Innamorati« genannt, gehörten dann schließlich auch zu den toskanischen Rollen, waren sie doch seit Saddumene zumeist bürgerlich oder adelig. Sie trugen, ganz in der Tradition des Stegreiftheaters, arkadische bzw. literarische Namen: Ascanio und Lugrezia (*Lo frate nnamorato*, beides allerdings noch Dialekt-Partien), Flaminio und Giustina (*Il Flaminio*), Alessandro und Eugenia (*Amor vuol sofferenza*). Durch sie bekam die Commedeja auch zunehmend pathetische Züge, man denke z.B. an Ascanios Arie »*Ogne pena cchiù spiatata*« (I/13) oder Eugenias »*Mi vuol già misera*« (*Amor vuol sofferenza*, I/6). Die Einführung nicht-dialektaler Partien hatte auch eine theaterpraktische Seite: Der Erfolg der Commedeja pe' mmuseca hatte dazu geführt, daß sich auch die Sänger der Hofbühne für die Gattung zu interessieren begannen und daß somit die Interpretation einen höheren Grad an Professionalität erlangte. Da viele derselben nicht aus Neapel stammten, waren sie in dia-

---

[1] Zur musikalischen Seite des Werks siehe auch N. D'Arienzo, *Origini dell'opera comica*, in: Rivista musicale italiana 2 (1895), S. 597–628, 4 (1897), S. 421–459, 6 (1899), S. 473–495, 7 (1900), S. 1–33: 6 (1899), S. 473–488.

[2] Strohm, Artikel »Leonardo Vinci«, S. 506–507.

[3] Vgl. Strohm, *Die italienische Oper*, S. 160.

Notenbeispiel rechte Seite: Canzone des Ciccariello aus Leonardo Vincis *Li zite n'galera*, I/1.

Die frühe Commedia per musica (1700–1740)

(folgt Rezitativ)

lektalen Rollen nicht einsetzbar, konnten aber toskanisch singen: der umjubelte Interpret des Fazio Tonti in Leos *Amor vuol sofferenza*, Gioacchino Corrado, kam z.B. aus Bologna.

Musikalisch gesehen wird Leos Werk von Da-capo-Arien bestimmt.[1] Eine Canzone der Vastarella am Anfang des ersten Akts und ein strophischer Wechselgesang zwischen den beiden Dialektpartien (Vastarella und Mosca) am Ende des zweiten verweisen in ihrem volkstümlichen Gepräge auf die Anfänge der neapolitanischen Musikkomödie.[2] *Amor vuol sofferenza* war eine der wenigen frühen Commedeje, die auch in Rom und Venedig gespielt wurden, und befindet sich, trotz des nach wie vor spürbaren Vorbilds der Opera seria, an der Schwelle zu einer eigenständigen komischen Musiksprache. Allmählich wird auch in dieser die Satire spürbar (s. z.B. Moscas *»Se l'oscia non stace apposto«*, eine komisch verzerrte heroische Arie), die in der späteren Opera buffa zu einer Distanzierung von der Opera seria führt und sie endgültig zu deren stärkster Gegenspielerin und Konkurrentin werden läßt.

Das frühe Intermezzo (1700–1740)

Während in der Opera seria des 17. Jahrhunderts noch Helden und Herrscher zusammen mit komischen Gestalten auftraten, die zumeist auf der Ebene der Diener angesiedelt waren, begann sich um die Wende zum 18. Jahrhundert und in Zusammenhang mit Reformbestrebungen, die heute vornehmlich mit dem Namen Apostolo Zeno in Verbindung gebracht werden, eine Trennung zwischen ernster und heiterer Handlung abzuzeichnen. Dies geschah zunächst in der Weise, daß komische Episoden, die eigentlich immer auf der Dienerebene stattfanden, jeweils an das Ende der einzelnen Akte verbannt wurden. Protagonisten dieser komischen Szenen, die aufgrund ihrer Kürze von der Konfrontation nur zweier Handlungsträger leben mußten, waren entweder eine komische Alte, die sich in einen jungen Mann verliebt hatte, ein alter Sonderling, der einer jungen Dienerin schöne Augen machte, oder auch ein keifendes und streitendes Dienerpaar.[3] Eine bedeutende Sammlung solcher ›Scene buffe‹ (komische Szenen), die in der Sächsischen Landesbibliothek zu Dresden aufbewahrt wird[4] und u.a. Ver-

1 Ebd., S. 162f.
2 Vgl. dazu F. Degrada, *Amor vuol sofferenza*, in: *Amor sacro e amor profano*, hg. v. P. Pellegrino, Lecce 1997, S. 29–49: 42ff.

3 C. E. Troy, *The Comic Intermezzo. A Study in the History of Eighteenth-Century Italian Opera*, Ann Arbor 1979 (Studies in musicology 9), S. 22. Piperno, *Il teatro comico*, S. 135.
4 D-Dl 1.F.39 I/II.

Titelseite des Librettodrucks zu *Lesbina e Milo* von 1706. Durch die Bezeichnung »Intermedii« (eine Variante zu dem später verbreiteten Begriff »Intermezzo«) wird hier erstmalig die Loslösung der »scene buffe« von der Opera seria und ihre Etablierung als selbständige Gattung auch begrifflich dokumentiert. Die Tatsache, daß hier ein Intermezzo nicht mehr wie bisher innerhalb des Librettos einer Opera seria, sondern in einem separaten Druck verbreitet wird, unterstreicht diese Verselbständigung auch äußerlich. (Biblioteca Nazionale Braidense, Mailand).

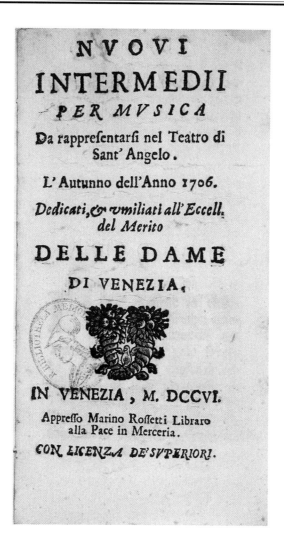

Abbildung linke Seite: Das heute nicht mehr existierende Teatro Sant'Angelo in Venedig (rechte Bildhälfte, mit dem Dreiecksgiebel) in einer alten Ansicht. Es lag am Canal Grande, der Hauptverkehrsader der Stadt und war nur eines von mehreren seiner Art. Das rege Theaterleben machte die Lagunenstadt zu einem der bedeutendsten Opernzentren Italiens. Im Jahre 1706 wurde im Teatro Sant' Angelo das Intermezzo *Lesbina e Milo* auf die Bühne gebracht. (Biblioteca Nazionale Marciana, Venedig).

5 Troy, *The Comic Intermezzo*, S. 21–22.
6 Vgl. dazu F. Piperno, *L'intermezzo comico a Napoli negli anni di Pergolesi: Gioacchino Corrado e Celeste Resse*, in: Studi pergolesiani/Pergolesi Studies 3 (1999), S. 157–171: 158. Ders., *Il teatro comico*, S. 135f.
7 Ausführliches Zitat des Vorworts bei Troy, *The Comic Intermezzo*, S. 180, Anm. 39.

tonungen von Alessandro Scarlatti, Giovanni Bononcini und Francesco Gasparini enthält, zeigt, daß die Anbindung dieser Episoden an die Haupthandlung in den ersten Jahren des 18. Jahrhunderts schon so lose war[1], daß man sie aus ihrem Zusammenhang herauslösen konnte. Darüber hinaus weisen die genannten Stücke eine weitere Gemeinsamkeit auf: sie stammen aus Opernwerken, die um 1700 für Neapel komponiert worden waren und wurden vermutlich alle, mit verschiedenen Partnern, vom Mantuaner Baß Giovanni Battista Cavana[2] interpretiert, einem Sänger, der maßgeblich zum Erfolg der Szenen und damit zur Konstituierung der Gattung ›Intermezzo‹ beigetragen hat. Mit ihm etablierte sich jenes symbiotische Verhältnis zwischen dem Intermezzo und ihren Sänger-Interpreten, das der neuen Gattung zu europaweitem Ruhm verhelfen sollte.

Die Loslösung der Szenen aus der Opera seria ihrer Uraufführung und die auch durch den Erfolg ihrer Interpreten herausgeforderte immer größer werdende Eigenständigkeit begünstigten die Rezeption der Gattung als Einlage, als Fremdkörper innerhalb einer Opera seria, und verlangten dementsprechend eine eigene Gattungsbezeichnung: aufschlußreich ist in diesem Zusammenhang ein anonymes Vorwort zum Libretto der Wiederaufnahme von Silvio Stampiglias *La Partenope* 1707 in Venedig, das dem Publikum erklärt, man habe die ursprünglich 1699 in Neapel gegebene Oper dergestalt verändert, daß man die komischen Szenen, die ›Intramezzi‹, herausgenommen habe, ein deutlicher Hinweis darauf, daß im damaligen Sprachgebrauch die komischen Szenen schon als »Einlage« oder »Fremdkörper« in einer sonst ernsten Handlung verstanden wurden.[3] Endgültig anerkannt wurde die dramaturgische, inhaltliche und stilistisch-musikalische Selbständigkeit des Intermezzos in dem Moment, in dem damit begonnen wurde, für diese komischen Szenen ein eigenes Libretto zu drucken, auf dessen Titelseite deutlich auf deren Aufgabe hingewiesen wird. Dies geschah erstmals in Venedig, im Herbst 1706, als für das Teatro Sant'Angelo ein Libretto mit *Nuovi Intermedii per musica*[1] veröffentlicht wurde. Allerdings waren diese ersten Intermezzi noch aus Arien und Duetten zusammengesetzt, die anderenorts in Scene buffe erklungen waren. Bis zum Jahr 1710 hatte sich diese neue Gattung dann in Venedig, insbesondere am Teatro San Cassiano fest etabliert. Dort waren damals der bereits erwähnte Buffo Giovanni Battista Cavana und als seine Partnerin die Sängerin Santa Marchesini tätig. Aus der Zusammenarbeit von Cavana, der vermutlich auf der Suche nach neuen Möglichkeiten war sein im Repertoire der Scene buffe erprobtes Können unter Beweis zu stellen, mit dem Dichter Pietro Pariati[2] sowie mit den Komponisten Antonio Lotti, Tommaso Albinoni und Francesco Gasparini ging in den Jahren 1706–1710 eine ganze Reihe von Intermezzi hervor, deren männliche Partien offenkundig ganz auf diesen Sänger und dessen besondere darstellerische Fähigkeiten zugeschnitten waren. Auch wenn der Textdichter in den einschlägigen Libretti nicht genannt wird, so spricht ihre gegenüber der übrigen zeitgenössischen Produktion auffällige literarische Qualität dafür, daß sie mit größter Wahrscheinlichkeit aus der Feder Pariatis stammen. Durch ihn wurde der Alltag des bürgerlichen Lebens und der Rückgriff auf berühmte literarische Vorlagen, wie es die Werke Molières waren, zu festen Bestandteilen der neuen Gattung. Die Stücke des französischen Komödiendichters lieferten in der Folgezeit den Stoff zu mehreren Intermezzi,[3] so zu *Erighetta e Don Chilone*, auch bekannt als *Il malato immaginario* (Der eingebildete Kranke, 1707), *L'avaro* (Der Geizhals, Venedig 1720, Text von Antonio Salvi, Musik von Francesco Gasparini,) und *L'artigiano gentiluomo* (*Larinda e Vanesio*, Florenz 1722, von Salvi und Giuseppe Orlandini). Als topische Situation bürgerlichen Lebens etablierte sich hingegen der Konflikt zwischen einem alten wohlhabenden Bürgersmann auf Freiersfüßen und einer auf sozialen Aufstieg erpichten jungen Dienerin,[4] siehe z.B. *Vespetta e Pimpinone* (1708), *Serpilla e Bacocco* (*Il marito giocatore e la moglie bacchettona*, Venedig 1719, von Salvi und Orlandini) bis hin zu *La serva padrona* (Neapel 1733, von Gennarantonio Federico und Giovanni Battista Pergolesi).

Neueren Erkenntnissen zufolge[5] war es zunächst vor allem Cavana, der dem Intermezzo auch in anderen Gegenden Italiens Verbreitung verschaffte. Nach seiner Ankunft in Neapel (Frühjahr 1709) trug er wesentlich dazu bei, die dortige Tradition der Scene buffe zu überwinden. Als er Neapel 1710 vorübergehend wieder verließ, blieb seine Partnerin Santa Marchesini dort und führte das Repertoire mit neuen Partnern fort, darunter dem Baß Gioacchino Corrado, der seinerseits dann wieder zum Vermittler der für das Intermezzo spezifischen Aufführungstraditionen wurde und diese an eine weitere Generation von Sängern und Sängerinnen weitergab. Einige von diesen, darunter Filippo Laschi, Pietro Pertici und Antonio Ristorini, um nur einige wenige zu nennen, führten durch ihre Reisen das Intermezzo zu internationalem Erfolg.

Um 1720 wurde Neapel endgültig zur führenden Produktionsstätte der Gattung und das »neapolitanische« Intermezzo zum internationalen Exportschlager. Das erste Intermezzo aus Neapel, das über die Landesgrenzen hinaus bekannt wurde, war *Brunetta e Burlotto* von Domenico Sarro. Es wurde als Einlage zu *Ginevra principessa di Scozia*, einer Opera seria desselben Komponisten uraufgeführt (Neapel, Teatro San Bartolomeo 1720). Ein Jahr später wurde es in Rom gespielt und 1724 gelangte es in Venedig in Zusammenhang mit Tommaso Albinonis *Didone abbandonata* zur Aufführung (unter dem Titel *La capricciosa e il credulo*).[6] Ein weiterer Beitrag Sarros zur Gattung war *L'impresario delle Canarie* (*Nibbio e Dorina*), der erstmals 1724 zwischen den Akten seiner *Didone abbandonata* (Neapel, San Bartolomeo) gespielt und dann über die Grenzen Neapels hinaus bekannt geworden ist. Der Komponist Neapels, der den zahlenmäßig größten Beitrag zur Gattung lieferte, war der Deutsche Johann Adolf Hasse, der zwischen 1726 und 1730 für Neapel mindestens sieben Intermezzi schrieb. Sein wohl bekanntestes Werk, *La Scintilla e Don Tabarrano*, wurde in den Sekundärquellen häufig mit Pergolesis beliebtem und vielfach bearbeitetem Stück *La contadina astuta* (*Livietta e Tracollo*, Neapel, Teatro San Bartolomeo 1734, Text von Tommaso Mariani, als Einlage zu Pergolesis *Adriano in Siria*) verwechselt. Zwei späte Beispiele der Gattung, Pergolesis genannte *Contadina* und seine *Serva padrona* (Neapel, Teatro San Bartolomeo 1733, Text von Gennarantonio Federico, als Einlage zu Pergolesis *Il prigionier superbo*), haben als Auslöser der Pariser Querelle des Bouffons (1752–54) in der Rezeption das Bild der Gattung vielleicht am nachhaltigsten geprägt.

---

1 Sartori, *I libretti italiani*, Nr. 16826.
2 Vgl. dazu R. Strohm, *Pietro Pariati librettista comico*, in: *La carriera di un librettista. Pietro Pariati da Reggio di Lombardia*, hg. v. G. Gronda, Bologna 1990, S. 73–111, besonders S. 92.
3 Troy, *The Comic Intermezzo*, S. 79f.
4 H. Weber, *Der Serva-padrona-Topos in der Oper*, in: Archiv für Musikwissenschaft XLV (1988), S. 87–110: 90.
5 Piperno, *Il teatro comico*, S. 137.
6 In beiden Fällen wird in Venedig für das Intermezzo kein Autor angegeben. Da jedoch Gioacchino Corrado und Santa Marchesini die Ausführenden waren, ist es unwahrscheinlich, daß sie ein Stück, das sie kurz vorher in Neapel gesungen haben, in Venedig in der Vertonung eines anderen Autors interpretiert haben. Vgl. dazu Troy, *The Comic Intermezzo*, S. 42.

Das frühe Intermezzo (1700–1740)

Die Tatsache, daß die Intermezzi in der Regel mit nur zwei Sängern und bescheidener szenischer Ausstattung auskamen, ließ sie zum idealen Repertoire für kleinste Ensembles (die vielfach aus einem Sängerehepaar bestanden) werden, die durch ihre Reisen für eine auch im Bereich der Ausformungen der komischen Oper ungewöhnlich weitreichende Verbreitung und für hohe Aufführungszahlen sorgten. Darüber hinaus gehörten Intermezzi zum Spielplan zahlreicher Theatertruppen, wie z.B. der von Pietro und Angelo Mingotti oder der des Eustachio Bambini, die zum Teil noch bis um die Mitte des Jahrhunderts mit solchen Stücken das Publikum zu unterhalten wußten. Für die Beliebtheit der Gattung spricht auch die große Zahl der Stücke, die in einem Zeitraum von nur dreißig Jahren (die Blütezeit des Intermezzo erstreckte sich eigentlich nur bis etwa 1740) entstanden sind. Beredtes Zeugnis dafür ist das umfangreichste Compendium der Gattung, die 1723 in Mailand erschienene Sammlung *Raccolta copiosa d'intermedj, parte da rappresentarsi col canto, alcuni senza musica, con altri in fine in lingua milanese*[1], in der zum Gebrauch von Lesern, Komponisten und Impresari 54 Intermezzo-Texte zusammengestellt sind.

Während des gesamten 18. Jahrhunderts hieß das Einzelwerk innerhalb dieser Gattung zumeist ›Intermezzi‹. Der Plural erklärt sich dadurch, daß gewöhnlicherweise die einzelnen Teile eines solchen Stücks im Singular als »Intermedio / Intermezzo primo, secondo« usw. (erstes, zweites Intermedio / Intermezzo) bezeichnet wurden und somit jedes dieser Stücke aus mehreren Intermezzi bestand.

Als 1735 in Neapel die Intermezzi per Dekret von der Bühne des Teatro San Bartolomeo verbannt und durch Ballette ersetzt wurden, setzte der Niedergang der Gattung ein, obgleich Intermezzi auch weiterhin und noch bis über die Mitte des Jahrhunderts hinaus in den Opernstädten Europas ihre Wirkung entfalten konnten.

Text, Dramaturgie, szenische Darstellung und Musik

Bei den Theoretikern der Zeit findet das Intermezzo nur selten Erwähnung. Einer der wenigen Ausnahmen ist der Literaturforscher Francesco Saverio Quadrio, der sich wie folgt äußert:

»Ora come sì fatti Intermedj in musica si sogliono alla maniera distendere, e rappresentare, che far si suole de' Melodrammi, sarebbe qui un gittar l'opera, se noi volessimo in altre parole allargarci. Basterà qui brevemente avvertire, che quanto allo stile, ed a' versi le stesse regole in questi camminano, che nell'altre poesie per Musica.
    Quanto alla divisione de' medesimi Intermedj in Atti o in Parte, o in Iscene, ciascuno fino al presente ha fatto ciò, che gli è caduto in capriccio di fare. Non sarebbe, se non da lodare, se a questi pure si procurasse di dare proporzionevole e giusta forma.«[2]
(Wie nun die Intermedi in musica nach Art der Melodrammi geschrieben und aufgeführt werden, wäre hier zu schwierig auszuführen, ohne zu viel Worte zu verlieren. Deshalb soll nur kurz darauf hingewiesen werden, daß sie vom Stil und den Versen her den gleichen Regeln gehorchen, wie die anderen Dichtungen für Musik.
    Was die Unterteilung der Intermedj in Akte, Teile oder Szenen anbelangt, so hat bis heute jeder das so gehandhabt, wie er gerade Lust hatte. Das wäre durchaus lobenswert, wenn man dafür Sorge tragen würde, daß sie wohlproportioniert und die richtige Form haben.)

Kern der knappen Bemerkungen zum Intermezzo ist die Aussage, daß dieses in den seiner Textgestalt zugrunde liegenden Regeln sich nicht von einer Opera seria unterscheidet. Die Unterschiede in der Makrostruktur, also in der Art und Anzahl der »Teile«, die von Quadro der Laune des Textdichters zugeschrieben werden, hingen hingegen maßgeblich von der Gestalt des »Trägerstücks« ab[3], der Opera seria, mit der es zunächst aufgeführt wurde. Die Zweiteiligkeit konnte sich als formaler Standard erst in dem Moment durchsetzen, in dem sich die dreiaktige Opera seria metastasianischer Prägung als Modell zu etablieren begann und Seria-Werke mit vier oder fünf Akten der Vergangenheit angehörten. So ist z.B. Francesco Gasparinis Intermezzo *Lisetta e Astrobolo* vierteilig, weil es 1707 im Teatro S. Cassiano in Venedig mit seiner fünfaktigen Opera seria *Taican rè della Cina* gegeben wurde. Domenico Sarros *L'impresario delle Canarie* ist hingegen zweiteilig (Neapel, Teatro San Bartolomeo 1724), da es mit der dreiaktigen Opera seria *La Didone abbandonata* (Vertonung des ersten Librettos des jungen Metastasio) uraufgeführt wurde.

Die Teile bestanden ihrerseits wiederum aus Arien und Rezitativen in abwechselnder Reihenfolge, mit einem Duett als Abschluß. Normalerweise wurde jedem der beiden Protagoni-

---

1 Troy, *The Comic Intermezzo*, S. 57–61.
2 F. Quadrio, *Dalla storia e ragione d'ogni poesia*, Bologna 1739–1752, Bd. III, S. 505f., zitiert nach: Troy, *The Comic Intermezzo*, S. 194, Anm. 23.
3 Zu diesem Begriff vgl. Strohm, *Die italienische Oper*, S. 130.

sten pro »Akt« eine Arie zugestanden, wodurch ein zweiteiliges Intermezzo (mit geringen Abweichungen) üblicherweise so strukturiert war:

Teil 1:	Teil 2:
Arie	Rezitativ
Rezitativ	Arie
Arie	Rezitativ
Rezitativ	Arie
Duett	Rezitativ
	Duett

Während die komischen Mehrakter jener Zeit, besonders die neapolitanische Commedeja pe' mmuseca, den Dialekt bevorzugte, sind die Intermezzi fast ausschließlich auf Toskanisch abgefaßt. Die Ursache dafür ist vornehmlich darin zu suchen, daß sie als Einlage in eine Seria-Darbietung sich deren Sprachniveau anzupassen hatten, um zu gewährleisten, daß sie zusammen mit dem »Trägerstück« auch anderenorts gespielt und verstanden werden konnten. Der Rückgriff auf einen Dialekt oder ein fremdes Idiom erfolgte nur in sehr begrenztem Rahmen und um einen komischen Effekt zu erzielen, z.B. in Verkleidungsszenen.

Rezitative bestehen, wie in der Opera seria der Zeit, aus settenari und endecasillabi (Sieben- und Elfsilbern), jedoch nicht als versi sciolti (freie Verse ohne Reim), sondern in gereimter Abfolge. Ebenso entsprechen die Arientexte in ihrer Struktur denen der Opera seria, unterscheiden sich jedoch im Stil.[1] Hier wie dort besteht eine gewisse Vorliebe für den ottonario (Achtsilber) und eine zweiteilige, zur Da-Capo-Vertonung geeignete Anlage. Allerdings sind die Intermezzo-Arien vom Text her zumeist länger als die einer Opera seria, da sie, anders als letztere, nicht durch ausgedehnte Koloraturen in die Länge gezogen werden konnten, sondern syllabisch vertont wurden und damit mehr Verse benötigten, um auf eine akzeptable Länge zu kommen. Darüber hinaus ist für das Intermezzo kennzeichnend, daß es sich einer Sprache bedient, die weitaus weniger stilisiert ist als diejenige der höfischen Oper, und im Vergleich zu dieser eine größere Sprechgeschwindigkeit bevorzugt. Vor allem die Rezitativ-Dialoge erwecken häufig den Eindruck des improvisierten verbalen Schlagabtauschs, der seine Vorbilder im komischen Sprech- bzw. Stegreiftheater hat.

Ausgangspunkt der Handlung ist fast immer der Konflikt zwischen zwei Personen, gewöhnlicherweise einem Mann und einer Frau, der in dem Moment beseitigt ist, in dem eine von beiden einen sozialen Aufstieg (z.B. durch Heirat) oder einen materiellen Gewinn erreicht (durch Gewinn oder Wiedererlangen von Gütern oder Geld).[2] Der Weg zu diesem glücklichen Ende kann über verschiedene komische Standard-Situationen erreicht werden, häufig unter Zuhilfenahme von Verkleidungen und Vermummungen, mit denen der Widerpart im Konflikt getäuscht wird. So gibt es vorgetäuschte Gerichtsverhandlungen, wie z.B. in *Il marito giocatore e la moglie bacchettona* (von Salvi und Orlandini, Venedig 1719), Bedrohung mit Waffengewalt, wie z.B. in *Monsieur di Porsugnacco* (von Salvi (?) und Orlandini, Turin 1726) oder in *La serva padrona* (von Federico und Pergolesi, Neapel, 1733), in phantasievollem Jargon gestellte medizinische Diagnosen wie in *Erighetta e Don Chilone* (von Pariati und Gasparini, Venedig 1707) oder Enthüllungen fremdländischer Personen, gespielt in Verkleidung von einem der Protagonisten, der sich zu diesem Zwecke in einem entsprechend absurden Kauderwelsch ausdrückt, wie z.B. in *Il corteggiano affettato* (von unbekanntem Textdichter und Leonardo Vinci, Neapel 1728). Seltener hingegen sind phantastische Begebenheiten wie z.B. Zaubereien (in *La maga per vendetta e per amore* von Mariani und Davide Perez, Neapel 1735) oder auch Persiflagen der Opera seria und des mit ihr verbundenen Ambientes von Impresari, Sängern und Sängerinnen (z.B. in *L'impresario delle Canarie* von Metastasio (?) und Sarro, Neapel 1724, oder *La Dirindina* von Girolamo Gigli und Domenico Scarlatti, Rom 1715), die in ihren Topoi von den oben aufgezählten Standard-Situationen abweichen. Gelegentlich kamen hier auch die Intermezzi selbst zur Sprache, so in *Perinotta e Bombo* von Federico und Leonardo Leo (Neapel 1732), wo eine junge Sängerin von einem erfahrenen Intermezzo-Interpreten in die Geheimnisse des Berufs eingeführt wird.

Da das Intermezzo in seinem Text, anders als die Opera seria, nicht hohen ästhetischen Ansprüchen zu genügen hatte, ist es in seiner sprachlichen Ausprägung – immer auf der Suche nach komischen Effekten – ausgesprochen bunt und vielseitig. Komik wird nicht nur

---

[1] Troy, *The Comic Intermezzo*, S. 75.
[2] Vgl. zu den folgenden Ausführungen Piperno, *Il teatro comico*, S. 138–142.

Das frühe Intermezzo (1700–1740)

durch komisch verzerrte Anleihen aus dem Repertoire der Opera seria erreicht, z.B. durch parodierte Gleichnis-, Rache- und Zornesarien, der Situation unangemessene hochtrabende Wortwahl oder durch aufgrund eines sprachlichen Mißverständnisses ins Unsinnige verkehrte Dialoge. Zu den zahlreichen Mitteln um sprachliche Komik zu erzeugen gehören im Intermezzo Lautmalereien, z.B. in Nachahmung des verliebt erregten Herzschlags (wie in dem aus *Il Flaminio* übernommenen abschließenden Duett in *La serva padrona* von Pergolesi) und halsbrecherische vorgetragene Zungenbrecher (wie in der Arie des Pandolfo »Ah perfida« in *Il tutore* von unbekanntem Textdichter und Johann Adolf Hasse, Neapel 1730).

Nicht selten fanden als komische Einlage auch Tänze Verwendung, gaben sie doch den Darstellern in besonderem Maße Gelegenheit, sich schauspielerisch zu produzieren.[1] Die Bedeutung der darstellerischen Komponente als Komik erzeugender Faktor ist für das Intermezzo durch die Zeitgenossen vielfach bezeugt und kann nicht hoch genug eingeschätzt werden. Sie beeinflußte einerseits die Wiedergabe des jeweiligen Stücks, inspirierte aber vermutlich auch dessen Dichter und Komponist, die es bei der Konzeption zumeist schon auf ganz bestimmte Darsteller zuschneiden konnten. Durch Benedetto Marcello ist für die Intermezzi die in ihren Ursprüngen auf die Commedia dell'arte, das italienische Stegreiftheater zurückgehende Praxis der »lazzi« (komische improvisierte Gags) belegt,[2] und Reisende wie Edward Wright[3] und Charles de Brosses[4] berichten sowohl von allerhand Clownereien wie das Nachahmen von Lauten, mit denen die Sänger das Publikum zum Lachen brachten, als auch von Gefühlsäußerungen wie Weinen und Lachen, die in den Vortrag einflossen. Wahrscheinlich steckte gerade in letzteren ein Teil jenes Realismus, der die ausländischen Zuschauer immer wieder so tief beeindruckte.

Darüber hinaus haben solche zunächst außermusikalische Elemente oft genug direkten Eingang in die Musik gefunden und wurden gleichsam auskomponiert. In *Colombina e Pernicone* (Neapel 1723, aufgeführt zusammen mit *Il Traiano*) schreibt Francesco Mancini dem Pernicone das Gelächter direkt in ein Rezitativ hinein,

---

1 Vgl. dazu auch Brandenburg, *Zu Tanz und Bewegungsphänomenen in der Opera buffa*, S. 159–173.
2 B. Marcello, *Il teatro alla moda*, Venedig [circa 1720], Kapitel »Alle parti buffe«.
3 E. Wright, *Some Observations Made in Travelling through France, Italy & c. in the Years 1720, 1721 and 1722*, London 1730, Bd. I, S. 85, zitiert bei Troy, *The Comic Intermezzo*, S. 197.
4 Ch. de Brosses, *Lettres familières sur l'Italie*, Paris 1931, Bd. II, 363, zitiert bei Troy, *The Comic Intermezzo*, S. 198.
5 Vgl. dazu Troy, *The Comic Intermezzo*, S. 92f.
6 Vgl. ebd., S. 96.

Lach-Rezitativ aus *Colombina e Pernicone* von Francesco Mancini, Napoli 1723.

Nies-Arie aus *Polastrella e Parpagnacco* von Domenico Sarro, Napoli 1731.

während z.B. in dem anonymen Intermezzo *Parpagnacco* (Venedig, Teatro S. Cassiano 1708) der arme Titelheld mit einem auskomponierten Niesanfall zu kämpfen hat.[5]

Zahllos sind ferner die Beispiele für musikalisch wiedergegebenes Schluchzen, das häufig mit einem etwas überzeichneten Pathos einhergeht. Die starke und unmittelbare Wirkung, die die Intermezzi auf den Zuschauer ausüben konnten, beruhte auf einer Musik, die ihren Schwung in hohem Maße aus kurzgliedrigen, vielfach wiederholten Motiven schöpfte[6] und das szenische Geschehen in ihrer Gestualität oft schon vorzeichnete. Im Intermezzo wurde somit der musikalische Buffa-Stil entwickelt, der so wesentlich zum Erfolg der Gattung beitrug, seinen Einfluß auch noch auf die späteren komischen Mehrakter ausübte und das komische Genre deutlich (mehr noch als die Commedeja pe' mmuseca, soweit es sich aufgrund der Quellenlage nachvollziehen läßt) von der Opera seria abgrenzte. Diese musikalische Sprache ermöglichte es, die Bewegung auf der Bühne selbst in Solonummern und Duetten in Gang und damit die Handlung im Fluß zu halten.

Die Intermezzo-Arien haben überwiegend Da-capo-Anlage, häufig und im Sinne der musikalischen Unmittelbarkeit ohne lange Ritornelle. Strophische und andere Formen sind seltener. Unter Tanzarien überwiegen diejenigen, denen ein Menuett zugrunde liegt (vgl. z.B. Hasse, *La contadina*, Arie des Tabarano »*Alla vita al portamento*«), gelegentlich trifft man aber auch auf exotischere Beispiele wie z.B. die Jota (ein ursprünglich aus Aragon stammender Tanz) in Pergolesis *Livietta e Tracollo* (Arie des Tracollo »*Non si muove, non rifiata*«).[1]

Giambattista Pergolesi, *Livietta e Tracollo*, Arie des Tracollo »Non si muove«, Mittelteil. Jota aragonesa.

Wesentliches Merkmal dieser Stücke ist, daß sie nicht nur gesungen, sondern auch getanzt wurden (was zumeist deutlich aus dem Text hervorgeht) und, so im Falle des Menuetts, zur Charakterisierung der vortragenden Figur dienten.

Duette wurden überwiegend als Schlußnummern eingesetzt und sind deshalb im Intermezzo selten zwischen zwei Arien zu finden. Auch sie sind fast immer in Da-capo-Form angelegt und befassen sich entweder mit dem Konflikt der beiden Protagonisten oder bejubeln deren Versöhnung. Unterschiedliche Seelenzustände der beiden finden in der Gestaltung der jeweiligen Gesangslinie keine Berücksichtigung, so wie die Anordnung von Solo- und ›A due‹-Passagen den Gepflogenheiten der Opera seria entspricht. Auch hier mußte also der Form durch den Buffo-Stil Leben eingehaucht werden.

Das Intermezzo-Orchester bestand vorwiegend aus Streichern mit gelegentlicher Verstärkung durch einzelne Bläser. Während z.B. in Domenico Sarros *La Didone abbandonata* zwei Oboen vorgesehen sind, entfallen diese im Intermezzo *L'impresario delle Canarie*. Der Grund für die schmale Besetzung mag gewesen sein, daß ein kleineres Ensemble sich flexibler den durch die Bühne vorgegebenen Temposchwankungen anpassen konnten und durch sein geringeres Klangvolumen eine gute Verständlichkeit des Textes sicherstellte. Zudem waren Streicher für reisende Intermezzo-Sänger wahrscheinlich überall leichter verfügbar als Bläser.

Etappen der späteren Gattungsgeschichte: Sarro, Hasse und Pergolesi

Das Libretto zu Domenico Sarros zweiteiligem Intermezzo *L'impresario delle Canarie* (Neapel 1724)[2] stammt vermutlich von Pietro Metastasio, wenngleich dieser Text nicht in den zu seinen Lebzeiten zusammengestellten Gesamtausgaben seiner Werke enthalten ist. Geht man von dieser Autorschaft aus, so ist dieses Intermezzo der einzige, jedoch sehr erfolgreiche Versuch des nachmaligen Poeta Cesareo geblieben, sich im Bereich des komischen Musiktheaters zu betätigen. Die Handlung ist recht lose zusammengefügt und greift auf Stereotypen der Opera seria und des mit dieser zusammenhängenden Musiktheaterbetriebs zurück: Dorina (Sopran), eine prima donna, soll einem Impresario (Nibbio, Baß) vorsingen, der von den

1 Brandenburg, *Zu Tanz und Bewegungsphänomenen in der Opera buffa*, S. 166.
2 Partitur in I Nc *31.3.12*.

Das frühe Intermezzo (1700–1740)

Das Intermezzo *L'impresario delle Canarie* (*Nibbio e Dorina*), uraufgeführt 1724 in Neapel mit Domenico Sarros *La Didone abbandonata*, von dem hier der Anfang der Arie des Nibbio aus dem ersten Teil abgebildet ist, stellt eines der frühesten Beispiele der neapolitanischen Ausprägung der Gattung dar. Die Arie ist nur mit Violine, Gesang und Baß notiert, die ursprüngliche Besetzung könnte aber umfangreicher gewesen sein. (Napoli, Conservatorio S. Pietro a Majella, 31.3.12).

Kanarischen Inseln stammt. Dieser will sie unbedingt engagieren, läßt sie eine Arie vortragen und möchte mit ihr danach sogleich einen Vertrag schließen. Daraufhin beginnt Dorina Bedingungen zu stellen, die Nibbio sofort annimmt. Da besinnt sich Dorina eines anderen und will nicht mehr abschließen, weshalb das Ende offen bleibt.

Das Werk weist in der fehlenden Stringenz der Handlung noch deutlich auf die ›scene buffe‹, zeigt aber strukturell das für die Gattung gängige Aufbauschema mit jeweils zwei Arien (für jeden der beiden Protagonisten eine) und einem abschließenden Duett pro »Akt«. Seine Komik zieht das Stück im wesentlichen aus der Parodie der Opera seria und deren Konventionen, weniger aus einer ausgeprägt komischen Musiksprache. Nibbios Arie »Risolva e lo prometto«, die wie alle Arien und Duette in Da-capo-Form angelegt ist, unterscheidet sich musikalisch kaum von Solonummern, wie sie in der zeitgenössischen Commedeja pe' mmuseca oder auch in Kammerkantaten zu hören waren. Ganz als eine komische Szene konzipiert ist hingegen die Seria-Arie »Amor prepara«, die Dorina vorträgt und die vom Impresario ständig durch begeisterte Einwürfe unterbrochen wird, so daß eine Art Zwiegesang zustande kommt, ohne daß es sich in der formalen Anlage um ein Duett handelt. Die bekannteste Nummer des Stücks ist die zweite Arie des Nibbio, die seria-typische Metaphern und Gleichnisse persifliert, vom Schiff im Sturm bis zu den Schmetterlingen, die sich an der Glut der Liebe verbrennen:

La farfalla che all'oscuro	Der Schmetterling, der im Dunkeln
Va ronzando intorno al muro	um die Mauer herumbrummt,
Sai che dice a chi l'intende?	weißt Du, was er dem sagt, der ihn hört?
Chi una fiaccola m'accende	Wer zündet mir eine Fackel an,
Chi mi scotta per pietà?	wer verbrennt mich bitte?
Il vascello e la tartana	Das Schiff und der Kahn,
Tra scirocco e tramontana	zwischen Scirocco und Tramontana,
Con le tavole schiodate	mit wackelnden Planken,
Va balzando	hüpft es,
Va sparando	schießt es
Cannonate in quantità.	Unmengen Kanonenschüsse.

Einer der fruchtbarsten Intermezzo-Komponisten der Blütezeit der Gattung war Johann Adolf Hasse. Zu seinen erfolgreichsten Beiträgen zu diesem Bereich gehört *La contadina* (*Scintilla e Tabarrano*, Text von Bernardo Saddumene)[1], uraufgeführt 1728 im Teatro San Bartolomeo zu Neapel und später (1737) in einer zweiten Fassung auch in Dresden gespielt. Hasse schrieb dieses Stück als Zwischenakteinlage zu Pietro Filippo Scarlattis Opera seria *Clitarco*. Die Tatsache, daß »Trägerstück« und Einlage hier nicht vom selben Komponisten stammen und daß letztere auch in zahlreichen separaten Quellen, also nicht nur in der Partitur der Opera seria überliefert worden ist, sind deutliche Hinweise auf den zu diesem Zeitpunkt schon fortgeschrittenen Grad der Emanzipation der Gattung.

La contadina ist zweiteilig, neben einer männlichen und einer weiblichen Partie, Scintilla und Tabarrano (Sopran und Baß), gibt es stumme Diener, die durch ihre pantomimischen Ausdrucksmöglichkeiten allerdings wesentlich zur Komik beitragen. Die Handlung ist wie folgt: Don Tabarrano begegnet in einem Garten Scintilla, ist von ihr entzückt und macht ihr den Hof. Scintilla geht darauf ein, da sie hofft, aus Tabarranos großem Vermögen eine Mitgift für sich abzweigen zu können. Corbo, der stumme Diener Tabarranos, durchschaut ihren Plan und versucht vergeblich seinen Herrn zu warnen. Scintilla erzählt, sie sei in der vergangenen Nacht aller Habseligkeiten beraubt worden, worauf Tabarrano ihr sofort seine Börse anbietet. Doch das reicht ihr noch nicht: erst weitere Geschenke entlocken ihr das Versprechen, dem Herrn ihre Liebesgunst zu gewähren. Der zweite Teil spielt am Meer: Tabarrano hat erfahren, daß Scintilla sich mit seinen Geschenken und ihrem Liebhaber Lucindo (ebenfalls eine stumme Rolle) davon machen will, weshalb er und Corbo sich als türkische Korsaren verkleiden, um die Flüchtenden aufzuhalten. Sie stellen sich den beiden in den Weg, und mit gebrochenem Italienisch und phantasievollem Türkisch droht Tabarrano Scintilla mit dem Tod, wenn sie nicht bereit ist, ihre Liebe zu gewähren. Heroisch bietet sie ihr Leben, ermuntert aber zugleich die »Korsaren«, Tabarrano zu berauben. Der gibt sich schließlich tobend zu erkennen. Lucindo nutzt die Verwirrung, um sich samt Scintillas Habe aus dem Staub zu machen. Diese fleht um Mitleid, und endlich kommt es doch zum Eheversprechen: Tabarrano hat sein Ziel erreicht, und Scintilla erkennt in ihm den Mann, der vor Lucindo den Vorzug verdient. Ein freudiges Tänzchen beschließt das Stück.

Anders als Sarros *L'impresario delle Canarie* weist Hasses *La contadina* neben der in der Gattung immer wieder gegenwärtigen Seria-Persiflage auch ein hohes Maß an musikalischer Buffonerie auf. Der erste Teil enthält neben den beiden üblichen Solonummern der Protagonisten ein abschließendes Duett und eine Aria ›a due‹, die dramaturgisch dazu dient, den Kontakt zwischen den beiden herzustellen. Der zweite, in dem wieder sowohl Scintilla als auch Tabarrano mit jeweils einer Arie zu Wort kommen, endet mit einem Duett, dem allerdings noch eine dreiteilige Tanznummer folgt, bestehend aus einem Menuett, einem »Bauerntanz« und einem »Türkentanz«. Im ersten der drei genannten Tanzsätze wird die im gesamten übrigen Stück auf Streicher beschränkte Besetzung durch zwei Hörner erweitert.

Nur drei Arien sind in Da-capo-Anlage, wobei diese Konzeption bei den Arien der Scintilla dadurch bedingt ist, daß sie in tragischem Ton versucht, an Tabarranos Geldbeutel zu kommen bzw. den »Türken« zu erweichen. Letzterer singt die dritte dieser Arien und dokumentiert in dieser konventionellen Form seine vermeintliche Einfalt. Die Aria ›a due‹ ist strophisch gebaut, die beiden Duette sind zweiteilig konzipiert, und die Auftrittsarie des Tabarrano, mit der das Stück beginnt, ist eine Kavatine im Tempo di Minuetto.

Schon in dieser letztgenannten Nummer zeigt sich, daß Hasse Komik auch durch die bewußte Spiegelung des Bühnengeschehens in der Musik erzeugt und nicht bloß durch Parodie der Opera seria. Tabarrano wird durch das Menuett und seinen affektierten Gesang als der einfältige Herr (»gentiluomo sciocco«) charakterisiert, als der er auch in der Szenenanweisung des Librettos erscheint. Entsprechend überzeichnet sind seine Einwürfe (»Scintilla – lilla – lilla – lilla«) in der Aria a due »*Sul verde praticello*«, und erst im zweiten Teil des Intermezzo wird der alberne Bürgersmann durch den in seinem Kauderwelsch komischen falschen Türken ersetzt. Selbst in den Momenten der Parodie des Seria-Stils wird die Anbindung an die Aktion auf der Bühne erhalten, indem – so in Scintillas Arie »*Più viver non voglio*« – durch »da parte«-Bemerkungen die Reaktion Tabarranos auf den Gesang kommentiert wird. Zugleich relativieren diese Einwürfe den Seria-Ton als »gespielt«. Der Komponist wendet damit Stilmittel und Verfahrensweisen an, wie sie später für die mehraktige Opera

[1] J. A. Hasse. *Three Intermezzi (1728, 1729 and 1730)*, hg. v. G. Lazarevich, Laaber 1992 (Concentus musicus IX), S. 1–106.

buffa typisch sein sollten. In seinem Werk manifestiert sich in beispielhafter Weise jene Vorreiterfunktion, die die Gattung Intermezzo in ihrer reifen Ausprägung in der Erprobung eines buffonesken Stils für die späteren Erscheinungsformen komischen Musiktheaters innehatte.

Zugleich wies Hasse mit seinen Intermezzi, die sich selbst dann noch großer Beliebtheit erfreuten, als in Italien die Blütezeit der Gattung längst vorüber war, den Weg vor, auf dem wenige Jahre später Giovanni Battista Pergolesi das Intermezzo mit *La serva padrona* (Neapel, Teatro San Bartolomeo 1733, Text von Gennarantonio Federico) zu internationalem Ruhm führen sollte. Eine ungewöhnlich konzentrierte Handlung (ein alter Hagestolz, Uberto, wird von seiner Dienerin Serpina mit Hilfe einer List dazu gebracht, sie zur Frau zu nehmen) wird in eine plastisch schildernde und in ihrer Charakterisierung äußerst präzise Musik umgesetzt, die immer in engem Bezug zum Bühnengeschehen und den inneren Vorgängen der Protagonisten steht. Das wird schon in Ubertos Auftrittsarie erkennbar, in der dessen entnervter Zorn über die Unbotmäßigkeit der Dienerin musikalisch überaus treffend in zunächst ausgehaltenen Noten, dann in einer bewußt unausgewogenen Periodisierung der Formteile und durch kleinere Notenwerte sich beschleunigenden Deklamationsrhythmus wiedergegeben wird.[1] Diesem im Laufe des Stücks immer mehr verwirrten, verzweifelten Mann steht eine Frau gegenüber, die in der klaren Linienführung ihres Gesangs als überlegt und selbstsicher dargestellt wird. Ihre mitleidheischende, pathetisch-sentimentale Arie »A Serpina penserete« erweckt deshalb sogleich den Eindruck der intriganten Täuschung. Die Gestalt des stummen Dieners Vespone, der sich als Capitan Tempesta verkleidet, um Uberto endgültig in Angst und Schrecken zu versetzen, ist hingegen ein Tribut an die burlesken Traditionen der Commedia dell'arte, wo der »Capitano«, eine Mischung aus Miles gloriosus und deutschem (oder spanischem) Landsknecht, schon lange eine furchterregende und zugleich komische Rolle spielte.[2]

Das komische Musiktheater Carlo Goldonis

Der venezianische Komödiendichter und Jurist Carlo Goldoni (1707–1793) gehört zu den wenigen Librettisten der Opera buffa, deren Ruhm trotz des Etiketts der Zweitklassigkeit, das dieser Gattung und den in ihrem Bereich tätigen Personal anhaftete, die Jahrhunderte überdauert hat. Mit seinen mehr als fünfzig Buffa-Werken[3],die er in den Jahren seiner größten Erfolge schrieb (1748–1762), spielt er für die Opera buffa eine ähnlich prominente Rolle wie Metastasio für die Opera seria. Seine Theaterkarriere begann und beendete er als Librettist, nicht als Komödiendichter, und selbst in den Jahren, in denen er für das Sprechtheater seine noch heute berühmten Reformwerke schrieb, blieb er insbesondere dem komischen Musiktheater durch regelmäßige Beiträge verbunden.[4] Seinen Einfluß auf die Opera buffa der Mitte des 18. Jahrhunderts konnte er in zweifacher Hinsicht geltend machen: zum einen durch die von ihm selbst zur Vertonung bestimmten Libretti, zum anderen durch die Tatsache, daß viele seiner Sprechtheater-Komödien von seiner oder von fremder Hand zu Libretti adaptiert wurden. Nicht zuletzt in diesen Bearbeitungen tritt eines der grundlegenden Merkmale seines Schaffens zutage, nämlich die Universalität seiner Charaktere, Handlungsabläufe und Situationen, die ihre Wirkung nicht nur über regionale und nationale, sondern auch über die Grenzen zweier recht unterschiedlicher Sparten des Theaters hinweg zu entfalten in der Lage waren.

Der Beginn seiner librettistischen Tätigkeit fiel ungefähr in die Zeit, in der sich die Opera buffa auch in ihrer mehraktigen Ausprägung über ganz Italien auszubreiten begann[5], nicht selten dank Sängerpersönlichkeiten wie Francesco Baglioni oder Francesco Carattoli, deren sängerisches und schauspielerisches Können dafür sorgte, daß sie in ihren Paraderollen in ganz Italien gefragt waren und damit einen wesentlichen Beitrag zum schnellen Erfolg der Gattung leisten konnten. Während sich die neapolitanischen Commedeje pe' mmuseca nie ganz vom Einfluß der Opera seria lösen konnten und von ihrem literarischen Anspruch her, wenn man die Arien und Ensembles weggelassen hätte, durchaus auch als Sprechtheaterkomödien hätten gespielt werden können, wurden die komischen Mehrakter der Vierzigerjahre schon vom Libretto her so auf eine Vertonung hin angelegt, daß die Musik zu einer im Hin-

---

1 Vgl. J. Schläder, Artikel »*Giovanni Battista Pergolesi, La serva padrona*«, in: *Pipers Enzyklopädie des Musiktheaters*, hg. v. C. Dahlhaus und dem Forschungsinstitut für Musiktheater der Universität Bayreuth unter Leitung v. S. Döhring, Bd. 4, München und Zürich 1991, S. 681–684: 681. Vgl. auch Strohm, *Die italienische Oper*, S. 132ff.
2 Vgl. dazu u.a. W. Krömer, *Die italienische Commedia dell'arte*, Darmstadt 31990 (Erträge der Forschung 62), S. 40.
3 F. Piperno, *Il teatro comico*, S. 161.
4 Vgl. T. Emery, *Goldoni as a Librettist*, New York u.a. 1991 (Studies in Italian Culture 3), S. XIII.
5 Vgl. dazu B. D. Mackenzie, *The Creation of a Genre: Comic Opera's Dissemination in Italy in the 1740s*, Diss. (masch.) Ann Arbor 1993.

blick auf das beabsichtigte musiktheatralische Endprodukt unabdingbaren Ergänzung des Textes wurde. Zur Konzeption der Libretti bemerkte Goldoni selbst, daß gegenüber der ernsten Oper

»molto più imperfetto il dramma buffo esser dee, perchè cercandosi dagli scrittori di tali barzellette servire più alla musica che a sé medesimi, e fondando o nel ridicolo o nello spettacolo la speranza della riuscita, non badando seriamente alla condotta, ai caratteri, all'intreccio, alla verità, come in una commedia buona dovrebbe farsi.« (die komische Oper weitaus weniger vollkommen sein kann, da die Textdichter dieser lustigen Stücke mehr der Musik zu dienen suchen als sich selbst, indem sie im Lächerlichen oder Szenischen den Erfolg suchen, ohne ernsthaft auf die Schicklichkeit, die Charaktere, die Handlungsführung oder die Wahrhaftigkeit zu achten, wie man es hingegen in einer guten gesprochenen Komödie tun müßte.)[1]

Die Texte waren also so konzipiert, daß sie dem Komponisten die größtmögliche Freiheit in der musikalischen (formalen wie dramaturgischen) Gestaltung ließen.[2] Sie waren außerdem – wie die Vertonung – auf die Fähigkeiten bestimmter Interpreten zugeschnitten, was dazu führte, daß sich diese Opere buffe in besonderem Maße als Repertoire-Stücke etwa für die Sängertruppe des bereits erwähnten Francesco Baglioni eigneten, der sich, nachdem er zunächst bei Girolamo Medebach verpflichtet war, mit einem eigenen Ensemble und den für ihn von Goldoni und Baldassarre Galuppi kreierten Partien selbständig machte.

Die genaue Orientierung an den spezifischen Fähigkeiten und den »Rollenfächern«, die die einzelnen Darsteller innerhalb der Truppe vertraten – ein Prinzip, das sich Goldoni schon im Sprechtheater zu eigen machen mußte, da dieses durch die Masken-Traditionen der Commedia dell'arte in besonderem Maße von Rollenkonventionen geprägt war – ist vermutlich auch für die Spezifizierungen nach »parti serie«, »parti buffe«, »parti di mezzo carattere« in den Libretti verantwortlich,[3] ein Novum in der Gattungsgeschichte, das üblicherweise diesem Librettisten zugeschrieben wird. Richtig dürfte sein, daß Goldoni diese Bezeichnungen konsequenter und breiter als andere angewendet und damit ab etwa 1750 in besonderem Maße zu deren Etablierung innerhalb der Opera buffa beigetragen hat. Ihre Verwendung stand in keinem kausalem Zusammenhang mit der häufig auf Goldoni zurückgeführten Gattungsbezeichnung ›dramma giocoso‹, welche im 18. Jahrhundert lediglich eine unter vielen möglichen, mit ›opera buffa‹ gleichbedeutenden Termini war, die keineswegs, wie gerne und vor allem später in Zusammenhang mit Mozarts *Don Giovanni* behauptet wurde, die Bedeutung »komische Oper mit ernsten Komponenten« hat.[4] Auch im Falle der Werke Goldonis ließe sich leicht belegen, daß ein und dieselbe Opera buffa an unterschiedlichen Aufführungsorten unterschiedliche Gattungsbezeichnungen tragen konnte, ungeachtet ihres allgemeinen Charakters.

1 Vorwort zu *De gustibus non est disputandum*, Venedig 1754, in: C. Goldoni, *Tutte le opere*, hg. v. G. Ortolani, Bd. XI, Mailand 1964 (I classici Mondadori), S. 103.
2 Piperno, *Il teatro comico*, S. 160.
3 Vgl. dazu N. Pirrotta, *Divagazioni su Goldoni e il dramma giocoso*, in: Rivista italiana di musicologia XXXII (1997), S. 100–108: 101f.; R. Wiesend, *Exkurs zur Geschichte der Rollenbezeichnungen*, in: *Mozart e la drammaturgia veneta. Mozart und die Dramatik des Veneto. Bericht über das Colloquium Venedig 1991*, hg. v. W. Osthoff und R. Wiesend, Tutzing 1996 (Mozart Studien 6), S. 91ff.
4 Vgl. dazu N. Pirrotta, *Divagazioni*, S. 99; D. Brandenburg, *Giacomo Tritto: Il convitato di pietra*, in: *Napoli e il teatro musicale in Europa tra Sette e Ottocento: Studi in onore di Friedrich Lippmann*, hg. v. B. M. Antolini und W. Witzenmann, Florenz 1993 (Quaderni della Rivista italiana di musicologia 28), S. 145–174: 146.
5 Vgl. T. Emery, *Goldoni as a Librettist*, S. 2.

Goldoni als Librettist von Intermezzi

Obwohl Goldoni seine Betätigung auf dem Feld des Musiktheaters gegenüber seinen Reformplänen zum Sprechtheater in seinen Memoiren selbst in den Hintergrund stellt, sammelte er doch gerade als Autor von Libretti, insbesondere von Intermezzi, seine ersten Erfahrungen mit dem komischen Theater. Sein Intermezzo-Schaffen läßt sich in drei Perioden unterteilen: Von 1730 bis 1735 setzte er sich mit der Tradition der Gattung auseinander und griff vielfach auf Material anderer Textdichter zurück. Während dieser Zeit machte er sich in Venedig die Typen und Situationsschemata der Intermezzo-Tradition zu eigen und experimentierte erstmalig mit Charakteren und Themen, die später in seinen Komödien wieder begegnen.[5] Seine ersten Libretti, wie *La pelarina*, *Il buon padre* und *Il gondoliere veneziano* unterscheiden sich deshalb z.B. kaum von den für diese Gattung üblichen Textstrukturen, Themen, dramaturgischen Mechanismen und Handlungsvorgaben. Goldonis Interesse galt hier in erster Linie der Technik des Verfassens eines Librettos, weniger dessen Inhalt. Inhaltliche Parallelen, wie sie z.B. zwischen dem von Giuseppe Orlandini vertonten Libretto *Il marito giocatore e la moglie bacchettona* und Goldonis *Il gondoliere veneziano* bestehen, zeigen zudem deutlich auf, an welchen Vorbildern sich der junge Autor orientierte. Sozialkritik, die in späteren Werken große Bedeutung haben sollte, spielt eine nur untergeordnete Rolle, wenngleich bestimmte Typen wie z.B. der verarmte Adelige Orazio in *La birba* (1735) bereits auf spätere Entwicklungen vorausdeuten. Ein stärkeres Bewußtsein für Geld und Laster als Gefahr für die bürgerliche Ordnung, einer der zentralen Punkte in den späteren Reform-Komödien, tritt in den

Intermezzi von 1736 (*Monsieur Petiton*, *La bottega da caffè* und *L'amante cabala*) zutage, die die zweite Phase darstellen. Danach, in der dritten und letzten Phase, wandte Goldoni seine Aufmerksamkeit anderen Formen zu, die Intermezzi verloren für ihn ihre Bedeutung als Experimentierfeld, vielleicht auch deshalb, weil die Gattung selbst sich im Niedergang befand.

Eine Besonderheit dieser Sparte seines musiktheatralischen Schaffen war, daß die Stücke bis 1741 vornehmlich als Einlagen zu Sprechtheaterkomödien bestimmt waren und von Schauspieler-Sängern aufgeführt wurden, in der Zeit zwischen 1734 und 1736 von Mitgliedern der Truppe des Giuseppe Imer am Teatro San Samuele in Venedig.

Die Libretti der komischen Mehrakter

Während seine Intermezzi noch in hohem Maße von Vorbildern der Gattungstradition abhängig waren, beweisen Goldonis mehraktige Musikkomödien eine größere Eigenständigkeit und greifen vielfach wegweisend in die Entwicklung der Opera buffa ein. Um eine größere Flexibilität in der Gestaltung der Handlungsabläufe und der Szeneneinteilung zu erlangen, setzte Goldoni verstärkt auf kürzere Arietten, die es ihm erlaubten, die Szenen durch Sologesänge aufzulockern, ohne daß damit sogleich ein Abgang verbunden war[1], und auf Ensembles, mit denen das Miteinander der Handlungsträger, das sich bis dahin vorwiegend in den Rezitativen abspielte, nunmehr auch in die geschlossenen Nummern Eingang fand.[2] Von besonderer Bedeutung wurden letztere für Goldonis Gestaltung der Finali. Die Commedeja pe' mmuseca beschränkte sich am Aktschluß vorwiegend auf Duette oder Terzette, in den Buffa-Libretti Goldonis hingegen wurden die Schlußgesänge auf mehrere Personen ausgedehnt. Da die Parti serie traditionell vom Finale ausgeschlossen waren, konnte der Dichter durch Vergrößerung des Anteils der komischen Rollen und durch Einführung der Mezzo carattere-Partien[3] dennoch auf eine für einen abwechslungsreichen Aktschluß hinreichende Zahl von dramatis personæ zurückgreifen. Allerdings ergab sich damit aber auch die Notwendigkeit, die Gegenwart dieser Vielzahl von Personen in der Handlung glaubwürdig zu motivieren, was nicht immer möglich ist und nicht zuletzt deshalb das ›dramma buffo‹ auch gegenüber der realistischeren Prosakomödie als »imperfetto« erscheinen läßt. Dennoch ist die namentlich von literaturwissenschaftlicher Seite postulierte Diskrepanz zwischen »wahrhaftiger« Komödie und »märchenhafter« Opera buffa[4] weniger groß, als der erste Augenschein nahelegt, wie nicht nur die von Goldoni selbst für das Musiktheater bearbeiteten Komödienstoffe beweisen (vielleicht prominentestes Beispiel: *Pamela* und *La buona figliuola*), sondern auch die Tatsache, daß es zwischen beiden Genera durchaus thematisch-programmatische Gemeinsamkeiten gibt.

Die ersten bedeutenden seiner mehraktigen Libretti, *La contessina* (1743), *La scuola moderna* (1748), *L'Arcadia in Brenta* und *Il negligente* (beide 1749), sind in ihren Sujets so realistisch, wie es im Rahmen der Konventionen des Musiktheaters jener Zeit möglich ist. Während die in ihrem Umfang eng begrenzten Intermezzi der reinen, harmlosen Unterhaltung dienten und wenig Spielraum für sozialkritische Botschaften ließen, erschloß sich Goldoni hier ein musiktheatralisches Genre, welches ihm die Möglichkeit eröffnete, wie in der Komödie (wenngleich auf der Basis anderer Voraussetzungen) Unterhaltung mit Belehrung zu verbinden. So befaßt sich *L'Arcadia in Brenta* mit der ›villeggiatura‹, der Sommerfrische der wohlhabenden Venezianer und den mit dieser verbundenen gesellschaftlichen Exzessen (vornehmlich Geldverschwendung), ein Thema, das ihn auch in seinen Prosakomödien immer wieder beschäftigt. Die Notwendigkeit eines lustigen, möglichst turbulenten Finales erschwerte es dem Dichter jedoch, auch in der Opera buffa sozialkritische Satire mit einer moralischen Schlußfolgerung zu verbinden, ein Problem, welches ihm immer mehr bewußt geworden sein wird, je weiter er im Sprechtheater seinen Reformkurs verfolgte.[5] Grundgedanken zu seiner Theaterreform legte er 1750 in seiner Komödie *Il teatro comico* und im Vorwort zur ersten Gesamtausgabe seiner Werke[6] nieder. Während er diese Ideen in seinen Komödien in realistischem Rahmen umzusetzen versuchte, nahmen vier Libretti der Jahre 1750–51 (*Il mondo della luna*, *Arcifanfano re de' matti*, *Il paese della Cuccagna* und *Il mondo alla roversa*) eine ganz andere Wendung. Sie vermitteln ihre Botschaft dadurch, daß sie der Realität

---

1 Vgl. ebd., S. 68.
2 Vgl. dazu P. Gallarati, *Una drammaturgia in catene: Le idee di Goldoni sul melodramma*, in: ders., *L'Europa del melodramma da Calzabigi a Rossini*, Alessandria 1999, S. 161.
3 Zu den Rollenbezeichnungen siehe R. Wiesend, *Exkurs zur Geschichte der Rollenbezeichnungen*.
4 F. Fido, *Riforma e »Controriforma« del teatro: I libretti per musica di Goldoni fra il 1748 e il 1753*, in: Studi goldoniani 7 (1985), S. 60–72: 61.
5 T. Emery, *Goldoni as a Librettist*, S. 93.
6 *Opere drammatiche giocose*, Venedig (Bettinelli) 1750.

eine Art Spiegel ex negativo vorhalten, gleichsam die Welt auf den Kopf stellen, so wie es im letzten der aufgezählten Titel explizit zum Ausdruck kommt. Ihre Komik beziehen die Textbücher somit aus der fantastischen Umkehrung der Realität. Auf dem Mond (*Il mondo della luna*) verzehrt sich kein Mann für die Geliebte, ist keiner einer Undankbaren treu, trägt keiner für Frauen, die ständig in Ohnmacht fallen, Riechfläschchen in der Rocktasche mit sich:

Ernesto:	
Qui non v'è alcun che dica	Hier gibt's niemanden, der verspricht,
Di morir per l'amata;	für die Geliebte zu sterben;
Non v'è alcun che sia fido ad un'ingrata.	Es gibt niemanden, der einer Undankbaren treu ist. Ihr
Non vedrete chi voglia	werdet niemanden sehn, der in der Rocktasche
Nella tasca portar ampolle o astucci	Ampullen oder Behälter
Con balsami o ingredienti,	mit Tinkturen oder Ingredienzen mit sich trägt,
Utili delle donne ai svenimenti.	die Frauen bei Ohnmachtsanfällen brauchen.
Bonafede:	
Ma se svien una donna,	Aber wenn eine Frau ohnmächtig wird,
Come la soccorrete?	wie helft Ihr ihr dann?
Ernesto:	
Accostumiamo	Gewöhnlich
Una corda portare, e quando fanno	tragen wir einen Strick mit uns, und wenn sie solche
Tali caricature,	Sperenzchen machen,
Le facciam rivenir con battiture.[1]	lassen wir sie durch Schläge wieder zu sich kommen.

Während in *Il mondo della luna* die Welt auf dem Mond noch durch die Handlungsträger als Teil einer Intrige zu Lasten des gutgläubigen (Nomen est omen) Bonafede erfunden wird, spielt *Arcifanfano re de' matti* von vornherein in einem verzerrt dargestellten Reich oder Stadtstaat, in dem Verrücktsein der »Normalzustand« der Bewohner ist. Protagonisten sind unter anderem ein »pazzo avaro« (ein verrückter Geiziger), eine »pazza superba« (eine verrückte Hochmütige) und ein »pazzo prodigo« (ein verrückter Verschwender), Gestalten, die archetypisch menschliche Laster verkörpern. Als sie in die Stadt der Verrückten Einlaß begehren, gibt Arcifanfano dem Publikum sogleich belehrend zu verstehen, was von der jeweiligen Eigenschaft zu halten ist. So heißt es z.B. vom Geizhals mit dem Namen Sordidone (etwa »der Schmierige«):

Quello di tutti i pazzi è il maggior pazzo	Unter den Verrückten ist der am verrücktesten, der sich
Che fa di sé strapazzo.	selbst quält.
L'avaro è un animale	Der Geizige ist ein Vieh,
Che a nessuno fa bene, e a se fa male.[2]	das niemandem Gutes tut und sich selbst schädigt.

Daß dieses Reich ein Spiegel der Realität des Publikums sein soll, wird am Ende klar: sein Name ist »die Welt« und:

Nel mondo albergano	Auf der Welt leben
I savi e i matti	Normale und Verrückte
E si confondono	Und oft kann man sie
Spesso fra lor.	nicht unterscheiden.
Chi pazzo credesi,	Wer sich für verrückt hält,
Talor è saggio;	ist manchmal weise;
E saggio credesi	Und für weise hält sich manchmal,
Chi ha pazzo il cor.[3]	wer im Herzen verrückt ist.

Die Idee einer verkehrten Welt wird von Goldoni sowohl in *Il paese della Cuccagna* (Das Schlaraffenland) als auch, diesmal schon im Titel deutlich erkennbar, in *Il mondo alla roversa o sia Le donne che comandano* (Die verkehrte Welt oder Die Herrschaft der Frauen) verarbeitet. Das alte, bereits durch Aristophanes behandelte Thema der Frauenherrschaft dient im letzten der genannten Werke dazu, dem Publikum aus dem Alltag bekannte »moderne« Sitten und Verhaltensweisen der Geschlechter, insbesondere den in Venedig weit verbreiteten cicisbeismo[4] satirisch vor Augen zu führen. So erhält Graziosino, einer der unterworfenen Männer, folgende Anweisung (*Il mondo alla roversa*, I/4):

Aurora:	
La mattina per tempo	Morgens werdet Ihr mir rechtzeitig
Mi recherete il cioccolato al letto;	die Schokolade ans Bett bringen;

---

1 C. Goldoni, *Il mondo della luna* II. 6; zitiert nach: *Tutte le opere*, hg. v. G. Ortolani, Bd. X, S. 755.

2 C. Goldoni, *Arcifanfano* I/1; zitiert nach: *Tutte le opere*, hg. v. G. Ortolani, Bd. X, S. 785.

3 III/10 (letzte Szene).

4 Ein ›Cicisbeo‹ war eine Art Galan, Begleiter und zuweilen auch Liebhaber, den sich Damen der venezianischen Gesellschaft zu halten pflegten.

1 Zitiert nach: C. Goldoni, *Tutte le opere*, hg. v. G. Ortolani, Bd. X, S. 867.
2 *La mascherata*, I/1.
3 T. Emery, *Goldoni as a Librettist*, S. 123ff.
4 *I portentosi effetti di madre natura*, III/7.

Mi scaldarete i panni;	Ihr werdet mir die Tücher wärmen;
Mi dovrete allestir la tavoletta;	Ihr werdet mir den Tisch decken;
Starete in anticamera aspettando	Ihr werdet im Vorzimmer warten,
Per entrar al mio comando [...][1]	Um auf meinen Befehl einzutreten [...]

In welchem Umfang Graziosino untertänigst zu Diensten ist, läßt sich aus folgendem ersehen (I/4):

[...]	
Si, si cara, farò tutto:	Ja, ja, meine Liebe, alles werde ich tun:
Farò la cameriera,	Ich werde Kammerzofe,
Farò la cuciniera	Werde Köchin sein.
Farò tutte le cose più triviali:	Ich werde alle niedrigsten Dinge tun:
Laverò scodelle e gli orinali.	Werde Schüsseln und Nachttöpfe spülen.

Das Thema des Verhältnisses der Geschlechter zueinander und die Gefahren, die für die bürgerliche Ordnung von Lastern wie der Verschwendungssucht ausgehen können, hat Goldoni auch im nachfolgenden Libretto, *La mascherata* (1751), aufgegriffen, dann allerdings wieder in »realistischem Rahmen«. Der Grund für die Verwicklungen wird vom Kaufmann Beltrame so dargelegt:[2]

Io son un bel mercante!	Ich bin mir ein feiner Kaufmann!
Consumato il contante,	Nachdem das Bargeld verbraucht ist,
Distrutto il capitale,	das Kapital zerstört,
Di debiti fornito,	ich mit Schulden ausgestattet bin,
Uno di questi dì sarò fallito.	werde ich jetzt irgendwann pleitegehen.
E perchè tal rovina?	Und warum dieser Zusammenbruch?
Perchè tal precipizio?	Warum dieser Absturz?
Perchè mia moglie non ha giudizio [...]	Weil meine Frau maßlos ist [...]

Doch wie immer findet die Handlung auch hier ein glückliches Ende und Beltrame wird dadurch gerettet, daß er eine Anstellung als Buchhalter bekommt. Es fällt allerdings auf, daß in diesem Libretto am Ende die moralische Schlußfolgerung fehlt, vielleicht ein Zeichen dafür, daß Goldoni davon Abstand zu nehmen begann, den ideologisch-moralischen Hintergrund seiner Komödien trotz unterschiedlicher Konventionen und Gattungsvoraussetzungen auch auf das komische Musiktheater zu übertragen.[3] Er suchte nun auch nach Wegen, die seinen Opere buffe auf eigenständige Weise ermöglichen sollten, eine moralische Botschaft zu vermitteln.

Im Jahr 1752 schrieb der Dichter zwei Libretti, die man als arkadisch bezeichnen kann: *Le pescatrici* und *I portentosi effetti della madre natura*. Schon zu einem früheren Zeitpunkt hatte er zwei Textbücher geschrieben, deren Handlung in einer idealisierten ländlichen Umgebung angesiedelt war, nämlich den Einakter *La fondazion di Venezia* (1735) und den Dreiakter *Bertoldo, Bertoldino e Cacasenno* (1749). Alle diese Stücke verbindet das Ideal des ländlichen, unverdorbenen Lebens. Während in *Bertoldo, Bertoldino e Cacasenno* die ehrliche Landbevölkerung und ein korrupter Hof gegenübergestellt werden, wird in *I portentosi effetti di madre natura* die Gleichheit aller Menschen postuliert. Celidoro, von dem entdeckt wird, daß er eigentlich ein König ist, heiratet alle Standesunterschiede mißachtend eine Schäferin:[4] »La natura ci ha fatti tutti eguali« (Die Natur hat uns alle gleich gemacht), oder, wie es gegen Ende des Librettos heißt (III/10): »Eh la Natura insegna / Che tutti siamo fatti di una pasta« (Die Natur lehrt, daß wir alle aus einem Holz geschnitzt sind). Aussagen von dieser revolutionären Sprengkraft konnte sich Goldoni vermutlich nur dank der Ansiedlung des Geschehens in einer idealen ländlichen Welt und dank der Tatsache erlauben, daß der Text zur Vertonung als Opera buffa bestimmt war – und damit als »nicht ernst gemeint« gelten konnte.

Darüber hinaus berührte der Dichter in seinen »arkadischen« Werken auch ein Thema, das im Europa des 18. Jahrhunderts große Bedeutung bekam, die Empfindsamkeit. Vor allem die Comédies larmoyantes von Nivelle de La Chaussé und der Briefroman *Pamela* (1740) von Samuel Richardson, die dieses neue Interesse für die menschlichen Gefühle aufgriffen, hinterließen tiefe Spuren in der Geschichte des Musiktheaters, das sich die literarisch ausgearbeiteten Sujets zu eigen machte und damit große Erfolge erzielte. Bei Goldoni sind empfindsame Elemente zunächst zumeist an die Amorosi oder Innamorati (das Liebespaar der Handlung) geknüpft, die als Figurentypen noch auf die Commedia dell'arte zurückgehen.[1] So spielen reine, unverfälschte Gefühle in *Le pescatrici* eine nicht unerhebliche Rolle und sie werden immer wieder in Zusammenhang mit den Paaren Nerina/Burlotto und Lesbina/Frisellino angesprochen:[2]

Eurilda:	
[...]	[...]
Sotto questo ciel placido e ameno	Wenn ihr unter diesem friedlichen und lieblichen
Se gl'inganni d'amor provaste meno	Himmel die Ränke der Liebe weniger erfahren habt,
A che cercar dagl'incostanti petti	warum dann die nichtigen Freuden der
Di piacer vani ogetti?	unsteten Herzen suchen?
Questo mar, questo lido, e il bosco, e il prato	Dieses Meer, diese Küste, der Wald und die Wiesen,
Innocente piacer non reca, e grato?	geben diese nicht unschuldige und befriedigende Freude?

Während Goldonis Reformgedanken und die damit verbundene Sicht der bürgerlichen Welt in seinen Komödien nach 1754 in eine Krise gerieten, lebten sie in einer Reihe seiner späteren Libretti noch fort.[3] Das war nicht zuletzt darauf zurückzuführen, daß er einzelne seiner Reformwerke, wie z.B. *La Pamela* (1750), ein Stück, das auf den bereits angesprochenen Roman von Richardson zurück ging, oder *La gastalda* (1751) als Opernstoffe bearbeitete: zu *La buona figliuola* und zu *Il povero superbo*. In weiteren Textbüchern griff er ferner jene zum Teil bissige Kritik am Adel auf, die schon in seinen Komödien vor 1753 eine wichtige Rolle gespielt hatte. Dies gilt z.B. für *Il filosofo di campagna* (1754), *La diavolessa* (1755), *Il festino* (1757), *La conversazione* (1758), *La fiera di Sinigaglia* (1760) und *L'amore in caricatura* (1761).

Il filosofo di campagna (Der Philosoph auf dem Lande) weist durch die ländliche Umgebung, in der die Handlung angesiedelt ist, einige Gemeinsamkeiten mit der erwähnten »arkadischen« Libretti auf, besonders was die Idealisierung des Landlebens anbelangt. Zugleich wird jedoch auch ausgiebig Kritik an den Gegebenheiten der Stadt geübt:[4]

Nardo:	
Vanga mia benedetta,	Meine gesegnete Hacke,
Mio diletto conforto e mio sostegno	Meine Freude und meine Stütze,
Tu sei lo scettro, e questi campi il regno.	Du bist das Zepter und die Felder mein Reich.
Quivi regnò mio padre,	Hier herrschten mein Vater,
L'avolo, ed il bisavolo, ed il trisavolo,	mein Großvater, Urgroßvater und Ururgroßvater,
E fur sudditi lor quì la zucca, il cavolo.	und ihre Untertanen waren der Kürbis und der Kohl.
Nelle città famose	In den berühmten Städten
Ogni generazion si cambia stato.	wechselt mit jeder Generation der Stand.
Se il padre ha accumulato	Wenn der Vater mit Mühe, Eifer und Not etwas
Con fatica, con arte e con periglio,	angespart hat, zerstört der verschwenderische Sohn
Distrugge i beni suoi prodigo il figlio.	sein Vermögen.
Qui dove non ci tiene	Hier bedrängen uns nicht der Luxus, der Ehrgeiz und
Il lusso, l'ambizione, la gola oppressi,	die Freßlust,
Sono gli uomini sempre gl'istessi [...]	hier bleiben die Menschen immer gleich [...]

Oder:[5]

Per lo più i cittadini	Meistens haben die Städter
Hanno pochi quattrini e troppe voglie,	wenig Geld und zu viele Wünsche,
E non usano molto amar la moglie.	und sie pflegen ihre Frauen nicht besonders zu lieben.
Per pratica comune,	In den Städten ist es allgemeiner
Nelle cittadi usata,	Brauch, daß
È maggior l'uscita dell'entrata.	die Ausgaben höher als die Einnahmen sind.

In *La diavolessa* wird die Sozialkritik in dem Moment spürbar, in dem Giannino die Rolle eines Grafen übernimmt und damit zum arroganten »Barnaboto« wird.[6] Noch bissiger wird die Aristokratie in *La fiera di Sinigaglia* aufs Korn genommen, wo Conte Ernesto die Barnaboti verkörpert. Ein verbaler Schlagabtausch zwischen dem Conte und der verarmten adeligen Dame Lisaura (III/1) gipfelt hier in folgenden Zeilen:

---

1 T. Emery, *Goldoni as a Librettist*, S. 131.
2 *Le pescatrici*, I/5.
3 T. Emery, *Goldoni as a Librettist*, S. 160f.
4 *Il filosofo di campagna*, I/5.
5 Ebd., I/6.
6 ›Barnaboti‹ waren in Venedig kleine, zumeist verarmte Adelige mit ausgeprägtem Hang zum Parasitentum. Vgl. dazu I.9: »*Colle dame, colle dame*«.

Conte: Siete voi pure Del nobile fregiata almo decoro? Ah! che la nobiltade è un gran tesoro! Lisaura: È ver, ma all'occasione Per mangiar poco vale.	Graf: Ziert auch Euch des Adels edler Schmuck? Ah! der Adel ist doch ein großer Schatz! Lisaura: Das stimmt, doch wenn es darum geht, etwas zu essen zu haben, nützt er wenig.

Die Umarbeitung einer Sprechtheater-Komödie zu einem Opera-buffa-Libretto, also einem vertonbaren Text, erforderte tiefgehende Maßnahmen: Prosatexte und vierzehnsilbige versi martelliani[1] mußten in Verse verschiedenster Länge (Siebensilber, Fünfsilber, Achtsilber usw.) gegossen, und es mußten Arien eingebaut werden, die den Ablauf der Handlung wesentlich verlangsamten. Zudem war es notwendig, den Text radikal zu kürzen, um zu verhindern, daß durch das Hinzutreten der Musik das Stück zu lange dauerte. Das bedeutete, daß sich Goldoni in seinen auf Komödien fußenden Libretti auf wesentliche Inhalte beschränken mußte und damit gewisse Schwerpunkte zu setzen hatte.

Mit *Il povero superbo* (1755) adaptierte er eine Komödie, die als *La gastalda* 1751 auf der Höhe der Reformbemühungen im Teatro Sant'Angelo in Venedig aufgeführt worden war. 1754 überarbeitete der Dichter das Werk sowohl für das Sprechtheater als *La castalda* als auch für das Musiktheater als *Il povero superbo*.[2] Während Goldoni in der überarbeiteten Sprechtheaterfassung seine Kritik am Adel sehr abschwächt und die entsprechenden Szenen herausnimmt, bleibt in dem zeitgleich entstandenen Libretto diese ganz im Sinne der früheren Reformwerke erhalten, obwohl eine Verschiebung der Inhalte möglich gewesen wäre. So heißt auch hier wieder:[3]

Danari non hanno Ma spender ben sanno La lor nobiltà.	Sie haben kein Geld, aber ihren Adel wissen sie gut zu versilbern.

Mit *La buona figliuola* (1756) gelang es Goldoni ein Libretto zu verfassen, das in besonderem Maße den Nerv der Zeit traf und in der Vertonung Niccolò Piccinnis (1760) zu einem durchschlagenden Erfolg wurde. In seinen sentimentalen Zügen wurde es Vorbild für zahlreiche weitere Buffa-Textbücher, die besonders die rührenden Momente nachzuahmen suchten und damit eine Tradition begründeten, die bis in die letzten Jahrzehnte des Jahrhunderts (und darüber hinaus) reichte.

Die »Liebestrilogie« vom August 1760 (*Amor contadino*, *L'amore artigiano* und *Amore in caricatura*), *La bella verità* und *La buona figliuola maritata* (1761) stellen die letzten Höhepunkte in Goldonis librettistischem Schaffen vor seiner Abreise aus Venedig im Jahr 1762 dar. Mit den drei dem Thema der Liebe und des Liebeswerbens gewidmeten Textbüchern unterzieht er ein allen sozialen Schichten (Bauern, Handwerker und Adel) vertrautes Urphänomen einer heiteren und breitangelegten Kritik. Stellvertretend für die drei Stücke sei hier ein Passus aus *Amor in caricatura* zitiert, der die affektierten und gekünstelten Verhaltens- und Ausdrucksweisen des Adels aufs Korn nimmt:[4]

Conte Policastro: Per servirvi, madam Cracché, Vorrei darvi il mio core in un tè. Il mio core nel pianto bollito Sentirete com'è saporito: Basta sol che la vostra dolcezza L'amarezza – gli voglia temprar. Madamina, – carina, – bellina, Dal contento – mi sento – disfar.	Um Euch zu dienen, Madam Cracché, möchte ich Euch mein Herz in einem Tee geben. Mein Herz in Tränen gekocht, Ihr werdet merken, wie schmackhaft es ist. Es genügt, daß Eure Süße, seine Bitterkeit verringern möge. Meine kleine, süße, hübsche Madame, ich fühle, wie ich vor Freude dahinschmelze.

Nach dieser Trilogie verlor die Sozialkritik in Goldonis Opere buffe an Bedeutung. In den Vordergrund trat statt dessen das Bemühen um reine, unbeschwerte Unterhaltung. So beschäftigt sich z.B. *La bella verità*, das letzte Libretto, das Goldoni in Italien schrieb, mit einem Librettisten namens Loran Glodoci (dem Anagramm von »Carlo Goldoni«), der ein Buffa-Textbuch schreiben soll und sich dabei allerlei Schwierigkeiten ausgesetzt sieht, wie fehlender Inspiration, Sonderwünschen des Impresario, Gattungskonventionen und Forde-

---

[1] Ein aus vierzehn Silben bestehender Vers, der nach Pier Jacopo Martelli benannt wurde, vgl. W. Th. Elwert, *Italienische Metrik*, München 1968, § 42, S. 75f.
[2] T. Emery, *Goldoni as a Librettist*, S. 180.
[3] C. Goldoni, *Il povero superbo*, I/2.
[4] C. Goldoni, *Amor in caricatura*, I/2.

rungen der Sänger. Anders als in seinem programmatischen *Teatro comico*, das eine Art Manifest der Reformbestrebungen Goldonis im Sprechtheater war, hat *La bella verità* keinerlei tiefergehenden theoretischen Anspruch. Vielmehr handelt es sich um eine heitere Abrechnung mit dem Opernbetrieb der Opera buffa, vorgetragen aus der Sicht eines Librettisten, der sich damit von der italienischen Bühne verabschieden wollte. Während seiner Jahre in Frankreich widmete sich Goldoni nur noch sporadisch dem Dichten von Libretti, vermutlich auch deshalb, weil er von dort aus nicht mehr direkt in die Entwicklung der Gattung eingreifen konnte.

Goldonis Libretti und ihre Vertonung: Galuppi und Piccinni

Baldassarre Galuppi (1706–1785), nach seiner Herkunft von der Insel Burano »il Buranello« genannt, hatte bereits eine wechselhafte Karriere hinter sich, als er 1749 mit *L'Arcadia in Brenta* auch in der Opera buffa die Zusammenarbeit mit Goldoni aufnahm. Bis dahin hatte er sich vor allem als Komponist von Opere serie einen Namen gemacht, unter anderem mit zwei Seria-Werken auf Libretti von Goldoni. In Berührung mit dem komischen Genre kam er um die Mitte der Vierzigerjahre, als er Opere buffe neapolitanischer Komponisten wie Gaetano Latilla oder Rinaldo da Capua für Venedig zu bearbeiten hatte. Seit 1743 hatten diese begonnen, von Neapel her kommend die Opera buffa in Venedig zu etablieren[1], was z.B. auch erklärt, weshalb Goldonis Libretto *La contessina*, welches aus eben diesem Jahr stammt, sich an dem Modell der neapolitanischen Commedeja pe' mmuseca orientiert und sich Gaetano Latillas *Madama Ciana* zum Vorbild nimmt.[2]

Recht bald versuchte Galuppi sich dann in einer ersten selbständigen Opera buffa, *La forza d'amore*, die 1745 am Teatro S. Cassiano zur Aufführung kam. Aus dem Libretto dieses Werks, dessen Partitur verschollen ist, geht hervor, daß er spätestens zu diesem Zeitpunkt mit der Truppe des Girolamo Medebach in Kontakt getreten war, für die auch Goldoni arbeitete, sowie mit dem Buffo-Sänger Francesco Baglioni, für den er in den nächsten Jahren zusammen mit dem Librettisten eine ganze Reihe komischer Hauptrollen konzipieren sollte. Auf Baglioni wurde in *L'Arcadia in Brenta* die Rolle des Fabrizio zugeschnitten, während die des Foresto dem Sänger-Schauspieler Francesco Carattoli auf den Leib geschrieben wurde. Goldoni hat in Zusammenhang mit seinen Komödien immer wieder betont, wie wichtig für ihn die Regel gewesen sei, die Rollen den Fähigkeiten der Schauspieler anzupassen.[3] Diese Regel galt auch für seine Libretti, wie aus dem Textbuch der Mailänder Wiederaufnahme der *Arcadia* hervorgeht:[4] »Siccome questa operetta fu tagliata la prima volta sul dosso degl'attori, che l'hanno rappresentata a Venezia, così dovendosi ora rappresentare in questo teatro da personaggi diversi, è stata dall'autore medesimo in qualche parte variata per uniformarsi al preciso carattere de' nuovi attori.« (Da dieses Werk zunächst auf die Darsteller zugeschnitten wurde, die es in Venedig aufgeführt haben, und es in diesem Theater von anderen gespielt wird, hat der Dichter selbst es an ein paar Stellen verändert, um es an die Fähigkeiten der neuen Schauspieler genau anzupassen.)

Zu Beginn aller mehraktigen Buffa-Opern bis etwa 1760 steht ein Sinfonia genannter Instrumentalsatz, der eine dreiteilige Anlage nach dem Schema A–B–C, »Schnell – Langsam – Schnell« aufweist. So beginnt z.B. *L'Arcadia in Brenta* mit einer dreiteiligen Sinfonia, deren einzelne Teile im Tempo kontrastieren. Sie steht in D-Dur. Die Orchesterbesetzung entspricht dem im Bereich der Oper buffa (und auch bei den weiteren Goldoni-Vertonungen Galuppis) allgemein üblichen und sieht Oboen, Hörner und Streicher (zwei Violinen, Viola, Baß) vor, in Fall der Sinfonia zu *L'Arcadia in Brenta* mit Pauken, die aber als Schlaginstrumente bei Bedarf auch weggelassen werden konnten. Die Besetzungsgepflogenheiten erklären sich aus der Tatsache, daß Opere buffe zumeist an kleineren, nicht-höfischen Theatern aufgeführt wurden und deshalb nur mit der allgemein üblichen Kernbesetzung des Orchesters (d.h. ohne Trompeten und Pauken) rechnen konnten.

Schon die von Goldoni weidlich ausgedehnte Eröffnungszene, in deren Mittelpunkt der verschwenderische Fabrizio und sein Freund Foresto stehen, läßt das komische Talent Baglionis und Carattolis erahnen: Fabrizio macht sein Mittagsnickerchen, Foresto versucht ihn aufzuwecken, um ihm die unangenehme Mitteilung zu machen, daß kein Geld mehr da sei.

---

1 Vgl. dazu R. Strohm, *Die italienische Oper*, S. 253. Zu den nachfolgenden Ausführungen vgl. D. Heartz, *Vis comica: Goldoni, Galuppi and »L'Arcadia in Brenta« (Venice 1749)*, in: *Venezia e il melodramma nel Settecento*, Bd. 2, hg. v. M. T. Muraro, Florenz 1981 (Studi di musica veneta 7), S. 33–73.

2 D. Heartz, *The Creation of the Buffo Finale in Italian Opera*, in: Proceedings of the Royal Musical Association 104 (1977/78), S. 67–78: 67.

3 Vgl. C. Goldoni, *Tutte le opere*, hg. v. G. Ortolani, Bd. I, S. 861.

4 Zitiert nach: O. G. Th. Sonneck, *Catalogue of opera librettos printed before 1800. Library of Congress*, Washington 1914 (Nachdruck New York o. J. [Burt Franklin bibliography and reference series 190]), S. 134.

Der Sänger Francesco Baglioni, hier in einer Zeichnung von Pierleone Ghezzi, war einer der bedeutendsten Vertreter seines Fachs im 18. Jahrhundert und verdankte seinen Ruhm nicht zuletzt den Rollen, die Carlo Goldoni und Baldassare Galuppi für ihn schrieben. Noch ganz der Tradition der Commedia dell'arte verpflichtet besaß Francesco nach Aussage von Zeitgenossen ein großes komödiantisches Talent. Er wurde Stammvater einer bedeutenden Dynastie von Sängern und Sängerinnen, zu denen auch Mozarts erster Don Ottavio, Antonio Baglioni gehörte. (Biblioteca Vaticana, Rom),

1 Vgl. D. Brandenburg, Artikel »Familie Baglioni«, in: *Die Musik in Geschichte und Gegenwart. Allgemeine Enzyklopädie derMusik*, zweite, neubearbeitete Ausgabe hg. v. L. Finscher, Personenteil Bd. 2, Kassel u.a. 1999, Sp. 5–8; D. Brandenburg, Artikel »Carattoli, Francesco«, ebd., Personenteil Bd. 4, Kassel u.a. 2000, Sp. 176f.
2 Vgl. dazu D. Heartz, *Vis comica*, S. 45.
3 Vgl. ebd., S. 46f.

Immer wieder nickt Fabrizio ein, wacht auf, bekommt nur die Hälfte der Mitteilung mit, gähnt, schläft mitten im Satz ein, kurz eine Szene voller Komik, ideal für zwei noch ganz in der Tradition der Commedia dell'arte stehende Sänger-Schauspieler wie Baglioni und Carattoli.[1] Als Fabrizio endlich begriffen hat, was passiert ist, singt er die erste seiner insgesamt fünf Arien und beklagt darin den Verlust von vierhundert Dukaten. Das Stück ist zweiteilig angelegt, wobei die beiden Sektionen in Tempo und Takt kontrastieren. Nur noch eine der genannten fünf Solonummern dieser Partie weist eine Da-capo-Anlage auf, was ein deutliches Indiz dafür abgibt, daß sich in der Opera buffa um die Mitte des Jahrhunderts ein neuer formaler Kanon zu etablieren beginnt, der von der Opera seria geprägte Modelle verdrängt.[2]

Goldoni verstand es, in seinen Libretti schon durch die szenischen Vorgaben eine bestimmte Atmosphäre zu schaffen, so z.B. in der dritten Szene des I. Akts der *Arcadia*, die in einem Garten am Fluß Brenta spielt. Galuppi hat diese Anregung übernommen und nicht nur im vorliegenden Fall versucht, noch vor dem gesungenen Wort auch musikalisch eine Stimmung zu erzeugen, die die Szenerie vorbereitet: »ländliches« G-Dur und 6/8-Takt stimmen auf ein Ensemble ein, in dem die Lieblichkeit der Umgebung gepriesen wird.[3] Zu den Freiheiten, die sich Goldoni in der Gestaltung der Szenen nahm, gehörte, daß er seine Protagonisten, in der vorliegenden Szene Foresto, gelegentlich auch ohne Abgangsarie und mitten in der Szene abgehen ließ.

Immer wieder überläßt Goldoni Fabrizio allein die Bühne (so auch in Szene 10), Momente der Reflexion, die die Aufmerksamkeit wieder auf den Protagonisten lenken, das Geschehen äußerlich zur Ruhe kommen lassen und dafür sorgen, daß komisch-burleske Auftritte wie der des Conte Bellezza, der sich mit überbordenden Pleonyasmen seinem zukünftigen Gastgeber vorstellt (Szene 9), nichts von ihrer Wirkung einbüßen. Ein komischer Höhepunkt der Oper ist das Nies-Terzett zwischen Fabrizio, Conte Bellezza und Madama Lindora Ende des 1. Akts, vielleicht das Vorbild für das Nies-Terzett[1] in Giovanni Paisiellos *Il barbiere di Siviglia*.

1 Vgl. dazu D. Heartz, *The Creation of the Buffo Finale*, S. 70.

L'Arcadia in Brenta, Nies-Terzett, Ende 1. Akt

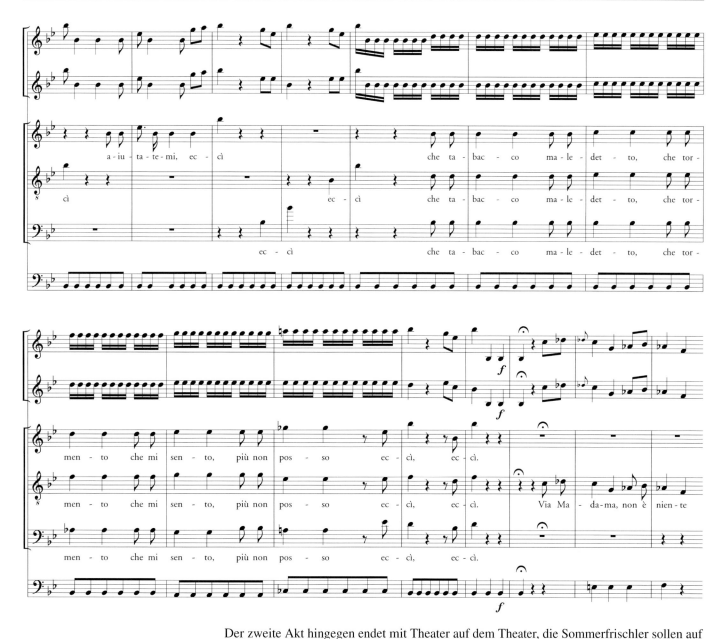

Der zweite Akt hingegen endet mit Theater auf dem Theater, die Sommerfrischler sollen auf Wunsch des Conte Bellezza eine Komödie aufführen: »Il principe d'Arcadia ha comandato / Che dobbiam recitar all'improvviso / Stasera una commedia« (der Prinz von Arkadien hat befohlen, daß wir heute Abend eine Stegreifkomödie spielen).[1] Dem (Musik-)Theater in der Fiktion einer Opera buffa den Spiegel vorzuhalten, gehört zu den beliebtesten Vorgehensweisen der Gattung überhaupt. Jede der dramatis personæ bekommt im Rahmen des Stücks eine Rolle zugeteilt, und es zeugt von ausgeprägtem Hintersinn, wenn Goldoni den gefeierten Buffo-Baß Baglioni/Fabrizio sagen läßt: »Il buffo io dovrò far? Quest' è un mestiere / Ch'è difficile assai; / Per far ridere i pazzi / Non vi vuol grand'ingegno. / Ma per far rider i savi è grand'impegno« (Ich soll den Buffo geben? Das ist eine sehr schwere Aufgabe. Um die Verrückten zum Lachen zu bringen, braucht es nicht viel Verstand, doch um die Vernünftigen zum Lachen zu bringen, bedarf es großen Einsatzes).[2] Zum Topos geworden sind Betrachtungen über Oper und Opernbetrieb, wie sie Foresto in der neunten Szene anstellt (»Perchè riesca bene un'opera, / Quante cose mai ci vogliono […]« (Man braucht so viele Dinge, damit eine Oper ein Erfolg wird). Der Conte, Fabrizio, Lauretta, Lindora und Foresta übernehmen dann jeweils die Stegreif-Rollen Cintio, Pulcinella, Colombina, Diana und Pantalone. In der Schlußszene wird das Stegreifstück aufgeführt, das in einem Menuett-Ensemble gipfelt[3], dessen Musik

---

1 Vgl. C. Goldoni, *L'Arcadia in Brenta*, II.8; zitiert nach: *Tutte le opere*, hg. v. G. Ortolani, Bd. X, S. 620.
2 Ebd.
3 Ausführliches Notenbeispiel dazu bei D. Heartz, *Vis comica*, S. 53; s. auch ders., *The Creation of the Buffo Finale*, S. 70.

allein schon ebenso aussagekräftig ist wie der Text und das das Bühnengeschehen gleichsam vorzeichnet: Conte Bellezza/Cintio macht vor, wie man einer Dame den Hof macht, Fabrizio/Pulcinella äfft ihn der Symmetrie des Menuetts gehorchend nach. Das Spiel wird erst in dem Moment unterbrochen, als Foresto/Pantalone verhindert, daß sich Werbende und Umworbene in die Arme fallen (musikalisch durch Wechsel zum C-Takt realisiert). Wie so häufig, ist auch hier der dritte Akt dramaturgisch nicht zwingend notwendig. Er entführt die Protagonisten auf einem Boot die Brenta hinunter zu einer anderen Villa, wo das Treiben mit neuen Gastgebern und neuem Geld fortgesetzt werden soll.

Die Zusammenarbeit zwischen Goldoni und Galuppi erreichte 1754 (Venedig. Teatro S. Samuele) mit *Il filosofo di campagna* einen ersten Höhepunkt. Die Oper wurde zur erfolgreichsten Buffa vor Niccolò Piccinnis *La buona figliuola*[1] und erreichte mehr als achtzig Einstudierungen in ganz Europa.[2] Im Mittelpunkt der Uraufführung in Venedig standen wieder Baglioni, der Nardo, den Philosophen verkörperte, und Carattoli in der Rolle des Don Tritemio. Die Handlung kulminiert in den ersten beiden Akten in zwei großangelegten, aus mehreren Abschnitten bestehenden Finali (Kettenfinale), während der dritte Akt mit einem großen Duett zwischen Nardo und Lesbina sowie einem kurzen Ensemble aller Beteiligten endet. Im Hinblick auf spätere Werke bedeutsam ist die larmoyante Charakterisierung der Lena, die damit zu einer der ersten einer langen Reihe sentimentaler junger Damen der Opera buffa wird.

Weniger erfolgreich war hingegen *La diavolessa*, die letzte der aus der Zusammenarbeit zwischen Goldoni und Galuppi hervorgegangene Opera buffa (Venedig, Teatro S. Samuele 1755). Das dreiaktige Stück beginnt (nach einer dreiteiligen Sinfonia) nicht wie *Il filosofo di campagna* (und zahlreiche andere Buffe der Zeit auch) mit einer Canzone volkstümlich idyllischen Charakters, sondern mit einem Streitduett zwischen dem jungen Liebespaar Dorina und Giannino, mit dem die Handlung in Gang gesetzt wird.[3] Nach einem längeren rezitativischen Wortwechsel, in den sich auch der Wirt Falco einmischt, wird die Szene durch ein Terzett beendet. Goldoni könnte hier bereits eine musikalische Umsetzung im Sinne einer durchweg mit Orchester vertonten Szene vor Augen gehabt haben, zumindest wird dies durch die beiden Ensembles, die aufeinander bezogen sind, nahegelegt.[4] Galuppi ist ihm darin jedoch nicht gefolgt.

Goldonis Buffa-Libretti enthielten von Anfang an Strophenformen, die dem Modell der Da-capo-Arie zuwiderliefen. Im vorliegenden Werk werden Graf und Gräfin durch Da-capo-Arien als ernste, der höfischen Sphäre zugeordnete Gestalten gekennzeichnet. Namentlich die erste Arie der Gräfin, »S'inganna chi crede la donna« hebt sich durch ihre langen Koloraturen nicht nur in der Anlage von den Sologesängen der übrigen Handlungsträger ab. Obgleich der Text zu der nachfolgenden Solonummer der Ghiandina (»Una donna ch'apprezza il decoro«) ebenfalls für eine Da-capo-Vertonung geeignet gewesen wäre, hat Galuppi hier eine zweiteilige Form gewählt, was darauf hindeutet, daß zwischen Komponist und Librettist über die textlich-musikalische Gestaltung Absprachen getroffen worden sein müssen: der Arientext der Gräfin erfordert die Da-capo-Anlage, der der Ghiandina würde sie erlauben[5], ein Beleg für die durch den Librettisten bewerkstelligte Flexibilisierung der Formen. Diese werden gelegentlich bis zur kleinen Szene erweitert, so im Falle von Gianninos Arie »Colle dame«, in der es um je nach Stand unterschiedliche Höflichkeitsfloskeln geht. Giannino trägt diese gleichsam im Selbstgespräch vor, und die Vertonung gewährt ihm dabei, indem sie sich durch Takt- und Tempowechsel, rezitativische und ariose Abschnitten dem Textinhalt genau anpaßt, die größtmögliche Freiheit zur szenischen Ausgestaltung, ganz im Sinne eines in seinen Ausdrucksschattierungen sicherlich auch nicht einförmigen Monologs im Sprechtheater. Den Zusammenhalt der Arie gewährleistet hier vor allem der tonale Rahmen, und es war Beispielen wie diesem zu verdanken, daß im Verlauf der späteren Gattungsgeschichte immer öfter zu Modellen gefunden wurde, die die geschlossene Form zugunsten einer freien Szene im Recitativo accompagnato überwanden.[6]

Bemerkenswert ist auch das Finale des zweiten Akts. Während der erste Akt in einem breit angelegten Terzett mit Wortgefechten ohne Handlung endet und das Finale des dritten ein freudiger Schlußgesang der Beteiligten und die Besiegelung des »guten Ausgangs« ist, stellt das des zweiten Akts den szenischen Höhepunkt des Stücks dar. Poppone muß in einen dunklen Keller, wird dort von den als Teufel verkleideten Giannino und Dorina erschreckt, ausgeplündert und verprügelt. Die schon im Text vorgegebene Reihung metrisch und in den

---

1 R. Wiesend, Artikel »Galuppi, Il filosofo di campagna«, in: *Pipers Enzyklopädie des Musiktheaters*, hg. v. C. Dahlhaus und dem Forschungsinstitut für Musiktheater der Universität Bayreuth unter der Leitung von S. Döhring, Bd. 2, München und Zürich 1987, S. 315ff.
2 Vgl. dazu G. Polin, *Tradizione e recezione di un'opera comica di metà 700: viaggi, trasformazioni e fortuna del »Filosofo di campagna« di Goldoni*, Tesi di dottorato (masch.) Univ. Bologna 1995.
3 Vgl. dazu S. Kunze, *Per una descrizione tipologica della »Introduzione« nell'opera buffa del Settecento e particolarmente nei drammi giocosi di Carlo Goldoni e Baldassarre Galuppi*, in: Galuppiana 1985. Studi e ricerche. Atti del convegno internazionale (Venezia, 28–30 ottobre 1985), hg. v. M. T. Muraro und F. Rossi, Florenz 1986 (Quaderni della Rivista italiana di musicologia 13), S. 165–177: 176.
4 R. Strohm, *Die italienische* Oper, S. 258.
5 Ebd., S. 260.
6 Siehe z.B. die Sterbeszene des Komturs in Giacomo Trittos *Il convitato di pietra* von 1783. Vgl. dazu D. Brandenburg, *Giacomo Tritto*.

Handlungsmomenten unterschiedlicher Abschnitte wird in der Vertonung nachvollzogen, so daß das Ergebnis ein Kettenfinale ist. Die Anrufung der Höllengeister durch Poppone (»Spiriti erranti«) greift selbstverständlich auch musikalisch auf Konventionen von Ombra-, Seher- und Unterweltsszenen der Opera seria zurück (Textdeklamation in langen Notenwerten, ausgehaltene Bläserharmonien).[1] Das Rasseln der Ketten dieser Geister, die Angst des Poppone und die Prügel, die er bezieht, werden tonmalerisch nachgezeichnet (16tel- und 32tel-Figuren in den Violinen). Entscheidend bei dieser Szene ist jedoch, um es mit Reinhard Strohm zu sagen, »die stets präsente Energie der Orchesterbegleitung«, die eine brillante, lebendige, pulsierende Atmosphäre schafft, wie sie für die Gattung typisch ist: »die Atmosphäre der Opera buffa«.[2]

Die aufgrund ihrer Popularität bedeutendste Vertonung eines Librettos von Goldoni, die nicht in direkter Zusammenarbeit zwischen Librettist und Komponist in Venedig zustande kam, ist Niccolò Piccinnis *La buona figliuola,* besser bekannt unter *Cecchina o sia la buona figliuola,* uraufgeführt 1760 im Teatro Delle Dame in Rom. Der in Neapel ausgebildete Niccolò Piccinni (1728–1800) begann seine Opernlaufbahn im Jahre 1754, also zu einer Zeit, als sich einerseits die Zusammenarbeit zwischen Goldoni und Galuppi ihrem Ende näherte, andererseits aber auch die Früchte derselben in ganz Italien Verbreitung fanden. Das Libretto hatte Goldoni für die Vertonung durch Egidio Duni (Parma 1756) nach seiner Prosakomödie *Pamela* erstellt.[3] Es weist in seiner Personenkonstellation die Besonderheit auf, daß die Hauptperson weder den Parti serie, noch den Parti buffe zuzuordnen und als »guter« Mensch sozusagen über alle Standesunterschiede erhaben ist, obwohl sie sich am Schluß als von adeliger Herkunft herausstellt und damit ihre Heirat mit dem Marchese ohnehin keinen gesellschaftlichen Anstoß mehr erregen kann.[4] Mit Cecchina beginnt das Werk, und in idyllischer Umgebung (Giardino delizioso – lieblicher Garten) singt diese eine arkadisch anmutende kurze, liedhafte Arie. Umgebung und Arie charakterisieren sie sogleich als reines, edles, unschuldiges Mädchen,[5] ein gelungener Weg, um die Protagonistin vorzustellen und die Handlung in Gang zu bringen, und ein Verfahren, das von da an vor allem in Rührstücken zur Anwendung kommen sollte.

---

1 Vgl. das Faksimile in B. Galuppi, *La diavolessa,* New York und London 1978 (Italian Opera 1640–1770 [44]).
2 R. Strohm, *Die italienische Oper,* S. 263f.
3 Vgl. T. Emery, *Goldoni's Pamela from Play to Libretto,* in: Italica 64 (1987), S. 572–582.
4 Vgl. R. Strohm, *Die italienische Oper,* S. 268f.
5 S. Kunze, *Per una descrizione tipologica,* S. 168f.

La buona figliuola, Auftrittsarie der Cecchina, 1. Akt. 1. Szene, Anfang (fol. 13v bis 14r). – Die Protagonistin, »das gute Mädchen« Cecchina, präsentiert sich in ihrer Auftrittsarie als Teil einer ländlich-arkadischen Idylle, die musikalisch u.a. im 3/8-Takt und dem »ländlichen« F-Dur zum Ausdruck kommt. Soloauftritte dieser Art (anstelle einer ansonsten eher lärmenden Introduzione) waren insbesondere den sentimentalen Heroinen vorbehalten, für deren Charakterisierung sie von großer Bedeutung waren. (Biblioteca del Conservatorio Luigi Cherubini, Florenz).

Auch in diesem Werk spiegelt sich der Stand der Personen in den Arien wider: Marchesa Lucinda singt, als ihr klar wird, daß ihr Liebesglück in Gefahr ist, eine Rachearie in Da-capo-Anlage (»*Furie di donna irata*«)[1], der Cavaliere Armidoro legt ebenso »standesgemäß« ein Treuebekenntnis ab (»*Cara s'è ver, ch'io v'ami*«). Mengottos Verzweiflung darüber, daß ihm die geliebte Cecchina vom Marchese vor der Nase weggeschnappt wurde (er benutzt, wie es Personen seines Schlages in der Opera buffa gerne tun, ein gastro-kulinarisches Bild: »Mi ha levato il boccon quasi di bocca« – Er hat mir den Bissen vor dem Munde weggeschnappt), wird keineswegs eindeutig parodistisch dargestellt: ein verzweifeltes Recitativo accompagnato (»*Oh povero Mengotto*«) mündet in eine schlicht gestaltete dreiteilige Arie, deren klagender Tonfall (Nonvorhalte, Moll-Unisono zu seinem von Selbstmitleid gekennzeichneten »Poverino, non lo far« – Ach du Armer, tu es nicht!) erst in dem Moment ins Komische umschlägt, in dem Mengotto den Entschluß faßt »Si mi voglio sbudellar« (Ja, ich will mich entdärmen), ein Satz, dessen ordinäre Worte aus dem Kontext herausfallen und deshalb von Piccinni in einer plötzlichen Beschleunigung des Tempos vertont werden.

Wie nach sentimentalen Szenen der Buffa so oft der Fall, folgt sogleich als Kontrast eine komische Episode, hier in Gestalt des Capitano Tagliaferro, der Mengotto den Degen entreißt und ihn damit am Selbstmord hindert. Der Capitano ist in der Buffa ein Relikt aus dem Stegreiftheater, in dem die Maske gleichen Namens den schwadronierenden spanischen oder deutschen Landsknecht darstellte. Goldoni hat im Capitano Tagliaferro (Kapitän Eisenschneider) vermutlich Erfahrungen aus den Intermezzi verarbeitet, wo häufig lächerliche (vermeintliche und wirkliche) Kriegergestalten anzutreffen sind. Tagliaferro muntert den Selbstmordkandidaten auf, indem er ihm die Vorzüge des Lebens beim Militär in leuchtenden Farben schildert und in phantasievollem deutsch-italienischem Kauderwelsch von Militärmusik, hübschen Mädchen und gutem Wein schwärmt. Die Arie ist mehrteilig, ohne daß dies zwingend vom Text vorgegeben wäre, im Gegenteil: dieser gibt dem Komponisten die größte denkbare Freiheit zu der musikalischen Ausdeutung und Charakterisierung des Vortragenden.

Der erste wie der zweite Akt endet mit einem Finale, das rondoähnlich strukturiert ist.[2] Inwieweit es sich dabei um eine »Erfindung« Piccinnis handelt, läßt sich beim derzeitigen Forschungsstand noch nicht eindeutig festlegen. Außer Zweifel steht jedoch, daß die musika-

---

1 Vgl. dazu S. Henze-Döhring, *Opera seria, opera buffa und Mozarts Don Giovanni. Zur Gattungskonvergenz in der italienischen Oper des 18. Jahrhunderts*, Laaber 1986 (Analecta musicologica 24), S. 74f.

2 Eine ausführliche Analyse des Finales des I. Akts ist zu finden bei S. Henze-Döhring, *Opera seria, opera buffa*, S. 72f.

La buona figliuola, Arie des Capitano, 2. Akt, 6. Szene: Anfang (fol. 14r und fol. 16r-17r). – Capitano Tagliaferro schildert in seiner Arie die Vorzüge des militärischen Lebens, die Musik, die notfalls auch zum Tanz mit hübschen Mädchen aufspielen kann, und den Wein, den man trinken kann, wenn der Feind fern ist. Zunächst beginnt er wichtigtuerisch und ganz im Sinne eines »miles gloriosus« in Viertelnoten (mit Oktavsprung), läßt sich dann aber wohl von der Begeisterung hinreißen und verfällt in einen Gesang, der vornehmlich von Achtelnoten getragen wird. (Biblioteca del Conservatorio Luigi Cherubini, Florenz)

lische Form durch Vers, Reim und Versgruppierung suggeriert wird.¹ Ein einfaches, heiteres Schlußquartett beendet hingegen den dritten Akt.

Goldoni wirkte im breitgefächerten Spektrum der Opera buffa der zweiten Hälfte des 18. Jahrhunderts in erster Linie durch seine Charaktere, seine dramaturgischen Ideen und durch die Konzeption seiner Libretti. Anders als die Seria-Libretti Metastasios, von denen die meisten unzählige Male vertont worden sind, dienten seine Dichtungen nach der Erstvertonung den Zeitgenossen mehr als Anregungung, seine Ideen auch in anderem Zusammenhang umzusetzen, denn als – überspitzt formuliert – unveränderliche Vorgabe. Während Metastasios Einfluß im 19. Jahrhundert endgültig erlosch, konnte Goldoni sogar noch Ermanno Wolf-Ferrari begeistern.²

Die Opera buffa im späteren 18. Jahrhundert (1760–1800)

Als Carlo Goldoni sich von der venezianischen Bühne verabschiedete, begann die Opera buffa sich als internationales Phänomen zu etablieren. Während sich in der ersten Hälfte des Jahrhunderts die ersten komischen Vollopern noch mühsam ihren Weg von Neapel über Rom nach Venedig bahnen mußten und das Repertoire relativ klein war³, setzte um 1750 ein grundlegender Wandel ein. Verdankte die Gattung ihre Verbreitung zunächst vor allem einzelnen Sängerpersönlichkeiten, die als erfolgreiche Protagonisten bestimmte Werke von einem Ort zum anderen trugen, waren es jetzt auch die einzelnen Stücke selbst, deren Erfolg zu Produktionen überall in Italien und mit jeweils anderem Sängerpersonal führte. Goldoni war es gelungen, der Musikkomödie den literarischen Anspruch der Sprechtheaterkomödie zu vermitteln und sie – trotz aller in seinen Libretti vorhandenen venezianischen Bezüge – der engen lokalen Bindung, wie sie z.B. für die neapolitanischen Vertreter der Gattung typisch war, inhaltlich wie sprachlich zu entheben. Ihm und Galuppi gelang der Nachweis, daß Kontinuität in der Handlung auch in den musikalischen Strukturen umsetzbar war, ein Prinzip, welches sogleich auch bei anderen Librettisten und Komponisten Anerkennung und Verwendung fand.

---

1 Für eine ausführliche Analyse der Finali siehe R. Strohm, *Die italienische Oper*, S. 272ff.

2 Vgl. J. Streicher, *Goldoni dopo Goldoni: Usiglio, Wolf-Ferrari e »Le donne curiose«*, in: *Musica e poesia. Celebrazioni in onore di Carlo Goldoni (1707–1793), Narni 11–12 dicembre 1993*, hg. v. G. Ciliberti und B. Brumana, Perugia 1994 (Quaderni di esercizi, musica e spettacolo 5), S. 99–111.

3 Vgl. dazu B. D. Mackenzie, *The Creation of a Genre*.

Die Opera buffa im späteren 18. Jahrhundert (1760–1800)

Ab den 60er Jahren des 18. Jahrhunderts verbreitete sich die Opera buffa nicht mehr nur in Italien, sondern fand allmählich auch in London, Paris und Wien begeisterte Aufnahme. Zugleich begann die Gattung ihre von der Sprechtheater-Komödie beeinflußten moralisierend-sozialkritischen wie aufklärerischen Züge zunehmend zugunsten einer ganz der Unterhaltung dienenden Handlungskonzeption zu verlieren. Komik wurde immer mehr nicht bloß durch den Text (z.B. in der Form von burlesken Dialogen), sondern auch durch eine musikalische Sprache erzeugt, die nach eigenen komischen Ausdrucksmitteln suchte, beispielsweise in der Form von schnellem syllabischem Gesang oder im Einsatz bestimmter, den Text kommentierenden Instrumente. Darüber hinaus gewannen die Ensembles gegenüber den Arien und sogar den Rezitativen immer größere Bedeutung. Sie wurden mit der Zeit nicht nur zahlreicher, sondern auch immer bewußter im Sinne einer auskomponierten Szene eingesetzt, so daß sich das Mit- oder Gegeneinander der Handlungsträger verstärkt vom Rezitativ ins Ensemble verlagerte. Damit einher ging die Entwicklung zur Introduzione als auskomponierter erster Szene, dem Gegenstück zum bereits etablierten Finale.

Vor allem die venezianischen Librettisten wie z.B. Giovanni Bertati und Lorenzo Da Ponte pflegten Goldonis literarischen Anspruch auch in der nunmehr angebrochenen Blüte- und Spätphase der Gattung. Die von Goldoni angestoßene Entwicklung erfaßte aber auch die neapolitanischen Librettisten, allen voran Giambattista Lorenzi und Francesco Cerlone.[1] Allerdings war in Neapel die lokale Gattungstradition so stark, daß es parallel zur Ausprägung einer zweiten Tradition kam. Neben Musikkomödien, die zur weiteren Verbreitung in Italien »entneapolitanisiert« werden konnten (vornehmlich durch Übersetzen der Dialekt-Rollen, deren Zahl zudem gegenüber früher rückläufig war), entstanden dort weiterhin stark von den burlesken Traditionen der Commedia dell'arte geprägte Opere buffe, deren Wirkung deshalb auch weitgehend auf das Königreich beider Sizilien beschränkt blieb. Als Vertreter dieser zweiten Richtung sind insbesondere die recht zahlreichen einaktigen Musikkomödien (commedie per musica in un atto) anzusehen, in denen noch bis in die 90er Jahre des Jahrhunderts Pulcinella und andere Masken des Stegreiftheaters auftreten.[2]

Die meisten der nach Galuppi erfolgreichen Buffa-Komponisten kamen aus Neapel (bzw. dem Königreich beider Sizilien, dessen Hauptstadt Neapel war) oder wurden an einem der dortigen Konservatorien ausgebildet. Zur ersten Gruppe gehören der bereits erwähnte Niccolò Piccinni sowie Giovanni Paisiello (1740–1816), Domenico Cimarosa (1749–1801) oder auch, um einen zu seiner Zeit renommierten, heute aber weitgehend vergessenen Meister zu nennen, Pasquale Anfossi (1727–1797). Als Beispiel für die zweite Gruppe sei hingegen Giuseppe Gazzaniga (1743–1818) genannt, der gebürtig aus Verona in Neapel ausgebildet wurde.

Obwohl die Opera buffa dem breiten Publikum heute vor allem durch die Werke Wolfgang Amadeus Mozarts ein Begriff ist, wurde ihr Repertoire seinerzeit international nicht von ihm, sondern von Domenico Cimarosa und Giovanni Paisiello bestimmt, die ihre Werke nicht nur in und für Neapel, sondern auch für Wien und St. Petersburg schrieben. Mit *Il matrimonio segreto* (Text von Giovanni Bertati, Musik von Cimarosa; Wien 1792) und *Il barbiere di Siviglia* (von Giuseppe Petrosellini [?] und Paisiello; St. Petersburg 1782) schufen diese beiden Komponisten zudem zwei über den Wechsel zum 19. Jahrhundert hinaus richtungsweisende Musikkomödien, die als Meilensteine der Gattungsgeschichte gelten können und zu den erfolgreichsten und besten Opere buffe ihrer Zeit gehören. Mit *Nina o sia la pazza per amore* (Caserta 1789) gelang es Paisiello außerdem, über die Gattungsgrenzen hinaus zu wirken und maßgeblich zu der um die Jahrhundertwende erfolgenden Konstituierung einer (neben Opera seria und Opera buffa) dritten Kategorie der Oper beizutragen, der Opera semiseria.

Der Erfolg der Opera buffa ließ diese auch im der sozialen Ansehen steigen, wenngleich in einem von Ort zu Ort unterschiedlichem Maße. Während in Wien die italienische Musikkomödie am höfischen Burgtheater gepflegt wurde, blieb sie in Neapel an den drei kleineren Bühnen der Stadt, dem Teatro de' Fiorentini, dem Teatro del Fondo di Separazione und dem Teatro Nuovo sopra Toledo beheimatet. Das Teatro San Carlo blieb hingegen der Opera seria vorbehalten. Dort, wo es kein Hoftheater gab, war das Nebeneinander der beiden Genera in der Regel selbstverständlicher als dort, wo das Vorhandensein mehrerer Theater eine Ausgrenzung der komischen Sparte ermöglichte. Ähnlich verhielt es sich mit den Sängern. In

---

[1] Vgl. dazu D. Brandenburg, *Sulla ricezione del pensiero goldoniano a Napoli*, in: *Musica e poesia. Celebrazioni in onore di Carlo Goldoni (1707–1793), Narni 11–12 dicembre 1993*, hg. v. G. Ciliberti und B. Brumana, Perugia 1994 (Quaderni di esercizi, musica e spettacolo 5), S. 69–76.

[2] Vgl. dazu D. Brandenburg, *Pulcinella, der »Orpheus unter den Komikern«. Zu Commedia dell'arte und komischen Einaktern in Neapel im 18. Jahrhundert*, in: Studien zur italienischen Musikgeschichte, Bd. 15, hg. v. F. Lippmann, Laaber 1998 (Analecta musicologica 30), S. 501–521; D. Brandenburg, *Farse, farsette e commedie per musica in un atto nel tardo Settecento napoletano*, in: Referat gehalten bei dem Kongreß »La musica a Napoli e a Vienna nell'età di Mozart« 1991 in Neapel, Druck in Vorbereitung. Eine weitere umfangreiche Arbeit zu den komischen Einaktern im 18. Jahrhundert ist in Vorbereitung.

Wien, wo man nur über eine beschränkte Anzahl italienischer Sänger verfügte, konnten Vertreter des komischen Fachs auch in ernsten Werken zum Einsatz kommen (wie z.B. Antonia Bernasconi in Christoph Willibald Glucks *Alceste*), während in Italien selbst und vor allem in Neapel die beiden Sparten auch in dieser Hinsicht zumeist säuberlich von einander getrennt waren. Durch seine Konservatorien, in denen eine große Zahl an Buffa-Komponisten ausgebildet wurden, durch das rege Musikleben, die zahlreichen Opere buffe, die jedes Jahr zur Befriedigung des Bedarfs der Buffa-Theater geschrieben wurden, und durch die zahlreichen neapolitanischen Buffa-Sänger von internationalem Ruhm wurde Neapel in der zweiten Hälfte des 18. Jahrhunderts zur bedeutendsten Pflegestätte der Gattung.

Der Librettist, der die neapolitanische Opera buffa jener Zeit im Hinblick auf die weitere Entwicklung der Gattung am nachhaltigsten geprägt hat, war Giambattista Lorenzi (um 1719 bis 1807?). Wie viele seiner Kollegen betätigte sich der Jurist als Autor von Prosakomödien und canovacci (Handlungsentwürfen) des Stegreiftheaters. Seine Theaterkarriere begann er in einer Laien-Schauspieltruppe im Hause von Raimondo di Sangro, Prinzen von Sansevero, also einem Angehörigen des neapolitanischen Hochadels. Lorenzi nahm für sich in Anspruch, die Opera buffa in Neapel reformiert und von allzu vulgärer Komik (»quelle solite buffonerie popolesche e volgari, che ne' nostri piccoli teatri si costumano« – jene üblichen vulgären und volkstümlichen Gaukeleien, wie sie in unseren kleinen Theatern gepflegt werden)[1] befreit zu haben. Durch ihn, der sich auch als Übersetzer fremdsprachiger Bühnenwerke einen Namen zu machen wußte, fanden französische und englische literarische Sujets Eingang ins neapolitanische Buffa-Theater: So beruht z.B. das Libretto zu *Il tamburo* (vertont von Paisiello, Neapel 1773) auf Joseph Addisons *The Drummer*, während *Nina o sia la pazza per amore* (Paisiello, Caserta 1789) auf eine Vorlage von Benoît-Joseph Marsollier des Vivetières zurückgeht, die von Giuseppe Carpani ins Italienische übersetzt wurde. Lorenzis wichtigster Konkurrent in Neapel war Francesco Cerlone, der als Textdichter unter dem Einfluß Carlo Gozzis eine eher exotische Stilrichtung vertrat, die ihr Glück im wirkungsvollen Bühnenspektakel mit Zaubereffekten und märchenhaften Elementen suchte (vgl. etwa den Zaubergeist im Fäßchen in *L'osteria di Marechiaro*, Musik von Paisiello, Neapel 1769);[2] er konnte sich jenseits der Grenzen dieser Stadt allerdings nicht gegen Lorenzi behaupten.

Im Vorwort zum zweiten Band der 1813, also kurz nach Lorenzis Tod in Neapel erschienenen Gesamtausgabe seiner Werke wird von einem anonymem Autor in polemischen Tönen das Strukturmodell der Opera buffa beschrieben, wie es in Grundzügen in den 60er und 70er Jahren des 18. Jahrhunderts in Neapel gepflegt wurde und das den Ausgangspunkt für das Wirken der Librettisten und Komponisten der Spätphase der Opera buffa bildete:[3]

1 Vorwort zum Libretto von *L'infedeltà fedele*, Neapel 1779, zitiert bei: M. Scherillo, *L'opera buffa napoletana*, S. 369.
2 Vgl. dazu auch H. Abert, *W. A. Mozart. Neubearbeitete und erweiterte Ausgabe von Otto Jahns Mozart*, Bd. 1: *1756-1782*, Leipzig ⁹1978, S. 344.
3 *Opere Teatrali di Giambattista Lorenzi Napolitano. Accademico Filomate: tra' Costanti Eulisto e tra gli Arcadi di Roma Alcesindo Misisaco*, Bd. II, Neapel 1813, S. IV–V.

»[...] E finalmente il barbaro sistema introdotto nella condotta di tai Drammi; cioè d'una apertura dell'Opera sempre a più voci, e chiassosa; una cavatina per prima uscita della prima Buffa, o un duettino di primo incontro tra lei, e il primo Buffo; un terzetto, quartetto, o quintetto nella quarta, o quinta scena dell'Opera, che mette delle volte in grande imbarazzo il Poeta, per non essere ancora sviluppata la catastrofe del soggetto dell' Opera e perciò mancante d'interesse; la penultima aria poi dell'Atto pel primo Buffo, l'ultima per la prima Buffa; si conchiude finalmente l'Atto primo con un finale di sette, o otto scene, quale poi deve terminarsi, con un ripieno, in cui tutti gli Attori diranno le stesse parole, siano o no confacenti al loro carattere, facendo colle voci, e strumenti una rumorosa sinfonia con imitazioni, canoni, fughe, e strette, onde con grandi rumori, e grida termini l'Atto: si cala il sipario, come se tutto fosse terminato, e dopo un quarto d'ora si rialza, cominciando l'atto secondo: dopo breve scena deve cantar l'ultima parte, che dicesi l'aria del sorbetto; indi per lo più un duetto tra i due Buffi; poi un'aria del Tenore col recitativo strumentato; finalmente un'altro pezzo concertato tra i primi personaggi, e terminare con un finale simile al primo. Nell'ultimo atto poi, ch'esser deve brevissimo (seppure non debba conchiudersi l'opera col secondo, come si è cominciato ad introdurre, per iscemare la noja a coloro, che vanno al Teatro non per l'Opera, ma per guardare i palchi col cannocchialetto, prender tabacco, sbadigliare e sonnacchiare) termina tutta l'azione con un Duetto tra la prima Buffa, ed il Buffo, i quali debbono assolutamente sposarsi insieme. [...]«
([...] und schließlich der barbarische Aufbau dieser Stücke, also eine immer lärmende und mehrstimmige Eröffnung der Oper, eine Cavatina zum ersten Auftritt der Prima Buffa oder ein kleines Duett zur ersten Begegnung zwischen ihr und dem Primo Buffo; ein Terzett, Quartett oder Quintett in der vierten oder fünften Szene der Oper, das den Dichter manchmal in arge Bedrängnis bringt, da die Katastrophe der Handlung noch nicht entwickelt wurde und deshalb das Ensemble ohne jegliches Interesse ist; die vorletzte Aria des Akts gehört dem Primo Buffo, die letzte der Prima Buffa; der erste Akt endet mit einem Finale von sieben oder acht Szenen, das schließlich mit einem Tutti enden muß, in dem alle Personen die gleichen Worte sagen, egal ob sie zu ihnen passen oder nicht, und in dem die Stimmen und Instrumente in motivischen Imitationen, Kanons, Fugen und Stretten ein lärmendes Konzert veranstalten, damit der Akt mit großem Geschrei und Krach endet: der Vorhang fällt, so als sei alles zu Ende, und nach einer Viertelstunde hebt er sich wieder und der zweite Akt beginnt: nach einer kurzen Szene singt die

letzte der Nebenrollen, dies Stück nennt man aria del sorbetto[1], dann folgt meistens ein Duett der beiden Buffi, dann eine Arie des Tenor mit einem Accompagnato-Rezitativ; zum Schluß ein weiteres Ensemble der Hauptrollen, im Finale nach dem Vorbild des ersten. Im letzten Akt, der sehr kurz sein muß (da das Stück nicht mit dem zweiten enden darf, wie wir bereits angedeutet haben, um nicht denjenigen die Langeweile zu nehmen, die ins Theater nicht wegen der Oper gehen, sondern um mit dem Fernglas die Logen zu betrachten, Tabak zu schnupfen, zu gähnen und um ein Nickerchen zu machen), endet die Handlung mit einem Duett zwischen Prima Buffa und dem Buffo, die unbedingt heiraten müssen. [...])

[1] Zu diesem Zeitpunkt pflegte das Publikum im Theater, eben weil die Arie uninteressant war, Eis zu sich zu nehmen.

Obwohl der Autor in der Absicht, die Verdienste Lorenzis bei der Verfeinerung der Opera buffa hervorzuheben, sicherlich in mancher Hinsicht den Entwicklungsstand der Gattung polemisch und stark vereinfacht darstellt, sind die Ausführungen doch insofern interessant, als daß sie zum einen komisches Musiktheater als etablierte Institution mit Konventionen beschreiben, wie sie auch der Opera seria eignen, zum anderen aber auch als besondere Merkmale die lärmende Introduzione (›apertura‹), die ausgedehnten Finali des ersten und zweiten Akts, den meistens nur recht kurzen dritten Akt und verschiedene Ensembles festhalten. Es ist gewiß kein Zufall, daß die generelle Beschreibung des zweiten Akts recht sparsam ausfällt, da hier, wo die Handlung nun endlich in Gang gekommen ist, die strukturelle Variabilität sich am größten erweist und damit nicht leicht auf einen Nenner zu bringen ist.

Nicht zuletzt die erfolgreiche Zusammenarbeit mit Lorenzi brachte Paisiello im Jahre 1776 eine Einladung an den Hof von Katharina II. in St. Petersburg. Zu diesem Zeitpunkt hatte auch Domenico Cimarosa bereits als Buffa-Komponist von sich reden gemacht. Er sollte 1787, nachdem Paisiello 1784 wieder nach Neapel zurückgekehrt war, ebenfalls die Reise ins ferne Rußland antreten (ebenfalls nach St. Petersburg) und erst 1792 wieder westeuropäischen Boden betreten. Beide Komponisten erzielten ihre größten und vom Standpunkt der Gattungsgeschichte wirkungsvollsten Erfolge mit Werken, in denen sie ihre in der neapolitanischen Tradition gewachsenen musikalisch-dramaturgischen Techniken, Verfahrensweisen und Stilelemente losgelöst von spezifisch neapolitanischen Sujets zur Anwendung bringen konnten.

Giovanni Paisiello: Von L'idolo cinese *zu* Il barbiere di Siviglia *und* Nina o sia la pazza per amore

Lorenzis erster großer Triumph war *L'idolo cinese*, 1767 vertont von Paisiello, das erste Buffa-Werk, das im kleinen Hoftheater des Königspalastes gegeben wurde und damit die Gattung auch für den neapolitanischen Hochadel, der bis dahin die einschlägigen Theater nur inkognito besucht hatte, offiziell akzeptabel machte. Der Grund mag unter anderem darin gelegen haben, daß dieses Werk trotz innovativer Ansätze in so manchem Detail auf die ältere neapolitanische Musikkomödie verweist. Bemerkenswert, da zukunftsweisend, ist die Abkehr von der dreiteiligen Sinfonia zugunsten eines einsätzigen Modells, die bereits mehrteilig durchstrukturierte Introduzione, in der Solo- und Ensembleteile über Accompagnato-Passagen miteinander verknüpft werden und auf diese Weise die ersten beiden Szenen des Librettos enger verzahnen, als es im traditionellen Wechsel zwischen Secco-Rezitativ und geschlossener Solo- oder Ensemblenummer möglich gewesen wäre. Hervorzuheben ist dabei, daß ein gängiges Stilelement der Opera buffa, die liedhafte, idyllisch-arkadische Eröffnungsarie der Protagonistin, so zum Teil eines neuen Ganzen wird. Auf die ältere commedeja pe' mmuseca zurückzuführen ist hingegen das Übergewicht der hohen, dem weiblichen Register zuzuordnenden Partien, immerhin sechs (einschließlich der Kastratenrolle des Liconatte) gegenüber nur zwei mit Männerstimmen besetzten Rollen. Ferner lehnt sich die musikalische Ausgestaltung einzelner Arien, so der des Adolfo im ersten Akt (I/2 »Bella Ninfa«), die sich durch ausgedehnte Koloraturen auszeichnet, deutlich an Stilmodelle an, die der Opera seria nahestehen.

Mit *La Frascatana* (Das Mädchen aus Frascati, Text von Filippo Livigni), vertont 1774 für das Teatro San Samuele in Venedig, gelang Paisiello der internationale Durchbruch. Das Werk, dessen Handlung nun nicht mehr in Neapel oder in phantastisch-exotischer Umgebung, sondern in der Nähe von Rom angesiedelt ist, weist die von da an mehr oder weniger verbindliche Personenkonstellation von zwei Parti serie (Personen von Stand, Sopran und Tenor), wenigstens einem Bürgersmann (einem Baß, der sich mit der Anrede »Don« schmückt) und verschiedenen Gestalten der Dienerebene auf, darunter auch ein Liebespaar in der Besetzung Sopran und Baß. Die Sinfonia ist nach bewährter Manier einsätzig, die Introduzione wohl als in sich geschlossene, aber nicht »durchkomponierte« Szene konzipiert: durch einen Dialog (Duett) zwischen Herr und Diener (Cavaliere und Pagnotta), der schließlich im Secco-Rezitativ fortgesetzt wird und zum Streit ausartet, erhält der Zuschauer Einblick in die Ausgangslage der Handlung. Eine kommentierende Arie des in der Auseinandersetzung unterlegenen Teils, des Dieners selbstverständlich, beendet die Szene. Flexibel und formal vielseitig ist die Gestaltung der Arien, die durchweg den inzwischen für die Opera buffa kennzeichnenden syllabischen Gesangstil zeigen und nach wie vor, sieht man von den ausgedehnten Akt-Finali ab, mehr Raum als die Ensembles einnehmen. Keine der Rollen ist a priori als Dialekt-Rolle konzipiert. Deutlich wird die in den 70er Jahren immer stärker hervortretende Tendenz, den dramaturgisch überflüssigen dritten Akt auf ein Minimum zu reduzieren, im vorliegenden Fall auf lediglich zwei Szenen.

Paisiellos letzte Opera buffa, die er vor seiner Abreise nach St. Petersburg für Neapel schrieb, war *Il Socrate immaginario* (Der eingebildete Sokrates, Libretto von G. Lorenzi)[1], ein Werk, das durch seinen inhaltlichen Bezug zu Neapel zwar keine europaweite Wirkung erzielen konnte, in der Vertonung des Librettos aber deutlich macht, mit welcher Freiheit sprachlicher Witz in musikalischen umgesetzt bzw. die komische Wirkung des Textes durch die Musik verstärkt werden konnte. Das 1775 für das Teatro Nuovo in Neapel verfaßte Stück setzt sich satirisch mit der damals in Neapel sich ausbreitenden Begeisterung für die Antike auseinander (Domenico Cimarosa widmete sich demselben Thema in *Il fanatico per gli antichi romani*, Neapel 1777, Text von G. Palomba). Zwischen dem Liebespaar Emilia und Ippolito (dessen Rolle mit einem Kastraten besetzt ist) steht der verrückte Don Tammaro, der sich für Sokrates hält. Obwohl diese Opera buffa in der Handlung und den an ihr beteiligten Personen von den übersichtlichen Konstellationen, wie sie außerhalb Neapels zur Anwendung kamen, abweicht, wurden die bis dahin erarbeiteten musikalisch-formalen Errungenschaften (vom Orchester begleitete Introduzione, ausgedehnte Finali) weiterentwickelt. Hinzu treten Ensembles wie das Duett in der 5. Szene des ersten Akts, in dem der schon im Text unsinnig kryptische Orakelspruch satztechnisch in Form eines Kanons noch zusätzlich komisch verzerrt wird, oder der turbulente Höhepunkt im Finale des 1. Akts, die griechische Musik- und Tanzstunde, die Tammaro seinen Schüler erteilt und die durch eine respektlose Tarantella musikalisch als hochgestochene Verrücktheit entlarvt wird. Die Begegnung des eingebildeten Sokrates mit den Geistern des Hades (II/10) gestaltete der Komponist als Parodie einer besonderen Art, in dem er sich deutliche Anklänge an die Unterweltsszene in Christoph Willibald Glucks *Orfeo* erlaubte.[2]

Vornehmlich auf die besonderen Produktionsbedingungen in St. Petersburg zurückzuführen sind die Wege, die Paisiello in seinem bis dahin bedeutendsten Buffa-Werk, *Il barbiere di Siviglia*, beschreiten mußte, die ihn weiter über das bis zu jenem Zeitpunkt Erreichte hinausführten, als er es in Italien vielleicht hätte träumen lassen.[3] Katharina II. hatte ihre eigenen Vorstellungen davon, wie eine Opera buffa für das des Italienischen nicht mächtige Publikum nicht zu langweilig würde: Sie sollte möglichst wenig Secco-Rezitative enthalten und eine Gesamtdauer von eineinhalb Stunden nicht überschreiten.[4] Damit war es notwendig, auch die Entwicklung der Intrige, die gewöhnlicherweise im Rezitativ stattzufinden hatte, in die Nummern zu legen, die Aktion nicht umständlich zu besprechen, sondern sie direkt stattfinden zu lassen. Aussagen einzelner Personen, wie sie in Arien wiedergegeben werden, waren außerdem zahlenmäßig ebenso zu beschränken (auf lediglich sieben und die Introduzione) wie die Zahl der Ensembles gegenüber den üblichen Gepflogenheiten zu erweitern war (auf sechs und die Finali). Wie Paisiello dabei vorgeht, sei kurz an der Introduzione und am ersten Akt gezeigt. Die Introduzione führt direkt in die Handlung: der Graf singt eine ungewöhnlich kurze Arie[5], nach deren Schluß keine Erörterung der Situation im Secco-Rezitativ stattfindet, sondern Figaro betritt sogleich die Bühne. Er ist damit beschäftigt, eine Arie zu dichten (*»Diamo alla noja il bando«*), bleibt aber immer wieder stecken und verfällt dabei ins Secco. Plötzlich werden Graf und Figaro einander gewahr (Tempo und Taktwechsel), versuchen sich aneinander zu erinnern (sequenzierende Steigerung eines kurzen Motivs im Orchester), erkennen sich schließlich wieder. Erst dann wird im Rezitativ über die Vorgeschichte informiert. Paisiellos Vorgangsweise ist deutlich an der Handlung orientiert, indem er die konventionelle Abfolge

Notenbeispiel rechte Seite: Beginn der Arie des Conte »Saper bramate« aus Giovanni Paisiellos *Il barbiere di Siviglia*

1 Vgl. dazu M. F. Robinson, *Naples and Neapolitan Opera*, Oxford 1972 (Oxford monographs on music), S. 199, sowie M. Scherillo, *L'opera buffa napoletana*, S. 396–414.

2 Vgl. dazu W. Osthoff, *Die Opera buffa*, in: *Gattungen der Musik in Einzeldarstellungen. Gedenkschrift Leo Schrade*, hg. v. W. Arlt u.a., Bd. 1, Bern und München 1973, S. 678–743: 701ff.; B. Brizi, *Il Socrate immaginario di Giambattista Lorenzi*, in: *Venezia e il melodramma nel Settecento*, Bd. 2, hg. v. M. T. Muraro, Florenz 1981 (Studi di musica veneta 7), S. 169–184.

3 Vgl. dazu V. Scherliess, *Il Barbiere di Siviglia: Paisiello und Rossini*, in: *Colloquium »Die stilistische Entwicklung der italienischen Musik zwischen 1770 und 1830 und ihre Beziehungen zum Norden« (Rom 1978)*, Bericht hg. v. F. Lippmann, Laaber 1982 (Analecta musicologica 21), S. 100–127; A. Della Corte, *Paisiello*, Turin 1922, S. 73–94.

4 Vgl. dazu S. Henze, *Opera seria, opera buffa und Mozarts Don Giovanni*, S. 104ff.

5 Soloauftritte am Anfang des Stücks sind, wie in Piccinnis *La buona figliuola*, üblicherweise Heroinen von Rührstücken der Opera semiseria oder der Opera buffa mit sentimentalem Einschlag vorbehalten.

Die Opera buffa im späteren 18. Jahrhundert (1760–1800)

von geschlossener Nummer und Rezitativ aufgibt, mehr noch: Figaros Secco-Einwürfe stehen in engem Zusammenhang mit seiner Tätigkeit, sind ohne den üblichen erzählenden Charakter Teil der in seiner Solonummer vorgetragenen Handlung. Ebenso detailliert durchstrukturiert ist die als Duett bezeichnete Szene zwischen Rosina und Bartolo (»Lode al ciel«), die auf Figaros Aufzählarie (»Ed io allora per non saper che fare«) folgt. Die Arie des Grafen, mit der er sich in der sechsten Szene Rosina vorstellen soll (»Saper bramate«), ist ebenfalls eng in die Handlung eingebunden: sie ist als Ständchen mit einem Zupfinstrument Bühnenmusik, mit der der Graf seiner angebeteten Rosina Informationen über sich selbst vermitteln will. Er tut dies, indem er den ersten Teil seiner Cavatine insgesamt sechsmal jeweils variiert wiederholt (siehe Beispiel S. 135f.). Das Stück endet nicht in einem Ritornell, vielmehr greift Rosina die Melodie auf, wird in ihrem Gesang aber durch das Einschreiten Bartolos unterbrochen. Die Arie wird also in ihrer musikalischen Form von szenischen Ereignissen bestimmt.

Zu den populärsten Ensembles des Werks gehört das berühmte Nies-Terzett zwischen Bartolo und seinen Dienern Giovinetto und Svegliato, das einen beliebten Topos der Gattung aufgreift und zu bis dahin nie erreichter Perfektion führt:[1] auskomponiertes Gähnen und Niesen und die verzweifelt-zornige Ungeduld Bartolos lassen diese Nummer zu einer Szene voller burlesker Komik werden, voller musikalischer Anreize zur szenisch-schauspielerischen Ausgestaltung durch die Sänger (siehe Beispiel S. 137; vgl. auch das Beispiel S. 111 unten sowie das Nies-Terzett aus Goldonis L'Arcadia in Brenta, S. 124f.).

Im Barbiere werden zwar bekannte musikalische Formen eingesetzt, die vom Komponisten aber aufgrund von handlungsbedingten Notwendigkeiten verändert worden sind: das Eindringen von Handlung in die einzelnen Nummern bindet diese fester in den musikalischen Kontext und führt zu einem handlungsbezogenen Komponieren, wie es bis dahin in der Gattung nur in den Finali stattfand. Il barbiere di Siviglia fand nach seiner Uraufführung in St. Petersburg (15. September 1782) in ganz Europa begeisterte Aufnahme und wurde erst Anfang des 19. Jahrhunderts durch Gioachino Rossinis Vertonung des gleichen Stoffs (Rom 1816, Text von Cesare Sterbini) von der Opernbühne verdrängt.

---

1 Vgl. W. Osthoff, Die Opera buffa, S. 693f.

Das Nies-Terzett aus Giovanni Paisiellos *Barbiere di Siviglia*.

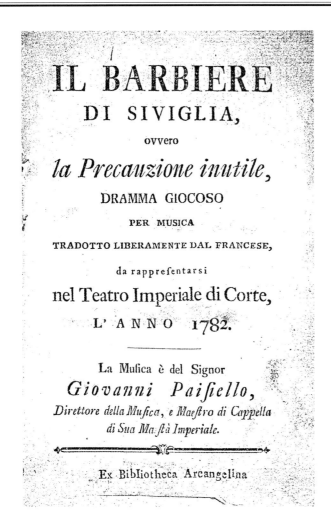

Titelseite des Librettos zur Wiener Aufführung des *Barbiere di Siviglia* von Giovanni Paisiello. Der Librettist weist im Nachwort entschuldigend auf die durch die Musik gesetzten Grenzen hin, die den Sänger in der schauspielerischen Interpretation einschränken und es ihm unmöglich machen, wie ein Schauspieler des Sprechtheaters zu agieren. Diese Bemerkung zeugt von dem über das rein Buffoneske hinausgehenden darstellerischen Anspruch, den die Opera buffa in Wien Ende des 18. Jahrhunderts hatte. (Wien, Archiv der Gesellschaft der Musikfreunde).

Der Einfluß des französischen Theaters, vor allem der Comédie larmoyante und der Opéra comique, der in Venedig schon in den 1770er Jahren bemerkbar ist und dort zu einer umfangreichen Produktion musikalischer Einakter meist sentimentalen Inhalts führte[1], machte auch vor Neapel nicht halt.[2] 1788 hatte *Nina ou la folle par amour* von Nicolas Dalayrac in der Übersetzung Giuseppe Carpanis in Monza einen triumphalen Erfolg gefeiert. Paisiello übernahm das Libretto 1789 in dieser Übersetzung mit Ergänzungen von Giambattista Lorenzi und vertonte es als *Nina o sia la pazza per amore* für eine Festdarbietung, die der Neapler Hofe in Caserta veranstalten wollte, anläßlich einer Feier zu Ehren der Eröffnung einer Seidenmanufaktur in San Leucio.[3] Aufgrund seines sentimentalen Inhalts, der es der Opera buffa zuordnete, trug das Stück die Gattungsbezeichnung »commedia per musica in un atto«, obwohl es z.B. entgegen der neapolitanischen Tradition komischer Einakter keine Rezitative, sondern gesprochene Dialoge aufwies.[4]

Richtungsweisend wurde diese »einaktige Komödie« in verschiedener Hinsicht.[5] Zum einen durch ihr Thema, den durch Liebeskummer erzeugten Wahnsinn, das in der Opera semiseria des frühen 19. Jahrhunderts zu einem beliebten Topos werden sollte, zum anderen aber auch durch die in ihrer Gattungszugehörigkeit begründete Gestaltungsfreiheit in der Konzeption der einzelnen Nummern. Das gilt z.B. für die erste Szene, in der die Vorgeschichte der Handlung in Form von kombiniertem Chor- und Sologesang vorgetragen wird[6], aber auch für die Rondo-Arie der Nina »Il mio ben quando verrà«, in der Paisiello einen Typus der »szenischen« Arie aufgreift, wie er in der neapolitanischen Gattungstradition der Opera buffa bei verzweifelten Heroinen anzutreffen war, so z.B. schon 1783 in Giacomo Trittos *Il convitato di pietra* (Arie der Lesbina »Dov'è più la Contessina«)[7]. Paisiello nutzt die Ritornelle des Rondos, um die fortschreitende Verwirrung der Protagonistin auch musikalisch darzustellen.

1 Vgl. *I vicini di Mozart*, Bd. II: *La farsa musicale veneziana (1750–1810)*, hg. v. D. Bryant, Florenz 1989 (Studi di musica veneta 15).
2 Vgl. dazu B. Croce, *I teatri di Napoli dal Rinascimento alla fine del secolo decimottavo*, S. 251–264.
3 Vgl. dazu F. Degrada, *Nina o sia la pazza per amore*, Mailand 1998/99, S. 57.
4 Vgl. dazu D. Brandenburg, *Paisiello und die Farsa*, in: *Convegno italo-tedesco »Mozart, Paisiello, Rossini e l'opera buffa« (Rom 1993)*, hg. v. M. Engelhardt und W. Witzenmann, Laaber 1998 (Analecta musicologica 31), S. 233–258: 250–254.
5 Vgl. dazu S. Castelvecchi, *From »Nina« to »Nina«: Psychodrama, Absorption and Sentiment in the 1780s*, in: Cambridge Opera Journal VIII/2 (1996), S. 91–112: 92.
6 Vgl. ebd., S. 105–111.
7 Vgl. D. Brandenburg, *Giacomo Tritto*, S. 161.

Titelseite des Librettos der Uraufführung von Giovanni Paisiellos *Nina o sia la pazza per amore*, Caserta 1789. Das Stück wird hier dem Sprachgebrauch der neapolitanischen Operntradition entsprechend als »commedia di un atto« und nicht, wie es aufgrund der gesprochenen Dialoge vermutlich in Venedig der Fall gewesen wäre, als »farsa in musica« bezeichnet. Das Werk wurde anläßlich einer Feier zu Ehren der von Ferdinand II. errichteten Seidenmanufaktur in S. Leucio gespielt, einer Einrichtung von besonderer historischer Bedeutung, da mit eigenem Statut versehen und als industrielles Pilotprojekt mit zukunftsweisenden Sozialgesetzen ausgestattet. (Biblioteca del Conservatorio S. Pietro a Majella, Napoli, Rari 15.7 (9)).

NINA
O SIA
LA PAZZA PER AMORE
COMMEDIA DI UN ATTO
IN PROSA, ED IN VERSO PER MUSICA,
TRADOTTA DAL FRANCESE.
DA RAPPRESENTARSI
A BELVEDERE
Nella Eftà del corrente anno 1789
IN OCCASIONE DI ESSERSI PORTATA
LA MAESTÀ
DELLA
REGINA
AD ONORARE LA NUOVA POPOLAZIONE
DI SANTO LEUCIO.

IN NAPOLI MDCCLXXXIX.
PER VINCENZO FLAUTO
Regio Impressore.

Er tut dies unter anderem, dadurch, daß er Schritt für Schritt die Gesangslinie auflöst (siehe Beispiel S. 140f.).[1] Darüber hinaus findet er in der musikalischen Charakterisierung der Nina als reines, in seinen Empfindungen unverfälschtes Mädchen zu Ausdrucksmitteln, die ebenso sprechend sind wie die Beschreibung durch den Text. Diese von Friedrich Lippmann als »neue Einfachheit« (»nuova semplicità«)[2] bezeichnete stilistische Entwicklung der musikalischen Sprache des Komponisten ist ebenfalls eine Weiterentwicklung von Vorgaben, die bereits in der neapolitanischen Gattungsgeschichte der Opera buffa vorhanden waren.[3]

Nina o sia la pazza per amore wies den Weg zu einer neuen Sparte des Musiktheaters, der Opera semiseria, und damit den Weg ins 19. Jahrhundert.

---

1 Vgl. dazu F. Degrada, *Nina*, S. 66f.
2 F. Lippmann, *Il mio ben quando verrà. Paisiello creatore di una nuova semplicità*, in: Studi musicali XIX (1990/92), S. 385–405.
3 Vgl. ebd., S. 401.

Notenbeispiel linke Seite und oben: Anfang der Arie der Nina »Il mio ben quando verrà« aus Giovanni Paisiellos *Nina o sia la pazza per amore*.

Domenico Cimarosa: Mit Il matrimonio segreto *auf dem Weg zu Rossini*

Domenico Cimarosa (1749–1801) stammte wie Paisiello aus dem Königreich beider Sizilien und war wie dieser zeitweise am Hofe von Katharina II. in St. Petersburg tätig (1787–1791). Er debütierte als Opernkomponist 1772 am Teatro de' Fiorentini in Neapel mit der Opera buffa *Le stravaganze del conte* (Text von Pasquale Mililotti).[1] Cimarosas Schaffen ist noch nicht gründlich untersucht worden, weshalb im folgenden nur sein bekanntestes Werk, *Il matrimonio segreto,* in seiner gattungsgeschichtlichen Bedeutung näher beleuchtet werden soll.

Seinen ersten internationalen Erfolg feierte Cimarosa mit *L'italiana in Londra* (Rom, Teatro Valle 1778), einem Werk, das sich schon durch ausgedehnte und handlungsreiche Ensembles auszeichnet. Nachdem der Komponist bereits 1772 mit einem komischen Einakter, *Le magie di Merlina e Zoroastro,* hervorgetreten war (er sollte Zeit seines Lebens immer wieder Werke zu diesem Entwicklungsstrang der Opera buffa beisteuern), konnte er 1786 mit *L'impresario in angustie* (Text von Giuseppe Maria Diodati) mit einem Einakter auch internationalen Erfolg erzielen. Das Thema dieses Stücks ist der Opernbetrieb und gibt Cimarosa Anlaß auf beispielhafte Weise zu zeigen, mit welchen Mitteln formaler wie musikalischer Art es in der Gattung möglich war, über den Text und die Handlung hinaus Komik zu erzeugen. Dazu gehören handlungsbetonte Ensembles ebenso wie z.B. die Imitation von Instrumenten im Gesang. Hinzu tritt eine »elegante Sentimentalität«[2], die z.B. das Auftrittsduett von Fiordispina und Perizonio (»*Senti, senti l'augellino*«) prägt und die für Cimarosas Buffo-Schaffen charakteristisch wurde.

Sie ist auch in Cimarosas gattungsgeschichtlich vielleicht bedeutendstem Werk, *Il matrimonio segreto,* zu finden.[3] Das Libretto zu dieser 1792 in Wien uraufgeführten Opera buffa (der Komponist unterbrach dort seine Rückreise von St. Petersburg nach Neapel) schrieb der Venezianer Giovanni Bertati. Als Vorlage diente ihm *The Clandestine Marriage,* eine Komö-

---

1 Vgl. dazu D. Brandenburg, *Le farse di Domenico Cimarosa*, in: *Mozart e i musicisti del suo tempo. Atti del convegno internazionale di studi, Roma, 21–22 ottobre1991*, hg. v. A. Bini, Lucca 1994 (L'arte armonica 3), S. 119–128: 120.

2 Vgl. dazu S. Leopold, Artikel »Cimarosa, L'impresario in angustie«, in: *Pipers Enzyklopädie des Musiktheaters*, hg. v. C. Dahlhaus und dem Forschungsinstitut für Musiktheater der Universität Bayreuth unter der Leitung v. S. Döhring, Bd. 1, München und Zürich 1986, S. 590ff.: 591.

3 Vgl. dazu W. Seidel, *Streit und Versöhnung. Zu Cimarosas Oper »Il matrimonio segreto« und ihrer Vorlage*, in: *De musica et cantu. Studien zur Geschichte der Kirchenmusik und der Oper. Helmut Hucke zum 60. Geburtstag*, hg. v. P. Cahn und A.-K. Heimer, Hildesheim 1993 (Musikwissenschaftliche Publikationen 2), S. 527–541.

die von George Colman d. Ä. und David Garrick (1766). Cimarosas musikalische Umsetzung dieses Librettos zeichnet sich vor allem dadurch aus, daß die Secco-Rezitative strukturell nur noch eine untergeordnete Rolle spielen: Dialoge werden in die Ensembles verlegt, und selbst die Sologesänge, traditionell eigentlich Monologe, werden immer wieder durch Einwürfe anderer Personen gleichsam zu »Beinahe-Ensembles« erweitert, so z.B. die Arie des Grafen »*Son lunatico bilioso*«, in die der Komponist sogleich die Anmerkungen und Erwiderungen der Elisetta hineinkomponiert.[1] Die Arie der Protagonistin, Carolina, »*Deh lasciate ch'io re-*

1 Vgl. ebd., S. 534.

Erste und zweite Notenseite (Beginn der Sinfonia) des Autographs Domenico Cimarosas zu *Il matrimonio segreto*. Deutlich zu erkennen sind die nach den Anfangsakkorden (Largo) beginnenden Läufe in den Violinen (Allegro molto), die schon auf das »Elektrisierende« der Musik Gioachino Rossini vorausdeuten. Cimarosa sieht im Orchester u.a. zwei Klarinetten vor, eine klangliche Komponente, die ihm in Neapel nicht ohne weiteres zur Verfügung gestanden hätte. (Biblioteca del Conservatorio S. Pietro a Majella, Neapel, 15.5.10).

spiri« wird hingegen zum Quintett ausgeweitet. Durch diese Techniken, die im 19. Jahrhundert zum Begriff der ›aria con pertichini‹ führen werden, erreicht die Opera buffa an der Schwelle zum neuen Jahrhundert ein Stadium, in dem die Reihung von geschlossener Nummer und Rezitativ oder die Betonung der einzelnen Person (in der Arie) zugunsten der Gemeinschaft als tragender Bestandteil der Handlung überwunden zu sein scheint. Ensembles in unterschiedlichen Konstellationen (Terzette, Quartette, Quintette) spielen eine bedeutendere Rolle als je zuvor, und auch der Einzelne wird im Sologesang in die Gemeinschaft eingebunden. Die Finali bekommen die dramaturgische Funktion, die man wenig später auch bei Rossini nachweisen kann: am Ende des ersten Akts ist die Konfusion am größten, am Ende des zweiten löst sich diese in Harmonie auf, wobei das erste Finale nicht mehr nur ein episodisch-burlesker Höhepunkt ist, sondern Teil des »intreccio«, der Verwicklungen. Und auch stilistisch weist Cimarosas Vertonung in die Zukunft: Schon die »elektrisierenden« Läufe in den Violinen, die nach dem dreimaligen, an Mozarts *Zauberflöte* erinnernden Akkord in der Ouverture losbrechen, lassen den Hörer unwillkürlich an Rossini denken. Hinzu kommt die Technik der gesteigerten Ton-, Motiv- und Rhythmus-Repetitionen,[1] wie z.B. im Terzett zwischen Elisetta, Fidalma und Geronimo »*Cosa farete*«, mit der der Komponist auf ähnlich »mechanische« Weise in der Musik Komik zu erzeugen versuchte, wie es wenige Jahre später vor allem auch Rossini gelang. Mit diesem erreichte die Opera buffa ihren letzten Höhepunkt, ehe ihre Geschichte 1843 mit Gaetano Donizettis Don Pasquale endgültige zu Ende ging.

[1] Vgl. F. Lippmann, *Mozart und Cimarosa*, in: Hamburger Jahrbuch für Musikwissenschaft 5 (1981), S. 187–202: 199f.

Literaturhinweise

Abert, H.: *Piccini als Buffokomponist*, in: ders., *Gesammelte Schriften und Vorträge*, hg. v. F. Blume, Tutzing ²1968, S. 346–364.

Abert, H.: *W. A. Mozart. Neubearbeitete und erweiterte Ausgabe von Otto Jahns Mozart*, Bd. 1: *1756–1782*, Leipzig ⁹1978.

Angelini, F.: *Tradition et innovation dans les premiers intermèdes goldoniens*, in: *Musiques Goldoniennes. Hommage à Jaques Joly*, Strasburg 1995 (Outre-monts), S. 31–37.

Battisti, E.: *Per una indagine sociologica sui librettisti napoletani buffi del Settecento*, Rom 1960.

Bellina, A. L.: *Personaggio e linguaggio nel libretto comico del '700*, in: Atti dell'Istituto Veneto di scienze, lettere ed arti 123 (1974/75), S. 331–345, 124 (1975/76), S. 1–24.

Bellina, A. L.: *Cenni sulla presenza della commedia dell'arte nel libretto comico settecentesco*, in: *Venezia e il melodramma del Settecento*, Bd. 1, hg. v. M. T. Muraro, Florenz 1978 (Studi di musica veneta 6), S. 131–147.

Blanchetti, F.: *Tipologia musicale dei concertati nell'opera buffa di Giovanni Paisiello*, in: Rivista italiana di musicologia XIX (1984), S. 234–260.

Borelli, G.: *Discorso sulla cosiddetta opera buffa napoletana*, in: Realtà del Mezzogiorno (1983), S. 409–423, 621–633, 711–725, 805–813.

Brandenburg, D.: *Giacomo Tritto: Il convitato di pietra*, in: *Napoli e il teatro musicale in Europa tra Sette e Ottocento: Studi in onore di Friedrich Lippmann*, hg. v. B. M. Antolini und W. Witzenmann, Florenz 1993 (Quaderni della Rivista italiana di musicologia 28), S. 145–174.

Brandenburg, D.: *Sulla ricezione del pensiero goldoniano a Napoli*, in: *Musica e poesia. Celebrazioni in onore di Carlo Goldoni (1707–1793), Narni 11–12 dicembre 1993*, hg. v. G. Ciliberti und B. Brumana, Perugia 1994 (Quaderni di esercizi, musica e spettacolo 5), S. 69–76.

Brandenburg, D.: *Le farse di Domenico Cimarosa*, in: *Mozart e i musicisti del suo tempo. Atti del convegno internazionale di studi, Roma, 21–22 ottobre1991*, hg. v. A. Bini, Lucca 1994 (L'arte armonica 3), S. 119–128.

Brandenburg, D.: *Zu Tanz und Bewegungsphänomenen in der Opera buffa des 18. Jahrhunderts*, in: *Tanz und Bewegung in der barocken Oper. Kongreßbericht Salzburg 1994*, hg. v. S. Dahms und S. Schroedter, Innsbruck und Wien 1996 (Derra de Moroda Dance Archives 3), S. 159–173.

Brandenburg, D.: *Pulcinella, der »Orpheus unter den Komikern«. Zu Commedia dell'arte und komischen Einaktern in Neapel im 18. Jahrhundert*, in: Studien zur italienischen Musikgeschichte, Bd. 15, hg. v. F. Lippmann, Laaber 1998 (Analecta musicologica 30), S. 501–521.

Brandenburg, D.: *Paisiello und die Farsa*, in: *Convegno italo-tedesco »Mozart, Paisiello, Rossini e l'opera buffa« (Rom 1993)*, hg. v. M. Engelhardt und W. Witzenmann, Laaber 1998 (Analecta musicologica 31), S. 233–258.

Brandenburg, D.: Artikel »*Familie Baglioni*«, in: *Die Musik in Geschichte und Gegenwart. Allgemeine Enzyklopädie der Musik*, zweite, neubearbeitete Ausgabe hg. v. L. Finscher, Personenteil Bd. 2, Kassel u.a. 1999, Sp. 5–8.

Brandenburg, D.: Artikel »*Carattoli, Francesco*«, in: *Die Musik in Geschichte und Gegenwart. Allgemeine Enzyklopädie der Musik*, zweite, neubearbeitete Ausgabe hg. v. L. Finscher, Personenteil Bd. 4, Kassel u.a. 2000, Sp. 176f.

Brandenburg, D.: *Farse, farsette e commedie per musica in un atto nel tardo Settecento napoletano*, in: Referat gehalten bei dem Kongreß »La musica a Napoli e a Vienna nell'età di Mozart« 1991 in Neapel, Druck in Vorbereitung.

Brizi, B.: *Il Socrate immaginario di Giambattista Lorenzi,* in: *Venezia e il melodramma nel Settecento,* Bd. 2, hg. v. M. T. Muraro, Florenz 1981 (Studi di musica veneta 7), S. 169–184.

Brosses, C. de: *Lettres familières sur l'Italie,* 2 Bände, Paris 1931.

Cagli, B.: *La Buona Figliuola e la nascita dell'opera semiseria;* in: Chigiana XXXII (1975), S. 265–275.

Castelvecchi, S.: *From »Nina« to »Nina«: Psychodrama, Absorption and Sentiment in the 1780s,* in: Cambridge Opera Journal VIII/2 (1996), S. 91–112.

Croce, B.: *I teatri di Napoli secolo XV–XVIII,* Neapel 1891.

Croce, B.: *I teatri di Napoli dal Rinascimento alla fine del secolo decimottavo,* Neapel 1916 (Nachdruck Mailand 1992 [Biblioteca Adelphi 258]).

D'Arienzo, N.: *Origini dell'opera comica,* in: Rivista musicale italiana 2 (1895), S. 597–628, 4 (1897), S. 421–459, 6 (1899), S. 473–495, 7 (1900), S. 1–33.

Degrada, F.: *Origini e sviluppo dell'opera comica napoletana,* in: *Venezia e il melodramma del Settecento,* Bd. 1, hg. v. M. T. Muraro, Florenz 1978 (Studi di musica veneta 6), S. 149–73.

Degrada, F.: *Amor vuol sofferenza,* in: *Amor sacro e amor profano,* hg. v. P. Pellegrino, Lecce 1997, S. 29–49.

Degrada, F.: *Nina o sia la pazza per amore,* Mailand 1998/99.

Della Corte, A.: *Paisiello,* Turin 1922.

Della Corte, A.: *L'opera comica italiana nel '700,* 2 Bände, Bari 1923.

Dent, E. J.: *Ensembles and Finales in Eighteenth-Century Italian Opera,* in: Sammelbände der Internationalen Musikgesellschaft 11 (1909/10), S. 543-569.

Elwert, W. Th.: *Italienische Metrik,* München 1968.

Emery, T.: *Goldoni's Pamela from Play to Libretto,* in: Italica 64 (1987), S. 572–582.

Emery, T.: *Goldoni as a Librettist,* New York u.a. 1991 (Studies in Italian Culture. Literature in History 3).

Fido, F.: *Riforma e »Controriforma« del teatro: I libretti per musica di Goldoni fra il 1748 e il 1753,* in: Studi goldoniani 7 (1985), S. 60–72.

Florimo, F.: *La scuola musicale di Napoli e i suoi conservatorii, con uno sguardo sulla storia della musica in Italia,* 4 Bände, Neapel 1881 (Nachdruck Bologna 1969 [Biblioteca musica Bononiensis III/9 und 7]).

Folena, G.: *L'italiano in Europa. Esperienze linguistiche del Settecento,* Turin ²1986 (Einaudi paperbacks 139).

Foresio, D.: *Paisiello. Nella vita, nell'arte, nella storia,* Taranto 1985 (Collana di storia ed arte tarantina 7).

Frati, L., *Un impresario teatrale del Settecento e la sua biblioteca,* in: Rivista musicale italiana 18 (1911), S. 64–84.

Gallarati, P.: *Musica e maschera. Il libretto italiano del Settecento,* Turin 1984 (Biblioteca di cultura musicale).

Gallarati, P.: *L'Europa del melodramma da Calzabigi a Rossini,* Alessandria 1999.

Gallico, C.: *Da L'Arcadia in Brenta a La Diavolessa di Goldoni e Galuppi: una via alla riforma dell'opera italiana,* in: *Galuppiana 1985. Studi e ricerche. Atti del convegno internazionale (Venezia, 28–30 ottobre 1985),* hg. v. M. T. Muraro und F. Rossi, Florenz 1986 (Quaderni della Rivista italiana di musicologia 13), S. 143–152.

Ghislanzoni, A.: *Giovanni Paisiello. Valutazioni critiche rettificate,* Rom 1969 (Contributi di musicologia 3).

Goldoni, C.: *Opere drammatiche giocose,* Venedig 1750.

Goldoni, C.: *Tutte le opere,* hg. v. G. Ortolani, 14 Bände, Mailand 1964 (I classici Mondadori).

Heartz, D.: *The Creation of the Buffo Finale in Italian Opera,* in: Proceedings of the Royal Musical Association 104 (1977/78), S. 67–78.

Heartz, D.: *Vis comica: Goldoni, Galuppi and »L'Arcadia in Brenta« (Venice 1749),* in: *Venezia e il melodramma nel Settecento,* Bd. 2, hg. v. M. T. Muraro, Florenz 1981 (Studi di musica veneta 7), S. 33–73.

Henze-Döhring, S.: *Opera seria, opera buffa und Mozarts Don Giovanni. Zur Gattungskonvergenz in der italienischen Oper des 18. Jahrhunderts,* Laaber 1986 (Analecta musicologica 24).

Henze-Döhring, S.: *La tecnica del concertato in Paisiello e Rossini,* in: Nuova rivista musicale italiana XXII (1988), S. 1–23.

Hunter, M. und Webster, J. (Hg.): *Opera Buffa in Mozart's Vienna,* Cambridge 1997 (Cambridge Studies in Opera 1).

Iovino, R.: *Domenico Cimarosa. Operista napoletano,* Mailand 1992 (Storia & storie).

Krömer, W.: *Die italienische Commedia dell'arte,* Darmstadt ³1990 (Erträge der Forschung 62).

Kunze, S.: *Per una descrizione tipologica della »Introduzione« nell'opera buffa del Settecento e particolarmente nei drammi giocosi di Carlo Goldoni e Baldassarre Galuppi,* in: *Galuppiana 1985. Studi e ricerche. Atti del convegno internazionale (Venezia, 28–30 ottobre 1985),* hg. v. M. T. Muraro und F. Rossi, Florenz 1986 (Quaderni della Rivista italiana di musicologia 13), S. 165–177.

Landmann, O. und Lazarevich, G.: *Artikel »Intermezzo«,* in: *Die Musik in Geschichte und Gegenwart. Allgemeine Enzyklopädie der Musik,* zweite, neubearbeitete Ausgabe hg. v. L. Finscher, Sachteil Bd. 4, Kassel u.a. 1996, Sp. 1026-1048.

Lazarevich, G.: *From Naples to Paris: Transformations of Pergolesi's intermezzo Livietta e Tracollo by contemporary buffo singers,* in: *Lo stato attuale degli studi su Pergolesi e il suo tempo,* hg. v. F. Degrada, Scandicci und New York 1986 (Studi Pergolesiani / Pergolesi Studies 1), S. 149–165.

Lazarevich, G.: *Hasse as a Comic Dramatist: the Neapolitan Intermezzi,* in: *Colloquium »Johann Adolf Hasse und die Musik seiner Zeit« (Siena 1983),* hg. v. F. Lippmann, Laaber 1987 (Analecta musicologica 25), S. 287–303.

Leopold, S.: *Artikel »Cimarosa, L'impresario in angustie«,* in: *Pipers Enzyklopädie des Musiktheaters,* hg. v. C. Dahlhaus und dem Forschungsinstitut für Musiktheater der Universität Bayreuth unter der Leitung v. S. Döhring, Bd. 1, München und Zürich 1986, S. 590–92.

Lippmann, F.: *Mozart und Cimarosa,* in: Hamburger Jahrbuch für Musikwissenschaft 5 (1981), S. 187–202.

Lippmann, F.: *Il mio ben quando verrà. Paisiello creatore di una nuova semplicità,* in: Studi musicali XIX (1990/92), S. 385–405.

Lippmann, F.: *Il "Grande Finale" nell'opera buffa e nell'opera seria: Paisiello e Rossini*, in: Rivista italiana di musicologia XXVII (1992), S. 225–255.

Opere Teatrali di Giambattista Lorenzi Napolitano. Accademico Filomate: tra' Costanti Eulisto e tra gli Arcadi di Roma Alcesindo Misisaco, Bd. II, Neapel 1813.

Giambattista Lorenzi e la commedia per musica, hg. v. V. Monaco, Neapel 1968.

Mackenzie, B. D.: *The Creation of a Genre: Comic Opera's Dissemination in Italy in the 1740s*, Diss. (masch.) Ann Arbor 1993.

Mangini, N.: *Sulla diffusione dell'opera comica nei teatri veneziani*, in: *Venezia e il melodramma del Settecento*, Bd. 1, hg. v. M. T. Muraro, Florenz 1978 (Studi di musica veneta 6), S. 175–184.

Marcello, B.: *Il teatro alla moda*, Venedig [circa 1720].

Metzeltin, M.: *Appunti sulla poetica dei drammi giocosi goldoniani*, in: *Oper als Text. Romanistische Beiträge zur Libretto-Forschung*, hg. v. A. Gier, Heidelberg 1986 (Studia Romanica 63), S. 55–64.

Osthoff, W.: *Die Opera buffa*, in: *Gattungen der Musik in Einzeldarstellungen. Gedenkschrift Leo Schrade*, hg. v. W. Arlt u.a., Bd. 1, Bern und München 1973, S. 678–743.

Piperno, F.: *Buffi e buffe. Considerazioni sulla professionalità degli interpreti di scene buffe ed intermezzi*, in: Rivista italiana di musicologia XVIII (1982), S. 240–284.

Piperno, F.: *Gli interpreti buffi di Pergolesi. Note sulla diffusione della serva padrona*, in: *Lo stato attuale degli studi su Pergolesi e il suo tempo*, hg. v. F. Degrada, Scandicci und New York 1986 (Studi Pergolesiani / Pergolesi Studies 1), S. 166–178.

Piperno, F.: *Note sulla diffusione degli intermezzi di J. A. Hasse (1726–1741)*, in: *Colloquium »Johann Adolf Hasse und die Musik seiner Zeit« (Siena 1983)*, hg. v. F. Lippmann, Laaber 1987 (Analecta musicologica 25), S. 267–285.

Piperno, F.: *Il teatro comico*, in: *Musica in scena: Storia dello spettacolo musicale*, hg. v. A. Basso, Bd. II: *Gli Italiani all'estero. L'opera in Italia e in Francia*, Turin 1996, S. 97–199.

Piperno, F.: *L'intermezzo comico a Napoli negli anni di Pergolesi: Gioacchino Corrado e Celeste Resse*, in: Studi pergolesiani/Pergolesi Studies 3 (1999) S. 157–171.

Pirrotta, N.: *Divagazioni su Goldoni e il dramma giocoso*, in: Rivista italiana di musicologia XXXII (1997), S. 100–108.

Platoff, J.: *Musical and Dramatic Structure in the Opera Buffa Finale*, in: Journal of Musicology 7 (1989), S. 191-229.

Polin, G.: *Tradizione e recezione di un'opera comica di metà 700: viaggi, trasformazioni e fortuna del »Filosofo di campagna« di Goldoni*, Tesi di dottorato (masch.) Univ. Bologna 1995.

Quadro, F. S.: *Della storia e della ragione d'ogni poesia*, 5 Bände, Bologna 1739–1752.

Rak, M.: *L'opera comica napoletana di primo Settecento*, in: *Musica e cultura a Napoli dal XV al XIX secolo*, Florenz 1983 (Quaderni della Rivista italiana di musicologia 9), S. 217–224.

Robinson, M. F.: *Naples and Neapolitan Opera*, Oxford 1972 (Oxford monographs on music).

Robinson, M. F.: *Three versions of Goldoni's Il filosofo di campagna*, in: *Venezia e il melodramma nel Settecento*, Bd. 2, hg. v. M. T. Muraro, Florenz 1981 (Studi di musica veneta 7), S. 75–85.

Russo, F. P.: *I libretti di Giambattista Lorenzi*, in: Studi musicali 20 (1991), S. 267–315.

Sartori, C.: *I libretti italiani a stampa dalle origini al 1800. Catalogo analitico con 16 indici*, 7 Bände, Cuneo 1990–1994.

Scherillo, M.: *L'opera buffa napoletana durante il Settecento. Storia letteraria*, Neapel 1883 (Nachdruck Bologna 1975 [Biblioteca musica Bononiensis III/45]).

Scherliess, V.: *Il Barbiere di Siviglia: Paisiello und Rossini*, in: *Colloquium »Die stilistische Entwicklung der italienischen Musik zwischen 1770 und 1830 und ihre Beziehungen zum Norden« (Rom 1978)*, hg. v. F. Lippmann, Laaber 1982 (Analecta musicologica 21), S. 100–127.

Schläder, J.: Artikel »Giovanni Battista Pergolesi, La serva padrona«, in: *Pipers Enzyklopädie des Musiktheaters*, hg. v. C. Dahlhaus und dem Forschungsinstitut für Musiktheater der Universität Bayreuth unter Leitung v. S. Döhring, Bd. 4, München und Zürich 1991, S. 681–684.

Seidel, W.: *Streit und Versöhnung. Zu Cimarosas Oper »Il matrimonio segreto« und ihrer Vorlage*, in: *De musica et cantu. Studien zur Geschichte der Kirchenmusik und der Oper. Helmut Hucke zum 60. Geburtstag*, hg. v. P. Cahn und A.-K. Heimer, Hildesheim 1993 (Musikwissenschaftliche Publikationen 2), S. 527–541.

Simonelli, P.:, *Lingua e dialetto nel teatro musicale napoletano del 700*, in: *Musica e cultura a Napoli dal XV al XIX secolo*, Florenz 1983 (Quaderni della Rivista italiana di musicologia 9), S. 225–237.

Sonneck, O. G. Th.: *Catalogue of opera librettos printed before 1800. Library of Congress*, Washington 1914 (Nachdruck New York o. J. [Burt Franklin bibliography and reference series 190]).

Streicher, J.: *Goldoni dopo Goldoni: Usiglio, Wolf-Ferrari e »Le donne curiose«*, in: *Musica e poesia. Celebrazioni in onore di Carlo Goldoni (1707–1793), Narni 11–12 dicembre 1993*, hg. v. G. Ciliberti und B. Brumana, Perugia 1994 (Quaderni di esercizi, musica e spettacolo 5), S. 99–111.

Strohm, R.: *Die italienische Oper im 18. Jahrhundert*, Wilhelmshaven 1979 (Taschenbücher zur Musikwissenschaft 25).

Strohm, R.: *Pietro Pariati librettista comico*, in: *La carriera di un librettista. Pietro Pariati da Reggio di Lombardia*, hg. v. G. Gronda, Bologna 1990, S. 73–111.

Strohm, R.: Artikel »Leonardo Vinci, Li zite 'ngalera«, in: *Pipers Enzyklopädie des Musiktheaters*, hg. v. C. Dahlhaus und dem Forschungsinstitut für Musiktheater der Universität Bayreuth unter Leitung v. S. Döhring, Bd. 6, München und Zürich 1997, S. 505–507.

Tibaldi Chiesa, M.: *Cimarosa e il suo tempo*, Mailand 1939.

Tintori, G.: *I napoletani e l'opera buffa*, Neapel 1980 (Saggi).
Troy, Ch. E., *The Comic Intermezzo. A Study in the History of Eighteenth-Century Italian Opera*, Ann Arbor 1979 (Studies in musicology 9).
I vicini di Mozart, Bd. II: *La farsa musicale veneziana (1750–1810)*, hg. v. D. Bryant, Florenz 1989 (Studi di musica veneta 15).
Villinger, C.: *»Mi vuoi tu corbellar«. Die Opere buffe von Giovanni Paisiello. Analysen und Interpretationen*, Tutzing 2000 (Mainzer Studien zur Musikwissenschaft 40).
Viviani, V.: *Storia del teatro napoletano*, Neapel 1969.
Weber, H.: *Der Serva-padrona-Topos in der Oper*, in: Archiv für Musikwissenschaft XLV (1988), S. 87–110
Weiss, P.: *Ancora sulle origini dell'opera comica: il linguaggio*, in: *Lo stato attuale degli studi su Pergolesi e il suo tempo*, hg. v. F. Degrada, Scandicci und New York 1986 (Studi Pergolesiani / Pergolesi Studies 1), S. 124–127.
Weiss, P. S: *La diffusione del repertorio operistico nell'Italia del Settecento: il caso dell'opera buffa*, in: *Civiltà teatrale e settecento Emiliano*, hg. v. S. Davoli, Bologna 1986 (Proscenio 3), 241–257.
Wiesend, R.: Artikel *»Galuppi, Il filosofo di campagna«*, in: *Pipers Enzyklopädie des Musiktheaters*, hg. v. C. Dahlhaus und dem Forschungsinstitut für Musiktheater der Universität Bayreuth unter der Leitung v. S. Döhring, Bd. 2, München 1987, S. 315–317.
Wiesend, R.: Artikel *»Opera buffa«*, in: *Die Musik in Geschichte und Gegenwart. Allgemeine Enzyklopädie der Musik*, zweite, neubearbeitete Ausgabe hg. v. L. Finscher, Sachteil Bd. 7, Kassel u.a. 1997, Sp. 653-665.
Wiesend, R.: *Exkurs zur Geschichte der Rollenbezeichnungen*, in: *Mozart e la drammaturgia veneta. Mozart und die Dramatik des Veneto. Bericht über das Colloquium Venedig 1991*, hg. v. W. Osthoff und R. Wiesend, Tutzing 1996 (Mozart Studien 6), S. 91–93.
Wright, E.: *Some Observations Made In Travelling Through France, Italy &c. in the years 1720, 1721, and 1722*, 2 Bände, London 1730.

Kapitel V: Tragédie lyrique
Von Herbert Schneider

Allgemeine Gesichtspunkte

Die Organisation der Theatersaison in Paris, juristische und administrative Bedingungen

Die Geschichte der französischen Oper im 18. Jahrhundert ist auch die Geschichte ihrer Opernhäuser und der Institution Oper samt ihrer juristisch-organisatorischen Voraussetzungen. Länger als in Italien hielt man in Paris an dem alten hufeisenförmigen Theaterbau fest, dessen Dominanz insbesondere durch den Umbau der Jeux de Paume-Bauten zu Theatern zu erklären ist. Im Parterre des schon von Lully seit 1674 benutzten Gebäudes im Palais Royal, konnten etwa 600 Zuschauer stehend an den Aufführungen teilnehmen. Das Amphitheater faßte 120 Personen, die auf Bänken saßen, und in den drei Rängen mit den Logen fanden weitere 500 Besucher Platz. Einschließlich der Kleinlogen bot das Haus also etwa 1.400 Besuchern Platz. Während das Publikum im Parterre lange Zeit während der Aufführung stand (Louis Sébastien Mercier berichtet in den 1780er Jahren, man sitze außer im Parterre überall der Opéra)[1], folgte die Comédie Italienne erst 1783 der Comédie Française und führte 200 Sitzplätze auf engen Bänken im »orchestre« (Parkett) ein. Die bisweilen zu Tumulten und Aufständen führende Unruhe im Publikum spiegelt sich in den zahlreichen polizeilichen Verordnungen, mit denen man das Verhalten der Zuschauer zu steuern suchte.

In der Jahrhundertmitte nimmt in Frankreich die Kritik an den alten Theaterbauten und den ungünstigen Bedingungen für die Zuschauer zu. So werden z. B. die Logen heftig kritisiert, da sie unbequem waren, die Sicht versperrten und im Gesamtbau des Theaters schlecht integriert waren. Das Ideal des antiken Theaters mit allen seinen optischen und akustischen Voraussetzungen wurde diskutiert. Das Théâtre de la Foire nahm hinsichtlich der Erneuerung des französischen Theaterbaus eine Pionierrolle ein. Jean Monnet hatte 1752 mit Hilfe mehrerer Geldgeber ein sehr schönes neues Theater errichtet. Diese Privatinitiative machte bald auf dem Boulevard Schule, wo sich Gesellschaften bildeten, die den Bau neuer Häuser finanzierten. Sogar die privilegierten Theater fanden auf diesem Wege die Mittel – also durch Mäzene oder private Geldgeber – für ihre neuen Gebäude. Aber trotz aller Bemühungen mußte Monnet 1752 für seine neue Opéra-Comique einen Kompromiß akzeptieren. Zwei Amphitheater übereinander ersetzten die hinteren Logen, während die Seitenlogen, auf die man verzichtet hätte, erhalten blieben. Gegen die Gewohnheiten der zahlungskräftigen Zuschauer, die darauf bestanden, sich in den Logen vom übrigen Publikum abzusondern, konnte man sich nicht durchsetzen. Die sozialen Zwänge waren stärker als alle vernünftigen Reformvorstellungen. Obwohl der Zuschauerraum in Monnets Theater oval geformt war, blieb er doch noch sehr stark der alten, aus dem Jeu de Paume entwickelten Form des verlängerten U verhaftet.

Jacques-Germain Soufflots Entwurf für Lyon von 1754–1756, orientiert an der von den Italienern übernommenen Form eines Kreises, Teilkreises oder verschiedenen Formen der Ellipse, wurde zum Modell für andere große Häuser mit ihren weniger tiefen Zuschauerräumen und ihren breiteren Bühnen. Mit den 1752 eröffneten neuen Theatern in Metz und Montpellier in Trapezform mit einem angefügten Halbkreis und dem Neubau der Opéra-Comique im gleichen Jahr begann die architektonische Erneuerung der französischen Theaterbauten. Die Académie royale de musique wurde wie andere Häuser mehrfach durch Theaterbrände vernichtet (so am 6. April 1763) und mußte in Ersatzgebäude ausweichen, bis ein neues Haus erbaut war. So entschied man nach dem Opernbrand von 1763, wieder einmal die »Salle des machines« in den Tuileries auszubauen, die am 24. Januar 1764 mit Rameaus *Castor et Pollux* eingeweiht wurde.

Das von Moreau nach Plänen Soufflots errichtete neue Haus im Palais Royal konnte seine Pforten erst am 20. Januar 1770 mit Rameaus *Zoroastre* eröffnen. Das Haus war mit 2.500

---

[1] L. S. Mercier, *Tableau de Paris*, Paris 1783–1788.

Plätzen dreimal so groß wie das vorausgehende und hatte die bereits in Lyon realisierte ovale Form. Zum ersten Mal wurde ein feuersicherer Vorhang eingebaut. Zu dem 278 Personen umfassenden Personal gehörten 23 Gesangssolisten, 50 Chormitglieder, 20 Solotänzer, 72 Mitglieder des Corps de ballet, 68 Orchestermitglieder und 39 Personen des sogenannten technischen Personals.

Unabhängig davon ergaben sich in der zweiten Hälfte des 18. Jahrhunderts in Frankreich die ersten entscheidenden Veränderungen im Theaterbau, die kommerzielle Auswirkungen hatten. Seit 1757, vielleicht sogar etwas früher, ließ zuerst die Comédie Française sehr kleine Logen »au dessus des seconds balcons et des deux premières loges de secondes« einbauen, die jährlich vermietet wurden. Dies wurde von den anderen Theatern nachgeahmt, da man daraus einen großen Gewinn zog, mußte doch von diesen zusätzlichen Einnahmen nichts an die Autoren und an den »quart des pauvres« (Armensteuer) abgeführt werden. Die Armensteuer wurde mehrfach neu geregelt, so 1736, dann 1762, als die Abgabe an das Hôpital général durch die Vereinbarung einer festen Summe (1788 betrug sie 60.000 livres für die Comédie Française und die Comédie Italienne sowie 70.000 für die Opéra) reduziert werden konnte (in derselben Zeit waren die Einkünfte der Theater allerdings erheblich gestiegen). Neu ist seit den 1760er Jahren auch das Engagement der Regierungen, die zunehmend zur Finanzierung der Theater beitrugen, so daß man von einer Subventionspolitik sprechen kann.

Die Comédie Italienne konnte erst 1783 als letzte der großen Bühnen in Paris ein solches modernes trapezförmiges Theater in der Nähe der Boulevards eröffnen. Die 1783 neu gebaute Comédie Italienne verdankt ihre Existenz der Parzellierung von Grundstücken des Duc de Choiseul. Anlaß für eine Flut von Projekten für einen Neubau der Opéra in Paris war die Vernichtung des alten Hauses durch einen neuerlichen verheerenden Brand am 8. Juni 1781.

Ein im Jahre 1714 von Ludwig XIV. erlassenes Gesetz gab die Regeln für die Theatersaison für lange Zeit vor.[1] Darin sind die Rechte und Pflichten der Operndirektoren und aller Angehörigen der Oper, die Organisation der Opernsaison, die Honorierung der Librettisten und Komponisten, der Sänger, Tänzer und Musiker sowie die Höhe ihrer Pensionen, die zeitliche Planung der Proben und Vorstellungen und andere Fragen wie die Spielplangestaltung festgelegt. Im Artikel VI heißt es z.B., die Aufführungen der Wintersaison, die ohne Unterbrechung auf die Sommersaison folgte, hätten am 24. Oktober und stets mit einer »Tragédie« zu beginnen. Die Oper gehörte neben der Comédie Française und dem Théâtre Italien zu den drei offiziellen Theater, war ein Privatunternehmen und erhielt keine Subventionen vom König. Wie andernorts in Europa bestand nur ein Spielverbot für die Fastenzeit. Die Vorstellungen begannen um 17 Uhr.

Die Saison begann am Montag von Quasimodogeniti (erster Sonntag nach Ostern) und endete am Tag vor Palmsonntag. Eine Sommerpause gab es nicht, nur bei bestimmten Kirchenfesten wie Himmelfahrt, Allerheiligen, am Heiligen Abend und an Weihnachten mußten die Theater geschlossen bleiben. Die Eröffnung und der Abschluß der Saison bilden herausgehobene Höhepunkte. Vor ihrem Ende sind die Einnahmen von zumindest drei Aufführungen (»pour la capitation«) für die Darsteller bestimmt, darunter in der Regel die letzte. Die Preise werden aus diesen Anlaß verdoppelt. Um seine Anerkennung durch die Zahlung der erhöhten Eintrittspreise und durch den Applaus zu manifestieren, kommt das Publikum sehr zahlreich. Aus diesem Anlaß, wie auch bei der Eröffnung der Saison, werden die großen Opern des Repertoires gespielt.[2] Im Winter spielt die Opéra an vier Tagen in der Woche, dienstags, donnerstags, freitags und sonntags, im Sommer kam es öfters vor, daß an einzelnen Tagen das Haus geschlossen blieb. Für die Mitte Oktober beginnende Wintersaison mußte, dem Reglement von 1714 folgend, eine neue ›Tragédie en musique‹ vorbereitet werden, für die Wiedereröffnung nach Ostern galt das gleiche oder aber die Wiederaufnahme einer Tragédie von Lully. Am 18. März 1725 trat das von Philidor initiierte Concert spirituel an die Stelle der Theater während der vorgeschriebenen Pause in der Fastenzeit. Seine Konzerte, in denen u.a. Motetten und Instrumentalmusik aufgeführt wurden, veranstaltete er in einem großen Saal der Thuilerien.

In seinem Artikel »Genf« der *Encyclopédie und Dictionnaire raisonné des sciences, des arts et des métiers, par une société de gens de lettres* (Paris 1751ff., in Genf war das Theaterspiel verboten) argumentierte d'Alembert zugunsten des Theaters, in dem der Geschmack der Bürger gebildet, das sittliche und ästhetische Feingefühl und die Empfindsamkeit gefördert

---

[1] Vgl. J.-B. Durey de Noinville, *Histoire du théâtre de l'Académie royale de musique*, Bd. I, Paris 1757, S. 125–146.

[2] Vgl. H. Lagrave, *Le Théâtre et le public à Paris de 1715 à 1750*, Paris 1972, S. 277.

würden, die ohne das Theater kaum entwickelt würden. Während Voltaire, Anhänger des moralischen Fortschritts, das Theater eine Tribüne war, sah Jean-Jacques Rousseau im Theater einen Ort der moralischen Dekadenz. Die Opéra in Paris war und blieb stets eine Einrichtung, die auch deshalb eine eminent politische Funktion hatte, weil man von der moralischen und ethischen Wirkung des Theaters seit der Zeit des Neoplatonismus in Frankreich, also seit der Mitte des 16. Jahrhunderts, überzeugt war und die Tragédie als Schule des Erhabenen galt, in der die tugendhafte Liebe zur »gloire«, zu Mut und Heldentum und damit zur Ehre gelehrt würde. Mit der Opéra war außerdem nationales Prestige verbunden. So hieß es im Zusammenhang mit dem im Juli 1781 im »Journal de Paris«:

»Personne n'ignore actuellement que les spectacles dans une grande ville ne peuvent être indifférents, soit relativement aux mœurs, soit même du côté politique. La privation de celui de l'Opéra peut donc être considérée comme intéressant toute la Nation. Si la Comédie française, par les sujets qu'elle embrasse et les chefs-d'œuvre dont elle est enrichie, a le droit de se regarder comme devant avoir influence plus marquée sur les mœurs, le spectacle de l'Opéra par la richesse de ses costumes, l'illusion et la variété de ses décorations, le grand nombre de sujets employés à son service dans la partie du chant, de l'orchestre et de la danse, enfin par le luxe des représentations, intéresse plus particulièrement tous les arts d'utilité et d'agrément, et c'est dans ce sens sans doute qu'il se considère comme le spectacle de la Nation.«

Die Konzerte, die man anstelle der Opernaufführungen veranstaltete, wurden nicht als vollgültiger Ersatz angesehen.

Bevor ein neues Stück auf die Bühne gebracht werden konnte, hatte es vier Prüfungen zu bestehen. Zunächst wurde das Libretto durch einen Beauftragen der Polizei dahingehend überprüft, ob darin Gesetze verletzt werden. Dann wurde es von Theologen untersucht, ob es nicht gegen die Kirche, die Religion und die Moral verstößt. Das Urteil über den Stil, die Korrektheit der Verse, über die Handlung und ihre Entwicklung und alle Fragen der Poetik wurde durch den »Conseil« des jeweiligen Theaters nach der Lektüre durch den Autor gefällt. Einer der Darsteller hatte dann über die theatralische Realisierbarkeit zu befinden.[1] Der Librettist erhielt danach das Stück mit allen Kritiken zurück, um es zu überarbeiten. Nach der Korrektur wurde es dem »Conseil« erneut vorgelegt, der es endgültig für die Aufführung freigab oder aber ablehnte.

Auf die Initiative der Geistlichkeit hin wurde 1701 die flächendeckende Zensur eingeführt, die unter der Aufsicht des »Lieutenant général de la police« stand. Alle Manuskripte wurden durch eigene, von der Buchzensur unabhängige »censeurs royaux« untersucht. Wegen wirklicher oder vermeintlicher Verstöße gegen religiöse oder kirchliche Interessen intervenierten der Pariser Erzbischof und die Sorbonne. Auch das Parlement berief sich auf seine Kompetenz als »haute police«, wenn es zu Maßnahmen der Zensur griff. Nach Korrektur oder Streichung gerügter Passagen konnte das Werk aufgeführt werden. Zunächst funktionierte die Selbstzensur der Autoren während einiger Jahrzehnte ziemlich reibungslos, aber besonders durch die Aktivitäten der »Philosophes« und insbesondere Voltaires entstanden Konflikte, die sogar dazu führten, daß zensierte Stücke wie Voltaires *Mahomet* (1743) vor ihrer Aufführung durch Interventionen der Kirche und dann des »Parlement«, das in dem Stück einen Angriff auf die Monarchie und die Religion sah, verboten wurden. Die präventive Zensur konnte allerdings nicht verhindern, daß insbesondere in der Opéra-comique oder in den unzähligen Opernparodien durch die Gestik oder Mimik der Darsteller eine harmlos erscheinende Bemerkung eine unvorhersehbare Bedeutung bekam.

Die Rechte und Pflichten der Theater waren in Privilegien des Königs festgehalten.[2] So war genau bestimmt, welche Art von Stücken in welchem Theater gespielt und wie viele Musiker bei den Aufführungen beteiligt sein durften. Außerdem durften nur Besitzer des Privilegs Theater betreiben bzw. wie im Fall der Académie royale de musique Unterprivilegien verkaufen. Erst durch das Gesetz vom 13. Januar 1791 wurde das Privilegiensystem abgeschafft. Im ersten Paragraphen heißt es darin, jeder Bürger kann nach Antrag bei den städtischen Behörden ein öffentliches Theater einrichten und Stücke nach seiner freien Wahl aufführen. Stücke vor mehr als fünf Jahren verstorbener Autoren waren seit Inkrafttreten dieses Gesetzes ungeschützt. Bei lebenden Autoren benötigte man deren formelles schriftliches Einverständnis für die Aufführung. Im Falle des Verstoßes gegen dieses Gebot hatte der Autor das Recht, das gesamte Aufführungsmaterial und die Dekorationen in Besitz zu nehmen. Dieses Gesetz führte zu einer vollkommenen Veränderung der Theaterlandschaft in Paris und in

---

1 Vgl. Riccoboni, *De la réformation du théâtre*, s.l. 1743, S. 103–105.
2 Zur Geschichte der Privilegien mit Abdruck der Privilegientexte vgl. J.-B. Durey de Noinville, *Histoire du théâtre de l'Académie royale de musique*. Vgl. auch H. Lagrave, *Le Théâtre et le public à Paris de 1715 à 1750*, Paris 1972.

Frankreich und zur Entstehung einer großen Zahl neuer Bühnen. Erst mit dem Dekret vom 29. Januar 1807 wurde die Zahl der Theater in Paris auf acht reduziert: die vier »grands théâtres« Comédie-Française, Odéon, Opéra und Opéra-Comique und die kleinen Bühnen Le Théâtre de la Gaîté (bestehend seit 1760), Théâtre de l'Ambigu-Comique (seit 1772), Le Théâtre des Variétés (seit 1777), Le Théâtre du Vaudeville (seit 1792). Wiederum wurde gesetzlich fixiert, auf welches Repertoire sich diese Bühnen zu beschränken hatten.

Das Lully im Jahre 1672 verliehene Druckprivileg ist für die hervorragende Überlieferung an Drucken von Opernpartituren in Frankreich verantwortlich. Neben den Drucken mit mobilen Lettern, für das die Familie Ballard ein Privileg besaß, wurde der Notenstich der Partituren nach 1700 zunehmend bedeutender, so daß auch die Ballards dieses Verfahren übernahmen. Aus Kostengründen wurde der Druck von Orchesterpartituren, der »partitions générales«, in denen alle Vokal- und Instrumentalstimmen notiert waren, nach 1700 seltener und wurde erst nach der Mitte des Jahrhunderts bei den Drucken von Partituren der Opéras-comiques wieder üblich, in denen in der Regel auch der gesamte gesprochene Dialog mitgestochen wurde. Auch Glucks *Orfeo* und seine Pariser Tragédies und die seiner Zeitgenossen und Nachfolger, Piccinni, Sacchini, Salieri, Johann Christian Bach etc. erschienen wieder im Partiturdruck.

Die ›Tragédies en musique‹ Lullys, die im 17. Jahrhundert als »Partitions générales« im Typendruck erschienen waren, wurden nach 1700 auch als »Partitions réduites« im Notenstich vertrieben. Auch für andere Gattungen wie Opéra-ballet, Ballet héroïque etc. setzten sich um 1700 zunehmen die reduzierten Partituren durch, in denen die Außenstimmen des Orchestersatzes mit beziffertem Baß und oftmals auch Angaben der Bläserbesetzung und alle Singstimmen wiedergegeben sind. Rameau kam später zu einem sehr differenzierten Typus der reduzierten Partitur, in dem mehr als zwei Stimmen und die Instrumentierung viel genauer als zuvor angegeben sind. In seinen reduzierten Partituren, wie etwa jene zu *Zoroastre* von 1749, fehlen vielfach lediglich die Mittelstimmen der Streicher und des Chores, die dynamischen Angaben und solche zur Instrumentierung. Um alle Stimmen der Partituren zu ermitteln, muß man entweder Partiturabschriften, sofern sie vorhanden sind, konsultieren oder aber das in der Bibliothèque de l'Opéra in Paris erhaltene Aufführungs- bzw. Stimmenmaterial benutzen. In der Regel wurden für die Aufführungen die Libretti gedruckt, die oftmals nicht nur die Namen der Sänger und Tänzer, sondern auch der Choristen und vieler Instrumentalisten enthalten. Am vollständigsten sind diesbezüglich die Libretti für die Aufführungen am Hof. Die Libretti können von dem vertonten Text abweichen. Sie sind die wichtigste Quelle für die literarische Gestalt des Texts.

Die Librettistik

Im Gegensatz zu den extrem kodifizierten Libretti Metastasios, in dem für das Rezitativ auch reimlose Verse vorkommen, dem Enjambement kaum eine Bedeutung zukommt und die Strophen für die Arie metrisch vollkommen gleich sind, herrscht in der französischen Librettistik seit Quinault für das Rezitativ der Vers mêlé vor, in dem die Gestalt des einzelnen Verses ebenso unvorhersehbar ist wie die Reimfolge der Verse. Der Dichter kann seinen Vers dem Inhalt anpassen. Es besteht ein Unterschied zwischen Versen für das Rezitativ in Vers mêlés und Versen für die Airs, die Chöre und gesungenen Tänze in den Divertissements, obwohl seit Lully die Komponisten auch Vers mêlés für Rezitative als Airs vertonen. Der Vers mêlé kommt in Frankreich etwa zur gleichen Zeit auf wie das Rezitativ. Ein Beispiel dafür ist Plutos Air »*Qu'à servir mon courroux tout l'enfer se prépare*« im II. Akt von Rameaus *Hippolyte et Aricie*, (ein Alexandriner und 4 Achtsilber).

Bezüglich des Verhältnisses von Text und Musik ergeben sich zwei Kategorien in der französischen Oper, die aus der Schaffensweise resultieren und bis zur zweiten Hälfte des 19. Jahrhunderts in Frankreich und – zumindest vereinzelt – auch im italienischen Musiktheater zu beobachten sind. Die Quellen über die Zusammenarbeit von Philippe Quinault und Jean-Baptiste Lully belegen, daß Quinault zunächst die Texte für die dramatischen Teile, d.h. für die Rezitative, Monologe und Arien der Szenen lieferte, Texte, die Lully regulär vertont hat.

Bei den Divertissements wurde zumindest in vielen Fällen zuerst die Musik nach musikimmanenten und choreographischen Kriterien komponiert und dann erst entschieden, welche der komponierten instrumentalen Stücke gesungen wurden. In den Fällen, in denen gebundene oder nichtgebundene Tänze auch vokaliter vorgetragen werden sollten, lieferte der Komponist seinem Librettisten einen provisorischen Text, im 17. und 18. Jahrhundert »canevas«, im 19. Jahrhundert »monstre« genannt. Darin legte er die Länge des Verses, sein Metrum, seine Kadenzen bzw. Reime (weiblich oder männlich) und die Gestalt der Strophe fest (zum Teil konnten die Angaben auch in der Form erfolgen, daß er die Anzahl der Verse pro Couplet nannte). Dem Textdichter oblag es dann, nach diesen Angaben die endgültigen Verse zu verfassen. Zwei der bedeutendsten französischen Librettisten, Quinault und Scribe werden gerühmt, weil sie in der Lage waren, fertig komponierte Instrumentalsätze zu textieren bzw. zu parodieren. Andere Autoren wie etwa Voltaire, wenn er mit Rameau zusammenarbeitete, hatte dabei mehr Probleme.

Ein Beispiel aus Quinaults und Lullys *Isis* mag zur Illustration des Verfahrens dienen. In III, 6 erklingt innerhalb des Divertissements ein Oboen-Trio (Besetzung mit zwei Oboen und einer bezifferten, im F4-Schlüssel notierten Basse continue-Stimme. Es handelt sich um ein Air im 6/4-Takt mit asymmetrischer Gliederung (9 und 13 Takte), das dann von zwei Schäfern gesungen wird:

>»Quel bien devez vous attendre,
>Beautés qui chassez dans ces bois?
>Que pouvez vous vous prendre
>Qui vaille un cœur tendre
>Soumis à vos lois?
>
>Ce n'est qu'en aimant
>Qu'on trouve un sort charmant;
>Aimez enfin à votre tour.
>Il faut que tout cède à l'Amour:
>Il sait frapper d'un coup certain,
>Le cerf léger qui fuit en vain;
>Jusques dans les antres secrets
>Au fond des forêts.
>Tout doit sentir ses traits«.

Hierbei ergibt sich die Gestalt 7a 8b 6a 5b 5a 5c 6c 8d 8d 8e 8e 8f 5f mit heterometrischen Versen und Kreuz- und anschließenden Paarreimen. Zur Zeit der Entstehung dieser Verse hätte kein Dichter eine solche Abfolge von unregelmäßigen Versen für die Vertonung konzipiert, vielmehr sind sie das Ergebnis der Anpassung des Texts an die zuvor komponierte Musik.

Für die Opéra-comique vor 1750, in der zunächst fast ausschließlich allgemein bekannte Timbres oder bei Opernparodien einzelne Musikstücke aus den verulkten Opern parodiert wurden und erst nach und nach ein gewisser Anteil von Originalmusik trat, bestand die Notwendigkeit, die Verse der gesungenen Airs den Timbres anzupassen. Für diese Parodiepraxis bestand sowohl in der populären Musikausübung als auch im Ballet de cour und in der Tragédie en musique eine Basis. Wie der Musikkritiker Charles Maurice mitteilt, hatte Grétry eine Schwäche für »paroles plates qu'il se charge de rehausser, de préférence à des vers bien écrits«.[1] Seine Begründung lautete: »C'est que la poésie est déjà une musique, et que deux l'une sur l'autre font cacophonie.«[2]

---

1 Charles Maurice, *Histoire anecdotique du théâtre, de la littérature et de diverses impressions contemporaines*, Bd. I, Paris 1856, S. 81. Maurice war Herausgeber des *Courier des Spectacles*.
2 Zitiert nach ebd.

Instrumentale und vokale Nomenklatur

Die französische Orchesterbesetzung unterscheidet sich bis in die zweite Hälfte des 18. Jahrhunderts hinein von der italienischen. Die Nomenklatur der vokalen und instrumentalen Stimmen bleibt darüber hinaus bis ungefähr 1830 in Frankreich von der italienischen verschieden. Der fünfstimmige Streichersatz des Lullyschen Orchesters blieb bis zur Epoche Rameaus noch die Norm, die mit ihm verbundenen Satzkategorien und die Terminologie waren noch bis Mitte des 18. Jahrhunderts gültig. Im fünfstimmigen Orchestersatz spielen alle Violinen den »Dessus de violon«, während drei Mittelstimmen, die »Parties«, von drei Bratscheninstrumenten verschiedener Größe, aber gleicher Stimmung, der Haute-contre de violon (in C1 notiert), der Taille (C2) und Quinte (C3) und der Baß seit etwa Mitte der 1690er Jahre neben den Basses de violon, den Basses de viole mit einem 16füßigen Baß (Violone) besetzt waren.

Über die Größe des Orchesters der Académie royale de musique wird in dem Almanach *Le Tableau des théâtres* regelmäßig berichtet. Die Zahlen lauten demnach für 1750: 6 Oboen und Flöten, 4 Fagotte, 16 Violinen, 6 Hautes-contre und Tailles de violon (Bratschen), 4 Bässe des »petit chœur« und 8 Bässe des »grand chœur«, eine Trompete und ein Cembalo. Bläser spielten zur damaligen Zeit zwei Instrumente, d.h. man konnte mehr als zwei Flöten und 3 Oboen einsetzen, so daß sich z.B. bei vierfacher Fagottbesetzung auch eine Mehrfachbesetzung der Flöten bzw. der Oboen an entsprechenden Stellen anbot. Bei Bedarf wurden im Orchester fehlende Instrumente, besonders Blechbläser oder seit 1749 Klarinetten, zusätzlich engagiert. Die Violinen spielten entweder unisono oder sie waren in Violine I und II geteilt. Die acht Bässe des »grand chœur« bestanden ausschließlich aus Violoncelli, die die Basses de violons ersetzt hatten. Die Bässe des »petit chœur«, drei Celli und ein Kontrabaß, hatten die Rezitative zu begleiten und außerdem dort zu spielen, wo »basses« notiert war.

Die Dramaturgie der ›Tragédie en musique‹ setzte einen anderen Theaterapparat voraus als das italienische ›Melodramma‹. Dieses war ganz auf die Sängerstars ausgerichtet, für die die Impresarii das meiste Geld aufzubieten hatten und die zugleich den Erfolg der Oper garantierten. In der französischen Gattung waren der Chor, das Ballett und die Sänger in ihrer Funktion und Beteiligung am dramatischen Geschehen mehr oder weniger gleichberechtigt. Die Sängerinnen und Sänger hatten in der ›Tragédie en musique‹ niemals eine so herausgehobene Stellung wie im ›Melodramma‹. So hat bezeichnenderweise das Théâtre de Monsieur, in dem italienische Opern in der Originalsprache aufgeführt wurden, seit dem 8. Dezember 1789, also nach dem Ausbruch der Revolution, als erstes Theater in Frankreich die Namen der Darsteller auf den Plakaten genannt, während die Opéra erst seit dem 15. Mai 1791 diesem Brauch folgte.

Bei der Haute-contre handelt es sich um eine hohe Tenorstimme, die in Frankreich bis ins erste Drittel des 19. Jahrhunderts, dem Zeitpunkt, als die tenorale Bruststimme zum Einsatz kam, gepflegt wurde. Im Gegensatz zu Italien waren Kastraten in Frankreich verboten. Nur gelegentlich wurden in der Kirchenmusik anwesende italienische Kastraten eingesetzt. Die Hautes-contre waren seit Lullys Tragédie die wichtigste männliche Stimmen, die normalerweise mit natürlicher Stimme sangen und nur in extrem hoher Lage ins Falsett wechselten. Einer der berühmtesten Sänger war Pierre de Jélyotte, der die Hauptrollen in Rameaus Opern verkörperte.

Der französische Chor einschließlich des Opernchors war im Gegensatz zur italienischen und deutschen Praxis aus einer ungeteilten Frauenstimme, dem »Dessus«, notiert im G1-Schlüssel, und den drei Männerstimmen, Haute-contre, Taille und Basse, notiert im C3, C4 und F4-Schlüssel, zusammengesetzt. Nur in reinen Frauenchören der Opern wurden die Frauenstimmen geteilt. Diese Praxis überlebte auch die Revolution und war noch bis zur Restaurationszeit üblich.

Ästhetik und Dramaturgie der Tragédie lyrique

Bei den Theoretikern des 18. Jahrhunderts, so u.a. bei Houdar de La Motte, Fontenelle, Abbé Dubos und Abbé Batteux, wird die ›Tragédie en musique‹ als eigenständige Gattung anerkannt und in das Gattungssystem integriert. Man unterscheidet vier ästhetisch-philosophische Kategorien.[1]

1 Vgl. dazu Cathérine Kintzler, *Poétique de l'opéra français de Corneille à Rousseau*, Paris 1991.

»Imitation de la nature«
Dieses Prinzip, das auf einer These des in der französischen Klassik besonders intensiv rezipierten Aristoteles (9. Kapitel seiner *Poetik*) basiert, bedeutet nicht, daß die Nachahmung (»Mimesis«) eine naturgetreue Reproduktion ist. Von der Dichtung wird gefordert, daß sie edler und philosophischer als die Chronik zu sein hat und aus der Darstellung fiktiver Gegen-

stände besteht, deren wichtigste Funktion in der wahrheitsgemäßen Abbildung von Objekten und menschlichen Handlungen besteht. Dabei sollen auch Elemente restituiert oder in den Rang ästhetischer Objekte gehoben werden, die in der Realität unbeachtet bleiben. Die Wahrheit der nicht sichtbaren Natur besteht aus wesenhaften Merkmalen und Eigenschaften. Batteux faßt den Unterschied zwischen dem Realen der Natur bzw. Wahren (»le vrai«) einerseits und dem Wahrscheinlichen (»le vraisemblable«), das in der Fiktion eine philosophische Wahrheit repräsentiert, folgendermaßen zusammen:

»Le génie ne doit point imiter la Nature telle qu'elle est. Il faut conclure que si les Arts sont imitateurs de la Nature, ce doit être une imitation sage et éclairée, qui ne la copie pas servilement; mais qui choisissant les objets et les traits, les présente avec toute la perfection dont ils sont susceptibles: en un mot une imitation où on voie la Nature, non telle qu'elle est en elle-même, mais telle qu'elle peut être, et qu'on peut la concevoir par l'esprit [...] ce qu'on appelle la belle Nature. Ce n'est pas le vrai qui est, mais le vrai qui peut être, le vrai beau, qui est représenté comme s'il existait réellement, et avec toutes les perfections qu'il peut recevoir.«[1]

Dichtung, Gemälde, Tragédie en musique sind Ergebis einer intellektuellen Arbeit und einer Analyse. Der Tanz spiegele die Bewegung, der Alexandriner den Prosadialog. Die Instrumentalmusik hat in diesem Rahmen nur eine Funktion, wenn sie imitiert, malt und Situationen, Leidenschaften repräsentiert.

»Cacher l'art par l'art même«
In der Fiktion wird eine Wahrheit dargestellt – »le beau vrai« oder »la belle nature« –, die authentischer ist als die Natur. Die Fiktion selbst darf aber nicht zu erkennen geben, daß sie das Ergebnis einer intellektuellen Anstrengung darstellt. Die eingesetzten Kunstmittel müssen für den Betrachter unerkennbar bleiben, das ästhetische Objekt muß spontan erscheinen, als ob es mit einem Naturgegenstand identisch sei. Rameau erwähnt in seinem Brief an Houdar de La Motte, er sei ein gelehrter Komponist, der bestrebt sei, die Artifizialität seiner Musik zu verstecken: »Vous verrez, pour lors, que je ne suis pas novice dans l'art et qu'il ne paraît pas surtout que je fasse de grande dépense de ma science dans mes productions, où je tâche de cacher l'art par l'art même.«[2] Entsprechend bemerkt Fontenelle über die gebundene Sprache:

»Il faut que l'art se montre; car si l'on ignorait que la rime est affectée, elle ne ferait nul plaisir, et peut-être choquerait-elle par son uniformité. Il faut que l'art se cache; et dès qu'on s'aperçoit de ce qui est affectée pour la rime, on en est dégoûté.«[3]

»Les passions«
Die Leidenschaften spielen trotz der erwähnten Prinzipien eine wichtige Rolle. Sie stellen sich beim Rezipienten spontan, also ohne den Einfluß des Willens ein und führen bei fiktionalen ästhetischen Objekten zu einem intellektuellen Vergnügen.

»Le merveilleux«
An der Spitze der Hierarchie der dramatischen Gattungen steht die Tragödie, die das größte Prestige hat und am meisten theoretisch erörtert wird. Weit darunter figuriert erst die Komödie. Im Musiktheater nimmt mit Beginn des 18. Jahrhunderts die ›Tragédie en musique‹ die der Tragödie vergleichbare Stellung ein. Sie unterscheidet sich von ihr durch die Art der Wahrscheinlichkeit (»vraisembalnce«), nämlich das »merveilleux«. Schon Jean de La Bruyère betont 1674 in seinen *Caractères* die essentielle Bedeutung dieser ästhetischen Kategorie für die ›Tragédie en musique‹, die hier wie auch in anderen Schriften immer an der Tragödie gemessen wird:

»C'est prendre le change, et cultiver un mauvais goût, que de dire comme l'on fait que la machine n'est qu'un amusement d'enfants, et qui ne convient qu'aux Marionnettes; elle augmente et embellit la fiction, soutient dans les spectateurs cette douce illusion qui est tout le plaisir du théâtre, où elle jette encore le merveilleux. Il ne faut point de vols, ni de chars, ni de changements aux *Bérénices* et à *Pénélope*, il en faut aux *Opéras*, et le propre de ce spectacle est de tenir les esprits, les yeux et les oreilles dans un égal enchantement.«[4]

Der Einsatz der Maschinen, die zahlreichen Wechsel der Spielorte, die gewichtige optische Komponente und die Verzauberung der Zuschauer sind weitere Unterschiede zur Tragödie. Batteux nennt das »merveilleux« dem »spectacle lyrique« und das »Heroische« der Tragödie

---

[1] Abbé Ch. Batteux, *Les Beaux arts réduits à un même principe* (1746), hg. v. J. R. Mantion, Paris 1989, Kapitel 3.
[2] Zitiert nach C. Girdlestone, *J.-Ph. Rameau. His Life and Work*, London 1957, S. 10.
[3] B. Le Bovier de Fontenelle, *Réflexions sur la poétique*, in: *Œuvres complètes*, hg. v. G.-B. Depping, Bd. II, Genf 1968, S. 28.
[4] J. de La Bruyère, *Les Caractères*, hg. v. L. Van Delft, Paris 1998, S. 145f.

eigen. Dort, wo Götter als Handelnde aktiv sind, muß nach seiner Argumentation das Wunderbare ins Spiel kommen, wenn die Wahrscheinlichkeit erhalten bleiben soll.¹ Louis de Cahusac, mit dem Rameau lange eng zusammengearbeitet hat, geht auch auf die beabsichtigte Wirkung auf das Publikum ein:

»Le merveilleux qui résulte du système poétique remplissait son objet, parce qu'il réunit avec la vraisemblance suffisante au théâtre, la poésie, la peinture, la musique, la danse, la mécanique, et que de tous ces arts combinés il pouvait résulter un ensemble ravissant, qui arrachât l'homme à lui-même, pour le transporter, pendant le cours d'une représentation animée, dans des régions enchantées.«²

De Rochemont unterstreicht 1754 in seiner Entgegnung auf Jean-Jacques Rousseaus Angriffe auf die französische Oper ihre Wirkung: [Die französische Oper] »réunit les plaisirs du cœur, des oreilles et des yeux. C'est un assemblage de ce que les Arts ont de plus flatteur.«³ Auch ein anderes Spezifikum der französischen im Gegensatz zur italienischen Oper, die besondere Vielfalt instrumentaler Sätze, trägt zum »merveilleux« bei:

»L'Opéra François embrasse la Musique dans toute son étendue, la vocale et l'instrumentale; deux genres que les Grands-maîtres de l'art regardent comme tout-à-fait opposés. Chacun de ces genres se subdivise presque à l'infini dans le même ouvrage. Il faut traiter à la fois l'Héroïque, le Merveilleux, le Pastoral, le Leger, le Galant, le Tendre, le Terrible, de maniere que pour suffire à tout ce qu'exige un seul Opéra François, l'artiste auroit besoin d'avoir à ses ordres un génie universel.«⁴

Deshalb ist auch die Komposition einer ›Tragédie lyrique‹ De Rochemont zufolge weit schwieriger als die eines italienischen Dramma per musica:

»Un si grand nombre de difficultés accumulées les unes sur les autres, sont la raison pour laquelle la composition d'un Opéra François est un travail pénible et rebutant, qui demande des années entieres. Il n'en est pas de même de la composition d'un Opera Italien. C'est un ouvrage plus facile.«⁵

Der große Abwechslungsreichtum ist also für De Rochemont ein Kriterium für die Qualität des Werkes und für den Schwierigkeitsgrad der Komposition eines solchen Werkes. Selbst in den Diskussionen um die Opern Glucks im Jahre 1774 kehren die Argumente wieder. In dem Brief einer anonym publizierenden Frau wird die Oper als Geschenk der Musen bezeichnet:

»Melpomène, Polymnie, Terpsichore entr'autres, s'empressent de douer ce nouveau-né. Vénus, l'Amour et les Graces y joignent leurs bienfaits. Alors Apollon se fait entendre, et dit à l'homme de génie: Va représenter sur la terre l'image des plaisirs de l'Olympe. Nous t'ouvrons sans réserve tous nos trésors. Puise sans ménagement: nous sommes pour un moment tes esclaves. Tous les Elémens, tous les Dieux, tous les Arts sont à toi; poësie, musique, danse, peinture, horreur, volupté: tout est en ta puissance; parle, choisis: tout t'obéira.
Que de moyens de séduire, de plaire, d'enchanter! que de ressorts dans la main d'un homme habile! Il peut s'emparer de toutes nos sensations, en agiter à parcourir! quel essor à prendre! Mais aussi quel génie il faut pour ne pas demeurer en chemin! Voilà, Madame, ce que doit être notre Opéra. La réunion de tous les Arts, l'ensemble de toutes les sensations; voilà ce qui le distingue de tous les Spectacles du monde; voilà comme l'a envisagé Quinault, le créateur inimitable de ce genre.«⁶

Die ›Tragédie lyrique‹ hat, wie die Einordnung in die Gattungshierarchie und ihre Typologie beweisen, neben dem klassischen französischen Theater einerseits und neben dem im übrigen Europa dominierenden ›Dramma per musica‹ Metastasios ihren Platz behauptet. Angesichts der Dominanz von Stoffen aus der römischen Geschichte hatte das »merveilleux« im Dramma Metastasios nur einen geringen Stellenwert. Der Chor kommt nur selten vor, der Tanz fehlt vollkommen.

Die Akte der ›Tragédie lyrique‹ sind darauf angelegt, in einem Divertissement mit Ballett, mit malenden Instrumentalsätzen, mit Arien und Chören zu kulminieren, wie etwa die Krönung der Jephté in Montéclairs gleichnamiger Tragédie. Insbesondere in der hochentwickelten Kunst des gebundenen und ungebundenen Tanzes, also die Musik für abstrakt-choreographische oder für pantomimische, der dramatischen oder psychologischen Situation angemessenen Tänze zu schreiben, taten sich französische Komponisten hervor. Aufgrund seiner Dramaturgie mit der Kulmination der Akte im Divertissement unterscheidet sich die ›Tragédie lyrique‹ am entschiedensten von der ›Opera seria‹. Den französischen Theoretikern zufolge müssen sich die Divertissements, mit Ausnahme des für die Epoche Glucks charakteristi-

---

1 Vgl. Batteux, *Les Beaux-Arts réduits à un même principe*, III. Teil, Sektion I, Kapitel 1.
2 L. de Cahusac, *Traité historique de la danse*, Paris 1754, III. Buch, Kap. 5.
3 *Réflexions d'un patriote sur l'opéra franç̧ois, et sur l'opéra italien* [par De Rochemont], Lausanne 1754, S. 43.
4 De Rochemont, *Réflexions d'un patriote sur l'opéra françois*, S. 43.
5 Ebd., S. 48.
6 *Lettre à Madame de*** sur l'opéra d'Iphigénie en Aulide*, Lausanne 1774, in: *Querelle des Gluckistes et des Piccinistes*, hg. v. F. Lesure, Bd. II, Genf 1984, S. 13f.

schen Fests am Ende des letzten Akts, aus dem dramatischen Verlauf ergeben und Teil der Handlung sein. Für den Librettisten bestand das Problem, die Divertissements dramatisch zu motivieren, Gelegenheiten für Aufzüge, Feste, Tempelszenen, göttliche und dämonische Interventionen zu finden. Das beliebteste Verfahren der Dramatisierung der Divertissements war seine Unterbrechung durch unvorhergesehene Ereignisse, wie sie in der Regel wenigstens in einem der Divertissements der ›Tragédie lyrique‹ zu beobachten ist. Der festliche oder der repräsentative und der visuelle Aspekt des Divertissements hat den Einsatz weiterer künstlerischer Mittel (neben Dichtung und Musik) im Dienste des Dramatischen und des künstlerischen Ausdrucks. Im Divertissement werden Ausdrucksmöglichkeiten in den Mittelpunkt gestellt, die in den dramatischen Szenen im engeren Sinn peripher bleiben. Darin kommen insbesondere musikalische Topoi zum Tragen: die »nature malveillante« in Form des Sturms oder des Erdbebens, als Dämonenszenen oder böse Träume zur Darstellung finsterer Mächte und der Bedrohung der menschlichen Existenz, die »nature bienveillante« z.B. in Form eines ruhig dahinfließenden Baches zur Darstellung des Friedens, des Schlummers, der angenehmen Träume etc.

Polemiken um die Opernkonzeption

Die bewußt angestrebte nationale kulturelle Eigenständigkeit der Tragédie en musique bildet eine der Ursachen für die mehr als 100 Jahre andauernden Streitigkeiten um die Priorität der italienischen oder der französischen Oper. Fünf darunter sind besonders bekannt geworden, die Querelle des Anciens et des Modernes, der Prioritätenstreit um die Überlegenheit der italienischen oder der französischen Musik, der zwischen François Raguenet und Laurent Le Cerf de La Viéville von 1705 an ausgetragen wurde, der Streit zwischen Lullysten und Ramisten zwischen 1733 und 1752, die Querelle des Bouffons seit 1752 und schließlich der Streit zwischen Gluckisten und Piccinisten in den 1770er Jahren. Damit ist zugleich eine wesentliche Komponente genannt, die genuin französisch ist: Der die gesamte Operngeschichte des 17. und 18. Jahrhunderts begleitende Diskurs über die Überlegenheit oder Inferiorität der französischen Tragédie gegenüber den im übrigen Europa dominierenden italienischen Gattungen des Musiktheaters, der die Entstehung der Musikkritik und Musikästhetik in Frankreich und Deutschland wesentlich förderte.

Die Tragédie en musique nach Lully

»Le poème de l'opéra est un poème dramatique dont le merveilleux fait plus le caractère, que le vrai et le vraisemblable. Il faut qu'il soit composé de vers libres, qui se chantent avec grâce et facilité. Chacun de ses actes doit fournir un divertissement mêlé de chants et de danses. [...] La tragédie a pour son objet la terreur et la compassion; la comédie a pour le sien l'instruction et la réforme des mœurs; mais on ne saurait dire précisément quel est celui de l'opéra, qui n'a guères été jusques á présent que l'amusement d'un spectateur oisif et amateur de la musique.«[1]

»L'opéra, malgré ses défauts, a cet avantage sur la tragédie, qu'il offre aux yeux bien des actions qu'elle n'ose représenter.«[2]

Lully hatte mit seinen ›Tragédies en musique‹ ein Modell für die französische Oper aufgestellt, an dem seine Nachfolger lange Zeit gemessen wurden. Aufgrund der frühen Repertoirebildung und damit einer fest etablierten Aufführungstradition sowie der Herausbildung eines klassischen Kanons von Werken, die aus der Sicht des 18. Jahrhunderts dem »Goldenen Zeitalter« Ludwigs XIV. angehörten – dazu zählten auf dem Gebiet der Bühnenkunst nicht nur die Tragödien Corneilles und Racines und die Komödien Molières, sondern auch die

---

[1] A.-L. Lebrun, *Théâtre lyrique*, Paris 1712, S. 13.
[2] A. de La Motte Houdar, *Discours à l'occasion de la tragédie de Romulus*, in: *Œuvres*, Bd. I, Paris 1754, S. 188.

›Comédies-ballets‹ und ›Tragédies‹ Lullys – waren diese Werke von unübersehbarer wirkungsgeschichtlicher Bedeutung. Schon vor der von Rameau mit *Hippolyte et Aricie* 1733 ausgelösten Revolution hatten jedoch Lullys Nachfolger, Campra, Destouches, Marais, Montéclair u.a. in erheblichem Maß Neuerungen durchgesetzt, die insbesondere den Einsatz des Récitatif accompagné, der deskriptiven, farbiger instrumentierten Instrumentalsätze und die italianisierende ›Ariette‹ bzw. ›Da-capo-Arie‹ betreffen.

Während der Jahre zwischen Lullys Tod im Jahre 1687 und der Première von Jean-Philippe Rameaus *Hippolyte et Aricie* im Jahre 1733 wurden in der Opéra 61 neue ›Tragédies en musique‹, aber auch die meisten der ›Tragédies‹ Lullys weiterhin aufgeführt. Hinzu kommt eine im Vergleich dazu kleinere Zahl von 45 anderen Bühnenwerken wie ›Ballet héroïque‹, ›Opéra-ballet‹, ›Pastorale‹ oder ›Pastorale héroïque‹, ›Comédie-ballet‹, ›Comédie lyrique‹ oder einfach ›Opéra‹ bezeichnet.[1] Quinaults und Lullys Gestalt der ›Tragédie en musique‹ wirkte, wie allein schon diese Zahlen belegen, schulebildend auf die nächsten Generationen, obwohl es Bestrebungen gab, neue Gattungen zu entwickeln und besonders auch italienischen Einflüssen Raum zu geben. Unter den Komponisten, die innovativ wirkten und damit Rameau die Bahn ebneten, gehören nicht nur André Campra und André-Cardinal Destouches, sondern auch Charles-Hubert Gervais, Michel Pignolet de Montéclair, Jean-Joseph Mouret und Colin de Blamont, um nur die wichtigsten zu nennen. Allen diese Komponisten einschließlich Rameau blieb das Bemühen gemeinsam, an die von Quinault und Lully geschaffene Gestalt der Tragédie en musique anzuknüpfen. Ihre vokalen und instrumentalen Komponenten, die Ouvertüre und die »symphonies« (Prélude, Ritournelle, Symphonie, Descente, Marche, Rondeau, Airs pour les trompettes, Airs des échos etc.), das Rezitativ, die vokalen Airs-Typen, die große Zahl von Ensembles und Chören, die in verschiedener Besetzung gesungenen Tänze, die gebundenen (Menuett, Gavotte, Bourrée etc. sowie die Ostinatoformen Chaconne und Passacaille) und ungebundenen Tänze (Airs dansants, Tänze für Pantomimen etc.) blieben für die französischen Opern bis ans Ende des 18. Jahrhunderts konstitutiv. Auch die Dramaturgie blieb im Wesentlichen unangetastet.

Für die Traditionsgebundenheit der französischen Oper im frühen 18. Jahrhundert war nicht die Gestalt der Tragédie Quinaults und Lullys allein verantwortlich. Es gibt eine Reihe historischer und allgemein kultureller Faktoren, die diese Situation mit verursacht haben. Die Jahre der höchsten kulturellen Blüte während der Regierungszeit Ludwigs XIV. gewann, wie bereits erwähnt, ein ungeahntes Prestige als »Goldenes Zeitalter«. Die in dieser Zeit entstandenen künstlerischen Leistungen, die Tragödien Corneilles und Racines, die Komödien Molières, die anderen literarischen Gattungen La Fontaines, Boileaus, Mme de Sévignés, Pascals, um nur einige Autoren zu nennen, die Opern Quinaults und Lullys wurden als Klassiker gelesen und aufgeführt. Die Klassizität und die Erneuerung des Repertoires und damit die Gattungsreflexion waren beliebte Stoffe für Prologe. Für die Tragédie en musique ist der Prolog zu Danchets und Campras letzter Tragédie *Achille et Deidamie* (1735) ein Musterbeispiel. Inmitten der Auseinandersetzungen zwischen Lullystes und Ramisten nahmen beide Partei für Quinault und Lully. Auf der Bühne ist im Hintergrund der Parnass dargestellt, im Vordergrund sind Statuen der »Göttin der Harmonie«, die den Neid mit Füßen tritt, des Eratos sowie Quinaults und Lullys aufgestellt, deren Häupter vom Genius der Künste gekrönt werden: »Les Muses, les Graces et les Plaisirs sont rangez autour, pour célébrer des Jeux que l'Amour et Melpomene ont consacrez à ces illustres Fondateurs du Théâtre Lyrique.« Der Ruhm, Amor, Melpomene und der Chor besingt in einem von Trompeten und Pauken begleiteten Air die Kunst Quinaults und Lullys.

> »Que la gloire dont ils jouissent,
> Triomphe du pouvoir des tems,
> Que pour eux les Lauriers et les Myrrhes s'unissent;
> Que les tombeaux retentissent
> Des sens les plus éclatants«.

Apoll selbst kommt vom Himmel herab und ehrt die beiden Heroen:

> »Ceux que pour ces Fêtes nouvelles,
> J'honore de mon choix,
> Penetrez de respect pour de si grands Modeles [....]«

[1] Die Zahl stammt von Leslie E. Brown, *Departures from Lullian Convention in the tragédie lyrique of the préramiste Era*, in: Recherches sur la musique française classique XXII, 1984, S. 59.

Ähnlich wie die Tragödien Racines und Corneilles und die Komödien Molières, die in der Comédie Française ihre Heimstatt hatten, blieben auch die Opern Lullys fast ununterbrochen im Repertoire der Opéra, nicht nur in Form der nach wie vor üblichen Ensuite-Aufführungen, sondern auch in alternierender Spielweise (etwa im Wechsel von Tragédie und Opéra-ballet). Gewiß wurden die älteren Opern im Laufe des Jahrhunderts zunehmend durch Bearbeitungen modernisiert, aber in keinem Land gab es so früh wie in Frankreich eine Repertoirebildung. Als letztes Werk Lullys wurde der *Thésée* noch im Jahre 1779, also mehr als 90 Jahre nach dem Tod des Komponisten, in Paris aufgeführt.

In der Verordnung von Ludwig XIV. aus dem Jahre 1714 wurde die bereits existierende Praxis, Lullys Opern immer wieder auf den Spielplan zu setzen, nun für lange Zeit festgeschrieben. Wenn die zu Beginn der Wintersaison aufzuführende neue Oper keine Zuschauer mehr anzog, »on lui substituera un ancien opéra du sieur Lully, dont on sera convenu, observant toujors de le tenir prêt s'il est possible presqu'en même temps que la première pièce dont il aura été précédé.«[1] Hält der Erfolg der neuen Oper aber an, dann soll auf die Wiederaufnahme verzichtet werden, »pour ne pas l'user inutilement«. Die Opern Lullys und anderer Komponisten konnten als Standardrepertoire jederzeit auf den Spielplan gesetzt werden, wodurch ihre Modellfunktion automatisch verstärkt wurde. Aus besonderen Anlässen wie den Galavorstellungen für ausländische Gäste oder den »Capitation«-Aufführungen (Vorstellung zugunsten des Personals der Opéra) gab man besonders gerne Stücke aus dem älteren Repertoire, also insbesondere Lullys Opern, die später während der Auseinandersetzungen der Querelle des Bouffons von den Gegnern der Buffonisten als Symbole des nationalen Stils verstanden wurden. Angesichts dieser Praxis, angesichts der Vielzahl gedruckter Libretti, Orchester- und reduzierter Partituren sowie einer zahlreichen apologetischen Literatur zur Lully-Oper, die sich von der erwähnten Schrift von Charles Perrault und Le Cerf de la Viévilles *Comparaison de la musique italienne et de la musique française* (seit 1705) ausgelöst wurde, ist die lange Wirkungsgeschichte der Opern Lullys und Quinaults zu erklären.

In den ersten Jahren nach Lullys Tod versuchten seine Schüler Pascal Collasse und Marin Marais sowie seine beiden Söhne Louis und Jean-Baptiste Lully die entstandene Lücke organisatorisch sowie durch die Komposition neuer Opern für die Académie Royale de Musique zu füllen. Der bedeutendste Textdichter der Periode, Houdar de La Motte, schrieb seine Libretti für viele Komponisten der Epoche zwischen Lully und Rameau. Mit seinen Libretti schuf er einen leichteren und galanteren Typ der Tragédie, der seiner Epoche entsprach. Nach seinem Debut im Jahre 1697 auf der Pariser Oper mit *L'Europe galante* und nach der Pastorale héroïque *Issé* (1697, Musik von André Cardinal Destouches) wandte er sich zwei Jahre später mit *Amadis de Grèce* der ernsteren Gattung zu. Der Stoff basiert auf dem Ritterroman *Los quatro libros del virtuoso cavallero de Gaula* (9. Buch des Originals von Garci Rodríguez de Montano und 7. Buch der Übersetzung Nicolas d'Herberey des Essarts' von 1546). Die Zauberin Mélisse erlegt dem Helden Amadis viele Leiden auf, um ihn zu zwingen, der Liebe zu Niquée abzuschwören, und ihn mit allen ihr verfügbaren Mitteln an sie zu binden. So führt sie etwa im Monolog des Amadis zu Beginn der III. Akts seine geliebte Niquée imaginär vor Augen, als sie vom Prince de Thrace, d.h. dessen Rivalen, erfolgreich umworben wird, so daß Amadis in Ohnmacht fällt. Die Helden werden zu Spielzeugen in der Hand der böswilligen und von Eifersucht getriebenen Zauberin. Erlösung kommt erst am Ende des V. Akts durch den verzweifelten Selbstmord der Mélisse und der Zirphée, der Überirdischen, die bereits im Prolog auftraten. Der Prolog hat außerdem die Besonderheit, daß das Bühnenbild bereits ein Denkmal für Amadis de Grèce darstellt. Im Blick auf den Herrscher heißt es, der Ruhm des Amadis werde nur von Louis XIV. übertroffen.

Destouches hatte sich bereits mit im Alter von 25 Jahren mit seiner *Issé* den Respekt seiner Kollegen und die Anerkennung des Königs erworben. Durch die Vertonung übertrifft der Komponist das Libretto. In der Ouvertüre und in anderen Stücken des Prologs signalisiert er mit der häufigen Katabasis-Figur die Tragik der Handlung. Destouches greift auf dramatische Verfahren Lullys in dessen *Roland* zurück, wenn er in I/3 und in IV/3 einen Instrumentalsatz als Ankündigung eines Divertissements anspielen, durch ein Rezitativ unterbrechen und dann erst vollständig vortragen läßt. In den Monologen herrscht eine Gestaltungsvielfalt, die auf Lullys Vorbild fußt: Die in der ungewöhnlichen Tonart a-Moll stehende Ombra-Szene des Amadis (I/2) stellt die typische französische Da-capo-Arie dar, deren »Vers mêlés« des A-

---

[1] Règlement au sujet de l'Opéra, Marly, 19. November 1714, Art. VII, in: J.-B. Durey de Noinville, *Histoire du théâtre de l'Académie royale de musique en France*, Paris ²1757, S. 128. In diesem Buch sind alle wichtigen Statuten der Pariser Opéra bis zum Erscheinungsjahr des Buches abgedruckt.

und B-Teils aus dem Wechsel von Alexandrinern mit Acht- und Zehnsilber bestehen (A: 12+12+8+12; B: 12+8+10+8):

»O Nuit, déploie ici tes voiles les plus sombres:
Sommeil, sous tes pavots assoupi tous les yeux;
Pour fuir de ces funestes lieux,
Prêtez-moi le secours du silence et des ombres.

Amour, obtiens pour moi qu'ils remplissent mes vœux,
Mon cœur a droit de le prétendre;
Tu n'as jamais servi de si beaux feux,
Ni satisfait d'amant si tendre«.

Destouches beginnt mit einem 31 Takte langen Prélude, in dem das fünfstimmige Tutti und ein imitatorischer Triosatz, wechselweise mit zwei Violinen und Hautes-contre de violon und zwei Flöten und Violine besetzt, miteinander alternieren und neben dem Eingangsmotto zwei thematische Gedanken nacheinander exponieren. Die Vertonung beginnt dann mit einer freien Wiederholung des Anfangsmottos des Prélude. Die ersten vier Verse sind ohne Metrumwechsel syllabisch und danach erneut die Verse 3 und 4 vertont. Im zwölftaktigen Ritornell ist das letzte der Themen des Prélude bestimmend. Die zweite Strophe ist regelmäßig in zweimal sechs Takte gegliedert, die charakteristischerweise zunächst zur VII. Stufe G-Dur und dann in die Dominante E-Dur kadenzieren. Danach schließt sich der unveränderte Vokalteil A an. Fagotte und Basse de violon leiten zum nachfolgenden Rezitativ über (vgl. Beispiel S. 158f.).

Auch der zweite Monolog und jener des Prince de Thrace zu Beginn des III. Akts sowie Mélisses »*Mânes de son rival*« (V/2) weisen eine nur wenig davon abweichende musikalische Form auf, während Mélisses Racheschwur (I/5) und ihr »*Dieux, quelle horreur*« (V/1) durchkomponiert sind. Im übrigen ist der zweiteilige Arientypus, in dem der erste Teil wiederholt und im zweiten die Verse auf zwei verschiedene Weisen vertont sind, am häufigsten anzutreffen. Bemerkenswert ist formgeschichtlich noch die siebensilbige Strophe für das Tanzlied des Schäfers »*L'Amour est pour le bel âge*« im I. Akt, das musikalisch in ein Rondeau mit 16 Takten Refrain und sechstaktigen Couplets umgesetzt ist. Der Gebrauch der Tonarten ist am besten an Nahtstellen der Handlung zu beobachten, so z.B. im III. Akt, wo der Monolog des Amadis in g-Moll jenem des prince de Thrace in e-Moll, oder im letzten Akt, wo der Höhepunkt der seelischen Tortur – die Auseinandersetzung Mélisses mit Amadis und ihr Tod – in d-Moll mit dem Auftritt von Niquée und Zirphée in D-Dur konfrontiert ist.

Die reichlich mit Tänzen und solistischen wie chorischen Vokalstücken ausgestatteten Divertissements von *Amadis de Grèce* lassen sich ebenfalls bestimmten Typen zuordnen: Fest

für einen Heros im Prolog; Schäferballett im I. Akt, mit Mélisses Versuch, den von ihr geliebten Amadis zu gewinnen (Funktion der Werbung um eine Geliebte im Sinne des aristokratischen Verständnisses des Ballet de cour wie im »Ballet des Nations« des *Bourgeois gentilhomme*, in dem Dorante Dorimène umwirbt); im II. Akt wird Niquée gehuldigt, ein durch Mélisses Intervention unterbrochenes Divertissement (in dem »*Air des princesses enchantées*« und im Tanzlied »*Chantons une beauté*« erinnert der Wechsel zwischen Hemiolen- und kleinen Dreiertakten an ähnliche Strukturen bei Lully); der III. Akt hat im zweiten Bild ein Dämonendivertissement mit Furiengesängen; im vierten Divertissement wird ein Fest gefeiert, in dem Niquée aufgrund des Zaubers der Mélisse den Prince de Thrace für ihren Geliebten Amadis hält; die Erlösung durch Zirphée schlägt sich im letzten Akt in dem mit Flöten besetzten Divertissement in D-Dur nieder, in deren regelmäßig gebaute abschließende Passacaille mit ihren 41 Couplets Destouches auf die traditionelle Paarbildung der Variationen zurückgreift, aber die Besonderheit von Orgelpunktcouplets einführt.

Mit seiner *Omphale* (Uraufführung am 10. November 1701) ging Destouches hinsichtlich der Erneuerung der Tragédie noch um einiges weiter, wie insbesondere die Musik zeigt. In der Handlung geht es um den Aufenthalt des Herakles bei der lydischen Königin Omphale.

Allerdings war Houdar de La Motte bewußt, daß ein verweichlichter Herakles in Weiberkleidern, wie er in antiken Satyrspielen und Komödien dargestellt wurde, keinen Stoff für eine Tragödie abgegeben hätte. Er veränderte ihn deshalb zu einem Helden, der der Liebe zugunsten des Ruhms und der Freundschaft entsagt, wie der Herakles in Quinaults *Alceste*. Nachdem Herakles die gegen die Herrschaft Omphales aufbegehrenden Aufständischen besiegt hat, beginnt sein Martyrium, denn Omphale liebt nicht ihn, sondern seinen Freund Iphis. In der Manier der klassischen französischen Tragödie kommt es zu weiteren Komplikationen in den Beziehungen zwischen Omphale, Herakles, Iphis und Argine. Iphis weiß nicht, daß seine Zuneigung erwidert wird. Die Zauberin Argine vermutet, Omphale liebe Herakles, der seinerseits eifersüchtig auf den ihm unbekannten Rivalen ist. Da Argine Herakles nicht für sich gewinnen kann, schwört sie ihm und Omphale Rache. Herakles überrascht sie bei dem Versuch, Omphale zu ermorden und entreißt ihr die Waffe. Auch Herakles will sich an seinem Rivalen rächen, da er Omphale nicht für sich gewinnen kann, ahnt aber nicht, daß es sich um seinen Freund Iphis handelt. Erst am Schluß des letzten Akts erkennt er die Verwicklungen und entsagt, der Vernunft gehorchend, zugunsten seines Freundes.

Die Musik von Destouches zeichnet sich durch viele originelle Ideen und eine reflektierte Umsetzung dramatischer Vorstellungen aus. Bereits die Ouvertüre hat individuelle Züge: der erste langsame Teil steht nicht wie bei Lully im alle breve- sondern im C-Takt, und jeder der drei Teile verfügt über eigenes motivisches Material, wobei der fugierte Mittelteil durch zahlreiche Einsätze des Imitationsmotivs vom Beginn und einen kurzen Trioteil charakterisiert ist.

Der Prolog, in dem Juno bereits das Opfer des Herakles fordert, zeichnet sich durch eine sehr abwechslungsreiche formale Gestaltungsweise, nämlich den Wechsel zwischen regelmäßigem und unregelmäßigem Bau der zahlreichen Gesänge und Tanzsätze aus. Der heute ungewohnte Wechsel zwischen hemiolischen und kleinen Dreiertakten, der bereits das Air »*Vous qui suivez*« und das zweite Air im 3/8-tel Takt bestimmt, begegnet im Verlauf der Oper mehrfach.

Wie in Lullys Tragédie kulminiert die Handlung einerseits in bedeutenden Monologen der wichtigsten Personen sowie in den jeweiligen Divertissements der Akte. Mit Monologen beginnen insgesamt vier Akte (durch Iphis wird der I. und IV. eröffnet, durch Omphale der III. und V.), der erste Monolog Argines beendet den II. und der von Herakles den IV. Akt. Die Inhalte bzw. der Ausdruck und die musikalische Gestaltungsweise sind außerordentlich vielfältig.

Monologe	Inhalt	Form	Besetzung	Tonart
Iphis I/1	Suche nach Ruhe	frz. Da-capo-Form	Orchesterbegleitung	D-Dur
Iphis IV/1	aus Verzweiflung möchte er seinem Leben ein Ende setzen	Mehrteilig mit Binnenwiederholungen	Orchesterbegleitung	A-Dur/ a-Moll
Argine II/5	Aufruf zur Rache	Rondeau: abaca	Orchesterbegleitung	a-Moll/ A-Dur
Argine III/3	Verzweiflungsausbruch, Rache an Omphale	Durchkomponiert	Begleitung mit B.c.	A-Dur/ a-Moll
Argine III/5	Ermutigung zum Mord an Omphale	Durchkomponiert mit instrumentalem Rahmen	Orchesterbegleitung	d-Moll
Omphale III/1	Klagemonolog	Ostinater Lamentobaß von 7 Takten, 10 Variationen	Wechsel Tutti/Trio-Satz	a-Moll
Omphale V/1	Unsicherheit über das Schicksal ihrer Liebe	Durchkomponiert mit instrumentalem Rahmen	Begleitung mit B.c.	G-Dur
Herakles IV/6	Schwört den Tod aller Personen	Durchkomponiert	Begleitung mit B.c. Tutti-Ritornell	d-Moll

Dieser Monolog Argines ist in seiner dramaturgischen Funktion deutlich von Armides »*Enfin il est en ma puissance*« und ähnlicher Stücke Lullys beeinflußt. Er dient der Austragung des inneren Konflikts und – wie im Armide-Monolog – um die Entscheidung über die Ermordung eines Gegners. Die Szenen vor dem Monolog des Herakles am Ende des IV. Akts weichen in der Vertonung von Destouches insbesondere dadurch erheblich vom Librettodruck ab, daß die französische Da-capo-Arie »*Manes de Thirezie*« und die Erscheinung Thirezies eingefügt sind.

Die in die Rezitative eingestreuten Generalbaß-Airs sind in der überwiegenden Mehrzahl zweiteilig. Die Taktzahlen ihrer Teile sind in der Regel nicht geradzahlig wie in der klassischen Periode, sondern haben oftmals einen ganz unregelmäßigen Bau. Die Verse des zweiten Teils sind jeweils zweimal, gelegentlich sogar dreimal vertont. In Baßarien ist die Baßstimme gegenüber der Generalbaßstimme im Unterschied zur älteren Tragédie en musique meist selbständig geführt. Omphales »*Chantez le digne fils*« (I/4) ist durch die alleinige Begleitung mit zwei mehrfach besetzten Flötenstimmen herausgehoben. Gegenüber der Lullyschen Praxis fallen die überaus zahlreichen Tempo- und Vortragsbezeichnungen sowie Tempowechsel in der *Omphale* auf. Die nur im Partiturdruck vorhandene Arie Argines (IV/4) »*Manes de Thirezie*«, deren Anfangsmotiv in der Art einer Devise im Prélude vorausgenommen ist, hat ein Da capo des A-Teils. Abgesehen vom Prélude und einer eintaktigen instrumentalen Überleitung verzichtete Destouches hier auf Ritornelle.

Eine große Vielfalt an Gestaltungsmöglichkeiten zeichnet auch die Divertissements der *Omphale* aus. Im I. Akt dient das militärische Gepränge mit Pauken und Trompeten dem Empfang des Siegers Herakles. Im II. Akt führt Herakles die gefangenen und besiegten Rebellen vor. Die dazugehörige Chaconne mit insgesamt 83 Couplets hat mit Lullys Modellen den Wechsel von Einzelcouplets, Couplet- und Doppelcoupletpaaren, die Triobildung und umfangreiche Vokalteile (Duo- und Chorteile) gemeinsam. Zugleich stellt Destouches seine Originalität durch imitatorische Couplets (Nr. 17–20), einen unregelmäßig gebauten in die Subdominante modulierenden Teil sowie die Abfolge eines Dur- und Mollteils, mit dem der Satz entgegen der üblichen Form mit Rückkehr zu Couplets in der Durtonart auch schließt, unter Beweis. Die dramatische Einbindung des Divertissements ist daran abzulesen, daß es nicht den Aktabschluß bildet, sondern durch den überraschenden Auftritt Argines unterbrochen wird.

Das Divertissement des III. Akts ist eine von den Lydiern dargebrachte Geburtstagsfeier zu Ehren Omphales, während der sie durch Dämonen entführt wird. Destouches beherrscht wie Lully die rhythmischen Raffinessen, die sich u. a. an den aufregenden Wechseln zwischen hemiolischen und kleinen Dreiertakten (z.B. die zweimaligen Doppelhemiolen der Loure in I/4), in dem a-Moll Menuet (mit der metrischen Struktur 1+H[emiole]+1, 1+H+1/ 1+H+1, 1+H+1, 4+1+H+1) oder dem Wechsel von 3/2- und 6/4-Takt wie in Céphises »*Dans un si beau jour*« im III. Akt zeigt (Refrain: 10a 11a; 1. Couplet 5c 5d 5c 5d; 2. Couplet 5e 5f 5e 5f 5e 5f): Refrain 3mal 3/2-Takt[1] und 6/4-Takt, 3mal 3/2-Takt und 6/4-Takt, Schlußtakt verbunden mit 1. Takt des Couplets; 1. Couplet 3/2-Takt und 3mal 6/4-Takt; zweites Couplet 3/2, 6/4, 3/2, 6/4 6/4 3/2-Takte. Zusammen mit dem vorausgehenden instrumentalen Air im 6/4-Takt ergibt sich eine abwechslungsreiche Zeitgestalt für die Tänzer: instrumental 8+12+8, vokal: 8+4+8+6+8 Takte.

Im Dämonendivertissement des IV. Akts versucht Argine durch ein Opfer für Pluto und eine magische Handlung, das Blatt zu ihren Gunsten zu wenden. Der Schatten von Thirezie verkündet ihr, mit ihren dämonischen Kräften werde sie ihre Absichten nicht durchsetzen und Herakles den Sieg davontragen. Im 3/8-Air de violons wird in einer ungewöhnlichen dreifachen Hemiole das Ende des Satzes herbeigeführt. Am wenigsten von allen Divertissements ist das der jungen Liebhaber, die im letzten Akt eine Opferhandlung vollziehen, dramatisch motiviert. Die Spannung bleibt bis in den letzten Szenen erhalten, in denen der wutgeladene Herakles noch einmal alle positiven Lösungen zu verhindern scheint, erst durch die Intervention Apolls den Weg der Tugend findet und dem Paar seinen Segen gibt. Angesichts der musikalischen und dramatischen Qualitäten dieser Oper verwundert es nicht, daß sie noch 1752 aufgeführt wurde und damit die Kontroverse durch Grimms *Lettre sur Omphale* auslöste, die damit einen der Anstöße zum Buffonistenstreit gab.

Ein typisches und sehr erfolgreiches Beispiel einer Tragédie dieser Epoche ist auch Marin Marais' *Alcione*, zweifellos seine bedeutendste Oper (Libretto nach Ovids *Metamorphosen*, Buch XI, von Antoine Houdar de La Motte, Uraufführung am 18. Februar 1706 im Palais royal in Paris). Trotz des Selbstmordes von Alcione auf der Bühne ist das Libretto Houdar de La Mottes ziemlich konventionell und hat nicht die Qualitäten derjenigen Quinaults. Immerhin gab La Motte aber durch den großen Abwechslungsreichtum an pastoralen, galanten, pathetischen und Höllenszenen dem Komponisten viele Gelegenheiten, dramatische Musik zu liefern. Marais, der seit 1676 als Gambist in Lullys Orchester tätig war, blieb der Lullyschen Tragödie eng verbunden und verweigerte sich sowohl der virtuosen Da-capo-Arie wie auch der Opéra-ballet, die Campra zur neuen Modegattung gemacht hatte. Den Erfolg ver-

---

[1] Hier ist der Auftakt mit zwei Halben eines 3/2-Takts mitgerechnet.

dankt *Alcione* besonders der »Tempête« im IV. Akt, dem Matrosenmarsch und dem »Sommeil«, die sich lange Zeit großer Beliebtheit erfreuten. Solistische Höhepunkte sind vier Monologe, davon drei in Da-capo-Form (Ceix, Pelée, Alcione) und einer durchkomponiert (Alcione), während die Ensembles kein großes Gewicht haben. Auch die Divertissements (Höllen-, Schlummer- und Traumszen, Matrosenfest) sind dramaturgisch sehr konventionell. Typisch für die Opern dieser Periode ist die Aufwertung der Funktionen des Orchesters, der Einsatz verschiedener Instrumentaltimbres, die sowohl bei dramatischen Höhepunkten wie auch in den gegenüber Lully üppiger ausgestalteten Divertissements wirkungsvoll eingesetzt sind. Die großen instrumentalen Darstellungen, mit denen Rameau Naturerscheinungen wie Stürme oder Erdbeben unnachahmlich schildert, kündigen sich in charakteristischen Tongemälden bei Collasse, Campra, Desmarets und besonders im IV. Akt der *Alcione* an. Hier schuf Marais den Prototyp der musikalischen Sturmdarstellung für das 18. Jahrhundert. Sein Orchestersturm ist ein langes symphonisches Stück von mehr als 100 Takten, das von kurzen Choreinwürfen unterbrochen wird. Nach Titon du Tillet[1] wurde die Baßstimme nicht nur von Fagotten und Bässen ausgeführt, sondern auch von einem ununterbrochenen Wirbel der Pauken begleitet, deren Fellmembran nur wenig gespannt war. Damit schuf Marais einen extremen Kontrast zwischen den dumpfen Bässen und den schreienden, durchdringenden Oboen und Violinen, durch den die ganze Gewalt, die Wildheit und das Grauen des aufgewühlten Meeres zum Ausdruck kam.

Im Gegensatz zu Marais, der stark vom Orchester Lullys beeinflußt war, brachte der aus Aix-en-Provence stammende André Campra ganz andere Erfahrungen und Vorstellungen in sein Opernschaffen ein. Während seiner Tätigkeit an Notre Dame in Paris debütierte er anonym mit *L'Europe galante*, der neuen Gattung der Opéra-ballet. Erst die Ausgabe seiner Tragédie *Hésione* (1700 bei Ballard erschienen) wurde unter seinem Namen veröffentlicht. Von diesem Jahr an war er auch »conducteur« an der Pariser Opéra. Wenngleich vor allem seine Opéras-ballets bekannt sind und auch in unserer Zeit noch gespielt werden, verdienen seine Tragédies, *Hésione*, *Tancrède* (von Le Cerf de la Viéville als sein Meisterwerk bezeichnet)[2] und *Idoménée* mehr Aufmerksamkeit. Das Libretto zu André Campras *Idoménée* schuf Antoine Danchet, unter den Nachfolgern Quinaults einer der bedeutendsten Librettisten seiner Epoche, der seit 1712 Mitglied, Direktor und Kanzler der Académie Française war und seinem Freund André Campra Zeit seines Lebens verbunden blieb. Der Mythos des Idomeneus war in Frankreich durch François Fénelons vielgelesenen Bildungsroman *Les Aventures de Télémaque* (1699) allgemein bekannt geworden. Die erste Dramatisierung des Mythos in der Tragédie *Idoménée* von Prosper Jolyot de Crebillon (1701) diente als Ausgangspunkt für Danchets Libretto. Erst durch dessen Umwandlung des Stoffes wurde die Basis für die spätere Wiederverwendung in Mozarts Münchner *Idomeneo, Re di Creta* (1781) durch Giambattista Varesco gelegt, der immerhin ein Drittel seiner Verse aus der ersten Version Danchets von 1712 übernahm. Am Vergleich mit Varescos Libretto lassen sich wesentliche Unterschiede der opera seria und der Tragédie en musique deutlich machen: Danchets Libretto ist eine reguläre Tragödie in dem Sinne, daß sie mit einem mit brutaler Härte herbeigeführten Tod endet. Im Gegensatz dazu bleibt es in der Opera seria Varescos und Mozarts beim »lieto fine«, wodurch diese Gattung an »Humanität« gewann, jedoch, verglichen mit der Tragédie en musique, an wirklicher tragischer Größe einbüßte.

Im Gegensatz zu den Prologen der Lully-Zeit enthält derjenige des *Idoménée* keinerlei Anspielungen auf politische oder andere höfische Ereignisse, sondern führt unmittelbar zum Stoff der Oper hin: Venus erreicht bei Äolus, dem Gott der Winde, daß er durch einen Sturm die Flotte der Kreter vernichtet. *Idoménée* stellt die grausame Geschichte einer brutalen göttlichen Rache dar, die im Gegensatz zur überwiegend optimistischen Moral der Opern Lullys und Quinaults steht. Der König Idoménée ist ein wahrer Kriegsheld, der siegreich im Trojanischen Krieg gekämpft hat, aber gerade dadurch den Groll zweier Götter, nämlich Neptuns und der Venus auf sich zog. Neptun rettet Idoménée zwar zunächst in dem erwähnten Seesturm, bei dem sein Schiff untergeht, bürdet ihm dann jedoch ein noch grausameres Schicksal auf, als es der Tod als Schiffbrüchiger bedeutet hätte: Idoménée muß schwören, den ersten Menschen zu töten, der ihm begegnet. Seine vielfältigen Bemühungen, mit Würde dem Fluch der Götter zu entkommen, haben wiederum eine unerklärbare, noch größere Zerstörungswut der Götter zur Folge. Nicht einmal durch den doppelten Verzicht auf seine Liebe und seinen

---

1 Évrard Titon du Tillet, *Le Parnasse françois*, Paris 1732, S. 626: »Marais imagina de faire exécuter la basse de sa tempête non seulement sur les bassons et les basses de violon à l'ordinaire, mais encore sur des tambours peu tendus qui, roulant continuellement, forment un bruit sourd et lugubre, lequel joint à des tons aigus et perçants pris sur le haut de la chanterelle des violons et sur les hautbois font sentir ensemble toute la fureur d'une mer agitée et d'un vent furieux qui gronde et qui siffle, enfin d'une tempête réelle et effective.«

2 Vgl. J.-Laurent Le Cerf de La Viéville de Fresneuse, *Comparaison de la musique italienne et de la musique française*, in: P. Bourdelot und P. Bonnet, *Histoire de la musique et de ses effets* (1715), Reprint, Bd. II, Graz 1966, S. 50 f. Er weist darauf hin, daß in *Tancrède* die drei männlichen Hauptpersonen Baßstimmen sind, vgl. ebd. S. 114f.

Thron vermag Idoménée seinen Sohn zu retten. Am Ende muß er sogar erkennen, daß er, von den Göttern mit Wahn geschlagen, seinen geliebten Sohn getötet hat. Es stellt sich die Frage, wie es 1731 in der überarbeiteten zweiten Version der Oper möglich war, die Tyrannei der Götter so offen auf der Bühne anzuprangern, wie in folgenden, in der ersten Version noch fehlenden Versen Idoménées:

>»Connois mieux ces Tyrans sous qui nous frémissons,
>Après avoir causé le péril qui nous presse,
>Insensibles aux vœux qui nous leur adressons;
>Ils font un plaisir de voir notre faiblesse [...]
>Si d'un Dieu trop cruel je suis l'arrêt funeste,
>Puissent contre mes jours les autres Dieux s'unir!
>Et du haut du Ciel que j'atteste,
>Lancer la foudre et me punir.«[1]

Mit der wahrhaften Katastrophe im Sinn der antiken Tragödie und mit den in höchstem Maße tragischen Personen Idoménée, Idamante, Elektra und Ilione entfernen sich Danchet und Campra entschieden von den Opern Quinaults und Lullys. Ähnlich wie die Oper *Sémiramis* (1718, Musik von André Cardinal Destouches) oder noch weitgehender *Philomèle* (1705, Musik von Musik von Louis de Lacoste) von Pierre-Charles Roy und, nach Girdlestone[2] die düstersten, erregtesten und angsterfülltesten französischen Opern der Zeit, spiegelt *Idoménée* die Niedergeschlagenheit und Depression, die die Spätzeit der Herrschaft des Sonnenkönigs prägte, der nach seinem Tod im Jahre 1715 ein ausgeblutetes, ruiniertes Land hinterließ.

In der Fassung des *Idoménée* von 1731 haben Danchet und Campra das Rezitativ erheblich reduziert und die Vertraute Iliones, Dircé, und damit auch die zweite Szene im IV. Akt gestrichen und durch den Monolog Iliones in der ersten Szene des IV. Akts ersetzt. Wichtig erscheint auch die Kürzung des Dialogs zwischen Idoménée und Arcas in der ersten Szene des III. Akts, in der er anstelle der Anspielungen auf die Liebe zu Ilione den heftigen Angriff gegen die Götter und ihre tyrannische Allmacht richtet, die sie schamlos gegen die wehrlosen Menschen einsetzen.

Der Ausgang der Handlung ist in keiner Dramatisierung des Mythos bewegender als bei Danchet. Ganz anders als er deutet Lemierre in seiner Tragödie *Idoménée* von 1764 den Mythos als Konflikt zwischen blindem Fanatismus und Aufklärung und führt das neue, aus diesen beiden Perspektiven interpretierte Motiv des Vulkanausbruchs ein. Wenn man Danchets *Idoménée* innerhalb der Konfliktlösungen der französischen Oper einzuordnen versucht, so zeigt sich eine offensichtliche Verwandtschaft einerseits zu jener in Quinaults *Atys*, in dem zum ersten Mal das Motiv des unbeabsichtigten, von einer Gottheit verursachten Mordes durch eine das Opfer liebende Person eingeführt ist (dort allerdings mit einer Threnodie unter Beteiligung des Chores), und andererseits zu *Phaéton* durch den unvermittelten Schluß nach dem Tod des Helden.

Bei der Komposition musikalischer Szenen folgt Campra der Lullyschen Tradition in mehrfacher Hinsicht. So werden die Konflikte der Ilione in einem dreiteiligen Monolog zu Beginn des I. Akts exponiert. Die sehr affektgeladene Sprachvertonung, die auch in zahlreichen Tempowechseln ihren Niederschlag findet, spiegelt den Zwiespalt zwischen Liebe und Pflicht gegenüber dem besiegten Volk. In ihrem ersten, vom ganzen Orchester begleiteten, in der düsteren Tonart d-Moll stehenden Monolog am Ende des I. Akts unterstreicht ihre Rivalin und Gegenspielerin Elektra im mehrfach wiederholten Refrain ihr Rachebedürfnis. Eine unmittelbare Bitte richtet Elektra dann in ihrem zweiten, von Flöten begleiteten Monolog an Venus, dessen Rahmenteile in Dur und dessen Mittelteil wiederum in d-Moll steht. Auch der einzige Monolog Idoménées ist durch den Wechsel von Moll in die Durtonart bestimmt. Hierin kommen die Selbstzweifel des Königs und sein Entschluß zum Ausdruck, der Liebe zu Ilione zu entsagen. Unmittelbar vor dem Höhepunkt des dritten Divertissements, der festlichen Einschiffung der Argonauten, gibt Elektra sich in ihrem letzten kurzen Monolog im III. Akt in der typischen französischen Da-capo-Form der unbegründeten Hoffnung hin, das Glück mit Idamante zu finden. Ilione schließt zu Beginn des IV. Akts die Reihe der Monologe im *Idoménée* ab. Ihr Bangen um den nunmehr leidenschaftlich geliebten Idamante, der gegen das Ungeheuer sein Leben aufs Spiel setzt, und ihr Flehen um die Errettung des Geliebten bilden den Inhalt ihrer großen Szene. Einem geschlossenen ersten Teil stellt Campra einen von vie-

---

[1] A. Danchet, *Idoménée*, Paris 1731, S. 24 (III/1).

[2] Vgl. C. Girdlestone, *La tragédie en musique (1673–1750) considérée comme genre littéraire*, Genf 1972, S. 220 (*Philomèle*, »la tragédie la plus cruelle qui eût paru jusquà ce jour«, die der Mode der schauerlichen Stoffe gefolgt sei) und S. 236, wo er betont *Philomèle* übertreffe *Sémiraminis* an Brutalität und Grauen.

len Pausen durchsetzten, von Tempowechseln und erregten Streicherfiguren bestimmten zweiten Teil gegenüber.

Wenn man den Prolog mit seinen Chören, den zahlreichen Tanzsätzen und der zweiteiligen Arie der Venus mit konzertierenden Flöten und Violoncelli hinzurechnet, enthält *Idoménée* insgesamt sechs Divertissements. Zwei gehören dem Typ des unterbrochenen, d.h. also voll ins dramatische Geschehen einbezogenen Divertissements an: die feierliche Einschiffung der Argonauten im III. Akt wird durch den Auftritt Protées und das plötzliche hereinbrechende Unwetter ebenso gestört, wie jenes Divertissement zu Ehren Idamantes und Iliones im V. Akt durch den unvermittelten Auftritt von Nemesis und den Furien und schließlich durch die Ermordung Idamantes durch den dem Wahnsinn verfallenen Vater. Der Kontrast zwischen den heiteren Tänzen und den drei Gesängen Elektras einerseits und der wilden Sturmmusik andererseits, die das ganze Ende des Akts, also auch die Chöre und Protées Sologesang prägt, ist besonders wirkungsvoll. Campra beteiligt an allen drei Arien Elektras konzertierende Flöten: die zweite ist klanglich durch die ausschließliche Besetzung mit Flöten und Violinen besonders »abgehoben«, in der dritten mit ihrem schmeichlerischen Zwölfachteltakt gibt sie sich ganz der Hoffnung an ein gemeinsames Glück mit Idamante hin.

Im Divertissement des I. Akts kommt die Freude über die Rückkehr Idoménées und die Befreiung der Trojaner zum Ausdruck (Marsch, Chor und getanztes Rondeau der Kreter, dessen Refrain in dem anschließenden Rundgesang parodiert wird, Tanz-Air der Trojaner, Tanzlied und Gigue). Musikalisch stellt es eine Einheit dar, die sich dadurch konstituiert, daß die Stücke durch motivische Beziehungen miteinander verknüpft sind. Inhaltlich geht es in Idamantes Ansprache an das Volk im Anschluß an den Marsch um die Befreiung von fremder Macht, um die Versöhnung zweier siegreicher Völker, dann, im Chor, um die Feier des Sieges, in den Gesängen der Kreterin um Schönheit und Liebesleid – Inhalte, die eine musikalische Konstruktion der vorliegenden Art nicht dringend erfordern. So werden u.a. das instrumentale »Rondeau pour les Crétois« in dem vokalen Air *»Tout se rend aux traits«* parodiert (nicht nur textiert, sondern der Refrain leicht verändert und das Couplet auf sieben Takte erweitert) und drei Motive aus dem »Air des Troyens« im Refrain der Rondeau-Arie *»Non, jamais de liberté«* wiederverwendet. In ingeniöser Weise verbindet Campra nicht nur die vierte und die sechste Szene musikalisch miteinander, sondern auch verschiedene Sätze des Divertissements durch Formteile, die er in verschiedenen Tänzen wiederholt.

Im Divertissement des II. Akts werden die negativen Aspekte des Sujets ins Spiel gebracht. Venus kommt in einer Bühnenmaschine, begleitet von einer typischen »Descente«-Musik, herabgeschwebt und ruft in ihrer Da-capo-Arie die »Eifersucht« auf den Plan. Deren rasende Sechzehntelfiguren im Orchester bleiben mit dem unheilvollen Eingreifen der Venus, Neptuns, Protées und von Nemesis assoziiert. Nicht nur in den meisten anderen Nummern des Divertissements, in der Orchesterbegleitung der Chöre und in beiden Tanz-Airs herrscht dieser Topos vor, sondern die ganze Oper ist von dem mit Sturm und damit mit den mit feindlichen, dämonischen und vernichtenden Elementen verbundenen Topoi durchdrungen. Räumliche Wirkungen erreicht Campra durch den Einsatz des Chores, so zu Beginn des II. Akts und im IV. Akt, als die Bühne in der ersten Szene völlig leer bleibt und der hinter der Bühne singende Chor den Sieg Idamantes verkündet.

Im V. Akt erreicht Campra eine Steigerung durch die direkte Konfrontation der Szene Elektras und Idamantes, in der sie Idamante mit der Rache Neptuns droht, mit dem glutvollen Liebesduett Iliones und Idamantes. Nach dem zu Ehren Idamantes vorgetragenen Chor und einem Tanz-Air folgt im letzten Divertissement eine Passacaille mit dem selten anzutreffenden mehrfachen Moll-Dur-Wechsel sowie zwei Bourreen und eine Devisenarie. Den entscheidenden tragischen Umschwung kündigt wieder das Sturmmotiv an, das mit dem schroffen Wechsel von D-Dur nach B-Dur einhergeht, musikalische Mittel, mit denen der Komponist den Auftritt von Nemesis drastisch umsetzt. Die rasenden Motive tonleiteraufwärts, die den Auftritt Protées begleiten, unterbrechen die hastig dahergesprochenen Wortfetzen des dem Wahn verfallenen Idoménée, der seinen Sohn hinter der Bühne ersticht. In den wenigen Takten in der zu dieser Zeit ungewöhnlichen Tonart b-Moll kommt Idoménée wieder zur Besinnung und erkennt sein Verbrechen im Angesicht Iliones.

Man könnte die musikalische Sturm- und Wutmetapher, die sich vom Auftritt des Äolus im Prolog über den ersten Monolog Elektras, den Anfang und Schluß des II. Akts, beginnend mit der achten Szene von Venus und der Eifersucht, sowie den letzten Teil des III. und V. Akts erstreckt, als dramatische und musikalische Leitidee der Oper verstehen, ähnlich wie später in Jean-Philippe Rameaus letzter Oper, *Les Boréades*. Überhaupt ist die instrumentale Komponente in Campras *Idoménée* hervorragend zu Ausdruckszwecken eingesetzt, wie sie seit Lullys Opern in Frankreich üblich war, in der italienischen Oper aber kaum ein Äquivalent besaß. Campras Arien weisen in dieser Oper eine stattliche Vielfalt auf, sowohl in der Formgebung (von der zweiteiligen und Rondeau-Arie über den durchkomponierten und Da-capo-Monolog bis zur italienischen Da-capo- und Devisen-Arie) als auch in der Besetzung und der Art der Begleitung. Campra beherrscht bereits virtuos die italienisierende Arie mit konzertierenden Instrumenten, wie sie zuvor zuerst in der französischen Kantate adaptiert wurde. Schließlich ist die Variabilität der Ensembles und der Handlungs- und reflektierenden, also statischen Chöre zu nennen, der Campras *Idoménée* vollends zum Modell der hochentwickelten Oper in der Nachfolge Lullys machen.

Der Librettist von Charles-Hubert Gervais' *Hypermnestre* (Uraufführung der 1. Fassung am 3. November 1716, der 2. Fassung am 1. April 1717), Joseph de Lafont, hat nur wenig für das Musiktheater geschaffen. Seine *Fêtes de Thalie* in der Vertonung von Jean-Joseph Mouret gehören allerdings zu den sehr erfolgreichen Opéras-ballets. *Hypermnestre* basiert auf der antiken Danaiden-Sage, die in Frankreich bereits in *Les Danaïdes* des preziösen Dichters Jean-Ogier de Gombaud (1644, gedruckt 1658), in *Lyncée* des Abbé Abeille (1678, gedruckt 1681) und der gleichnamigen Tragödie *Hypermnestre* von Théodore de Riupeirous (1704) in die Bühnentradition eingegangen war.[1] Außerdem hatte Francesco Cavalli bereits 1654 eine *Ipermestra* nach dem Libretto von Giovanni Andrea Moniglia vertont, die 1658 im Teatro degli Immobili in Florenz während eines prunkvollen Festspiels der Medici aufgeführt worden war. La Font übernahm das Motiv der Usurpation und die Erscheinung des ermordeten Königs von Gombaud. Zwei Kulminationspunkte gliedern den dramatischen Verlauf, die Heirat Lyncées und Hypermnestres und der Verstoß Hympermnestres gegen ihren Eid, der sie im Prinzip zwingt, ihren Mann zu töten. In den beiden ersten Akten herrscht das Glück der Liebenden, während danach durch das Orakel, durch den Schiffbruch Lyncées und die Furcht des Danaus vor seinem verkündeten Schicksal die Stimmung ins Negative umschlägt.

Der Prolog spielt in Ägypten, wo das Volk der Friedensstifterin Isis huldigt. Diesem verkündet Isis, sie müsse der Hochzeit Hypermnestres beiwohnen. Danaus, der von seinem Bruder Aigyptos und dessen 50 Söhnen der Herrschaft über Nordafrika beraubt wurde, war mit seinen 50 Töchtern nach Argos geflohen, wo er König Gélanor von Thron vertrieb und sein Reich usurpierte. Aigyptos' Söhne verfolgten ihn jedoch weiterhin, worauf Danaus einen Unterwerfungsfrieden schließen mußte, in dem er gezwungen wurde, deren Heirat mit seinen Töchtern zuzustimmen. Am Morgen des Hochzeitstages wartet man in Argos auf die Ankunft der Flotte von Aigyptos' Söhnen. Der ängstliche, von bösen Traumgesichten geplagte Danaus wird von seiner Tochter Hypermnestre getröstet, die das Wiedersehen mit Lyncée, einem der Aigyptos-Söhne herbeisehnt. Während einer öffentlichen Totenehrung für Gélanor erscheint sein Schatten und verkündet, einer der Söhne des Aigyptos werde die Herrschaft über Argos antreten und Danaus werde untergehen.

Danaus erwartet zu Beginn des II. Akts Lyncée, der mit seinem Schiff in einen Sturm geraten ist. Die anwesende Hypermnestre fürchtet um das Leben ihres Bräutigams. Trotz des Schiffbruchs erreicht Lyncée das Ufer, und die Liebenden sehen sich nahe dem Ziel ihrer Wünsche. Sie begeben sich in den Palast, wo alles für die Hochzeit vorbereitet ist. Im Isis-Tempel vollziehen die Priester die Trauungszeremonie für Lyncée und Hypermnestre. Auf Befehl des Danaus werden die Pforten geöffnet, damit das Volk an der Feier teilnehmen kann. Als Arcas dem König von der Meuterei berichtet, die gegen ihn im Gang ist, erklärt sich Lyncée bereit, gegen die Aufständischen vorzugehen. Danaus läßt in der Furcht von Gélanors Ankündigung seine Tochter schwören, das Leben des Vaters zu retten. Da sie von dem Orakel nichts weiß, stimmt sie seinem Begehren zu. Da befiehlt ihr der Vater, ebenso wie ihre Schwestern in der kommenden Nacht ihren Mann zu töten. Hypermnestre erschaudert angesichts des Dilemmas, da sie sowohl gegenüber Lyncée als auch gegenüber ihrem Vater durch einen Eid gebunden ist.

In der Nacht huldigen blumengeschmückte Knaben und Mädchen den Neuvermählten mit einem Fackelzug. Noch immer zum Widerstand gegen den Vater entschlossen, erwartet Hy-

[1] Vgl. dazu C. Girdlestone, *La tragédie en musique*, S. 182f.

permnestre den Gemahl. Als er erscheint, drängt sie ihn zur Flucht und versucht, sich selbst zu erstechen, aber Lyncée entwindet ihr den Dolch. Während ein Gewitter heraufzieht, ertönen aus dem Palast laute Schreie. Die Bluthochzeit der Danaiden hat begonnen. Lyncée stürzt seinen Brüdern zu Hilfe. Zu Beginn des letzten Akts versucht Hypermnestre, Lyncée davon abzubringen, den Mord an seinen Brüdern an Danaus zu rächen. Dieser klagt Hypermnestre an, durch das Verschonen Lyncées ihren Schwur gegenüber dem Vater gebrochen zu haben. Das Orakel erfüllt sich nun unaufhaltsam. Eine überirdische Macht führt seinen Arm, als Lyncée Danaus mit seinem Schwert tötet. Sterbend erkennt der König, daß er dem Orakelspruch nicht entkommen konnte.

Wie nahe dieses Libretto der klassischen Tragödie steht und sich damit von der vorherrschenden Gestaltung der Tragédie en musique Campras und Destouches' unterscheidet, beweist nicht nur das geringe Gewicht der Divertissements, sondern auch die Abwesenheit von Liebesszenen. Die einzige von starken Emotionen getriebene Person ist Danaus, der von der Furcht vor der Erfüllung des Orakels besessen ist, die seinen Haß und seine Rachsucht erklärt.

Die Karriere des Komponisten Charles-Hubert Gervais' stand unter der Protektion des Herzogs von Chartres, des späteren Duc d'Orléans und Regenten, eines ausgezeichneten Musikers. Seine dritte und letzte Oper *Hypermnestre* entstand wie seine beiden vorausgehenden unter dessen direkten künstlerischen Einfluß. Ob der Duc d'Orléans auch als Komponist an dieser Oper beteiligt war, wird wohl nie mehr endgültig zu entscheiden sein. Sein an der italienischen Musik orientierte Geschmack bildete erkennbar die Richtschnur für Gervais' *Hypermnestre*. In den geschlossenen Nummern hat der italienisierende Kantatenstil melodisch und satztechnisch deutliche Spuren hinterlassen. Allgemein imponiert die ebenso einfache wie dramatisch schlagkräftige Planung weiträumiger Szenenkomplexe (Totenfeier, Sturm- und Hochzeitsbild). Mit Ausnahme des II. Akts vermeidet Gervais das Schlußdivertissement und endet mit Soloszenen des tragischen Helden Danaus (I., III. und V. Akt) und einer Szene zwischen Hypermnestre und Lyncée (IV. Akt). Beeindruckend vielfältig ist das Repertoire vokaler und instrumentaler Formen von hoher kompositorischer Qualität. Geschickt bedient sich Gervais auch einer durchdachten Tonartendramaturgie. So vollzieht sich im I. Akt der Auftritt Gélanors in punktierten Rhythmen und düsterem f-Moll. Danaus' d-Moll Klage mit phrygischer Kadenzierung kontrastiert mit dem strahlenden D-Dur der Chöre und Tänze und dem mediantisch dagegen gesetzten F-Dur der beginnenden Erdbebenmusik.

Im III. Akt sind besonders Hypermnestres Da-capo-Arie mit zwei Soloflöten und die beiden, orientalisches Kolorit suggerierenden einstimmigen Airs hervorzuheben, die mit Tambourin und kleiner Flöte besetzt sind. In der Tempelszene des III. Akts hebt sich ein kontrapunktisch behandeltes Terzett im Stile antico wirkungsvoll ab. Hohe instrumentale und vokale Timbres (Flöten, Violinen und Sopranchor) charakterisieren im IV. Akt die Gartenszene in der Hochzeitsnacht, auf die Hypermnestres Monolog in d-Moll und die Gewittermusik in B-Dur folgen. Im V. Akt ist der ursprüngliche Finalchor der ersten Version der Oper durch ein großes Accompagnato von Danaus und Lyncée ersetzt. Die Chöre der *Hypermnestre*, z.B. der polyphone Abschlußchor des Prologs »Chantons les douceurs de la paix« mit 107 Takten, haben immer wieder Bewunderung hervorgerufen. Für die Wiederaufnahme im Jahre 1717 gestalteten Gervais den V. Akt auf einen neuen Text des Abbé Simon-Joseph Pellegrin völlig um. In dieser Gestalt erlebte die Oper in Paris noch drei Reprisen in den Jahren 1728, 1746 und 1765.

Eine besondere Stellung in der Operngeschichte nimmt Pellegrins und Montéclairs bis 1744 und dann erneut 1761 ins Repertoire aufgenommene *Jephté* (Uraufführung am 28. Februar 1732, also nur eineinhalb Jahre vor Rameaus *Hippolyte et Aricie*) ein, weil es sich um einen biblischen Stoff auf der Bühne der Opéra handelt. In der ungewöhnlich langen »Préface« rechtfertigt der Librettist Abbé Simon-Joseph Pellegrin die Stoffwahl gegen die Angriffe des französischen Klerus, der sogar durch den Pariser Erzbischof Charles Vintimille im Jahre 1736 ein Verbot der Oper erwirkte, das dann 1737 wieder aufgehoben wurde: »Ce n'est pas sans trembler, que j'ai entrepris de mettre sur le Théâtre de l'Académie Royale de Musique, un sujet tiré de l'Ecriture Sainte«.[1] Einwänden gegen Tanzszenen in seiner Oper hält er entgegen, Fest und Tanz seien zu allen Zeiten und bei allen Völkern üblich gewesen und würden sogar in der Bibel erwähnt.[2] An Abweichungen von der biblischen Vorlage[3] erwähnt er nur die Episode des Ammon, die er eingeführt habe, da man auf die weltliche Liebe im Musik-

---

1 *Jephté*, in: *Recueil des opéras*, Paris, Ballard 1739, Bd. 15, S. 55.

2 »Da nun Jephta kam gen Mizpa zu seinem Hause, siehe, da geht seine Tochter heraus ihm entgegen mit Pauken und Reigen«, *Buch der Richter*, 11. Kap., Vers 34.

3 Vgl. *Buch der Richter*, 11. Kap., Vs. 29–40.

theater nicht verzichten könne. Darüber hinaus hat Pellegrin jedoch weitere Details ergänzt: den Rückzug der Tochter Jephtas, Iphise, in die Berge nach dem Sieg des Vaters über die Ammoniten, das Exil des Vaters, der seine Tochter bei seiner Rückkehr nicht mehr erkennt, Jephtas Frau, Almasie, den ammonitischen Gefangenen Ammon, der Iphise liebt und dessen Liebe insgeheim erwidert wird, und das Wunder des Jordan, der wie das Rote Meer seine Fluten öffnet, um die Armee der Israeliten passieren zu lassen.

Das seit der Gegenreformation besonders von den Jesuiten gepflegte Bibeldrama wurde, nachdem Charpentiers Oper *David et Jonathas* für das Pariser Jesuitenkolleg entstanden war, dann in *Jephté* mit der zeitgenössischen Opernästhetik in Einklang gebracht. Der Stoff wird der Dramaturgie der Tragédie en musique angepaßt und damit die christliche Lehre im Sinne des »merveilleux« der Librettistik transformiert. Dennoch ist *Jephté* kaum als geistliche Oper zu bezeichnen, denn der Stoff wurde als heroisch-historisches Drama im Sinne der antiken oder historischen Dramen aufbereitet. Im I. und III. Akt vollzieht sich die biblische Handlung (Jephté schwört angesichts der Bedrohung Israels, im Fall des Sieges die erste Person, die ihm danach begegnet, Gott zu opfern), die Akte II und IV sind der neuen Liebesintrige zwischen Iphise, der Tochter Jephtés, und Ammon, einem seiner Feinde, gewidmet. Im letzten Akt wird Ammon bei dem Versuch, Iphise zu retten, getötet und Iphise durch die göttliche Gnade vor der Opferung verschont. Trotz der zahlreichen Anrufungen Gottes, der biblischen Wunder oder Jephtas Schwur liegt eine Tragédie vor, in der menschliche Konflikte und Gefühle dominieren. An spektakulären Höhepunkten sind das Durchschreiten des Jordan durch das Heer am Ende des I. Akts, Jephtas abrupt unterbrochene Krönungsfeier, die Kampfszenen und die Sturmszene im V. Akt, mit der Gott im letzten Moment das Opfer Iphises verhindert, zu erwähnen, die sich nicht wesentlich von ähnlichen Szenen in anderen französischen Opern der Zeit unterscheiden. Besonders hervorzuheben sind ein Blockflötenquintett in der Pastoralszene des IV. Akts (in der 1. Ausgabe, seit der 2. Ausgabe durch einen Triosatz von Block-

Jéphté, Tragédie tirée de l'Ecriture Sainte, Paris, Boivin o. J., S. 51. Beginn des Chores, der zunächst nur von Generalbaß begleitet ist. Die Intensität der chorischen Aussage wird durch den Einsatz des Orchesters und seine zunehmende Bewegung erhöht.

und Traversflöten sowie Violinen und »Parties«, also Bratschen unisono ersetzt), der Doppelchor »*Tout tremble devant le Seigneur*«, zu dem noch die Solisten Jephté und der Hohepriester Phinée hinzukommen, sowie den von Rameau besonders geschätzten Chor der Krieger »*La terre, l'enfer, le ciel même, tout tremble devant le Seigneur*« (I/4).

In *Jephté* ist der Chor im Prolog und in allen Akten hinsichtlich der Besetzung und seiner dramatischen Funktionen in vielfältiger Weise eingesetzt: Im Prolog z.B. als vierstimmiger Tuttichor der Gottheiten mit Orchesterbegleitung in repräsentativer Funktion, im I. Akt zuerst als vierstimmiger A-cappella-Gebetschor, dann mit Generalbaß-, mit Orchesterbegleitung und am Ende kommen noch die Trompeten hinzu (bei »*Reviens, répands le trouble et l'effroi*«). Im II. Akt alterniert ein kleiner A-cappella-Chor mit zwei Sopranen, Haute-contre und Tenor mit dem vom Orchester unterstützten Tuttichor, eine Besetzung, die im weiteren Verlauf noch dadurch variiert wird, daß der kleine Chor von Bratschen unterstützt wird. Danach erhält der Chor »*Tout rit à nos vœux*« durch die Begleitung der kleinen Flöten und Tambourine eine exotische Note. Klanglich unterscheidet sich davon der Pastoralchor im IV. Akt durch die simultan und alternierend eingesetzten kleinen Sopranflöten und Oboen. Der dramatischen Höhepunkt des Choreinsatzes ist im V. Akt in der Tempelszene erreicht, in dem zu Beginn der Rebellenchor hinter der Bühne erklingt, bevor dann die Auseinandersetzung im Dialog von Rebellen-, Priester- und Levitenchor geführt wird. Beim Kulminationspunkt der Opferszene interveniert zunächst der A-cappella-Turba-Chor und, nachdem die Opferung abgewendet ist, erklingt der Chor mit Begleitung zweier Flöten.

Die Schwurszene Jephtas (I/7) bestreitet Montéclair in den Streichern mit dem Sturm-Topos. Das Divertissement des III. Akts mit seinen prachtvollen Chor-Solo-Szenen, der knappen d-Moll Chaconne mit ihren Raumeffekten, hervorgerufen durch das Alternieren von zwei verschieden aufgestellten Baßgruppen, und der Besonderheit der wechselnden Besetzung der Couplets mit Trompeten und Oboen sowie den Tambourins stellt die Inszenierung einer Siegesfeier dar. Für den Anfang und das Ende der Akte ließ sich Montéclair jeweils verschiedene dramatische Lösungen einfallen, die das Werk als besonders gelungen ausweisen.

Akt	Handlung	Besetzung
Prolog	Beginn: Lob des Opernhauses	Tutti-Chor und -Orchester
	Ende: Triumph der Wahrheit	zweistimniger Sopranchor mit Streichern
I. Akt	Beginn: Bedrohung des heimatlichen Jordan durch Feinde	Monolog Jephté mit Tuttistreichern Kriegsmarsch mit Oboen, Trompeten und Pauken
	Ende: die Armee durchschreitet den Jordan	Ritournelle in Triobesetzung und von Bc.
II. Akt	Beginn: Warnung vor Bedrohung Ammons bei Jephtés Sieg	begleitetes Rezitativ Rezitativ, dann Tambourin, besetzt mit Streichern,
	Ende: Iphise tritt in Begleitung des Volkes Jephté entgegen	kleinen Flöten, Tambourins und Fagotten
III. Akt	Beginn: Jephté erkennt Iphise nicht, er bereut seinen Schwur	Baß-Ritournelle, das räumlich aufgeteilt ist, Rezitativ mit Bc.
	Ende: Jephté schwankt zwischen Gottestreue und väterlichen Gefühlen	Rezitativ mit Bc., dann Marsch mit Trompeten, Pauken, Oboen und Fagotten
IV. Akt	Beginn: Iphise fragt sich, ob der Vater sie verbannt hat	Monolog mit Triobegleitung von Block- und Traversflöten und Violinen
	Ende: Iphise hat Angst vor Ammons Zorn und eilt zum Tempel	Rezitativ mit Bc., Triosatz als instrumentaler Entr'acte, Streicher alternierend mit Streichern, Oboen und Fagotten
V. Akt	Anfang: Jephté ist entschlossen, Iphise zu opfern	von allen Streichern begleiteter Monolog
	Ende: Alle preisen Gott nach der Errettung Iphises	Tuttichor mit Streichern und Flöten

Rameaus Tragédies

Im Vergleich zu Lully begann Rameau seine Karriere als Opernkomponist sehr spät, aber sie nahm dennoch einen mehr als doppelt so langen Zeitraum ein. Als Theoretiker, als Instrumentalkomponist und Organist sowie nicht zuletzt als Komponist von musikalischen Einlagen in

Opéras-comiques hatte sich Rameau einen Namen gemacht, bevor er sich im Alter von 50 Jahren den Gattungen zuwandte, die offenbar von Anfang an sein Ziel waren, die ›Tragédie en musique‹ und andere Gattungen der Académie royale de musique. Er hatte sich mit der Norm der ›Tragédie en musique‹, wie sie von Lully geschaffen worden war, auseinanderzusetzen, und damit mit konkreten Erwartungen des Publikums, die an die Gattung, ihren Stil, aber auch an dessen Geschmack und Urteil gebunden waren. Die vielen Streitschriften, die im Zusammenhang mit Rameaus Opern publiziert wurden, zeugen von den durch seine Neukonzeption der Gattung frustrierten Erwartungen der Anhänger Lullyscher Tragédies. Während mit den ›Opéras-ballets‹, ›Ballets héroïques‹, ›Comédies lyriques‹ u.a. leicht Erfolge zu erzielen waren, besaß die ›Tragédie‹ einen unvergleichlich höheren Stellenwert im Gattungsgefüge und verlangte dem Komponisten weit mehr ab. Ihre klare Abgrenzung von leichteren Gattungen durch Louis de Cahusac ist dafür bezeichnend: »Il n'est donc pas possible de faire du grand Ballet un Spectacle susceptible de l'intérêt théâtral; parce que cet intérêt ne peut se trouver que dans la représentation d'une action suivie«.[1] In der Stilsystematik eines Blainville von 1754 kommt das ebenso zum Ausdruck. Er unterscheidet drei Stilniveaus im Musiktheater, »style pompeux et héroïque, comme genre de musique qui convient aux Tragédies; le style noble et galant, pour les Ballets et Pastorales; et le style familier pour les Cantatilles, Chansons et Vaudevilles«.[2] Die letztgenannte Kategorie ist u.a. auf die Opéra-comique zu beziehen. Die Kriterien, die an eine Tragédie gestellt wurden, waren wesentlich schwieriger zu erfüllen, brachten den Autoren im Fall des Erfolgs ein großes Prestige, während der materielle Erfolg der anderen Stücke sich viel rascher und ohne den großen Aufwand der Tragédie einstellte. Vom Komponisten aus gesehen, lag in den leichteren Gattungen ein stärkerer Akzent auf den unterhaltenden Teilen, den Ariettes, in denen der italienische Einfluß sich am frühesten niederschlug, und den Divertissements, die ausgeführt werden konnten, ohne daß man der Bühnenmaschinerie bedurfte. Das heikelste Problem, die Sprachvertonung in Form des Rezitativs, war darin nicht so virulent, da das Rezitativ nur einen kleinen Raum einnahm.

Schon aus seinem berühmten Brief an Antoine Houdar de La Motte vom 25. Oktober 1727 geht hervor, daß Rameau seit langem geplant hatte, eine Oper zu komponieren, und er genaue Vorstellungen von den Anforderungen an einen Opernkomponisten hatte. Nach der Weigerung Houdar de La Mottes, ihm ein Opernlibretto zu liefern, stand der Entschluß nach den Aufführungen von Pellegrins und Montéclairs *Jephté* im Februar 1732 fest.[3] Schließlich erhielt er von Pellegrin das Libretto für einen durch Euripides und in Frankreich besonders durch Racines *Phèdre* allgemein bekannten, sehr ernsten Stoff. Die Personen des Königs und Phèdres sind durchweg tragisch.

Der Prolog zur »Tragédie mise en musique« *Hippolyte et Aricie*, den Pellegrin dazu benutzte, zum Stoff der Oper hinzuführen, spielt im Wald von Erymanthos. Diane, die von den Waldbewohnern begrüßt wird, bestreitet Amor das Recht, in dem der Keuschheit gewidmeten Wald seine Pfeile abzuschießen. Sie ruft Jupiter zu Hilfe, um den Liebesgott aus ihrem Reich zu vertreiben, aber auch er kann nichts gegen das »Schicksal« anrichten, das Amor die Herrschaft überlassen hat. Jupiter bittet Diane, Amor gewähren zu lassen.

Die Prinzessin Aricie soll sich dem Dienst Dianes weihen, um dem Haß Phèdres, der Frau Thésées, die in Hippolyte verliebt ist, zu entgehen. Als Hippolyte von dem bevorstehenden Gelübde erfährt, gesteht er Aricie seine Liebe. Nun weigert sich Aricie zum Verdruß Phèdres, förmlich auf ihre Liebe zu verzichten. Die Priesterinnen und die herbeigekommene Diane erklären den Schutz für die »Freiheit der Herzen«. Als die beiden Liebenden gemeinsam in den Tempel eintreten, kommt Phèdres Eifersucht offen zum Ausbruch. Arcas verkündet, Thésée sei in die Unterwelt gegangen, um einem Freund zu helfen. Als Œnone Phèdres Liebe zu Hippolyte erkennt, nennt Phèdre als letzten Ausweg aus ihrer Situation den Tod.

In der Unterwelt klagt Thésée darüber, daß Pirithous von Cerberus zerrissen worden sei, und erscheint, geführt von einer Furie, vor Pluto. Die Parzen kündigen Thésée an, wegen seines Versuchs, mit Piritous Proserpine zu entführen, werde er das Schicksal seines Freundes teilen und in ewiger Gefangenschaft leben, aber nicht sterben können und in seinem Haus die Hölle wiederfinden – eine Szene, die Pellegrin im Vorwort seines Librettos damit rechtfertigt, Thésée sei in Racines Tragödie zu gutgläubig gegenüber Phèdre. Thésée ruft seinen Vater Neptun um Hilfe an. Durch die Fürsprache Merkurs bei Pluto kann er wieder die Welt der Unterirdischen verlassen. Von Pluto wird ihm die Hölle auf Erden angekündigt. Deshalb be-

---

[1] L. de Cahusac, *La Dance ancienne et moderne ou traité historique de la danse*, Bd. III, La Haye 1754, S. 46f.

[2] C. H. Blainville, *L'Esprit de l'art musical ou Réflexions sur la musique*, Genf 1754, S. 42f.

[3] *Jephté* hat vermutlich Voltaire zu seinem Libretto *Samson* für Rameau inspiriert, aber das Werk durfte wegen des Einspruchs der Theologen der Sorbonne nicht aufgeführt werden.

schließt Thésée, unerkannt zurückzukehren und erbittet den Schutz der Götter für Hippolyte und Phèdre.

Im Palast des Thésée fleht Phèdre Venus an, die ihr schuldbeladenes Geschlecht ins Verderben stürzte, sie von nun an zu beschirmen. Da das Gerücht von Thésées Tod umgeht, deutet sie in der Annahme, frei zu sein, Hippolyte ihre Liebe an und bietet ihm damit auch die Krone. Als er ihr seine Liebe zu Aricie gesteht, entreißt sie ihm in ihrer Erregung das Schwert und will sich töten. In dem Augenblick, als Hippolyte ihr das Schwert entwinden will, betritt Thésée die Szene. Ohne schuldig zu sein fordert Hippolyte für sich die ewige Verbannung ins Exil. Von Phèdre erhält Thésée dagegen keine Erklärung, jedoch beschuldigt Œnone Hippolyte mit vagen Verdächtigungen. Thésée appeliert an Neptun, seine Schmach zu rächen. Während sich bereits ein Meersturm ankündigt, feiern die Matrosen die Rückkehr des Königs.

Der von seinem Vater verstoßene Hippolyte bittet Aricie in Dianes geweihtem Wald, mit ihm das Schicksal des Exils zu teilen, ohne ihr aber den wirklichen Grund für die Verbannung preiszugeben. Jäger werden Zeuge ihres gemeinsamen Gebets an Diane. Während des Unwetters auf dem Meer stürzt sich ein Ungeheuer auf Hippolyte und entführt ihn in einer Rauchwolke. Von den Jägern herbeigerufen erkennt Phèdre, was sie angerichtet hat und bekennt ihre Schuld. Thésée hat mittlerweile erfahren, daß Hippolyte unschuldig war. Neptun verhindert den Selbstmord des Königs, der sich ins Meer stürzen will und verbietet ihm, seinen Sohn jemals wiederzusehen.

Die beiden Eingangsszenen wurden nach der ersten Aufführung gestrichen, weil sie dem *Mercure de France* zufolge gegen die Einheit des Ortes verstießen. Obwohl Houdar de La Motte bereits in seinem *Premier Discours sur la tragédie à l'occasion des Machabées* (1730) die Entbindung von der Einheit der Zeit gefordert hatte, weil sie unnatürlich und erzwungen sei und der Vernunft nicht entspreche, hielt man in der Kritik an der Beachtung der drei Einheiten fest. La Motte hatte dies damit begründet, die Handlungen von Alceste und von Armide von Quinault und Lully dauerten zweifellos weit länger als vierundzwanzig Stunden, ohne daß dieser Verstoß im geringsten das Interesse beeinträchtige, das man den Personen entgegenbringe. Wesentliche inhaltliche Momente der gestrichenen Eingangsszenen wurden von Rameau dann in Dianes »Récit« integriert. Als die verzweifelte Aricie im Wald erwacht, erscheint ihr Diane und kündigt den Schäfern an, sie habe einen Helden ausgewählt, der ihre Gesetze verbreiten werde. Zephire, die Hippolyte auf Anweisung der Göttin vor dem Ungeheuer errettet hatten, tragen ihn heran. Diane berichtet über den Selbstmord Phèdres vor den Augen Thésées, nachdem sie Hippolytes Unschuld beteuert hatte. Thésée wird nie erfahren, wo Hippolyte sich aufhält. Mit Chören und Tänzen wird das Glück der Liebenden gefeiert.

Bereits im sehr überlegt in das dramatische Geschehen der Handlung integrierten Prolog zeigt Pellegrin die Grundsituation der nachfolgenden Tragödie und rechtfertigt die Lösung des Konflikts. Den Regeln der klassischen französischen Dramatik folgend werden im ersten Akt mit Ausnahme von Thésée alle Personen eingeführt. Als meisterhaft ist die Ankündigung der Parzen im II. Akt anzusehen, Thésée erwarte zu Hause die Hölle. Ideologisch setzt Pellegrin deutliche Akzente mit der Absage an unter Zwang zustande gekommene religiöse Berufungen oder durch die Betonung der »Freiheit der Herzen«, die allerdings der Grundregel der katholischen Kirche von der Heiligkeit der Liebe und Ehe entsprach. Pellegrin gelingt es, die Tragik des Stoffes und eine klare Charakterzeichnung entsprechend seinen großen Vorbildern von Euripides bis Racine mit den Anforderungen der Tragédie en musique zu vereinigen und die Divertissements so einzusetzen, daß sie im Dienst der Handlung stehen. Entgegen dem Titel beherrschen nicht Hippolyte und Aricie das Geschehen, sondern die tragischen Gestalten Phèdre und besonders Thésée, dessen selbstloser Reise in die Welt Plutos, seinem Flehen um das Leben des Freundes und seiner Herausforderung an Pluto der zweite Akt gewidmet ist. Im dritten Akt ist er bei den anläßlich seiner Rückkehr veranstalteten Festlichkeiten gezwungen, seine Reaktion auf die scheinbare Verletzung der Ehre seiner Gattin durch ihren Stiefsohn zu unterdrücken. Erst danach kommt seine ganze Empörung und Wut in der »Invocation à Neptune« und in dem »Frémissement des flots« (III/9) zum Ausdruck, in dem er Neptun bittet, seine Demütigung zu rächen. Sein Wunsch, seinem Leben ein Ende zu setzen, nachdem er von Hippolytes Unschuld erfahren hat, macht Thésée zum beherrschenden tragischen Charakter der Handlung. Dagegen hält Phèdre dem Vergleich mit Racines Titelfigur nicht stand. Während das Geständnis ihrer Schuld angesichts des für sie glaubwürdigen To-

18 »Nous avons été obligés de le changer [das Trio des Parques] pour le Théâtre, l'ayant toujours laissé dans l'impression tel que nous l'avons d'abord imaginé, pour que les Curieux puissent en juger« (J. Ph. Rameau, *Génération harmonique*, Paris 1737, S. 155).

des Hippolytes durchaus Racines würdig wäre, verzichtete Pellegrin darauf, die Eifersucht wie in *Phèdre* ins Blickfeld zu rücken.

Musikalisch setzt Rameau bereits mit der Ouvertüre neue Akzente, die zwar noch die Lullysche Form ausweist, deren »lentement« aber im Eingangschor des Prologs aufgegriffen wird. Im ersten Akt stören Phèdre mit ihrer kurzen Arie und der von Pauken und Trompeten begleitete Rachechor die religiöse Feierlichkeit der Tempelszene. Der Botenbericht über den Tod Thésées erreicht in Phèdres kommentierendem Ausruf »O dieu« mit dem Mollakkord mit großer Sept seinen Höhepunkt. Der III. Akt kommt mit seinen fünf aufeinander folgenden Rezitativ-Szenen (2–6) Lullys Tragédie am nächsten. Im Duett zwischen Thésée und Tisiphone zeichnet Rameau sowohl die unterschiedlichen Charaktere als auch ihre gegensätzlichen Absichten in der Musik nach. In das zweite instrumentale Dämonen-Air komponierte er einen musikalisch eigenständigen Chor hinein und bedient sich damit des gleichen Verfahrens wie Bach bei der Parodie der Ouvertüre seiner vierten Orchestersuite im Einleitungschor der Kantate 110. Das erste Terzett der Parzen, »*Du destin le pouvoir suprême*« (II/4), ist eine Art Choralsatz, der dem berühmten »Trio des parques« aus Lullys *Isis* (IV/7, »Le fil de la vie«) ähnelt, worin in würdevoller Schlichtheit das verhängnisvoll Schicksalhafte angekündigt wird. Ihr zweites Terzett, »*Quelle soudaine horreur*«, ist berüchtigt wegen seiner extremen Schwierigkeit für die Sänger und der Enharmonik des Mittelteils, die dazu führten, daß es auf der Bühne im 18. Jahrhundert nie erklang.[1]

In der einzigen großen Szene Phèdres zu Beginn des III. Akts (»*Cruelle mère des amours*«) wird nicht nur ihre seelische Qual, sondern der physische Schmerz in Rameaus Vertonung spürbar. Der lange Chor »*Que ce rivage retentisse*« des Empfangsdivertissements für Thésée gilt als der beste kontrapunktische Chor Rameaus überhaupt. Der IV. Akt beginnt mit Hippolytes Arie voller Kümmernis, »*Ah, faut-il un jour perdre tout ce que j'aime*«, dem das Duett Aricies und Hippolytes folgt, in dem sich bereits das Jagddivertissement durch die einfallenden Hornrufe ankündigt. Mit dem abrupten Tonartenwechsel von D- nach B-Dur unterstreicht Rameau die sich überstürzenden Ereignisse, die Entführung Hippolytes und später den tragischen Dialog zwischen Chor und Phèdre.

Trotz allen Leids, das auch den Beginn des letzten Akts noch kennzeichnet, beschließt Rameau die Oper mit heiterer, dabei sehr anspruchsvoller Musik, deren letzte Höhepunkte der von rhythmischer Extravaganz geprägte Marsch, die Chaconne und die sehr populär gewordene Arie »*Rossignol amoureux*« darstellen. Über die Lullysche Tradition weit hinausgehend überträgt Rameau den Instrumentalsätzen (darunter 28 gebundene und ungebundene Tanzsätze, die deskriptiven »Symphonies« des Donners in I/4, und des aufgewühlten Meeres und der Winde in IV/3 etc.) eine dramatische Rolle bei der Darstellung der Handlung, der psychologischen Situationen und der affektiven Höhepunkte, die vom Publikum als unerhört neu empfunden und bei den Verteidigern der französischen Oper während des Buffonistenstreites als eine besondere Errungenschaft der Tragédie lyrique hervorgehoben wurde. Enthusiastisch beschreibt Le Texier de Forge die Ausdrucksvielfalt französischer Instrumentalsätze in der Oper:

»Quand je demande [von den Anhängern der italienischen Musik] des symphonies qui égalent le bruit d'armes de Dardanus, et de Castor et Pollux, la descente des dieux, et la tempête d'Hippolyte et Aricie, l'ouverture et le souffle ou l'impulsion de l'esprit qui anime une statue dans Pigmalion, l'ouverture et la destruction du palais dans Zaïs, le frémissement des feuilles de la forêt de Dodone dans Issé, le soulèvement des eaux du fleuve et l'empire de la musique sur les hommes dans Les Talents lyriques, la fougue, la fureur et le délire des Bacchantes dans Enée et Lavinie [...], symphonies où l'objet est si bien peint, si fortement, si hardiment rendu; quand dis-je, je demande des symphonies italiennes égales à celles ci-dessus, ou l'on garde le silence: c'est le mieux; ou l'on soutient qu'il en a, et l'on en impose.«[1]

Mit seiner ersten Oper *Hippolyte et Aricie*, die 32 Aufführungen erreichte, löste Rameau einen lange andauernden Streit und eine Spaltung der Publikums in zwei Lager aus, die bis in die Zeit nach dem Buffonistenstreit fortdauerten. Die einen sahen in ihm den Erneuerer der Tragédie en musique und der Tonsprache, die anderen unterstellten ihm den Bruch mit der Tradition und ihren ästhetischen Grundsätzen. Die entscheidende Neuerung bestand darin, daß der Schwerpunkt der Sprachvertonung vom Rezitativ in die geschlossenen musikalischen Nummern verlegt wurde. Die Kritik an Rameau von Seiten der Lullysten ist wie in einem Brennspiegel in folgendem Epigramm zusammengefaßt, das vermutlich in Zusammenhang mit *Castor et Pollux* entstand:

»Contre la moderne Musique,
Voici ce que dit la Critique.
Si le difficile est beau,
C'est un grand homme que Rameau;
Mais si le beau par aventure
N'estoit que la simple nature,
Dont l'art doit être le tableau;
C'est un sot homme que Rameau.
Enfin Rameau s'est fait connoître
Et dans son dernier Opéra,
Il vient de faire un coup de maître,
Que n'eût jamais tenté Campra,
C'est plus qu'il n'osoit se promettre,
Quoiqu'il soit tant soit peu gascon;
Car il a trouvé l'art de mettre
Tous les sifflets à l'unisson.«[2]

Rameau galt als Revolutionär, dessen Musik als originell und als dramatisch anerkannt wurde, die aber in den Augen der Traditionalisten zu gelehrt, zu virtuos war und damit dem Gebot der »simplicité« widersprach.[3] So bemerkte der *Mercure de France* bereits im Oktober 1733:

»[Rameau] vient de faire voir par son coup d'essai, dans ce genre de Musique, qu'il peut égaler les plus grands maîtres« und fügt hinzu: »[...] le musicien a forcé les plus sévères critiques à convenir que dans son premier ouvrage lyrique, il a donné une musique mâle et harmonieuse; d'un caractère neuf; nous voudrions en pouvoir donner un extrait [...] et faire sentir ce qu'elle a de savant pour l'expression dans les airs caracterisés, les tableaux, les intentions heureuses et soutenues, comme le chœur et la chasse du 4ᵉ acte; l'entrée des Amours au prologue; le chœur et la simphonie du tonnerre [...].«[4]

Die lange Aufzählung bedeutender musikalischer Szenen bzw. Nummern beweist, wie sehr diese Oper als musikalisches, hingegen weit weniger als dramatisch-theatralisches Ereignis verstanden wurde. In einer weiteren Besprechung wird sogar ein Beispiel abgedruckt, das in der Tradition der durch eine populäre Verbreitung herausgehobenen Stücken der Tragédie stand, die parodierte Gavotte »Dieu d'amour« (I/3), in der sogar die Ritornelleinwürfe der Instrumente parodiert (textiert) waren und gesungen wurden. Insgesamt hatte aber Rameau die alte Gattung mit einer Musik voller neuartiger Expressivität ausgefüllt, die auf den erheblichen Widerstand der Lullysten stieß. Mit den Stichworten »géomètre« (damit suchte man den Theoretiker und Gelehrten Rameau zu treffen), Chromatik (der italienische Einfluß) und Instrumentalmusik (fehlende dramatische Musik, damit war das Rezitativ gemeint), die in

---

[1] Le Texier de Forge, *Idées sur l'opéra*, s.l. s.d, S. 11f.

[2] Anonymes Gedicht, F-Pn Ms fr. 12643, S. 157.

[3] Zu den ästhetischen Auseinandersetzungen zwischen Lullysten und Ramisten, vgl. R. Klingsporn, *J.-Ph. Rameaus Opern im ästhetischen Diskurs ihrer Zeit*, Stuttgart 1996.

[4] *Mercure de France*, Oktober 1733, S. 2248f.

einer »*Lettre de M.*** à Mlle ****« in der Mainummer des *Mercure der France* 1734 standen, qualifizierte man Rameau ab, ohne seinen Namen zu nennen. Die Kritik richtete sich darüber hinaus gegen die fehlende Einfachheit und natürliche Eleganz, außerdem warf man ihm fehlenden »goût« vor. Aus den Bemerkungen der Brüder Parfaicts zu *Hippolyte et Aricie* geht hervor, daß sie Rameaus Tragédie nicht mehr als die gleiche Gattung wie jene Lullys ansahen:

»Nous voici arrivés au premier ouvrage lyrique d'un musicien, qui méprisant, ou peut être ne pouvant s'assujettir à composer dans le goût de ceux qui l'ont précédé, a voulu nous faire voir que la science profonde peut, dans cet art, suppléer au génie, et aux talens naturels, et attirer même des admirateurs, et des partisans: Et prenant une route nouvelle, qui luy est particuliere, il entreprit d'être dans son genre, ce que Lully est dans le sein.«[1]

Man warf also Rameau Gelehrsamkeit vor, die er anstelle des Genies setze und die unvereinbar mit dem Ideal der klassischen Kategorie der »simple et belle nature« sei. Rameaus Opern wurden nicht als dramatische, sondern ausschließlich als musikalische Ereignisse angesehen – ein schwerwiegender Vorwurf, der auf der Behauptung gründete, er habe aufgrund der Vernachlässigung des Rezitativs die musikalische Unterhaltung über die dramatische Gestaltung gestellt und damit die natürliche Ordnung der Tragédie umgestoßen.

Obgleich *Hippolyte et Aricie* zu den besten Opern Rameaus gehört, hatte sie zu seinen Lebzeiten trotz mehrerer Wiederaufnahmen in Paris nicht den Erfolg, der ihr von dem Gewicht der Komposition her zukommt. Das Werk wurde bereits nach den ersten Aufführungen durch unmotivierte Striche gekürzt, bei denen es Rameau auch später beließ, obwohl dadurch einige Elemente der Handlung unverständlich geworden waren. Die relativ geringe Zahl nur zweier dramatischer Parodien beweist, daß die Oper nicht wirklich populär war. Charakteristisch ist übrigens für Rameau, daß er seine dramatischen Werke auch nach ihrer Drucklegung einem permanenten Revisionsprozeß unterzog. Anläßlich der Wiederaufnahmen 1742 und 1757 griff er erheblich in die musikalische Gestalt ein und komponierte eine Reihe neuer Sätze.

Das Libretto von Rameaus zweiter Tragédie *Castor et Pollux* (1737) stammt von Pierre-Joseph Bernard, genannt Gentil-Bernard. Das Thema der Tragédie ist für ihre Entstehungszeit sehr ungewöhnlich, da es weder um die leidenschaftliche Liebe noch um Rache, Eifersucht oder Ehrgeiz ging, sondern um die Liebe unter Brüdern. In der zweiten Version von 1754 – übrigens die einzige Oper Rameaus, die in Deutschland weitgehend unverändert, im August 1771 in Kassel aufgeführt wurde[2] – wird dieses Thema sogar noch stärker akzentuiert. Phébé bildet unter den menschlichen Wesen mit ihrem Wutmonolog den einzigen echten Kontrast zu dem Brüderpaar. Nur kurze Zeit nach dem großmütigen Türken in *Les Indes galantes* bringen Gentil-Bernard und Rameau mit der Idealisierung der Bruderliebe bzw. Freundschaft (»Présent des Dieux, doux charme des humains,/O divine amitié! viens pénétrer nos âmes:/ Les cœurs, éclairés de tes flammes,/Avec des plaisirs purs, n'ont que des jours sereins« singt Castor in der Version von 1754) erneut ein aufklärerisches Ideal auf die Bühne. Der Wettbewerb um die größte Edelmut im IV. Akt zwischen den beiden Brüdern, in der Unterwelt ausgetragen und leider in der Fassung von 1754 gekürzt, ist durch eine empfindsame und moralisierende Haltung gekennzeichnet. Dieser ethische Grundgedanke des Librettos, der aus der Sympathie Rameaus für das Freimaurertum zu erklären ist, ist neben den hervorragenden musikalischen Qualitäten der Oper für ihren anhaltenden Erfolg im 18. Jahrhundert verantwortlich.

Aufgrund seiner Szenenkonstellationen (Begräbnis-, Kampfszenen, Auftritt der himmlischen Vergnügungen) und gemeinsamer Spielorte (Hölle und Elysische Gefilde) ist *Castor et Pollux* der *Alceste* Lullys vergleichbar. Es kommt die Vision des Sitzes der Seligen in einem Sternenballett hinzu. Rameau legte sich in der ersten Version vom Instrumentarium her größte Sparsamkeit auf – es fehlen Trompeten und Pauken, die bei der Musik für die Krieger durchaus angemessen wären – aber die Musik füllt alle Situationen der Erregung, des Schreckens, der Wut, die Momente des Erotischen, des Brüderlichen, des jenseitigen Glücks himmlischer und elysischer Wesen in vollkommener Weise aus. Rameaus Stil ist zugleich emotional angespannt und monumental, die Anlage des gesamten Werkes sowie der einzelnen Szenen motivisch-thematisch, tonal, in der Formenvielfalt und von der Besetzung her außerordentlich durchdacht. Im III. und IV. Akt sind der Kampf gegen die Dämonen bzw. das Divertissement der glücklichen Schatten zu Tableau-artigen Szenen ausgeweitet, die jeweils die Hälfte des Akts einnehmen.

---

[1] *Histoire de l'Académie royale de musique*, F-Po Rés 536, S. 265f.

[2] Vgl. H. Schneider, *Die deutsch-französischen Musikbeziehungen im Zeitalter Rameaus und die Aufführung seines »Castor und Pollux« in Kassel (1771)*, in: Arolser Beiträge zur Musikforschung 4, hg. v. F. Brusniak und A. Clostermann, Köln 1996, S. 39–59.

Die Überlegungen, die Ouvertüre in das musikalisch-dramatische Geschehen der Oper einzubeziehen, die in der Ouvertüre zu *Zoroastre* (1749) einen ersten Höhepunkt erreichen, da sie hier an die Stelle des Prologs tritt, hat Rameau in *Castor et Pollux* fortgesetzt. Den Beginn der Ouvertüre ist hier erstmals im letzten Akt, in der »*Entrée des Astres*« wieder aufgegriffen. Die Klage des von Pausen unterbrochenen Chores zu Beginn des I. Akts, der zur Trauerzeremonie für Castor gesungen wird, wird durch ein Fugato mit fünffach wiederholtem Passus duriusculus eingeleitet. Die Tonart f-Moll, die Besetzung mit Fagotten und die tiefe Lage der Ritornelle tragen zur ungewöhnlichen Ausdrucksintensität dieser Chorszene bei.

Télaïres besingt in ihrem berühmten Es-Dur-Monolog »*Tristes apprêts*«, dessen Mittelteil ein Gebet ist, den Tod ihres Geliebten Castor, ein Beispiel, auf das Estèves Charakterisierung des Monologs in der französischen Oper besonders zutrifft: »C'est ici la partie la plus brillante de l'opéra français, et où on donne l'essor aux sentiments les plus vifs et aux passions les plus impétueuses.«[1] Anders als der erwähnte Chor »verweigert sich [Télaïre] der Situation, und zwar sowohl der Klage als auch der geforderten Befriedigung durch Rache. Von der Trauer als Charakter ausgelöscht, verfällt sie in vollkommen antrieblose Melancholie.«[2] Die Musik mit ihrer Statik, mit ihren phrygischen Kadenzen, mit dem Wechsel zwischen solistischem Stimmeneinsatz und Orchester, mit der ostinaten Fagottstimme und ihrer Chromatik, die Rameau auch theoretisch erörtert, bildet einen vollkommenen Gegensatz zur offiziellen Trauer des Eingangschors.

Der Oper liegt nicht nur ein ausgeklügelter Tonartenplan zugrunde, sondern einzelne Tonarten werden dramatisch wirkungsvoll und entsprechend ihrer Tonartenästhetik eingesetzt. Dies trifft z.B. für das zweite Stück in Es-Dur zu: Im Duett »*Le ciel est donc touché*« (V/1), in dem Castor Télaïre auf den ewigen Abschied vorbereiten muß, räumt Rameau den Kadenzen in Molltonarten einen besonderen Platz ein. Auch anderen Tonarten wie dem d-Moll, das allein Pollux vorbehalten ist, dem B-Dur, das der Welt der Priester »geweiht« ist, oder dem mehrfach verwendeten A-Dur sind besondere Ausdrucksbereiche zugewiesen. Die abwärtsgerichteten Themen, im III. Akt topisch eingesetzt, sind auch bei Phébé zu beobachten, eine in der Fassung von 1737 besonders beklagenswerte Gestalt, deren trauriges Ende dadurch schon früh musikalisch angekündigt wird. In ihrer Arie »*Soulevons tous les Dieux*« mit den hochfahrenden, erregten melodischen Figuren, kombiniert mit dem Furientopos, wird sie allerdings als Person gezeigt, die sich nicht ihrem Schicksal ergeben will. Meisterhaft sind auch einige der Ensembles in *Castor et Pollux*, von denen das Terzett zwischen Télaïre, Phébé und Pollux (III/4) hervorgehoben sei, in dem die Personen mit ihren Emotionen musikalisch eigenständig charakterisiert und zugleich auf verschiedene Weise in Beziehung zueinander gesetzt sind. Die Vielfalt der Tanzsätze schließlich und ihre reichhaltige, oft überraschend unregelmäßige formale Gestalt stellen an den Choreographen und die Tänzer höchste Anforderungen. Als besonders exponierte Beispiele seien der »*Premier air des Démons*« (IV/3) genannt, in dem Rameau mit großen Gesten den Tonraum mit Dreiklangsbrechungen von mehr als drei Oktaven vom Baß bis in den »Dessus« durchschreitet oder den Dessus in Sprüngen allein über mehr als zwei Oktaven die Lage wechseln läßt, oder, als extremen Gegensatz dazu, der »*Air pour les ombres*« und die »*Loure un peu gaie*« in IV/2, mit ihrem graziösen, rhythmisch äußerst differenzierten melodischen Verlauf und ihrer freien Kontrapunktik. Johann Friedrich Reichardt druckte in seinem *Musikalischen Kunstmagazin* mehrere Tänze und das »*Air tendre*« (als Cavatine bezeichnet) ab[3] und kommentierte die Stücke. Von dem »*Air pour les athlètes*« (bei ihm »Marche«) meinte er:

>»Ich kenne fast nichts pathetischeres fürs Theater als diesen Marsch, wenn ich mir ihn von einem großen kräftigen Orchester, wie das Pariser es seyn soll, fast durchaus im Unisonus gespielt, denke. Sein stolzer Gang durch fast lauter Akordnoten, in fast lauter großen Tacktschritten erhebt mich so oft ich ihn denke oder spiele, selbst das Ruhen auf dem letzten Tackte, das sonst so anstößig ist, trägt hier zum Ausdruck des Stolzes bey.«[4]

Als Vokalstück wählte Reichardt das fast ausschließlich syllabisch deklamierende Air »*Quelle foible victoire*« für seine Anthologie aus und bezeichnete es als »Muster de Deklamation«, das »zugleich einen so lieben ausdrucksvollen Gesang hat, und von sehr bedeutender kräftiger Harmonie unterstützt wird.«[5] Seine eingehende Analyse zeichnet zunächst den die Semantik der Verse nachvollziehenden melodischen Verlauf der Singstimme nach und geht dann auf »den langsamen Trauerschritt« der Bewegung und den Einsatz besonders der Molltonarten ein.

---

[1] P. Estève, *L'Esprit des Beaux-Arts ou Histoire raisonnée du goût*, Bd. II, Paris 1753, S. 30.
[2] R. Klingsporn, *J.-Ph. Rameaus Opern im ästhetischen Diskus ihrer Zeit*, S. 273.
[3] *Musikalisches Kunstmagazin* (1782), Reprint Hildesheim 1969, Bd. I, S. 141ff. und Bd. II, S. 74.
[4] Ebd. Bd. I, S. 144.
[5] Ebd., Bd. II, S. 96.

Rameau stellte in seinen Bühnenwerken sowohl stofflich als auch musikalisch an sein Publikum sehr hohe Anforderungen. Dies hatte zur Folge, daß die Werke meist zunächst nur mäßigen Erfolg hatten (in der ersten Serie kam es nur zu 21 Aufführungen von *Castor et Pollux*), bevor sie sich im Spielplan etablieren konnten. Die Reaktion auf die Oper war 1737 gespalten. In einer Zeit der schärfsten Angriffe auf Rameau von Seiten der Lullystes befand einer der ferventesten Anhänger Rameaus, Simon-Henri Dubuisson, die Musik mit Ausnahme des III. Akts als Selbstverleugnung des Komponisten:

»Rameau s'y est abandonné à tout son génie, et il en a fait le chef-d'œuvre des chefs-d'œuvre de musique. Dans les autres actes il semble avoir voulu entrer en composition avec les amateurs de la musique simple, mais il l'a fait sans copier personne, plus facile à imiter seulement sans être plus imitateur. Il est pourtant vrai que, en mon particulier, j'aurais souhaité qu'il eût été moins complaisant.«[1]

Rameau war also gegenüber der vorausgegangenen Tragédie *Hippolyte et Aricie* bemüht, einen Ausgleich zwischen musikalischen und »dramatischen« Anforderungen im Sinne der Lullysten zu finden. Auch Voltaire schwankte in seinem Brief vom 6. Dezember 1737 zwischen Bewunderung und Zweifel an dem neuen Werk:

»Je trouve dans Castor et Pollux des traits charmants...Il y manque le molle et amœnum, et même il y manque l'intérêt. Mais après tout je vous avoue que j'aimerois mieux avoir fait une demi douzaine de petits morceaux que sont épars dans cette pièce qu'un de ces opéra insipides et uniformes. Je trouve encor que les vers n'en sont pas toujours bien liriques, et je crois que le récitatif a du beaucoup coûter à notre grand Rameau«.

Rameau wurde eher als Musiker geschätzt, während man Lully weiterhin als Meister der Textvertonung und der dramatischen Deklamation verehrte. Die Marquise de Châtelet lobt in einem Brief an Nicolas-Claude Thierot die Errungenschaften Rameaus, beklagte aber zugleich den Verlust des Rezitativs im Sinne Lullys:

»N'ayant plus à l'opéra la voix de Mlle le Maire pour chanter le récitatif de Lully je n'y regrette que la musique de Rameau qui me plairoit infiniment s'il vouloit s'attacher à dialoguer ses scènes, car puisqu'il y en a personne ne peut disconvenir qu'il seroit à souhaiter qu'il fut bien déclamé. C'est de plus le goust de la nation et je ne le trouve point déraisonnable. On peut accorder la pompe et la force de la musique, le fracas de l'orquestre, la plénitude des accompagnements avec le pathétique de la déclamation. Que nos scènes soient touchantes, nos accompagnements savans, nos fêtes pompeuses et galantes, j'en seray ravie, mais pourquoy nous ôter un plaisir.«[2]

Man machte Rameau daher oftmals auch den Vorwurf, seine Opern seien Konzerte. Die angebliche Dominanz der musikalischen Szenen wird immer wieder mit seinen musiktheoretischen Interessen in Verbindung gebracht. So bemerkt Rémond de Saint Mard:

»L'harmonie comme subordonnée, comme destinée à soutenir la mélodie: comme faite pour l'accompagner avec beaucoup de modestie; toute l'antiquité l'a cru ainsi, et nous avons tous été élevez à le croire. Point du tout à l'Opéra, et sur-tout depuis quelque tems, on diroit que le but de l'harmonie, est d'étouffer et d'anéantir la mélodie...il n'est plus question de ces chants délicieux qui agissoient autrefois si puissamment sur l'ame, qu'ils troubloient et alloient même jusqu'à suspendre quelquefois ses facultez. L'honneur de ces grands renversemens de l'ame, appartient aujourd'hui aux dissonances: il faut à notre goût usé, des fugues, des tenuës, du contrepoint, une foule prodigieuse d'accords , et l'on est venu au point de satiété que les moins naturels sont devenus les plus agréables.«[3]

Indem Rameau die Musik nach Prinzipien ordnete, die von der Natur vorgegeben waren und damit Bereiche des Wissens und der modernen Naturwissenschaft beim Komponieren mit einbezog, verstieß er nach Auffassung seiner Widersacher gegen das Gebot des einfachen Vergnügens. Obwohl Rameau z.B. in der ersten Fassung von *Castor et Pollux* das Rezitativ als den Bereich, in dem sich der dramatische Komponist vor allen zu bewähren hatte, keineswegs vernachlässigt hatte, verstummte die Kritik in diesem Sinn nicht.

Voltaire weist besonders auf die Schwierigkeit bei der Vertonung des Rezitativs hin. In seinem *Castor et Pollux* von 1737 hatte Rameau aber dem Rezitativ im Vergleich zu *Hippolyte et Aricie* rein quantitativ sowie dadurch einen höheren Stellenwert gegeben, daß ihm dramatisch die Höhepunkte, der Streit Phébés und Télaïres um Freundschaft und Ruhm (I/2), die Darstellung des Zwiespalts von Pollux (I/5), die Gegenüberstellung mit Télaïre (II/2), seine Begegnung mit Jupiter (II/4), die letzte Konfrontation mit Phébé (III/2 und 3), seine Vereinigung mit Castor (IV/4), Castors Rückkehr zu Télaïre (V/3) sowie Jupiters göttliche Intervention (V/3) anvertraut worden waren. Trotz dieser Neuorientierung Rameaus wurden die rein musikalischen Szenen immer noch als zu eigenständig und gewichtig angesehen.

---

[1] *Mémoires secrets du XVIIIe siècle. Lettres du commissaire Dubuisson au marquis de Caumont 1735–1741*, hg. v. A. Rouxel, Paris 1882, S. 390.

[2] Zit. nach Ch. W. Dill, *The reception of Rameau's »Castor et Pollux« in 1737 and 1754*, Ph.D. Princeton Univ. 1989, S. 69.

[3] Saint-Mard, *Réflexions sur l'opéra*, S. 44ff.

Der zweiten Fassung des *Castor et Pollux* war der Erfolg der Buffonisten in der Opéra und der durch die zahlreichen Kampfschriften für und wider die Buffoni ausgelöste »Querelle des Bouffons« vorausgegangen. Innerhalb dieses gattungsmäßigen Kontexts erscheint *Castor et Pollux* im Jahre 1754 als zentraler Orientierungspunkt im französischen ernsten Repertoire, das sich trotz aller finanzieller Schwierigkeiten gegen die überaus erfolgreichen Italiener durchsetzen konnte:

»Vous eussiez vû les Bouffonistes confondus quitter le Coin de la Reine, abandonner ce poste important, s'égarer, se perdre dans la foule, se précipiter à la porte pour se sauver, comme de malheureux assiégés, dont la Ville vient d'être prise d'assaut. Je vous avoue, Monsieur, que ce spectacle me toucha.«[1]

Die Kritiker beschäftigten sich 1737 weniger mit der Neuartigkeit des Stoffes als mit dem Gleichgewicht zwischen Dichtung und Musik, das man in *Hippolyte et Aricie* zugunsten der Musik gestört sah. In »Le Pour et contre« wird Phébé als für das dramatische Geschehen wertlose Person dargestellt, die es zu korrigieren gelte:

»En stile d'Opera, pour deux heros il falloit deux Amantes: la difficulté n'étoit donc qu'à justifier l'amour de Phebé par quelques supposition, et la rendre du moins aussi nécessaire au dénouement que Telaire, qui ne l'est pas trop elle-même. J'aurois fait de Phebé, la fille de Pluton; j'aurois supposé les deux Princesses liées aux deux Feres, par quelque promesse de leurs Parens...Pollux, dans le fond amoureux de Telaire, se seroit fait violence par politique et par amitié, jusqu'à la mort de son Frere, qui lui auroit donné la liberté de faire éclater les vrais sentimens de son cœur. En paroissant infidelle, il auroit fait connoître qu'il n'étoit pas inconstant. Phebé loin de vivre en si bonne intelligence avec Telaire, l'auroit traitée ouvertement comme une Rivale aimée.«[2]

Die Besprechung gipfelt in der Feststellung, ein zweiter Liebhaber hätte dem Stoff mehr Kraft verliehen. Damit wäre aber der von Voltaires nie aufgeführtem *Samson* beeinflußte didaktisch-aufklärerische Sinn der Fassung von 1737 zugunsten der üblichen Liebeskonflikte aufgegeben worden.

Der I. Akt der Fassung von 1754 ist ganz neu. Während der Hochzeitsvorbereitungen für Télaïre und Pollux zeigt sich Phébé voller Eifersucht und möchte sich an Castor rächen, der sie verlassen hat. In der 2. Szene gesteht sich Télaïre ein, sie werde zwar Pollux heiraten, liebe aber eigentlich Castor. Dieser kommt, um von ihr Abschied zu nehmen, aber sie will ihn zum Bleiben bewegen. Pollux, der beide belauscht hat, entsagt seiner Liebe zu Télaïre zugunsten seines Bruders und gibt sie damit für Castor frei. Das für Pollux und Télaïre bestimmte Fest wird unterbrochen, da Lyncée mit Soldaten den Palast angegriffen hat. Im Kampf wird Castor von Lyncée getötet. In der ersten Fassung findet das die Handlung auslösende Geschehen bereits vor Beginn des I. Akts statt, und es fehlt unter den Charakteren ein wirklicher Bösewicht. Phébé erhält erst im III. Akt diese Rolle, indem sie die Dämonen anruft, damit sie Pollux am Eindringen in die Unterwelt hindern. Mit der klassischen Tragödie hat das Werk den inneren Zwiespalt der Hauptperson, hier des Pollux gemeinsam, der im I. Akt zwischen Freundschaft und Ruhm zu wählen hat, zwischen der Solidarität mit seinem Bruder oder der Herrschaft durch die Hochzeit mit Télaïre. Pollux wird in der 5. Szene des II. Akts durch die Ingenien der himmlischen Freuden versucht, seinen Entschluß, Castor aus der Unterwelt zu erlösen, aufzugeben. Zu Beginn der III. Akts stellt die durch Phébé inszenierte Konfrontation eine weitere Probe auf die Ernsthaftigkeit der Absichten des Pollux dar. Außerdem bietet sie die Gelegenheit zu einem Divertissement mit Beteiligung der Dämonen der Unterwelt. Zum letzten Mal überwindet er seine Liebe zu Télaïre zugunsten seiner Bruderliebe im V. Akt, so daß in der Kritik des *Mercure de France* festgestellt werden konnte: »Il a triomphé de son amour, pour se livrer tout entier à l'amitié qui l'unit à Castor«.

Die Änderungen der 1754er Fassung gehen tatsächlich in die in der zitierten Kritik angedeutete Richtung. Der Gegensatz zwischen dem idealen Bruderpaar und den so gegensätzlichen Schwestern ist ein dramaturgisch wichtiges Element der neuen Fassung. Mit diesen entscheidenden Änderungen, die Eifersucht, leidenschaftliche Liebe und kriegerische Auseinandersetzungen innerhalb der Handlung einbeziehen, hat Rameau die Kritik an seinem ersten *Castor et Pollux* im Jahre 1754 umgesetzt und damit zugleich Elemente der Originalität des ursprünglichen Werkes preisgegeben. Auch die dramatisch-musikalische Konstruktion hat sich entscheidend verändert. Für die Tragédie waren die eher statisch-selbstreflexiven, oftmals zu Aktbeginn plazierten Monologe und die Rezitativ-Szenen, die für die Kritik mit dem Begriff »action« umschrieben und in denen zwei oder mehr Personen konfrontiert sind, von

---

[1] Elie-Cathérine Fréron, zitiert nach Charles Malherbes, *Rameau*, OC, 8, i.
[2] Le Pour et contre 13 (1737).

zentralem Interesse. Während die 1737er Fassung mit einem emotionsgeladenen Tableau begonnen hatte, griff Rameau 1754 zu Beginn des I. Akts auf das traditionelle Gespräch einer Hauptperson mit ihrer Vertrauten zurück. Die folgenden drei Szenen bestehen aus einem Wechsel von Monologen und Rezitativszenen, und die Feierlichkeit des Aktschlusses ist die logische Konsequenz der vorausgegangenen Vorgänge. Sie wird durch den Beginn der Schlacht unterbrochen und die weiteren Handlungen durch die Chorverse »*Pollux, vengez-vous*« angekündigt.

Nach Marmontel ist *Castor et Pollux* das einzige Libretto, das jenen Quinaults ebenbürtig ist, eine Meinung, die in den Presseberichten während der Reprisen bestätigt wird. Zwischen 1737 und 1785 erlebte die Oper die für damalige Verhältnisse ungewöhnliche Zahl von 254 Aufführungen. In den Jahren 1772–1773, bevor Gluck nach Paris kam, wurde sie mehr als 50mal und sogar noch häufig in den Jahren 1778–1780, 1782 und 1784 gegeben. Seit der Aufführung der zweiten Version im Jahre 1754 wurde *Castor et Pollux* als Rameaus Meisterwerk angesehen. In Glucks *Orfeo* hat *Castor und Pollux* in zweifacher Hinsicht Spuren hinterlassen: durch den ungewöhnlichen Beginn am Grab Eurydikes sowie durch den Angriff Orfeos auf die Wächter der Unterwelt im II. Akt. Schon Johann Friedrich Reichardt sah neben Händel in Rameaus Kunst das Vorbild, an das Gluck mit seinen Reformopern anknüpfen konnte:

»Es ist gar nicht zu verwundern wenn Händels und Rameau's Werke zu einer Zeit, da in Italien schon große Mißbräuche die Kunst zu entstellen anfingen, so auf Gluck wirkten, daß er die Bahn, die er bis zu ihrer Bekanntschaft gewandelt war, schnell verließ und sich aus den Gefühlen und Reminiszenzen, die die Werke dieser beyden Meister in ihm zurückließen, einen Styl bildete der fürs Theatralische so hoch wirkend geworden ist.«[1]

Mit *Zoroastre* (1749), Libretto von Cahusac, betrat Rameau wiederum Neuland in mehrfacher Hinsicht. Wie er in seiner Partitur mitteilt, ersetzt die Ouvertüre den bis dahin üblichen Prolog. Ihr erster Teil »vif« im 2-Metrum malt nach seinen Worten ein pathetisches »Tableau« der barbarischen Macht Abramanes und der Klagen des von ihm unterdrückten Volkes. Im zweiten Teil, »Gracieux sans lenteur« im 3-Metrum, kehrt Ruhe und damit Hoffnung ein. Im »vite« (2/4) bezeichneten letzten Abschnitt zeichnet Rameau das lebendige und »lachende« Bild der wohltätigen Macht Zoroastres und des Glückes durch ihn von der Unterdrückung befreiten Völker. Damit ist der Inhalt der Tragédie, der Kampf zwischen Licht und Dunkelheit, zwischen guten und bösen Mächten, vorgezeichnet, eine Thematik, die zweifellos von den freimaurerischen Vorstellungen des Librettisten Cahusac beeinflußt war. Jean-Louis de Cahusac wurde 1742 Sekretär des Comte de Clermont, des Großmeister der Großloge Frankreichs, und danach eines weiteren Freimaurers, des Staatsministers Comte de Saint-Florentin. Obwohl kein Dokument seine Mitgliedschaft in einer Loge dokumentiert, lassen seine Libretti *Zoroastre* und *Les Boréades* und die darin verwendeten freimaurerischen Symbole seine Zugehörigkeit zur Freimaurerloge plausibel erscheinen. Mit *Zoroastre* schufen Cahusac und Rameau ein weiteres Werk des aufklärerischen Musiktheaters, das die Tugend und das Wohl der Menschen in den Mittelpunkt stellt, wie schon Joseph de La Porte in seinem Bericht über das Werk bemerkt: »Le Théâtre Lyrique [...] devient celui de la vertu et des mœurs.«[2] La Porte zufolge ist Abramane, der Rivale und Gegner von Zoroastre und Priester des Gottes des Bösen und der Finsternis, ein Baß, Zoroastre, Priester des Gottes alles Guten und des ewigen Lichts, der das Wohl und Glück aller Menschen herbeiführen will, dagegen ein Haute-contre. Die Handlung ist nach Baktrien in Indien verlegt, wo die Religion Zoroastres entstand. Für das informierte Publikum der Zeit war der symmetrische Aufbau des Librettos, der Initiationsritus, dem Zoroastre sich im III. Akt unterwirft, und schließlich seine symbolische Erhebung auf einem Bühnenwagen aus Feuer in eine höhere Bewußtseinsphäre eindeutig als freimaurerisch zu verstehen. Zoroastre wird von Cahusac im Vorwort des Librettos als Lehrer der Magier bezeichnet, der in seiner Lehre ein gutes Prinzip, das Licht (Oromase) und ein schlechtes Prinzip, die Finsternis (Ariman) unterscheidet und fordert, das zweite zu bekämpfen. Er unterscheidet eine diabolische und eine wohltätige Magie. Der Kult des Zoroastre ist Thema des II., jener des Abramane des IV. Akts.

Zum ersten Mal setzte Rameau Klarinetten im Orchester ein, die wie die beiden Hornisten und ein Trompetenspieler zusätzlich engagiert werden mußten und die die klanglichen Möglichkeiten des Orchesters erheblich erweiterten.[3] In der ersten Version der Oper, für die keine

---

1 J. Fr. Reichardt, *Musikalisches Kunstmagazin*, Bd. II, S. 96.
2 La Porte, *Voyage au séjour des ombres*, Bd. II, London und Paris 1752, S. 92.
3 Zur Entwicklung des Orchesters der Pariser Oper, vgl. J. de La Gorce, *L'orchestre de l'Opéra et son évolution de Campra à Rameau*, in: Revue de musicologie 76 (1990), S. 23–43.

Portrait des Haute-contre Pierre de Jéliotte mit Lorbeerkranz und Lyra in einem antikisierenden Kostüm von Charles André Van Loo, des ersten Malers Ludwigs XV. Die Revision von *Castor und Pollux* (1754) entstand auch unter der Perspektive, daß der Star unter den Hautes-contre des 18. Jahrhunderts die Titelrolle Castors singen sollte.

Klarinettenstimmen mehr erhalten sind, nimmt man an, daß die Klarinetten noch auf die Funktion der Blechbläser beschränkt waren, also wie Trompeten oder Hörner behandelt wurden.[1] Außerdem spielt der Chor in dieser Oper eine selbst für die französische Tragédie ungewöhnlich bedeutende Rolle, die bei den Zeitgenossen auf Kritik stieß. Die Besetzung reicht vom Unisonochor der jungen Baktrierinnen (I/1) über den vierstimmigen Chor mit mehreren Soli (»*Les rayons du soleil palissent*«) und den Männerchor (Chor der bösartigen und grausamen Geister) im Divertissement des I. Akts oder im Dämonenchor (IV/4) bis zu dem Doppelchor in III/1 (»Petit chœur des peuples bactriens« mit zwei Dessus und Haute-contre und vierstimmigem Chor) und verschiedenen Kombinationen von Soli mit Chor (u.a. der Männerchor der Höllengeister mit Terzett, zwei Furien, Dessus und Haute-contre, und der Rache, Baß, später Quartett und Chor in IV/5). Im III. Akt ist der Chor des baktrischen Volkes von Szene 1 bis 7 am Geschehen beteiligt, und in Szene 9 tritt ein neuer Chor, jener mit zwei Sopranen besetzte »Petit chœur des peuples élémentaires« in Aktion. Auch stilistisch zeichnen sich die Chöre durch große Varietas aus; der Priesterchor in IV/4 ist z.B. ein kunstvoller motettischer Satz, im III. Akt wechselt seine Funktion zwischen Gebets-, Aktions- und Huldigungschor (vergleichbar den Turba-Chören).

In den mit Tänzen und vokalen Airs reich ausgestatteten Divertissements[2] erreicht Rameau eine zuvor kaum denkbare Vielfalt. Zum Ballet figuré des II. Akts singt Zoroastre die an die jungen Eingeborenen gerichtete Ariette »*Aimez-vous sans cesse*«. Beide Ballets figurés des IV. Akts sind den negativen, zerstörerischen Kräften gewidmet: Im ersten tanzen der Haß, die Verzweiflung und die Rache ein gestisch geprägtes Zwei-Tempo-Air, im zweiten bedrohen höllische Geister im Verein mit Haß und Verzweiflung, mit Feuer, Schlangen und Dolchen mit beschwörenden Gebärden die Büste Zoroastres im Tempel. Im letzten Ballet figuré wird die Scheu der Schäfer, den heiligen Tempel zu betreten, und die Ermutigung dazu durch die »Peuples élémentaires« dargestellt. Zweimal begegnet der Typus des unterbrochenen Divertissements, in I/3 (mit »bruit souterrain«, der einem Erdbeben vorausgeht) und in IV/5. Hinsichtlich der Aktschlüsse schafft Rameau immer neue musikalische Lösungen: dreistimmiger Chor der bösen Geister im I. Akt, Air als Entr'acte im II., Chor der primitiven Völker in III., Quartett und Männerchor im IV. und Chor zur Friedensfeier im V Akt.

1 Vgl. G. Sadler, *Représentations à l'Académie Royale de Musique de Paris*, in: J.-Ph. Rameau, *Zoroastre*. Version 1749, éd. de Graham Sadler, Paris 1999, S. XIX (OOR IV 19). Auch weitere hier verwendete Quellenzitate zu *Zoroastre* sind der Ausgabe von Sadler entnommen.

2 I. Akt: Gavotten, darunter auch eine als Duett gesungene, ein Air, ein »bruit souterrain«; II: Entreen, »Ballet figuré«, Sarabande, Gigue, Rigaudon, Menuette, Contredanse; III: Tänze – Sarabande, Air gai, Gavotte en rondeau, Loure, Passepieds; IV: Ballet figuré und Air der Priester, ein weiteres Ballet figuré, Air des Esprits infernaux durch einen »bruit souterrain« unterbrochen; V: in der Tempelszene neben mehreren Vokalsätzen Air, Rondeau, dann Ballet figuré, je zwei Rigaudons und Gavotten und Air en rondeau.

Rameau, *Dardanus*, der im II. Akt auftretenden Isménor mit seiner Insignie, dem Zauberstab, Entwurf für die Reprise der Oper 1763 in Fontainebleau, für die René-Michel Slodtz die Dekorationen schuf.

In den Jahren zwischen 1740 und 1744 hatte Rameau keine neuen Opern komponiert, sondern war durch die Wiederaufnahmen von *Hippolyte et Aricie* (1742, nach Malherbe 42 Aufführungen), von *Les Indes galantes* (1743) und *Dardanus* (1744, in erheblich revidierter Fassung) auf der Bühne präsent. Erst mit der Übernahme der Operndirektion durch François Berger, den Rameau aus ihrer gemeinsamen Zeit in den Diensten des Prince de Carignan kannte, bestanden für ihn weit bessere Möglichkeiten in der Académie royale de musique, seine Werke aufführen zu lassen. In den 1740er Jahren existierte zwar noch eine bedeutende Anhängerschaft für die Opern Lullys, aber Rameaus Musik fand dennoch bei dem gleichen Personenkreis Anerkennung. Von 1745 an beginnt eine Phase extremer Kreativität, die darin zum Ausdruck kommt, daß Rameau zehn neue Bühnenwerke leichterer Gattungen wie Comédie-ballet, Comédie lyrique und Opéra-ballet bis zum *Zoroastre* im Jahre 1749 zur Aufführung brachte. Darunter war auch *La Princesse de Navarre* (1745), die nur in Versailles anläßlich der Hochzeit des Dauphin gegeben wurde. Mit dem Wechsel der Operndirektion im Jahre 1748 zu Douet de Saint-Germain und Guénot de Tréfontaine, die Rameau ganz ergeben waren, waren Rameaus Bühnenwerke praktisch ununterbrochen auf der Bühne der Opéra präsent. Inzwischen war es eine weitgehend akzeptierte Auffassung, daß Rameaus Opern einen anderen Typus darstellten als jene Lullys. Insbesondere durch verschiedene Satztechniken des Orchesters beschritt Rameau neue Wege, wie Blainville schon 1754 betont. Von den drei Arten des Accompagnements sind zwei für Rameau besonders charakteristisch, das »Accompagnement coupé« und das »Accompagnement de caractère«:

»Ces accompagnements [coupés] sont de deux sortes: ou ils sont coupés en silence tous ensemble, ou ils sont répandu çà et là dans différents parties. Cette distribution est propre pour les morceaux d'intérêt, riches d'expression; genre où l'on mêle artistement les flûtes, et les hautbois avec les violons, et les bassons avec les basses. Quelle intelligence! Quel discernement pour les employer! Quelle dignité, quelle grace ne donnent-ils pas aux morceaux qu'ils accompagnent! Ce genre de beauté, les Français ne le doivent qu'à eux seuls. M. R[ameau]. supérieur en ce genre, seroit un modèle à suivre, même pour les Italiens.«[1]

Die zweite Kategorie ist das »Accompagnement de caractère«:

»Cet accompagnement consiste dans un chant suivi de deux, trois, ou même quatre croches ou noires d'un caractère distinct et continu. Ce genre s'emploie lorsqu'il s'agit de quelque grande passion, ou de quelque forte peinture prise dans la nature. Ces accompagnements doivent faire le personnage dont j'ai parlé ci-devant, c'est-à-dire, ajouter à l'expression du chant. M. R.[ameau] en a rencontré de très-heureux en ce genre: mais en général, nos accompagnements sont au plus simple, sans un caractere absolument marqué. Leur effet est velouté, moëlleux, satisfaisant; mais ils ne percent pas avec ces traits de feu qui se répandent en éclats, qui ravissent, transportent l'auditeur hors de lui-même. Aussi il faut avouer que les Italiens sont fort au-dessus de nous de ce genre, et c'est là même où consiste le sublime de leur Musique. Ils ont en ce genre des morceaux si supérieurs, qu'on oublie que ce sont des beautés musicales; l'illusion est forte au point qu'on croit que c'est la chose même que l'on voit, que c'est là qu'on existe.«[2]

Rameau schuf im Alter von mehr als achtzig Jahren noch eine Tragédie lyrique, die zwar bis zur Wiederentdeckung in der jüngsten Vergangenheit auch bei den großen Biographen wie Paul-Marie Masson und Cuthbert Girdlestone[3] verkannt wurde, die aber nicht nur seinen großen Tragédies an die Seite zu stellen ist, sondern sogar noch einmal eine ganz neue dramatische Konzeption darstellt. Es gibt mehrere Gründe, die dafür sprechen, daß das anonyme Libretto von *Les Boréades (Abaris ou les Boréades)* von Louis de Cahusac stammt. Nach seiner Tragédie lyrique *Linus* (um 1752), deren Musik weitgehend verloren ist, hatte sich Rameau von der hohen Gattung abgewandt und in den letzten zehn Jahren vor *Les Boréades* zwei Pastoralen, vier Ballette und eine Comédie lyrique, also alles kürzere Werke geschaffen (lediglich die Revision der Tragödie *Zoroastre* von 1749 im Jahre 1756 fiel in diese Zeit). Die *Boréades* Rameaus entstanden 1763, in Rameaus vorletztem Lebenjahr[4], zu einer Zeit, als er auch mit der Fertigstellung seines letzten Musiktraktats beschäftigt war, in dem er seinen Widersachern unter den Enzyklopädisten, also besonders d'Alembert, sein musiktheoretisches und philosophisches Konzept entgegenhielt. An den Proben der *Boréades*, die am 25. April 1764 in Paris begannen und am 27. April in Versailles stattfanden, nahmen die bedeutendsten Interpreten der Pariser Oper teil. Das Werk sollte für den König und den Hof im Frühjahr 1764 anläßlich einer Feierlichkeit in Choisy gegeben werden. Über die Gründe, warum es nicht aufgeführt wurde, können nur Vermutungen – die extreme Schwierigkeit des Werkes oder ein Widerstand gegen das Werk bzw. seinen Stoff aufgrund der Veränderungen des musikalischen Geschmacks zu dieser Zeit? – angestellt werden.

---

1 C. H. Blainville, *L'Esprit de l'art musical ou Réflexions sur la musique*, Genf 1754, S. 28f.
2 Blainville, *L'Esprit de l'art musical*, S. 30f.
3 P.-M. Masson, *L'opéra de Rameau*, Paris 1930; C. Girdlestone, *J.-Ph. Rameau: his Life and Work*, London ²1969.
4 Vgl. S. Bouissou, *J.-Ph. Rameau. Les Boréades ou la tragédie oubliée*, Paris 1992.

Obgleich kein sicherer Nachweis über die Autorschaft des ungedruckt gebliebenen Librettos durch den bereits 1758 verstorbenen Cahusac existiert, wird sie inzwischen von keinem der maßgeblichen Autoren mehr in Frage gestellt, zumal wiederum der Einfluß freimaurerischer Symbolik deutlich zutage tritt. Für den Entschluß der Operndirektoren, die Tragédie *Les Boréades* für eine Festaufführung vorzubereiten, war vermutlich die erfolgreiche, geradezu triumphale Wiederaufnahme von *Castor et Pollux* im Jahre 1764 anläßlich der Einweihung der neuen »Salle des machines« in den Tuilerien ein wichtiges Motiv, denn auch die Boreaden bieten genügend Anlässe, die Künste des neu angestellten Bühnentechnikers Girault unter Beweis zu stellen. Insbesondre die von ihm entwickelte plötzliche Veränderung der Wolkenlandschaft mit Hilfe rotierender zylindrischer Trommeln fand allgemeine Bewunderung. Die Rolle der Alphise war vermutlich für den Star der Opéra, Sophie Arnould, bestimmt, die bei der Wiederaufnahme des *Dardanus* in der Rolle der Telaïre große Erfolge feiern konnte.

Handlungsort ist wiederum das Königreich Baktrien, ein Land, in dem auch *Zoroastre* spielt. In dieser originellen Tragödie ist eine Synthese zwischen Konvention und neuen Inhalten gelungen. In der ersten Szene werden nach klassischer Regel alle drei Hindernisse exponiert, die dem persönlichen Glück von Alphise im Wege stehen und die in den Szenen I/2–3, II/2–3, 4 weiterentwickelt werden. Der Held tritt erst zu Beginn des II. Akts auf. Cahusac schafft zwei Peripetien in II/6 und V/4, die jeweils in vorausgehenden Szenen vorbereitet werden. Mit der dreisätzigen »italienischen« Ouvertüre kündigt Rameau die königliche Jagd des Hofes an. Die Divertissements sind inhaltlich und dramatisch eng in das Geschehen eingebunden. Durch die Entführung der Orithie, die rein pantomimisch darzustellen ist, wird die drohende Entführung der Alphise angedeutet. Im dritten, dem vielleicht kontrastreichsten und vollkommen in die Handlung integrierten Divertissement sind Gut und Böse erst im späteren Verlauf zu unterscheiden. Das »Merveilleux«, eines der wesentlichen Bestandteile der Tragédie lyrique, findet seinen Platz in den Akten II (Pantomime Orithies endend mit ihrer Entführung, Amors Erscheinen), III (Entführung der Alphise, Sturm und Erdbeben) und V (Auftritt Apollos).

Die ideologische Eigenständigkeit innerhalb der Tradition der Tragédie lyrique wird an folgenden Abweichungen von Konventionen offenbar: die Heldin wird von drei Männern geliebt. Sie wird als Opfer und als Geliebte dargestellt. Abaris tritt als Antiheld auf, dessen Charakter durch Zweifel und Schwäche gekennzeichnet ist. In seiner Auftrittsarie zu Beginn des II. Akts, »*Charmes trop dangereux*« spricht er von seiner Schwäche und der Unsicherheit, die jeden Tag stärker werde. Es handelt sich um eine kurze Da-capo-Arie in g-Moll, in der die Wiederholung des A-Teils verkürzt ist. Nach den Zerstörungen des Sturms bringt Abaris in der Klagearie in c-Moll, »*Lieux désolés*«, wiederum in Da-capo-Form, seine Verzweiflung über den vermeintlichen endgültigen Verlust Alphises zum Ausdruck. Diese Arie, in der Rameau zwar auch die Topoi von Lamento-Arien einsetzt, gehört aufgrund ihrer durchbrochenen Arbeit in den Instrumenten des Orchesters, in Flöten, Violinen und Bässen, wie sie in einem Streichquartettsatz vorkommen könnte, zu den wegweisenden Vokalsätzen dieser Oper. Erst im letzten Akt ist Abaris im Bewußtsein seiner Halbgöttlichkeit mit musikalischen Mitteln von Rameau in eine selbstbewußte Person verwandelt worden. In der B-Dur-Ariette »*Fuyez, reprenez vos chaînes, vents orageux, rentrez dans vos antres profonds*« vergegenwärtigen seine Sprache (Rauhheit der Sprache durch zahlreiche r-Laute), die großintervalligen Sprünge und die stets aufwärts gerichteten Melismen, eine aufgrund ihrer Intervalle und der Bewegung gewichtige Begleitung sowie die breite Anlage der Arie diesen Wandel. Der bisher so selbstkritische und unsichere Abaris ist plötzlich in der Lage, den Mächten des Bösen zu widerstehen und zu befehlen. Formal liegt eine freiere Gestalt der fünfteiligen Da-capo-Arie vor, deren Mittelteil wiederum in eine Mediante, hier die Obermediante d-Moll, moduliert.

Die Bedeutung der politischen Macht für den liebenden Menschen und Herrscher wird durch den Stoff der Oper in Zweifel gezogen. Die Einflüsse des freimaurerischen Denkens sind exemplarisch in den beiden zentralen Terzetten, in der die Erde als Ort der Heiterkeit, Gelassenheit, der Liebe und Hoffnung dargestellt wird und an einer Reihe von Symbolen festzumachen.[1] Wegen der völligen Neubewertung der dramatischen Ausdrucksmittel erscheint Rameaus Musik bedeutender als das Libretto. Konventionelle Szenen, etwa der Chor »*Régnez*« (III/4), der nach Alphises Abdankung vom Volk angestimmt wird, erfahren durch neue

---

1 Vgl. ebd., S. 99ff.

musikdramatische Mittel (der plötzliche Einbruch der Sturmmusik während der Intervention der beiden abgewiesenen Freier) eine gänzliche Neubewertung. Rameaus Bewußtsein für die Bedeutung der Entwicklung der Instrumentalmusik nach der Jahrhundertmitte wird nicht nur aus dem Zentrum der Oper, dem die Akte III und IV umfassenden Sturm, sondern auch aus der instrumentalen Darstellung des dramatischen Geschehens insgesamt deutlich. Die Liebe-Sturm-Metapher ist als dramatische und musikalische Leitidee zu verstehen. Sie wird im I. Akt (»*Un horizon serein*«) als Gefahr, als Versuchung des Herrschers durch Liebe und Heirat eingeführt, dann erscheint sie erneut in der Invokation der 4. Szene und im Divertissement des II. Akts, zugespitzt und bleibt bis zum letzten Akt im Bild der Friedlichkeit des Flusses (»*Que l'amour embellit la vie*«) präsent. Auch der gezielte Einsatz der Wind-Sturm-Motive bestätigt Rameaus Gesamtkonzept: Er führt die Winde bereits im 1. Akt und dann erneut in der Invocation der 4. Szene und im Divertissement des II. Akts ein, verschärft mit ihrer Hilfe den Konflikt bei der Darstellung der Wut Borées im Gewitter und in der Entführungsszene und stellt schließlich die Folgen seiner Wut im IV. Akt dar. Im letzten Aufzug ist der Machtverfall Borées in der durch Pausen unterbrochenen, porös gewordenen Sturmmusik im Orchesterprélude sowie im Chor der unterirdischen Winde (»*Qu'elle gémisse*«) unmittelbar musikalisch ablesbar. Die Musik wird damit zum Sinnbild der Ohnmacht des Windgottes.

Rameau schafft musikalische Zusammenhänge durch die Verwendung von gleichen Intervallen bzw. motivischen Kleinzellen und verknüpft somit Szenen durch motivische Gemeinsamkeiten. Außerdem setzt er auch die Instrumentation zur dramatischen Motivation ein, wie die Verwendung der Flöten und ihres Motivs zeigt: In der Entführungspantomime Orithies prophezeit Rameau instrumentalmusikalisch durch die Einführung des Flötenmotivs, das mit der Brutalität des Sturmmotivs im Orchester konfrontiert wird, das Schicksal Alphises, welches dann in der Klage des Abaris (»*Lieux désolés*«, IV. Akt) im Zitat der Flöten seine endgültige Bedeutung erhält. Auch mit der Ouvertüre, die mit ihren Jagdklängen direkt in die erste Szene einführt, deren Jagdtopik noch in der zweiten Szene präsent ist, und der Art ihrer Wiederverwendung in den Entr'actes geht er neue Wege. Der III. und IV. Akt sind durch die über den Aktabschluß fortgeführte Sturmsinfonie ohne Pause miteinander verbunden. Die Konsequenzen der Entscheidung Alphises zugunsten ihrer Liebe und gegen die Beibehaltung der Macht als Königin lassen sich in einem sorgfältig geplanten Verlauf verfolgen: Die Reaktion des Volkes und der Söhne Boreas, in der sich bereits die Sturmtopik zunehmend bemerkbar macht, die Wut des Boreas, zu der die Sturmmusik vor und während des Chores tobt sowie die Entführung Alphises, die Folgen der Entführung und schließlich die Fortsetzung der Sturmsinfonie zu Beginn des IV. Aktes und die Darstellung der angerichteten Verwüstungen auf der Erde.

Wiederum hat Rameau den Chören – es sind insgesamt 22, die in verschiedenster Gestalt, in verschiedenster Kombination mit Solist, Ensemble und Satztechnik erscheinen – eine zentrale Rolle als Dramatis persona zugewiesen.

Trotz des Abwechslungsreichtums der musikalischen Gestalt und der Vielfalt der Einzelsätze, die besonders in den Tänzen, kleinen Airs und kurzen Chorsätzen zutage tritt, schafft Rameau größere Zusammenhänge, wie sie erst für viel später entstandene Opern charakteristisch sind. Das Ergebnis ist ein sehr komplexes Werk, in dem der greise Komponist in unvergleichlicher Weise eine traditionelle Anlage und eine modernistische Tonsprache voller Wagnisse und Kühnheiten integrierte und das in völligem Kontrast zur Reformoper Glucks steht.

Die Epoche zwischen Rameau und Gluck

Im Gegensatz zu Italien, wo die Libretti Metastasios von vielen Komponisten immer wieder neu und manche sogar von demselben Komponisten mehrfach vertont wurden, blieb ein einmal vertontes Libretto in der Regel unangetastet. Erst am Ende der 1750er Jahre gab es Neuvertonungen von Libretti von Fontenelle und Houdar de La Motte und im Anschluß daran die Bearbeitungen von Libretti Quinaults durch Marmontel für Komponisten wie Piccinni, Gossec, Philidor und Johann Christian Bach. In der Zeit zwischen dem Tod Rameaus und Glucks Pariser Tragédies lyriques, die in der Forschung bisher kaum ins Blickfeld genommen wurde, fand eine Neuorientierung statt, aber es entstanden nur wenige bemerkenswerte Stücke der erhabenen Gattung. François-André Danican Philidors dreiaktige *Ernelinde, princesse de Norvège* (1767), Libretto von Antoine Alexandre Henri Poinsinet, wurde erst durch die Umarbeitung Michel-Jean Sedaines zu einer fünfaktigen Tragédie lyrique ein Erfolg, die auch die Eliminierung der Divertissements an den Aktschlüssen und die Verwandlung des machtlüsternen schwedischen Königs in einen idealisierten aufgeklärten Fürsten einschloß. Damit setzte Sedaine in der Tragédie lyrique Zielsetzungen der Dramentheorie des Freundes Denis Diderot um wie schon zuvor in einigen Drames lyriques. Während Philidor das Rezitativ und die Arien jenen des Dramma per musica annäherte, blieb er in den Chören der Tradition der Tragédie lyrique verbunden. Die Schwurszene im I. Akt (»*Jurez sur ces glaives sanglantes*«) blieb lange Zeit ein Modell für diesen Szenentypus. Bemerkenswert ist die Numerierung der Stücke im Katalog von La Chevardières Druck (1769) sowie ihre italienischen Gattungsbezeichnungen. Im Gegensatz zu Gluck bedient sich Philidor noch der Parodie von Instrumentalsätzen, so z.B. des Marsches mit dem Text »*Victoire, triomphe, victoire*«. Auch die Klimax der Oper im Da-capo-Monolog Ernelindes »*Cher objet d'une tendre flamme*« mit einer dramatischen Intensität und chromatischer Harmonik, die ähnlichen Höhepunkten in Glucks Opern nicht nachsteht, und das Ballett mit gebundenen und freien pantomimischen Tänzen verleugnen ihre französische Tradition nicht.

Weitere Tragédies lyriques, die eine Vermischung französischer und italienischer Oper zum Ziel hatten, waren u.a. Gossecs *Sabinus* (1773) und Grétrys *Céphale et Procris* (1773). Wie sein Landsmann Grétry, der auf dem Gebiet der Opéra-comique eine Synthese gelang, waren Chabanon und Gossec bestrebt, in ihrem ambivalenten und ambitiösen Werk, dessen Stoff bezeichnenderweise aus der Nationalgeschichte stammt[1], eine Annäherung der beiden nationalen Opernkonzeptionen zu erreichen.

In seiner dreiaktigen Tragédie *Ismène et Isménias* (Libretto von Pierre Laujon, 1763) versuchte der reiche Generalpächter und Rameau-Schüler Benjamin de La Borde ähnlich wie Philidor eine Synthese zwischen italienischem und französischem Vokalstil. Obwohl die kompositorische Potenz dieses gebildeten Dilettanten sehr beschränkt war, zeigte er mit den Dekorwechseln innerhalb der Akte und insbesondere mit seinen an den Reformen Jean Georges Noverres orientierten Ballett-Pantomimen in diesem Werk, neue Wege zu gehen. Wie in anderen Airs dansants ist in der Passacaille des II. Akts das detaillierte Programm notiert: »[...Creuze] s'efforce de leur faire faire la paix, Médée refuse, elle menace, elle sort, Creuze est effrayée des menaces et sort [...] Médée revient avec ses enfants, elle veut se tuer. Jason l'en empêche et tombe dans ses bras.« etc. Entscheidend ist für diese Periode die Auseinandersetzung einerseits mit den Libretti Metastasios und der Dramentheorie Diderots, andererseits auch mit der Ballett-Reform von Noverre.

1 Die Diskussion um Stoffe aus der Geschichte bestimmte entscheidend die Auseinandersetzung um die Metastasianische Opernkonzeption in Frankreich, wo vor *Adèle de Ponthieu* (1772) von Saint-Marc und Berton und *Sabinus* (1773) nur *Scanderberg* von La Motte, F. Francœur und F. Rebel (1735) und die dreiaktige Comédie-ballet *La Princesse de Navarre* von Voltaire und Rameau diesem Stofftypus angehörten.

Glucks Pariser Opern

Im Gegensatz zu Italien, wo die Libretti Metastasios von vielen Komponisten immer wieder neu und manche sogar von demselben Komponisten mehrfach vertont wurden, blieb ein einmal vertontes Libretto in der Regel unangetastet. Erst am Ende der 1750er Jahre gab es Neuvertonungen von Libretti von Fontenelle und Houdar de La Motte und im Anschluß daran die Bearbeitungen von Libretti Quinaults durch Marmontel für Komponisten wie Piccinni, Gossec, Philidor und Johann Christian Bach. In der Zeit zwischen dem Tod Rameaus und Glucks Pariser Tragédies lyriques, die in der Forschung bisher kaum ins Blickfeld genommen wurde, fand eine Neuorientierung statt, aber es entstanden nur wenige bemerkenswerte Stücke der erhabenen Gattung. François-André Danican Philidors dreiaktige *Ernelinde, princesse de Norvège* (1767), Libretto nach einem historischen Stoff von Antoine Alexandre Henri Poinsinet, wurde erst durch die Umarbeitung Michel-Jean Sedaines zu einer fünfaktigen Tragédie lyrique ein Erfolg, die auch die Eliminierung der Divertissements an den Aktschlüssen und die Verwandlung des machtlüsternen schwedischen Königs in einen idealisierten aufgeklärten Fürsten einschloß. Damit setzte Sedaine in der Tragédie lyrique Zielsetzungen der Dramentheorie des Freundes Denis Diderot um, wie schon zuvor in einigen Drames lyriques. Während Philidor das Rezitativ und die Arien jenen des Dramma per musica annäherte, blieb er in den Chören der Tradition der Tragédie lyrique verbunden. Die Schwurszene im I. Akt (»*Jurez sur ces glaives sanglantes*«) blieb lange Zeit ein Modell für diesen Szenentypus. Bemerkenswert ist die Numerierung der Stücke im Katalog von La Chevardières Druck (1769) sowie ihre italienischen Gattungsbezeichnungen. Im Gegensatz zu Gluck bedient sich Philidor noch der Parodie von Instrumentalsätzen, so z.B. des Marsches mit dem Text »*Victoire, triomphe, victoire*«. Auch der Klimax der Oper im Da-capo-Monolog Ernelindes »*Cher objet d'une tendre flamme*« mit einer dramatischen Intensität und chromatischer Harmonik, die Gluck nicht nachsteht, und das Ballett mit gebundenen und freien pantomimischen Tänzen verleugnen ihre französische Tradition nicht.

In seiner dreiaktigen Tragédie *Ismène et Isménias* (Libretto von Pierre Laujon, 1763) versuchte der reiche Generalpächter und Rameau-Schüler Benjamin de La Borde ähnlich wie Philidor eine Synthese zwischen italienischem und französischen Vokalstil. Obwohl die kompositorische Potenz dieses gebildeten Dilettanten sehr beschränkt war, zeigte er mit den Dekorwechseln innerhalb der Akte und insbesondere mit seinen an den Reformen Jean Georges Noverres orientierten Ballett-Pantomimen in diesem Werk neue Wege zu gehen. Wie in anderen Airs dansants ist in der Passacaille des II. Akts das detaillierte Programm notiert: »[...Creuze] s'efforce de leur faire faire la paix, Médée refuse, elle menace, elle sort, Creuze est effrayée des menaces et sort [...] Médée revient avec ses enfants, elle veut se tuer. Jason l'en empêche et tombe dans ses bras.« etc. Entscheidend ist für diese Periode die Auseinandersetzung einerseits mit den Libretti Metastasios und der Dramentheorie Diderots, andererseits auch mit der Ballett-Reform von Noverre. Alle diese Werke traten bald nachdem Gluck seine ersten Opern in Paris aufgeführt hatte, in den Hintergrund und sind es bis heute geblieben.

In Reichardts Charakterisierung der Kunst Glucks sind wie in einem Brennspiegel die Schlüsselbegriffe der Gluck-Rezeption aus deutscher Sicht zusammengefaßt: Genie, ein Geist, der alles von Natur hat, echte Originalität, das Unnachahmliche seines Geistesschwungs, kräftiges, allgemein wirkendes Kunstwerk, das über den gültigen Regeln steht. Reichardt fügt ein weiteres Urteil an, das sich u.a. auf Salieri, Johann Abraham Peter Schulz und Friedrich Ludwig Aemilius Kunzen stützt, in dem Gluck als das »höchste Muster« für theatralische Wirkung und leidenschaftlichen Ausdruck bezeichnet wird:

»Wenn nun aber ein Mann von ausserordentlichem Genie und Geist, der alles das von Natur hat, was sich nicht erlernt und nicht nachahmt, und was ein Kunstwerk allein zu einem kräftigen und allgemein wirkenden Kunstwerk macht, auf seinem eignen Wege durcharbeitet und Werke von ächter Originalität, von hinreissender Kraft darstellt, wenn der den stilgerechten Theil der Kunst hier und da vernachläßiget, oft weil er fühlt daß ›ängstliche Behutsamkeit das Unnachahmliche seines Geistesschwunges leiden würde‹, oft auch, weil ihm wirklich die Handgriffe zu fehlen scheinen, die nur ein in den Regeln mechanisch geübtes Auge erkennt, nur eine geübte Hand ohne Mühe mit Sicherheit ausübt.«[1]

1 J. Fr. Reichardt, *Musikalisches Kunstmagazin*, Bd. II, Berlin 1782, S. 68.

Bevor Gluck zum ersten Mal mit seiner *Iphigénie en Aulide* am 2. August 1774 in Paris mit einer neuen Oper an die Öffentlichkeit trat, lagen die Anfänge seiner Wiener »Opernreform«, wenn man sie aus späterer Sicht mit der Aufführung des *Orfeo* in Wien beginnen lassen will, bereits zwölf Jahre zurück. Die Ziele dieser Reform sind u. a. im Vorwort zur *Alceste* (gedruckt 1769) formuliert, das aus einem sorgfältig begründeten Angriff auf die Opera seria besteht und in dem bereits starke französische Einflüsse festzustellen sind. Es ging Gluck um die Erneuerung des musikdramatischen und theatralischen Potentials des Dramma per musica. Der französische Einfluß zeigt sich bereits im in der Tradition der Azione teatrale stehenden italienischen *Orfeo* an dem Choreinsatz sowie den Chor- und Ballettszenen, die in der Metastasianischen Oper verpönt waren, an der Reduzierung des Secco-Rezitativs und der Konstruktion der Akte als große Tableaus. Entscheidend ist insgesamt weniger die Synthese italienischer und französischer Elemente, als vielmehr die Konzentration auf die Haupthandlung, wie Gluck sie zum ersten Mal zusammen mit Angiolini in seinem Ballett *Don Juan* realisiert hatte. Glucks *Alceste* faßt Tendenzen der Opernreform in seinen eigenen vorausgehenden Bühnenwerken sowie solchen vor allem von Traetta und Jommelli zusammen.

Die Pariser Opern sind als Zielpunkt der Gluckschen Reform anzusehen. Die acht Werke, die Gluck für die Académie royale de musique produzierte, sind die beiden *Iphigénies*, die beiden Revisionen der Wiener Reformopern, *Orphée* und *Alceste*, die Umarbeitungen der Opéras-comiques *Cythère assiégée* und *L'Arbre enchanté*, *Armide*, die er auf das fast unveränderte Libretto Quinaults schrieb, sowie *Echo et Narcisse*, seine letzte Oper. Die Auswirkungen der Pariser Opern Glucks auf die Entwicklung des Musiktheaters waren tiefgründiger und langfristiger als jene in Wien.

Durch seine Bearbeitungen und Neuvertonungen von Opéras-comiques hatte er sich ebenso mit dem französischen Stil auseinandergesetzt wie durch sein eingehendes Studium der Opern von Lully und Rameau, das die Basis seiner Wiener Reformopern bildete. Mit seinen Pariser Reformopern beabsichtigte Gluck eine neue, universal gültige Gattungserneuerung, die auf eine Überwindung der Mängel des Dramma per musica wie der Tragédie lyrique und einen übernationalen Operntypus zielte. Die Vorschläge zur Reform der Tragédie lyrique setzten in Frankreich unmittelbar nach dem Buffonistenstreit ein. Der Abbé François Arnaud erwies sich gerade in dieser aufgeheizten Situation und vor der Publikation von Algarottis Traktat als besonders weitsichtig:

> »Je compare nos opéra avec les tragédies anciennes, et je puise dans ce parallèle bien des ressources pour rectifier la forme de nos drames lyriques, qui de tous les drames sont sans contredit les plus imparfaits, puisqu'ils ne sont la plûpart qu'un tissu d'épisodes qui ne sont liés les uns aux autres, ni nécessairement ni vraisemblablement, j'exhorte nos poëtes à sortir du préjugé qu'ils tiennent que de la foiblesse du grand nombre des Musiciens; puisque la Musique a pû traiter les Tragédies d'Aeschyle et de Sophocle, elle peut sans doute traiter les choses grandes, tragiques et régulières.«[1]

Um dem Mißstand abzuhelfen, sollen sich Dichter und Musiker auf den »Hauptcharakter der Dichtung« konzentrieren »sans jamais perdre de vue l'ensemble, en hâtant la déclamation des scénes, en s'appesantissant moins sur les airs de mouvement, en courant en un mot au dénouement avec plus de rapidité, et sur-tout en rendant la symphonie à son véritable objet, qui est d'accompagner et de soutenir, et non d'engloutir et de dominer.«[2] Die nach Arnaud bis zu den Streitigkeiten zwischen Gluckisten und Piccinnisten immer wieder begegnenden Reformziele, die Konzentration auf die wichtigsten Ereignisse der Dichtung bzw. Handlung, eine rasche Deklamation und die Konfliktlösung auf kürzestem Wege anzustreben, sind hier bereits formuliert. In seinem Artikel »Poème lyrique«, den Baron Grimm 1765 in der *Encyclopédie* publizierte, setzt er sich in gleichem Maße kritisch mit der Tragédie lyrique und mit der Opera seria Metastasios auseinander und schafft zugleich ein Forum für die Reformideen, die u.a. an Algarottis Traktat und an die Reformvorstellungen Diderots anknüpfen.[3] Für Grimm steht es außer Frage, daß die Oper »le plus noble et le plus brillant d'entre les spectacles modernes« ist[4], wobei er einige Jahre vor Gluck Musik und Gestik als universelle Sprachen bezeichnet, »langues de toutes les nations et de tous les siècles«.[5] Den Anforderungskatalog hat Gluck in seinen Pariser Opern weitgehend eingelöst:

1. das Rezitativ darf nicht singend (»chantant«), nicht metrisch genau notiert, nicht ornamentiert sein und muß rasch deklamiert werden; in der Deklamationsweise müssen sich das Alter, das Geschlecht, der Stand und die Absichten der Person spiegeln; der Alexandriner ist für die Vertonung selbst im Rezitativ nicht geeignet;
2. die Arie darf nicht als »chant symmétrique« komponiert sein;
3. dem Wechsel zwischen Rezitativ und Arie ist besondere Beachtung zu schenken, da davon die größte Wirkung ausgeht;
4. der Handlungsverlauf muß durch sein Tempo (»rapidité«) und durch Einfachheit gekennzeichnet, der Stil energisch, natürlich und schlicht sein;
5. die Dekoration soll entweder aus einem großen und schönen Gebäude, aus einer schönen Landschaft, einer erhabenen Ruine oder einer schönen Architektur bestehen;
6. Naturphänomene wie Gewitter und Erdbeben oder »la nature en mouvement« sind akzeptabel, das »merveilleux« soll in der stummen und schrecklichen Eloquenz der Gestik (»éloquence muette et terrible du geste«) und in der Musik, nicht aber mit den Mitteln der Bühnentechnik zum Ausdruck gebracht werden;
7. die Integration des Tanzes in die Handlung muß dadurch gestärkt werden, daß die »danse imitative« bzw. die Pantomime an die Stelle der »akademischen Übungen« der gebundenen Tänze treten;
8. typisierte Szenen wie die Sturmmusik, das Erdbeben, die Überflutung durch mächtige Flüsse etc., die als Gleichnisse für emotionale Zustände und für Katastrophen eingesetzt werden, sind abzulehnen;
9. die Ausführung pantomimischer Gesten in den Arien und besonders in deren Ritornellen

---

[1] Abbé François Arnaud, *Lettre sur la musique à Monsieur le compte de Caylus*, Paris 1754, S. 33f.

[2] Ebd., S. 34.

[3] Im *Mercure de France* erschienen im Mai 1757, S. 40–63, zum ersten Mal Teile aus Algarottis *Saggio sopra l'opera in musica* (1755), bevor 1773 die vollständige Übersetzung in Paris publiziert wurde.

[4] Baron M. Grimm, Artikel »Poème lyrique«, in: *Encyclopédie ou Dictionnaire raisonné des sciences, des arts et des métiers*, Paris 1751ff., S. 824. Grimm beschränkte sich nicht auf Fragen der Librettistik, sondern behandelt auch eingehend die Dekorationen, das Ballett und die »exécution«.

[5] Ebd., S. 824.

erscheint ihm so wichtig, daß er für eine Trennung von singenden und auf der Bühne agierenden Personen eintritt, wie sie erst von Diaghilew und den Ballets russes verwirklicht wurde.

Bei seinem Kampf für einen auf der Bühne agierenden, in der Gestik und Bewegung die Emotionen darstellenden, also nicht bloß singenden Chor, konnte sich Gluck auf die in die 1760er Jahre zurückreichende Kritik am szenischen Choreinsatz berufen. So hatte u.a. Claude-Joseph Dorat durch seine Kritik des Chores Anstöße für eine Reform gegeben:

> »Mais vous qui, dans nos chœurs prétendus harmoniques
> Venez nous étaler vos masses organiques
> Et circulairement rangés en espalier,
> Détonnez de concert pour mieux nous ennuyer;
> Vous verrai-je toujours, l'esprit et le cœur vides,
> Hurlant, les bras croisés, vos refrains insipides; [...]
> Et que l'on puisse enfin sur vos fronts animés,
> Trouver le sens des vers, par la voix exprimé.«[1]

Die Chöre werden also als unbewegliche, auf der Bühne Spalier stehende Masse angesehen, deren einzelne Sänger durch ihre Mimik und Gestik durch nichts die innere Beteiligung an dem Inhalt ihrer Gesänge erkennen lassen. Die Idee der Vereinigung von Literatur, Musik, Architektur, Malerei und Choreographie zum »Gesamtkunstwerk« der Oper wird von Voltaire und anderen Autoren immer wieder thematisiert. Exemplarisch sei hier ein kritischer Brief über *Iphigénie en Aulide* zitiert, in dem der Autor den Entschluß der Musen erwähnt, das gemeinsame Kunstwerk der Oper zu schaffen, das auf Befehl Apolls den Menschen geschenkt wird:

»Que de moyens de séduire, de plaire, d'enchanter! que de ressorts dans la main d'un homme habile! Il peut s'emparer de toutes nos sensations, en agiter à parcourir! quel essor à prendre! Mais aussi quel génie il faut pour ne pas demeurer en chemin! Voilà, Madame, ce que doit être notre Opéra. La réunion de tous les Arts, l'ensemble de toutes les sensations; voilà ce qui le distingue de tous les Spectacles du monde.«[2]

Ein letztes Problem stellt die Theorie des Rezitativs und besonders die zunehmende Differenzierung der Deklamationsarten bei Blainville, de Rochement, Arnaud und anderen Autoren, die schon bei Algarotti formulierte Kritik am italienischen Secco-Rezitativ und die Bevorzugung des Rezitativs im Vergleich zur Arie bei Garcin unmittelbar vor der Entstehung der *Iphigénie en Aulide* dar. Während die Arie nur die niedrigen Gefühle und das Ohr anspreche, gehört dem Rezitativ die Krone, da es den Zuhörer am meisten bewegt:

»Le Récitatif s'élève au-dessus de nos sens[...] c'est à notre âme qu'il en veut, il ne prétend à rien moins qu'à nous affecter, à nous remuer, à nous transporter hors de nous-même: il est donc le genre le plus noble, le plus expressif, le plus varié, le plus glorieux pour le Musicien, mais le plus difficile en même temps.«[3]

Glucks *Iphigénie en Aulide* entstand demnach vor dem Hintergrund einer langanhaltenden lebhaften Diskussion über die Reform der Gattung Oper und ihrer einzelnen Komponenten. Der Komposition ging außerdem eine Kontaktaufnahme mit den Pariser Operndirektoren voraus, die zur Bedingung für die Inszenierung der *Iphigénie en Aulide* machten, daß Gluck weitere fünf Opern für Paris komponiert. Er kam 1773 nach Paris, wo er auf die Unterstützung seiner ehemaligen Gesangsschülerin Marie Antoinette rechnen konnte, und probte dort sechs Monate bis zur Uraufführung der *Iphigénie en Aulide*. Die großflächige Anlage der Akte und die dramatische Integration aller Elemente bereits in diesem ersten Pariser Werk wiesen den Weg in die Zukunft. In Paris mußte Gluck durch seinen Aufführungsstil nicht nur neue Maßstäbe setzen, weil er neue Anforderungen an Musiker und Darsteller stellte, sondern weil sich in der Pariser Opéra nach Rameaus Tod ein allgemeiner Niedergang vollzogen hatte. Mit diesem Erfolg der *Iphigénie en Aulide* trug er auch entscheidend zur Erneuerung der Tragédie lyrique bei.

Marie-François-Louis Lebland Du Roullet, den Gluck als Angehörigen der französischen Botschaft in Wien kennengelernt hatte, der das Libretto zur *Iphigénie en Aulide* schrieb und Calzabigis *Alceste* ins Französische übersetzt hatte, verfaßte eine Poetik des Librettos des Gluckschen Operntypus[4], den er ohne Unterscheidung mit einer Vielzahl von synonymen Termini bezeichnete: »drame-opéra, opéra-tragédie, tragédie en musique, tragédie-opéra« und

---

[1] Cl.-J. Dorat, *La déclamation théâtrale*, Paris 1766, S. 117.

[2] *Lettre de Madame de *** sur l'opéra d'Iphigénie en Aulide* (Lausanne 1774), in: *Querelle des Gluckistes et des Piccinnistes*, hg. v. F. Lesure, vol. II, Genf 1984, S. 13f.

[3] Laurent Garcin, *Traité du mélo-drame, ou réflexion sur la musique dramatique*, Paris 1771, S. 424.

[4] Du Roullet, *Lettre sur les Drames-opera* (1776), in: *Querelle des Gluckistes et des Piccinnistes*, hg. v. F. Lesure, vol. II., Genf 1984, S. 107–188.

»tragédie lyrique«. »Drame lyrique« dient, wie erst spät in dem Text deutlich wird, als Oberbegriff zu den drei Kategorien des Musiktheaters, »Le Tragique, le Pastoral et le Bouffon.« Nach seiner Auffassung gibt es kein schwierigeres Drama zu schreiben als das Opernlibretto. Bereits seine streng hierarchische Gliederung in tragische, pastorale oder galante und buffoneske Stoffe weicht wie viele seiner übrigen Vorstellungen erheblich von Diderots Grundsätzen ab. Von der Dichtung wie der Musik soll eine magische Kraft ausgehen, welche die Autoren beherrschen müssen. Vorbild für die opéra-tragédie ist die antike Tragödie, denn in ihr spielen die entscheidenden gemeinsamen Elemente, die Verwendung des Chores, der Vers libre bzw. Verse in verschiedenen Metren sowie das Prinzip der »heureuse simplicité« bereits eine wichtige Rolle.

Der Grundsatz bei der Themenwahl lautet, die Dichtung darf kein Selbstzweck sein, sondern sie ist dem »accord complet« bzw. der »unité« mit der Musik unterzuordnen. In anderem Zusammenhang warnt er den Dichter, sich vom Musiker zu isolieren. Er habe vielmehr einen »accord parfait entre la Poësie et la Musique«[1] anzustreben. Der Stoff soll dem Publikum bereits bekannt sein, dem Erfahrungsbereich der Großen der Welt entstammen: »Il est encore essentiel que le sujet soit simple et l'action rapide, ce Poëme étant nécessairement resserré dans des bornes étroites«.[2] Einfachheit, Einheit und rascher Verlauf sind die drei Grundsätze Du Roullets für die Handlung. Schlagworte sind für Du Roullet »une action rapide, des situations touchantes, un intérêt soutenu, vif et pressant, et s'élevant par gradation.« Wie andere Autoren des Streites zwischen Gluckisten und Piccinnisten betont Du Roullet ein völlig neues Zeitgefühl, nämlich eine bis dahin ungewohnte Geschwindigkeit des Handlungsverlaufs im Drame-opéra.

Die Exposition soll auf keinen Fall im Dialog erfolgen, also etwa im so beliebten Gespräch einer Hauptperson mit ihrer Vertrauten, sondern »en action«. Darunter versteht Du Roullet entweder eine dramatische Situation oder ein großes Tableau. Du Roullet besteht wie Diderot auf der Einhaltung der Einheit der Handlung. Für tragische Stoffe sind die Furcht und das Mitleid die wichtigsten Emotionen. Um die Personen in verschiedenen Gemütszuständen und Leidenschaften darzustellen, sollen die Situationen so verschiedenartig und gegensätzlich wie möglich sein. Die Konfliktlösungen auf natürliche Weise, d.h. wie in der Tragödie üblich, unmittelbar von der Handlung herbeigeführt, sind in der Tragédie-opéra zu vermeiden, da solche Lösungen Vorbereitungsszenen erfordern, die in der Oper problematisch sind. Das »dénouement heureux« (lieto fine) ist absolut notwendig, denn die Seele sei im Verlauf des Geschehens so erschüttert worden, daß sie am Ende durch den glücklichen Ausgang und ein heiteres Fest wieder beruhigt und getröstet werden müsse. Oftmals sei das Ende der Handlung nur durch die Intervention übernatürlicher Kräfte möglich. Anstelle des traditionellen Begriffes »merveilleux« gebraucht Du Roullet den des »surnaturel« und signalisiert damit einen Wechsel, der für die Romantik wichtig werden wird. Die kritische Distanz zum Einsatz des Wunderbaren bei Quinault exemplifiziert Du Roullet besonders an den von ihm als lächerlich bezeichneten, weil von menschlichen Leidenschaften beherrschten Gottheiten. Er illustriert seine Vorstellungen mit dem Hinweis auf seine und Glucks *Iphigénie en Aulide*, in welcher der Ausgangspunkt des Konflikts der Groll Dianes sei:

> »Les prières et la soumission des Grecs peuvent désarmer la Déesse, et la clémence étant un attribut de la Divinité, il est dans la nature que Diane révoque ses ordres rigoureux; qu'elle vienne elle-même enlever Iphigénie de l'autel, où elle avoit ordonnée qu'on la sacrifiât, qu'elle la transporte en Tauride etc. Ce dénouement surnaturel est dans le sujet, et toute vraisemblance nécessaire lui est conservée.«[3]

Im Gegensatz dazu wird die übernatürliche Lösung in der *Alceste* mißbilligt, da sie von dem Sterblichen Alcide herbeigeführt werde.

Ähnlich wie die Situationen sollen auch die beteiligten Charaktere sehr gegensätzlich sein und in Opposition zueinander gebracht werden. Der Gluckschen Eliminierung aller Nebenpersonen entspricht das Dogma, nur »personnages qui n'y soient absolument nécessaires et en action« einzusetzen, d.h. nur Personen mit »mouvemens violens« und »passions fortes« sind dem »Opéra-drame« angemessen, andere Charaktere ganz auszuschließen. Die Hauptschwierigkeit für den Dichter wie den Komponisten ist die Schaffung der »scène«. Dafür hat der Librettist einen »dialogue concis et pressé« zu schreiben. »Tout l'art des transitions y consiste dans l'élan de l'ame, y est restraint au mouvement rapide et spontané, mais naturel,

---

1 Ebd., S. 128.
2 Ebd., S. 117.
3 Ebd., S. 121.

des passions«[1] – allein das Herz muß zum Sprechen gebracht werden, das Rationale bzw. das Intellektuelle hat keinen Platz in dieser Gattung. Nicht nur jeder überflüssige Vers, sondern jedes überflüssige Wort ist zu vermeiden. Quinaults Weichheit, Eleganz und Harmonie des Stils ist deplaziert. Die ganze Modernität, in der sich bereits Grundsätze und Eigenschaften des Revolutionstheaters ankündigen, kommt in Du Roullets Grundsatz zum Stil zum Ausdruck: »Il lui faut [au poëme], je crois, offrir un stile plus concis, plus nerveux, plus rapide et sur-tout plus varié, des expressions fortes propres à rendre des sentimens profonds et des passions violentes [...] quelquefois un Vers, dont la dureté choque l'oreille, produit un grand effet avec le chant.«[2] Die Vielfalt der eingesetzten Stile und Metren habe den verschiedenen Charakteren und den Situationen zu entsprechen.

Die Ausführungen Du Roullets zum Einsatz verschiedener Versmetren und der Silbenquantität sind bei der Analyse viel stärker zu berücksichtigen als dies bisher geschehen ist. Für das »récitatif parlé« verlangt er Verse mit wechselndem Metrum, mit unsymmetrischer Abfolge kurzer und langer Silben und dem Kreuzreim, um jegliche Monotonie zu vermeiden. Das »récitatif chanté« dient der Wiedergabe edler Gedanken und tiefer Emotionen. Je länger dieses ist, desto eher erfordert es lange Silben, um ihm dadurch »noblesse« und »majesté« zu verleihen. In den für die Arien bestimmten Versen müssen die verschiedenen Metren und Stilmittel zur Charakterisierung der Personen eingesetzt werden. So eignen sich achtsilbige Verse mit langen Silben zur Wiedergabe der »sentiments tendres«, weil sie dem Gesang Leichtigkeit, Sensibilität und Flüssigkeit verleihen. Achtsilber mit wechselnden kurzen und langen Silben bringen Emotionen des Schmerzes oder des Leidens zum Ausdruck. Dabei sind die Worte in ebenmäßigem Rhythmus anzuordnen, »de manière qu'ils puissent être séparés par le chant.« Für den Ausdruck der unterdrückten Wut (»colère étouffée«) sind Zehnsilber am besten geeignet, wobei »un usage retenu, et pour ainsi dire spontané des brèves« in einer »réticence dans le style« verlangt wird. »Avez vous la colère d'Achille à rendre? précipitez les mots, qu'ils se succèdent avec la rapidité de l'éclair, qu'ils soient courts, que les syllabes en soient bréves et sonores, et que les Vers soient sans repos.«[3] – Dafür seien kurze Verse mit fünf, sechs oder sieben Silben am besten geeignet. Im entsprechenden Beispiel dafür, in dem auch die Häufigkeit der »r« und mit »r« zusammengesetzten Laute den Charakter der Verse mitprägt, in der »colère d'Achille« aus der *Iphigénie en Aulide* (III/3) fiel die Wahl auf den Achtsilber:

>»Calcas, d'un t**r**ait mo**r**tel pe**r**cé,
>Se**r**a ma **pr**emiè**r**e victime;
>L'autel **pr**épa**r**é pou**r** le c**r**ime,
>Pa**r** ma main se**r**a **r**enve**r**sé.
>Et si dans ce déso**r**d**r**e ext**r**eme,
>Vot**r**e pè**r**e offe**r**t à mes coups
>**Fr**appé tombe et pé**r**it lui-même,
>De sa mo**r**t n'accusez que vous.«

Mit »coupe« bezeichnet Du Roullet die Planung der kontrastierenden musikalischen Szenen durch den dramatisch motivierten Einsatz von Solisten, Ensemble, Chor, Ballett und Bühnenmaschinen. Nach seiner Auffassung ist diese Technik der »coupe« von den Librettisten erst infolge der von den »Italienern« Scarlatti, Porpora, Pergolesi, Leo, Vinci, Hasse geschaffenen und von Gluck erneuerten und in Frankreich eingeführten »musique d'expression« entwikkelt worden. Duo und Trio müssen dialogisierend sein und dienen, abgesehen vom Duo gleicher Emotionalität der beteiligten Personen oder, als rein musikalisch motivierte Stücke außerhalb der Aktion, der Opposition von Charakteren und Leidenschaften. Im Gegensatz dazu dürfen im Quartett keine »sentimens vifs et passionnés« vortragen werden, d.h. das dialogisierende Quartett lehnt Du Roullet ab. Das Quartett ist lediglich nach einer heftigen Auseinandersetzung (»situation forte«) angemessen, in der die Darsteller »éprouvent un sentiment doux et commun à chacun d'eux.«[4] Mit dem Einsatz seiner »chœurs en action« sei Gluck als erster ganz neue Wege gegangen. Du Roullet zielt hier besonders auf die Handlungschöre, die auf der Bühne agieren, durch ihre Gestik und pantomimischen Aktionen ihre Emotionen ausdrücken, wie sie Gluck durchgesetzt hatte, nicht aber auf ihre musikalische Gestalt und ihre Funktionen im Bühnengeschehen. Er formuliert seine Kritik an dem szenischen Choreinsatz in der älteren Oper auf folgende parodistische Weise, die großen Anklang fand und vielfach

---

[1] Ebd., S. 125.
[2] Ebd., S. 127.
[3] Ebd., S. 131.
[4] Ebd., S. 135.

zitiert wurde: »L'habitude seule peut sans doute faire tolérer ces personnages postiches, qui plantés sur le Theâtre comme des tuyaux d'orgue, ne sont amenés sur la Scène que pour rendre de vains sons.«¹ In der *Iphigénie en Aulide* gebe es fast ausschließlich Handlungschöre.

Ebensowenig wie an der Einheit der Handlung darf an der Einheit des Ortes gerüttelt werden. Letztere ist eng mit dem Grundsatz der »action pressée«, also dem bereits erwähnten raschen Tempo der Handlung verknüpft. Ortswechsel sind möglich, aber sie dürfen nicht zum Selbstzweck werden, also bloß um eine neue Dekoration zu zeigen, sondern müssen gut motiviert sein und dürfen nicht zu einer Zerstörung der Einheit der Zeit führen. Keine »pompe et magnificence du spectacle« sind zu rechtfertigen, die nicht im Interesse der Handlung stehen. In diesem Zusammenhang unterscheidet er »les fêtes spectacles, les fêtes pantomimes« und »des fêtes qui ont uniquement la danse pour objet.«² Das Tanzen allegorischer Personen (Teufel, Magier, der Haß, die Rache etc.) lehnt er als Verstoß gegen die Vernunft und den gesundern Menschenverstand kategorisch ab. Ebenso mißbilligt er, abgesehen vom abschließenden Fest, Ballettszenen am Ende der Akte und plädiert für die seit Lullys Zeiten oftmals praktizierte plötzliche Unterbrechung des Divertissements durch ein überraschend eintretendes dramatisches Ereignis, das die Situation und den musikalischen Verlauf total verändere. Wenn Du Roullet sich vehement für die Pantomime und eine bessere Ausbildung der Sänger in dieser Hinsicht einsetzt, so greift er damit Bestrebungen auf, die seit den theoretischen Schriften Diderots und Noverres im gesprochenen Theater und im Drame der Opéra-Comique bestimmend geworden waren. Diesbezüglich hat die Aufführungspraxis auch heute noch erheblichen Nachholbedarf.

Die Ausführungen zur Musik betreffen die nachahmende Musik (»musique imitative«), die Du Roullet nur dann gelten läßt, wenn sie im Kontext aller »accessoires réunis«, d.h. Dichtung, Dekoration und evtl. Pantomime eingesetzt ist. Die Gefahr bestehe darin, daß bestimmte malende Musik wie die »tempête« zur Uniformität zwischen den Realisierungen verschiedener Komponisten führe, während in der »musique d'expression« eine unendliche Variationsmöglichkeit der Charaktere, Situationen und Leidenschaften bestehe. Das bei Diderot trotz aller Neuerungen konstatierte Festhalten an den klassischen Regeln, das im Vergleich zu den deutschen Dramatikern, also insbesondere Lessing, radikale Neuerungen verhinderte, trifft auch auf Du Roullets allerdings später entstandene Poetik zu.

Die ›Tragédie opéra‹ *Orphée et Euridice*, Glucks zweite französische Reformoper, stellt eine Umarbeitung der italienischen »Azione teatrale« von 1762 dar. Vorausgegangen war seiner Opernreform eine Kritik an der italienischen und implizit an der französischen Oper, die wie bei allen Opernreformen darauf zielte, dem Drama gegenüber der Musik die Priorität zu geben. Die Tragédie lyrique bot ganz andere Angriffspunkte. Eines der wichtigsten Ziele Calzabigis war die Reduzierung auf eine Haupthandlung, ein Ziel, für dessen Durchsetzung in der französischen und italienischen Oper auch Gründe bestanden. Dem von den Enzyklopädisten Rousseau und Diderot proklamierten Prinzip der Natürlichkeit entsprach weder die Dramaturgie der Tragédie lyrique noch das darin eingesetzte Ballett. Es herrschte also eine höchst komplexe Situation, in der Gluck seine Reform auf die Pariser Bühne zu übertragen begann.

Orfeo ed Euridice steht als ›Azione teatrale‹ in einer konservativen Tradition. Damit sind bereits Eigenarten wie mythologischer Stoff, Chöre, Ballette und Schlußapotheose impliziert, eine Tatsache, die erst in der jüngeren Beschäftigung mit den Gattungsgrenzen der Oper sowie der Opernreform ins Bewußtsein gerückt ist. Erst mit der *Alceste* begann die Reform der Opera seria. Der Bearbeiter des französischen *Orphée*, Pierre-Louis Moline, hat Gluck vermutlich erst nach seiner Ankunft in Paris kennengelernt. Nach der Uraufführung der Iphigénie en Aulide am 19. April 1774 konnten die Vorbereitungen zu *Orphée* beginnen (Première am 2. August und fast gleichzeitige Publikation des Partiturstichs). Die Umarbeitung in eine ›Tragédie-opéra‹ war nicht so problembeladen wie jene der *Alceste*. Gluck behielt fast die ganze Musik seines *Orfeo* bei, ergänzte insgesamt 10 Nummern, besonders für das Ballett der Pariser Oper, das über die beste Truppe Europas in der zweiten Hälfte des 18. Jahrhunderts verfügte (also besonders das Furienballett zu Beginn des II. Akts und das Schlußballett). Neue Musik fügte er außerdem an Schnittpunkten der Handlung, also an Aktschlüssen (Choreographie von Gardel) und in der statischen Elysiumsszene (Choreographie von Vestris) ein. Wie im I. Akt wurde der II. Akt in jeweils vier Szenen neu gegliedert, wobei dessen Schluß-

1 Ebd., S. 135f.
2 Ebd., S. 144.

teil mit dem Schmerzensausbruch des Orphée erheblich erweitert wurde. Acht der neuen Stücke lassen sich als Übernahmen aus früheren Werken nachweisen, die Gluck in Paris verfügbar gewesen sein müssen, denn erst dort entstand der Plan, einen französischen *Orphée* herauszubringen. Insgesamt zeigt die Bearbeitung Glucks eine wirkliche Neukonzeption, die sowohl die Dynamisierung und Dramatisierung der übernommenen Stücke in vielen Einzelheiten als auch die Tonartenanlage und die Schaffung von großen zusammenhängenden Blöcken betrifft.

Im Zentrum der Textreform Raniero Calzabigis hatte *Alceste* (1767) gestanden, in der die Idee der Verschmelzung des italienischen und französischen Opernstils und das Streben der Anhänger Rousseaus und der Enzyklopädisten, die Konvention durch die Natürlichkeit, den höfischen durch einen wahrheitsgemäße Diskurs und das der Metastasianischen Oper eigene Intrigennetz durch die »Einheit, Größe und Wahrheit«[1] zu ersetzen, realisiert war. Die Personen der *Alceste* sind keine höfischen Personen mehr, sondern zeitlose Gestalten, denen Gluck durch seine Musik zu ihrer menschlichen Größe und Wahrhaftigkeit verholfen hat. Die Grundidee des Dramas ist die eheliche Liebe, die zum höchsten Opfer bereit ist. Die Handlung wird aus dem Alltäglichen emporgehoben, ohne daß das Wunderbare bemüht wird.

Durch das Vorwort rückte Alceste in den Mittelpunkt der Diskussionen. Es stellt eine Widmung an Großherzog Leopold I. von Toskana dar, wurde im Wiener Druck der Oper von 1769 publiziert und enthält deutliche Anlehnungen an Algarottis 1755 in Livorno publizierten *Saggio sopra l'opera in musica*. Gluck beabsichtigt »[de] fortifier l'expression des sentiments et l'intérêt des situations«[2], der Szene die »chaleur« zu geben, alle »moments superflus« zu eliminieren und die Kluft zwischen Arie und Rezitativ zu schließen. Die Handlung basiert auf einem einzelnen Strang, nicht wie bei Metastasio auf dem Ineinandergreifen von Haupt- und Nebenhandlungen. Ästhetisches Ideal ist die »belle simplicité« und »clarté«. Das Libretto hat »passions fortes« und »situations intéressantes« zu liefern und muß alle Voraussetzungen für ein »spectacle varié« schaffen. Weder im Vorwort zur *Alceste* noch in jenem zu *Paride ed Elena* wird von Gluck der Modebegriff im Streit seiner Anhänger und Gegner, »la musique dramatique«, verwendet. Höhepunkte der Handlung in der *Alceste* sind Momente des »Inneren« (I/5; II/1), Menschen sind abhängig vom Votum der Götter, indirekt beim Orakelspruch (I/4) oder direkt in den Szenen im heiligen Wald. Die in der barocken Oper notwendigen Wechsel der Affekte vermied Gluck, vielmehr wandelt er hauptsächlich den Hauptaffekt ab, das Leiden Alcestes und des Volkes um Admète, hält so an einem Affekt fest mit seiner Vielfalt und seinen Veränderungen. Die Accompagnati und Ariosi geben anders als geschlossene Formen mehr Möglichkeiten zu häufigen Motiv-, Tonart- und Tempowechseln. Die zahlreichen Chöre des Volkes sind als Kommentare der Ereignisse anzusehen, denn das Volk ist als Gemeinschaft ebenso vom Schicksal betroffen wie das Herrscherhaus. Die Ballette drücken die Verzweiflung des Volkes aus oder feiern die Genesung Admètes. Nur das Schlußballett spielt hier eine für Gluck erstaunlich traditionelle Rolle. Die Integration von Rezitativ, Arie, Chor und Ballett führen zu einer bis zu Gluck in der italienischen Oper nicht erreichten musikdramatischen Einheit. Die vokalen und instrumentalen Mittel tragen den Gestus wortgebundener und deklamatorischer Musik, das Orchester wird motivisch und klanglich in den Dienst des dramatischen Ausdrucks gestellt. Wie sehr die innere Handlung an Gewicht gewinnt, zeigt die Tatsache, daß die Arie der Alceste in der französischen Version »Divinité du Styx«, in der die tragische Konsequenz des Orakelspruchs für ihr Leben reflektiert wird, zugleich Zentrum und Kulmination der inneren Handlung und Pendant zum Hoffest ist.

Das Libretto der französischen *Alceste* stammt wiederum von Du Roullet. Von Frankreich aus betrachtet, stellen Glucks Opern keineswegs eine Reform im gleichen Sinne dar, wie man diese aus dem Blickwinkel der italienischen Opera seria verstehen muß, denn dort bestanden mit der Tragédie lyrique ganz andere Voraussetzungen. Im Vorwort zur *Alceste* nennt Gluck die Motive und Ergebnisse seiner Reform, von denen hier nur die auch auf Frankreich zutreffenden zu berücksichtigen sind: »je cherchai à réduire la musique à sa véritable fonction, celle de seconder la poésie pour fortifier l'expression des sentiments et l'intérêt des situations, sans interrompre l'action et la refroidir par des ornements superflus.« Die Neudefinition der Funktion der Ouvertüre erübrigte sich in Frankreich insofern, als hier spätestens seit Rameaus *Zoroastre* (1749) und in der Opéra-comique eine lebendige Tradition der Verknüpfung von Ouvertüre mit dem Inhalt der Oper bestand. Schließlich ist das ästhetische Credo Glucks von universeller, weitreichender Bedeutung: »J'ai cru encore que la plus grande partie de mon

---

[1] Die Leitbegriffe des Vorwortes der *Alceste*, »semplicità, verità, naturalezza«, vgl. A. A. Abert, Artikel »*Gluck*«, in: *Musik in Geschichte und Gegenwart*, Bd. 5, Kassel 1956, Sp. 360.
[2] Chr. W. Gluck, *Epître dédicatoire de l'opéra d'Alceste*, in: *Mémoires pour servir à l'histoire de la révolution opérée dans la musique par. M. le Chevalier Gluck*, Neapel und Paris 1781, S. 15.

travail devoit se réduire à chercher une belle simplicité, et j'ai évité de faire parade de difficultés aux dépens de la clarté; je n'ai attaché aucun prix à la découverte d'une nouveauté, à moins qu'elle ne fût naturellement donnée par la situation, et liée à l'expression.« Gerade diese »belle simplicité« wurde Gluck von den Piccinnisten und den Autoren der *Encyclopédie Méthodique* ganz im Gegensatz zu Friedrich Schiller bestritten, der im Jahre 1800 schrieb: »Dagegen hat mir Glucks Iphigenia auf Tauris einen unendlichen Genuß verschafft, noch nie hat eine Musik mich so rein und schön bewegt als diese, es ist eine Welt der Harmonie, die geradezu zur Seele dringt und in süßer hoher Wehmut auflöst«.[1] Die entsprechenden Äußerungen aus französischer Sicht im Streit der Gluckisten und Piccinnisten sowie im nachfolgenden musikthereotischen und -ästhetischen Schrifttum sehen ganz anders aus.

Die Pariser Fassung der *Alceste* von 1776 verbindet mit dem französischen Text eine eingehende Revision der ersten Fassung. Besonders war Du Roullet im Verein mit Gluck um einen sinnvolleren Handlungsablauf bemüht. Die Palastszene zwischen Alceste und Admète, die in Wien der Unterweltszene folgt, wird nun vor dieser angeordnet. Der Herkules war ursprünglich gestrichen worden, damit Apollo »aus Dankbarkeit das Wunder« vollführe. Mit der Intervention Apollos, durch die er Alceste und Admète wieder zusammenführt, endete auch die erste Aufführung der *Alceste* in Paris im April 1776. Davon rückte dann Gluck selbst wieder ab, indem er seit Juni 1776 Herkules als Retter einsetzte und Apollos erheblich reduzierte Rolle eigentlich überflüssig wurde.

Musikalische Details, wie etwa in Alcestes Arie *»Io non chiedo«*, in der die Kinder in dem Andante mit einem Solo des Englischhorns die Mutter unterbrechen, wurden aufgrund der Kritik Rousseaus in der Pariser Version gestrichen. Rousseau hatte Gluck mangelnde Einheit hinsichtlich des Metrums, des Tempos und der Logik vorgeworfen:

»L'air Io non chiedo, eterni Dei«, est, sur-tout dans son commencement, d'un chant exquis, comme sont presque tous ceux du même auteur. Mais où est dans cet air l'unité de dessein, de tableau, de caractère? Ce n'est point là, ce me semble, un air, mais une suite de plusieurs airs. Les enfants y mêlent leur chant à celui de leur mère; ce n'est pas ce que je désapprouve: mais on y change fréquemment de mesure, non pour contraster et alterner les deux parties d'un même motif mais pour passer successivement par les chants absolument différents. On ne sauroit montrer dans ce morceau aucun dessin commun qui le lie et le fasse un: cependant c'est ce qui me paroît nécessaire pour constituer véritablement un air. [...] J'avoue que le premier changement de mesure rend admirablement le sens et la ponctuation des paroles: mais il n'en est pas moins vrai qu'on pouvoit y parvenir aussi sans en changer«.[2]

Insgesamt ist die französische Bearbeitung das reifere und überzeugendere Werk im Vergleich zur Wiener Fassung. Die berühmte Arie *»Divinités du Styx«* etwa zeigt eine schärfere Charakterzeichnung als die originale italienische Version *»Ombre, larve«*. Auch der Chorgesang nimmt im I. Akt eine bedeutendere Rolle ein.

Die Ouvertüre in der tragischen Tonart d-Moll mit ihren zahlreichen Seufzermotiven, der fast ununterbrochenen depressiven Abwärtsbewegung, der schmerzvollen Dissonanzen und ihren Orgelpunkten war lange Zeit das Modell einer wahrhaft tragischen Ouvertüre. Sie ist in zwei Teile gegliedert, wobei der zweite bei nur einer einzigen Erweiterung um zwei Takte eine Transposition des ersten darstellt, der mit einer kurzen Coda abgeschlossen wird und unmittelbar in den Eingangschor übergeht. Über dem Doppeldominantorgelpunkt im ersten Teil und über dem Dominantorgelpunkt im zweiten ist sogar ein kontrastierendes Thema von jeweils zehn Takten zu bemerken.

Das inhaltliche wie musikalische Gewicht der Chöre zeigt sich schon daran, daß sie eine größere Zahl einnehmen als die solistischen Nummern und daß durch zahlreiche Wiederholungen von Chören besonders im I. Akt große architektonische Blöcke innerhalb des Gesamtplans der Oper entstehen. Die Besetzung der Chöre reicht in der französischen Version von dem vier- (eine Frauen- und drei Männerstimmen) und dreistimmigen Männerchor über gleich- oder verschieden besetzte Doppelchöre (dreistimmiger Chor ohne Soprane oder Quartett von Solisten im Wechsel mit dem vollen Chor) bis zur Opposition von Solist oder Solisten mit dem Chor. Syntaktisch sind eher symmetrisch gegliederte von durchkomponierten Chören mit sehr unregelmäßigem Bau zu unterscheiden. Zu den ersteren gehören einige »chœurs avec la danse«, z.B. des Hoffestes zu Beginn des II. Akts. Musterbeispiel dafür ist *»Parez vos fronts de fleurs«* mit seinen beiden achttaktigen Perioden des Eingangsritornells, die in der Art eines Doppelrefrains nach den Chor- und solistischen Abschnitten wiederholt werden. Außerdem kehrt der ganze erste Formteil nach der Arie der Alceste *»O Dieux! soutenez mon*

---

[1] Zitiert nach W. Seifert, *Christian Gottfried Körner, ein Musikästhetiker der deutschen Klassik*, Regensburg 1960, S. 28.

[2] J.-J. Rousseau, *Fragment sur l'Alceste de M. Gluck*, in: *Œuvres complètes*, vol. XV, Paris 1825, S. 318.

courage« wieder. Coquéau kritisiert diesen Satz als »petite musique«, dessen »roideur« und »pauvreté« in der Tragédie unangemessen sei. Regelmäßig periodische Glieder hat aber sogar der von Chromatik geprägte Chor, »*O que le songe de la vie*« in der Trauer- und Leidenstonart f-Moll, mit dem der bevorstehende Tod Alceste angekündigt wird. Im Gegensatz dazu stehen etwa »*Fuyons, nul espoir nous reste*«, ein Chor, mit dem das Volk nach der Verkündigung des Orakels von der Bühne stürzt, oder auch »*Qu'ils vivent à jamais*« im III. Akt, in dem gerade viertaktige und ungerade fünftaktige Formteile wechseln. In seiner expressiven und dramatischen Ausdruckskraft ist das kurze Eingangsandante »*Dieux, rendez-nous notre roi*« des Chores mit seinem vier Takte beibehaltenen verminderten Septakkord sowie der von der Kritik allgemein gelobte, unmittelbar folgende Chorsatz »*O Dieux qu'allons nous devenir*« bereits ein Signal für das musikdramatische Gewicht, das den Chören in der ganzen Oper zukommt. Coquéau, dem die Chöre in den ersten beiden Akten zu zahlreich erscheinen, bemängelt allerdings, in »*O Dieux qu'allons nous devenir*« sei der Tempowechsel vom Andante zum Allegro bei »*Non jamais le courroux*« nicht gut motiviert bzw. komme zu spät.[1] In den Chören der »Dieux infernaux« der Männerstimmen Haute-contre, Tenor und Baß unter Aussparung der Soprane schließt Gluck an eine seit Lully etablierte französische Chorbesetzung an. In dem dialogisierenden Chor mit Alceste und Admète im III. Akt, der mit dem zweifachen, metrisch jeweils verschiedenen Ausruf »Alceste« beginnt, sind die beiden letzten Chorglieder in zwei dreitaktige und eine fünftaktigen Phrase gegliedert. Die Chöre sind also nicht nur inhaltlich und dramatisch die wirklichen Partner der Solisten, sondern ihre Bedeutung spiegelt sich auch in ihrer vielfältigen Gestalt, Besetzung und tonalen Behandlung wider. Im einzigen Ensemble der Oper, dem dialogisierenden Terzett »*Reçois, Dieu bienfaisant, l'hommage de nos cœurs*« sind Alceste und Admète durch je eigenen Text und Melodik von denjenigen Hercules zu unterscheiden.

Ein Blick auf die solistischen Gesänge zeigt die große Vielfalt verschiedener Gestaltungsmöglichkeiten Glucks, die er jeweils nach seinen dramatischen oder ausdrucksmäßigen Bedürfnissen auswählte. Alceste ist mit neun Gesängen und den drei Duetten mit Admète in der Oper die überaus dominante Gestalt. Ihre Auftrittsarie »*Grands Dieux! Du destin qui m'accable*« ist eine Zwei-Tempo-Arie mit einem für den französischen Stil typischen dreitaktigen Da-capo-Zitat zu Beginn des letzten Formabschnittes (das gleiche Verfahren ist in Admètes »*Non sans toi je ne puis vivre*« im II. Akt zu beobachten). Coquéau bemerkt kritisch, der Moderato-Teil »finit d'une manière très-mesquine«[2] (er scheint damit eher das Ritornell als das ausdrucksvolle Melisma der Singstimme zu meinen) und der kurze Tempowechsel im Allegro sei unmotiviert. Alcestes zweite Arie, die Klage »*Non, ce n'est point un sacrifice*«, ist, formal gesehen, eine ungewöhnliche Da-capo-Arie, da die ersten vier Takte als selbstvergewisserndes Motto, von Coquéau deshalb als »rondeau« bezeichnet, in der Mitte des Moderatoteils und das ganze Andante als Da capo wiederholt werden. Wie sehr Gluck in diesem Stück seiner Zeit voraus war, beweist die Kritik Framérys. In der *Encyclopédie Méthodique* zitiert er es bezeichnenderweise in dem Artikel »*décousu*«. Die erste Phrase habe keine Analogie in der Arie mehr (er verschweigt dabei, daß sie dreimal erklingt): »je ne remarquerai point que la seconde partie de la première mesure, toute composée de doubles croches, oblige à en précipiter les paroles, ou à chanter cette mesure plus lentement que les suivantes; mais j'observerai qu'il ne se trouve pas une seule double croche ailleurs.«[3] Nach einer Aufzählung einer Reihe weiterer Verstöße meint er unter Verkennung gerade ihrer Expressivität in dieser extremen Situation, die Aneinanderreihung so ungleich gebauter Phrasen sei unakzeptabel: »Tout ce morceau est fait de la même manière; on n'y voit point une phrase qui corresponde à l'autre, et qui présente la moindre idée d'unité.«[4] Framéry besteht auf einer klassizistischen Formbildung aus »formes régulières« und erweist sich als einer der bedeutendsten Vertreter der gegen Gluck gerichteten, von klassizistischen Idealen geprägten Musikkritik und -theorie.

Ebenso eigenständig wie dieser Klagegesang Alcestes ist die Gestalt der berühmten Arie »*Divinités du Styx*«, deren Begleitung durch ungewöhnlich vielfältige Rhythmen, die Unisoni bei mehrfachem Tempowechsel zwischen Andante, Adagio, Andante un poco, Animé und Très animé gekennzeichnet ist. Die eigenwillige Abfolge der Verse in der Vertonung mit einem Da capo des ersten, 24 Takte langen Formteils ist der folgenden Übersicht zu entnehmen (die Buchstaben bedeuten jeweils den Vers, die Ziffern die erste oder zweite Vershälfte): a1 a2 b b1 b b2/ c d (unvollständig) d a1 a2 e1 e1 e2 f f2 g h i h i g1 g2/ a1 a2 b b1 b b2.

---

[1] Vgl. Cl.-Ph. Coquéau, *Entretiens sur l'état actuel de l'Opéra de Paris* (1779), in: *Querelle des Gluckistes et des Piccinnistes*, hg. v. F. Lesure, vol. II, Genf 1984, S. 447.
[2] Ebd.
[3] N.-E. Framéry, Artikel »*décousu*«, in: *Encyclopédie Méthodique*, vol. II, S. 111.
[4] Ebd.

Im Accompagnato »*Arbitres du sort humain*« verdoppeln Oboen und Klarinetten die außergewöhnlich gespannte Melodik der Singstimme, während die Streicher mit ihrem Bogentremolo zur Ausdrucksverstärkung beitragen. Gerade diese Art der Sprachvertonung klang für die zeitgenössischen Ohren ungewöhnlich, wie die Bemerkung Coquéaus über die »chants roides et sans harmonie«[1], von denen große Gewalt ausgehe, zeigt. Die zweiteilige Arie »*Je n'ai jamais chéri*« (eine zweite Arie dieser Formgestalt ist Alcestes Anruf der Götter »*Ah, Divinités implacables*«), in der die Oboe die Singstimme weitgehend verdoppelt, gehörte zu den populären Erfolgen der Opern Glucks in Frankreich. Alcestes Arie »*Ciel! Quel supplice, quelle douleur*«, in der der zweite Teil »*Cet effort, ce tourment extrême*« am Ende wiederholt wird, ist dadurch hervorgehoben, daß sie verkürzt nach dem nachfolgenden *Chor* »*Oh, que le songe de la vie*« in einem neuen Tempo (Vivement anstelle des Andante) wiederholt wird.

Mit der Häufung klanglicher Härten (den Konsonanten s, t, r und k, im Beispiel in Fettdruck) in den Versen des großen Récitatif Alcestes in der Unterweltszene realisierte Du Roullet Vorstellungen, wie er sie in seiner theoretischen Abhandlung über die Librettistik formuliert hatte.

[1] Coquéau, *Entretiens sur l'état actuel de l'Opéra*, vgl. u.a. S. 386.
[2] Suard, Artikel »*acteur*«, in: *Encyclopédie Méthodique*, vol. I, S. 49.
[3] Coquéau, *Entretiens sur l'état actuel de l'Opéra*, S. 448.

> »**Gr**and Dieux! Sou**t**enez mon **c**ourage!
> Avan**ç**ons! Je f**r**émis...! **C**onsommons no**tre** ouvrage!
> Ah, **qu**el **s**éjour a**ffr**eux! **Qu**e vois-je, ju**st**es Dieux?
> **T**ous mes **s**ens **s**on**t s**ai**s**is d'une **t**e**rr**eur soudaine.
> **T**out de la mort dans **c**es ho**rr**ibles lieux
> **R**e**c**onnaî**t** la loi **s**ouveraine.
> **C**es a**r**bres dessé**c**hés, **c**es **r**o**c**he**r**s mena**ç**an**ts**,
> La **t**e**rr**e dépouillée, a**r**ide et **s**ans ve**r**du**r**e,
> Le **br**uit lugu**br**e et **s**ou**r**d de l'onde qui mu**r**mu**r**e
> Des oi**s**eaux de la nuit les funè**br**es a**cc**en**ts**.
> **C**e**t** an**tre**, **c**e**t** au**t**el, **c**es **s**pe**ctres** e**ffr**ayan**ts**,
> **C**e**tt**e pâle **c**la**r**té don**t** la lumiè**r**e obs**c**u**r**e
> **R**épands **s**u**r c**es obje**ts** une nouvelle ho**rr**eu**r**,
> **T**out de mon **c**œu**r** gla**c**é **r**edouble la **t**e**rr**eur.«

Bereits in der Poesie wird das Grauen des Ortes zum Klingen gebracht, das von Gluck mit dem Einsatz musikalischer Ausdrucksmittel gesteigert wird: Sturzmotive im Orchester, verminderte Septakkorde, Tritoni, Tremolo der Streicher und die phrygische Abschlußkadenz, Unterbrechung der Singstimme durch das Orchester. Interessant sind die Ausführungen Suards in der *Encyclopédie Méthodique* gerade zur pantomimischen Umsetzung der Ritornelle durch den Sänger in dieser Arie:

> »Non seulement la musique dispense l'acteur de mettre dans son action une vérité rigoureuse, mais elle ne le lui permet même pas. Il est forcé de suivre le caractère de la musique, de faire concourir le geste avec la mesure, de la prolonger ou de la précipiter suivant les mouvements du chant. Quelquefois le compositeur a noté lui-même certains mouvements de l'acteur. Par exemple, au troisième acte d'Alceste, lorsque la reine se rend aux antres de la mort, elle est effrayée de l'horreur qui l'environne, elle dit:
> ›Dieux! soutenez mon courage... ‹
> ›Avançons...je frémis...consommons notre ouvrage.‹
> Les silences de ce monologue sont remplis par des notes de l'orchestre qui comptent, pour ainsi dire, les pas d'Alceste. [...] Gluck avoit eu dans quelques autres endroits la même intention de noter par la musique la pantomime des acteurs; mais les difficultés qu'il avoit rencontrées dans l'exécution, lui firent renoncer à cet effet comme à beaucoup d'autres, qu'il regardoit comme essentiels à l'illusion et à la perfection du mélodrame, mais pour lesquels il croyoit que les acteurs et le public même n'étoient pas encore assez préparés.«[2]

Admètes Da-capo-Arie »*Bannis la crainte*« ist mit ihren zahlreichen Textwiederholungen am stärksten italienisch geprägt. In seiner c-Moll-Arie »*Alceste au nom des Dieux*« wird die Anfangsstrophe in freier Handhabung am Schluß noch einmal neu vertont und mit einem zweimaligen Anruf Alceste geschlossen. Schließlich wandelt Gluck das Da capo in der die ganze Entschlossenheit des Hercules zum Ausdruck bringenden Arie »*C'est en vain que les enfers*« dadurch ab, daß er lediglich sechs Takte des Anfangs wiederholt und dann nach einem neuen Abschnitt nur noch die letzten acht Takte unverändert aus dem ersten Teil der Arie übernimmt.

Mit dem Hinweis, in der durchaus geschätzten Pantomime der Priesterinnen handle es sich bei Abstraktion der Ornamente um einen »chant Protestant dans le Temple« kennzeichnet Coquéau richtig diese stilistische Nähe zum Choral.[3] Schließlich ist auf die Eigenart der

Schlußchaconne zu verweisen, in der neben der Wiederholung von 60 Takten aus dem Anfang (Gluck läßt den ersten Achttakter und seine Wiederholung aus) weitere zwei Achttaktphrasen hinzukommen.

Glucks Vertonung von Quinaults Libretto der *Armide* wurde am 23. September 1777 zum ersten Mal in der Opéra aufgeführt. Sie stieß auf die heftigste Kritik bei La Harpe und Marmontel, ohne daß sie damit eine erste Serie von 27 Aufführungen und mehrere Wiederaufnahmen bis 1792 hätten verhindern können. Bei der Wahl des Librettos, das seit Lullys Meisterwerk aus dem Jahre 1686 niemand in Frankreich gewagt hatte, neu zu vertonen, mußte sich Gluck über die eingehende Kritik Du Roullets an Philippe Quinault im allgemeinen und seiner *Armide* im speziellen hinwegsetzen. In seiner *Lettre sur les Drames-opéra* 1776 hatte Du Roullet eingehend und grundsätzlich das Libretto der *Armide* als unbrauchbar verurteilt, ohne daß dies für Gluck ein Grund gewesen wäre, gerade dieses allgemein am höchsten geschätzte Chef-d'œuvre unter allen französischen Opernlibretti zu vertonen.[1] Du Roullet findet den ersten Akt »sans mouvement sans action, uniquement employé à une partie de l'exposition pour laquelle une scène de 30 Vers auroit suffi«.[2] Die Person des Hidraot sei »tout-à-fait épisodique et inutile«, und das Divertissement habe Quinault darin lediglich eingeführt, um den Akt zu verlängern. Auch die beiden ersten Szenen des II. Akts seien durch bloße 4 oder 6 Verse im I. Akt zu ersetzen gewesen. Gänzlich lächerlich und unmotiviert (»ridicule« und »déplacé«) findet er das Erscheinen der Nymphen und Schäfer vor dem schlafenden Renaud, während der Auftritt Armides danach, mit dem Du Roullet zufolge das eigentliche Geschehen der Oper erst beginnt, als höchste Stufe des Sublimen gelobt wird:

»Rien n'est mieux fait, rien n'est plus sublime, rien n'est plus véritablement tragique que cette scène de Renaud endormi et d'Armide le poignard à la main.« Die beiden folgenden Akte III und IV seien »d'un froid mortel. Le 3e. tout-à-fait épisodique et inutile, rempli par une allégorie, ingénieuse à la vérité, mais déplacée et pour Armide qui vaincue par l'Amour ne doit pas quitter Renaud, et pour le Spectateur impatient de revoir ensemble les deux Amans, et le 4e. acte que les enthousiastes de Quinault n'ont pas même osé entreprendre de justifier.«

Erst zu Beginn des letzten Akts finde das Geschehen seinen Fortgang. Die Handlung reiche gerade für drei Akte, und deshalb müßten die Akte III und IV gestrichen werden. Du Roullet bezeichnet Quinaults Oper als Versuch, um jeden Preis und gegen den »bon sens« fünf Akte und fünf Divertissements zu schreiben. Es sei nur nebenbei vermerkt, daß dieser programmatische Brief, der stellenweise recht überheblich klingt, noch im gleichen Jahr eine überaus ironische Antwort von Nicolas Bourguignon de La Salle erhielt[3], in welcher u. a. auch der belehrende Ton der Schrift entlarvt wird.

Gluck hat sich mit der Wahl des Librettos nicht nur gegen Du Roullet gestellt, sondern seine Vertonung der *Armide* als sein ehrgeizigstes Vorhaben im Hinblick auf die Schaffung einer französischen Reformoper angesehen, denn mit ihr wollte er das Erbe des noch immer hochgeachteten Lully antreten. In deutlichem Gegensatz zu den Bearbeitungen und Aktualisierungen Quinaultscher Libretti durch Marmontel blieb jenes der *Armide*, abgesehen von kleineren Eingriffen und einiger neuer Verse zu Beginn der 5. Szene des III. Akts, unverändert. Die Konzeption des ›Drame héroïque‹ der *Armide* ist nach Glucks eigener Aussage völlig verschieden von derjenigen der *Alceste*.

»J'en [der *Armide*] ai fait la Musique de manière qu'elle ne vieillira pas sitôt [...] *Alceste* est une Tragédie complette, et je vous avoue que je crois qu'il manque très-peu de chose à sa perfection; mais vous n'imaginez pas de combien de nuances et de routes différentes la Musique est susceptible; l'ensemble de l'*Armide* est si différent de celui de l'*Alceste*, que vous croirez qu'ils ne sont pas du même Compositeur. Aussi ai-je employé le peu de suc qui me restoit pour achever l'*Armide*; j'ai tâché d'y être plus Peintre et plus Poëte que Musicien. [...] Il y a une espèce de délicatesse dans l'*Armide* qui n'est pas dans l'*Alceste*: car j'ai trouvé le moyen de faire parler les personnages, de manière que vous connoîtrez d'abord à leur façon de s'exprimer, quand ce sera *Armide* qui parlera, ou une suivante, etc. etc.«[4]

Dies nachzuvollziehen, fällt bei so gegensätzlichen Personen wie Armide und den beiden Vertrauten Phénice und Sidonie nicht schwer. Sowohl die Singstimme als auch die Orchesterbegleitung sind bei Armide rhythmisch intensiver und aggressiver durch zahlreiche Punktierungen und Synkopen, die Melodik ist gespannter, an zahlreichen, größeren und vielfach dissonanten Sprüngen zu erkennen, und in ihrer Dynamik durch größere Gegensätze gekennzeichnet.

---

[1] Einen Vergleich der beiden *Armide* Lullys und Glucks besonders aus ästhetischer Perspektive bietet M. Armellini, *Le due Armide. Metamorfosi estetiche e drammaturgiche da Lully a Gluck*, Florenz 1991.
[2] Du Roullet, *Lettre sur les Drames-opera*, S. 50f.
[3] Vgl. *Querelle des Gluckistes et des Piccinnistes*, hg. v. F. Lesure, vol. II, Genf 1984, S. 163–188.
[4] *Lettre de M. le chevalier Gluck, A M. L. B. D. R.*, in: *Querelle*, vol. I, S. 43f.

Wenngleich in der *Armide* wie in den vorausgehenden Pariser Opern Glucks das Accompagnato-Rezitativ sehr expressiv und dramatisch ist, gibt es doch auch eine erstaunlich große Zahl verschiedenartiger geschlossener, wenn auch oftmals unregelmäßig gebauter Formen sowie eine Lully vergleichbare »architektonische« Planung großer Tableaus.

In der Ouvertüre ist mit einem kürzeren Moderato im Allabreve-Takt, einem Allegro und einem abschließenden Maestoso die Form der Ouvertüre Lullys noch spürbar. Allerdings hat das Allegro mit dem Symphoniesatz die Transposition einer Dominantgruppe von 16 Takten in der Reprise, dort auf 20 Takte erweitert und in der Tonika versetzt, gemeinsam. Armide ist die beherrschende Figur der Oper, obwohl sie im IV. Akt nicht auftritt und Renaud eine der beeindruckendsten Szenen, »*Plus j'observe ces lieux*«, zugedacht ist. Ein Blick auf die Tonarten Armides zeigt, wie außerordentlich vielfältig ihre Rolle gestaltet ist. Ihre zentralen tonalen Bereiche sind d-Moll, die Tonart ihrer Traumerzählung im I. Akt und der Selbsterkenntnis und Selbstzerstörung des Endes, a- und e-Moll, in denen die berühmten Szenen des II. Akts stehen, wobei das a-Moll des Monologs »*Enfin il est en ma puissance*« eine Ausweitung bis nach Fis und Cis erfährt und damit mit den hohen Kreuztonarten das Dämonische verknüpft. Die Deutung des F-Dur der Arie »De mes plus doux regards« sowie besonders des Monologs »*Venez, venez, Haine implacable*« fällt dagegen viel schwerer, denn in dieser Tonart steht auch »*Dans un jour de triomphe*« der Phénice zu Beginn des I. Akts, ohne daß sich inhaltlich oder dramaturgisch eine Verbindung herstellen läßt. Renauds »*Plus j'observe ces lieux*« in D-Dur ist dagegen als Pol zum tragischen d-Moll zu verstehen, denn mit der Wirkung des Zaubers beginnt auch das Glück Armides. Während Gluck den meisten Monologen und Szenen eine Lully vergleichbare tonartliche Geschlossenheit verleiht, rückt er von diesem Prinzip zu Beginn des V. Akts ab: die dialogisierenden Teile des Duetts zwischen Armide und Renaud beginnen in d-Moll, bei »*D'une vaine terreur*« moduliert Gluck nach g-Moll, dann bei Armides »*La sévère raison*« nach c-Moll, um schließlich den gemeinsamen Gesang »*Aimons-nous, tout nous y convie*« in C-Dur zu beschließen.

Der durchkomponierte Monolog, »*Enfin il est en ma puissance*«, ist mit dem nachfolgenden Air durch gemeinsame Motive und jenes mit dem sich anschließenden »*Venez, secondez mes désirs*« durch die gemeinsame Tonart e-Moll verbunden. Wie in mehreren anderen Gesängen wird in letztgenannter Arie das in Dreitaktphrasen gegliederte Ritornell zu Beginn des Vokalteils wiederholt, und beide Abschnitte des Texts werden zweimal vertont. In dem Duo »*Esprit de haine*«, dem zwei siebensilbige Quatrains zugrunde liegen, wird die zweite Strophe als kurzer Mittelteil vertont, während die erste Strophe im ersten Teil (Versfolge ab ab cd ab b – a und b sind jeweils Wiederholungen desselben Verses) und im letzten Teil des Stückes (Versfolge ab ab cd cd ab) textlich dreiteilig behandelt wird, so daß rein textlich eine Art Rondeau entsteht. Als einziges musikalisches Reprisenelement wiederholt Gluck aus dem ersten Teil, Techniken Lullys vergleichbar, im letzten Teil einen Viertakter. Ein ähnliches Vertonungverfahren liegt Hidraots »*Pour vous quand il vous plaît*« aus dem I. Akt zugrunde.

Gluck verzichtet nicht auf musikalische Da-capo-Formen. Armide beginnt den III. Akt mit der Da-capo-Arie »*Ah si la liberté*«, in der die erste Strophe allerdings nur einmal vertont ist, eine Arie, deren Harmonik von Coquéau als »trop travaillée«[1] und dessen Melodik als »chant dur« bezeichnet werden. Er zielt damit auf Glucks weiten modulatorischen Weg und die dreifache phrygische Kadenz, mit der Armides Unsicherheit über Renauds Absichten bei »Se peut-il que Renaud?« zum Ausdruck gebracht wird. Auch das Terzett »*Au temps heureux*« (II/4) ist eine Da-capo-Form französischer Variante mit einem umfangreichen Mittelteil, eine Form, die mit der italienischen Da-capo-Arie wenig gemeinsam hat und die man daher auch eher als Rahmenform bezeichnen sollte, wie sie von Lully bekannt ist. Die Echotechnik dieses Terzetts wird im nachfolgenden Chor fortgesetzt (auch im Dialog zu Beginn des V. Akts spielt es wieder eine Rolle) und stellt damit eine der Kunstgriffe dar, mit denen Gluck innerhalb von Szenen und Tableaux musikalische Einheit schafft. Das auffallende punktierte Auftaktmotiv dieses Chores »*Ah quelle horreur*« wird dann später in Armides »*Enfin il est en ma puissance*« und wiederum zusammen mit der Echotechnik in »*Ah quelle cruauté*« aufgegriffen. Coquéau kritisierte diese Echotechnik wegen ihrer strikten Beibehaltung als kleinlich, monoton und zu symmetrisch angewendet. Andere Elemente zur Darstellung des Dämonischen, die raschen, erregten Triolenbewegungen, die Tonrepetitionen und die traditionellen Dämonenskalen verbinden mehrere Szenen miteinander.

---

1 Coquéau, *Entretiens sur l'état actuel de l'Opéra de Paris*, S. 416.

Eine bemerkenswerte Form stellt auch Armides Monolog »*Venez, venez, Haine implacable*« dar: nach dem Eingangsritornell werden die ersten drei Verse zum ersten Mal, dann die ersten beiden Verse noch einmal neu vertont, in einer Gestalt, in der sie als Reprise wiederkehren, während der erste Vers als Coda unverändert aufgenommen wird. Die Musik des vierten bis sechsten Verses erscheint in der Reprise nach Art des Seitensatzes der Sonatenform von der Dominante auf die Tonika transponiert. Hierbei knüpft Gluck bei dramaturgisch sehr sinnvoller und wohl begründeter litaneimäßiger fünfmaliger Wiederholung der Hauptsentenz »*Venez, venez, Haine implacable*« offensichtlich an frühere Experimente mit der Übertragung sonatenmäßigen Tonartenaufbaus in der Arie an.

Ein musikalischer Rahmen liegt auch im ersten großen Formteil der Schlußszene der Oper vor, in der die 10 Takte zu Beginn nach dem ersten Ritornell unverändert wiederkehren. Eine weitere typische Rahmenform findet sich in Renauds »*Allez, éloignez-vous*«, wobei ein Detail der szenischen Umsetzung, nämlich die fehlende Reaktion der »plaisirs« auf den Befehl Renauds, ihren Tanz nicht fortsetzen, auf die Kritik Coquéaus stieß.

Das von Gluck selbst aufgestellte Ideal der Zuordnung einer bestimmten Musik zu bestimmten Charakteren ist gut am Dialog Armides mit Renaud zu Beginn des V. Akts zu verifizieren. Jede Stimme beharrt bis zum Beginn des eigentlichen Duett-Teils auf eigenem melodisch-motivischem Material. Coquéau war nicht so sehr diese von Gluck beabsichtigte Charakterisierung der Personen in dieser Szene als vielmehr die auf ihn monoton, allzu französisch und lullystisch wirkende und deshalb als »mauvais et forcé« abzulehnende Sprachvertonung aufgefallen. In der zeitgenössischen Kritik wird immer wieder die Rolle des Orchesters in instrumentalen Einschüben als Kommentator und die Aussage der Singstimmen ergänzender Partner entweder zustimmend oder ablehnend hervorgehoben. Dafür ist das Terzett Armides mit Phénice und Sidonie (III/2) ein Musterbeispiel, in dem bezeichnenderweise gerade Armides Partie vom Orchester verstärkt und vervollkommnet wird.

Die gewichtigste Arie Renauds in der Oper ist, wie bereits erwähnt, »*Plus j'observe ces lieux*«. Ihre in sehr großen Bögen angelegte mehr als 30 Takte umfassenden Eingangssinfonie – das Wort Ritornell wäre hier zu bescheiden, Coquéau spricht wie viele andere Gegner anerkennend von »accompagnements délicieux« – hat der Komponist offenbar kompositionsstrategisch dem »Sommeil« in Lullys *Atys* nachgebildet. Obwohl es sich um eine andere Topik handelt (bei Lully um den Schlaftopos, hier das ruhige Fließen des Wassers) verbinden beide Stücke der Einsatz der Flöte (bzw. bei Lully der Flöten), die auch im Verlauf des Vokalteils mit größeren unveränderten Abschnitten aus der Einleitung periodisch wiederkehrt.

In den Divertissements der Oper, die sogar den Doppelchor einschließen, hat Gluck große Tableaux geschaffen, in denen er sich einer von Lully ausgehenden Tradition anschließt und durch verschiedene Reprisen dem Ganzen eine formale musikalische Geschlossenheit gibt. Als Beispiele seien das Chor-Da-capo »*Voici la charmante retraite*« im IV. Akt nach dem Chor »*Jamais dans ces beaux lieux*« oder die Wiederaufnahme der Chaconne im V. Akt exemplarisch genannt. Gegenüber der älteren Chaconne fallen hier nicht nur der Wechsel und die Wiederholung verschieden langer, unregelmäßig gebauter und modulierender Teile, sondern auch größere Gebilde wie Zehntakter auf, die ebenfalls wiederholt werden. Die große Reprise der Chaconne nach dem »Air gracieux« besteht im Wesentlichen aus einem kleineren transponierten Teil zu Beginn und einem mehr als 70 Takte langen, unveränderten Formteil aus dem späteren Verlauf der Ostinatoform. Gluck hat außerordentlich erfolgreich die Divertissements in die dramatische und musikalische Aussage des Stoffes einbezogen. Allerdings wäre ihre bloße Rechtfertigung nach rein dramatisch-inhaltlichen Anforderungen angesichts des Stoffes fragwürdig.

Das letzte Werk für Paris, *Iphigénie en Tauride* (Text Nicolas-François Guillard, Uraufführung am 18. 5. 1779), bezeichneten Guillard und Gluck als ›Tragédie opéra‹. Wie die erste *Iphigénie* handelt es sich um ein Drama wirklicher menschlicher Leidenschaften und ethischer Ideen, wobei *Iphigénie en Tauride* als kompromißloseste Schöpfung Glucks anzusehen ist. Thematisiert wird nicht nur der allgemein menschliche Aspekt der Bruderliebe und Freundestreue, sondern auch der Gegensatz zwischen zivilisierten und barbarischen Völkern. Die Kompromißlosigkeit Glucks wird schon zu Beginn am Fehlen der traditionellen Ouvertüre oder z.B. an der schockierende Behandlung des Balletts der naturhaft opfergläubigen und in archaischen Vorstellungen verhafteten Skythen, im I. und II. Akt in den furchtbaren, pantomimisch unterstützten Verwünschungen deutlich, die die Eumeniden ausstoßen. Bei offenem Vorhang erklingt der Einleitungssatz, im »Calme« lassen die unruhiger werdenden Violinen und Blechbläser das Ende der Beschaulichkeit erahnen. Anhand der verbalen Hinweise im Partiturdruck ist die Steigerung des Gewitters genau zu verfolgen. Gluck setzt die musikalischen Mittel sehr zurückhaltend ein, sein Gewitter ist kein Tableau mehr wie in *L'Isle de Merlin*, aus dem es stammt, sondern die von Göttern gelenkte Naturgewalt wird als Handlungselement und Korrelat der inneren Unruhe Iphigénies eingesetzt. Die sittliche Reinigung, dokumentiert am Verzicht auf Menschenopfer, muß erst noch folgen. Die Tempête war eine in Frankreich im Musiktheater besonders beliebter Szenentypus, der als Ausdruck der dramatischen Krise und Zuspitzung diente und oftmals mit der gesungenen Szene verknüpft wurde. Noch im 19. Jahrhundert war der Sturm eine wirkungsvolle Devise, man denke nur an den Beginn von Verdis *Otello*. Glucks Sturmmusik der *Iphigénie* hat lange Zeit die ganze Bewunderung der Zeitgenossen gefunden, so noch bei Jean-Baptiste Antoine Suard: »Dans la tempête qui ouvre d'une manière si neuve et si frappante le premier acte d'*Iphigénie en Tauride*, les prêtresses de Diane arrivent en désordre sur le théâtre, effrayées et implorant la clémence des dieux. Ces prêtresses et Iphigénie elle-même ne manquent pas d'exprimer, à chaque coup de tonnerre, le saisissement qu'elles éprouvent et à l'explosion la plus violente on voit d'ordinaire Iphigénie tomber par terre presque évanouie«[1], – eine szenische Umsetzung, die von Suard allerdings als »défaut de convenance« kritisiert wird. Grétry war der erste, der in *Zémire et Azor* (1771) die Handlung der Oper in der Ouvertüre durch einen hereinbrechenden Sturm beginnen ließ: nach einem Larghetto sind darin Sturm und Wind zu hören, und dann auch in der Musik zu den Worten Alis aus der ersten Szene. Eines der Mittel Glucks, die aufwärtsjagende Skala, verwendete auch Grétry. Gluck war nicht nur der erste, der damit die Exposition der Tragédie beginnt, sondern seine »tempête« ist, wie es für eine Tragédie selbstverständlich ist, ungleich gewaltiger als jene in Grétrys ›Comédie-ballet‹. Die große Szene Glucks ist ein kühl kalkuliertes Stück mit einem erstaunlich klaren Aufbau. In den Szenenanweisungen wird nicht nur darauf hingewiesen, daß bereits während des »le calme« darstellenden kurzen Einleitungssatzes einzelne Donnerschläge zu hören sind, sondern auch auf die Besonderheit der Beleuchtung, denn die einzige Unterbrechung der Dunkelheit der Szene soll durch das Aufleuchten der kurzen Blitze erfolgen. Die musikalischen Elemente des Orchestersatzes sind Skalen- und Repetitionsmotive und eine achttaktige melodische Phrase, die vor Iphigénies erster und letzter Strophe erklingt. Die musikalische Sturmdarstellung vor dem Auftritt Iphigénies ist als große motivische, bewegungsmäßige und modulatorische Steigerung angelegt, zu der die Instrumentierung durch den zunehmenden Einsatz der Bläser bei einer nur vier Takte andauernden Aussparung der Blechbläser und Pauke beim ersten chromatischen Aufstieg der Bässe beiträgt. Ausgehend von einem Ausgangsbereich in der Tonika D-Dur moduliert Gluck zur Dominante der Mollparallele fis, die als Orgelpunkt vor dem Einsatz der Singstimme erscheint. Die Verse des Gebetes Iphigénies und des Chorrefrains der Priesterinnen sind als regelmäßige achtsilbige Vierzeiler gebaut, deren Vokabular (»courroux, sinistre, barbare, ensanglanter, malheureux mortels«) die Bedrohung deutlich werden läßt. Der Wechsel von weiblichem und männlichem Vers findet seine Entsprechung in der vollkommen regelmäßigen Vertonung, in der jeder Vers in einen rhythmisch schematisch gestalteten Dreitakter gegossen ist und der letzte Vers jeweils wiederholt wird. Entgegen dieser rhythmischen Schematik sind sowohl die drei Strophen Iphigénies als auch alle drei Chorrefrains melodisch und harmonisch neu gestaltet. So ergibt sich ein harmonischer Ablauf der Soli Iphigénies von h-Moll über fis-, e- und a-Moll zurück nach D-Dur, während der Chor seine Refrains in D-Dur, a-Moll und A-Dur vorträgt. An dieser syntaktischen Regelmäßigkeit der Vokalteile läßt Gluck die dazwischengeschalteten Sturmritornelle mit ihren 12, 24 und 12 Takten ebenfalls an symmetrischen Proportionen partizipieren. Die Instrumentation mit dem sehr sparsamen Einsatz der Pauken, die nach dem Anfangssturm erst beim Abklingen des Gewitters noch einmal erklingen, unterstützt diese sehr gezügelte Umsetzung eines furchterregenden Unwetters. Die Struktur dieses Einleitungssatzes ist also trotz der auch anderswo bei Gluck oft zu beobachtenden Vertonung der Verse in Dreitaktphrasen überaus ausgewogen. Im Accompagnato der Traumerzählung Iphigénies wird die Brandkatastrophe im väterlichen Haus und die Mordtat vor dem Zuschauer nachvollzogen.

Thoas' Wildheit wird in der Streicherfigur bei seinem Auftritt vor der Arie »*De noirs pressentiments*« zum Ausdruck gebracht. In seiner Arie beschränkt sich Gluck auf wenige

---

[1] Suard, Artikel »*action*«, in: *Encyclopédie Méthodique*, S. 51.

musikalische Elemente, das melodische Unisono der meisten Stimmen zu langgehaltenen Grundierungen des Basses oder umgekehrt, wobei die posaunenartig eingesetzten Hörner bei »Tremble, ton supplice s'apprête« die Urangst des Königs verdeutlicht, der mit seiner Stimme dem unerbittlichen Rhythmus der ersten Violinen folgen muß. Er steht blind unter dem Eindruck des Orakels und bleibt in seinem naturhaften Verständnis der Gottheit den Gewalten unterworfen. Mit der exotisch gemeinten Instrumentation der Skythentänze und der bewußt verfremdeten Melodik charakterisiert Gluck die ursprüngliche Wildheit der Skythen.

Im II. Akt wird die Handlung in den Innenraum verlegt und damit spielen sich alle wesentlichen Vorgänge, in der Seele und in der Phantasie der Personen ab. In der schreckenserregenden Pantomime der Eumeniden werden die Vorstellungen Orests sichtbar gemacht. Ihre Musik, die bereits in der Einleitung zu Orests Szene in G-Dur erklang und deren Kopfmotiv seine innere Anspannung anzeigt, ist Orest zugeordnet. Die Violinfiguren, die Sforzati und das Festhalten der Bässe am »a« zeigen in Orests »Le calme rentre« den eigentlichen Zustand Orests an. In der nächsten Szene (II/4) werden die Wahnvorstellungen in dem d-Moll-Chor »*Vengeons et la nature et les Dieux*« artikuliert, dessen altertümlicher Charakter mit dem Alter der Schuld korreliert. Nachdem Orest im Dialog mit Iphigénie den Tod Orests behauptet hat, ist der Aktschluß eine großangelegte Trauerzeremonie, in der die Hoffnungslosigkeit und Verlassenheit in der Fremde zum Ausdruck kommt. Die Musik der eigentlichen Totenehrung Orests erfolgt mit 18 Takten Orchestermusik, die der vorausgehenden Orchesterbegleitung entnommen sind.

Die entrückte, im Tonfall der Arie Iphigénies im I. Akt verwandte Arie »*Unis dès la plus tendre enfance*« ist besonders hervorzuheben. Der Akt hat eine dreiteilige Anlage mit den Arien der Freunde zu Beginn, Orests Auseinandersetzung mit sich selbst im Zentrum und Iphigénies Klage und Trauerzeremoniell für Orest am Ende. Während im III. Akt die dramatischen Szenen mit liedhaften Arien und Soli wechseln, sind der Anfang und Schluß des IV. Akts wiederum in großen Blöcken gestaltet. Iphigénie verteidigt ihre »humanité« gegen die Gottheit. Zwei sakrale Sätze, der Chor »*O Diane, sois-nous propice*« und die Hymne »*Chaste fille de Latone*«, folgen nach, bevor Orest in den Tempel geführt wird. In einem kurzen Satz äußerster harmonischer Bewegung und gespannter Klanglichkeit wird die entscheidende Situation signalisiert. Nachdem Orest erkannt ist, fordert Thoas in einem wilden, mit Klangmassen gestalteten F-Dur-Satz, in dem das lydische h mehrfach erklingt, Rache, bevor er von der Hand des Pylades fällt, im Orchester von einem Lauf in h-Moll über zwei Oktaven unterstrichen – eine Geste, die schon seinen Auftritt im I. Akt begleitet hatte. Erst durch die Intervention Dianes wird das Gemetzel beendet, ohne daß ein allgemeiner Jubel losbricht. Wie präsent die Vergangenheit für Orest bleibt, zeigt das Anknüpfen in dieser Szene an seine Arie »*Le calme rentre dans mon cœur*«.

Wenn man den Formkanon der Sologesänge in der *Iphigénie en Tauride* betrachtet, so ergeben sich im Vergleich zur französischen Tradition die wichtigsten Neuerungen weniger in den eingesetzten Formen als vielmehr in deren Ausfüllung mit musikalischem Inhalt. Gluck macht reichen Gebrauch vom »récitatif pathétique« oder »obligé«, dem er sich auch in den großen Monologen bedient: in Iphigénies Traumerzählung im I. Akt mit mehreren Tempowechseln, in Orests »*Dieux! protecteurs de ces affreux rivages*« und in Pylades' »*Divinité des grandes âmes*«, um nur die bedeutendsten hier zu nennen. Abweichend vom französischen Rezitativ läßt er nach italienischer Manier selbst noch in der *Iphigénie en Tauride* an einigen Stellen den Baß die Kadenz nach Abschluß der Singstimme alleine zu Ende führen. Die beiden Hauptprotagonisten erhalten jeder eine Da-capo-Arie des Typs, wie er seit Rameau auch in der französischen Oper und Opéra-comique bekannt war (Iphigénie »*O toi qui prolongeas*« und Oreste »*Dieux qui me poursuivez*«), in denen jeweils der Text des A-Teils nur einmal vertont ist, und das Da capo unverändert wiederholt wird (einfache dreiteilige Form ABA). Zu diesem Typus gehört auch das Da-capo-Duett zwischen Pylades und Orest »*Ah mon ami, j'implore ta pitié*« und die Chorhymne »*Chaste fille de Latone*«. Letztere stellt die syntaktisch auffallende Vertonung eines Siebensilbers dar, in dem im Da capo wie im Mittelteil ein Vier- und ein Dreitakter sich abwechseln. Eine typisch französische Rahmenbildung zeigt die von einem ostinaten Synkopenrhythmus der Bratschen geprägten Arie Orests, »*Le calme rentre dans mon cœur*«, wobei jedoch die Wiederaufnahme der Anfangsverse musikalisch neu gestaltet ist. In einer frühen Besprechung der Oper wird gerade diese Arie hervorgehoben, weil in ihr die Orchesterinstrumente, die Bratschen als »la voix sourde et menaçante des remords« und die Violinen durch die »agitation profonde, mêlée de soupirs et de sanglots«, für den niedergeschlagenen Orest sprechen: »Ils vous diront qu'Oreste a perdu, non le sentiment de ses peines, mais seulement la force de les faire éclater. En effet, son chant d'autant plus admirable, d'autant plus vrai, qu'il ne parcourt qu'un très-petit nombre de cordes, et que sur-tout il n'a rien de périodique.«[1]

Auch die nicht nur in der italienischen, sondern auch in der französischen Oper häufige zweifache Vertonung des gesamten Textes begegnet in Iphigénies beiden langen Arien »*O malheureuse Iphigénie*« und »*Je t'implore et je tremble*«. Schließlich sind die durchkomponierten solistischen Vokalformen zu nennen, von denen der Bericht des Thoas über das Orakel das beeindruckendste Beispiel darstellt. Während die Singstimme darin im ersten Teil von den Orchesterinstrumenten verdoppelt wird, muß sie sich im zweiten schaudererregenden Abschnitt gegen das Tremolo des Orchesters durchsetzen. Im Gegensatz zur älteren französischen Opernkonvention läßt Gluck hier nicht die Singstimme auf die Worte »abîmes effroyables« in großen Intervallen hinabstürzen, sondern verlegt den Topos allein in den Streicherbaß, der eineinhalb Oktaven abwärts durchschreitet. Syntaktisch sind zahlreiche, für Gluck typische Besonderheiten zu beobachten, wie etwa die fünfmalige Wiederaufnahme eines siebentaktigen Formgliedes im Eumenidenchor – bezeichnenderweise die Vertonung von »il a tué sa mère« – den Wechsel von Vier-, Drei- und Fünftaktgliedern in beiden Vertonungen des Textes der schon erwähnten Arie »*Je t'implore et je tremble*« oder im Rezitativ zu Beginn des II. Akts die spiegelbildliche Folge von drei Takten plus drei mal zwei Takten sowie von dreimal zwei und drei Takten. Bezeichnend für die Einschätzung von Glucks dramatischem Kompositionsverfahren ist ein Vergleich der entsprechenden Arien von Piccinni und Gluck (Pylades »*Unis dès la plus tendre enfance*«) durch Suard, dessen Darstellung aus einer zeitlichen Distanz zu den größtenteils sehr unsachlich geführten, von Gluck mitgeschürten Auseinandersetzungen der Gluckisten und Piccinnisten stammt:

»Ainsi dans les deux Iphigénies en Tauride, que deux grands maîtres ont données à notre théâtre, Pilade chante également un air pour déterminer Oreste à le laisser mourir à sa place; mais dans le bel air de M. Piccinni: *Oreste au nom de la patrie*, la mélodie est pure, élégante et soutenue, autant que l'expression en est sensible: l'acteur doit chanter de son mieux et modérer ses gestes pour être plus maître de sa voix. L'air de Gluck, ayant un rythme plus marqué, un mouvement plus vif et une mélodie plus parlante (›canto parlante‹), comporte plus d'action et de mouvement. Tout consiste donc à examiner, dans la combinaison de ces deux moyens, de l'action et du chant, quelle est la proportion de l'un et de l'autre.«[2]

Entscheidend sind in diesem Text die Bezeichnung des Gluckschen Vokalstils mit einem eigenen kompositionstechnischen Begriff, dem Parlante, der im 19. Jahrhundert Geschichte machen und Vorbild für eine dramatischere Vertonungsweise wird, die keineswegs auf Textwiederholungen zu verzichten braucht (der ganze zweite Teil von Glucks in unregelmäßigen Phrasen vertonter Arie »*Le sort nous fait périr*« wird unverändert wiederholt).

Hier schafft Gluck wie in den Opern zuvor durch Wiederholungen von Chören (am Ende des I. Akts der Chor der Skythen »*Il nous fallait du sang*«) oder durch das Aufgreifen von Motiven (instrumentale Einleitung des II. Akts zu Orests »*Dieux! protecteurs de ces affreux villages*« und Beginn des Tanzes der Eumeniden) mit musikalischen Mitteln Zusammenhänge. Bezüglich der erwähnten formalen Besonderheiten ist also wiederum das Anknüpfen an französische Traditionen festzustellen. Die Instrumentation – wie schon in der *Alceste* werden drei Posaunen in der »Cérémonie funèbre« verwendet – machte einen so großen Eindruck, daß sie bald in Mode kam und man in der *Encyclopédie Méthodique* feststellen konnte: »M. Gluck y a de plus fait ajouter des tromboni, qui dans plusieurs morceaux d'Alceste firent un effet nouveau, terrible, et tout-à-fait convenable aux objets représentés. Mais l'oreille s'y est faite ensuite; on les emploie par-tout à l'opéra: ils ont même passé dans d'autres orchestres.«[3]

Die Glucksche Musik stieß in Frankreich auf die Ablehnung derjenigen, die den Idealen eines Klassizismus anhingen und besonders die geschlossenen Vokalformen den von Gluck bevorzugten modernen, offenen vorzogen, mit denen er den Romantikern vorausging.[4] Coquéau schildert ziemlich objektiv die Übergänge zwischen Rezitativ und »chant mesuré«, die mit einem Affektwechsel verbunden seien, ohne daß man zu einer »coupe symmétrique«, also einer geschlossenen Lied- und Arienmelodik, zu wechseln brauche. Bestimmend dafür

---

1 *Lettre sur Iphigénie en Tauride de M. le Chevalier Gluck*, in: *Mémoires pour servir à l'histoire de la révolution opérée dans la musique par. M. le Chevalier Gluck*, Neapel und Paris 1781, S. 434.

2 Suard, Artikel »action«, in: *Encyclopédie Méthodique*, S. 50f.

3 Artikel »effet«, in: *Encyclopédie Méthodique*, vol. II (1818), S. 490.

4 Vgl. H. Schneider, *Gluck als ›prosateur en musique‹*, in: *Festschrift Klaus Hortschansky zum 60. Geburtstag*, hg. v. A. Beer und L. Lütteken, Tutzing 1995, S. 193–209. Auf den Vergleich der Oper Glucks von 1779 mit jener Piccinnnis von 1781 kann hier nicht eingegangen werden; vgl. dazu die eingehende vergleichende Analyse von Libretto und Musik bei E. Schmierer, *Die Tragédies lyriques Niccolò Piccinnis. Zur Synthese französischer und italienischer Oper im späten 18. Jahrhundert*, Laaber 1999, S. 133–220.

seien allein die Erfordernisse des Herzens und der Situation, nicht aber der Wechsel von Rezitativ und Arie. Der Abbé Arnaud, einer der engagiertesten Gluckisten, führt, lange Zeit vor Richard Wagner, in Analogie zur Literatur den Unterschied zwischen »Vers« und »Prose« in die Musik ein: »C'est lui [Arnaud] qui a dit le premier que la Musique Française étoit à la Musique Italienne ce que la prose est aux vers, comme il a expliqué le premier la vraie Période Musicale, et trouvé sa correspondance et son analogie avec la Période oratoire.«[1] Für Arnaud war das Paradigma der französischen Musik die Oper Glucks, den dessen Gegner als »›prosateur‹ en Musique« etikettierten. Gluck selbst rechtfertigt im Vorwort zu *Paris et Hélène* bestimmte bewußt banal gehaltene Gesänge:

»Um diesen Charakter [die eigentümliche Rauheit der Natur Helenas] in der Musik sinngemäß ausprägen zu können, habe ich mich manchmal gewöhnlicher Mittel bedient, was man nicht als Fehler anrechnen möge. Wenn man einen wahrheitsgemäßen Ausdruck sucht, muß man die Mittel nach Maßgabe des Gegenstands auswählen, den man zu gestalten hat. Die größten Schönheiten der Melodie und Harmonie werden zu Mängeln und Unvollkommenheiten, wenn sie am falschen Platze angewandt werden«.[2]

Gluck wurde, wie die entsprechenden Artikel (»*décousu*«, »*coupe*«, »*dramatique*« etc.) der *Encyclopédie Méthodique* Framérys und Ginguenés zeigen, als derjenige angesehen, der den symmetrischen Bau der Periode und der Arie zugunsten der Aperiodik aufgegeben hatte. Auch seine Harmonik stieß auf Ablehnung. So will Coquéau den »coloris« der Harmonik den größten Leidenschaften vorbehalten wissen, er soll aber nicht, wie bei Gluck, dazu dienen, die Musik ihres Zaubers zu berauben. Die beiden in Frankreich artikulierten Standpunkte könnte man in Parallele zur späteren Auseinandersetzung um Victor Hugos *Cromwell* und *Hernani* als »klassisch« und »romantisch« bezeichnen. Den Klassizisten zufolge darf auch eine expressive und dramatische Intention nicht dazu führen, die Formklarheit aufzugeben:

»C'est une erreur de dire que la musique sombre, terrible, menaçante, ou sottement passionnée ne doit point être soumise à une forme, une coupe régulière, qu'elle doit courir par sauts et par bonds, pour imiter par son désordre celui de l'ame des acteurs; sans doute elle doit peindre ce désordre; mais son désordre à elle doit être astreint à une certaine régularité, contenu dans de certaines bornes.«

Und auf Gluck zielend ergänzt Ginguené:

»C'est une erreur, et une très-dangereuse erreur de croire que pour imiter d'une manière *dramatique* le contraste et l'opposition des sentimens, il faille briser à chaque mot le chant et l'harmonie, changer de mouvement, rompre une mesure, altérer le rythme; ce n'est point là le sublime de l'art, c'en est l'enfance; ce sont les efforts d'un artiste qui sent, qui a des intentions, mais à qui les moyens d'exécutions manquent, ou qui s'est fait un faux système. Pour rendre ces vers que dit Achille dans *Iphigénie en Aulide*:
›Dis-lui qu'elle n'a rien à craindre,
Egaré, furieux, mais vaincu par l'amour,
Je saurai me contraindre,
Et respecter celui qui lui donna le jour.‹
M. Gluck a mis en usage ce chant brisé, cahoté, intermittent, ces changemens brusques de mouvement et de motifs, toutes ces incohérences que ses aveugles partisans ont voulu ériger en principes.«[3]

Piccinni oder Paisiello hätten diesen Text im Gegensatz zu Gluck als »air aussi régulier que dramatique« vertont.

Einen anderen Aspekt der Gluckschen Musik formuliert Anna Amalie Abert als seinen »hymnischen Liedton«.[4] Carl Dahlhaus erweiterte diese stilistische Charakterisierung durch die ideengeschichtliche und sprach im Hinblick auf die *Iphigénie en Tauride* von einem »Humanitätston«.[5] Am Beispiel der Arie *»O malheureuse Iphigénie«* exemplifiziert er die »Emphase in der Simplizität« und bemerkt, die »noble simplicité« (bei Gluck heißt es »belle simplicité«) könne man auch als »einen hohen, erhabenen Stil – einen Stil der ›noblesse‹«[6] bezeichnen. Neu gegenüber dem Barock sei bei Gluck und nach ihm bei Beethoven, Cherubini und Spontini die Verbindung der »Einfachheit des niederen Stils und die Emphase des hohen. Die ästhetische Versöhnung – die Verschränkung der früher getrennten Stile – aber ist Chiffre einer sozialen: Im ›Humanitätston‹ ist der Gegensatz zwischen dem ›Niederen‹ und dem ›Hohen‹ aufgehoben.«[7]

Einen weiteren wichtigen Gesichtspunkt, der auch von den Anhängern Glucks in Frankreich immer wieder deutlich unterstrichen wird, nennt Gluck in der »Epître dédicatoire« seiner Oper *Paris et Hélène* – es geht um die dramatische Einheit der Oper:

---

1 J.-Fr. Marmontel, *Essai sur les révolutions de la musique* (1777), in: *Mémoires pour servir à l'histoire de la révolution opérée dans la musique*, Neapel und Paris 1781, S. 166.
2 Widmung der *Paride ed Elena*, in: Gluck, *Sämtliche Werke*, Abteilung I: Musikdramen, Bd. 4, hg. v. R. Gerber, Kassel und Basel 1954, S. XIII.
3 Artikel »*dramatique*«, in: *Encyclopédie Méthodique*, S. 465.
4 A. A. Abert, *Chr. W. Gluck*, München 1959, S. 245.
5 C. Dahlhaus, *Ethos und Pathos in Glucks »Iphigenie auf Tauris«*, in: K. Hortschansky (Hg.), *Chr. W. Gluck und die Opernreform*, Darmstadt 1989, S. 269.
6 Ebd.
7 Ebd.

»Un de ces délicats amateurs qui ont mis toute leur ame dans leurs oreilles, aura trouvé un air trop âpre, un passage trop ressenti ou mal *préparé*, sans songer que, dans la situation, cet air, ce passage étoit sublime de l'expression, et formoit le plus heureux contraste.« Gluck vertieft diesen Gedanken der Einheit mit einem Beispiel aus der Malerei: »Plus on s'attache à chercher la perfection et la vérité, plus la précision et l'exactitude deviennent nécessaires. Les traits qui distinguent Raphaël de la foule des peintres font en quelque sorte insensibles; de légères altérations dans les contours ne détruiront point la ressemblance dans une tête de caricature, mais elles défigureront entièrement le visage d'une celle personne.«[1]

Zur Interpretation

Glucks französische Opern waren mit der Forderung nach einem vollkommen neuen Aufführungsstil verbunden, den er gegen den zu Beginn der 1770 Jahre ziemlich verwahrlosten Apparat der Opéra durchsetzen mußte. Die Glucksche »Revolution« bezog sich auch auf die Gesangskunst selbst, deren Konsequenzen allerdings nicht nur auf Zustimmung, sondern auch auf eine leidenschaftlich vorgetragene Kritik stieß. Der Ausgangspunkt und das Ziel dieses Aspekts der Reform Glucks wird im Jahre 1791 im Rückblick folgendermaßen dargestellt:

»Gluck a pu, en quelques années, apprendre à nos acteurs à chanter avec plus d'ame et d'expression. [...] Il est arrivé qu'en donnant plus d'expression à leur chant, ils y ont sacrifié souvent la pureté et la justesse de l'intonation, l'art de lier et de fondre ensemble les sons. Ce n'étoit rien que d'avoir créé une Musique Dramatique, il falloit des Acteurs, des Chanteurs, des Exécuteurs. Il trouva un Orchestre, qui ne voyoit guère dans la Musique que des ut et des ré, des noires et des croches; des assortimens de Mannequins qu'on appeloit des Chœurs; des Acteurs dont les uns étoient aussi inanimés que la Musique qu'ils chantoient, et les autres s'efforçoient de réchauffer à force de bras et de poumons une triste et lourde psalmodie ou de froides chansons. Prométhée secoua son flambeau, et les statues s'animèrent. Les instrumens de l'orchestre devinrent des voix sensibles qui rendoient des sons touchans ou terribles, qui poussoient tantôt des cris, tantôt des gémissemens, qui s'unissoient toujours à l'action pour en fortifier ou en multiplier les effets. Les Acteurs apprirent qu'une Musique tout-à-la-fois parlante et expressive, n'avoit besoin que d'être bien sentie pour entraîner une action forte et vraie. Les figurans des Chœurs mis en mouvement par l'ame qui animoit toute la machine, furent étonnés de se trouver des Acteurs, et les Danseurs furent encore plus étonnés de n'être plus rien sur un Théâtre où ils étoient accoutumés à être presque tout.

L'effet de ce Spectacle nouveau fut extraordinaire. On vit pour la première fois une Tragédie en Musique, écoutée d'un bout à l'autre avec une attention et un intérêt toujours croissant, faisant verser des larmes jusques dans les coulisses, et excitant dans toute la Salle des cris d'admiration [...] quoiqu'il [Gluck] se reprochât lui-même d'avoir perdu trente ans de sa vie à filer et parfiler des *Motifs* à l'Italienne, et que considérant un Opéra comme un seul tout en Musique, il sacrifiât beaucoup de beautés faciles à cette grande et précieuse *unité*.«[2]

Schon im Zusammenhang mit der *Iphigénie en Aulide* wird über eine stürmische Probenarbeit berichtet. Die Schwierigkeiten mit Le Gros bei den Proben zum *Orphée,* bei denen es um die Klagerufe im ersten Trauerchor geht, wurden von Christian von Mannlich überliefert. Gluck spricht auf Le Gros ein:

»Mein Herr, das ist unbegreiflich, Sie schreien immer, wenn Sie singen sollen, und handelt es sich ein einziges Mal darum, zu schreien , dann bringen Sie es nicht zustande. Denken Sie in diesem Augenblick weder an die Musik noch an den Chor, der singt, sondern schreien Sie ganz einfach so schmerzvoll, als ob man Ihnen ein Bein absäge, und wenn Sie das können, dann gestalten Sie diesen Schmerz innerlich, moralisch und von Herzen kommend.«[3]

Im Artikel »*Expression*« der *Encyclopédie Méthodique* wird anläßlich eines Berichtes über die Première des *Orphée* auf die Gefahr hingewiesen, in die manche Sänger gerieten:

»M. Gluck, dont le génie a plus qu'aucun autre, si je ne me trompe, recherché et atteint l'expression musicale, a souvent inséré dans ses chants mélodieux des notes plaintives, qui rappellent l'accent de la douleur; et sur ces notes il invite le chanteur à se rapprocher de l'accent naturel. A la première représentation d'Orphée, le principal acteur s'en rapprocha un peu trop. Il mit trop de vérité dans le cri déchirant qui perce par intervalles à travers le chant des Thraces éplorés: il s'en apperçut, et l'adoucit. Il étoit en quelque façon sorti de son art pour se mettre tout près de la nature; l'instinct du goût le repoussa, et le fit rentrer dans les limites naturelles: l'imitation perdit de sa vérité, mais elle devint plus musicale et fut plus goûté.«

Die Forderung an die Sänger, sie sollten nicht nur »excellents chanteurs«, sondern auch »excellents pantomimes« sein, hatte Rousseau bereits 1765 erhoben:

»Il en auroit besoin lui-même pour saisir et rendre avec intelligence la partie musicale de ses rôles. [...] il ne doit pas seulement faire sentir ce qu'il dit lui-même, mais aussi ce qu'il laisse à dire à la symphonie. L'orchestre ne rend pas un sentiment qui ne doivent sortir de son ame; ses pas, ses regards, son geste, tout doit s'accorder sans cesse avec la musique, sans pourtant qu'il paroisse y songer; il doit intéresser toujours même en gardant le silence.«[4]

---

1 Zit. nach *Mémoires pour servir à l'histoire de la révolution opérée dans la musique*, S. 19.
2 Suard, Artikel »*action*«, S. 49f.
3 Zitiert nach L. Finscher, Vorwort zu Gluck, *Orphée et Eurydice, Sämtliche Werke*, Abteilung I: Musikdramen Bd. 6, Kassel etc. 1967, S. IX.
4 Artikel »*acteur*«, in: *Encyclopédie Méthodique*.

Suard zufolge gelang es erst Gluck, hier entscheidend Neues zu bewirken:

»Cet immortel Gluck, renversant toutes les idées qu'on s'étoit formées jusqu'à lui de l'opéra, a tout réformé, tout régénéré, tout animé du feu de son génie, poésie, musique, orchestre, action théâtrale; en associant la musique aux plus grands effets de tragédie, il a appris aux chanteurs à donner à leur action la chaleur et le mouvement qu'il avoit imprimés à la musique.«[1]

Die pantomimische Umsetzung der Affekte war eines der praktischen Ziele der theatertheoretischen Schriften Diderots, die sich im Drame und in der Opéra-comique erheblich früher als in der Opéra durchgesetzt hatte. Aber auch Gluck schloß sich dieser Auffassung in Paris an (von Wien gibt es diesbezüglich offenbar keine Berichte) und löste mit einer radikalen Umsetzung der Forderungen in der Opéra eine Reform aus. Im Rückblick bemerkt Suard im Jahre 1791:

»La pantomime, qui n'a pour langage que les mouvements de son visage et de son corps, est obligé, pour rendre ses intentions sensibles, de donner plus d'expression à ses regards et plus d'énergie à ses gestes. [...] Il y a cependant des moments où les moyens de la musique étant insuffisants pour rendre avec assez d'énergie les éclats des passions extrêmes, l'expression du chant seroit trop foible pour l'effet dramatique, si elle n'étoit pas renforcée par les ressources de l'action. Ainsi dans Iphigénie en Aulide, lorsqu'Achille au désespoir menace Iphigénie d'aller renverser les autels des dieux, et de ne pas même ménager Agamemnon s'il s'offre à sa fureur, il n'est plus question de ménager sa voix, de filer ou de soutenir des sons; le chant ne peut avoir l'expression convenable que par le mouvement pressé du rythme, et par le concours des instruments les plus éclatants: les gestes les plus violents de l'acteur n'ont rien de trop pour peindre la colère d'Achille.«[2]

Die Gegensätzlichkeit der Charaktere muß demzufolge auch in ihrer Gestik zum Ausdruck kommen, aber aus einer klassizistischen Auffassung heraus, wird dies wiederum relativiert, denn der »tendresse d'Iphigénie«, der »innocence de son age«, der »fierté de son rang« seien keine »mouvements abandonnés«, selbst nicht in ihrer Arie »*Perfide, tu m'ose trahir*« angemessen.

Wie sehr Gluck der Aufführungsstil am Herzen lag, wird nicht nur aus den Berichten über seine Probenarbeit, sondern auch aus der »Epître dédicatoire« von *Paris et Hélène* deutlich, in der er zunächst das Scheitern seiner Reform in Italien einräumt und dann die Proben charakterisiert: »On a cru pouvoir prononcer sur l'*Alceste* d'après des répétitions informes, mal dirigées et plus mal exécutées.« Und später ergänzt er: »Aussi lorsqu'il s'agit d'exécuter une musique faite d'après les principes que j'ai établis, la présence du compositeur est-elle, pour ainsi dire, aussi nécessaire que le soleil l'est aux ouvrages de la nature: il en est l'ame et la vie; sans lui tout reste dans la confusion et le chaos.«[3]

Der neue Gesangsstil ist das Thema vieler Schriften im Streit zwischen den Gluckisten und Piccinnisten. Selbst wohlwollende Gluckanhänger räumen ein, der Realismus sei oft zu weit getrieben worden und der Gesang oftmals in Geschrei ausgeartet:

»M. Gluck, en apportant en France un nouveau genre de musique, a dû changer la manière de la chanter. Au lieu de l'exécution fade et languissante qu'on avoit alors, il en a demandé une ferme et rapide; on y a répondu par des saccades et des sons heurtés qu'on a fait passer jusque dans le récitatif. On a fait des cris où il ne vouloit que de la force; on a dénaturé le chant pour vouloir le rendre expressif. Nos chanteurs étoient en deça du vrai point, l'impulsion que M. Gluck leur a donnée les a portés bien au-delà: c'est lorsqu'ils auront saisi le juste milieu, que les françois pourront se vanter d'avoir une méthode.«[4]

Nicht nur mit den Solisten hatte Gluck seine Mühe, sondern besonders auch mit dem Chor, der durch Gluck in Fortführung zuvor begonnener Reformen nicht nur durch den Gesang, sondern durch die Bewegung auf der Bühne aktiv in das Handlungsgeschehen einbezogen wurde. Noch Suard bemerkt dazu: »Les chœurs mêmes [sic] qui auparavant n'étoient que des manequins inanimés, presque toujours immobiles, devenant des personnages essentiels et intéressés à l'action, sont devenus des acteurs agissants et passionnés. Cet ensemble de mouvement, d'action et d'énergie a fait de l'opéra un spectacle tout nouveau.« Er fügt aber auch einschränkend hinzu, man sei dabei zu weit gegangen. Ginguené, der nicht zu den Anhängern Glucks gehörte, verweist besonders auf die musikalische Qualität der Chöre in Rameaus Opern sowie in Philidors *Ernelinde* (besonders »*Jurons sur nos glaives sanglants*«) und setzt dann hinzu, Gluck sei es vorbehalten gewesen, die Entwicklung des Chores entscheidend durch ihre Dramatisierung und Aktivierung fortzuführen. Seine Beschreibung macht Glucks Energieleistung als Regisseur seiner Opern deutlich:

---

[1] *Encyclopédie Méthodique*, vol. I, S. 49.
[2] Ebd., S. 50.
[3] Zitiert nach Suard, Artikel »*Allemagne*«, in: *Encyclopédie Méthodique*, S. 74.
[4] Artikel »*chanter*«, in: *Encycopédie Méthodique*, S. 238.

»Il faut l'avoir vu, à ses répétitions, courir d'un bout du théâtre à l'autre, pousser, tirer, entraîner par le bras, prier, gronder, cajoler tour-à-tour les choristes, hommes et femmes, surpris de se voir mener ainsi, et passant de la surprise à la docilité, de la docilité à une expression, à des effets qui les échauffoient eux mêmes, et leur communiquoient une partie de l'ame du compositeur; il faut l'avoir vu dans ce violent exercice, pour sentir toutes les obligations que lui a notre théâtre, et quelle réunion de forces physiques et morales lui étoit nécessaire pour répandre, comme il a fait, le mouvement et la vie.«[1]

Es kann in diesem Zusammenhang nicht verwundern, daß Gluck klare Bedingungen für die Aufführungen seiner Opern an die Operndirektoren stellte. Bezüglich der Aufführung der *Armide* in Paris macht er in einem öffentlichen Brief zu Bedingung, »qu'on me donnera au moins deux mois, quand je serai à Paris, pour former mes Acteurs et Actrices; que je serai le maître de faire faire autant de répétitions que je croirai nécessaires; qu'on ne laissera doubler aucun Rôle, et qu'on tiendra un autre Opéra tout prêt, qu'au cas que quelque Acteur ou Actrice soit incommodé.«

Diese in der Opéra völlig ungewohnte Intensität sowohl der Interpretation der Musik wie ihrer gestisch-mimischen Umsetzung übte auf die Zuhörer eine heute unvorstellbare Wirkung aus. Wie in zeitgenössischen Drames und Opéras-comiques wurde das Publikum innerlich so aufgewühlt und erregt, daß es zu Tränenausbrüchen kam, die in Schriften und Gedichten der Zeit zum Ausdruck kommen. Mlle de Lespinasse, die Vertraute d'Alemberts, berichtet in einem Brief an den Marquis de Mora von den Tränenströmen während der Aufführung des *Orphée*. Das folgende an Gluck gerichtete Gedicht über die *Alceste* ist eines der vielen Dokumente über die Reaktion der Zuhörer:

»L'Œil humide des pleurs que tu m'as fait verser,
O Gluck! j'écris ces vers, enfans de mon délire;
Le sentiment me les inspire [...]
Je retiens mes sanglots, et je vais les tracer.
Dieux! quels transports! quel oubli de soi-même
Tes sublimes accens font naître dans les cœurs!
Tu nous as fait oublier les Acteurs [...]
Ses chants ont arraché des sanglots et des pleurs.
Je les ai surpris de répandre des larmes,
Ces hommes sans vertus, et ces femmes sans mœurs,
Respecter des Époux le lien plein de charmes,
Et rendus vertueux par tes divins tableaux,
Pour la première fois pleurer au nom de mère [sic].
Indignes d'éprouver des transports si nouveaux,
Qui les font trop rougir pour ne pas leur déplaire,
Peu faits pour écouter l'accent de la douleur,
Ces cris du désespoir, ces airs pleins d'énergie [...]«[2]

Auch die Massenszenen lösten bestürzte Reaktionen aus:

»On se rappelle la sensation qu'éprouvèrent tous les spectateurs, lorsqu'au premier acte d'Iphigénie, ils virent une foule de soldats grecs entourer, pour suivre Calchas, le presser tumultueusement de leur déclarer la volonté des dieux; et lorsqu'après avoir entendu ce qu'annonce prophétiquement ce grand prêtre, l'armée sembla se réunir dans un ensemble harmonieux, les bras levés au ciel, pour implorer le secours de Diane. C'étoit le premier fruit des peines que l'auteur s'étoit données: il eut lieu d'en être content. L'expression de ces deux chœurs est fort juste; agitée et tumultueuse dans l'un, noble et soutenue dans l'autre: chacun d'eux a le caractère qui lui convient; mais tous d'eux ont peu d'étendue: l'harmonie en est presque toute syllabique et simultanée: le motif y est peut développé, dans le second surtout, où il pouvoit, ou peut-être même il devoit l'être davantage.«[3]

Die Tragédie lyrique zwischen Gluck und der Revolution

Die Opern des unmittelbaren Gluck-Rivalen Piccinni, des Gluck-Schülers Antonio Salieri sowie der 1788 aufgeführte *Démophoon* von Luigi Cherubini entstanden in der Übergangszeit bis zur Revolution und bilden teilweise eine Brücke zur Oper der Revolution. Dies trifft sicher nicht auf Piccinnis erstes Werk für Paris, *Roland* zu (Libretto von Marmontel in enger Anlehnung an Quinault, Uraufführung am 27. Januar 1778 in der Opéra), denn er mußte sich bei der Komposition innerhalb kürzester Zeit mit der Hilfe Marmontels die französische Sprache aneignen. Die italienische Partei in Paris, repräsentiert durch den Marquis Domenico Carac-

[1] P. L. Ginguené, Artikel »*chœur*«, ebd., S. 270.
[2] M. Milcent, *Vers sur l'opéra d'Alceste adressés à M. le chevalier Gluck*, in: *Mémoires pour servir à l'histoire de la révolution opérée dans la musique par M. le Chevalier Gluck*, S. 93.
[3] P. L. Ginguené, Artikel »*chœur*«, S. 270f.

ciolo, Botschafter des Königs von Neapel in Paris, und den Abbé Ferdinando Giuliani, hatte ihn nach Paris gerufen, um Gluck Paroli zu bieten. Aus dem Vorwort der Oper *Roland*, das an Marie Antoinette gerichtet ist, geht hervor, welche Probleme der Eingewöhnung in die Lebensbedingungen und künstlerischen Gegebenheiten in Paris bestanden: »transplanté, isolé dans un pays où tout était nouveau pour moi«.

Der erste, der sich Piccinnis Opern eingehend widmete und ihre Bedeutung für die französische Oper bis hin zu Spontinis *Vestale* (1807) unterstrich, war Julian Rushton.[1] Ihm zufolge kommt Piccinni das Verdienst zu, durch seine Erfolge Sacchini, Salieri und Cherubini den Boden in Frankreich bereitet und einen ebenso großen Einfluß auf italienische und französische Komponisten seiner Epoche wie Gluck gehabt zu haben.[2] Inzwischen hat Elisabeth Schmierer das Bild von Piccinnis Tragédies lyriques erheblich differenziert und auch die Begründungen für die Erfolge und Mißerfolge der Tragédies lyriques Piccinnis geliefert.[3] Die Zusammenarbeit mit Marmontel, der seine Librettistik am »Dramma per musica« Metastasios orientierte, war für Piccinni von entscheidender Bedeutung. In den von ihm bearbeiteten Libretti Quinaults und in seinen eigenständigen Textbüchern spielen entgegen der französischen Tradition (dort meist nur für die Gesänge die Divertissements kennzeichnend) isometrische Textstrophen eine hervorgehobene Rolle, die im Sinne des Schlagwortes der italienischen Partei als »chant périodique« vertont werden konnten.[4]

Mit der Wahl des Stoffes der ersten gemeinsamen Oper *Roland* hatte sich Marmontel, wenn auch vielleicht aus der Not der Zeit heraus, der Forderung Du Roullets angeschlossen, bekannte Themen in der Reformoper zu präsentieren. Piccinnis *Roland* enthält einige anspruchsvolle Nummern, die die enthusiastische Aufnahme bei den Piccinnisten verständlich erscheinen lassen, aber insgesamt fehlt ihm die musikalische Geschlossenheit und Potenz sowie eine annähernd gleich bedeutende humanistische Botschaft, welche die beiden *Iphigénies* Glucks auszeichnet. Die Vielfalt musikalischer Gestaltungsformen der Sologesänge und der Ensembles, in denen sich Piccinni offenbar sehr rasch auf die Pariser Gegebenheiten einzustellen wußte, ist dabei durchaus beachtlich. Neben den durchkomponierten Arien (Angéliques Auftrittsarie »*Oui, je le dois, je suis reine*«, Médors »*Je vivrai, si c'est votre envie*«[5] oder Rolands »*Ah j'attendrai longtemps*«) und zweiteiligen Arien mit zweimaliger Vertonung des gleichen Textes komponierte Piccinni eine Da-capo-Arie, die dem Modulationsverlauf der Sonate folgt (Médors »*Je la verrai*« mit einem Mittelteil in kontrastierendem Tongeschlecht, in anderer Ton- und Taktart; in der Dominantgruppe ist das Hauptthema auf die neue Tonart versetzt) und eine große Da-capo-Arie mit unverändertem Da capo (Angéliques »*C'est l'Amour qui prend soin*«). Formgeschichtlich besonders interessant ist das Duett Angéliques und Médors »*Soyez heureux loin d'elle*« mit einer Tempofolge Largo cantabile und Allegro vivace, mit der sich die spätere Folge von Cavatine und Cabaletta ankündigt. Von ihrer harmonischen Sprache, von ihrem Modulationsreichtum und dem Einsatz semantisch besetzter Tonarten sind Rolands Monolog zu Beginn des III. Akts »*Ah j'attendrai longtemps*«, sein Wahnmonolog »*Je suis trahi, ciel*« und »*Ah je suis descendu dans la nuit du tombeau*« (f-Moll mit Modulationen bis b- und es-Moll) besonders exponiert und weisen im III. Akt den Titelhelden endlich auch musikalisch als solchen aus. Der Einleitungschor zum II. Akt, »*Onde enchanteresse, quels sont tes attraits*«, gesungen von den »Amants enchantés«, der in Musikkritiken der Zeit als »superbe« bezeichnet wurde, entsprach wie einige andere Stücke mit seiner vollkommen quadratischen Periodik den Vorstellungen der Piccinnisten und damit der klassizistisch eingestellten italienischen Partei. In der Konzeption der »musique champêtre« des III. Akts hielt sich Piccinni sehr eng an das Modell Lullys.

Abgesehen von der Eliminierung von Nebenhandlungen, von Divertissements und der Reduzierung der Handlung auf die wesentlichen Stränge kommt es bei der Bearbeitung zweier Libretti Quinaults für Piccinni deshalb zu dem eigenartigen »patchwork« der Rezitativ- und in geringerem Maße auch der Arientexte, bestehend aus ausgewählten Versen Quinaults und Marmontels, wie etwa in den beiden folgenden Beispielen aus *Atys* (neue Verse oder Versteile Marmontels erscheinen kursiv):

---

[1] Sowohl in seiner Dissertation, *Music and Drama at the Académie Royale de Musique, 1774–1789*, Univ. of Oxford 1970, als auch zusammenfassend in: *The Theory and Practice of Piccinnisme*, in: Proceedings of the Royal Musical Association 98 (1971/72), S. 31–46.
[2] Vgl. N. Piccinni, *Atys. Tragédie lyrique. Introduction* von J. Rushton, New York, 1991, S. IX (French Opera in the 17th and 18th Centuries 65)
[3] E. Schmierer, *Die Tragédies lyriques Niccolò Piccinnis*, Laaber 1999.
[4] Vgl. ebd., S. 17ff.
[5] E. Schmierer zählt sie zu den »zweiteiligen kürzeren Arien«, deren Gliederung in verschiedene Abschnitte durch die geringen Dimensionen überspielt werde, vgl. ebd., S. 64.

Rezitativ: Quinault, III/8

CYBELE
Qu'Atys dans ses respects mêle l'indifférence!
L'ingrat Atys ne m'aime pas;
L'Amour veut de l'Amour, tout autre prix l'offense;
Et souvent le respect et la reconnaisance
Sont l'excuse des cœurs ingrats.
MELISSE
Ce n'est pas un si grand crime
De ne s'exprimer pas bien:
Un cœur qui n'aima jamais rien
Sait peu comment l'amour s'exprime.
CYBELE
Sangaride est aimable, Atys peut tout charmer,
Ils témoignent trop s'estimer,
Et de simples parents ont moins d'intelligence;
Ils se sont aimés d'enfance [...]

Quinault, V/7

CYBELE
Otez ce triste objet.
ATYS
        Ah ne m'arrachez pas
Ce qui reste de tant d'appas:
En fussiez-vous jalouse encore,
Il faut que je l'adore
Jusques dans l'horreur du trépas.

Marmontel, II/7

CYBELE
Qu'Atys dans ses respects, mêle l'indifférence!
Non, Melisse, il ne m'aime pas.
L'Amour veut de l'Amour: tout autre prix l'offense;
Et souvent le respect et la reconnaisance
Sont l'excuse des cœurs ingrats.

N'as-tu pas de leurs yeux surpris l'intelligence?
N'as-tu pas entendu qu'ils soupiraient tout bas?

Arie: Marmontel-Piccinni, III/8

ATYS
Je veux la suivre, je l'adore,
Jusques dans l'horreur du trépas.
En fussiez vous jalouse encore,
Je veux expirer dans ses bras.

Ah! *par pitié, ne m'otez* pas
Ce qui reste de tant d'appas.
Est-ce trop peu pour vous, hélas![1]
Du désespoir qui me dévore?

1 Dieser Vers lautet im Partiturdruck und damit in der Vertonung »C'est trop peu pour vous, hélas!« und steht mit sieben Silben außerhalb des sonstigen isometrischen Verlauf der beiden Strophen.
2 Der Partiturdruck enthält keine Ballettmusik. Bezüglich der Versionen der Oper, vgl. J. Rushton *Introduction* zu Piccinni, *Atys*.

Im zweiten Beispiel wird die Angleichung der »Vers libres« Quinaults (12 8 8 6 8) an den »Vers régulier« Metastasios (hier regelmäßige Achtsilber) und das Verfahren Marmontels deutlich, möglichst viel Verssubstanz aus Quinaults Libretto zu übernehmen, auch wenn dies die Umstellung von Versen oder Versteilen bedeutet. Im übrigen hat Marmontel für die meisten Arien, Duette und z.B. auch das Quartett in *Atys* ganz neue Texte geschaffen. Marmontel behielt alle entscheidenden Momente der Handlung in Quinaults Libretto bei, veränderte nur den Schluß, der bei Quinault in der Metamorphose des toten Atys in den Lieblingsbaum der Cybele bestand, während Marmontel den III. Akt mit dem Selbstmord des Atys und der Chorthrenodie beendet.

    Piccinnis Komposition des *Atys*[2] zeichnet sich durch eine große Vielfalt von Arienformen aus. Der mit acht Sologesängen bedachte Atys – Sangaride hat zwei, alle übrigen Personen nur einen – ist außerdem an den beiden einzigen Duetten und an dem umfangsreichen Quartett im III. Akt beteiligt. Unter den sechs Da-capo-Formen (A, auf der Dominante oder der Durparallele endend, B und A' auf der Tonika schließend) kommen bezüglich der Art der Kontrastbildung des B-Teils und der Anzahl der Vertonungen der einzelnen Verse oder der Strophe im A'-Teil sehr verschiedene Ausprägungen vor. So ist z.B. in der den II. Akt beendenden Arie der Cybele, »*Tremblez, ingrats*«, die erste Strophe im A'-Teil nach dem ersten Durchgang ein zweites Mal neu vertont. Auch das Dacapo der emotionale aufgeladenen g-Moll-Arie der Sangaride »*Est-il un destin plus cruel*« ist gegenüber dem A-Teil erheblich erweitert. In zwei Arien werden im Mittelteil das Metrum und das Tempo gewechselt (»*L'Amour fait verser trop de larmes*« von Atys und »*Malheurse, hélas! j'aime encore*« von Sangaride), um jeweils einen starken Kontrast – die Vision der schönen Frau als blühende Rose bzw. die Erinnerung an die erste Liebe und dem Appell »Revenez, ma raison« – zum Ausdruck zu bringen.

    In den fünf Arien in zweiteiliger Form wird in der Regel der gesamte Text zweimal vertont, so u.a. in »*Je suis comblé*« des Atys (hierbei entfielen in der Vertonung zwei Verse des Librettodrucks). Eine Besonderheit liegt in der f-Moll-Arie des Atys »*Déchirez ce cœur infidèle*« vor, in der die vier Verse der Strophe dreimal nacheinander auf verschiedene Weise vertont sind, deren einzelne Abschnitte in Es, in c und in f enden. In der Tradition der französischen Monologe gestaltet, ist die dramatisch und musikalisch gewichtigste Szene des *Atys* in II/3, zu sehen, die gegenüber der entsprechenden Situation bei Quinault eine erhebliche Zuspitzung des Konflikts vor der Traumszene darstellt : »Récitatif obligé« Andantino vivace »*O funeste amitié*« (Orchester mit Streichern und Bläsern), Air Allegro agitato »*Quel trouble agite mon cœur*« (d-Moll) und »Récitatif obligé« Andantino sostenuto »*Je succombe et je sens une froide langueur*« (Es-Dur). Sangarides entsprechende Szene (III/1), die mit einem »Récitatif accompagné« (nur Streicherbegleitung) beginnt, in deren Zentrum die schon erwähnte Arie »*Malheureuse, hélas! j'aime encore*« steht und die wiederum mit einem »Récitatif accompagné« endet, ist derjenigen von Atys klar untergeordnet. Die Gestaltung der Traumszene des Atys (»*Songe d'Atys*«) mit seinen drei abgeschlossenen Chornummern und dem alternierenden mit vier gleichen Stimmen besetzten Doppelchor[1] und der Zuordnung von Flöten für die angenehmen (wie Lully) und Oboen, Trompeten und Pauken für die bösen Träume erreicht nicht den Zauber der entsprechenden Szene Lullys. Das von seinen Zeitgenossen viel diskutierte Quartett im II. Akt , in dem die Auseinandersetzung zwischen Cybele, dem König Cœlenus und dem Liebespaar Sangaride und Atys ausgetragen wird, ist in den dreimaligen Wechsel zwischen dialogischem Konflikt und homophonem Tutti gegliedert. Die hier genannten Beispiele bezeugen die Erfahrung des Dramatikers Piccinni, der sich Charakteristika der französischen Vertonungsweise schnell aneignete und mit seiner italienischen Tonsprache verschmolz.

Mit den drei Erfolgsopern *Roland*, *Atys* und *Didon* konnte sich Piccinni während seiner Epoche durchaus gegenüber Gluck behaupten. Die Bedeutung der weniger erfolgreichen *Iphigénie en Tauride* wurde jüngst durch Elisabeth Schmierer unterstrichen.[2] Die simplifizierende Gegenüberstellung – hier der machtvolle Dramatiker Gluck, dort der »absolute« Musiker und Komponist schöner Arien Piccinni – ist nicht mehr aufrechtzuerhalten.

Johann Christian Bachs einzige Oper für Paris, *Amadis de Gaule* (1779), gehört, obwohl es sein ehrgeizigstes Opernunternehmen war, zu den Werken dieser Periode, die zwar nicht unfreundlich aufgenommen wurden, aber ohne große Wirkung blieben. Verglichen mit seinen anderen Opern ist der häufige Gebrauch der Molltonarten, eine sonst bei ihm zurückhaltender eingesetzte chromatischen Harmonik sowie ein ungewohnt großer Orchesterapparat u.a. mit Piccoloflöte, vier Hörnern und Posaunen bemerkenswert. In musikdramatischer Hinsicht vollzog er eine Entwicklung, die den *Amadis* aus seinem übrigen Opernschaffen heraushebt. Als Beispiel ist dafür der Beginn des II. Akts zu nennen, als die Gefangenen in einem dramatischen c-Moll-Chor den Himmel anrufen, ihrem Leiden ein Ende zu setzen. Das motivische Material der Einleitung, das Kopfmotiv der Violinen und die Tremolofiguren der zweiten Violinen und Bratschen, werden in den polyphonen Chorpartien weitergeführt, die mit ihrer mehrfach wechselnden Stimmenkombination der Motette nahestehen. Entsprechend französischen Modellen fügt Bach entweder aus musikalisch-formalen Gründen (das Duett »*Malgré nous, l'amour nous enchaîne*« wird als Chorsatz wiederholt, der als solcher am Schluß des I. Akts noch einmal wiederkehrt) oder aber aus dramatischen Gründen (etwa der Chor »*Amadis, c'est Amadis*« im letzten Akt) Wiederholungen von Formteilen ein. Auch schafft Bach z.B. durch die Aufnahme von Motiven aus vorausgehenden Ballettsätzen in Rezitativen (etwa Arcabonnes »*Toi qui dans ce tombeau*«) oder durch die Verbindung von Rezitativ und Arie mit gemeinsamem thematischen Material (Arcalaus »*Par mes enchantements*« und Orianes »*A qui pourrai-je avoir recours*«) übergreifende musikalische Zusammenhänge.

Trotz einiger Einschränkungen entspricht Guillards Libretto zu Sacchinis *Œdipe à Colonne* durch seinen Ernst und die humanistische Botschaft des Stoffes den Ansprüchen, die Du Roullet in seiner »Lettre sur les Drames-opera« an ein Opernlibretto gestellt hatte. Mit Thésée wird ein edler König gezeigt, der seine schützende Hand über den ausgestoßenen Œdipe hält, als die aufgebrachte und die Rache der Götter fürchtende Volksmasse dessen Verstoßung und Vernichtung fordert. Antigone, die ihren erblindeten, vereinsamten, verzweifelten und dem Selbstmord nahen Vater selbstlos in seiner ziellosen Wanderschaft betreut, ist das Vorbild einer Tochter, die das Leiden ihres Vaters zu lindern sucht und der es dann auch in einer vollkommen aussichtalosen Situation gelingt, den von Haß auf seinen Sohn Polinice erfüllten Œdipe davon zu überzeugen, daß er durch die Versöhnung mit seinen beiden Söhnen den Familienzwist dieser schuldbeladenen und vom Schicksal geschlagenen Familie zu beenden

---

[1] Vgl. dazu A. Jacobshagen, *Der Chor in der französischen Oper des späten Ancien Régime*, Frankfurt etc. 1997, S. 206.

[2] Vgl. Schmierer, *Die Tragédies lyriques N. Piccinnis*.

vermag. Besonders erwähnenswert sind in Sacchinis Vertonung die zahlreichen Ensembles inmitten der Akte, in denen die Handlung intensiver als sonst in der Oper dieser Epoche fortschreitet, so besonders das Terzett »Où suis-je? mes enfants«, dem Kulminationspunkt des III. Akts, oder etwa das Solisten-Ensemble am Ende des II. Akts. Die Rezitative sind mit größter Sorgfalt als in seinen Opern in italienischer Sprache komponiert.

Das Libretto zu Antonio Salieris *Les Danaïdes* schrieben Du Roullet und Louis Théodore de Tschudi nach Calzabigis *Ipermestra*. Gluck konnte es wegen seiner Erkrankung nicht selbst vertonen. Die erste Aufführung fand am 26. April 1784 in Paris statt. Auguste Felix Desaugiers und Spontini brachten sie im Jahre 1817 in bearbeiteter vierkatiger Fassung mit neuen Arietten und zwei veränderten Aktschlüssen Salieris sowie neuen Tänzen und Arienbearbeitungen Spontinis, Paërs und Bertons neu heraus. Die Oper wurde unter den Namen Salieri und Gluck angekündigt und zuerst aufgeführt, bis dann Gluck in einem Brief an das *Journal de Paris* (erschienen am 15. Mai 1784) die alleinige Autorschaft Salieris bekannt gab. In der Widmung der Partitur an die Königin Marie-Antoinette notiert Salieri: »Je l'ai écrite [la musique] sous les yeux et sous la direction du célèbre Chevalier Gluck, ce sublime génie le créateur de la musique dramatique, qu'il a portée au plus haut degré de perfection où elle peut atteindre«.

Salieri, du Roullet und Tschudi, *Les Danaïdes*, V. Akt, Schlußbild in der Hölle, musikalischer und szenischer Höhepunkt der Oper, mit der Bestrafung der Schuldigen. Anonyme Tuschezeichnung.

Danaus haßt seinen Bruder Egyptus, seitdem dieser ihn vom Thron gestoßen hat. Vor dem Volk schwören Danaus und Lyncée, der Sohn des Egyptus, die beiden Familien wieder zu versöhnen. Dieses neue Bündnis erlaubt die Heirat von 50 Söhnen des Egyptus und 50 Töchtern des Danaus. Hypermnestre freut sich mit Lyncée über ihre bevorstehende Heirat. Um sich endgültig an Egyptus zu rächen, eröffnet Danaus seine wahren Absichten und befiehlt, am Abend der Hochzeit sollen seine Töchter, die Danaiden, ihre Ehemänner erstechen. Der Versuch, Danaus umzustimmen, bleibt erfolglos. In ihrem Monolog sieht Hypermnestre das schreckliche Ende des Danaus voraus. Um ihrem Vater nicht zu widersprechen, denkt sie auch daran, sich zusammen mit ihrem Mann zu töten. Der tragische Höhepunkt ist erreicht, als Danaus in dem Augenblick, als der gerettete Lyncée ihn mit seinen Soldaten gestellt hat, seine eigene Tochter umbringen will, dann aber selbst erstochen wird. Im Katastrophenbild am Ende der Oper wird der Palast des Danaus während einer Feuersbrunst verschlungen:

»On voit le Tartare roulant des flots de sang sur ses bords, et au milieu du théâtre, Danaüs paraît enchaîné sur un rocher, ses entrailles sanglantes sont dévorées par un vautour, et sa tête est frappée de la foudre à coups redoublés. Les Danaïdes sont les unes enchaînées par groupes, tourmentées par les démons et dévorées par des serpents, les autres, poursuivies par des furies, remplissent le théâtre de leurs mouvements et de leurs cris.«

In dem fortgeführten Streit zwischen den Gluckisten und Piccinnisten wurden das Libretto und die Musik von Grimm und La Harpe einer scharfen Kritik unterzogen. Das Schlußbild mit »cet amas d'atrocités froides qui soulève le cœur sans l'émouvoir un moment ni de pitié ni de terreur«[1] stieß auf heftige Ablehnung.

Die Ouverture ist eine freie Steigerungsform mit vier Tempowechseln (Andante maestoso, Allegro assai, più Allegro, Presto) und dreimaligem Wechsel von d-Moll nach D-Dur und dem Abschluß in d-Moll. Der I. Akt beginnt mit einer Tempelszene und einem Schwur des Danaus, Lyncées und des Chores, den Streit zwischen den Familien des Danaus und Egyptus zu beenden. An der anschließenden Feier sind der Chor, das Ballett und Solisten beteiligt. Das schreckliche Schicksal mittelbar ankündigend gemahnt Danaus in seiner durchkomponierten Arie, in der lediglich das Anfangsmotto »Jouissez du destin propice dont l'amour flatte vos désirs« im weiteren Verlauf einmal aufgenommen wird, das Glück zu genießen, da der Tod unerwartet und unbemerkt eintreten könne. Im abschließenden großen Duett Hypermnestres und Lyncées, das in A-Dur, der in der ganzen Oper sonst gemiedenen Tonart steht, geben sie sich dem Glück ihrer Verbindung hin.

Der II. Akt ist ein typisches Sotteraneo-Bild, das bereits durch den Wechsel der Tonart von C-Dur am Ende des I. Akts nach d-Moll verdeutlicht wird. Im einleitenden Chor beschwört der Chor der Danaïdes die Düsternis und das Grauen durch die Ausweichungen nach f- und b-Moll (bei »spectacle d'horreur«). Danaus verlangt von ihnen durch einen an Nemesis, der Rächerin des unverdienten Glücks, gerichteten Schwur, ihre Ehemänner auf ein Zeichen hin zu ermorden. Dieser Schwur steht durch seine Tonart Es-Dur und die sprachlichen Bilder von »ombre« und »sombre« der traditionellen Ombra-Arie nahe. Der Aufruf des Vaters zur Rache steht in d-Moll, die rasende Violinfiguration, die im nachfolgenden Chor aufgenommen wird, schildert die Wut und Erregung des Danaus. Während sich ihre Schwestern bereitwillig zum Werkzeug des Vaters machen, widersteht Hypermnestra ihm von Anfang an und gerät dadurch in den für ihren Mann Lyncée rettenden Konflikt mit ihrem Vater. In einer rezitativischen Szene wird sie von ihrem Vater gestellt, aber auch mit ihren Tränen (Arie in Da-capo-Form) vermag sie ihn nicht umzustimmen. In ihrem vom Tutti-Orchester begleiteten Monolog (nur die Posaunen pausieren), der viele Tempowechsel enthält und in dem trotz der Grundtonart C-Dur das unheimliche d-Moll wieder eine wichtige Rolle spielt, stellt sie die Frage, wer der entschlossenen Rachesucht ihres Vaters zu trotzen vermag, da der Himmel und ihre Mitmenschen keine Anstrengungen zur Vermeidung des Schrecklichen unternehmen. Zu Beginn des III. Akts wird die Massenhochzeit mit verschieden besetzten Chören, Tänzen und einem verräterisch kurzen Trinklied des Danaus in B-Dur gefeiert. In der Accompagnato-Szene Lyncées, Danaus' und Hypermnestres kann sich Lyncée das veränderte Verhalten seiner Braut nicht erklären und beschwört in seiner Da-capo-Arie »Rends-moi ton coeur« die Liebe Hypermnestres. Sie bringt ihre tiefe Gespaltenheit und Seelenqual in einer durchkomponierten, von zahlreichen Fermaten unterbrochenen Arie vor beiden Männern zum Ausdruck, in der sie eine charakteristische tragische c-Moll-Sprache anschlägt. Erst nach dem von Oboen und Klarinetten begleiteten Accompagnato des Danaus kehrt die festliche Stimmung in Tänzen und Chören wieder. Der Akt schließt mit einer von äußersten Ausdrucksgegensätzen gekennzeichneten Pantomime. Zu Beginn des IV. Akts bekniet Hypermnestre erneut ihren Vater in einer von e-Moll, der Grundtonart, bis nach As-Dur modulierenden Szene, seinen Rachgelüsten Einhalt zu gebieten. Alleine fragt sie sich in einem Accompagnato und einer Zwei-Tempo-Preghiera, wie sie dem Schicksal widerstehen kann und bittet die Götter um ihren Beistand. Die in den Augen Lyncées unmotivierte, aber von Hypermnestre nachdrücklich verlangte Trennung ist deshalb besonders schmerzlich, weil er den Grund nicht erfahren darf. Seine Zwei-Tempo-Arie »A peine aux autels d'Hyménée« zeigt, in welchen Zwiespalt ihn die vermeintliche Rückweisung Hypermnestres stürzt. Erst durch die Intervention des Pelagus nach dem eigenartigerweise in D-Dur stehenden schmerzerfüllten Duett wird Lyncée schließlich dazu bewegt werden, sich von ihr zu trennen. Der d-Moll-Chor der dem Mord anheimfallenden Männer, und damit der IV. Akt, endet jäh mit einem »Ah«-Ausruf auf einem

---

[1] J.-Fr. de La Harpe, Lettre CCVII der *Correspondance littéraire*, Bd. IV, zitiert nach: R. Angermüller, *Antonio Salieri*, Bd. III, München 1971, S. 274.

verminderten Sextakkord. Die letzten beiden Akte sind eng miteinander verbunden: Hypermnestre erwacht aus ihrer Ohnmacht und ruft angesichts einer nach all dem Morden eingetretenen totalen Stille nach Lyncée und bittet schließlich den Vater, sie auch zu ermorden. Danach erfährt sie aus dem Mund des Vaters, Lyncée sei dem Gemetzel entkommen. In einem vom Orchester mit den Posaunen begleiteten Chor treten die Danaiden als Furien auf und schwören, auch den im Palais versteckten Lyncée noch umzubringen. Salieri macht deren letzten gesteigerten Wutausbruch dadurch deutlich, daß er im Orchester die Bässe und ersten Violinen in einen hektischen Dialog mit Furienfigurationen treibt. Bevor er seine Tochter in wilder Rachewut erstechen kann, wird er selbst von Pelagus in die Kulissen gedrängt und von Lyncée getötet. Es kommt nicht zu einem lieto fine und einer Feier des Glückes Lyncées und Hypermnestres. Nach einem kurzen Dankeschor an die Götter wird in einer vom Chor bestrittenen, in c-Moll endenden Erdbebenszene der Palast das Opfer der Flammen. Die musikalische Gestaltungsweise Salieris steht Gluck sehr nahe, wie die Gliederung der solistischen Teile in Szenen mit in ihrer Orchesterbesetzung wechselnden Rezitativen und frei geformten Arien zeigt.

Mit dem *Tarare* (Première 8. Juni 1787) schufen Pierre-Augustin Beaumarchais und Salieri eine Mischgattung – in der zeitgenössischen Presse wird von »confusion des genres« gesprochen, in den *Mémoires secrets* nennt man es »un monstre dramatique et lyrique«[1], La Harpe nennt die Vermischung »de tous les tons, la tragédie, la parodie, la satire et la philosophie«[2] – die beim Publikum und bei der Kritik auf Unverständnis und Ratlosigkeit stieß. Die fast durchgängige rezitativische Anlage kritisierte man als ermüdend und monoton. Die Sprache Beaumarchais' wurde wegen ihrer »dureté«, »barbarie« und »platitude« gerügt.[3] Im Prolog legt Beaumarchais die philosophische Basis für das Drama: Die Natur und das Feuer schaffen Menschen, die glücklich in der Welt agieren sollen. Der eine mit Namen Atar ist Despot in Asien, der andere der einfache Soldat Tarare. Die Tyrannei Atars führt zur Volkserhebung, an deren Ende der verfolgte, tugendhafte Tarare vom Volk zum König gewählt und gekrönt wird. Die Natur und das Feuer erscheinen im letzten Akt erneut und schreiben in Feuerbuchstaben die Moral der Geschichte auf, die während der Revolution ihre volle Gültigkeit erreichte und die sich der republikanisch eingestellte Beethoven zu eigen machte:

> »Mortel, qui que tu sois, prince, prêtre ou soldat,
> Homme, ta grandeur sur la terre
> N'appartient point à ton état,
> Elle est toute à ton caractère.«

Beaumarchais betonte, daß es sich bei dem Stoff um eine freie Bearbeitung eines exotischen arabischen Märchens handelt. Stoffgeschichtlich steht *Tarare* in der Nachfolge der *Caravane du Caire* von Morel de Chédeville und Grétry bzw. des von Montesquieu begründeten autokritischen Exotismus, der zur Spiegelung der Kritik an der eigenen Gesellschaft im Fremden diente und ganz überwiegend in der Opéra-comique, vor Beaumarchais aber in der französischen Oper nicht rezipiert wurde. Das Niveau der Reflexion Beaumarchais' wurde allerdings zuvor nie erreicht und später kaum übertroffen. Dem Vorwort seines Librettos zufolge bestand seine Absicht darin, eine neue Gattung zu konzipieren, die einen Mittelweg zwischen einem musikalischen Drama und der Tragédie lyrique, dem »genre historique« und dem »genre merveilleux« darstellt:

> »Je penserais donc qu'on doit prendre un milieu entre le merveilleux et le genre historique. J'ai cru m'appercevoir aussi que les mœurs très-civilisées étaient trop méthodiques pour y paraître théâtrales. Les mœurs Orientales, plus disparates et moins connues, laissent à l'esprit un champ plus libre, et me semblent très propre à remplir cet objet. Par-tout où règne le despotisme, on conçoit des mœurs plus tranchantes. Là l'esclavage est près de la grandeur: l'amour y touche à la férocité: les passions des Grands sont sans frein. [....] Là, je vois l'abus du pouvoir se jouer de la vie des hommes, de la pudicité des femmes; la révolte marche de front avec l'atroce tyrannie: le despote y fait tout trembler, jusqu'à ce qu'il tremble lui-même; et souvent tous les deux se voyent en même tems. Ce désordre convient au sujet; il montre l'imagination du Poëte; il imprime un trouble à l'esprit, qui dispose aux ›étrangetés‹: (selon l'expression de Montaigne.) Voilà les mœurs qu'il faut à l'Opéra. [...] Je puis m'y montrer tout-à-tour, vif, imposant, gai, sérieux, enjoué, terrible ou badin.«[4]

Für Beaumarchais ließen sich auch in der Oper die Konflikte emotionaler und politischer Natur und ungezügelter Leidenschaften ungeschminkter und auf den Kern gebracht am eindeutigsten in einem exotischen Land und Milieu darstellen.

---

1 L. Petit de Bachaumont, *Mémoires secrets*, Bd. 35, London 1789, S. 215.
2 La Harpe, *Correspondance*, Bd. VI, S. 192, zitiert nach: R. Angermüller, *Antonio Salieri*, Bd. III, S. 333.
3 Vgl. dazu die Besprechung des Librettos im *Mercure de France*, 7. 7. 1787, S. 30–39.
4 P.-A. Caron de Beaumarchais, *Théâtre complet*, hg. v. P. Pia, Paris 1956, S. 434.

Der Prolog, »préambule philosophique« genannt, wird nun erneut, wie in manchen französischen Opern der Epoche Lullys und seiner Nachfolger zur Exposition der Oper. Durch den Streit zwischen den Genien des Feuers und der Natur wird die Bühne zum Kampfplatz philosophischer Ideen. Diese teilen dem König Atar und dem Soldaten Tarare ihre Rollen zu, die sie während der Opernhandlung wie in einem wissenschaftlichen Versuch zu erfüllen haben.

Auch musikdramatisch geht Salieri in diesem Werk ganz neue Wege. Den I. Akt läßt er mit einer zweiten Ouvertüre beginnen, die den Eintritt in die exotische Welt signalisiert und die in ihrem Beginn stilistisch an Glucks Ouvertüre zu *La Rencontre imprévue* anknüpft. Die charakteristische »türkische« Instrumentation mit »Tamburo e Cimbali« basiert auf der Wiener Tradition und wurde in Paris als fremd empfunden. Im zentralen Divertissement (III/4), der »fête européenne«, das Atar zu Ehren Astasies veranstaltet, werden in zweifacher Hinsicht Vorstellungen und Gewohnheiten auf den Kopf gestellt: bei der »fête européene« handelt es sich, wie Betzwieser gezeigt hat[1], um eine Umkehrung von Konventionen des theatralischen Exotismus insofern, als nun das europäische Fest aus der Sicht der Orientalen »exotisch« erscheint. Außerdem wird das Divertissement durch das Erscheinen Tarares im Serail zum dramatischen Höhepunkt. Den Gegensatz zwischen Orientalen und Europäern setzt Salieri durch den ständigen Wechsel der Metren um (französische Bauern im 6/8 Takt, die Hofgesellschaft im 3/4 und die Exoten in geraden Metren). Der Anfangsmarsch dient außerdem dazu, die galante höfische der bäuerlichen Welt gegenüberzustellen: »Marche dont le dessus léger peint le caractère des Bergers de Cour qui la dansent, et dont la basse peint la lourde gaieté des Paysans qui la sautent.« Zu erwähnen sind noch der Chorsatz »Saluons tous la fière Irza« mit der »türkischen« terzdominierten Melodik[2] und das Air des Eunuchen Calpigi »Je suis natif de Ferrare«, einer der ganz frühen Opernbarkarolen, in der er seine Lebensgeschichte erzählt und die zum »Schlager« und tausendfach bis weit ins 19. Jahrhundert hinein parodiert wurde. Der Auftritt Tarares darin trifft nun in der Realität des Bühnengeschehens mit seinem Auftritt im Serail zusammen, was den Abbruch der Barkarole und den Aufruhr im Serail zur Folge hat. Mit dieser Erzählung der Barkarole suggeriert Beaumarchais die Vergangenheit, die urplötzlich in Gegenwart umschlägt. Er persifliert damit die Tradition exotischer Erzählungen, in denen europäische Frauen ins Serail verschleppt werden und als Sultanin eines Orientalen leben müssen. Die Serailintrige kann nicht wie in Mozarts *Entführung aus dem Serail* durch den großzügigen, wohltätigen Pascha gelöst werden, da Beaumarchais Atar zuvor als zu tyrannisch und unbeherrscht dargestellt hatte und es zu einer erfolgreichen Revolte kommen lassen will: Das Heer steht hinter Tarare und bringt Atar dadurch in eine ausweglose Situation, denn er will auf keinen Fall öffentlich seine Autorität dem einfachen Soldaten Tarare verdanken. Deshalb nimmt er sich das Leben, und Tarare wird zum neuen König ausgerufen, eine Konfliktlösung, die nur im Gewand des Orientalischen auf einer Pariser Bühne dieser Zeit möglich war. Wie bereits erwähnt, kehrt Beaumarchais im Epilog zum Prolog zurück und endet mit der oben zitierten zentralen Botschaft der Aufklärung und Revolution.

Cherubinis erste Pariser Oper, die Tragédie lyrique *Démophoon* kam 1788 nur auf wenige Aufführungen. Der von Marmontel bearbeitete Stoff geht auf das gleichnamige Libretto Metastasios zurück, das Antonio Caldara 1733 zum ersten Mal, dann aber noch zahlreiche Komponisten wie Gluck, Piccinni, Hasse, Jommelli und Paisiello vertont hatten. Die Umstände der ersten Aufführungen in Paris waren für Cherubini nicht sehr günstig, da kurz zuvor Johann Christoph Vogel eine Oper über den gleichen Stoff komponiert hatte, die man nach dessen Tod 1788 Cherubinis Werk vorgezogen und zuerst aufgeführt hatte.[3]

Der Beginn der Oper Cherubinis entspricht vollkommen Du Roullets Forderung nach einer Exposition mit einem großen Tableau. Der Chor wendet sich in einem Gebet mit dem nur indirekt zum Ausdruck gebrachten Wunsch an Apoll, vom jährlichen Opfer einer jungen Thrakerin abzusehen. Der in Alexandrinern formulierte Orakelspruch, durch den die Tempelszene eine überraschende Unterbrechung und einen Höhepunkt erhält, deutet bereits die mögliche Lösung des drohenden tragischen Opfers in einer zugleich humanistischen und christlichen Maxime an:

>»Lorsqu'on verra céder la force à la faiblesse;
>Lorsque du fier Lion l'orgueil sera dompté
>Qu'on verra le torrent dans sa course arrêté,
>Thraces, le Dieu consent que votre malheur cesse.«

---

[1] Vgl. T. Betzwieser, *Exotismus und »Türkenoper« in der französischen Musik des Ancien Régime*, Laaber 1993, S. 343ff.

[2] »Il imite le chant trivial des esclaves« heißt es in der Partitur.

[3] Vgl. dazu E. Schmierer, *Johann Christoph Vogels »Démophon«. Eine »Tragédie lyrique« in der Revolutionszeit*, in: Die Musikforschung 51 (1998), S. 393–408.

Diesem Ausweg, der der mit dem Königsohn Osmide insgeheim vermählten Dircé eine Rettungsmöglichkeit eröffnet, verschließt sich Démophoon aus Gründen der Staatsraison bis zum letzten Augenblick. Auch hinsichtlich des Balletts am Ende der Oper, das dem feierlichen Abschluß, der Entspannung und dem Vergnügen des Publikums dient, folgt Marmontel Du Roullets Vorstellungen.

In anderer Hinsicht steht die dramaturgische Behandlung des Themas in deutlichem Gegensatz zu den Lösungen Glucks, da die Konzentration auf eine kleine Zahl von Personen und auf eine zentrale Problematik nicht eingehalten wird. Neben den drei Hauptpersonen, dem Paar Dircé und Ormide sowie dem König, auf die der Konflikt konzentriert ist, nehmen drei weitere Personen, Dircés Vater, Astor, die Osmide bestimmte Prinzessin Ircile und deren Bruder Néade wichtige Rollen ein, die der Konzentration auf die Kernhandlung und -problematik bei Gluck widersprechen. Démophoon bedroht Osmide damit, den Thron an Néade weiterzugeben, wenn dieser Ircile heiratet und Osmide sich damit der Staatsraison der Dynastie nach Erweiterung des Machtbereichs durch eine standesgemäße Hochzeit entzieht. Nachdem nicht einmal die Bitten Irciles Démophoon davon abzubringen vermochten, das unmenschliche Opfer Dircés zu verhindern, eröffnet Osmide erst durch die gewaltsame Intervention im letzten Augenblick die Möglichkeit einer positiven Lösung. Dem Flehen des Chores und aller Solisten gibt der König schließlich nach, weil »die Natur« stärker sei und alle anderen Erfordernisse ihren Gesetzen unterzuordnen seien. Die Priester des Chores bekräftigen, damit habe sich auch der Orakelspruch erfüllt. Der primären, ja sogar alleinigen Orientierung Démophoons an den Anforderungen des politischen bzw. dynastischen Systems wird besonders von Ircile und Néade eine Legitimation durch die Berufung auf einen humanen Verhaltenskodex gegenübergestellt.

Musikdramatisch knüpft Cherubini zwar an Gluck an, geht aber zugleich neue Wege, die er in späteren Opern wie *Les deux journées* oder *Médée* entschieden weiterführt. Die Ouverture hat bereits eine »äußerliche« Eigenart dadurch, daß sie zwar wegen der fehlenden Vorzeichnung in C-Dur zu stehen scheint, in Wirklichkeit jedoch in c-Moll verläuft und erst im Schluß sich zur Durtonart wendet. Der zweite Abschnitt ihres einleitenden »Lent« erfährt ebenso eine Reprise wie der Hauptgedanke des nachfolgenden Allegro spirituoso. Der entsprechende Teil der langsamen Einleitung wird allerdings bei verdoppelten Notenwerten ohne erneuten Tempowechsel in den Allegroteil integriert. Das Hauptthema des Allegro spirituoso erscheint zu Beginn in zwei verschiedenen Gestalten, zunächst im Tutti und dann erneut in der Ausgangstonart in einer veränderten Fassung, die einer Dominantgruppe entsprechen könnte. Nach einer Art verarbeitendem und modulierendem Abschnitt kommt es zu einem Stillstehen auf einem Dominantorgelpunkt, bevor die Wiederaufnahme des erwähnten Gedankens aus der Lento-Einleitung erfolgt. An die Wiederholung des viertaktigen Hauptgedankens des Allegro schließen sich im wesentlichen zwei Abschnitte über einem Dominant- und Tonika-Orgelpunkt an, in denen der Wechsel zum Durgeschlecht vollzogen wird. Zu diesem C-Dur kontrastiert dann das f-Moll-Gebet des sechstimmigen Chores zu Beginn des I. Akts, das an Apoll gerichtet ist. Der Chor distanziert sich nicht nur nach dem Orakelspruch von den Forderungen Apolls nach einem neuen Opfer, sondern nimmt in entscheidenden Momenten der Handlung immer wieder aktiv am Geschehen teil. Im I. Akt ist der achtstimmige Chor »*Ah! vous rendez la vie à des mères tremblantes*« das Sprachrohr der Eltern, die jedes Jahr eine ihrer Töchter opfern mußten. Auch im ersten Divertissement ist seine Rolle nicht auf die Staffage beschränkt, sondern Cherubini hebt den Chor mit musikalischen Mitteln, durch seine imitatorisch-polyphone Gestalt und den motivischen Reichtum des Orchesters aus dem Kontext heraus. Während der II. Akt ganz auf die Auseinandersetzungen der Protagonisten und Solisten beschränkt bleibt, übernimmt der Chor in den entscheidenen Szenen der Konfliktzuspitzung und -lösung des III. Akts wieder seine aktive Rolle. Bezeichnenderweise macht sich der Chor der Priester in »*Le plus beau sang si le ciel le demande*« zum gefügigen Sprachrohr Apollons, während die Priesterinnen das Opfer Dircé zu einer würdigen Haltung ermutigen. Der Chor des Volkes und der Soldaten wagt es, im Verein mit Ircide, Néade und Osmide in einem leidenschaftlichen Chor-Ensemble-Satz dem Entschluß des Königs zu widersprechen und schließlich auch als entscheidende Instanz die Erfüllung des Orakels mit der Ablehnung des Opfertods zu konstatieren. Erst im sich unmittelbar anschließenden Allegro vivace übernimmt der Chor zusammen mit allen Solisten die traditionelle Aufgabe, die glückliche Lösung des Konflikts zu feiern, die mit dem Ballet abgeschlossen wird.

In den sehr variabel gestalteten solistischen Gesängen führt Cherubini neue, kompositionsgeschichtlich wichtige Verfahren ein, die von weitreichenden Konsequenzen waren. Den Orakelspruch setzt er dadurch von allen anderen Gesängen ab, daß er ihn im Pianissimo allein von den doppelten Holzbläsern und den beiden Hörnern begleiten läßt (die drei Posaunen setzt er erst am Ende des II. Akts sowie in der Tempelszene des III. Akts ein). Im ersten größeren Sologesang, »*Au moment que l'urne terrible*«, fürchtet Astor um seine Tochter, auf die das Los fällen könnte und wünscht zugleich, auch Démophoon möge von der gleichen Furcht ergriffen werden, eines seiner Kinder könne von diesem Schicksal bedroht sein. Der Arie liegen drei Strophen zugrunde, von denen die erste durch ihre Anhäufung von »r«- (z.B. »Où va sortir l'arrêt de mort«) und die zweite von »s«-Lauten (»qu'il palisse...qu'il frémisse...le supplice«) in ihrem sprachlichen Klang der Besorgnis Astors entspricht. Der erste Abschnitt der Arie, »Soutenu«, dem in der ersten Hälfte ein erregtes Streichermotiv über einem langen Orgelpunkt zugrundeliegt, kehrt auf die Dominante transponiert und aufgrund der nun auf sechs Verse erweiterten Strophe verändert und um fünf Takte erweitert als dritter Abschnitt wieder. Der zweite Abschnitt im Vivace wird zunächst von einem Sechzehntelmotiv und dann vom Tremolo und weiträumigen Arpeggien der Violinen bestimmt. Er wird unverändert als vierter Abschnitt wiederholt. Danach vertont Cherubini vier Verse der dritten Strophe unter Verwendung eines ihr ursprünglich zugeordneten Orchestermotivs, jetzt im Vivace, sowie die zweite Strophe erneut, wobei er nun neue und ausdrucksstärkere harmonische Mittel zur Textausdeutung einsetzt. Es handelt sich also um eine eigenwillige Kombination von Zweitempo-Arie und einer Art Entwicklungsform, da die Wiederkehr des »Soutenu«-Teils eine motivisch-thematische Arbeit impliziert und die neue, 26 Takte lange Fortführung nach der Wiederholung des Vivace-Teils auf Vorausgehendes zurückgreift. Dircés Monolog »*Ah! quand je revois pour moi*« wird durch eine Szene in einer anderen Tonart eingeleitet. Beide Stücke werden wie viele andere Gesänge dieser und anderer Opernszenen dieser Zeit von mehreren Generalpausen und kurzen kommentierenden Orchestereinwürfen, so etwa nach »s'exposer sans effroi«, unterbrochen. Das nachfolgende Duett mit Osmide, »*Va le voir, ce tendre gage*«, ist in ein Larghetto und einen Allegro-Teil gegliedert, in dem Osmide verspricht, Dircé und ihr gemeinsames Kind zu verteidigen. Cherubini verknüpft des öfteren Szenen durch gemeinsame Motive miteinander, so z.B. die 9. und 10. Szene des I. Akts durch ein punktiertes, aufwärts gerichtetes Motiv der Violinen oder die dritte Szene des I. Akts (»dans l'urne fatale«) mit der zweiten Szene des II. Akts (»sans vous, hélas, aux rigueurs de la loi«) durch ein erregtes Tremolomotiv, das demselben dynamischen Verlauf folgt. Der Tanzchor »*Loin de ces bords*« des ersten Divertissements ist formal besonders kunstvoll durch die Art der Wiederholung von vier verschieden langen Formteilen.

Der zweite Akt ist in drei Bereiche gegliedert: Die lange erste Szene mit Duett zwischen Ircile und Néade, zu der Osmide in der zweiten Szene hinzutritt; die Szenen 3 bis 5, in denen Osmide und Dircé gemeinsam mit ihrem Vater nach einem Ausweg aus dem drohenden Schicksal suchen, sich zur Flucht entscheiden und dabei entdeckt und gefangen genommen werden; schließlich der den Akt abschließende herausgehobene Monolog Osmides. In Dircés Szene »*Ciel! où vais-je*« fallen wiederum die zahlreichen Fermatenpausen auf, in denen die Musik zum Stillstand kommt, und die Wiederaufnahme des Anfangsmotivs in einem insgesamt durchkomponierten Verlauf, der durch wechselnde Motivik im Orchester gekennzeichnet ist. Osmides außergewöhnlich modulationsreicher Schlußmonolog des II. Akts, »*Ah! mon désespoir m'épouvante, je ne vois plus rien de sacré*«, nimmt durch die Besetzung mit drei Posaunen, die u.a. die Harmonien des Neapolitaners und des verminderten Septakkords verdoppeln, unter den Monologen der Oper dieser Epoche eine herausgehobene Stellung ein. Die für eine solche Szene ungewöhnliche Tonart D-Dur hat er mit Osmides gewaltsamem Einschreiten in der Opferszene des III. Akts gemeinsam, d.h. man kann die zunächst unmotiviert erscheinende Wahl der Tonart aus dem Kontext der späteren, alles entscheidenden Szene rechtfertigen. Die thematische Arbeit im Orchester beschränkt sich nicht auf die Exposition von vier Hauptmotiven (neben dem thematisch eingesetzten Tremolo), mit denen die Singstimme begleitet oder unterbrochen wird, sondern auch auf ihre Kombination und »Durchführung« dieser Motive in verschiedenen Instrumenten, wodurch sich Felder verschiedener thematischer und damit dramatischer Dichte ergeben.

Die Singstimme ist durch die häufigen Unterbrechungen mit Pausen und ihren somit intermettirenden depressiv abwärts gerichteten Verlauf gekennzeichnet. Die beiden Anfangsverse kehren als dichterischer Refrain dreimal, aber musikalisch nur einmal in identischer Gestalt wieder. Cherubini wählt hier ein formal sehr ausgeklügeltes Verfahren, indem er zuerst den ersten Vers identisch wiederholt und den zweiten neu vertont und später der Neuvertonung des ersten Verses die unveränderte Wiederholung des fünftaktigen zweiten Verses folgen läßt. Dieser Monolog gehört kompositionstechnisch zu den in die Zukunft weisenden Stücken dieser Partitur.

Der III. Akt beginnt mit der Auseinandersetzung Osmides mit seinem Vater, in der die dreiteilige Arie Osmides (Larghetto, Allegro vivace, Larghetto), »Pour prix du sang«, ebenso fast unmerklich aus dem Accompagnato übergeleitet wird wie in Démophoons »Ah! téméraire«. In der vierten Szene versuchen in einem Terzett Ircile und Néade vergeblich, Démophoon von Osmides tiefer Bindung an Dircé zu überzeugen und lediglich erreichen, daß er in einen immer erregteren Zustand gerät und abtritt. Mit der einleitenden »Marche«, die nach der Verwandlung in der Tempelszene erneut erklingt, bereitet Cherubini den Übergang zur Opferszene vor. Dircé vertraut in ihrem »Cantabile« Ircile, die das Schicksal durch eine Intervention bei Démophoon noch wenden möchte, ihren Sohn an. Der Bereitschaft Osmides, sich anstelle Dircés zu opfern, setzt der König noch seinen Widerstand entgegen, verstummt aber nach dem Geständnis Osmides, Dircé sei seine Frau, und angesichts des herbeieilenden Kindes. Erst während der Bitten des Chores findet er seine Worte wieder. Der hymnische Schlußchor schließt in D-Dur. Erst nach dem ersten Tanz des Schlußballetts in A-Dur kehrt Cherubini abrupt zur Ausgangstonart C-Dur der Ouvertüre zurück. Ein dramatisches Finale fehlt in dieser Oper, d.h. Cherubini beschränkte sich ganz auf Aktschlüsse im Sinne der französischen Tradition.

Mit der Partitur des *Démophoon* integrierte Cherubini sinfonische Techniken im Orchestersatz der Oper nicht nur in Arien und Einleitungssätzen, sondern auch z.B. in Chören, wie der Chor im I. Akt »Ah! n'est-ce pas nous annoncer« zeigt. Daran konnte er später in *Lodoïska* anknüpfen.

Die Oper während der Revolution

Das Musiktheater der Revolution umfaßt nicht nur die traditionellen Gattungen der ›Tragédie lyrique‹, des ›Drame lyrique‹, der ›Opéra-comique‹, sondern auch eine Reihe von Gattungen, die man als »genres mineurs« bezeichnen könnte (›Trait historique‹ oder ›Fait historique‹, ›Sans-culottide dramatique‹, ›Tableau patriotique‹, ›Vaudeville‹ etc.). Dies steht in engem Zusammenhang mit der allgemeinen Entwicklung des Theaters in dieser Epoche, in der eine nie zuvor erreichte Vielfalt, Quantität und Intensität der Aufführungen möglich wurde und dem Theater innerhalb einer allgemeinen Kulturpolitik ein bevorzugter Platz eingeräumt wurde. Die offizielle Politik bestand darin, die Freiheit der Theaterunternehmer und den Autoren ihr Autorenrecht zu sichern und außerdem mit dem »Décret réglementant la liberté au théâtre« vom 13. Januar 1791 das Privilegiensystem des Theaters abzuschaffen. Dem Theater wurde eine entscheidende Aufgabe innerhalb des öffentlichen Erziehungssystems, in der moralischen und politischen Bildung der Bürger und in der allgemeinen Kulturpolitik zugewiesen. Die Theaterautoren hatten sich unter Führung La Harpes zusammengefunden und im August 1790 an die Assemblée nationale appelliert, indem sie darauf hinwiesen, daß die beiden Kategorien Eigentum bzw. Urheberrecht und Privileg notwendigerweise unvereinbar sind. Der Gesetzentwurf Le Chapeliers vom Januar 1791 wurde im Laufe der Monate Juli und August verbessert und führte zur Abschaffung aller Privilegien des Ancien Régimes für das Theater mit der Konsequenz, daß damit auch die Zensur entfiel. Seit diesem Zeitpunkt konnte jeder ein Theater eröffnen und bei Erfüllung zweier Voraussetzungen jedes Stück seiner Wahl spielen: Er hatte dies der Polizei zu melden und das Einverständnis der Autoren der gespielten Stücke einzuholen. Diese juristische Regelung blieb bis 1807 gültig und wurde auch während der Terreur nicht direkt in Frage gestellt. Während der Herrschaft der Montagne schränkten eine Reihe von Erlässen die neu errungenen Rechte wieder ein und erlegten den Theatern auf, im Sinne einer jakobinischen Schule erzieherisch und repressiv zu wirken. Im August 1793 wurden durch die Konvention Gratisaufführungen »par et pour le peuple« verordnet: Dreimal in der Woche, davon einmal auf Kosten der Republik, mußten von der Stadtverwaltung bestimmte Theater Tragödien wie *Brutus, Guillaume Tell* oder *Caïus Gracchus* spielen, in denen die ruhmreichen Ereignisse der Revolution und die Tugenden der Verteidiger der Freiheit vorgeführt wurden. Theater, die sich den vorgegebenen Aufgaben des Eintretens für die Ziele der Revolution entzogen oder sogar für das Königtum eintraten, wurden unterdrückt, d.h. vom August 1793 ab herrschte eine große Rechtsunsicherheit, da die Kommunen ohne Begründung Aufführungen verbieten konnten. Um dies zu vermeiden, legten viele Theaterdirektoren der Polizei die neuen Stücke freiwillig vor oder luden die beiden inoffiziellen Zensoren zu Proben ein und änderten dann beanstandete Passagen der Stücke ab. Vom März 1794 wird dann das Comité d'instruction publique mit der Überwachung und der Säuberung der Theaterspielpläne beauftragt. Es kam zu dieser Zeit sogar dazu, daß man klassische Stücke im Sinne der Revolution umschrieb. Auch während des Thermidor und des Direktoriums gab es eine Überwachung, aber keine flächendeckende, erst recht keine offizielle Zensur.

Die Kultur- und Theaterpolitik der Revolution basiert auf Überzeugungen, die aus verschiedenen Quellen gespeist wurden, aus dem tief verwurzelten Neoplatonismus, der seit der Renaissance in Frankreich sich zunächst in einer Philosophie der Musik bzw. Musikästhetik, später im Theater der Jesuiten und Oratorianer, im Théâtre de société und auch in den Zeremonien, Riten und im Theater der Freimaurer niederschlug. Gemeinsam war allen eine tiefe Überzeugung von der Wirkung und Macht des Theaters auf die Zuschauer, die in dem Satz Dantons Ausdruck kommt: »Si *Figaro* a tué la noblesse, *Charles IX* tuera la royauté«.[1] Für die einen ist dies der Grund dafür, dem Theater einen hohen pädagogischen Auftrag anzuvertrauen, für die anderen im Gefolge der Überzeugungen Rousseaus, ihm eine korrumpierende Wirkung zu unterstellen und deshalb dem Revolutionsfest die Funktionen des Theaters zu übertragen. Die Schlagworte für das Theater als »école du plaisir et de l'instruction« (Quatremère de Quincy), als »l'école des mœurs« (Chénier) oder als »supplément à l'éducation publique« (Barrère) ließen sich mutatis mutandis auch früher schon belegen. Die Aufgabe im Sinne einer moralischen und politischen Erziehung schließt wiederum in Übereinstimmung mit Ideen Rousseaus, das Lächerliche, das »castigar ridendo mores« aus, denn dem Zuschau-

---

1 Eine Tragédie von André Chénier, in der die Bartholomäusnacht eine Rolle spielt, die Schwäche des Königs bloßgestellt und die Konfrontation der Monarchie mit dem Fanatismus thematisiert wurde.

er sollen nur Beispiele öffentlicher und privater Moral vorgeführt werden, die den »Citoyen« einer Republik auszeichnen. Das Volk soll sich im Theater regenerieren und nach antikem Modell die wenigen republikanischen Helden Brutus, Wilhelm Tell und die toten Urväter der Revolution, Rousseau, Voltaire, Marat u.a. sowie die wichtigen Ereignisse der Revolutionsgeschichte (der Sturm der Bastille, die Einnahme von Toulon etc.) feiern. Die öffentlichen Totenfeiern gehörten ebenso zu den offiziell erwünschten Inhalten wie die Vorführung und Anprangerung negativer Beispiele von Tyrannenherrschaft, von zu Unrecht Eingekerkerten sowie die Opfer des Klosterlebens. Dieses Ideal des antiken Theaters als bürgerlicher, nationaler und weltlicher Kult, das bereits Denis Diderot, Louis-Sébastien Mercier und Jean-Jacques Rousseau propagiert hatten, wurde nicht nur in offiziellen Reden der politischen Führung, sondern auch von den eigentlichen Theoretikern wie Cabanis, Robespierre oder Sieyès propagiert.

Die hohen Vorstellungen von den Möglichkeiten und Aufgaben des Theaters hielten freilich in der Realität nicht immer stand. Aus der Revolutionszeit gibt es auch für die Opéra und verschiedene andere Theater, in denen Opéras-comiques gespielt wurden, zahlreiche Zeugnisse, in denen das Publikum aktiv, d.h. mit den Sinn der Stücke erheblich beeinflussenden Interventionen während der Aufführungen eingriff. Berüchtigt war sein »chahut«, mit dem es sogar Aufführungen verhindern oder den Wechsel des Stückes durchsetzen konnte, besonders in den Theatern, in denen man Opéras-comiques spielte. Oft genug rief, wie die Polizeiberichte zeigen, eine Äußerung in Aufführungen unter bestimmten Zeitumständen völlig unerwartete Reaktionen hervor. In Perioden großer Spannungen wie während der Komplotte gegen die Republik konnte ein Chanson zu einem Aufruhr und damit zu einer entscheidenden Umfunktionierung oder zur Unterbrechung der Aufführung führen. In einem dem Titel nach so harmlosen Stück wie Radets und Desfontaines *La Chaste Suzanne* löste folgender Satz während des Prozesses gegen den König einen Tumult aus: »Vous avez été ses dénonciateurs, vous ne sauriez être ses juges.«[1] Er hatte sogar die Verhaftung der Autoren und des Theaterdirektors zur Folge.

Das Singen von Revolutionshymnen gehörte nicht nur in den Musiktheatern zu einer zeitweise täglich geübten Praxis. Die Atmosphäre einer Aufführung im Théâtre de la République, die ähnlich in der Opéra und Opéra-Comique vorkommen konnte, wird vom »Journal des spectacles« 1793 geschildert:

> »Il se passa avant-hier à ce théâtre une des scènes patriotiques les plus extraordinaires dont puissent faire mention les annales des spectacles. On y donnait une représentation de *Brutus* et du *Modéré*. A cinq heures, la salle était déjà pleine, et parmi les spectateurs il y avait environ cinq à six cents citoyens dont la tête était couverte avec un bonnet rouge; on en remarquait à toutes les places. Avant le lever du rideau, quelques-uns d'entre eux chantèrent des hymnes et des chansons civiques. L'un de ces citoyens, qu'on nous dit s'appeler Lefèvre, chanta une ronde sur le refrain de laquelle on exécuta une danse jusqu'alors sans doute inusitée. Tous les citoyens et toutes les citoyennes qui étaient dans la salle, se prenant les mains en signe de fraternité, dansaient sans quitter leurs places, chaque fois que le refrain commençait. [...] Qu'on se représente quatre mille citoyens, se tenant par la main [...] et exprimant par leurs chants et leurs danses, qu'ils n'ont qu'une seule âme, qu'ils forment qu'un même vœu, celui du salut de la patrie [...] On applaudit dans cette pièce tous les traits de l'héroïsme républicain des Romains.«[2]

Zu den erfolgreichsten Stücken gehören jene des Vaudeville-Theaters, in denen die alte Tradition der parodierten Timbres eine neue Blüte erlebte. Als Beispiel kann *Nicomède dans la Lune ou la Révolution pacifique* des berühmten Chansonniers und Sängers Beffroy de Reigny, genannt Cousin Jacques, dienen, in dem Pierre Frantz zufolge alle Utopien Realität geworden zu sein schienen und es für den Mond lohnend erschien, die Erde zu entdecken. Neben der Komödie erwies sich in der Zeit zwischen 1789 und 1799, wie Emmet Kennedy und Maurice-Laurence Netter nachgewiesen haben, die Opéra-comique als die erfolgreichste Gattung überhaupt.[3] Opéras-comiques, Vaudevilles und Melodramen wurden nach der Erklärung der Freiheit der Theater (1791) auch von kleineren Theatern wie dem Théâtre de Montansier, dem Théâtre de l'Ambigu-Comique, dem Théâtre de la Porte Saint Martin u.v.a. gespielt. Anspruchsvollere Stücke waren jedoch der Opéra, der Opéra-Comique und dem Théâtre Feydeau (sein Leiter war Cherubini) vorbehalten. Hierbei ist allerdings zu berücksichtigen, daß das vorrevolutionäre unterhaltende Repertoire, aber auch Opern Glucks ungebrochen weitergespielt wurden und eine naive Pastorale wie Anseaumes und Dunis *Les Deux Chasseurs et la laitière* selbst während der Terreur einen heute kaum noch nachzuvollziehenden Erfolg hatte. Gemessen an der Präsenz des Repertoires des Ancien Régime während der Revolution, kann

---

1 Zitiert nach: P. Frantz, *Théâtre et fêtes de la Révolution*, in: *Le théâtre en France*, hg. v. J. de Jomaron, Bd. II, Paris 1989, S. 14.

2 *Journal des spectacles*, tridi 23 du brumaire de l'an II (13.11.1793).

3 E. Kennedy, M.-L. Netter, *Theatre, opera, and audiences in revolutionary Paris,* London 1996.

man nur bedingt von einer Kulturrevolution im Musiktheater sprechen. Zwei Tendenzen zeichnen sich beim Studium des Repertoires der Musiktheater während der Revolution ab:
1. Die Wiederaufnahme vorrevolutionärer Stücke, in denen bis 1793 kaum Neuerungen der Inszenierung und Ausstattung eingeführt werden. Nach dem Erlaß eines Dekrets für die Opéra vom 2. August 1793 werden dann die Aufführung der meisten älteren Opern und Ballette mit der Begründung reduziert, sie dienten dazu »à dépraver l'esprit public et à réveiller la honteuse superstition de la royauté.«
2. An ihre Stelle treten Gelegenheitsstücke (»pièces de circonstance«), in denen die glorrichen Ereignisse der Revolution und die Tugenden der Verteidiger der Freiheit dem Publikum vor Augen geführt wurden. Ihre Themen stammen vorwiegend aus der Antike (*Horatius Coclès* von Antoine Vincent Arnault und Méhul oder das »tableau patriotique« *Toute la Grèce ou Ce que peut la liberté* von Beffroy de Reigny und J.-B. Lemoyne, beide 1794) oder aus der Gegenwart, z.B. zur Feier eines Sieges (*Le Siège de Thionville*, Libretto von Saulnier und Duthil, Musik von Louis Emmanuel Jadin, 1793), in denen Schlachten, Belagerungen und Erstürmungen von Festungen szenisch (u.a. zeigt man einstürzende Mauern und Brände auf der Bühne) und musikalisch durch Trommeln, Kanonen, Bomben und Sturmglocken dargestellt wurden. In der Oper wurden nach dem Modell der großen Revolutionsfeste Sans-Culottides aufgeführt (z.B. *La Montagne ou la Fondation du Temple de la Liberté* von Desriaux und Granges de Fontenelle, 1793), in denen auch die Requisiten der Feste wie Kandelaber, Urnen und Palmzweige, die von jungen, mit Blumenkronen geschmückten Mädchen in weißer Tunika und mit Gürtelbändern in den Farben der Tricolore getragen werden, sowie im Schlußbild mit Freiheitsstatuen oder -bäumen, um die der Chor tanzend und Chansons oder Hymnen singend (etwa die *Carmagnole*) versammelt ist.[1] Architektonische Bögen der Dekorationen trugen pseudoreligiöse Embleme wie Tafeln mit der Aufschrift der Menschenrechte oder den Altar des Vaterlandes. Neben naturalistischen Szenen, die auf die Erneuerung der Darstellung von Bauern in der Opéra-comique (schon bei Favart) und der Comédie Italienne zurückgehen, sind historisch-antike Sujets die bestimmende Kategorie, deren wichtigster Vertreter auf dem Gebiet des Bühnenbildes Jean-Simon Berthélémy war. Seine Kostüme waren vom Ideal der »noble simplicité« (der charakteristischen kurzen Tunika mit einem Gürtel) geprägt. Er schuf auch für die Opern des Empire (*Ossian ou les Bardes* von Dercy, Deschamps und Lesueur, 1804, oder *Tamerlan* von Morel und Winter, 1802) die Ausstattung.

Nach der Abschaffung der Privilegien war die Trennung von Tragédie lyrique und Opéra-comique oder Drame lyrique eine gewisse Zeit obsolet geworden, da auch als Tragédies zu verstehende Werke mit gesprochenem Dialog in der Opéra oder im Théâtre Feydeau oder in der Opéra-Comique aufgeführt werden konnten. Daniel Gottlieb Steibelts »Opéra« mit Prosadialogen *Roméo et Juliette*, am 10. September 1793 im Théâtre Feydeau uraufgeführt, gehört zu jenen Werken, die man von ihrem Stoff her in der Opéra, mit Rezitativen anstelle des gesprochenen Dialogs erwarten würde. Der Librettist Joseph A. O. Vicomte de Ségur bearbeitete Shakespeares gleichnamiges Drama als dreiaktiges Opernlibretto. Die Handlung beginnt erst nach dem Mord an Téobald. Der Gifttrank von Cébas ist nur ein Betäubungstrank, der dazu eingesetzt ist, um den »Tyrannen« Capulet zum Einlenken zu zwingen, mit der Konsequenz eines lieto fine. In der Dialogfassung für das Théâtre Feydeau (die Opéra hat die Rezitativ-Version abgelehnt) existieren nur zwölf Musiknummern, sechs für Soli (zwei für Juliette, je eine für Cécile, Capulet – mit Chor –, Cébas und Roméo), ein Duett (Antonio-Alberti), zwei Trios, das zweite davon ist in Wirklichkeit ein Doppelduett (zunächst Juliette-Capulet, dann Cébas-Juliette), und zwei mehrgliedrige Aktionsfinali – in II/10 von Steibelt als »Finale« bezeichnet –; aber kein Ballett ist vorgesehen. Die Orchesterbesetzung der Ouvertüre, einem Allegro-Satz in Sonatenhauptsatzform mit zwei kontrastierenden Themen und einer vorausgehenden 19 Takte langen Adagio-Introduktion wird in der Größe der Orchesterbesetzung mit doppelten Holzbläsern, zwei Trompeten und Pauken sowie drei Posaunen in toto in keinem anderen Satz mehr erreicht. Elemente des Hauptsatzthemas der Ouvertüre werden im Terzett (II/5), dem erwähnten mit zwei Posaunen besetzten Doppelduett, wieder aufgenommen. Bemerkenswert ist hier die Dominanz der tragischen Tonart c-Moll: in dieser Tonart steht die gnadenlose Auseinandersetzung zwischen Capulet und seiner Tochter, in der der Vater die strikte Unterordnung unter seinen Willen und den Tod Roméos durch Don Fern-

[1] Vgl. dazu N. Wild, *Costumes et mise en scène à l'Opéra sous la Révolution, un témoin: Jean-Simon Berthélémy*, in: *Le Tambour et la harpe. Œuvres, pratiques et manifestations musicales sous la Révolution 1788–1800*, hg. v. J.-R. Julien und J. Mongrédien, Paris 1991, S. 241ff.

ando fordert und Juliette sich mit dem Vorwurf der Barbarei zur Wehr setzt. In c-Moll beginnt dann wieder Juliettes rezitativischer Monolog (II/8), steht dann das abschließende Allegro agitato des Finale des II. Akts, als Capulet von dem Tod Juliettes durch Gift erfährt und der Chor den Trauergesang anstimmt, der sinfonische Beginn des III. Akts mit dem Trauerchor der jungen Mädchen und schließlich der überraschende Widerstand Don Fernandos im letzten Finale gegen die Absicht der Männer Capulets, Roméo in der Grabstätte der Capulets zu töten. Beim Erwachen Juliettes aus ihrem von dem Gifttrank verursachten Todesschlaf wechselt Steibelt zunächst von Es-Dur nach Ces-Dur und von dort enharmonisch zur Dominante von E-Dur, der nur einmal verwendeten entferntesten Kreuztonart der Oper, in der das Tutti aller Solisten und des Doppelchors das überraschende Wiedererwachen Juliettes feiert. In der erwähnten instrumentalen 66 Takte langen Trauermusik zu Beginn des III. Akts setzt Steibelt neben den beiden Posaunen gedämpfte Pauken und Glocke (Beffroi) ein. Juliette ist nicht nur durch die Anzahl ihrer Sologesänge, sondern auch durch deren exponierte Gestalt aus den anderen Personen herausgehoben. Ihre erste Arie beginnt mit einer 28 Takte langen instrumentalen Andante-Einleitung, der ein langes Accompagnato in zwei verschiedenen Tempi folgt, in dem sie in der Nacht Roméo erwartet. Das nachfolgende mit Solovioline besetzte Andante »O nuit profonde« ist eine dreiteilige Arie ABA'. In ihrem großen Monolog (II/8) vollzieht Steibelt ihre innere Entwicklung, das Ringen um die Entscheidung, den Trunk von Cébas, der ihren Scheintod herbeiführt, bis zur Befreiung durch dessen Einnahme tonartlich nach: Accompagnato c-Moll (Auseinandersetzung mit dem Plan), Allegro maestoso und Andante d-Moll (Erscheinung Theobalds, der sie von der Liebe zu Romeo abhalten will) und Allegro D-Dur (Überwindung der Furcht vor dem Tod zugusten der Liebe zu Romeo). Die Wirkungsgeschichte des Werkes reicht bis zu Berlioz, der es als überragende Bearbeitung des Stoffes für das Musiktheater bezeichnete.

Die ästhetische Erneuerung des Theaters und der Oper während der Revolution ist unbestritten. Insbesondere entfielen die strengen Grenzen zwischen den Gattungen, und es bilden sich Zwischengattungen aus, die auch die Fronten der Theater, Comédie Française, Opéra, Opéra-Comique, Théâtre du Vaudeville etc. und Revolutionsfest auflösen und zu einer emotionalen Aussagekraft führen, wie sie sich in der Tragédie-opéra in bestimmten Erscheinungen zuvor bereits bei Gluck ankündigte. Der »Trait historique et patriotique« z.B., in dem das gesungene Vaudeville mit allen seinen intertextuellen und kommunikativen Möglichkeiten seine traditionelle Rolle behauptete, ist zwischen Comédie, Drame und Fête angesiedelt und bringt zeithistorische Ereignisse wie die Belagerung Lilles oder Dunkerques oder die Einnahme Toulons auf die Bühne.

Zu den Theaterneubauten nach italienischem Modell gehörte das Théâtre de Monsieur in der rue Feydeau, das 1791 eröffnet wurde und in dem französische Oper, Opera buffa, Komödien und Vaudevilles gespielt wurden. Bezüglich der Gattung der Opéra-comique bestand eine lebhafte Konkurrenz zwischen diesem Theater, dem Théâtre de Montansier und der Opéra-Comique. Die meisten theatralischen Aktivitäten waren auf den Boulevards und im Palais-Royal, einem der lebhaftesten Zentren gesellschaftlichen und städtischen Lebens, konzentriert. Seit der Revolution war das Theater zu einem wichtigen Ort der neuen städtischen Gesellschaft geworden. Den Volksschichten, die bisher keinen oder nur zu wenigen Theatern Zugang hatten, öffnete es sich von nun an. Die starke Konkurrenz der vielen Theater hatte die positive Konsequenz, daß auch in den volkstümlicheren Theatern anspruchsvollere Stücke gegeben wurden.

Die allgemeine Entwicklung geht von einer Bevorzugung von Stoffen aus der französischen Geschichte in den Jahren 1792/93 zu einer Präferenz antiker Sujets in den Jahren danach. Der Grund ist darin zu sehen, daß man sich von der monarchischen Vergangenheit distanzieren wollte und die Ursprünge und das Modell der eigenen Republik in jener der Antike darzustellen suchte. In diesem Zusammenhang spielt, wie bereits erwähnt, auch die Erneuerung des Kostüms, der Architektur und der Malerei besonders nach römischem Modell eine wichtige Rolle. Jacques-Louis David, der nicht nur als Maler einen bedeutenden Platz in der Revolution einnimmt, sondern auch entscheidend an der Organisation und Ausstattung der Revolutionsfeste beteiligt war und für verschiedene Theater gearbeitet hat, entwarf auch einen neuen Vorhang für die Opéra, auf dem zwischen der Hinrichtung der Tyrannen und den Märtyrern der Freiheit ein »triomphe du peuple français« dargestellt war. Unter den bevorzugten Tragödien nach antiken Stoffen ragen die von Voltaire und Chénier heraus. Einer der berühmtesten Schauspieler der

Revolutionszeit, Talma, der es 1789 als erster wagte, ohne Perrücke und in römischem, von seinem Freund David entworfenen Kostüm aufzutreten, forderte in einem späten Brief von 1820: »[...] les acteurs doivent aussi se rapprocher le plus possible de la vérité dans leurs costumes, dans les décorations et dans tous les détails du théâtre.«

Die Musik spielt nicht nur im Musiktheater, sondern auch in den übrigen Theatern und im Revolutionsfest eine entscheidende Rolle, da sie wie keine andere Kunst die gemeinsame Deklamation wichtiger Texte im Freien und die emotionale Identifizierung der Massen ermöglicht. An der Grenze zwischen Oper und Revolutionsfest sind Stücke wie Gossecs *L'Offrande à la Liberté* (30. September 1792), eine Opéra sacré, oder *Le Camp de Grand-Pré* (1793) nach einem Libretto Chéniers angesiedelt. Die Aufführung des in einem idealisierten Dorf spielenden Werkes von Gossec, die kurz nach der Erklärung der »patrie en danger« vom 11. Juli 1792 erfolgte, diente der Propagierung der Ideale der Revolution wie der Freiheit, der Gleichheit und der Vaterlandsliebe. Die Musik bestand aus einem »*Air martial*« zu Beginn, der Hymne »*Veillons au salut de l'empire*« und der im Orchester jeweils verschieden begleiteten Strophen der »*Marseillaise*«, deren letzte Strophe als »Scène religieuse« von Gossec bezeichnet ist. In der Oper wie beim Revolutionsfest ermöglichen Chansons und Hymnen, deren Refrains meistens dem Chor anvertraut sind, dem Publikum im Zuschauerraum, eine aktive Rolle einzunehmen, der patriotischen Begeisterung zu frönen und die beliebten Allegorien mit Leben zu erfüllen. Die »*Marseillaise*« wurde seit 1792 in allen Theatern gesungen. Das durch Singen von Chansons und Vaudevilles am Geschehen im Theater beteiligte Publikum nahm dadurch eine völlig andere Rolle ein als in der heutigen Zeit.

Méhul gehört in die erste Reihe der Komponisten der Revolutionszeit und Wegbereiter der Romantik, der auch außerhalb Frankreichs große Anerkennung fand. Seine erste Oper war *Cora*, die auf ein preisgekröntes Libretto von Valadier zurückgeht, deren erste Aufführung aber erst 1791 nach vielen Verzögerungen stattfinden konnte.[1] Die nächsten zehn Jahre seiner Tätigkeit waren durch die Zusammenarbeit mit dem Librettisten François-Benoît Hoffman geprägt, deren erste Frucht *Euphrosine, ou Le Tyran corrigé* war, eine »Comédie mise en musique«, mit der er 1790 mit so großem Erfolg debütierte, daß er bald als einer der führenden Musikdramatiker in Paris angesehen wurde. Obwohl *Cora* erfolglos blieb und *Adrien* (1792) aus politischen Gründen abgelehnt wurde (darin sah man eine Begünstigung des Erzfeindes Österreich), hatten *Stratonice* (1792) und *Mélidore et Phrosine* (1794) großen Erfolg in der Opéra-Comique. *Ariodant* (1799), für die Opéra geschrieben, brachte es nur auf vier Aufführungen, wiederum waren politische Gründe ausschlaggebend dafür. In der Zeit des Konsulats (1799–1804) hatte Méhul mit den beiden komischen Werken *L'Irato* und *Une Folie* überall großen Erfolg. Aus der Zeit des Empire sind besonders *Uthal* (1806), eine Oper, in der er, um eine ossianische Stimmung zu erzeugen, auf die Violinen verzichtete, und *Joseph* (1807) über einen geistlichen Stoff in einem strengen Stil mit einer pseudo-religiösen Atmosphäre von Bedeutung.

Lesueur begründet im Vorwort seines *Télémaque dans l'Isle de Calypso ou Le triomphe de la sagesse* (1796, Libretto von Palat, genannt Dercy), der ursprünglich für die Opéra konzipiert war, dann aber im Théâtre Feydeau aufgeführt wurde, er habe eine strenge musikalische Einheit erreichen wollen und angestrebt, »d'appliquer aux passions, aux situations Théâtrales et aux mouvemens pantomimes, les diverses propriétés des modes, només, Rhythmes et Mélopées de la musique antique.« In dieser Tragédie lyrique mit gesprochenen Dialogen setzte er pseudo-griechische Metren, Modi und Melodien ein und legte den pantomimischen Tänzen antike Versmaße zugrunde. Ähnlich wie zuvor La Borde gibt er genaueste Anweisungen für die gestische und pantomimische Ausführung von Tänzen, wie etwa beim Sturm vor dem Finale des I. Akts:

»L'Amour disparaît, on découvre un vaisseau battu par la tempête, il lutte contre les flots, le vaisseau est écrasé par la foudre et s'engloutit dans les flots, Télémaque paraît au milieu des flots, on le voit lutter contre la fureur des vagues, souvent il veut gravir sue le rocher et plusieurs fois il est rejetté au loin dans les flots. Télémaque rejette plusieurs fois dans les flots, s'attache enfin à un rocher et tâche d'y gravir. Télémaque se précipitant sur les genoux et levant les mains au ciel.«

Télémaque singt dann »*Dieux qui me sauvez du naufrage*«. Während eines symphonischen Tanzes im II. Akt überreichen die Driaden Calypso Früchte. Dabei müssen sie »observer de

---

[1] Vgl. M. E. C. Bartlet, *E.-N. Méhul and Opera: Source and Archival Studies of Lyric Theatre during the French Revolution, Consulate and Empire*, Heilbronn 1999, S. 169f.

mesurer tellement leurs mouvements pantomimes sur la musique que chaque temps de cet air hypocritique puisse sembler compter leurs pas«. Der gesprochene Dialog verbindet die Tragédies lyriques *Télémaque* mit Cherubinis *Médée*, dem Librettisten François-Benoît Hoffman zufolge ein Versuch der gesungenen und gesprochenen Tragédie. Die anspruchsvollen Alexandriner Hoffmans setzten Darsteller voraus, die den anspruchsvollen Arien- und Ensemblegesang ebenso perfekt beherrschten wie die Schauspieler der Comédie Française die Deklamation literarischer Texte.

Literaturhinweise

Abert, A. A.: *Christoph Willibald Gluck*, München 1959.
Académie royale de musique: Lettres, règlements concernant l'Académie royale de musique, Paris 1781–1782.
Algarotti, F.: *Essai sur l'opéra, traduit de l'italien du compte Algarotti, par M.**** [Chastelux], Paris 1773.
Angermüller, R.: *Reformideen von Du Roullet und Beaumarchais*, in: Acta musicologica 48 (1976), S. 227–253.
Angermüller, R.: *Opernreformen im Lichte der wirtschaftlichen Verhältnisse an der Académie Royale de Musique von 1775 bis 1780*, in: Die Musikforschung 25 (1972), S. 267–291.
Angermüller, R.: *Mozarts musikalische Umwelt in Paris (1778). Eine Dokumentation*, München 1982
Angermüller, R.: *Antonio Salieri: sein Leben und seine weltlichen Werke unter besonderer Berücksichtigung seiner »großen« Opern*, 3 Bände, München 1971–1974.
Antolini, B. M.: *L'opera italiana in Francia: intorno all »Essai sur l'union de la poésie et de la musique« di François-Jean de Chastellux (1765)*, in: Napoli e il teatro musicale in Europa tra Sette e Ottocento. Studi in onore di F. Lippmann, hg. v. B. M. Antolini und W. Witzenmann, Florenz 1993, S. 69–96.
Anthony, J. R.: *La musique en France à l'époque baroque*, Paris 1981.
Arnaud, F.: *Essai sur le mélodrame ou drame lyrique*, in: Œuvres complètes, Bd. 2, Paris 1808, S. 1–8.
Bartlet, M. E. C.: *A Musician's View of the French Baroque after the Advent of Gluck: Grétry's ‚Les trois âges de l'opéra and ist Context*, in: *J.-B. Lully and the Music of the French Baroque: Essays in Honour of J. R. Anthony*, hg. v. J. Hajdu Heyer, Cambridge 1989, S. 291–318.
Bartlet, M. E. C.: *Étienne-Nicolas Méhul and Opera: Source and Archival Studies of Lyric Theatre during the French Revolution, Consulate and Empire*, Heilbronn 1999.
Betzwieser, T.: *Der in Bewegung gesetzt Chor: Gluck und der »chœur dansé«*, in: ebd. S. 45–54.
Betzwieser, T.: *Exotism and politics: Beaumarchais' and Salieri's* Le Couronnement de Tarare *(1790)*, in: Cambridge Opera Journal 6 (1994), S. 91–112.
Bouissou, S.: *Jean-Philippe Rameau, Les Boréades ou la tragédie oubliée*, Paris 1992.
Boyd, M.: *Music and the French Revolution*, Cambridge 1992.
Boyé, P.: *L'Expression musicale mis au rang des chimères*, Amsterdam 1779.
Brenet, M.: *La Jeunesse de Rameau*, Turin 1902.
Buschmeier, G.: *Die Entwicklung von Szene und Arie in der französischen Oper von Gluck bis Spontini*, Tutzing 1991.
Cahusac, L. de: *La Danse ancienne et moderne, ou Traité historique de la danse*, Den Haag 1754.
Calella, M.: *Das Ensemble in der Tragédie lyrique des späten Ancien régime*, Eisenach 2000.
Chastellux, F.-J. de: *Essai sur l'union de la poésie et de la musique*, Paris, Den Haag 1765.
Chevrolet, C.: *L'Esthétique musicale de Lacépède*, in: *L'Esprit de la musique, essais d'esthétique et de philosophie*, hg. v. H. Dufourt, J.-M. Fauquet und F. Hurand, Paris 1992, S. 151–174.
Dahlhaus, C.: *Die Musik des 18. Jahrhunderts*, Laaber 1985 (Neues Handbuch der Musikwissenschaft 5).
Dahlhaus, C.: *Ethos und Pathos in Glucks »Iphigenie auf Tauris«*, in: Chr.W. Gluck und die Opernreform, hg. v. K. Hortschansky, Darmstadt 1989, S. 255–272.
Dean, W.: *Opera under the French Revolution*, in: Proceedings of the Royal Musical Association 94 (1967/68), S. 77–96.
Degrada, F.: *Due volti di Ifigenia: le due Ifigenie et la querelle Gluck-Piccinni. Documenti e testimonianze die contemporanei*, in: Il palazzo incantato. Studi sulla tradizione del melodramma dal Barocco al Romantismo, Bd. I, Fiesole 1979, S. 155–175 und 176–208.
Demuth, N.: *French Opera. Its Development to the Revolution*, New York 1978.
Demuth, N.: *French Opera: its Development to the Revolution*, Horsham 1963.
De Rochemont, *Réflexions d'un patriote sur l'opéra français et sur l'opéra italien*, Lausanne 1754.
Dictionnaire de la musique en France aux XVIIᵉ et XVIIIᵉ siècles, hg. v. M. Benoît, Paris 1992.
Diderot, D.: *Ecrits sur la musique*, hg. v. B. Durand-Sendrail, Paris 1987.
Diderot, D. (zugeschrieben): *Réponse à l'auteur de la »Lettre sur les opéras de Phaéton et d'Hippolyte«*, 1743, in: Studies on Voltaire and the Eighteenth Century 119, hg. J. T. de Booy (1974), S. 341–396.
Dietz, M.: *Geschichte des musikalischen Dramas in Frankreich während der Revolution bis zum Direktorium*, Wien 1886.
Dill, Ch. W.: *The Reception of Rameau's »Castor et Pollux« in 1737 and 1754*, Ph. D. Princeton Univ. 1989.
Dill, Ch. W.: *Monstrous Opera: Rameau and the Tragic Tradition*, Princeton 1998.
Döhring, S.: *Die Rettungsoper. Musiktheater im Wechselspiel politischer und ästhetischer Prozesse*, in: Beethoven. Zwischen Revolution und Restauration, hg. v. S. Brandenburg und H. Lühning, Bonn 1989, S. 109–136.
Ecorcheville, J.: *De Lulli à Rameau, 1690–1730: l'esthétique musicale*, Paris 1906, Reprint 1970.
Einstein, A.: *Gluck. Sein Leben – seine Werke*, Zürich, Stuttgart 1954.

Encyclopédie Méthodique. Musique, hg. v. N.-E. Framéry und P. L. Ginguené, Bd. 1, Paris 1791, Bd. 2, Paris 1818.
Forsius, E.-T.: *Der Goût français in den Darstellungen des Coin du roi: Versuch zur Rekonstruktion eines Laienästhetik während des Pariser Buffonistenstreites 1752–1754*, Tutzing 1985.
Foster, D. H.: *Jean-Philippe Rameau. A Guide to Research*, New York 1989.
Garcin, L.: *Traité du mélodrame ou Réflexions sur la musique dramatique*, Paris 1771.
Garlington, A. S. Jr.: *The Concept of the Marvelous in French and German Opera, 1770–1840: A Chapter in the History of Opera Esthetics*, Ph.D. Illinois 1965.
Gaudefroy-Demombynes, J.: *Les Jugements allemands sur la musique française au XVIIIᵉ siècle*, Paris 1941.
Girdlestone, C.: *La tragédie en musique (1673–1750) considérée comme genre littéraire*, Genf 1972.
Girdlestone, C.: *Jean-Philippe Rameau: His Life and Work*, London 1957, ²1969.
Grace, M. D.: *Méhul's »Ariodant« and the early leitmotif*, in: *A Festschrift for Albert Seay: Essays by his friends and colleagues*, hg. v. M. D. Grace, Colorado Springs 1982, S. 173–193.
Graf, G.: *J.-Ph. Rameau in seiner Oper Hippolyte et Aricie: eine musikkritische Würdigung*, Wädenswil 1927.
Green, Th.: *Early Rameau sources: studies in the origins and dating of the operas and other musical works*, PhD. Brandeis Univ. 1992.
Guiet, R.: *Le livret d'opéra en France de Gluck à la Révolution (1774–1793)*, Northampton 1936/37 (The Smith College Studies in Modern Languages 18).
Guy de Chabanon, M.-P.: *Observations sur la musique, et principalement sur la métaphysique de l'art*, Paris 1779.
Guy de Chabannon, M.-P.: *De la musique considérée en elle-même et dans ses rapports avec la parole, les langues, la poésie et le théâtre*, Paris 1785.
Haeringer, E.: *L'ésthétique de l'opéra en France au temps de J.-Ph. Rameau*, Oxford 1990.
Heartz, D.: *From Garrick to Gluck: the Reform of Theatre and Opera in the Mid-Eighteenth Century*, in: Proceedings of the Royal Musical Association 94 (1967/68), auch in: K. Hortschansky (Hg.), *Chr. W. Gluck und die Opernreform*, S. 111–127.
Hortschansky, K.: *Parodie und Entlehnung im Schaffen Chr. W. Glucks*, Köln 1973.
Hortschansky, K. (Hg.): *Christoph Willibald Gluck und die Opernreform*, Darmstadt 1989.
Howard, P.: *Gluck and the Birth of Modern Opera*, London 1963.
Jacobshagen, A.: *Der Chor in der französischen Oper des späten Ancien Régime*, Frankfurt etc. 1997.
Jean-Philippe Rameau. Colloque International 1983, hg. v. J. de La Gorce, Paris, Genf 1987.
Julien, J.-R. / Mongrédien, J. (Hg.): *Le Tambour et la Harpe. Œuvres, pratiques et manifestations musicales sous la Révolution, 1788–1800*, Paris 1991 (mit ausführlicher Bibliographie).
Kintzler, K.: *J.-Ph. Rameau. Splendeur et naufrage de l'esthétique du plaisir à l'âge classique*, Paris 1983.
Dies.: *Poétique de l'opéra français de Corneille à Rousseau*, Paris 1991.
Klingsporn, R.: *J.-Ph. Rameaus Opern im ästhetischen Diskurs ihrer Zeit. Opernkomposition, Musikanschauung und Opernpublikum in Paris 1733–1753*, Stuttgart 1996.
Knabe, P.-E.: *Schlüsselbegriffe des kunsttheoretischen Denkens in Frankreich von der Spätklassik bis zum Ende der Aufklärung*, Düsseldorf 1972.
Knepler, G.: *Die Technik der sinfonischen Durchführung in der französischen Revolutionsoper*, in: Beiträge zur Musikwissenschaft 1 (1959), S. 4–22.
Kunze, St.: *Cherubini und der musikalische Klassizismus*, in: Studien zur italienisch-deutschen Musikgeschichte 9, Köln 1974 (Analecta Musicologica), S. 301–323.
Lacépède, B.-G.-E.: *La Poétique de la musique*, Paris 1785.
La Borde, J.-B. de: *Essais sur la musique ancienne et moderne*, Paris 1780.
La Gorce, J. de: *Twenty Set Models for the Paris Opéra in the time of Rameau*, in: Early Music 11 (1983), S. 429–440.
Ders.: *Décors et machines à l'Opéra de Paris au temps de Rameau: inventaire (1748)*, in: Recherches sur la Musique française classique 21 (1983), S. 145–157.
Lagrave, H.: *Le théâtre et le public de 1715 à 1750*, Paris 1972.
Lajarte, Th. de: *Bibliothèque Musicale du Théâtre de l'Opéra. Catalogue historique, chronologique, anecdotique*, Paris 1878.
Lajarte, Th. de: *Bibliothèque Musicale du Théâtre de l'Opéra. Catalogue historique, chronologique, anecdotique*, Paris 1878.
Lang-Becker, E.: *Szenentypus und Musik in Rameaus Tragédie lyrique*, München 1978.
Leblond, G. M.: *Mémoires pour servir à l'histoire de la révolution opérée dans la musique par M. Le Chevalier Gluck*, Neapel und Paris 1781.
Lecerf de la Viéville, J. L.: *Comparaison de la musique italienne et de la musique française*, in: J. Bonnet-Bourdelot, *Histoire de la musique et de ses effets* (1715), Faksimile-Nachdruck der Amsterdamer Ausgabe 1725, Graz 1966.
Le Brisoy Desnoireterres, G.: *La musique française au XVIIIᵉ siècle: Gluck et Piccinni 1774–1800*, Paris 1872.
Leroy, D.: *Histoire des arts du spectacle en France. Aspects économiques, politiques et esthétiques de la Renaissance à la Première Guerre mondiale*, Paris 1990.
Lesueur, J. F.: *Exposé d'une musique une, imitative, et particulière à chaque solemnité*, Paris 1787.
Lesure, F.: *La Querelle des Gluckistes et des Piccinnistes. Textes des pamphlets avec introduction, commentaires et index*, Genf 1984.
Lesure, F.: *L'opéra classique français: XVIIᵉ et XVIIIᵉ siècle*, Genf 1972.
Lühning, H.: *Florestans Kerker im Rampenlicht. Zur Tradition des Sotteraneo*, in: *Beethoven zwischen Revolution und Restauration*, hg. v. S. Brandenburg und H. Lühning, Bonn 1989, 137–204.
Lütolf, M.: *Zur Rolle der Antike in der musikalischen Tradition der französischen Epoque classique*, in: *Studien zur Tradition in der Musik. Festschrift Kurt von Fischer*, hg. v. H. H. Eggebrecht und M. Lütolf, München 1973, S. 145–164.
Marmellini, M.: *Le due Armide. Metamorfosi estetiche e drammaturgiche da Lully a Gluck*, Florenz 1991.
Masson, P.-M.: *L'Opéra de Rameau* (1930), Reprint New York 1972.

Miller, N.: *Chr. W. Gluck und die musikalische Tragödie. Zum Streit um die Reformoper und den Opernreformator*, in: *Gattungen der Musik und ihre Klassiker*, hg. v. H. Danuser, Laaber 1988, S. 109–153 (Publikationen der Hochschule für Musik und Theater Hannover 1).
Mongrédien, J.: *La Musique française en France des Lumières au Romantisme 1789–1830*, Paris 1986.
Mongrédien, J.: *J.-F. Le Sueur. Contribution à l'étude d'un demi-siècle de musique française (1780–1830)*, Bern etc. 1980.
Mongrédien, J.: *La Musique en France des Lumières au Romantisme, 1780–1830*, Paris 1986.
Newman, E.: *Gluck and the Opera*, London 1967.
Nougaret, P.-J.-B.: *De l'art du théâtre, où il est parlé des différens genres de spectacles, et de la musique adaptée au théâtre*, Paris 1769.
Noverre, J.-G.: *Lettres sur la danse, sur les ballets et les arts*, Stuttgart und Lyon 1760.
Petrobelli, P.: *Piccinni au travail avec Marmontel*, in: *D'un opéra l'autre. Hommage à Jean Mongrédien*, hg. v. J. Gribenski, M.-Cl. Mussat und H. Schneider, P., 1996, S. 101–106.
Place, A. de: *La Vie musicale en France au temps de la Révolution*, Paris 1989.
Planelli, A.: *Dell'opéra in musica*, Neapel 1772.
Pougin, A.: *L'Opéra-Comique pendant la Révolution de 1788 à 1801, d'après des documents inédits et les sources les plus authentiques*, Paris 1891.
Prod'homme, J.-G.: *Gluck*, Paris 1948.
Radicchio G. / Sajous d'Oria, M.: *Les théâtres de Paris pendant la Révolution*, Paris 1990.
Rameau de A à Z, hg. v. Ph. Beaussant, Paris 1983.
Reckow, F.: *»Cacher l'Art par l'Art même«. J.-B. Lullys »Armide«-Monolog und die »Kunst des Verbergens«*, in: *Festschrift für Hans Heinrich Eggebrecht zum 65. Geburtstag*, hg. v. W. Breig, R. Brinkmann und E. Budde, Wiesbaden und Stuttgart 1984, S. 128–157.
Rémond de Saint-Mard, T.: *Réflexions sur l'opéra*, Den Haag 1741.
Rice, P. F.: *The Fontainebleau Operas of Jean-Philippe Rameau: a Critical Study*, Diss.Univ.of Victoria, Canada 1981.
Rice, P.: *The Performing Arts and the Court of Louis XIV to Louis XVI*, in: Man and Nature / L'homme et la nature 11 (1992), S. 59–75.
Ridgway, R. S.: *Voltaire's operas*, in: Studies on Voltaire 189 (1980).
Root-Bernstein, M. M.: *Boulevard Theater and Revolution in the Eihtenth-century Paris*, Ann Arbor 1984.
Rushton, J. G.: *An Early Essay in Leitmotiv. J. B. Lemoyne's Electre*, in: Music and Letters 52 (1971), S. 387–401.
Ders.: *The Theory and Practice of Piccinnisme*, in: Proceedings of the Royal Musical Association 98 (1971/72), S. 31–46.
Ders.: *»Iphigénie en Tauride«. The operas of Gluck and Piccinni*, in: Music and Letters 53 (1972), S. 411–430.
Sadler, G.: *Rameau and the Orchestra*, in: Proceedings of the Royal Musical Association 58 (1981–1982), S. 47–68.
Sadler, G.: *Rameau's Singers and Players at the Paris Opéra: a little known Inventory of 1738*, in: Early Music 11 (1983), S. 453–467.
Sala, E.: *Dal »Mélodrame à grand spectacle« verso il teatro musicale romantico*, in: *L'opera tra Venezia e Parigi*, hg. v. M. T. Muraro, Firenze 1988, S. 177–191.
Salomon, O. F.: *Aspects of the ‚Gluckian Operatic Thought and Practice in France: The Musico-Dramatic Vision of Le Sueur and Lacépède (1785–1809), in Relation to Aesthetic and Critical Tradition*, Ph.D. Columbia 1970.
Sawkins, L.: *Rameau's last years: some implications of rediscovered material at Bordeaux*, in: Proceedings of the Musical Association 111 (1984/85), S. 66–91.
Ders.: *Voltaire, Rameau, Rousseau: a fresh look at La Princesse de Navarre and its revival in Bordeaux in 1783*, in: *Transactions of the Seventh International Congress on the Enlightenment Budapest 1987*, Oxford 1989, III, S. 1334–1340.
Schmierer, E.: *Piccinni's »Iphigénie en Tauride«: »Chant périodique« and dramatic structure*, in: Cambridge Opera Journal 4 (1992), S. 91–118.
Schmierer, E.: *Die Tragédies lyriques Niccolò Piccinnis. Zur Synthese französischer und italienischer Oper im späten 18. Jahrhundert*, Laaber 1999.
Schneider, H.: *Gluck als »Prosateur en musique«*, in: *Festschrift Klaus Hortschansky zum 60. Geburtstag*, hg. v. A. Beer und L. Lütteken, Tutzing 1995, S. 193–209.
Schneider, H.: *Die deutschen Übersetzungen französischer Opern zwischen 1780 und 1820. Zum Verlauf und zu den Problemen eines Transfer-Zyklus*, in: *Kulturtransfer im Epochenumbruch Frankreich-Deutschland 1770–1815*, hg. v. H.-J. Lüsebrink und R. Reichardt, Leipzig 1997, S. 587–670.
Seefried, G.: *Die »Airs de danse« in den Bühnenwerken von Jean-Philippe Rameau*, Wiesbaden 1969 (Neue musikgeschichtliche Forschungen 2).
Serauky, W.: *Die musikalische Nachahmungsästhetik im Zeitalter von 1700–1850*, Münster 1925.
Sozzi, L.: *»Notre divin Métastase«. Fortuna e modelli francesi*, in: *Atti del convegno dell II centenario*, Roma 1985, S. 301–320.
Terey-Smith, M.: *J. Ph. Rameau: Abaris ou les Boréades; a Critical Edition*, Diss. Rochester, Eastman School of Music 1971.
Tocchini, G.: *I Fratelli d'Orfeo: Gluck e il teatro musicale massonico tra Vienna e Parigi*, Florenz 1998.
Ulm, R.: *Glucks Orpheus-Opern. Die Parma-Fassung von 1769 als wichtiges Bindeglied zwischen dem Wiener ›Orfeo‹ von 1762 und dem Pariser ›Orphée‹ von 1774*, Frankfurt 1991.
Verba, C.: *Music and the French Enlightenment*, Oxford 1993.
Verba, C.: *Music and French Enlightenment: Reconstruction of a Dialogue 1750–1764*, New York 1993.
Weber, W.: *»La musique ancienne« in the Waning of the Ancien Régime*, in: The Journal of Modern History 56 (1984), S. 58–88.

Kapitel VI: Opéra-ballet, Ballet héroïque, Comédie lyrique und andere Gattungen

Von Herbert Schneider

Der Gattungsbegriff ›Opéra-ballet‹ begegnet bis nach der Mitte des 18. Jahrhunderts weder auf den Titelseiten der Librettodrucke noch in den Partiturdrucken, vielmehr werden die Stücke als »ballet« oder »ballet heroïque« bezeichnet. Nach heutiger Terminologie unterscheidet sich der ›Opéra-ballet‹ vom ›Ballet héroïque‹ durch die Personenkonstellation (Personen »bürgerlicher« Herkunft versus solche der Mythologie, Heroen, Genien und Gottheiten) und durch die oftmalige durchgehende Handlung. Der Typus der »Fragments« besteht aus Exzerpten aus erfolgreichen Werken, die in der Regel nicht von deren Komponisten zusammengestellt werden. Die ersten Nachweise des Terminus ›Opéra-ballet‹ stammen aus der Mitte der 1730er Jahre (so z.B. bei Simon-Henri Dubuisson in einem Brief vom 31. März 1735: »[Pierre-Charles] Roy a composé un opéra-ballet sous le titre: *Les Grâces*, dont le sieur [Jean-Joseph] Mouret fait la musique«.[1] Pierre Estève sieht in der *Europe galante* das erste Beispiel der neuen Gattung und Antoine de La Motte Houdar als ihren Erfinder an, eine Gattung, die von den »divertissements« bzw. »grands ballets« Lullys zu unterscheiden sei.[2] Louis Cahusac, der La Motte Houdar und Campra das Verdienst zuerkennt, 1697 mit *L'Europe galante* das erste »ballet moderne« geschaffen zu haben, definierte die Gattung als »un spectacle de chant et de danse formé de plusieurs actions différentes toutes complètes et sans autre liaison entr'elles qu'un rapport vague et indéterminé.«[3] Die Charakterisierung Cahusacs trifft aber auch bereits auf *Jeux à l'honneur de la victoire*[4], auf *Le ballet des saisons* des Abbé Pic und von Pascal Colasse (1695), das in einen Huldigungs-Prolog an den König und vier Entrées mit jeweils eigenständiger Handlung und neuen Dramatis personae gegliedert ist, sowie auf *Les Amours de Momus* von Joseph-François Duché de Vancy und Henri Desmarets (1695) zu. Jacques Lacombe nennt wichtige Merkmale der Gattung:

»On a encore mis sur le théâtre des opéras-ballets composés de plusieurs petits poëmes unis entr'eux seulement par un titre général. Le spectacle dont M. de Lamotte est inventeur, a paru d'autant plus agréable qu'il est varié, que les sujets peuvent contraster ensemble, et donner une libre carrière aux talens du musicien. Les danses s'y marient naturellement et divisent heureusement ces petits drames aux quels elles servent d'intermèdes. Parmi ces poëmes lyriques, il y en a qu'on tire de la fable et de l'histoire; il y en a aussi d'allégoriques.«[5]

Der Gattungsbegriff ›Opéra-ballet‹ begegnet dann in *Ballets, opéra, et autres ouvrages lyriques* (1760) von Louis-César de la Baume Leblanc duc de Lavallière, in *Le spectacle des Beaux-Arts* (1758) von Jacques Lacombe und in nachfolgenden Nachschlagewerken.

Mehrere Autoren bemerken, der Opéra-ballet verdanke seine Entstehung dem Ballet de cour. In Deutschland, wo u.a. in Hamburg 1724 auch Teile der *Europe galante* in einem Pasticcio aufgeführt wurden, erkannte Johann Mattheson schon 1736 bei der Beschreibung des Ballet héroïque *Les romans* (1736), Libretto von Michel de Bonneval, Musik von Jean-Baptiste Niel, das ihm zufolge »daselbst vor ein Paar Jahren aufgeführt worden« [wo genau in Deutschland ist nicht bekannt], wesentliche Merkmale der Gattung: »Es hat ein Vorspiel von zween Auftritten. Das Wercklein selbst ist in keine Handlungen, sondern nur in drey Aufzüge, die nicht zusammen hangen, eingetheilet.«[6]

In der *Encyclopédie* (Neufchatel 1751) behandelt Louis de Cahusac die Gattung im Artikel »*Ballet*«, Jean-Jacques Rousseau im Artikel »*Entrée*« seines *Dictionaire de musique* (1768). Der Charakter der Gattung wird in immer ähnlich wiederkehrenden Epitheta als »vif«, »léger« und »galant« bezeichnet[7] und der ›Opéra-ballet‹ von allen Autoren als allein der französischen Nation eigen angesehen. Louis-César de la Baume Leblanc gebraucht wie die *Encyclopédie Méthodique* von Framéry und Ginguené (Paris 1791, Artikel »Ballet-opéra«) die Gattungsbezeichnungen ›Ballet-opéra‹ für *L'Europe galante, Les fêtes galantes* von Joseph-François Duché de Vancy und Henri Desmarets, 1698, aber z.B. auch für *Les Fragments*

---

1 *Lettres du commissaire Dubuisson au Marquis de Caumont. 1735–1741*, éd. par A. Rouxel, Paris s.d., S. 47.
2 *L'esprit des beaux arts*, Bd. II, Paris 1753, S. 35f.
3 *La Danse ancienne et moderne*, S. 108f.
4 Anonymes Libretto, die Musik von E. Jacquet de La Guerre ist verloren, vermutlich 1691, die Akte sind darin als *Divertissements* bezeichnet.
5 *Le spectacle des beaux arts*, Paris 1758, S. 161f.
6 *Der Vollkommene Capellmeister*, Hamburg 1739, S. 217.
7 U.a. Rémond de Saint-Mard, *Réflexions sur l'opéra*, Paris 1741, S. 84.

de Lully (1702) von Antoine Danchet und Campra.¹ Seit dem 19. Jahrhundert, als man begann, sich wieder mit dem Musiktheater des 18. Jahrhunderts zu befassen, bediente man sich mehr oder weniger systematisch des Gattungsbegriffs ›Opéra-ballet‹ (Arthur Pougin in seinen biographischen Artikeln zu Mouret z.B., Revue et Gazette musicale de Paris 27, 15. 1. 1860, S. 18) und übertrug ihn auch gelegentlich auf zeitgenössische Werke.

Mit Bedauern stellen Framéry und Ginguené fest², die Gattung des ›ballet-opéra‹ existiere zu ihrer Zeit, in der der Tanz in der Tragédie lyrique mit so großer Schlichtheit und Mäßigung eingesetzt werde, nicht mehr.

»C'étoit une maniere d'avoir des opéra courts, d'un genre gracieux ou gai, où la danse étoit plus naturellement amenée qu'elle ne l'est ordinairement dans une tragédie, très-propres à succéder à un sujet sérieux, et à essayer les talens des jeunes compositeurs [...] Ces petits drames ayant pour but le développement d'une action où la danse doit être amenée le plus naturellement possible, on a donné à tout l'ouvrage le titre de ballet. Si ces danses se succèdent sans sujet, sans liaison avec l'action principale, c'est la faute de l'auteur et non celle du genre.«³

Ginguené unterscheidet drei verschiedene Rollen des »ballet«, in der ›Tragédie lyrique‹ ist es ein zusätzliches Element einer dargestellten Handlung, im ›Opéra-ballet‹ ist es der wichtigste Teil, während Dichtung und Vokalmusik untergeordnet sind, in der ›ballet-pantomime‹, in dem der Choreograph allein zu bestimmen und dem Komponisten genaue Vorschriften zu geben habe, komme es ganz ohne die anderen beiden Komponenten aus.

Der Übergang vom ›Ballet de cour‹ zum ›Opéra-ballet‹ vollzieht sich mit »ballets« mit nur drei Entrées wie dem *Ballet de la Jeunesse* (1686) von Michel Richard Delalande und Florent Carton Dancourt (1661–1725) und dem *Ballet de Villeneuve-Saint-Georges* (Libretto von Banzy, Musik von Pascal Colasse, 1692). Das *Ballet des saisons* des Abbé Jean Pic und Pascal Colasse (1695) gilt als erstes ›Opéra-ballet‹, aber im Unterschied zu Campras epochemachendem Werk sind die Entrées bei Colasse nur wenig gegensätzlich und lassen sich in zwei Pastoralen und zwei »pastorales héroïques« einteilen⁴, während bei La Motte die Entrées keine solche Gattungszuordnung erlauben und es in zwei Entrées zu bedrohlichen Zuspitzungen wie in einer Tragödie kommt. Aus den verschiedenen Konzeptionen des ›Opéra-ballet‹ ergeben sich zwei Grundtypen, jene mit Gattungs-Einheit der sie zusammensetzenden Entrées (*Ballet des saisons* mit Pastoral-Entrées, *Les Muses, Les fêtes de Thalie* mit komischem Inhalt) und jene mit Gattungsvielfalt (*L'Europe galante, Le Triomphe des arts, Les Eléments, Les Indes galantes*).⁵

Als Librettisten sind neben La Motte Houdar Pierre-Charles Roy (1683–?, acht Libretti für Opéras-ballets), Louis Fuzelier (1674–1752, sieben Libretti), Simon-Joseph Pellegrin (1663–1745), Charles-Antoine Le Clerc de La Bruère (ca. 1714–1754), Michel de Bonneval (?–1766), Jacques oder Nicolas Fleury (?–1746) und Jean Jacques Le Franc de Pompignan (1709–1784) zu nennen, als Komponisten André Cardinal Destouches, Michel Delalande, Jean-Joseph Mouret, François Rebel und François Francœur, Ch. L. Mion, François Collin de Blamont, Thomas Louis Bourgeois, Jean Baptiste Maurice Quinault, Jean-Baptiste Niel, Jean Philippe Rameau, Michel Pinolet de Montéclair, Joseph Bodin de Boismortier, Jean Joseph Cassanéa de Mondonville, Mlle Duval (*Les génies,* Libretto von Fleury, 1736), Louis Joseph Francœur u.a.

Der Wandel ästhetischer Anschauungen fand auf der Bühne der Académie royale de musique in der Entstehung der neuen Gattung des ›Opéra-ballet‹ seinen Niederschlag. In der Bildenden Kunst zeigt er sich in den Darstellungen des Théâtre italien bei Claude Gillot und besonders in den thematisch mit vielen Opéras-ballets verwandten »fêtes galantes« Antoine Watteaus. La Motte Houdar bringt das Neue im Vorwort von *Le Carnaval et la Folie* (1703, Musik von André Cardinal Destouches) durch den Begriff »bagatelle« auf den Punkt. Den Gegensatz von Tragédie und Opéra-ballet hat Cahusac im nachhinein folgendermaßen beschrieben:

»L'Opéra imaginé par Quinault est une grande action suivie pendant le cours de cinq Actes. C'est un tableau d'une composition vaste, tels que ceux de Raphaël et de Michel-Ange. Le Spectacle trouvé par La Motte est un composé de plusieurs Actes différens, qui représentent chacun une action mêlée de divertissemens, de chant et de danse. Ce sont de jolie Vateau [Gemälde von Watteau], des miniatures piquantes, qui exigent toute la précision du dessein, les grâces du pinceau et tout le brillant du coloris.«⁶

Angesichts der meist kurzen Handlungen ist eine psychologische Entwicklung der Personen weder möglich noch erforderlich. Jede Entrée enthält Szenen bestehend aus dialogisierenden

---

1 *Ballets, opéra, et autres ouvrages lyriques,* Paris 1760, S. 118, 121, 128.
2 *Encyclopédie Méthodique,* Paris 1791, Artikel »Ballet-opéra« und »Ballet«, S. 106, 109.
3 Ebd. S. 106.
4 Vgl. C. Kintzler, *Poétique de l'opéra français de Corneille à Rousseau,* Paris 1991, S. 320.
5 Vgl. dazu ebd. S. 321.
6 Cahusac, *La Danse ancienne et moderne,* S. 108f.

»récits« und Airs, in denen ein Konflikt ausgetragen wird. Er mündet in ein großes Divertissement, an dem das Kollektiv in Form des Chores beteiligt ist. Das Divertissement mit Tänzen und Gesängen ist als Kulminationspunkt der Entrée konzipiert, kann sie aber auch gelegentlich eröffnen. Die Wurzeln der Gattung liegen also in gleichem Maße im Ballet de cour wie in der Oper.

Der Prolog kann ohne Beziehung zum Inhalt des Werkes sein, diesen aber indirekt ankündigen oder aber sich auf ein Herrscherlob beschränken.[1] Während in den Opernprologen des öfteren am Ende des Prologs das Thema der Tragédie angekündigt wird, kann der Prolog wie in *L'Europe galante*, 1697, oder in *Le Triomphe des arts*, 1700, mit der ersten Entrée identisch sein. Auf die Einheit von Prolog und nachfolgenden Entrées wird im »Avertissement« der *Plaisirs de la paix* (1715) von A. Menesson und Thomas-Louis Bourgeois hingewiesen: »Ce ballet est une Allegorie sur la Paix, dont il est aisé de découvrir les rapports [...] Quoique chaque Entrée ait son sujet particulier, on a pris soin de les lier toutes par des intermedes; en sorte que la Piece et le Prologue ne sont qu'un même sujet.« Neben der Funktion der politischen Lobeshymne kann der Prolog im ›Opéra-ballet‹ die poetische Funktion haben, den Zusammenhang der verschiedenen Entrées zu stiften. In zwei bedeutenden Werken, in *L'Europe galante* und in *Les Indes galantes*, geschieht dies in Form einer Herausforderung einer Gottheit an eine andere. Ihr Streit wird in den Entrées ausgetragen bzw. konkretisiert. Damit kommt dem Prolog wieder eine größere Bedeutung in einer Zeit zu, als er in der Tragédie an Sinn verlor. Dem Prolog wird manchmal auch ein Epilog am Ende der letzten Entrée oder als selbständiges Gebilde gegenübergestellt (*Les Fêtes vénitiennes*). In den ersten Opéras-ballets, *Le Ballet des saisons* und *L'Europe galante* treten die Personen des Prologs am Ende der letzten Entrée wieder auf und führen die Lösung des Konflikts herbei. In den *Eléments* (Libretto von Pierre-Charles Roy, Musik von Destouches und Delalande, 1721) beendet ein selbständiger Epilog das Werk. In *Les Voyages de l'Amour* (1736) treten die Protagonisten der ersten Entrée in der letzten wieder auf und beenden das Werk. Rameau verzichtet in *Le Temple de la gloire* (1745) auf den Prolog und bindet die letzten beiden Akte durch den Wiederauftritt der Personen des IV. Akts zusammen. Der Verzicht auf den Prolog seit 1750 hat zur Folge, daß die Entrées sich immer mehr verselbständigen und auch zunehmend als »Acte de ballet« einzeln aufgeführt werden. Bei Gelegenheitswerken wie *Les Stratagèmes de l'Amour* (1726 aus Anlaß der Hochzeit von Louis XV und Maria Lesczynska) oder *Les fêtes de l'Hymen et de l'Amour* (1747 anläßlich der Hochzeit des Dauphin mit Marie-Josephe von Sachsen) sind die Prologe auf den Anlaß der Werkentstehung inhaltlich abgestimmt. Von 46 zwischen 1695 bis 1773 aufgeführten Opéras-ballets haben von den bis 1750 entstandenen 38 Stücken 36 Prologe (nur *L'Europe galante* und *Le Triomphe des arts*, 1700, beide nach Libretti von La Motte Houdar, bilden Ausnahmen), danach kein einziges (vgl. dazu Maruyama 1995).

Stoffliche Grundkonstellationen der ›Opéras-ballets‹ wurden schon von Jean-Jacques Le Franc de Pompignan genannt:

»Peu de sujets ont échapé à l'imagination et aux recherches des Autheurs Lyriques. Les Nations et leur différens caractères, les Fêtes de tous les pays, les intrigues comiques, les passions des Dieux et des Héros, les triomphes de l'Amour, ses déguisemens, ses stratagêmes, les Saisons, les Elémens, tout enfin jusqu'aux Sens et aux Ages de l'homme, a trouvé place dans les Ballets qui ont paru depuis environ quarante ans.«[2]

Der ungeheure Erfolg von Campras *L'Europe galante* (1697, Libretto von La Motte Houdar) ist zu einem beträchtlichen Teil der Personenkonstellation ohne mythologische Figuren zuzurechnen, die sich als Folge aus dem Paradigmenwechsel von den bisher bevorzugten Stoffquellen der antiken Mythologie und der mittelalterlichen Romane zu dem Alltagsleben näherstehenden Stoffen ergab (neben dem *Ballet des saisons* sind bis 1723 nur noch in *Le Triomphe des arts* mythologische Personen präsent). Damit ist die Wahl entsprechender Spielorte, etwa eines Dorfes in Frankreich, eines italienischen Ballsaals, eines öffentlichen Platzes in Spanien oder der Garten eines türkischen Serails verbunden. Nach der Vertreibung der Comédie italienne entsteht eine regelrechte Mode der Commedia dell'arte, deren Personen, Arlequin, Scaramouche, Polichinelle etc., auf der Bühne der Académie Royale erscheinen.

Auch andere Gattungen verfügten bereits über eine zeitgenössische Thematik und über zeitgenössische Charaktere wie die ›Comédie lyrique‹, die allerdings durch eine durchgehende Handlung charakterisiert ist (z.B. *Aricie* von La Coste und dem Abbé Lic, 1697, und Des-

---

[1] Vgl. Antoine Louis Le Brun, *Théatre lyrique*, Paris 1712, 9f.
[2] Préface zu *Le Triomphe de l'Harmonie*, Paris 1737.

marests und Duchés *Fêtes galantes*, 1698). *L'Europe galante* besteht aus einer Pastorale (I. Entrée »*La France*«), einer leichten Komödie (II. Entrée »*L'Espagne*«), einer dramatischen Komödie (III. Entrée »*L'Italie*«) und einem exotischen Stück (IV. Entrée »*La Turquie*«). La Motte Houdar wählte Völker aus, deren stereotype, aber als realistisch empfundene Auffassungen von der Liebe am stärksten miteinander kontrastieren, den unbeständigen und eitlen Franzosen, den treuen und schwärmerischen Spanier, den eifersüchtigen und ungestümen Italiener sowie den hoheitsvollen türkischen Sultan und eine jähzornige Sultanin. Die Einheit des Werkes ist durch die gemeinsame Idee der charakteristischen Liebesbeziehungen gegeben. Die Personen der Opéra-ballet stammen aus der Komödie der Zeit, nach deren Vorbild auch die komischen Szenen gestaltet sind. Die wenigen komischen Elemente des Werkes (Silvandres Bemühen, sich der Anklage Céphises wegen ihrer Untreue zu entziehen) werden in den nachfolgenden Opéras-ballets zu wirklich komischen Stoffen ausgebaut (z.B. die IV. Entrée »*La Comédie*« der Opéra-ballet *Les Muses* von 1703). Damit fand die Komik auf der Bühne der Opéra Eingang.

L'Europe galante ist kontrastreich im musikalischen Aufbau der Szenen und in der Abfolge verschiedener Vokal-, Instrumental- und Tanzsätze. Die französische Entrée hat eine rein symmetrische Anlage, die italienische stellt eine große Divertissementszene an den Anfang, während die spanische durch zwei Ballettszenen und die türkische durch eine Passacaille und eine Serenade gegliedert sind. Lokalkolorit wird nicht angestrebt; durch die Instrumentation (Frankreich mit Oboen, Italien mit Oboen und Flöten, der panegyrische Prolog für Louis XIV., Spanien und die Türkei mit Flöten als einzigen Bläsern) und die Abfolge der zahlreichen verschiedenen Tanzsätze wird eine Dramaturgie der kleinen Form geschaffen, in der heitere, ernste, tänzerische, leidenschaftliche und humorvolle Szenen miteinander abwechseln. In der italienischen Entrée schreibt er mit »*Ad un cuore tutto geloso*« eine kleine italianisierende Da-capo-Arie, die erste, die auf der Bühne der Académie Royale de Musique in Paris zu hören war. Das ist der einzige noch bescheidene italienische Einfluß im Vergleich zu dem zur Schau gestellten Italianismus des *Carneval de Venise* von 1699 und von *Les Muses* von 1703.

Zu den konstitutiven Merkmalen der Gattung gehört die oftmals komplizierte Entstehungsgeschichte der Werke, die von der Kritik bzw. dem Erfolg oder Mißerfolg einzelner Entrées erheblich beeinflußt wurde. So werden erfolglose oder kritisierte Entrées durch neue Entrées ausgetauscht oder überarbeitet. Im Vorwort ihres *Ballet des Muses* (1703) bemerken Danchet und Campra, die vorliegende Fassung sei das Ergebnis einer Revision, die durch die Kritik am Prolog und an der Pastorale ausgelöst wurde. Im Prolog wird die Thematik, der von Apoll organisierte Wettbewerb zwischen den Musen, angekündigt, dessen Richter Momus, der Gott des Spotts, sein wird. Apoll zufolge gliedert sich das Werk in eine Pastorale, eine Satire, eine Tragödie und eine Komödie, die allerdings unter der Schirmherrschaft von Momus alle Züge einer Karikatur tragen. In der Pastorale wird der Orakelspruch, demzufolge Amarillis sterben soll, von Diana aufgehoben, nachdem sich ihr Geliebter Mirtil bereiterklärt hat, sich zu opfern. Der Held der Satire-Entrée ist Diogenes. In der Komödie verzichtet der alte Géronte auf die junge Ericie, um seinen Sohn zu retten. Nach Kintzler[1] ist die Satire eine Wiederaufbereitung des *Misanthrope*, die Tragödie (es geht um den Meleagros-Stoff, aus dessen Dramatisierungen von Alexandre Hardy und La Grange Chancel Elemente übernommen sind) eine nur als Karikatur zu verstehendes Versatzstück aller Gemeinplätze der Gattung (Racheschwur im Angesicht eines Sterbenden, Tod des Helden im Angesicht seiner Geliebten, die Mutter verfällt dem Wahn und begeht Selbstmord).

Die *Fêtes vénitiennes* (A. Danchet und A. Campra, 1710) mit ihren fünf Entrées (u.a. III. Entrée »*L'opéra, ou Le maître à chanter*« mit Spiel im Spiel bzw. Oper in der Oper und IV. »*Le bal ou Le maître à danser*«, die etwa drei Monate nach der Uraufführung angefügt wurde) gehören zu den innovativen Werken, die durch Komik und realistische Charaktere gekennzeichnet sind. Wie in Mozarts *Don Giovanni* wird in »*L'opéra*« Musik aus bekannten Opern zitiert und parodiert. Beim Streit zwischen Tanz- und Musikmeister um die Überlegenheit ihrer Kunst stellt der Komponist seine Kunst durch Szenentypen der französischen Oper unter Beweis (zitiert sind Topoi der französischen Oper, z.B. der Anfang der »*tempête*« aus *Alcyone* von Martin Marais, der »*sommeil*« aus *Issé* von Destouches, eine »*ombre*«-Szene, einige Takte eines Dämonentanzes, eine Arie mit Nachtigallentopos etc.).

[1] Kintzler, *Poétique de l'opéra français*, S. 326f.

Mouret komponierte die erste Version der *Fêtes de Thalie* (Libretto von Joseph de La Font, 1714) unter dem Titel *Le Triomphe de Thalie*, dann als *Les Fêtes ou le Triomphe de Thalie*, mit drei Entrées (Prolog, »*La Fille*«, »*La Veuve*«, am 12. März 1715 durch die umgearbeitete Version »*La Veuve coquette*« ersetzt, und »*La Femme*). Ihre Personen entstammen zwar alle der Komödie, aber wirkliche Komik kommt nicht auf (in der dritten Entrée z.B. erfährt Caliste, ihr Mann besuche heimlich einen Maskenball, wo dieser ihr dann den Hof macht). Am 9. Oktober 1714, etwa zwei Monate nach der Premiere, fügte Mouret die neue Entrée *La critique des fêtes de Thalie* hinzu, in der Thalie triumphiert, Polyhymnia und Terpsichore aber auch ihren Teil des Lorbeers von Momus erhalten. Diese Entrée sollte zur Beruhigung des verstörten Publikums beitragen, dem die Aufführung einer öfters am Rande des Karikaturistischen sich bewegenden leichten Komödie in der Pariser Oper ein Ärgernis war. Im Laufe der ersten Wiederaufnahme des Werkes am 25. Juni 1722 fügten La Font und Mouret am 7. September 1722 die neue Entrée »*La Provençale*« hinzu. Die Personen der Handlung stehen jenen einer dramatischen Komödie sehr nahe: »Voilà je crois le premier opéra où l'on ait vu des femmes habillées à la française, et des confidentes du ton des soubrettes de la comédie; c'est aussi la première fois que l'on a hasardé de certaines expressions convenables au comique, mais nouvelles jusqu'alors et même inconnues sur la scène lyrique« (Vorwort zum Libretto von 1714). Die Handlung des Prologs spiegelt die Auseinandersetzungen um die beherrschende Gattung der Académie Royale de Musique. Melpomene beansprucht das alleinige Recht, auf der Bühne der Pariser Oper zu herrschen, aber Thalie als Muse des Lustspiels will dort auch komische Stücke durchsetzen. Apollo weist als Schiedsrichter darauf hin, daß man in Italien Tragik und Heiterkeit noch heute vermische und nunmehr auch in Paris beide Musen die Szene der Oper zu teilen hätten. Daraufhin zieht sich Melpomene zurück und überläßt Thalie den Triumph. Die IV. Entrée (»*La critique des fêtes de Thalie*«) dient dem Kommentar des gesamten Werkes: Polymnie macht Thalie ihre Erfolge streitig, denn allein die Musik, nicht aber der für ein vollwertiges Bühnenwerk so wichtige Inhalt, sei für den Erfolg ihres Stückes verantwortlich. Zwar triumphiert schließlich Thalie wieder, aber Polyhymnia und Terpsichore fordern ihren Anteil und erhalten von Momus auch einen Teil des Lorbeers.

Die Neuartigkeit des Librettos besteht in der realistischen Komik (Charakterkomik). Die grausamen Spiele der Partner in der III. Entrée lassen an Marivaux denken. Auch der Realismus der Sprache war in der Opéra bis dahin undenkbar. La Font bekennt sich in der *Critique de la Fête de Thalie* auch scheinbar des Verstoßens gegen die Gebote des hohen Hauses für schuldig. Die Musik des Werkes ist von Campra beeinflußt, der wie Mouret aus der Provence stammt. In den großen Monologen erreicht Mouret eine der Tragédie vergleichbare Ausdruckstiefe (Isabelles Arie »*Sombre appareil, lugubres ornements*« gilt als Vorläufer von Rameaus »*Tristes apprêts*« aus *Castor et Pollux*). Der Ball der nächsten Entrée (mit den Tänzen Menuett, Air und Forlane) wurde bei den Reprisen des Werkes durch neue Tänze immer prunkvoller ausgestattet. Das Kolorit der Entrée »*La Provençale*«, der gelungensten Bühnenkomposition Mourets, ist auch heute noch in den Arien mit provenzalischen Texten sowie in den Tänzen greifbar.

Neben Campra und Mouret hat auch Montéclair vor Rameaus *Les Indes galantes* mit seinen *Fêtes de l'été* (1716, Libretto von Simon-Joseph Pellegrin, drei Entrées, »*Les jours*«, »*Les soirées*« und »*Les nuits d'été*«, einige Monate später »*La chasse*« als IV. Entrée) einen wichtigen Beitrag zur Gattung des ›Opéra-ballet‹ geleistet. Im Jahr 1723, dem Tod des Regenten Philippe II. von Orléans und dem Regierungsantritt Ludwigs XVI. beginnt das zweite Zeitalter des Opéra-ballet, die zur Hochblüte mit den Kompositionen von Rameau, Mouret und Boismortier führt.

Rameau entschied sich bei der Wahl des Textdichters für den in vielen Bereichen des Musiktheaters erfahrenen Louis de Fuzelier, der bei der Stoffwahl der *Indes galantes* bewußt nicht auf die Fabel, sondern auf die Geschichte zurückgriff, um dem Werk, wie er selbst betont hat, eine größere Seriosität zu verleihen. Laut Vorwort des Librettos ersetzte Fuzelier bewußt die »wunderbare« durch die »natürliche Wahrscheinlichkeit« und damit das »Wunderbare« durch das »Außerordentliche« der realen, aber geographisch entfernten, exotischen Welt. Im »Avertissement« zu *La Reine des Péris* (1725), einer »comédie persane«, gab er die Begründung dafür:

»Le public jugera par l'essai qu'on lui présente aujourd'hui, si le système fabuleux des Orientaux mérite d'occuper nos théâtres autant que la mythologie grecque et romaine. On a cru que les merveilles des Péris et des Dives pouvaient succéder aux miracles des Dieux de l'Antiquité, et aux prodiges des Enchanteurs et des Fées de la Chevalerie errante.«

Mit *Les Indes galantes*, mit 16 Auflagen des Librettos eines der Erfolgsstücke der Opéra, erhob Fuzelier den Anspruch, der Forderung nach natürlicher »vraisemblance« zu entsprechen. Er verstand sich sogar als Ethnologe und Geograph und nannte Belege für den Realismus des Stoffes. Der Exotismus war nicht nur Ausdruck der Reisemode und der Flucht aus der zivilisierten Welt, sondern eine dichterische Kategorie, die der Verzauberung durch mythologische Stoffe entspricht. Er ermöglicht einen Ausweg aus der gewohnten Welt, in dem eine wenig bekannte, weit entfernte Wirklichkeit mit den »Farben des Möglichen« geschmückt wird. Im Musiktheater erzeugt der Exotismus den Effekt des Besonderen, des Außerordentlichen, im Vorwort zu den *Indes galantes* ist das folgendermaßen formuliert:

»Un auteur, occupé du soin de plaire au public, a-t-il tort de penser qu'il faut quelquefois essayer de le divertir sans le secours des dieux et des enchanteurs? Peut-être en présentant à ce public, indulgent pour la nouveauté, des objets choisis dans les climats les plus reculés, accordera-t-il son suffrage à la singularité d'un spectacle qui fournit à Erato et à Terpsichore l'occasion d'exercer leur génie. Quoique les amants suivent tous la même loi, leurs caractères nationaux ne sont pas uniformes; cela suffit pour répandre dans un poème lyrique cette variété si nécessaire, à présent que la source des agréments simples et naturels semble épuisée sur le Parnasse.«

Der Vorzug dieser neuen Inhalte besteht im tragischen »Acte des Incas« der *Indes galantes* auch darin, wunderbare Naturspektakel wie den Vulkanausbruch einzubeziehen:

»Le volcan qui sert au nœud de cette entrée américaine n'est pas une invention aussi fabuleuse que les opérations de la magie [...] Bien des voyageurs estimés attestent qu'ils ont rencontré de ces fournaises souterraines, composées de bitume et de soufre, qui s'allument facilement et produisent des incendies terribles. [...] Les naturalistes les plus habiles appuient le témoignage des voyageurs par des raisonnements physiques, et par des expériences plus convaincantes encore que les arguments. Me condamnera-t-on, quand j'introduis sur le théâtre un phénomène plus vraisemblable qu'un enchantement? et aussi propre à occasionner des symphonies dramatiques?«

Das Wunderbare der Natur entspricht dem aufgeklärten Zeitalter mehr als das Übernatürliche. Nicht zufällig ist Fuzelier Freimaurer und erwähnt im gleichen Vorwort – eine Anspielung auf den gelehrten Komponisten Rameau – die wichtige Rolle der Wissenschaft in der theoretischen Begründung künstlerischen Schaffens. Im »Acte des Incas« wird Huscar durch die Lava des Vulkans verschüttet. Darin ist aber keine übernatürliche Macht im Spiel, vielmehr ist er das Opfer seiner Ignoranz und seines Aberglaubens, denn er ließ absichtlich einen den Ausbruch auslösenden Felsen in den Kessel des Vulkans rollen. Die dadruch ausgelöste Naturkatastrophe stellt für ihn die Manifestation eines göttlichen Willens dar.

Mit seinen *Indes galantes* schuf Rameau ein Werk, das wie *Hippolyte et Aricie* die Regeln der Gattung sprengte und als ihr Höhepunkt anzusehen ist. Die vielfältige komplizierte Geschichte des Werkes mit ihren Aktumstellungen und Verkürzung von Szenen und Divertissements zeigt sich auch an der problematischen Quellenlage der handschriftlichen und gedruckten Partituren. Der Prolog rekurriert auf dem Gegensatz zwischen Friede und Krieg. Hébé ruft die Jugend aus vier Nationen, Frankreichs, Spaniens, Italiens und, wegen der Königin Marie Lesczynska, auch Polens zu einem großen Divertissement auf.

Der Exotismus dient auch in Fuzeliers und Rameaus Oper als Instrument der Gesellschaftskritik. In *Le Turc généreux* wird fast ein halbes Jahrhundert vor Mozarts *Entführung aus dem Serail* das Thema der Großmut eines orientalischen Prinzen eingeführt. Osman, »bacha« einer türkischen Insel des indischen Meeres, liebt Emilie, eine junge Provenzalin, die von Korsaren entführt und zur Skalvin gemacht wurde. Sie aber möchte ihrem Marineoffizier Valère treu bleiben, der während des Kampfes verschwunden ist. Ein Sturm bildet den musikalischen und dramatischen Hintergrund des Arioso Emilies und spiegelt ihre Seelennot. Nachdem sie unter den Schiffbrüchigen Valère erkannt hat, entfaltet sich ein Liebesdialog. Der Zorn Osmans wird besänftigt, als er Valère erkennt, dem er verpflichtet ist und der die Arie auf die Großmut Osmans, »Fut-il jamais un cœur plus généreux«, singt. Die »*Entrée des Incas*«, die mit dem Divertissement des Sonnenfestes beginnt, steht unter dem Zeichen des Feuers, jenem der göttlichen Sonne und der irdischen Feuergewalten. Huascar ist eine Person, die auch in einer Tragédie vorstellbar ist. Er ordnet das Sonnenfest an, traut sich, den Widerstand gegen die spanische Invasion zu organisieren und wird damit zur schicksalsbestimmenden Figur seines Volkes. Musikalisch verdeutlicht Rameau diese Identifikation, indem er die Chöre des Volkes mehrfach Huascars Soli annähert. Der Chor erhält darin eine formal-architektonische Rolle, die für ein Opéra-ballet ungewöhnlich ist. Die Unterbrechung des Divertissements durch das berühmte Erdbeben macht es zu einem dramatischen Wendepunkt.

Das Terzett »*Pour jamais l'amour nous enchaîne*« kündet die Bestrafung Huascars an, mit der die Entrée abrupt endet.

In absolutem Kontrast dazu steht die »*Entrée des fleurs*«, die in Persien spielt, ein Land, das seit Montesquieus *Lettres persanes* von 1721 in Mode war. Berühmt ist diese Entrée durch das »*marivaudage*«, das sie aufgrund ihrer feinen Ironie und der Kunst der Verwandlung der Gefühle den Stücken des Théâtre Italien verwandt erscheinen läßt. Während die Musik der Kunst Marivaux' ebenbürtig anerkannt wurde, stieß die »*Entrée des fleurs*« mit ihrem komplizierten, zwar vom Publikum des Théâtre Italien, nicht aber in der Opéra akzeptierten Verwechslungsspiel auf heftige Kritik, so daß Rameau gezwungen war, diese Entrée mehrfach umzuarbeiten. Die Musik dieser Entrée hat aufgrund der kunstvollen Ensembles wie dem Quartett »*Tendre amour*« mit einem Fugato und sehr ausdrucksintensiven Airs wie Fatimes »*Papillon inconstant*« ihr eigenes Profil innerhalb des Werkganzen.

In der »*Entrée des sauvages*« wurde das berühmte Cembalo-Stück zum Tanz und würdevollen Rondeau des »*grand calumet de la paix*« umfunktioniert, dem das Duett »*Forêts paisibles*« und ein Chor über das gleiche Thema folgen.

In Amerika streiten sich die Eroberer, der französische Offizier Damon und der Spanier Don Alvar, um die Aufteilung des Landes und die Gunst der »guten«, weil mit unverbildetem Herzen ausgestatteten Wilden Zima und Adario. Obwohl Fuzelier und Rameau in ihrem Meisterwerk trotz des Exotismus viele Bezüge zur gesellschaftlichen Realität ihrer Zeit schufen, bedurfte das Publikum aufgrund der revolutionär erscheinenden Musik einer längeren Gewöhnungszeit, bevor sich das Werk als eines der erfolgreichsten Stücke etablieren konnte.

Mit den *Fêtes d'Hébé ou Les talents lyriques* (Libretto von Antoine Gautier de Montdorge in Zusammenarbeit mit mehreren anderen Autoren und dem Komponisten, 1739) wurden nach *Le Triomphe des arts* (La Motte Houdar, Musik von Michel de La Barre, 1700, mit *L'architecture*, *La poésie*, *La musique*, *La peinture* und *La sculpture*) hier allein die in der Oper zusammenwirkenden lyrischen Künste, die Dichtung, die Musik und der Tanz in antik-mythologischem Rahmen präsentiert. Das unmittelbare Vorbild war Danchets und Campras Opéra-ballet *Les Muses* (1703) mit seiner Gattungsreflexion als wichtiger thematischer Komponente. Im Gegensatz zur konzisen Dramaturgie der Entrées der *Indes galantes* treten in der Musik der *Fêtes d'Hébé* malerische Momente stärker hervor. Rameau komponierte vier weitere Opéras-ballets und daneben mehrere »Actes de ballet«, die man als isolierte Entrées ansehen kann.[1] Die Musik dieser Werke ist keineswegs peripher, sondern gehört zum größten Teil zum besten, was Rameau hinterlassen hat.

Die Popularität Rameaus trug auch dazu bei, daß er zusammen mit Voltaire mit einer Auftragskomposition für die Vermählung des Dauphins, des späteren Louis XV. und Maria Teresas von Spanien beauftragt wurde. *La Princesse de Navarre* ist eine dreiaktige Comédie-ballet von Voltaire, deren Intermèdes von Rameau vertont wurden und deren Uraufführung am 23. Febuar 1745 im Schloß von Versailles in einem eigens erbauten Theater in der Grande Ecurie uraufgeführt wurde. Die erste Zusammenarbeit zwischen Voltaire und Rameau lag mehr als ein Jahrzehnt zurück und begann unmittelbar nach den ersten Aufführungen von *Hippolyte et Aricie*. Das Libretto zur fünfaktigen Tragödie *Samson* wurde von Voltaire zwischen Oktober und Dezember 1733 skizziert, bis Oktober 1734 hatte Rameau so viel Musik komponiert, daß eine konzertante Aufführung im privaten Rahmen stattfinden konnte. Die Sorbonne schritt gegen diese geistliche Oper ein, unterstützt von Gegnern Voltaires am Hof, so daß das Projekt 1736 von Rameau und Voltaire endgültig aufgegeben wurde. Eine neue Möglichkeit der Zusammenarbeit ergab sich 1744 durch einen Auftrag des Duc de Richelieu für die Hochzeit des Dauphin, Sohn Ludwigs XV., und der spanischen Prinzessin Maria Teresas, die im Februar 1745 den Anlaß zum größten öffentlichen Fest der französischen Monar-

---

[1] Darunter *Pigmalion* (1748), *Les Fêtes de Polymnie* (L. de Cahusac, 1753), *Le Temple de la gloire* (Voltaire, 1745), *Les Fêtes de l'Hymen et de l'Amour, ou Les Dieux d'Egypte* (Cahusac, 1747) und *Les Surprises de Amour* (Pierre-Joseph Bernard und Jean-François Marmontel, mehrfache Umarbeitungen, 1748 und 1757).

chie seit 1680 bildete. Die spanische Prinzessin kam nach 9 Wochen der Reise und Empfänge in Paris an und hatte unterwegs in Bordeaux bereits 2 Akte aus Rameaus *Indes galantes* sowie *Hippolyte et Aricie* gesehen. Nicht nur an Voltaire, der sich um die Gunst und eine Stellung am Hof bemühte, erging bereits ein Jahr vor dem Ereignis der Auftrag für ein Werk durch den Duc de Richelieu, sondern auch an den Dichter und Librettisten Pierre-Charles Roy, der vier Stücke zu liefern hatte. Voltaire verursachte das Gelegenheitswerk der *Princesse de Navarre*, in dem er Teile aus *Samson* verwendete, mehr Probleme als irgend ein anderes Theaterstück, denn er mußte es auf Drängen des Auftraggebers Richelieu und insbesondre Rameaus mehrfach umarbeiten. In seinem Brief vom 14. September an Hénault bemerkt er: »Ce Rameau est aussi grand original que grand musicien. Il me demande *que l'aye à mettre en quatre vers tout ce qui est en huit, et en huit tout ce qui est en quatre*. Il est fou; mais je tiens toujours qu'il faut avoir pitié de talents. Permis d'être fou à celui qui a fait l'acte des Incas [aus *Les Indes galantes*].«[1] Im einzelnen gibt seine Korrespondenz Auskunft über Stadien der Entstehung zwischen dem 15. April 1744 und dem 8. Februar 1745. Voltaire zog seit Januar 1745 eigens ins Hôtel de Villeroy in Versailles, um an den Proben teilnehmen zu können. Voltaires und Rameaus Stück wurde dann die besondere Ehre zuteil, daß mit ihm die Theatervorstellungen der Hochzeitfeierlichkeiten eröffnet wurden.

Die Handlung spielt zur Zeit von Charles V., König Frankreichs, im I. Akt im mittelalterlichen Spanien in den Gärten Don Morillos an der Grenze von Navarra.

Im Prolog macht die Sonne Ludwig XV. ihre Aufwartung und fordert die Musen und Künste auf, dem König zu huldigen und die Hochzeit zu feiern. Die Prinzessin Constance von Navarra ist aus der Gefangenschaft des Königs von Kastilien, Don Pedro, geflohen und fürchtet sich nun vor der Verfolgung durch dessen Boten ebenso wie vor den Kriegsvorbereitungen von dessen Gegner Gaston de Foix. Constance fand unerkannt Asyl in dem der Grenze nahe gelegenen Schloß des Barons Don Morillo, der wegen seiner lockeren Sitten und seiner ungeschliffenen Umgangsformen unfreiwillig komisch wirkt. Constance gibt vor, das Schloß verlassen zu wollen, um sich in ein Kloster zurückzuziehen und damit ihre Ruhe während des andauernden Krieges zwischen Navarra und Spanien zu finden.

Das genaue Gegenteil des lächerlichen Barons Don Morillo ist der ihm verwandte, unter dem Namen Alamir auftretende Gaston de Foix, dessen noble Manieren, gewählte Sprache und gutes Aussehen Constance beeindrucken. Da er sich in die Unbekannte verliebt hat und sie seine Bitte, noch einen Tag im Schloß zu bleiben, abschlägt, inszeniert er zusammen mit Don Morillo ein Fest. Hierbei vergißt er seine politischen Ziele keineswegs und plant, sein Heer mit den Truppen des französischen Feldherrn Duguesclin zusammenzuführen, um Don Pedro zu entthronen. Als Constance das Schloß verlassen will, sieht sich sich im Ausgangstor Bewaffneten gegenüber, die sie zunächst für Soldaten Don Pedros hält, die sich aber als Gäste des Festes herausstellen. Aus einem anderen Ausgang kommen ihr Tänzer und Tänzerinnen entgegen, die arabische Astrologen begleiten. Ein Alkalde tritt auf und fordert im Namen des Königs die Auslieferung Constances, aber Alamir ist bereit, für Constance zu kämpfen.

Zu Beginn des II. Akts möchte Sanchette vom Gärtner wissen, was vorgefallen ist. Da kommt der Alkalde an, der in Unkenntnis ihrer Identität Sanchette bittet, ihm im Namen des Königs zu folgen. Da sie sich davon ein glanzvolles Leben am Hof verspricht, stimmt sie voller Freude zu. Ihr Vater macht jedoch ihre Hoffnungen zunichte. Vom Gärtner erfahren sie, Alamir habe die Soldaten des Alkalden vertrieben. Entsetzt darüber, daß in seinem Schloß Widerstand gegen den König geleistet wurde, eilt Morillo davon, um die Auswirkungen der Affäre unter Kontrolle zu bekommen. Constance gesteht sich ihre Liebe zu Alamire aus Stolz noch nicht ein, aber als er kommt, gibt sie sich als Prinzessin von Navarra zu erkennen. Er sieht den richtigen Augenblick noch nicht gekommen, seinen Namen preiszugeben. Die hinzugekommene Sanchette möchte nun endlich von Alamir wissen, wem seine Liebe gilt. Er spielt vor, keinerlei Liebesambitionen zu haben, läßt sich aber dazu bewegen, sein Idealbild einer Frau zu beschreiben. Nur Sanchette erkennt nicht, daß es sich dabei um Constance handelt. Don Morillo berichtet vom Zusammenschluß der Heere des Duc de Foix und Duguesclins, die gegen Don Pedro ins Feld ziehen werden. Offiziere und Hofdamen des Duc de Foix kommen zu Constance, um ihr als Herrin des Schlosses ihr Aufwartung zu machen. Huldgöttinnen und Liebesgötter zieren das Fest zu Ehren von Constance.

---

[1] Voltaire, *Correspondance*, text établi et annoté par Th. Besterman, Bd. II, Paris 1965, S. 809.

Constance erfährt die Nachricht vom Sieg über Don Pedro. Als sie Sanchette auf den Knien bittet, ihre Hochzeit mit Alamir, der eine Verwandter sei und der sie auch liebe, zu befürworten, kann Constance nur mit Mühe ihre Enttäuschung verstecken. Allein mit ihrer Vertrauten beklagt sie, einem so hohen Stand anzugehören, der sie daran hindere, ihren Retter zu ehelichen. Die Siegeshymne verkündet den Tod Don Pedros. Als Alamir ankommt, bietet Constance ihm die Hand Sanchettes an, die er mit der Begründung zurückweist, der Duc de Foix liebe die Prinzessin von Navarra. Auf ihre Antwort, sie hasse alle de Foix', wirft er sich ihr zu Füßen, reicht ihr seinen Degen und befielt ihr, seine Verbrechen zu bestrafen. Nach der Verwandlung (das zweite Bild stellt die Pyrénées dar) sind auf Amors Befehl hin alle Hindernisse, die der Verbindung Constances mit dem Duc de Foix im Wege standen, beseitigt. Die Berge verwandeln sich in einen Amor gewidmeten Tempel, in dem die Liebenden vereinigt werden.

Bei der *Princesse de Navarre* handelt es sich um eine ›Comédie-ballet‹, eine seit Molière und Lully kaum gepflegte Gattung, in der Voltaire Tragödie, Komödie und Oper zu einem zu verschmelzen suchte. Der Librettist bezeichnet es selbst auch als die Summe »de tous les charmes de la déclamation, de la danse et de la musique.« Die ersten beiden Divertissements sind eng in die Handlung und die Dialoge der Personen integriert, während das letzte den krönenden Abschluß der Handlung bildet. Zum ersten Mal beginnt Rameau ein Bühnenwerk mit einer dreisätzigen »italienischen« Ouvertüre. Der erste langsame Teil erinnert noch an die französische Ouvertüre, während der Mittelsatz in der Besetzung mit den unisono geführten Violinen und Baß sowie seiner selten unterbrochenen Zeitaktgliederung den italienischen Vorbildern nachempfunden ist. Den letzten Satz rückt Rameau durch die kurzatmigen Motivwiederholungen und den dadurch verursachten unregelmäßigen Phrasenbau in noch unmittelbarere stilistische Nähe zum Stil der Intermezzi Pergolesis. Das erste Divertissement ist zweigeteilt in eine durch die Trompete besetzten »militärischen« Abschnitt (Sieg Amors über Mars; Air des guerriers, Air »*Jeune beauté*« auf sehr interessante Weise umgesetzt in einen Chorsatz mit Solostimme und Air gai mit wechselnder Satzperiodik) sowie einen »exotischen«, maurisch-zigeunerisch geprägten Teil (Besetzung mit »spanischen« Schlaginstrumenten und Verwendung des Tambourin-Tanzes). Venus wird zur Hilfe gegen böse Gottheiten

Während der Aufführung von *La Princesse de Navarre* (1745) konnten einige ausgewählte Besucher auf der Bühne Platz nehmen, wie dies im 18. Jahrhundert vor der Revolution in Pariser Theatern teilweise noch üblich war. Das Orchester sitzt wie schon zu Zeiten Lullys in einem Graben. Ausschnitt aus einem Stich von C. N. Cochin le jeune.

Opéra-ballet, Ballet héroïque, Comédie lyrique und andere Gattungen

angerufen, eine Zukunft voller Hoffnungen, Freude und Reichtum beschworen und eine Ermutigung und Warnung zugleich vor der Ehe ausgesprochen.

Das zweite Divertissement, ganz von den Grazien bestritten und inhaltlich der Vision der Naturschönheiten bestimmt, ist klanglich von der Flöte geprägt. Rameau integriert charakteristische französische Formen (a-periodische Sarabande, Terzett der Grazien, Menuettparodie und Gavotte-Arie mit Chorwiederholung) mit italienischen Arientypen (die einer Tragödie würdige Da-capo-Ariette »Vents furieux« mit kontrastierendem Lento-Mittelteil sowie die Zwei-Tempo-Arie mit Mehrfachecho), deren Stilistik aber wieder französisch ist. Das letzte Divertissement, in dem Voltaire die geographische Trennung Spaniens und Frankreichs durch die Pyrenäen thematisiert, bildet durch seinen Reichtum an verschiedenen Vokal- und Tanzsätzen und seine Länge den krönenden Abschluß. Die von ihrer Phrasenbildung sehr frei gestaltete Chaconne umfaßt einen Hauptteil, der in sich in einen symmetrischen ersten Abschnitt (instrumental, vokal und instrumental), einen gesungenen Mollmittelteil und die verkürzte Wiederholung des ersten Abschnitts gliedert. In den nachfolgenden Tanz- und Vokalsätzen werden das gesamte Instrumentarium noch einmal eingesetzt (insbesondere die Flöte in der Sarabande wie zuvor sowie in der Gavotte; Pauken, Trompeten und Hörner in der Arie des Kriegers) und die stilistischen und gattungsmäßigen Elemente der vorausgehenden Divertissements wieder aufgenommen. Dadurch gab Rameau diesem Gelegenheitswerk musikalisch eine äußerst durchdachte Gestalt, die weit über den äußeren Anlaß der Fürstenhochzeit hinausweist.

Das schönste Beispiel Rameauschen Humors und seiner Reaktion auf die Streitereien zwischen Lullystes und Ramistes ist seine Comédie lyrique *Platée* (1745), in der Jupiter, um seine krankhaft eifersüchtige Gattin Junon zu heilen, vorgibt, sich in die häßliche, liebestolle Nymphe Platée verliebt zu haben und Cithéron und Mercure Platée glauben machen, Jupiter wolle ihr nachstellen. Im Verlauf eines von La Folie veranstalteten Divertissements täuscht Jupiter vor, sie heiraten zu wollen. Junon, die von der Zeremonie Wind bekommen hat, zieht Platée den Schleier vom Gesicht und bricht in lautes Lachen aus. Der Librettist Adrien-Joseph Le Valois d'Orville schuf für die Szene der Folie einen Text, der die Stichworte der erwähnten Querelle enthält (»brillants concerts«, »le beau simple«, »chef-d'œuvre de l'harmonie«).[1] In der Arie »*Aux langueurs d'Apollon*« karikiert Rameau die Vorwürfe seiner Gegner mit musikalischen Mitteln, wie insbesondere die Vertonung des Wortes »outragé« zeigt.

1 Vgl. dazu R. Klingsporn, *Jean-Philippe Rameaus Opern im ästhetischen Diskurs ihrer Zeit*, Stuttgart 1996, S. 100–105.

Les Paladins (1760) sind laut Bezeichnung des gedruckten Librettos eine ›Comédie-Ballet‹, aber gattungsmäßig eigentlich wegen der durchgehenden Intrige eine ›Comédie lyrique‹. Das anonym publizierte Libretto stammt nach Beffara von Duplat de Monticourt. Im Gegensatz dazu teilt Charles Collé in seinem »Journal« mit, es sei verschiedenen Autoren zugeschrieben worden, Pierre-Joseph (Gentil-) Bernard, Claude-Henri de Fuzée, Abbé de Voisenon und Louis-Élisabeth de La Vergne, Comte de Tressan, ohne daß er sich einer der Versionen anzuschließen vermochte. Die Uraufführung fand am 12. Februar 1760 in der Académie Royale de Musique statt. Das Libretto basiert wie so viele andere Opern und Opéras-comiques im 18. Jahrhundert auf einer Erzählung La Fontaines *Le petit chien qui secoue de l'argent et des pierreries*, die wiederum auf Ariosts *Orlando furioso* (Canto XLIII) zurückgeht. *Les Paladins* entstanden, für Rameau ungewöhnlich, über einen längeren Zeitraum und waren schon lange vor der Première abgeschlossen. Eine ursprüngliche Version des Werkes liegt in Rameaus vermutlich bereits 1756 niedergeschriebenem Autograph mit einer später verworfenen Ouvertüre und als Konsequenz davon einem auf diese abgestimmten Beginn des ersten Akts vor. Die Aufführungspartitur enthält neben der endgültigen Ouvertüre und einem abweichenden Anfang der ersten Szene zwei für ihre Zeit sehr anspruchsvolle Hornstimmen von Rameaus Hand zu einer Reihe von Stücken, die ursprünglich nicht mit Hörner besetzt waren. Die autographe Partitur wurde vermutlich bereits im Sommer 1756 abgeschlossen. Das Werk ist inhaltlich und stilistisch wohl kaum ohne den vorausgehenden Buffonistenstreit denkbar.

Wie in den heiteren Gattungen in Frankreich üblich tragen die einzelnen Akte bestimmte Titel. So ist der erste als »*Le Vénitien*« bezeichnet, der in der Eingangshalle eines alten Schlosses, befestigt mit Türmen und Gittern, nahe einem Wald im mittelalterlichen Venedig spielt. Das junge italienische Mädchen Argie wird zusammen mit ihrer Begleiterin Nérine in der Festung des alten Senators, ihrem Vormund Anselme, gefangen gehalten. Sie werden von dem lächerlichen, ängstlichen Orcan überwacht und erwarten die Rückkehr Anselmes, der sein Mündel heiraten möchte. Argie jedoch beklagt die Abwesenheit ihres geliebten Paladins Atis. Dieser findet in Begleitung anderer Paladine und ihrem Gefolge, alle in Kutten von Wallfahrern verkleidet, Einlaß in die die Festung. Dank der Hilfe der Fee Manto vermag Atis wunderbare Dinge zu vollbringen. In einer lustigen Zeremonie wird der zuvor verprügelte, völlig verängstigte und verwirrte Orcan, der die Pilger für Zauberer hält, in die Pilgerschar aufgenommen. Die Lustbarkeit dieses Divertissement wird durch die Ankündigung der Rückkehr Anselmes unterbrochen. Die Pilger stieben nach allen Seiten in den naheliegenden Wald auseinander.

Im II. Akt findet im Divertissement eine Verwandlung vom Dorf mit Blick auf das Schloß Anselms in den Ort eines chinesischen Schlosses statt. Anselm möchte Argie abholen und trifft auf Orcan im Pilgergewand, der ihm berichtet, was vorgefallen ist. In diesem Augenblick kommt Argie in der gleichen Verkleidung heran und summt die Auftrittsmusik der Pilger. Als sie Anselm ihre Absicht verkündet, Argie heiraten zu wollen, erweckt er den Anschein, als stimme er dieser Verbindung zu. Zugleich aber versorgt er Orcan mit Gift und Schwert und befiehlt ihm, Atis umzubringen. Die zufällige Zeugin dieser Szene, Nérine, hält Orcan mit einer vorgetäuschten Liebeserklärung zurück. Die als Dämonen verkleideten Paladine schüchtern diesen noch mehr ein und entwaffnen ihn. Nun huldigen die Paladine sowie Troubadoure und Spielleute aus ihrem Gefolge Atis und Argie. Als Anselme mit bewaffneten Männern erscheint, fliehen das Paar und ihre Leute in das Schloß Anselmes, das sich dank der Fee Manto in ein chinesisches Schloß verwandelt und das sie nun für sich vereinnahmen.

Als Anselme und seine Leute versuchen, die Festung zu stürmen, weicht es plötzlich einem zauberhaften Garten, der das chinesische Schloß umgibt. Von Angst erfüllt verlassen ihn Orcan und sein Gefolge. Die Fee Manto erscheint als maurische Sklavin, erklärt ihm ihre Liebe und versucht, ihn durch den Tanz der Pagoden, zu Leben erweckten Statuen, zu beeindrucken. Von der überraschend auftretenden Argie wird Anselme, der sich bei einem Abenteuer ertappt fühlt, mit Vorwürfen wegen seiner Treulosigkeit überschüttet. Verärgert entsagt er seinen amourösen Plänen. Nun ist Argie frei und wird von Manto mit Atis vereinigt.

Les Paladins gehören zu den interessantesten Kompositionen Rameaus, denn sie stellen wie die späten *Boréades* eine erneute kreative Auseinandersetzung mit der Musik der italienischen Buffonisten dar. Das Vorbild der Opera buffa bzw. der Intermezzi ist auch für den komischen Inhalt der einzigen Comédie lyrique Rameaus neben der heute wieder so erfolgreichen *Platée* entscheidend. Wenn auch bedeutende Handlungselemente aus Komödien Molières (*Ecole des maris* und *Le Malade imaginaire*) und Marivaux' stammen, so stehen

Les Paladins der englischen Komödientradition näher als der französischen. Bemerkenswert ist die Gestalt des Orcan, der wichtige Charakterzüge des Osmin ankündigt und mit diesem auch die Stimmlage gemeinsam hat. Die Dominanz des »Merveilleux« in Form der zahlreichen Eingriffe der Fee Manto, der auch die Paladine ihre Verwandlungskünste verdanken, trägt erheblich zur Schwäche des Librettos bei, in dem aufklärerische Momente des Stoffes kaum zum Tragen kommen. Musikalisch besonders interessant und für den späten Rameau bezeichnend ist die Integrierung zahlreicher stilistischer Elemente der Buffonisten in seinen französischen Stil. Dies wird besonders in der dreisätzigen italienischen »Ouvertüre«, in drei der insgesamt sieben Arietten (Da-capo-Arien) sowie in dem Duo amoroso »*Je vous aime*« deutlich. In der Ouvertüre verzichtet Rameau auf den Generalbaß und verleiht ihr durch die Wiederaufnahme als Zwischenaktmusik nach dem I. (vollständig) sowie II. Akt (das Menuet transponiert nach D) eine quasi zyklische Bedeutung. Die drei italienisierenden Ariettes, die an Kulminationspunkten, nicht wie sonst in der französischen Oper lediglich in den Divertissements erklingen und alle voller Komik sind, werden mit Cembaloarien, Monologen (darunter auch jenem Anselmes mit Da capo, »*Tu vas tomber*«) oder durchkomponierten Arien konfrontiert. Bei dem humorvollen »Duo vif« zwischen Nérine und Orcan, »*Serpent, retire-toi*«, handelt es sich um das typische Streitduett, in dem beide Partner ihren eigenen Text haben und abgesehen von der freien Anfangsimitation jeder an seinem eigenen melodischen Material festhält.

Im Kontext des italienischen Einflusses sind auch die in Ritornellen vorhandenen knappen Motive, die kurzen Phrasen wechselnder Länge, die Reihung von Sekundvorhalten und Tempowechsel zu nennen.

Charakteristisch für den späten Rameau ist der Reichtum an Tanzsätzen und »Pantomimes« in den Divertissements, in denen der Komponist offenbar die von Diderot propagierten pantomimischen Fähigkeiten von den Darsteller insgesamt und besonders auch von den Tänzern verlangt. Wenn man die zeitgenössischen Diskussionen um die Gestalt und die Effizienz der Arie in der Opéra-comique kennt, ist man verblüfft, bei Rameau viele der Forderungen realisiert zu finden. So verzichtet er mit wenigen Ausnahmen auf lange Eingangsritornelle seiner Airs. Das längste der Oper zum Air Nérines, »*Pour voltiger dans le bocage*«, ist in der Hauptquelle ebenso wie das aus dem gleichen thematischen Material gebaute nachfolgende Duett ganz gestrichen, so daß die Sängerin den Satz unmittelbar beginnt. Im Schlußdivertissement besingt Atis den Sieg Amors in der von einem lebhaften Streichersatz begleiteten »Ariette gaye« in G-Dur, »*Lance Amour, lance tes traits*«, der einzigen voll entwickelten fünfteilige Da-capo-Arie (A A' B A A'), die zugleich mit 16 Takten dann das weitaus längste Anfangsritornell der Oper hat. Der Streichersatz nimmt die reiche Melismatik der Singstimme voraus und im Verlauf des Stückes wieder auf. Der B-Teil der Ariette ist durch die Modulation zunächst in die Mollparallele und dann in die Obermediante h-Moll deutlich von dem Hauptteil abgesetzt. Für deren instrumentale Begleitung hat Blainville 1754 in seiner Systematik den Terminus des »accompagnement de caractère« verwendet.[1]

Mit ihrer »Ariette gracieusement et sans lenteur«, »*C'est trop soupirer*«, will Nérine Orcan in einer Szene, in der sie nur scheinbar dessen Präsenz nicht bemerkt hat, ihre Liebe vortäuschen, um ihn vor dem Mord abzuhalten. Im ersten Teil bekennt sie ihre leidenschaftlichen Liebe, im zweiten kommentiert sie in einem a-parte (ein Vers für ein Rezitativ), daß er ihr folgt, bringt erneut die Tatsache zum Ausdruck, wie wenig Orcan von ihrer angeblichen Liebe zu ihm ahnt, und leitet mit »Feignons encore« zum Da capo über. Die Arie basiert auf einer Strophe mit fünf fünfsilbigen Versen für den A-Teil, der überleitenden Textzeile für drei Rezitativtakte und einer achtzeiligen Strophe mit sieben- bis zweisilbigen Versen für den B-Teil. Bei seiner klanglichen Gestaltung des Stückes zeigt Rameau seinen ganzen Einfallsreichtum: Im A-Teil werden die ersten drei Verse mit dem Oboen-Trio (zwei Oboen und Fagott) in einem zunächst imitatorischen Satz begleitet. Deutlich davon abgesetzt durch einen von der Stimme dominierten Satz und das Trio der Streicher sind die Verse »Ah! je sens mon âme prête à s'égarer«, während die Wiederholung von »Je veux déclarer l'ardeur qui m'enflamme« mit der Bläserbegleitung unverändert ist. Dadurch ergibt sich ein ganz eigenständiger Verlauf des A-Teils der Arie, deren erster Abschnitt sich auf die ersten drei Verse beschränkt und der allein das Da capo bildet. Der zweite Abschnitt des A-Teils dient dem Vortrag der folgenden drei Verse, wobei allerdings eine unveränderte Reprise des zweiten

---

[1] Blainville, *L'Esprit de l'Art musical*, Genf 1754, S. 30, vgl. dazu oben S. 179.

Neuntakters nach Arienbeginn erfolgt. Im B-Teil der Arie, in dem nach dem Rezitativ das Streichertrio wiederum begleitet und das Tempo dreimal wechselt, unterstreicht Rameau den Gedanken des Vorheuchelns einer nichtexistierenden Liebe durch die Modulation in die Obermediante in Dur der Grundtonart B-Dur. In dieser Arie setzt Rameau also das gesamte ihm verfügbare kompositorische Instrumentarium ein, um seine musikdramatischen Ideen zu realisieren und der Arie eine einmalige individuelle Gestalt zu verleihen. Die Art der instrumentalen Begleitung entspricht Blainville zufolge dem zweiten Typus des der »accompagnements coupés«.[1]

[1] Ebd. S. 28f., vgl. dazu das Zitat oben S. 179.

Rameaus extrem gestisch geprägte Musik zu den *Paladins* zeigt ganz neue Qualitäten, die offenbar mit den Ideen der Erneuerung des Theaters im allgemeinen und der pantomimischen und körpersprachlichen Fähigkeiten der Darsteller durch Diderot im besonderen in Zusammenhang stehen. Es liegt nahe, daß sich gerade Rameau, der durch Cahusac und dessen 1754 erschienenes theoretisches Werk *La Danse ancienne et moderne* mit den von Noverre aufgegriffenen und weiterentwickelten Vorstellung der »Danse en action« bestens vertraut war, diesen Überlegungen in seinen beiden letzten Bühnenwerken angeschlossen hat. In seinen *Lettres sur la Danse et les Ballets*, die im gleichen Jahr wie Rameaus *Paladins* erschienen, sieht Noverre die Pantomime, deren Vorbild durch den englischen Schauspieler Garrick geprägt war, als die wichtigste Bewährungsprobe für den Darsteller auf der Bühne. Als beispielhafte Szene, in der die ganze »Nervosität«, Intensität und gestische Vielfalt musikalisch umgesetzt und eingefangen ist, sei hier neben den eigentlichen Tänzen wie der »Pantomime« mit ihrem sechsfachen Tempowechsel, mit dem sich jeweils die gesamte Struktur des musikalischen Satzes konsequenterweise ändert, die 5. Szene des zweiten Akts genannt, eine Szene, in der der wütende Anselme Orcan damit droht, ihn zu erstechen, falls er keinen Gehorsam zeigt. Rein sprachlich kommt dies bereits durch die unregelmäßige Aufteilung der einzelnen Verse auf beide Personen zum Ausdruck:

        ANSELME, *Le Poignard à la main.*
Approche, Orcan.
        ORCAN
                O ciel! que voulez-vous?
        ANSELME
Ta mort ou ton obéissance.
        ORCAN
J'obéirai.
        ANSELME
        Tu vas porter mes coups
A la parjure qui m'offense.
        ORCAN
Je frémis!
        ANSELME
        Point de résistance;
Redoute ou sers mon courroux.
(Il remet à ORCAN un Poignard et du Poison, et il se retire: NÉRINE court avertir Atis de ce qui se passe.)

Die Szene steht bezeichnenderweise in der Todestonart f-Moll, während dann die Fortführung mit Orcans »Je puis donc me vanger moi-même« nach F-Dur wechselt. Die wilde Entschlossenheit Anselms kommt in einem topischen Absturz der Singstimme über eineinhalb Oktaven zum Ausdruck. Die beiden nachfolgenden Ritornelle einer gestisch betonten Motivik sollen der Unterstützung der Gestik dienen, wie auch in den szenischen Anweisungen, »Il lui donne le poignard, tremble«, verlangt werden. Rameau bedient sich in beiden Ritornellen einer Satztechnik, die man bezogen auf Techniken des Quartett- oder symphonischen Satzes später als durchbrochene Arbeit bezeichnet. Nicht zuletzt bleibt hier noch auf das bemerkenswerte orientalische letzte Bühnenbild hinzuweisen, das ebenso wie einige Kostüme aus dem Atelier des berühmten Malers und Ausstatters Louis-René Boquets erhalten ist.

Bei Rameau ist bereits die Häufigkeit von »Actes de ballet« zu beobachten, die zum Teil auch in Opéras-ballets wiederverwendet wurden. Für die dritte Periode des Opéra-ballet ist die Zusammensetzung aus zunehmend thematisch eigenständigen bzw. isolierten Entrées charakteristisch, die oftmals als »Actes de ballet« separat aufgeführt wurden. Paradebeispiel dafür sind etwa die aus drei Entrées bestehenden *Fêtes de Paphos* (1758) von Jean Joseph Cassanéa de Mondonville. Jede stammt von einem anderen Librettisten und entstand zu verschiedener Zeit: den Text zu »*Vénus et Adonis*« schrieb Jean-Baptiste Collet de Messine, den zu »*Bacchus et Erigone*« Charles-Antoine Le Clerc de La Bruère und den zu »*L'Amour et Psyché*« Abbé Claude-Henri de Fusée de Voisenon. Die drei Entrées des Werkes sind auch in ihrer Chronologie als separate Stücke entstanden, zuerst der »Acte de ballet« *Erigone* als »kleine Oper« für das Théâtre des Petits Appartements der Madame de Pompadour am Hof in Versailles (1747), *Vénus et Adonis* wurde 1752 im Théâtre de Bellevue wiederum mit Madame de Pompadour als Darstellerin gegeben. *L'Amour et Psyché* entstand 1758. Der Prolog, in dem Bacchus, Amor und Vénus auftraten und der zur Einheit des Werkes beitrug, ist verloren. Alle Personen der *Fêtes de Paphos* entstammen der Mythologie.

Inhaltlich und musikalisch handelt es sich bei dem I. Akt um ein musikalisch genau geplantes und konstruiertes Werk, wie an vielen Details der formalen, dramaturgischen und musikalischen Gestalt des Werkes nachgewiesen werden kann. In der ersten Szene wird das Auftreten von Mars mit einem Marsch vorbereitet, der sich zunächst an sein Gefolge wendet und dann alleine bleibt, um die Vernichtung seines Rivalen durch ein Monstrum anzukündigen. In diesen Monolog klingt bereits die Jagdmusik des Adonis hinein, dessen Auftritt als hochgestellte Person in der zweiten Szene vom Chor der Jagdgesellschaft begleitet wird. Nach dem Lob des Waldes als Ort der Erholung für den Krieger und der Besinnung für den Liebenden geht Adonis auf die Bedrohung durch das Ungeheuer ein.

Die Verse zu diesem Auftritt des Adonis und für den Jagdchor sind ungewöhnlich unregelmäßig. Sie entsprechen sowohl hinsichtlich ihrer Reimfolge wie ihrer Silbenzahl keiner Norm. Dies ist ein wichtiger Hinweis darauf, daß es sich um die Parodie eines Instrumentalsatzes handelt, der unabhängig von einem vorliegenden Text entstand. Zwei weitere Merkmale stützten diese Hypothese: Die Verstöße gegen die Prosodie treten in diesem Stück in ungewöhnlicher Häufung auf (»*guer*rier« ist zweimal auf der ersten Silbe betont, bei »trou*ble* la paix« liegt der Akzent ebenso auf der schwachen Silbe des Verbs, bei »lorsqu'*aux* champs de Bellone« auf »*aux*« etc.), außerdem ist die Form des Satzes auf die vorausgehenden beiden im Partiturdruck als »Fanfare« bezeichneten Jagdmusiken eng bezogen (in allen drei Sätzen ist mehreren Vier- bzw. Achttaktphrasen jeweils ein Sechstakter gegenübergestellt).

Die beiden an dieser Stelle Adonis zugedachten Tänze sind ein Menuett und ein Tambourin, die wie alle anderen Alternativsätze in Mondonvilles Oper ein Molltrio haben. Sein zweiteiliges Air »*Qu'il est doux après la victoire*« wird von einer Solo-Oboe und den Hörnern begleitet. Dem zum Kampf aufbrechenden Gefolge des Adonis, das seiner Entschlossenheit durch den mit Adonis dialogisierenden Chor zum Ausdruck bringt, tritt Vénus in der dritten Szene entgegen. Ihr Dialog mit Adonis ist der klassischen Antinomie von Liebe und Ruhm gewidmet, wobei Adonis sich im Kampf bewähren soll, um Vénus gegen den Rivalen Mars zu gewinnen (Air mit Chor wiederum im 6/8-Takt und der Jagdmotivik). In der vierten Szene versucht Aglaé mit ihrem Generalbaß-Air »*Ne songez en ce jour*« Vénus zu trösten und aufzumuntern. Unterstützt von der Soloflöte ruft Vénus in dem unregelmäßig gebauten, wiederum zweiteiligen Air »*Reviens, cher Adonis*« ihrem Geliebten zu, er benötige nicht den militärischen Triumph, um ihrer Liebe sicher zu sein. Nach diesem Stück gewinnen die vernichtenden Mächte in Form des von Mars gedungenen Ungeheuers die Oberhand. Der Aufschrei des Chores hinter der Bühne und seine Aufforderung zu flüchten erfolgt mit einem abrupten Tonartwechsel von D- nach Es-Dur. Das kurzatmige 2/4-Metrum und die rasende Sechzehntelbewegung sind Ausdruck dieses plötzlichen Umschwungs. Am Ende des Chores ist die Tonart b-Moll erreicht, in der Vénus in ihrem Rezitativ schmerzerfüllt über die tödliche Verwundung des Adonis berichtet. In dem einzigen wirklichen Accompagnato-Rezitativ der Oper, das in der Trauertonart c-Moll steht, nehmen Vénus und Adonis Abschied. Der Klagegesang der Vénus nach dem Tod des Adonis beginnt mit einem kurzen Rezitativ, gefolgt von einem Generalbaß-Air, das mit der Katabasis auf die Worte »*Tu descends pour jamais dans la nuit éternelle*« einsetzt. Dann folgt auf ein mit zwei obligaten Fagotten, allen Bässen und den Genralbaßinstrumenten besetzten Prélude in f-Moll, melodisch mit der Leidensfigur des Passus duriusculus beginnend (hier aufwärts geführt), ein kurzes Rezitativ mit der Beschreibung der Verwandlung des Adonis in eine Anemone durch Vénus in großer Orchesterbesetzung mit Soloflöte und mit den beiden Fagotten.

In der siebten Szene gesteht Mars Vénus seine Verantwortung für den Tod des Adonis ein und tobt seinen Haß in dem Air »*Ce rival que j'abhorre*« aus. Mondonville begnügt sich dabei nicht mit den dämonischen und der den Negativfiguren vorbehaltenen rasenden Sechzehntelfiguren, sondern läßt zusätzlich die Bässe mit ihrer durchgehenden Achtelbewegung mehrere Oktaven durchschreiten. Auch die gleichbleibende Phrasenbildung in Siebentakten ist ein Mittel zur Charakterisierung von Bösewichtern. Der rezitativische Dialog zwischen Vénus und Mars wird durch das Getöse des Donners im Orchester abgelöst, das nur kurz durch eine Stimme unterbrochen wird, die Jupiters Schutz der Anemone verkündet. Das hindert Mars, die Anemone auszureißen, er führt aber damit unmittelbar die Wiedergeburt des Adonis herbei. Am Ende der achten Szene bedroht Mars in einem schrecklichen Ausbruch von Raserei sogar den Himmel mit Krieg. Die nächste Szene ist ganz den Liebenden vorbehalten. Ihr Höhepunkt ist das Duett, in dem zwei kürzere dialogische Abschnitte jeweils in die gemeinsamen Sextenpassagen voller Seligkeit einmünden. Das Divertissement mit dem »*Air pour la suite de Vénus*«, einem ausladenden Rondeau, dem Lobgesang auf Amor von Adonis und dem virtuos eingesetzten Chor (Fugenexposition mit sechs Takte langem Thema), Menuett mit Molltrio, dem zweistrophigen Gavotte-Air Aglaés mit Chor »*Lorsque Vénus vint à paraître*«, Gavotte wiederum mit Molltrio, Aglaés zweiteiligem Air »*Pour rendre hommage*«, dem getanzten »*Air pour les plaisirs*«, der koloraturenreichen Ariette der Vénus »*Règne à jamais*« in einer sehr eigenständigen Form: Die Verse 1 und 2 bilden den A-, die Verse 3 und 4 den B-Teil, die Verse 1 und 2 werden erneut vorgetragen, beginnend mit einer transponierten Version von A, an die sich das unveränderte B anschließt. Den Abschluß des Divertissements bildet eine Contredance im 6/8-Takt.

Der Tonartenverlauf dieser Entrée kann mit guten Gründen als architektonisch bezeichnet werden, denn Mondoville stimmte die Wahl der Tonarten auf die Dramaturgie und die emotionalen Anläufe ab. Darüber hinaus sorgte er für die tonale Einheit, denn durch die als Entr'acte wiederholten beiden Tambourins ist der Tonartenkreis wieder geschlossen. Den Bereich der B-Tonarten eröffnet der Komponist wie erwähnt abrupt, kostet ihn dann für den Bereich der Todesbedrohung mit b-Moll, mit dem Sterben mit c-Moll und dem Tod mit f-Moll voll aus, um dann mit dem Donner in B-Dur und der Drohung des Mars in g-Moll wieder den Weg zurück in den Bereich der Kreuztonarten anzutreten. Mit dem strahlenden E-Dur des Liebesduetts und dem A-Dur der Feier von Amors Sieg ist den B-Tonarten eine ganz positive und hell leuchtende Gegenwelt gegenübergestellt.

Auch die dritte Entrée, »*L'Amour et Psyché*«, ist durch ernste Konflikte geprägt, wie ein Blick auf den Tonartenplan mit seinen drei mediantischen Rückungen, die erste inmitten der vierten Szene zu Beginn der »*Tempête*« (von H- nach G-Dur), die zweite zwischen Szene 5 und 6 (von e-Moll nach c-Moll) und die dritte zwischen den letzten beiden Szenen (von F- nach A-Dur) ahnen läßt. Die drei aufwendigen Szenendekorationen – zu Beginn der Palast der Untreue mit Felsen und dem Meer im Hintergrund (in der dritten Szene befinden sich Psyché und Tisiphone auf einem Schiff, in der fünften zusammen mit Amor auf einem Felsen), dann in der sechsten Szene die Hölle einer in tiefes Dunkel getauchten Bühne und in der letzten Szene der strahlend helle Palast der Vénus mit ihrem Thron – unterstreichen die Vielschichtigkeit dieses Akts. Die antike Rachegöttin Tisiphone verfolgt und quält Psyché auf Befehl der eifersüchtigen Venus (»*Tempête*«, Dämonenverfolgung, Wechsel von der Hölle zum Venuspalast), bevor es dann doch zu einem versöhnlichen Ausgang kommt. Bei dem in der Partitur »Ariette« überschriebenen Schlußgesang Amors und des Chores »*Pour vous l'aimable aurore*« handelt es sich um ein exzeptionelles Ensemble, das, wie u.a. seine rein quadratische Gestalt zeigt, zum Tanzen vorgesehen war. Im ersten Abschnitt wird der gesamte Soloteil zusammen mit dem Chor wiederholt. Darauf folgt eine modulatorisch reichere zweite Vertonung einer Auswahl von Versen, die mit einer Wiederholung des letzten Tutti-Abschnitts daraus schließt. Das Satzbild der chorischen Teile mit der über dem Chor virtuos ausgebreiteten Solostimme Amors weist weit in die Zukunft, denn es wurde für die Schlußteile großer Opernfinali im 19. Jahrhundert bestimmend. Ganz exzeptionell ist der abschließende »Pas de trois«, ein programmatisch-pantomimischer Tanz, von Flore, Zéphire und Borée oder alternativ von Psyché, Amor und eine Eumenide auszuführen. Das gesamte Geschehen dieses letzten Aktes wird noch einmal mit den Mitteln des Tanzes nachvollzogen. Der »Pas de trois« ist ohne die vorausgehenden Ballettreformen Jean Georges Noverres, Franz Anton Christoph Hilverdings und Gasparo Angiolinis nicht zu verstehen. Die Stationen der Handlung sind aus den Szenenanweisungen, den Tempoangaben und den Tonartwechseln zu entnehmen (die Besetzung mit Flöten und Streichern bleibt gleich): Flore alleine (lent, E-Dur), Zéphire und Flore (léger, e-Moll, dann lent et grâcieux, E-Dur), Auftritt Borées und Flucht der Zephire (très vite, C-Dur), Klage der Flore (ständiger Wechsel zwischen lent und vite, modulierend), Borée entführt Flore (vite, très fort, G-Dur), Zéphire sucht Flore (sans lenteur, c-Moll), Klagen der Zéphire (lent, c-Moll), Zephire bringen Flore zurück (très gai, C-Dur, alternativer Mollteil und Da capo des Durteils).

Die Handlungen der drei Akte (der Kampf des Adonis gegen ein Ungeheuer, sein Scheitern und seine Errettung durch Jupiter, die Verführung des Bacchus durch die Zauberin Erigone und der Kampf des Bösen und Guten um Psyché) bilden keine inhaltliche Einheit, aber die musikalische Qualität und die Vielfalt der musikalischen Gestaltungsweise Mondonville geben den *Fêtes des Paphos* dennoch eine herausgehobene Stellung im französischen Musiktheater nach dem Buffonistenstreit, da Mondonville Tradition und Erneuerung glücklich zu vereinigen vermag.

Die letzten Opéras-ballets mit separaten Handlungen der einzelnen Entrées waren im 18. Jahrhundert *L'Union de l'Amour et des Arts* (1775) von Pierre-René Lemonnier und Etienne François Floquet. Ihr *Azolan ou Le serment indiscret* (nach einer Erzählung von Voltaire) wie andere Ballets héroïques mit durchgehender Handlung werden in der zeitgenössischen Terminologie ebenso als Opéras ballets bezeichnet wie Michel Sedaines und Monsignys *Aline, reine de Golconde* (1766), Grétrys *La Caravane du Caire* (Libretto von Etienne Morel de Chédeville, 1784).

Literaturhinweise

Anthony, J. R.: *The Operas-Ballets of André Campra: A Study of the first period French Opera-Ballet*, PhD. Univ. of Southern California 1964.

Anthony, J. R.: *The French Opera-Ballet in the Early 18th Century: Problems of Definition and Classification*, in: Journal of the American Musicological Society 18 (1965), S. 19–206.

Anthony, J. R.: *Some uses of the dance in the French opera-ballet*, in: Recherches sur la musique française classique 9 (1969), S. 75–90.

Anthony, J. R.: *La Musique en France à l'époque baroque*, Paris 1980.

Anthony, J. R.: *Printed editions of André Campra's Europe galante*, in: Musical Quaterly 56 (1970), S. 54–73.

Apostolidès, J.-M.: *Le Roi-Machine, Spectacle et politique au temps de Louis XIV*, Paris 1981.

Benoit, M.: *Musiques de cour: chapelle, chambre, écurie, recueil de documents, 1661–1733*, Paris 1971; *Versailles et les musiciens du Roi: étude institutionnelle et sociale 1661–1733*, Paris 1971.

Betzwieser, T.: *Exotismus und »Türkenoper« in der französischen Musik des Ancien Régime. Studien zu einem ästhetischen Phänomen*, Laaber 1993.

Bouissou, S.: *Avant-propos*, in: J.-Ph. Rameau, *Opera omnia*, série IV, vol. 27, tome I, *Les Surprises de l'Amour*, Paris 1996, S. XV–XLVII.

Cahusac, L. de: *La Danse ancienne et moderne ou Traité historique de la danse*, La Haye 1754.

Cessac, C.: *Les »Jeux à l'honneur de la victoire« d'Elisabeth Jacquet de La Guerre: premier opéra-ballet?*, in: Revue de musicologie 81 (1995), S. 235–247.

Christout, M.-F.: *L'opéra-ballet de Campra à Rameau, un genre français*, in: L'avant-scène opéra 46 (1982), Nummer Rameau, *Les Indes galantes*, S. 80–83.

Cyr, M.: *Rameau's »Les fêtes d'Hébé«*, PhD. Univ. of California 1975.

Dartois-Lapeyre, F.: *La danse au temps de l'opéra-ballet*, thèse, Univ. de Paris I (Panthéon-Sorbonne) 1983.

Dartois-Lapeyre, F.: *L'opéra-ballet et la Cour de France*, in: XVIIIe siècle 17 (1985), S. 209–219.

Dartois-Lapeyre, F.: *Du ballet de cour à l'opéra-ballet*, in: *Les premiers opéras en Europe et les formes dramatiques apparentées*, hg. v. I. Mamczarz, Paris, 1992, S. 171–183.

Fajon, R.: *L'opéra à Paris, du Roi Soleil à Louis le Bien-Aimé*, Genf 1984.

Frank, G.: *Heroic Ballet Defined*, in: The Opera Journal 17 (1984, S. 11–20.

Gaudefroy-Demombynes, J.: *Les jugements allemands sur la musique française au XVIIIe siècle*, Paris 1941.

Girdlestone, C.: *Jean-Philippe Rameau: his Life and Work*, London 1957, frz. Paris 1983.

Haeringer, E.: *L'esthétique de l'opéra en France au temps de Jean-Philippe Rameau*, Oxford 1990.

Isherwood, R. M.: *Music in the service of the king*, Ithaca, London 1973.

Kintzler, C.: *Poétique de l'opéra français de Corneille à Rousseau*, Paris 1991.

La Gorce, J. de: *L'Opéra à Paris au temps de Louis XIV: histoire d'un théâtre*, Paris 1992.

Leclerc, H.: *Les Indes galantes (1735–1952)*, in: Revue d'histoire du théâtre 5 (1953), S. 259–285.

Lemaître, E.: *Le premier opéra-ballet et la première tempête: deux originalités de l'œuvre de Pascal Colasse*, in: XVIIe siècle 35 (1983), S. 243–255.

Lesure, F.: *L'opéra classique français: XVIIe et XVIIIe siècles*, Genève 1972.

MacConnell, A.: *The opera-ballet: Opera as literature*, PhD. Univ. of Arizona 1972.

Malherbe, C.: *Commentaire bibliographique*, in: J.-Ph. Rameau, *Œuvres complètes*, Bd. VII, *Les Indes Galantes*, Paris 1902, S. IX–CI.

Malherbe, C.: *Commentaire bibliographique*, in: J.-Ph. Rameau, *Œuvres complètes*, Bd. IX, *Les Fêtes d'Hébé ou Les talents lyriques*, Paris 1904, S. IX–LXXIV.

Maruyama, Y. I.: *Un aspect des œuvres lyriques au XVIIe et XVIIIe siècles – Remarque sur le prologue de l'opéra-ballet*, in: Annual Report of the collegium mediterranistarum, Mediterraneus, XIV, 112 (1991), S. 25–48.

Maruyama, Y. I.: *L'opéra-ballet des Indes galantes (1735) aux Fêtes d'Hébé (1739)*, thèse de doctorat, Paris (Univ. de Paris IV, Sorbonne) 1995.

Masson, P.-M.: *Le ballet héroïque*, in: La Revue musicale 9 (1928), S. 133–154.

Masson, P.-M.: *L'opéra de Rameau*, Paris 1930.

Masson, P.-M.: *Les Fêtes vénitiennes de Campra (1710)*, in: Revue de musicologie 16 (1932), S. 127–146 und 214–226.

Mélèse, P.: *Le théâtre et le public à Paris sous Louis XIV, 1659–1715*, Paris 1934.

Pitou, S.: *The Opéra-ballet and Scanderberg at Fontainebleau in 1763*, in: Studies on Voltaire and the eighteenth century 129 (1975), S. 27–66.

Pitou, S.: *The Paris Opera; An Encyclopedia of Operas, Ballets, Composers, and Performers, Genesis and Glory 1671–1715*, Westport, London 1983, Bd. 2, *Rococo and Romantic, 1715–1815*, ebd. 1985.

Niderst, A.: *L'Europe galante de La Motte et Campra*, in: *Le Théâtre et l'opéra sous le signe de l'histoire*, hg. v. I. Mamczarz, Paris 1994, S. 75–80.

Rémond de Saint Mard, T.: *Réflexions sur l'opéra*, La Haye 1741.

Schmierer, E.: *Campras und Watteaus »Fêtes vénitiennes«: zur Problematik eines Bezugs*, in: *Töne, Farben, Formen über Musik und die Bildenden Künste*, hg. v. E. Schmierer, S. Fontaine, W. Grünzweig und M. Brzoska, Laaber 1995, S. 345–353.

Viollier, R.: *Un opéra-ballet au XVIIe siècle. Les Festes ou Le triomphe de Thalie*, in: Revue de musicologie 19 (1935), S. 78–85.

Kapitel VII: Opéra-comique
Von Herbert Schneider

Die Opéra-comique von den Anfängen bis zum Buffonistenstreit

Neben den vom Hof Ludwigs XIV. ausgehenden Gattungen der ›Tragédie en musique‹, der ›Comédie-ballet‹ und den anderen mit den Hoffesten verbundenen prestigiösen theatralischen Veranstaltungen entstand im letzten Drittel des 17. Jahrhunderts ein Volkstheater, aus dem sich eine eigene Gattung, die ›Opéra-comique‹, entwickelte, für die der Wechsel zwischen gesprochenem Text und gesungenen »Nummern« konstitutiv ist. Die Musik bestand zunächst ausschließlich aus »zitierter« Musik, also keiner Originalmusik. Die Parodie volkstümlicher Melodien, also der ›Timbres‹, oder Zitate aus der Musik von Bühnenwerken, die am Hof aufgeführt worden waren, stellten anfänglich die musikalische Komponenten der Stücke dar, die auch keine Brennpunkte der Handlung und auch kaum ihre emotionalen Höhepunkte waren, in denen ein Einzelner, ein Paar oder eine Gruppe dem Gefühl Ausdruck verliehen. Vielmehr waren mit den ›Vaudevilles‹ – das sind die mit neuem Text versehenen Timbres – ganz verschiedene Inhalte und Intentionen verbunden. Sie waren das wichtigste Mittel, um intertextuelle Beziehungen zwischen dem Bühnengeschehen und gesellschaftlichen, politischen, künstlerischen oder anderen Ereignissen herzustellen. Den am Ende stehenden Rundgesang, in dem sich alle Personen noch einmal vor den Zuschauern präsentierten, bezeichnete man zunächst als ›Branle‹, später als ›Schlußvaudeville‹. Unabhängig davon, ob die Stoffe in Form der Farse, der (Opern-)Parodie, der Travestie, der Sittenkomödie, der Commedia dell'arte, als realistisches oder fantastisches Drama oder als Parade präsentiert wurden, mußten sie zeitgemäß und zeitkritisch sein. Die Beziehungen zu aktuellen Ereignissen, zu Entwicklungen und Zuständen in der städtischen Gesellschaft, also nicht nur des Hofs bzw. der Oberschicht, ist ein entscheidendes Merkmal der Opéra-comique des 18. Jahrhunderts. Dies hatte auch seine Konsequenzen für die musikalische Gestaltung, denn in der Opéra-comique fanden die Entwicklungen des musikalischen Geschmacks und der Kompositionsgeschichte ihren Niederschlag, besonders in den neuen Musikstücken, die man seit etwa 1710 mehr und mehr für die Stücke komponierte.

Bezüglich der Darsteller besteht bis weit ins 19. Jahrhundert hinein ein grundsätzlicher Unterschied zur ernsten Oper darin, daß sie sowohl »acteurs« (Schauspieler, in der Frühzeit sogar Akrobaten) als auch »chanteurs« (Sänger) sein mußten, wobei die Bedeutung der beiden Fähigkeiten in den verschiedenen Epochen mit wechselndem Gewicht zwischen der einen oder anderen Fähigkeit schwankte. So verlangten die italienisierenden Ariettes und die zunehmend anspruchsvollen Ensembles vor und nach 1760 viel besser ausgebildete und versiertere Sänger als die Comédies-en-Vaudeville. Außerdem waren angesichts der Forderungen Diderots die Ansprüche an schauspielerische und pantomimische Fähigkeiten kaum geringer geworden. Die zahlreichen Anweisungen zur Gestik, Mimik und dem Verhalten auf der Bühne in den Libretto- und Partiturdrucken belegen, daß die Darsteller in der Opéra-comique anders als in der Oper wie Schauspieler über virtuose schauspielerische Fahigkeiten verfügen mußten.

Von ihrem Ursprung aus gesehen – ihre Anfänge liegen in den Vorführungen von Akrobaten, Tierbändigern, Straßensängern, umherziehenden Mimen etc. – war die Opéra-comique für die Unterschichten prädestiniert, wie auch ihre erste Ansiedlung auf den Pariser Jahrmärkten zeigt, aber ihre künstlerische Entwicklung vollzog sich so stürmisch, daß sich auch die geistige Elite und die gesellschaftliche Oberschicht dafür zu interessieren begann. Die in den Théâtres de la Foire – später in der Opéra-Comique, als das Theater diesen Namen angenommen hatte – gepflegten niederen Gattungen einschließlich der Opéra-comique profitierten in hohem Maße von einer durch Privilegien für die Theater einschließlich der Académie royale de Musique geschützten und ermöglichten Praxis, derzufolge die Theaterstücke in Form des Librettos und der Partitur gedruckt wurden. Der Großteil des Repertoires der Jahrmarkttheater und der Opéra-comique erschien zunächst nur in den im Nachhinein verlegten Sammelpublikationen – niederländische Verleger druckten sie illegal für die Theaterleute und Leser außerhalb Frankreichs nach –, später auch in Einzeldrucken, die vor und während der Aufführungen am Eingang der Theater verkauft wurden und die die wichtigsten vokalen Airs und das Finalvaudeville im Anhang enthielten. Die Vaudevilles brauchte man nur mit ihrem Timbre oder Air (d.h. dem Titel der Melodie) anzugeben, da sie jedermann singen konnte oder zumindest sie so genau kannte, daß man den mit ihnen verbundenen Witz verstand. Die neu komponierten oder bearbeiteten Vaudevilles ließen Charles-Simon Favart und andere Autoren im Anhang ihrer Libretti drucken und in geschlossenen Werkausgaben erneut erscheinen. Neben den Libretti publizierte man nach 1752 die meisten Opéras-comiques mit neu komponierter Musik (Comédie mêlée d'ariettes) im Partiturdruck, der in der Regel auch den gesamten Dialog enthielt. Diese Publikationsform bildete dann auch die Basis für die enorme Verbreitung der Gattung außerhalb Frankreichs besonders seit den 1760er Jahren.[1] Die Drucke dürfen trotz der auf diese Weise scheinbar endgültig fixierten Werkform nicht darüber hinwegtäuschen, daß diese Bühnenwerke nicht unter den Voraussetzungen des erst im 19. Jahrhundert gültigen Werkbegriffs entstanden, sondern vielen und ständigen Veränderungen unterworfen waren, sie also an theaterspezifische Anforderungen und solche der Kritik und des Publikums angepaßt wurden. Lange Zeit wurde die Opéra-comique von Unternehmern nach rein kommerziellen Gesichtspunkten, d.h. nach ihrem Erfolg beim Publikum organisiert. Erst 1762 stieg sie zum privilegierten Theater auf. Aufgrund ihrer gesellschaftlichen und künstlerischen Funktion wurde die Opéra-comique für alle Schichten attraktiv, verlor zwar mehrfach auch aus äußerlichen Anlässen wie neuen Theaterbauten und Preiserhöhungen zeitweise die Verbindung zu ihrer gesellschaftlichen Wurzel in den Unterschichten, knüpfte sie aber periodisch immer wieder neu.

In den Pariser Jahrmärkten fanden Phänomene einer charakteristischen Pariser Kultur Eingang, die Robert Isherwood exemplarisch an der »Singing Culture of the Pont-Neuf«[2] aufgezeigt und Boileau in seiner *Art poétique* formuliert hat:[3]

> Le Français, né malin, forma le Vaudeville,
> Agréable indiscret, qui, conduit par le chant,
> Passe de bouche en bouche et s'accroît en marchant.
> La liberté française en ses vers se délpoie:
> Cet enfant de plaisir veut naître dans la joie.

Der von Henri IV. erbaute Pont-Neuf war der Treffpunkt einer sehr gemischten Gesellschaft von Händlern, Verkäufern, Dienern, Kolporteuren, Bettlern, Straßensängern, Dirnen und Dieben und damit zugleich Zentrum einer spezifischen Jahrmarkt-Kultur. Als Medium und Kommunikationsmittel spielte das ›Timbre‹ (die mit dem Textincipit bezeichnete Melodie) bzw. das ›Vaudeville‹ (das parodierte Timbre), das zeit- und gesellschaftskritische Lied, eine besonders wichtige Rolle. Da die Lieder durch ihre ungeschminkte Sprache und ungeschützte Kritik höfischer und kirchlicher Persönlichkeiten und aller möglichen Ereignisse von der hohen Politik über die kriegerischen Ereignisse bis hin zu den privaten Affären am Hof und in der Stadt skandalträchtig waren, wurden ihre Texte nicht gedruckt und ihre Autoren meistens nicht bekanntgegeben. Man sang die satirischen Verse auf populäre Melodien, eben die Timbres, mit deren Hilfe man verschiedene intertextuelle Beziehungen herstellen, damit Ereignisse und Phänomene miteinander verbinden und außerdem durch mehr oder weniger affektgeladene Melodien eine metasprachliche Ebene einbringen konnte. Diese parodistischen Chansons bzw. Vaudevilles waren in aller Munde, von den umherziehenden Kolporteuren über die Dienerschaft bis hinauf zu hochgestellten Persönlichkeiten des Hofes. Bald gab es Versuche, aus parodistischen Liedern bestehende Theaterstücke zu schreiben. Das erste bekannte Beispiel ist *La Comédie de chansons*, die 1640 anonym erschien, ein vollständig gesungenes Stück, in dem der gesamte Inhalt in Form parodierter Airs de cour und Vaudevilles bzw. Timbres gesungen wird. Auf dem Theater benutzte man die Möglichkeiten des Vaudeville besonders für humoristische und satirische Zwecke und erweiterte das Repertoire an Melodien. Wie andere Autoren charakterisierte es Nougaret als charakteristische französische Gattung, »admirable pour donner un tour piquant à la moindre pensée; il fait valoir une saillie; il

---

[1] Vgl. dazu R. Bayreuther, *Aspekte der deutschen Rezeption des Timbre und der französischen Parodiepraxis im 18. und frühen 19. Jahrhundert*, in: *Das Vaudeville. Funktionen eines multimedialen Phänomens*, hg. v. H. Schneider, Hildesheim 1996, S. 165–213. Zwischen 1780 und 1820 wurden im deutschen Sprachraum rund 200 neue französische Opern meist in deutschen Übersetzungen aufgeführt, vgl. dazu H. Schneider, *Die deutschen Übersetzungen französischer Opern zwischen 1780 und 1820. Zum Verlauf und zu den Problemen eines Transfer-Zyklus*, in: *Kulturtransfer im Epochenumbruch Frankreich-Deutschland 1770–1815*, hg. v. H.-J. Lüsebrink und R. Reichardt, Leipzig 1997, S. 587–670.

[2] Robert M. Isherwood, *Farce and Fantasy. Popular Entertainment in Eighteenth-Century Paris*, New York und Oxford 1986, S. 3.

[3] Boileau, *L'Art poétique*, Vers 182–186.

en a la légèreté. Il excelle sur-tout à décocher avec art les traits fins de la Satire. Vif, enjoué, malin, c'est l'enfant gâté de la folie et des plaisirs.«[1]

Diese Möglichkeiten des Parodiechansons, einer in allen Schichten während des Ancien Régime verankerten Praxis, wurden seit den 1680er Jahren von den Autoren des Théâtre Italien und der Théâtres de la Foire übernommen und weiterentwickelt und wirkten dann wiederum auf die Straße und die diesen Liedtypus pflegenden Schichten und Singgesellschaften wie die Caveaux zurück, verstärkten also wiederum diese Praxis einer wirklichen sozialen »Kleinkunst«. Auch für die Gattung der szenisch-dramatischen Opernparodie und letztendlich für die Gattung der Opéra-comique war die weitverbreitete Parodiemode, die darin bestand, einzelne Arien, Rezitative oder Instrumentalsätze Lullys mit neuen Texten verschiedensten Inhalts zu versehen, der Ausgangspunkt und die Basis. Durch die Übernahme kurzer Zitate aus den Libretti Quinaults oder von parodierten Versen, zunächst überwiegend nicht gesungen, in die Stücke des Théâtre Italien waren deren Autoren wie Regnard, Dancourt und Dufresny der Mode ihrer Zeit gefolgt. Bald wurden aber auch ganze Szenen (*Les Aventures des Champs-Elysées*, I/12–13 nach *Amadis* III/1–3 und II/3 nach *Cadmus et Hermione*, III/6) und schließlich ganze Opern parodiert.

Im Mittelalter waren neben mehreren kleineren zwei große Foires in Paris entstanden. Die erste in der Gemeinde von Saint-Germain-des-Près war vom 3. Februar bis zum Palmsonntag, die zweite, die Foire Saint-Laurent (dort wo heute die Gare de l'Est ist) am 9. August bis Saint-Michel (9. September) geöffnet. Beide unterstanden der kirchlichen Gerichtsbarkeit, erstere dem Abbé von Saint-Germain, die zweite den Frères de Saint-Lazare, für die die Messen bzw. Jahrmärkte eine erhebliche Einnahmequelle bedeuteten. So ist es auch zu verstehen, daß die Unternehmer der Théâtres de la Foire in der Kirche und im Pariser Erzbischof ihre eifrigsten Verteidiger gegen alle möglichen Gegner hatten. Diese Foires entwickelten sich seit der zweiten Hälfte des 17. Jahrhunderts zu bedeutenden Warenumschlagplätzen und zugleich zu Zentren der populären Unterhaltung und der Vergnügungen für die städtische Bevölkerung. Nach Sauval handelte es sich bei der Foire Saint-Germain mit ihren »deux Halles longues de cent-trente pas, larges de cent, composées de vingt-deux travées« um »peut-être le plus grand couvert [überdachter Markt] qui soit au monde«.[2] Die Foire Saint-Germain und bald auch die Foire Saint-Laurent wurden zu Anziehungspunkten, nicht nur für die niederen Schichten der Bevölkerung, sondern auch für die großbürgerliche und aristokratische, d.h. für die elegante Welt, für ausländische Gäste und Besucher aus der Provinz. Das Warenangebot enthielt zunehmend auch Luxusartikel. Die Foire Saint-Germain lag im Herzen des Faubourg gleichen Namens, der im 18. Jahrhundert das bevorzugte Wohnviertel des Hochadels war und die Unterkünfte der reichen Reisenden beherbergte. Seit dem 16. Jahrhundert hatten Wandertruppen jeweils während der acht bis zehn Wochen pro Jahr und Foire Aufführungen gegeben, die auch von Mitgliedern der königlichen Familie besucht wurden. Obwohl sie lange nicht als wirkliche Konkurrenz angesehen wurden, waren sie schon sehr früh Angriffen der anderen Bühnen ausgesetzt. So konnten sich Seiltänzer, Akrobaten, Tierbändiger und Marionettenspieler mehr und mehr auf den Jahrmärkten etablieren, ihre hölzernen Theater aufbauen, die leicht wieder eingepackt werden konnten. Die kurze Spielzeit zwang die Theaterunternehmer der Foires, in wenigen Wochen hohe Einnahmen erzielen zu müssen, ohne daß sie, wie die permanent spielenden Theater, ihr Publikum ständig von neuem interessieren mußten. Allerdings wurden die Öffnungszeiten im 18. Jahrhundert mehrfach verlängert, so nach der Neueröffnung der Opéra-comique 1724, als die Dauer der Foire Saint-Laurent um drei bis vier, nach 1734 sogar um vier bis fünf Wochen länger war. Ein Vergleich der gespielten Tage macht die Möglichkeiten der Foire-Theater deutlich. Während die Comédie Française in der Zeit zwischen 1715 und 1720 durchschnittlich an 318 Tagen im Jahr spielte, waren die Théâtres de la Foire ungefähr an 114 bis 138 Tagen geöffnet[3] – Zahlen, die sich in den 1740er Jahren zugunsten der Foire veränderten. Mit der Zusammenlegung des Théâtre de la Foire mit dem Théâtre Italien im Jahre 1761 wurde die Spieldauer auf das ganze Jahr ausgedehnt. Die stetige Verlängerung der Spielzeit spiegelt zugleich unmittelbar die Beliebtheit dieser Theater.

Während sich die Danseurs de corde und Akrobaten ursprünglich mit einfachen »loges« (»lieu fermé avec des planches, où l'on dressoit des échaffaudages pour les Spectateurs«)[4] und Estraden beschränkten, wurden 1697 anläßlich der Foire Saint-Laurent zum ersten Mal »salles de Spectacles en forme, Théâtre, Loges, Parquet« erwähnt. Der nächste Bericht stammt

---

[1] Nougaret, *De L'Art du théâtre*, Bd. II, Paris 1779, S. 84.
[2] F. Parfaict, *Mémoires pour servir à l'histoire des spectacles de la Foire, par un acteur forain*, Bd. I, Paris 1743, S. XXIf.
[3] Vgl. Andrea Grewe, *Monde renversé-Théâtre renversé. Lesage und das Théâtre de la Foire*, Bonn 1989, S. 79.
[4] Parfaict, *Mémoires*, Bd. I, S. 3.

aus dem Jahre 1706, als Mme Maurice das Jeu de Paume d'Orléans angemietet hatte, das außerhalb des eigentlichen Messegeländes lag und über eine große Bühne und Logen rechts und links verfügte und mit dem Theater der Comédiens du Roi verglichen wurde. Damit wurde an einen weitverbreiteten Brauch des 17. Jahrhunderts angeknüpft (auch das erste Gebäude von Lullys Académie royale de musique war ein Jeu de Paume), Ballhäuser zu Theatergebäuden umzufunktionieren. Die Bühnentechnik der aus Holz gebauten Theater war aber bereits so weit entwickelt, daß sie bei Opernparodien vergleichbare optische Effekte mit der Bühnenmaschinerie wie in der Opéra vollbringen konnten. Auf der Foire Saint-Laurent, die räumlich nicht so beengt war wie die von Saint-Germain, waren die großzügigsten Theaterneubauten möglich, so 1711 das ungewöhnlich große, d.h. über rund 1.260 Plätze verfügende »Jeu du sieur Pellegrin«, in dem zwischen 1721 und 1723 die Comédiens Italiens und nach 1724 die Opéra-comique spielten. Bei den übrigen Theatern dieser Zeit rechnet Henri Lagrave mit etwa 1.000 Plätzen, eine möglicherweise zu hohe Zahl, wenn man bedenkt, daß zwischen 1697 und 1718 vier Truppen gleichzeitig auf der Foire spielten. Es steht also fest, daß bereits kurz nach 1700 die provisorischen Buden der Seiltänzer durch reguläre Theaterbauten abgelöst wurden.

Beim Publikum hatten die Théâtres de la Foire großen Zuspruch, und von den Händlern wurden sie unterstützt, weil durch sie dem Jahrmarkt zugleich ein Festcharakter verliehen wurde. Der Vorstellungsbeginn um 17 Uhr unterschied sich nicht von dem anderer Theater, so daß man mit Lagrave davon ausgehen kann, daß die Handwerker, deren Arbeitstag um diese Zeit noch nicht beendet war, lediglich sonntags die Aufführungen besuchen konnten. Im Parkett war die Dienerschaft besonders zahlreich vertreten. Ihr wurde im Juni 1743 durch eine Ordonnanz des Königs endgültig der Zutritt zur Opéra-comique verwehrt. Während die Darbietungen der Seiltänzer und Akrobaten vor 1700 noch echte volkstümliche Vergnügungen waren, begegnet bereits nach 1710 ein gemischtes Publikum, bis sich nach 1724 die Opéra-comique überwiegend an ein intellektuell anspruchsvolleres Publikum wandte. Insgesamt gelang es den Théâtres de la Foire zunehmend, das allgemeine Pariser Theaterpublikum zu interessieren und zum Besuch zu bewegen.

Die Théâtres de la Foire ergriffen die unerwartete Chance, ihren Wirkungsbereich und ihr Repertoire zu erweitern, als die Comédie Italienne im Jahre 1697 verboten wurde, weil sie in der Kritik an Personen des Hofes zu weit gegangen war, und übernahmen Teile von deren Repertoire. Nachdem schon 1692 der Begriff Opéra-comique 1694 eingeführt worden war, fungiert der Begriff Opéra-comique seit August 1713 als Name einer bestimmten Theatertruppe.[1] Im Jahre 1715 kündigen die Theaterunternehmer Catherine Baron und Gauthier de Saint-Edme auf Plakaten Aufführungen unter dem Namen Opéra-comique de Dominique u.ä. an. Der große Zuspruch der Jahrmarkttheater spiegelt sich seit Ende des 17. Jahrhunderts in den zahlreichen Klagen der privilegierten Theater, der Comédie-Française und der Académie Royale de Musique, gegen die kleinen Bühnen, mit dem Ziel, sich der lästigen Konkurrenz zu entledigen. Ursprünglich waren die Jahrmarkttheater preiswerte Theater, die auch dem einfachen Volk offenstanden, schon 1711 verlangten sie aber die gleichen Eintrittspreise wie die Comédie Française, wodurch sich konsequenterweise das Publikum zugunsten der »honnêtes gens« veränderte. Damit begann endgültig der Kampf mit den privilegierten Theatern um das gleiche Publikum, an dem sich die Comédiens Italiens nach ihrer Rückkehr 1723 auch beteiligten. Die Phase der zunehmenden Institutionalisierung des Théâtre de la Foire bis 1718 ist daher geprägt von ununterbrochenen Auseinandersetzungen zwischen den privilegierten Theatern, die mit juristischen Mitteln um die Respektierung ihrer Rechte kämpften, und den Forains, die die ergangenen Urteile gegen sie zu umgehen suchten, indem sie neue Formen des Theaterspiels praktizierten. Sie hatten dabei den Vorteil, ihre Bühnen als Plattform für ihren Existenzkampf gegen die anderen Theater benutzen und den ganzen Spott in ihren Schauspielen auf diese ausschütten zu können. Die Verbote nutzten sie in höchst kreativer Weise zu neuen Ausdrucksformen aus: Wurde ihnen der Dialog verboten, beschränkten sie sich auf die Pantomime (Pièce à la muette) und den Monolog, beim Verbot des Gesangs erfanden sie die »Pièces à écriteaux«, in denen man auf Tafeln die Gesangstexte notierte, die das Publikum zu singen hatte, und die Schauspieler nur Pantomimen ausführen durften. Diese und andere Erfindungen amüsierten das Publikum und trugen um so mehr zum Erfolg ihrer Stücke bei. Schließlich führte die Legalisierung mit Hilfe der Académie Royale de Musique zwar zu einer Art Privi-

[1] Der Terminus »Nouvel Opéra-comique« wird im Vertrag zwischen Saint-Edme und der Veuve Baron verwendet.

leg für das neue Théâtre de l'Opéra-comique, aber unter Ausschluß aller übrigen Théâtres de la Foire. Dies bedeutete zugleich die Festlegung der neuen Theaterform als Musiktheater mit komischem Inhalt. Streitereien unter den Truppen der Jahrmärkte ermöglichten erfolgreiche Interventionen der Comédie Française und Italienne, die z.B. zum Verbot der Opéra-comique von 1721 bis 1724 führt. Die besten Autoren Lesage, d'Orneval und Fuzelier mußten 1722 auf die »Marionettes Etrangères« des Theaterunternehmers Delaplace ausweichen, während angesichts einer inoffiziellen Duldung 1723 und 1724 Dolet und Delaplace neben »Pièces en monologue« auch »Pièces en vaudeville, mêlées de prose« spielen konnten. Das politische und kulturelle Klima nach dem Tod Ludwigs XIV. und die Rückkehr der Comédie Italienne und ihre Etablierung im Hôtel de Bourgogne 1723 führte auch zu einer Stabilisierung der Situation der Théâtres de la Foire, verschiedener Truppen, die nach wie vor während der beiden genannten Pariser Jahrmärkte spielten. Nach 20 Jahren erfolgreicher Tätigkeit kam es 1744 auf Betreiben der Comédie Française und 1751 zum letzten Mal zu einer längeren Schließung. Durch die Intervention der Stadt Paris wurde dann Jean Monnet 1752 zum zweiten Mal zum Direktor ernannt und bestritt danach eine sehr erfolgreiche Amtsperiode bis 1758.

Marionetten-Theater des Arlequin-Darstellers der Foire Saint-Germain Jean-Baptiste Nicolet (1728–1796). Mit den auf der Empore der Vorderseite des Theaters gespielten »Paraden« wird das Publikum angelockt. Auf dem Begleittext des von Le Bel gedruckten Stichs wird auf die heiteren Inhalte der Stücke und das Vergnügen während der Aufführungen hingewiesen.

Im Gegensatz zu den anderen Theaterunternehmen, die entweder von einem Mäzen oder einem Schauspieler finanziert wurden und die aus ihren Einnahmen die Kosten der Aufführung wie auch ihren Lebensunterhalt bestreiten mußten, wurden die Théâtres de la Foire von Privatunternehmern betrieben. Ihre Aufgaben bestanden darin, das Kapital zur Verfügung zu stellen, das Theater nach wirtschaftlichen Gesichtspunkten zu leiten und Schaupieler zu engagieren, die nur Zeitverträge erhielten. Mit dieser »transformation capitaliste de la profession comique«[1] begann eine neue Epoche des Theaters, in der es von der Anhängigkeit vom Hofe oder einem Mäzen befreit und das zahlende Publikum zum eigentlichen Adressaten gemacht wird. Damit bestimmen auch nicht mehr Geschmack, Interesse und Ziele der aristokratischen Mäzene über Aufgaben und Inhalte des Theaters, sondern der Geschmack und die Wünsche des Publikums, deren Befriedigung allein am finanziellen Erfolg der Produktion ablesbar sind. Im Gefolge dieser Entwicklung und einer rücksichtslosen Konkurrenz scheuten die Unternehmer keine Kosten, um möglichst gute Schauspieler zu verpflichten. Ihr Streben nach hoher künstlerischer Qualität fand den Ausdruck darin, daß die Unternehmer schon früh die

1 M. Fuchs, *La vie théâtrale en province au XVIIIe siècle*, Paris 1933, S. 7.

Bedeutung der verschiedenen Elemente ihrer Aufführungen erkannten. Ihre Bemühungen um Perfektionierung und Professionalisierung zeigen sich auch daran, daß Saint-Edme seit 1712 den künstlerischen Direktor einführt, der als Regisseur die Aufgaben des in anderen Theatern tätigen Chef de troupe übernahm und das Körperspiel der Darsteller, ihr Zusammenspiel, die Nutzung des Raumes und später die Mitwirkung von Ballett und Orchester zu koordinieren hatte, wenn nicht, wie im Falle von Lesage und Louis Fuzelier, die Autoren selbst diese Aufgaben mit übernahmen. Bald wurden auch für die Tanzeinlagen Choreographen eingestellt und Komponisten engagiert, die neue Musik zu liefern hatten. Neben Komponisten wie Jacques Aubert, Jean-Joseph Mouret, Louis de Lacoste und Jean-Philippe Rameau, die auch für andere Theater arbeiteten, ist Jean-Claude Gilliers zu nennen, der lange Jahre mit Lesage zusammenarbeitete. Durch diese zunehmende Spezialisierung stiegen die Betriebskosten der Theater ganz erheblich, mit der Konsequenz, daß die verschiedenen Théâtres de la Foire gemeinsam Truppen oder Autoren engagierten.

Die frühesten Angaben über die Truppengröße stammen aus dem Jahre 1678, als die Brüder Alard mit einer Troupe de sauteurs et de danseurs von 24 Personen arbeiteten. Aber solche Seiltänzer- und Akrobatentruppen wurden nicht direkt in Theatertruppen umgewandelt, sondern man engagierte zusätzlich Schauspieler aus Wanderbühnen der Provinz. So bestand bis 1718 auch eine Trennung von Vorführungen der Seiltänzer und der Schauspieler, die die Aufführungen beschlossen. Zu den frühesten Charakteren, unter denen die Seiltänzer auftraten, gehörte der Arlequin, dessen erstes Erscheinen nicht an die Aufführung von Stücken der Commedia dell'arte gebunden war. Auch Gille, keine traditionelle Theaterrolle, gehört zu den Rollen der Danseurs de corde. Ihm waren kleine komische Szenen vorbehalten, die den Auftritten heutiger Clowns ähnlich waren. Vereinzelt traten am Ende des 17. Jahrhunderts Seitänzer auch als Darsteller der traditionellen Figuren der Commedia dell'arte auf, wie der Tänzer Antoni de Sceaux als Pierrot, seine Schwester als Colombine und ihr späterer Ehemann Lalauze als Arlequin und Amoureux. Sicher ist, daß die Schauspieler, die in den Théâtres de la Foire engagiert wurden, im Stil der Commedia dell'arte spielten. Eine Vermittlerrolle spielten die beiden Truppen Cadets und Tortoritis, die nach der Schließung der Ancienne Comédie Italienne in der Provinz spielen durften, denn eine erheblich Zahl später von den Théâtres de la Foire engagierter Schauspieler stammten aus diesen beiden Truppen und brachten ihre italienische Spieltradition mit. Die so zusammengesetzten Ensembles wechselten bis 1718 nur geschlossen von einem zum anderen Unternehmer, denn die gegenseitige Kenntnis und Vertrautheit sowie das aufeinander Eingespieltsein ihrer Mitglieder sind die Grundvoraussetzung für die Commedia dell'arte. Erst nach diesem Zeitpunkt werden überwiegend einzelne Schauspieler engagiert, eine organisatorische Veränderung, in dem sich die Überwindung der erwähnten traditionellen Spielformen niederschlägt. Von nun an hatten die Schauspieler nicht mehr nur eine bestimmte Figur, sondern unterschiedlichste Charaktere darzustellen. Konsequenterweise sind die Kostüme der Opéra-comique seit 1744 auch nicht mehr Eigentum der Darsteller, sondern werden vom Theater gestellt. In der Zeit nach 1724 konnte daher auch ein reger Austausch zwischen Darstellern der Comédie Française und den Théâtres de la Foire stattfinden.

Die zunehmende Bedeutung von Musik und Ballett hatte den Aufbau eines Orchesters und einer Ballettruppe zur Folge. Während 1708 Alard und die Veuve Maurice nur acht Musiker beschäftigten, verfügte Saint-Edme 1714 bereits über neun bis zehn und die Opéra-comique im Jahr 1716 über zwanzig Instrumentalisten, eine Zahl, die lange nicht übertroffen wurde. Auch hinsichtlich der Entwicklung des Balletts und seiner Ästhetik spielten die Théâtres de la Foire eine wichtige Rolle. In ihnen wurden, um nur die beiden bedeutendsten Tänzer zu erwähnen, die Talente der Marie Sallé, eine der bedeutendsten Tänzerinnen der ganzen Epoche, und Jean-Georges Noverre entdeckt, der 1743 als Tänzer in der Opéra-comique auftrat und seit 1754 dort seine ersten epochemachenden Ballette wie *Les Fêtes chinoises* und *La Fontaine de jouvenance* choreographierte.

Durch den Tod Ludwigs XIV. und den Beginn der Regentschaft Philippe d'Orléans veränderte sich die politische Landschaft in Frankreich vollkommen und damit auch die Möglichkeiten der Theater. Der Regent rief 1716 die Italiener zurück und gab den Théâtres de la Foire mehr Freiheit. Zwischen 1716 und 1789 konnte sich die Zahl der Theater in Paris verdreifachen, eine Tatsache, die dem verbreiteten Interesse des Publikums entsprach. Nach 1760 begünstigte die Regierung die Entstehung zahlreicher Petits théâtres auf den Boulevards und im Palais-Royal und auch der großen Vergnügungszentren wie des Wauxhall oder im Jahre 1771 des Colisée. Die von Philippe d'Orléans 1716 nach Paris gerufene italienische Truppe bestand aus den besten Mitgliedern der Truppe des Prinzen von Parma, die unter der Führung von Luigi Riccoboni stand, der den Lelio spielte. Da er mit dem alten Repertoire keine großen Erfolge mehr erzielen konnte, entschied er, auch neue Dialogstücke in französischer Sprache zu spielen.

Im Jahre 1762 wurde die Opéra-comique mit der Comédie Italienne vereinigt, genauer gesagt von dieser annektiert, denn das Privileg gehörte weiterhin der Comédie Italienne. Die Abstimmung der Programme zwischen einer Schauspieler- und einer singenden Truppe schuf große Probleme. Im Jahre 1769 verzichtete man deshalb auf französische Stücke, zehn Jahre später verschwand das italienische Repertoire zugunsten des französischen. Dies machte das Engagement neuer Darsteller notwendig, wobei die gesungenen Stücke die gesprochenen zunehmend verdrängten. Im Jahre 1793, als das Theater nur noch den Namen trug, aber keine Italiener mehr zum Personal gehörten, wurde es konsequenterweise zum Théâtre de l'Opéra-comique national umgetauft.

Die allgemeinen, bis heute noch immer verkannten Qualitäten der Foire-Stücke lassen sich an einem Beispiel von Lesage, das durch seine europäische Wirkung bis zur Epoche Mozarts Bedeutung erlangte, am leichtesten aufzeigen. *Les Pèlerins de la Mecque*, eine Opéra-comique in Prosa und mit Vaudevilles von Le Sage, d'Orneval und Fuzelier wurde im Jahre 1726 in Saint-Laurent aufgeführt. Adaptationen orientalischer Erzählungen aus den *Mille et un jours* und den *Mille et une nuits* sowie Stücke, die orientalische Motive verwenden, sind von Anfang an im Théâtre de la Foire vertreten gewesen. *Les Pèlerins de la Mecque* erzählt die Geschichte des aus seiner Heimat vertriebenen Prinzen Ali von Balsora, der nach dem Tod seiner Geliebten Rezia, der Prinzessin von Persien, mit seinem Diener Arlequin durch die Welt zieht. In Kairo werden sie von einer unbekannten Dame, der Lieblingssklavin des Sultans, eingeladen. Zweimal präsentiert sich ihnen eine schöne Frau, doch Ali bleibt seiner alten Liebe treu. Schließlich erscheint die totgeglaubte Rezia, die sich von der Treue Alis überzeugen wollte. Sogar der Sultan verzichtet auf ihre Bestrafung, nachdem er die wahre Identität seiner Sklavin und die Geschichte ihrer Liebe erfahren hat. Die vorgetäuschten falschen Verhältnisse erfüllen die Funktion der Probe, mit deren Hilfe sich der Täuschende Gewißheit über den Charakter und die Standfestigkeit des Getäuschten verschaffen möchte. Damit hat das Spiel im Spiel eine Testfunktion, d.h. es dient der Prüfung des Verhaltens in der sozialen Wirklichkeit. Die Grundzüge der Geschichte, die Trennung zweier Liebender durch viele unglückliche Umstände und ihre glückliche Vereinigung in einem moslemischen Land, geht auf eine französische Erzählung aus der Epoche der Kreuzzüge zurück. Boccaccio behandelt den Stoff zweimal, einmal in der Novelle *Filocol* und dann erneut in der zweiten Novelle des fünften Tages des *Decamerone*. Spätere Bearbeitungen nahmen Favart in seinem *Soliman second* und Mozart in der *Entführung aus dem Serail* vor. Beiden Werken liegt jeweils auch die Idee zugrunde, daß der mohammedanische Herrscher, der in die Heldin, die auch seine Sklavin ist, verliebt ist, ihr uneigennützig und großherzig die Freiheit gibt. Der Stoff wurde verbunden mit der Türkenmode in die Satire auf die europäische Gesellschaft integriert, von der Montesquieus *Lettres persanes* das bedeutendste Beispiel sind.

Im Stück von Lesage sind viele der humoristischen Effekte in Ereignissen außerhalb der eigentlichen Handlung begründet, also in von Lesage eingebauten intertextuellen Ebenen. Dazu dienen hier besonders die Vaudevilles. Als z.B. Arlequin über des Prinzen Ali Werbung um Rezia berichtet (I/5), spielen zwei Timbres auf die Beziehung zu königlichen Maitressen an, »Madame la Valière« auf jene Ludwigs XIV. und »Charmante Gabrielle« auf die Henris IV. Bei der Lösung des Konflikts am Ende der Oper werden Textzeilen aus der Tragödie *Pyrrhus* von Crébillon zitiert, die kurz zuvor in der Comédie Française aufgeführt worden war. Zwei Exkurse zu Beginn dienen der kaum verhüllten Satire der Geistlichkeit und der Verulkung eines exzentrischen französischen Malers, M. Vertigo. Die Zuhörer hatten keine Probleme, die Verkleidung des Calender mit der eines Kapuziners zu vertauschen oder auch die Gesellschaft moslemischer Philosophen mit einem christlichen Orden »qui, sous le masque de la sévérité Stoïcienne, suivent les mêmes maximes relâchées des Epicuriens«. Kurz danach spielt Calender durch die Verwendung des Timbre »*Le long de-çà, le long de-là*« auf die Lasterhaftigkeit des Klosterlebens in Europa an. Wenn man auch ein mögliches Original des M. Vertigo heute nicht mehr identifizieren kann, so ist die Tatsache, daß er in Alexandrinern spricht, zumindest als weitere intertextuelle Ebene als Parodie auf die Comédie Française zu verstehen. Das Stück von Lesage, d'Orneval und Fuzelier hat nicht nur eine sehr erfolgreiche erste Serie von Aufführungen, sondern auch zahlreiche Reprisen erlebt bis in die Epoche der Comédie mêlée d'ariettes. Benjamin de La Borde zufolge hat Philidor noch 1758 mehrere neue Airs für die Reprise komponiert.[1] Der Librettist Dancourt bearbeitete das Stück Lesages für Glucks *Les Pèlerins de la Mecque, ou la Rencontre imprévue* (1764). Diese Opéra-comique wurde nicht nur in Wien, sondern auch in vielen anderen Städten Europas aufgeführt und schließlich zum Vorbild für Mozarts *Entführung*.

Le Monde renversé (»sur le plan de M. de la Font«, Musik von Gilliers) von Lesage und d'Orneval gehört wie etwa auch *La Boîte de Pandore* zum Typus der Zauberstücke, die auf mythologische und märchenhafte Stoffe zurückgehen und in denen sich die Figuren durch einen Zauber in mehrere Personen aufspalten. Arlequin und Pierrot werden auf Befehl Merlins auf dem Rücken eines Greifvogels in das Königreich Merlins gebracht. Dieses fremdartige Land ist für sie Schlaraffenland und verkehrte Welt zugleich. Nach ihrer Ankunft verspüren sie Hunger, und sofort kommen gedeckte Tische herabgeschwebt. Nach dem Essen wünschen sie sich die Gesellschaft von Frauen, da sie sich einsam fühlen. Da erscheinen Argentine und Diamantine, deren Verhalten entsprechend der verkehrten Welt auch im Gegensatz zu dem Pariser Frauen steht. Sie sind nicht kokett und bieten sich als Ehefrauen an, worauf Arlequin erklärt:[2]

> Pour le badinage,
> Bon,
> Pour le mariage,
> Non.

Allerdings befürchten die Frauen, die beiden seien zu wohlhabend und dadurch werde eine Heirat unmöglich, denn in ihrem Land dürfen Wohlhabende keine Ehe miteinander eingehen, um den Reichtum nicht zu potenzieren. Danach tritt ein Rivale, der Philosoph, auf, ein fröhlicher, lustiger Mann, der ganz ungewöhnlicher Weise den »arts agréables«, Dichtung, Tanz und Musik, gegenüber aufgeschlossen ist. Er berichtet, in diesem Reich seien die Kaufleute ehrlich, die Richter unbestechlich, die Notare ehrenwert, die Komödianten so bescheiden, daß sie sogar die Autoren als ihre Herren anerkennen. Innocence und La Bonnefoy, die man in Frankreich nicht mehr kenne, singen im Dialog auf das Air *»Je ne suis né ni Roi ni Prince«*. Von den Darstellern wird hier ein rascher Wechsel jeweils nach einer viertaktigen Phrase erwartet.

Diese beiden Ingenien beschreiben die Sitten ihres Landes, Pierrot und Arlequin diejenigen Frankreichs. Den Staatsanwalt (Procureur), der den beiden Fremdlingen die Ehrenhaftigkeit seiner Berufsgenossen geschildert hat, fragen sie, ob er »cocu« (ein betrogener Ehemann) sei, worauf sie in die Verlegenheit geraten, ihm den Begriff erklären zu müssen. Während Arlequin daran scheitert – »Hé mais ... Un cocu est un homme marié ... Qui a une femme ... Qui se.

---

[1] Vgl. B. de La Borde, *Essai sur la musique ancienne et moderne*, Bd. III, Paris 1780, S. 463.

[2] Lesage, d'Orneval, *Le Monde renversé* (1718), in: *Le Théâtre de la Foire, ou L'Opéra-Comique*, Bd. III, Paris 1737, S. 213.

... Que diable, tout le monde vous dira cela« –, findet Pierrot folgende Erklärung: »Un cocu, Monsieur, est tout le contraire du coq. Le coq a plus d'une poule, et la femme d'un cocu est une poule qui a plus d'un coq«. Nach dem Auftritt des ernsthaften Petit-Maître kommt eine Frau tanzend herein, die den Beruf des Arztes ausführt und sich rühmt, einen Sterbenden zum Leben erwecken zu können. Als sie berichtet, daß sie nicht den Patienten den Puls nimmt, sondern sie ihnen lediglich ihre Hand zum Kinn führt, wodurch sie plötzlich gesund werden, möchten Pierrot und Arlequin gerne krank sein. Arlequins Hochzeit mit Argentine und Diamantine wird erst möglich, nachdem der Zauberer Merlin sie von allen Lastern und schlechten Charakterzügen befreit hat.

Das Stück weist eine typische Struktur der »Pièce à tiroir« (Schubladenstück) auf, die notdürftig durch die Heirat einen Rahmen erhält. Mit Hilfe übernatürlicher Mittel des Flugs Arlequins und Pierrots auf einem Greifvogel wird das Stück in Gang gesetzt. Neben den Komödien- und den Theaterfiguren (Pierrot, Arlequin) tauchen auch Verkörperungen des Übernatürlichen, Merlin, auf. Auf Grund des Zaubers erhalten die beiden Hauptfiguren eine zweite Identität. Bereits der Titel weist auf eine Verdoppelung hin, denn eine verkehrte setzt eine normale Welt voraus. Das fremdartige Land, in das Pierrot und Arlequin gelangen und das beide als verkehrte Welt erkennen, liegt an der Grenze einer fernen, exotischen und ihnen wie auch den Zuschauern vertrauten Welt. Die Personen der neuen Welt kommen ihnen in ihrer Aufmachung und in ihrem Verhalten bekannt vor, aber in der Realität dieses *Monde renversé* sind sie etwas anderes, als sie dem Äußeren nach erscheinen. Der Hofnarr entpuppt sich als Philosoph, M. le Candeur als Staatsanwalt. Damit ergibt sich, wie Arlequin bemerkt, ein Widerspruch zwischen Name und Kleidung zu dem Beruf und Stand der Personen, eine Festellung, der M. la Candeur widerspricht. Die mit den Berufen und Begriffen Philosophe, Procureur, Petit-Maître verbundenen Vorstellungen und Erfahrungen kontrastieren mit den entsprechenden Personen des *Monde renversé*. Mit der Bühnenrealität wird, wie so oft im Théâtre de la Foire nicht das gewohnte, realistische Abbild der Welt reproduziert, sondern eine andere, unrealistische, fiktive Welt, die den Erfahrungen und Gewohnheiten zuwiderläuft.

Damit führen die Autoren eine mögliche andere Welt vor Augen, die besser ist als die den Zuschauer umgebende reale Welt. Der Welt, wie sie ist, wird eine Welt, wie sie sein könnte, gegenübergestellt. Der utopisch-ideale Charakter von Merlins Königreichs kommt am deutlichsten in der Szene zum Ausdruck, in der Pierrot und Arlequin auf die beiden »Nymphen« treffen (Innocence und Bonnefoy), die sich vor mehr als 500 Jahren aus Paris in die verkehrte Welt zurückgezogen haben. Die Neuigkeiten aus Paris lauten:

> PIERROT
> Fi donc! Il [Paris] n'est pas connoissable
> Tant il est à présent gâté.
> ARLEQUIN
> Le Plaisir et l'Intérêt
> Remplissent vos places [die Plätze von Unschuld und Gutgläubigkeit].

Dagegen heißt es von der »Monde renversé«:

> BONNEFOY
> Vous ne pouvez être mieux
> Qu'en ces lieux:
> Les jeunes comme les vieux
> Y sont simples, bons, sincères.

Der verdorbenen realen Welt wird damit eine idyllisch-unschuldige Märchenwelt gegenübergestellt, die das Ideal einer besseren Welt deutlich werden läßt. Im Gegensatz zu sonstigen Gepflogenheiten wird, wie A. Grewe festgestellt hat, aber nicht die verderbte, pervertierte Welt als »le monde renversé«, sondern Merlins Zauberwelt als solche bezeichnet. Geurteilt wird also aus der Sicht von Pierrots und Arlequins realer Welt und nicht wie in der Tradition der Moralisten aus jener einer heilen, idealisierten Welt. Diese Verdrehung stellt eine scharfe Kritik an dem Zustand der Gesellschaft und zugleich ein Modell des ironischen und spielerischen Geists dar, mit dem die Diskrepanz zwischen Ideal und Wirklichkeit offengelegt wird, um zu verhindern, daß die vorgeführte utopische Gesellschaft überhaupt Wirklichkeitsgehalt und moralische Verbindlichkeit erhält. Die Alternativen stellen Lesage und d'Orneval nicht als wirklich und ernstzunehmend dar, sondern als Mittel, komische Effekte und groteske Übertreibung zu erreichen. Zudem wollen Pierrot und Arlequin nicht in dieser idealen, moralischen Welt bleiben, weil sie ihnen langweilig vorkommt. Merlin sieht sich gezwungen, die beiden zum Schluß in Ehrenmänner zu verzaubern, weil er fürchtet, sie verwandelten die heile Welt in das zeitgenössische Paris.

Die Technik der Konfrontation zweier Welten führt also zu einer Relativierung beider, denn die Ironisierung der utopischen Gegenwelt bedeutet auch eine Kritik an jenen Zeitgenossen, den Anhängern der »Anciens« (der Griechen) in der seit langem andauernden *Querelle des Anciens et des Modernes*, die die Gegenwart im Vergleich zu einem Goldenen Zeitalter ständig herabsetzen. Die ironische Brechung erfüllt also auch die Aufgabe, die Gegenwart gegenüber den überzogenen Vorstellungen der Anhänger der Anciens zu rehabilitieren.

Dieses überaus intelligente Stück Gesellschaftskritik überlebte die Epoche der Regentschaft (Régence), wurde von Louis Anseaume 1753 für die Foire Saint-Germain bearbeitet und noch von Gluck als *L'Isle de Merlin* neu vertont. Parfaict bezeichnete es als »une des plus jolies [pièces] qui ait paru à ce Théâtre«[1]. Die oft reproduzierten phantastischen Dekorationen und Maschinen und die große Anzahl von Charakteren bezeugen die besondere Ambition dieses 1718 in der Foire Saint-Laurent gespielten Werkes. Die Hauptattraktion lag aber, wie Parfaict unterstreicht, im Text selbst, der lebendige Porträts der Gesellschaft der Régence enthält. Zur gleichen Zeit schrieb Montesquieu seine *Lettres persanes*, in denen die gesellschaftlichen und moralischen Veränderungen in Frankreich nach dem Tod von Ludwig XIV. ihren Niederschlag fanden. Die Charaktere und Gebräuche, die Lesage und d'Orneval auf der Bühne vorstellen, entsprechen weitgehend den in Montesquieus Werk von Usbek und Rica genannten. Die Protagonisten der *Monde renversé* sind in drei Gruppierungen einzuteilen. Die erste sind der Philosoph, der Procureur, der Arzt und der Petit-Maître. Jeder ist in Kleidung und Verhalten genau das Gegenteil der Pariser Originaltypen und damit das Objekt der Satire. Die zweite Gruppe bilden die allegorischen Personen L'Innocence und La Bonne-Foi. Pierrot und Arlequin, die in Frankreich und Paris gelebt haben, erkennen sie deshalb nicht, weil »Il faut que vous n'ayez jamais été dans ces pays-là«. Die letzte Gruppe bilden die in die Handlung verwickelten Arlequin und Pierrot, die auch in Lesages Stück *Arlequin Valet de Merlin*, das unmittelbar vor *Le Monde renversé* gespielt wurde und darin dem Propheten Merlin dienen.

Das Werk enthält eine relativ kleine Zahl von Vaudevilles, von denen viele mehr als einmal verwendet werden. Die bewußte Wiederverwendung der Timbres, um die Aufmerksamkeit auf einen gleichen Text oder Kontext zu lenken, wie später bei Vadé zu beobachten, ist bei Lesage noch nicht durchgeführt. Wenn »*Réveillez-vous, belle endormie*« oder »*Je ne suis né ni roi, ni prince*« jeweils viermal verwendet werden, dann mag es vielleicht daran liegen, daß es den Autoren nicht gelang, den vielfachen Gebrauch der allzu bekannten Timbres zu vermeiden. Wenn man auch beim Publikum der Jahrmarkttheater davon ausgehen konnte, daß der originale Text bekannt war, so wird in dieser Opéra-comique klar, daß die Timbres nicht durchweg deshalb gewählt wurden, um intertextuelle Bezüge herzustellen. Dennoch waren viele Timbres direkt auf die Situationen zu beziehen, so wenn der »weibliche Arzt« Hippocratine das Air »*Quand le péril est agréable*« singt, um zu beschreiben, wie sie einen Jüngling zum Leben erweckt, indem sie ihm die Hand nimmt.

Die beiden einzigen Masken tragenden Personen, Arlequin und Pierrot, sprechen meist in Prosa miteinander. Sie singen Airs, wenn sie Vorgänge kommentieren oder um einen höflicheren Ton anzuschlagen, so etwa, wenn sie sich den beiden Damen vorstellen. Natürlich gibt es in den Bühnenanweisungen viele Hinweise für »lazzi« (vulgäre, burleske Späße der Darsteller, die in der Sprache, in Wortspielen, in der Gestik oder in Aktionen zum Ausdruck kommen konnten).

Auch elementare Mittel der Verulkung mit musikalischen Mitteln werden eingesetzt, so wenn der Philosoph ein Double erhält, mit dem die modische italienische Kantate verspottet werden soll. Der Procureur gehörte zur Aristokratie, auch der Petit-maître war adeliger Herkunft. Der Arzt wurde als unnütz für die Gesellschaft angesehen. Der Streit zwischen der medizinischen Fakultät und den weniger privilegierten Chirurgen fand schon früh Eingang im Theater, und derjenige zwischen doktrinärer und praktischer Medizin ist zentral für Hippocratines Szene. Der Arzt ist nicht nur eine Frau, sondern behandelt ihre Patienten selbst und

[1] Parfaict, *Mémoires*, Bd. II, S. 235.

beruft sich nicht auf die Kenntnisse des Griechischen und Lateinischen, wie ihre Berufsgenossen.[1]

Diesem Typus von Foire-Stücken, den Zauberstücken, gehören auch *Les Animaux raisonnables* von Le Gand und Fuzelier an, in dem die Menschen Tiere geworden sind, etwa der Financier zum Schwein, das Tier bleiben möchte, um nicht Sklave zu werden, das Huhn als Hausfrau, die lieber Huhn bleiben möchte, da sie als solches nur Eier zu legen braucht, aber keine Kinder bekommen muß, oder der Ehemann, der Stier bleiben möchte, um seine Hörner zu behalten, damit ihm seine Frau keine aufsetzen kann.

Ein zweiter Typus neben den Zauberstücken sind die allegorischen Stücke, die alle sehr ähnlich aufgebaut sind. Zu ihren Schauplätzen gehören immer Tempel oder ähnliche Aufenthaltsorte der Götter wie die Insel von Kythera, an denen sich bestimmte Figuren mit der Bitte um Rat und Hilfe an die überirdischen Mächte oder ihre Vertreter wenden. In *Le Temple de Mémoire* (1725) verkleidet sich die Folie, die unbedingt heiraten möchte, als Gloire, erbaut den Temple de Mémoire und läßt la Renommée ihre Heiratsabsichten verkünden. Der erste Bewerber ist ein Eroberer, der sein größtes Vergnügen an Plünderungen, Verwüstungen und Brandschatzungen hat und alle seine Feinde vernichten will. Pierrot hält ihm ironisch entgegen, er würde lieber Menschen zeugen als sie töten: Lesage hat das Timbre »*Ma raison s'en va bon train*« kongenial eingesetzt, um den Irrsinn des Lebensziels des Eroberers bloßzustellen[2]:

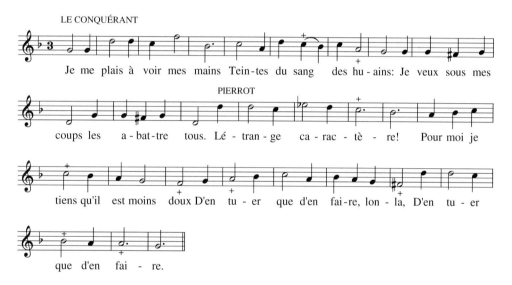

Dann erscheint ein neureicher Müller, der die Ländereien seinem Herren abgekauft hat, und ein Maler, der für die Unsterblichkeit gern Hungers sterben würde, und schließlich eine Gruppe von Dichtern, die sich alle aufgrund ihrer Tragödien und epischen Gedichte für unsterblich halten. Als die Folie von allen bedrängt wird, legt sie ihre Verkleidung als Gloire ab und nimmt die Bewerbungen aller Freier mit folgendem Vaudeville an (Air: Je vous le donne. Rondeau):

> Que la folie
> Vous montre votre vanité,
> La gloire, à qui l'hymen vous lie,
> N'est autre chose, en vérité,
> Que la folie.

Vor dem Finalvaudeville, dessen Musik von Gilliers stammt, tanzt das Gefolge der Folie verschiedene Tänze, deren Musik nicht erhalten ist. Im Finalvaudeville werden in vier Couplets die »Moral« des Malers, einer Person aus dem Gefolge der Folie, eines Dichters und der Folie vorgetragen, bevor Pierrot im Schlußcouplet das Publikum um Applaus und die Treue zum Theater bittet. Die Folie geht in ihrem Couplet auf das Projekt einer neuen Ödipus-Tragödie nach denen von Corneille (1664) und Voltaire (1718) ein, die in der Comédie Française aufgeführt werden sollte – es kann sich nur um Houdar de La Mottes 1726 aufgeführte

---

[1] Anseaume bearbeitete das Werk 1753 nur geringfügig. Die wesentlichen Elemente der Gesellschaftskritik blieben unangetastet. Obwohl man zu dieser Zeit unter »philosophes« etwas ganz anderes verstand als im Jahre 1718, blieb seine Person fast unverändert. Da man um die Jahrhundertmitte keine Rollen für Arlequin mehr schrieb, gab ihm Anseaume den Namen Pierrot, und Pierrot hieß nunmehr Scapin, verändert aber zugleich dessen traditionellen Charakter: »un intriguant, un fourbe, qui entreprend de faire réussir toutes les affaires les plus délabrées de la Jeunesse libertine...«, vgl. Art. *Caractere des principaux rôles des Comédies Italiennes*, in: *Les Spectacles de Paris*, vol. 1762, S. 155. Anseaumes Version ist wegen eines kurzen Verbots gesprochener Dialoge, das die Comédie Française 1753 erwirkt hatte, ganz mit Vaudevilles gesungen.

[2] *Le Temple de Mémoire*, in: *Le Théâtre de la Foire*, Bd. VI, 1728, S. 33.

Tragödie handeln. In dem Couplet wird nicht nur auf das Risiko eines neuen Ödipus nach dem Triumph Voltaires, sondern auch auf die Verbreitung des Manuskripts der neuen Tragödie hingewiesen, das als Abschrift in der Gesellschaft kursierte, und daß alle drei Tragödien in den Tempel des Ruhmes eingehen könnten:

3. Couplet. LA FOLIE

*Un su-jet trai té par Cor-neil-le, N'a-vait qu'un prix très in-cer-tain; Mais il de-vient u-ne mer-veil-le, En nous pas-sant de main en main: Hé, vrai-ment voi-re! Zis-te, zes-te et lon-lan-la. En grand tri-o te voi-là Dans le Tem-ple de Mé-moi-re.

*Dans ce temps là, on parlait de donner un troisième Œdipe aux Comédiens François.

Gilliers Gavotte-Melodie hat die Besonderheit, daß er in den Versen 5 und 6, darunter der onomatopoetische Vers, die regelmäßige Anlage der Melodie durchbricht.

Die allegorischen Stücke, die auf Elemente und Erscheinungsformen der Tragédie en musique zurückgehen, in denen auch Gottheiten das Weltgeschehen lenken, zeigen das Wirken höherer Mächte auf das Menschenschicksal. Allerdings findet eine charakteristische Umbewertung statt, denn die Kräfte, die die Welt bewegen, sind vollkommen andere als in der Oper. Die zentrale Macht ist die Folie, die wichtigste Antriebsfeder menschlichen Handelns. Ihre Herrschaft beweist im *Temple de Mémoire*, wie die Menschen sich über sich selbst täuschen, sich überschätzen und die Realitäten verkennen. Die Rahmenhandlung, der Versuch der Folie, einen Ehemann zu finden, ist Sinnbild für den Versuch, den Menschen seine Narrheit erkennen zu lassen, der allerdings mißlingt: »C'est grâce à la vanité/ Chaque fou se croit sage«. Auf den einfachen Trick, die Kleidung und den Namen zu ändern, der Vortäuschung falscher Tatsachen, fallen alle Menschen herein. Dabei wird der Ruhm als rein fiktiver Wert ohne praktischen Nutzen dargestellt und das Streben des Menschen um jeden Preis nach Ansehen in der Gesellschaft als verrückt und sinnlos kritisiert. Während die Ruhmsucht beim Maler noch als »rage« gesehen wird, wird sie beim Müller, der zum Seigneur aufgestiegen ist, als Verführbarkeit eines Dummkopfes durch das Blendwerk gesellschaftlicher Reputation gebrandmarkt. Der Müller verfällt dem weitverbreiteten Irrtum, die äußere Erscheinung, die Kleidung, mit dem Wesen zu verwechseln. Wegen seiner Geltungssucht riskiert er, seinen Reichtum innerhalb kürzester Zeit wieder zu verlieren. Seine Folie besteht in dem völlig unvernünftigen Wunsch, wenigstens für eine kurze Zeit in den Augen seiner Mitwelt als Aristokrat erscheinen zu wollen. Damit werden die gültigen gesellschaftlichen Normen in Frage gestellt und mittelbar ihre Neuorientierung gefordert.

Neben dieser ironischen Darstellung der Welt enthalten die Stücke dieser Kategorie auch Seitenhiebe auf den Theater- und Literaturbetrieb der Zeit. Im *Temple de Mémoire* wird die Flut zeitgenössischer Epen und bestimmte konkret genannte Dichter (Thierrot als »célébrissime Auteur d'un élégantissime Poëme Epique, qui efface tous les Poëmes passez, présens et à venir« und Voltaire als Autor des »Poëme de la ligue«) kritisiert.

Gemeinsam ist den Zauber- und den allegorischen Stücken ein ironisch-spielerischer Umgang mit der Welt des Zaubers, der wie aus einer fernen Vergangenheit zitiert erscheint, denn der Zauber hat keine verändernde Kraft, sondern lediglich die dramaturgische Funktion, das Verborgene sichtbar zu machen. Die Schicksalsmächte, denen man sonst hilflos ausgeliefert ist, verlieren ihre Macht, da der Mensch das Opfer seiner eigenen Verblendung ist, er sich also selbst zugrunde richtet. Den Stücken fehlt eine stringente Handlung. Zwei unterschiedliche Handlungssphären, eine unwirkliche, märchenhafte und die reale Lebenswelt, werden unvermittelt gegenübergestellt. Der Realitätsgehalt der Idealwelt, die mit allen Charakteristika einer vergangenen, untergegangenen Welt ausgestattet ist, kontrastiert mit der zeitgenössischen Gegenwart. Damit stehen diese Stücke der in einer total verrückten Welt spielenden Maskerade sehr nahe.

Das Element, in dem der täuschende Charakter dieser Welt am klarsten zum Ausdruck kommt, ist das Geld, das, da es meist aufgrund von Betrügereien erworben ist, zu einer glanzvollen Existenz führt, die aber einer Täuschung gleichkommt. Der plötzliche Reichtum bewirkt, daß die gesellschaftliche Ordnung nicht nur einmal gestört ist, sondern die Herrschaft des Geldes, ganz anders als in den Opéras-comiques nach 1760, zu einer weitergehenden Instabilität durch seinen wieder drohenden oder eintretenden Verlust führt. Das Leben der Menschen in der Gesellschaft wird als ganz und gar künstliche Existenzform beschrieben, in der das Individuum sein Verhalten vollkommen gesellschaftlichen Regeln unterwirft, um bei anderen einen bestimmten Eindruck hervorzurufen. Dabei werden symptomatischerweise besonders solche Figuren wie die Filles d'Opéra ausgewählt, bei denen Schein und Wesen auseinanderklaffen. Ihr Äußeres und ihr Verhalten setzen sie ein, um Geld zu verdienen. Damit wird zumindest ansatzweise ein Gegensatz zwischen einem natürlichen Leben auf dem Lande und einem verdorbenen, künstlichen in der städtischen Gesellschaft präsentiert.

Das so entworfenen Bild der zeitgenössischen Gesellschaft ist realistisch und pessimistisch im Gegensatz zur Gegenwelt der Treue und Liebe, das den Zaubermärchen und mittelalterlichen Ritterromanen entnommen ist. Da diese in der Literatur entworfene bessere Welt ohne Wirklichkeitsgehalt ist, wird damit auch das literarische Bild eines Menschenideals in Frage gestellt bzw. als Illusion entlarvt. Der Verklärung und Idealisierung einer vergangenen Welt wird damit widersprochen. Bezeichnend ist, daß die Ereignisse in den Stücken keine Konsequenzen für die handelnden Personen haben, d.h. es werden keine Lernprozesse in Gang gesetzt, sondern lediglich dem Zuschauer Einsichten in die vielfältigen Möglichkeiten für Irrtümer und Täuschungen der Menschen aufgedeckt. Die Struktur der kontrastierenden Gegenüberstellung, mit dem die Wirklichkeit und das Bild, das der Mensch von sich oder die Literatur von ihm entwirft, führt dazu, daß keine Handlung und Entwicklung innerhalb der Stücke stattfindet, sondern nur Bilder entworfen werden, in denen sich die Irrtümer und Illusionen der Personen manifestieren.

Eine weitere Kategorie sind die ausdrücklich autoreferentiellen Stücke, meist Prologe[1], in denen die Situation des Théâtre de la Foire reflektiert wird. Als Beispiel sei *La Foire de Guibrai* (1714) von Lesage genannt. Das Stück spielt auf dem Jahrmarkt von Falaise. Verschiedene Künstler legen beim Richter der Gemeinde eine Probe ihres Könnens ab. Der Musiker lobt seine Fähigkeit mit folgenden Worten, in denen ein kritischer Blick auf die aus der Antike überlieferten, in der Musikästhetik aktualisierten Vorstellungen, die hier in Frage gestellten wunderbaren Wirkungen der Musik, und zugleich auf Erscheinungen des zeitgenössischen Musiklebens, die Mode des Komponierens von Sonaten, Kantaten, Rondeaux und Caprices, geworfen wird:

---

[1] Vgl. Grewe, *Monde renversé*, S. 272.

> LE MUSICIEN
> Au son de ma lyre admirable,
> Tout rocher est inébranlable;
> Les arbres semblent m'écouter:
> Et lorsqu'assis sur la rive,
> Ma voix commence d'éclater
> Je vois l'onde fugitive
> Couler toujours sans s'arrêter.
> (Air: Des Trembleurs)
> Je sçai faire des sonates;
> J'ai composé des cantates.
> LE JUGE
> Et bien d'autres pièces plates.
> LE MUSICIEN
> Lulli rampe devant moi;
> Mes rondeaux font les délices
> LE JUGE
> Des marchands de pain d'épices;
> LE MUSICIEN
> Sur-tout de beaux caprices.
> LE JUGE
> Pour celui-là je le croi.

In einer anderen Episode geht es um die Schauspielerei. Arlequin, der versuchen will, als Komödiant den Leuten das Geld aus der Tasche zu ziehen, wird von der Gläubigern verfolgt. Boubekir bietet ihm einen fliegenden Koffer an, den er für bankrotte Leute erfunden hat, in dem sie sich aus dem Staub machen können. Als arabische Schauspieler verkleidet (das sich anschließende Stück *Arlequin Mohamet* ist orientalisch) führen sie eine »scène muette« (stumme, d.h. pantomimische Szene) vor. Mit der Ankündigung der folgenden Stücke endet der Prolog. Wie bereits bei Molière (u.a. im *Impromptu de Versailles*) wird das Theater zum Problem des Theaterstücks gemacht und damit dem Zuschauer dessen Inhalte und Funktionen erklärt. Im Gegensatz zu Molière werden nicht allein ästhetische Probleme des Theaters angesprochen, sondern auch über den Stand der Auseinandersetzung mit den privilegierten Theatern; nicht zuletzt wird fürs eigene Theater geworben. In dieser Selbstdarstellung wird die vollkommene Anders- und Neuartigkeit des Théâtre de la Foire unterstrichen und eine Abgrenzung gegenüber der Comédie Italienne und der Comédie Française vorgenommen. Nicht nur gibt es eigene Stücke wie Panards *Le Vaudeville* (1730), in denen die Poetik des Vaudeville thematisiert wird[1], sondern oftmals werden die vielfältigen Möglichkeiten der Komik und der vielfältigen Anspielungen wie auch im vorliegenden Stück (»Ces Coquins-là placent toujours leurs Vaudevilles à contre-poil«)[2] genannt. Arlequin und Scaramouche verkleiden sich als arabische Schauspieler, weil sie eine Alternative zu den anderen Theatern bieten müssen:

> SCARAMOUCHE
> Oui; mais il en [comédiens italiens] vient d'arriver;
> Si nous vendons même Comique,
> Nous aurons peine à nous sauver.
> ARLEQUIN
> Hé bien, soyons Arabes,
> Soyons,
> Soyons Acteurs Arabes.

In *Le Temple de l'Ennuy* wird der eigene Schutzpatron Momus angerufen (nicht etwa Apollon oder die Musen), der die Darstellung aller menschlichen Verrücktheiten und Torheiten symbolisiert:

> Momus, fais éclater ta gloire,
> Lorsqu'Arlequin se montrera:
> L'Amour fait pleurer l'Opéra,
> Toi, fais rire la Foire.

Das oben erwähnte Gegen-den-Strich-Bürsten mit Hilfe des Vaudeville gilt für das Théâtre de la Foire allgemein, denn die Autoren wollen durch ihre Perspektive das Komische und Lächerliche im Leben der Zeitgenossen sichtbar machen.

Auch in anderen Stücken, wie *La Querelle des Théâtres*, *Les Funérailles de la Foire* und *Le Rappel de la Foire à la vie* oder *La Répétition interrompue* wird über die Theatersituation der Zeit berichtet, aber darin erschöpfen sich die Stücke nicht. Die szenische Präsentation ist geprägt von der burlesken Überformung mythischer Ereignisse und damit des erhabenen Stils, der zur Beschreibung niedriger Sachverhalte benutzt wird. Die Verspottung hoher musikalischer Gattungen, insbesondere der Musik Lullys, um die Tragédie en musique insgesamt lächerlich zu machen, und die Verballhornung klassischer Verse Racines bzw. des Alexandriners, die auf die Comédie Française zielt, sind die beliebtesten Mittel. Die Diskrepanz zwischen hohem Stil und niedrigem Gegenstand oder aber die Travestie der hohen Figur durch niedriges Verhalten sind weitverbreitete und immer wieder erfolgreich verwendete Mittel. In der *Querelle des Théâtres* beschimpft die aristokratische Comédie Française die Foire und bedroht sie durch eine der Tragödienfigur unangemessene Körpersprache. Diese Brüche werden durch den Wechsel zwischen Prosatext, gesungenen Vaudevilles oder Zitaten von Arien oder Instrumentalsätzen aus Tragédies en musique sowie deklamierten klassischen Versen verstärkt. Auch Szenentypen wie die Abschieds- oder Sterbeszene (*Les Funérailles de la Foire*, Parodie der *Armide* von Quinault und Lully, I/2 und *Alceste* III/2) werden zitiert, persifliert und dadurch die Möglichkeit gegeben, neben der offensichtlichen Absicht, die Begegnung zwischen Foire und Opéra zu charakterisieren, über den Pomp und die Sinnhaftigkeit solcher Zeremonien nachzudenken. Damit hatten die Autoren der Foire zwei Interpretations-

---

1   Vgl. dazu auch T. Betzwieser, *Funktion und Poetik des Vaudeville im Théâtre de la Foire*, in: *Chanson und Vaudeville. Gesellschaftliches Singen und unterhaltende Kommunikation im 18. und 19. Jahrhundert*, hg. v. H. Schneider, St. Ingbert 1999, S. 157–184.
2   *Le Dieu d'Ennuy*, scène 5.

ebenen, die aktuelle und die literarische geschaffen, die kaum zu trennen sind, sondern sich durchdringen. Die literarische Vorlage, die aus den privilegierten Theatern stammt, wird mit ihrer Wirklichkeit konfrontiert und in Anbetracht der Diskrepanzen beider in Frage gestellt. Das literarische Bild, das diese Theater vom Menschen entwerfen, wird mit ihrem Verhalten gegenüber der Foire verglichen und als Illusion decouvriert. Die Selbstreflexion des Théâtre de la Foire dient somit dazu, ein positives Gegenmodell gegenüber der Opéra und der Comédie Française zu entwerfen. Der Nachweis der Diskrepanz zwischen dem literarischen Bild, wie es in den Stücken beider Theater erscheint, also dem Schein, und dem wirklichen Sein seiner Repräsentanten, also dem Verhalten gegenüber dem Konkurrenten der Théâtres de la Foire, dient der Bloßstellung der Repräsentanten der privilegierten Theater. Dem Trugbild der etablierten hohen Literatur (oder dem Musiktheater des sublimen Stilniveaus) wird eine nichtaristokratische, niedrige Literatur (bzw. ein populäres Musiktheater) gegenübergestellt, deren Überlegenheit in ihrer Wahrhaftigkeit besteht. Mit dieser Ablehnung geltender literarischer Normen und ihrer Reflexion wird das erstarrte literarische System in Frage gestellt.

Die Opernparodien im engeren Sinn sind nicht als autonome Stücke zu verstehen, da sie in engster Anlehnung an das Original konzipiert sind. Die Parodisten verlegen die Handlung aus der Fabel in ein zeitgenössisches, niederes Milieu, ersetzen tragische durch komische Situationen und ernste, echt empfundene Stimmungen durch triviale Gefühle – ein Vorgang, den der Aristokrat d'Argenson als »embourgeoisier« bezeichnet hat.[1] Nach Riccoboni muß der Autor in der Opernparodie »substituer à des personnages heroïques, et à leurs situations des personnages bas, et des situations qui répondent à leur bassesse.«[2] Die Eigenart der Maschineneffekte muß dem gleichen Autor zufolge in der Parodie jene der Tragédie en musique überbieten. Die Schönheit der Oper soll durch eine gleichgroße, aber im Kontrast zur Oper stehende Attraktivität übertroffen werden. Einige Zahlen – von Lullys *Roland*, *Atys* und *Phaéton* sind jeweils acht Parodien überliefert – belegen die Bedeutung der Parodie.

Der reine Unterhaltungswert der Opernparodie kommt in Stücken wie *Thétis et Pelée* (nach der Tragédie en musique von Pascal Collasse) zum Ausdruck, in dem die Personenkonstellation ins Milieu der Fischhändler versetzt ist und damit die einfachste Möglichkeit für burleske Komik gegeben ist. A. Grewe weist darauf hin, daß diese Stücke Vorboten des späteren »genre poissard«[3] darstellen. Die Theoretiker sehen neben dem reinen Unterhaltungswert in diesen Parodien eine reale Möglichkeit, die Mängel des Originals kritisch zu beleuchten und durch Karikierung bewußt zu machen. Dabei bezieht man sich oftmals auf Kritik, die bereits im Publikum der Opéra laut geworden war. Die Bezugnahme auf das Original erfolgt mit Hilfe einzelner direkter Zitate oder Zitatparodien. Dabei wurden u.a. folgende Verfahren musikalischer Parodie entwickelt und benutzt:

1. Zitate originaler Text- und Melodieabschnitte aus den Opern. Arlequin nennt z.B. in Regnards *Le Divorce* sein Pferd »Un tendre engagement«. Auf die Frage Colobines, wie es zu dem kuriosen Namen gekommen sei, singt er den Anfang der Arie »*Un tendre engagement va plus loin qu'on ne pense*« aus *Thésée* von Quinault und Lully.
2. Parodie des Textes einer Arie oder eines Rezitativs unter Beibehaltung der originalen Musik oder Teilen davon.
3. Parodie mehrerer Stücke eines Aktes oder eines Prologs, so daß ein fortlaufender Zusammenhang mit der Opernvorlage beibehalten wurde (etwa in *Les Originaux* von La Motte Houdar nach *Amadis*).
4. Singen von Originaltexten auf Vaudevilles.
5. Übernahme von Instrumentalsätzen, die meist parodiert, also gesungen wurden.
6. Parodie von Instrumentalsätzen oder Ritornellen, indem man sie vokal imitiert, deren Themenbildung (Umkehrung eines Motivs etc.) die Instrumentation verändert (besonders die Ausführung mit einer Drehleier oder mit Gitarren).

Rein quantitativ spielt die musikalische Parodie keine so große Rolle. Sie bleibt fast nie auf eine Oper beschränkt, d.h. Zitate werden in der Regel verschiedenen Tragédies en musique oder anderen Gattungen entnommen. Die Parodie stellt den Extremfall einer Literatur dar, deren Referenzebene nicht die reale oder sogenannte Wirklichkeit ist, sondern die Literatur sowie die vorhandene musikalische Kultur. Die Einbindung des Textes sowie der musikalischen »Nummern« in eine Tradition, ihr Funktionieren innerhalb vorgegebener und bekannter Muster wird zur Basis des Werkes gemacht. Der Rezipient muß einen anderen Text kennen

---

[1] Vgl. dazu H. Schneider, *Die Rezeption der Opern Lullys im Frankreich des Ancien régime*, Tutzing 1982, S. 236f.

[2] L. Riccoboni, *Observations sur la comédie et sur le génie de Molière*, Paris 1736, S. 280.

[3] Laharpe zufolge (*Lycée, ou Cours de littérature ancienne et moderne*, S. 303) war Vadé der Schöpfer des »genre poissard«, einer burlesken Gattung, in der die Sprache der Fischhändlerinnen der Pariser Hallen gesprochen wurde: »Il approfondit toutes les finesses, et s'approprie toutes les figures du langage des halles, où il avait même appris à contrefaire trèsbien les personnages qu'il faisait parler; ce qui le mit quelque tems à la mode dans les sociétés de Paris, où le talent de contrefaire a toujours réussi.«

oder heranziehen, um seine Wahrnehmungen zu deuten und ihnen den rechten Sinn zu geben. Diese sprachliche und musikalische Intertextualität, also das Verstehen »auf dem Hintergrund und auf dem Wege der Assoziation mit anderen Kunstwerken« (Sklovskij) und , wäre bezüglich des Théâtre de la Foire zu ergänzen, trivialen Gebrauchsformen, macht eine wesentliche Komponente der Opern- und anderer Parodien aus, die keine Autonomie für sich beanspruchen, sondern sich ausdrücklich durch die Verbindung mit einem anderen »Text« konstituiert. Nach Pavis[1] wird die »communication interne« auf der Szene zur »communication externe« zwischen Bühne und Publikum untergeordnet. Es handle sich also um eine Kommunikation zwischen Darstellern der Parodie und ihren Zuschauern über das parodierte Stück bzw. die parodierten Stücke. Das Theaterstück wird als Möglichkeit zur Reflexion und als Spiel mit literarisch-musikalischen Mustern verstanden.

Mit der institutionellen Etablierung der Opéra-comique seit 1724 geht auch eine Fixierung ihrer Ausdrucksformen einher. Während sich die Darstellungsmodalitäten zuvor unter dem Druck der anderen Theater ständig verändern mußten, wird ihre charakteristische Ausdrucksform nach 1724 nicht mehr in Frage gestellt. Die in vielfältiger Weise eingesetzten Vaudevilles und neu komponierte Musiknummern alternieren mit gesprochener Prosa. Damit erübrigt sich nunmehr die Rechtfertigung der Darstellungsform in den Prologen. Wie in den sublimen Gattungen verlieren die Prologe ihre poetologische Funktion, ohne daß man auf sie verzichtet. Aber nur in wenigen werden noch programmatische Äußerungen getan, so z.B. in dem Prolog zu *Les Couplets en procès*, in dem es um die Frage der Musik und ihrer Rolle geht. Musikalische Neuerungen treten immer mehr ins Blickfeld, so nach der »Querelles de Bouffons« der Einfluß der italienischen Musik der Intermedien. Nicht zufällig wird in dem Stück *Le Procès des Ariettes et des Vaudevilles* (1760), in dem Favart gegen die neu komponierten Ariettes zugunsten der Vaudevilles eintritt und den Verlust der Möglichkeiten des Vaudevilles beklagt, noch einmal auf *Les Couplets en procès* Bezug genommen. Die neu komponierten Musikstücke, personifiziert im Menuett und in der Musette triumphieren bereits angesichts der Entscheidung des Publikums:

> LE MENUET
> Oui, je pense
> Que bientôt, par votre éloquence,
> Nous serons triomphans
> De nos surannés Concurrens.
> La balance
> Panchera du côté
> De la Nouveauté,
> De notre beauté,
> De notre gaîté,
> Et légèreté.
> LA MUSETTE
> Fi donc! Fi donc! Sur notre Scene
> Pourquoi souffrir des Airs si vieux?
> Le Public les trouve ennuyeux,
> Ils donnent la migraine.

Nougaret und Favart sprechen um 1760 deutlich aus, daß mit den Timbres Aussagen und Inhalte verbunden sind, die diese mittransportieren und dadurch den Sinn des neuen Vaudeville durch eine eigene aus dem Melodieaffekt und dem ursprünglichen Text resultierende Semantik bereichern: »Lequel de vos Nouveaux Couplets est aussi propre à faire un récit que [le Vaudeville] le Cap de Bonne Espérance [...] et le vieux Joconde? Pour bien marquer la joye, avez-vous l'équivalent d'un Allons gai, Toujours gai, D'un air gai? Comment peindrez-vous la désolation, si vous n'avez pas l'Air de Lapalisse?« Mit Hilfe des Vaudeville können also einem Vers neue Sinndimensionen hinzugefügt werden, kann der Sinn völlig verändert werden. Die Bedeutung der Vaudevilles geht also über ihren musikalischen Wert und ihre unterhaltsam-kommunikativen Möglichkeiten hinaus, denn sie gehören zum Wesen des Théâtre de la Foire und seines satirisch-kritischen Charakters. Als sich der Wandel der Opéra-comique zu einer musikalischen Gattung mit eigenem kompositionsgeschichtlichen Anspruch vollzieht, verschwindet das Vaudeville nicht, sondern wird vorübergehend in die Boulevardtheater verdrängt, um am Ende der 1770er Jahre und während der Revolution in der Opéra-

[1] P. Pavis, *Dictionnaire du théâtre*, Paris 1987, Sp. 274.

comique wieder an Aktualität zu gewinnen. Im 1792 gegründeten Théâtre du Vaudeville fand es bis zum Ende des 19. Jahrhundert seine eigentliche Pflegestätte.

Die Théâtres de la Foire waren ein politisches, hochaktuelles Theater, das ohne die Kenntnis des Bezuges zur politisch-gesellschaftlichen und kulturellen Entwicklung unverständlich bleibt, denn die Autoren nahmen unmittelbar oder mittelbar Stellung zu gesellschaftlichen, moralischen, literarischen und theatralischen Fragen.

Die Übergangszeit zum Drame lyrique

Charles-Simon Favart trat 1743 durch das Engagement Jean Monnets, der später in London von David Garrick entscheidende Anregungen für seine Arbeit in Paris erhielt, in die Opéra-comique als Répétiteur und Regisseur ein. Nach seiner Tätigkeit für den Maréchal de Saxe, an deren Ende es zu einer ungerechtfertigten Verfolgung und der Flucht Favarts nach Strasbourg kam, engagierte ihn Mme de Pompadour für Hoffeste. Als Direktor des Hoftheaters war er auch für die Comédie Italienne zuständig und dadurch gezwungen, seine Aktivitäten auf diese und die Opéra-comique aufzuteilen. Ihm gelang es sogar, seinen *Acajou* in der Opéra aufzuführen. Von europäischer Bedeutung wurde in den 1750er Jahren seine Zusammenarbeit mit Durazzo in Wien, aus der zahlreiche Aufführungen französischer Opéras-comiques in Wien und Christoph Willibald Glucks entscheidende Beschäftigung mit der Gattung, zunächst als Bearbeiter, dann durch seine Neuvertonungen resultierten. Favart schrieb nicht nur die Textbücher, darunter zahlreiche in Zusammenarbeit mit seiner Frau, sondern komponierte selbst zahlreiche neue Vaudevilles und bearbeitete bereits bekannte für seine Opéras-comiques. Favarts Erfahrungen mit dem Vaudeville stammten aus seiner Familie, denn sein Vater war ein profunder Kenner dieser Liedgattung. Der Sohn gehörte später zu den Komponisten vieler »Vaudevilles d'actualité«, d.h. neu geschaffener Vaudevilles.

Auf Favarts Opéras-comique trifft Lacépèdes Beschreibung der Funktionen der Opéra-comique voll zu (mit »Comédie lyrique« ist die Opéra-comique gemeint):

> »La Comédie lyrique [...] est principalement destinée à la peinture de ridicules, des choses fines, des sentiments doux, des scènes les plus ordinaires de la vie: ce n'est point par la terreur et par des mouvements terribles qu'elle cherche à remuer les cœurs, et à atteindre sont but; elle y parvient le plus souvent en employant le charme d'une douce sensibilité, d'une gaité paisible, d'un comique plaisant, et souvent même d'une joie solâtre.«[1]

Als erstes Stück publizierte Favart *La Chercheuse d'esprit* im Jahre 1741, eine Parodie von Lullys *Thésée*, die 200 Aufführungen in der Opéra-comique erreichte. Der Stoff ist wenig originell. Der Procureur und Notar Monsieur Subtil möchte seinem Witwerstand ein Ende machen und bittet Mme Madré (»durchtrieben«) um die Hand ihrer Tochter Nicette. Die reiche Bäuerin gibt gerne ihre Einwilligung, da sie ihrerseits den hübschen Sohn von Subtil, Alain, heiraten möchte. Ohne die Kinder – beide Beispiele für Favarts berühmte »ingénus«[2], zu fragen, schließen die Alten den Ehevertrag. Nicette ist zwar hübsch, aber äußerst einfältig und wird von ihrer Mutter dauernd ermahnt: »Allez chercher de l'esprit«. Das Mädchen wendet sich an einen Gelehrten M. Narquois (»der Spöttische«) und dann an den Verlobten ihrer Freundin Eveillé, um zu erfahren, wie man möglichst rasch klug werden könne. Nachdem sie überall abgewiesen wurde, kommt der ziemlich beschränkte Alain zu ihr. Der Dialog dieser beiden hübschen, naiven, aber dummen Personen (»ingénus«) ist überaus komisch. Alain beruft sich auf Mme Madré, die ihm beigebracht hat, der Esprit komme von der Liebe. Sie entschließen sich, den fehlenden Geist gemeinsam zu suchen. Beim Händehalten und dem zunehmenden Pochen ihrer Herzen sehen sie den ersten Erfolg ihres Bemühens. Nach dem ersten Kuß meinen sie auch praktisch zu erfahren, nur durch die Liebe könne man geistreich werden. Die aufgeschreckten Eltern, die vergeblich versucht hatten, die Suche nach Wissen der beiden »ingénus« zu verhindern, geben am Ende nach, weil, wie Subtil zum besten gibt, »on les marie pour arrêter les progrès de l'esprit«. Er bittet daraufhin Mme Madré, seine Frau zu werden.

La chercheuse d'esprit (1741) ist ein nahezu perfektes Modell, in dem Favarts Kunst der Wahl der insgesamt 70 Vaudevilles besonders zum Tragen kommt, von denen viele neu ge-

---

[1] B. G. E. M. de la Ville-sur-Illon Lacépède, *La Poétique de la musique*, Paris 1785, II, S. 280.

[2] Die mit dem Begriff »ingénu« bezeichneten weiblichen oder männlichen Charaktere sind durch ihre »simplicité, sincérité« und »vertu« gekennzeichnet, Eigenschaften, die komische und antagonistische Personen dienen. In Favarts Stükken kennen sie keine gesellschaftlichen Ambitionen und kein Begehren nach Reichtum. Ihre sozialen Bindungen entstehen aus spontaner Zuneigung und bleiben frei von Intrigen und Heuchelei.

schaffene in die mündliche Tradition eingegangen sind, etwa »*Quel désespoir*« von Monsigny, das Nicette vor dem Auftritt Narquois' singt und das zugleich ein charakteristisches Beispiel für die Äußerung einer »ingénue« ist:

In der Begegnung zwischen M. Subtil und Madame Madré eröffnet er ihr, er möchte Nicette heiraten. Durch das von Subtil angestimmte Air wird die aus dem Parodietext nicht zu ersehende Einstellung Mme Madrés zu diesem Vorhaben deutlich zum Ausdruck gebracht:

>Air: Si la jeune Iris a pour moi du mépris
>M. SUBTIL
>Expliquez-vous mieux:
>Je ne suis pas si vieux.
>MADAME MADRÉ
>   Qu'importe?
>M. SUBTIL
>Mon amour vous exhorte
>A me rendre content.
>MADAME MADRÉ
>Nicette est un enfant.
>M. SUBTIL
>   Qu'importe?

Eine ähnliche Funktion hat das Air »*Philis en cherchant son amant*«, das Nicette beginnt und Alain fortsetzt. Favart spricht durch diese Wahl etwas aus, dessen sich Alain noch nicht be-

Die Übergangszeit zum Drame lyrique

wußt ist. In der gleichen Szene, in denen das Timbre den fehlenden Esprit beider Personen signalisiert, drehen sich die Diskussionen u.a. um den Nutzen des Esprit. Favart legt ihnen eine pseudo-ländlich-bäuerliche Sprache in den Mund, die durch die Veränderung von Vokalen gekennzeichnet ist (»chagreine« für »chagrine«, »sarvirait« für »servirait«, »bian« für »bien«):

> Air: Tu n'as pas ce qu'il me faudrait.
> ALAIN
> Hé bien! Qu'est-ce qui vous chagreine?
> NICETTE
> Ah! Je n'ai point d'esprit, Alain.
> ALAIN
> Quoi! C'est ça qui vous met en peine?
> Non plus que vous, je n'en ai brin;
> Je n'en eus jamais, et j'ignore
> A quoi l'esprit me sarviroit.
> Je puis sans ça bian vivre encore.
> NICETTE
> Ah! Moi, je sens qu'il m'en faudroit.

Als Mme Madré dem Sohn Subtils beibringen will, wie man sich als Liebender verhalten soll und ihm dabei zugleich eine ungeschickte, versteckte Liebeserklärung macht, zitiert sie das Air »*On n'aime point dans nos forêts*«:

> MADAME MADRÉ
> Une Belle qu'on aime bien;
> Supposons que ce soit moi-même,
> ALAIN, *d'un air riant*
> Oh! tenez, ne supposons rien:
> C'est déjà fait.
> MADAME MADRÉ, *à part*
>   C'est moi qu'il aime.
> ALAIN
> Je viens de choisir à l'instant.
> MADAME MADRÉ, *à part*.
> Ah! qu'il me rend le cœur content!

Dem Zuschauer wird durch das Air zu verstehen gegeben, daß Alain trotz ihrer Hoffnungen und ihrer verfrühten Schlußfolgerung aus »C'est déjà fait« keinerlei Liebe zu Mme Madré empfindet. Diese für Favart überaus typischen Beispiele geist- und humorvoller Verwendung der Timbres, die auch dramaturgisch überaus variabel eingesetzt werden (im Dialog oder die Szenen verbindend, durch längere gesprochene Dialoge unterbrochen etc.) ließen sich leicht vermehren.

Während in *La Chercheuse d'esprit* Prosa und die Verse der Vaudevilles noch alternieren, hat Favart bald sogar den Dialog zu Vaudevilles singen lassen, wobei die neuen, erheblich längeren Vaudevilles oftmals überwiegen, die gemäß einer schon vor Favart existierenden Tradition auch aus zeitgenössischen Opern oder Balletten übernommen wurden. Favart betont die Notwendigkeit der Übereinstimmung des Charakters der Person und ihres momentanen Gemütszustandes mit dem Ausdruck des zu singenden Vaudeville:

> Beautés trop fières de vos charmes,
> Un amant vous rend-il les armes;
> Vous exigez un tribut de ses larmes,
> Vous le traitez avec rigueur;
> C'est le ton majeur.
> Est-il époux votre pouvoir expire,
> De cet amant on reconnoît l'empire,
> Après ses bontés on soupire;
> C'est le ton mineur [...]
> Une coquette est douce avec tendresse,
> A son époux dupé de sa tendresse,
> D'un air simple elle fait caresse;
> C'est le ton mineur.[1]

---

[1] Zitiert nach P. J. Salvatore, *Favart's Unpublished Plays*, New York 1935, S. 160.

La Chercheuse d'esprit, Titelbild, Kupferstich von Aliamet, gezeichnet von Eisen, Paris 1741; die Personen sind in bürgerlicher Kleidung dargestellt. (H. Chr. Wolff, *Oper. Szene und Darstellung von 1600 bis 1900*, Leipzig 1968, S. 129)

Favarts *Raton et Rosette ou La Vengeance inutile* ist eine Parodie der ›Pastorale héroïque‹ *Titon et l'Aurore* von Mondonville (1753), die aus dem Wunsch heraus geschaffen worden war, die französische Musik gegen die der Buffonisten ins Bewußtsein der Öffentlichkeit zu rücken und damit zu verteidigen. Mit italienisierenden Ariettes hoffte der Komponist – wie sich bald herausstellte, mit gutem Erfolg – das Publikum für die französische Oper zurückzugewinnen. Favart hat in *Raton et Rosette* zahlreiche Parodien aktueller italienischer Ariettes verwendet und war damit unmittelbar Blavet nachgefolgt, der zum ersten Mal in einem französischen Stück, seinem *Le Jaloux corrigé*, von Musik aus italienischen Buffo-Opern Gebrauch gemacht hatte. Obgleich in *Raton et Rosette*, seinem ersten Versuch dieser Art, die Vaudevilles noch zahlenmäßig überwogen und die Ariettes teilweise nicht in die Handlung integriert waren, wurde Favart bald mit Baurans zum geschicktesten Arrangeur von Opéra-comique-Pasticcien. Die Favarts Parodie zugrundeliegende Pastorale *Titon et l'Aurore* war wegen ihrer äußerst einfachen Handlung in die Kritik geraten: die Liebe Titons zu Aurore erweckt die Eifersucht Eoles. Er paktiert mit Palès, der Göttin der Schäfer, die auch in Titon verliebt ist, gegen Aurora, um diese zur Liebe zu zwingen oder ihr die gleichen Liebesqualen aufzuerlegen, wie er sie selbst erleidet. Die Liebe Titons bleibt jedoch unerschütterlich, so daß ihm ein früher, von Palès auferlegter Tod droht. Amor errettet ihn und vereint ihn mit Aurora. Der Untertitel *La Vengeance inutile* bei Favart spielt auf dieses künstlich herbeigeführte lieto fine an. Wie so oft in den Opernparodien Favarts, auch in *Raton et Rosette*, bezieht sich jeder seiner Protagonisten auf eine Person des Originals. Raton bedeutet kleiner Liebling, klingt aber auch ähnlich wie Titon. Rosettes Name bezeichnet die Farbe der Morgendämmerung, paßt aber auch zu ihrem Beruf der Gärtnerin. Sie wird in vielfacher Weise mit Aurora verbunden, so z.B. durch Ratons Bemerkung, »elle se lève avant le jour«. Eole wurde zu Gringole, einem Müller, eine Person also, die auf den Wind angewiesen ist, und Palès wird zu Perrette umgetauft. *Raton et Rosette* ist im gleichen Maße eine Parodie der Gattung der ›Pastorale héroïque‹ wie des Textes und der Handlung von *Titon et l'Aurore*. Favarts Kritik richtet sich besonders gegen die sich verselbständigenden Divertissements in ihrer Überdimensionalität gerade dieser Oper. So heißt es vom ersten Divertissement in der Parodie, es sei »fort inutile«, und Rosette singt auf das Timbre »*Prêt à danser*«:

> Ici (à l'Opéra), sans se faire annoncer
> On vient danser,
> Se trémousser;
> On est toujours prêt à danser.

Auch das Finale mit der Intervention des Deus ex machina in *Titon et l'Aurore* wird von Favart umfunktioniert, indem nicht Amor auftritt, sondern die Liebe von Rosette und Raton die »wunderbare« Lösung bringt: Rosette schaut dem ohnmächtigen Raton in die Augen und vermag ihn dadurch wiederzubeleben. Dazu singt Raton aus Rousseaus *Devin du village* das Air »Quand on sçait aimer et plaire«, in das Rosette am Ende mit einem Vers einfällt, der an Auroras im selben Zusammenhang fallende Verse »Tendre amour, charmant vainqueur« (III/4) erinnert.

Für ein weiteres Stück der Übergangsperiode, als man Vaudevilles, parodierte Ariettes und neu komponierte Musik nebeneinander einsetzte, *Annette et Lubin* (1762, Libretto von beiden Favarts – Charles-Simon und seine Frau, die berühmte Schauspielerin und Autorin, Marie-Justine-Benoîte Favart – vermutlich unter Mitarbeit des Abbé de Voisenon) komponierte Adolphe Blaise acht Ariettes, verschiedene Vaudevilles und Ensembles. Bei sechs Stücken handelt es sich um alte, weithin bekannte Vaudevilles, zwölf sind moderne französische Ariettes, Airs, die zu dieser Zeit so beliebten Airs dialogués und zwei Duette, deren Komponisten nicht mitgeteilt sind. Je ein Stück stammt von Philidor, Gaviniès, Campra, Laborde, Jean-Jacques Rousseau und Sodi. Die Buntheit täuscht über das Wesen des Einsatzes der Vokalstücke hinweg, denn die genaue Untersuchung zeigt, daß die einzelnen Stücke sehr reflektiert hinsichtlich der Charakterisierung der Personen und der Situationen eingesetzt sind.

Vadés Parodie *Le Trompeur trompé* verkörpert thematisch und musikalisch einen anderen Typus der Opéra-comique. Sie steht aufgrund der Personenkonstellation mit zwei Liebespaaren und einem unverschämten intriganten Diener, der Motive der Verkleidung und des stillen Einverständnisses sowie der moralischen Lektion über die Korruption in Paris einer Intrigenkomödie nahe. Das Stück basiert auf demselben Handlungsarchetypus wie Beaumarchais *Mariage de Figaro*. In beiden Stücken verschwört sich ein junges Dienerpaar mit einer älteren Dame, um die amourösen Ambitionen eines Herzogs zu durchkreuzen. Vadés Colette ist so tugendhaft wie naiv, gibt aber dennoch vor, von den Aufmerksamkeiten des Herzogs verführt zu sein und ihm nach Paris folgen zu wollen. Er gibt ihr Kleider und geht ab, um seinen Mantel zu holen. Cidalise, die Verlobte des Herzogs, tritt auf und verkleidet sich mit den vom Herzog besorgten Kleidern. Als der Herzog von ihr Treuebeweise verlangt, läßt sie ihre Maske fallen. Sie verzeiht ihm erst, als sie seine Erklärung vernommen hat: »Une flamme de fantaisie n'est point une infidélité«. Typisch für Vadé ist die mehrfache Verwendung der gleichen Airs in dieser Opéra-comique, von denen einige inhaltlich und semantisch miteinander verbunden sind.

Le Chinois poli en France von Louis Anseaume (1754 in der Foire Saint-Laurent gegeben) ist thematisch eng mit *Le Cinesi* (das Libretto Metastasios stammt aus dem Jahre 1735) verwandt. Es handelt sich um die erste der beiden Parodien von Sellittos Divertimento scenico *Il Cinese rimpatriato* (am 19. Juni 1753 in der Opéra aufgeführt), die mit einem neuartigen chinesischen Ballett des Ballettmeisters von Monnets Opéra-Comique, Jean-Georges Noverre, abgeschlossen wurde. Der Pariser Premiere war die Aufführung eines »grand Ballet Chinois« von Antoine Pitrot in der Comédie Italienne vorausgegangen, das dann auch in Wien zusammen mit Anseaumes Stück (möglicherweise mit einer anderen Musik von Starzer) gegeben wurde. In Anseaumes komischer Oper werden zwei beliebte französische Sujets der Zeit vereinigt, der Exotismus und die Kritik des Lasters. Die Gegenüberstellung der Christenheit mit einer heidnischen Gesellschaft, die nach reineren moralischen Prinzipien lebt, eine charakteristische Form der Kritik an dem als verkommen angesehenen moralischen Zustand der damaligen Gesellschaft, spielte schon seit Regnard in der Opéra-comique und noch in vielen Stücken der späteren Epoche eine wichtige Rolle. Bei Anseaume dagegen wird die französische Einstellung zu Liebe und Heirat und die Mode alles Chinesischen, also auch die Chinoiserien, dem Spott ausgesetzt.

Anseaume war einer der profiliertesten Librettisten von Opéras-comiques nach dem Buffonistenstreit. Daher verwundert es auch nicht, daß Gluck so oft seine Libretti, nämlich von acht Opéras-comiques drei, bearbeitete bzw. vertonte. Zwar wurde Anseaume eher für seinen natürlichen Stil gepriesen als für die Originalität der Intrigen, aber in *Le Chinois poli en*

France entfernt er sich erheblich vom italienischen Modell. Der Mandarin will seine beiden Töchter, die ernste, vernünftige Zaide und die lebhafte und zerstreute Eglé am selben Tag vermählen. Die erste soll einen Mann erhalten, der längere Zeit in Frankreich gelebt hat, während die zweite einem seriösen Chinesen bestimmt ist. Da Zaide den negativen Einfluß des Aufenthalts in Frankreich auf ihren Zukünftigen fürchtet und ihre Schwester gerade von deren Sitten begeistert ist, tauschen sie die für sie bestimmten Männer aus und führen damit das lieto fine herbei. Aus diesem kurzen Resumée wird klar, daß, abgesehen von den Kostümen und der Dekoration, der Stoff nichts spezifisch Chinesisches aufwies, sondern sich in der Hauptsache die Modethematik des Exotischen zunutze gemacht hat.

Die gesellschaftskritische Funktion des Exotismus wird wohl kaum von der in Favarts *Soliman II ou Les trois Sultanes* (1761) übertroffen, ein Werk, das bis nach 1800 in Paris auf den Spielplänen blieb. Der Orient und seine Personen stehen für den französischen Hof. Der Sultan, der mit Ludwig XV. gleichzusetzen ist, ist der ihm reichlich gebotenen Sinnesreize überdrüssig und verlangt nach immer stärkeren Reizmitteln. Das Besondere an dem Werk, neben der an Diderot anknüpfenden Zeitkritik, ist in den authentischen türkischen Dekorationen und Kostümen festzumachen, die in Konstantinopel hergestellt worden waren. Keiner seiner Vorgänger war darin so weit wie er gegangen. Das Titelkupfer zeigt z.B. die »Zils«, die Langhalslaute »Saz« und die oboenähnliche »Zurna«. In der Musik wurden türkische »Cymbales« und andere »instruments turcs« eingesetzt. Die »Fête turque« wird von dem bekannt gewordenen Air des Muphti »*O Mohamet, prends soin des destinées*« eröffnet, an das sich eine nicht überlieferte, vielleicht aus Ferriols *Recueil de cent estampes* entnommenen »*Danse des Derviches*« anschließt, deren Ausführungsanweisung im Libretto mit zeitgenössischen Beschreibungen des Derwischritus übereinstimmt:»Ils commencent sur un air lent et mesuré au son de leurs tambours longs et de leurs flûtes; ensuite ils tournent sur un air plus vif, jusqu'à ce qu'ils tombent comme en extase«. Während Mozarts Parisaufenthalt 1778 stand das Stück auf dem Spielplan, es scheint durchaus möglich, daß er es damals gesehen hat.

Auch *Le Cadi dupé* gehört wie der im gleichen Jahr aufgeführte *Soliman II* und Grétrys *Les deux avares* von 1770 zum Themenkreis der exotischen Stoffe, hier der wiederum spezielle Fall der Türkenoper. Monsigny hatte in Paris die Musik komponiert, an die Gluck später in seiner Bearbeitung mehrfach anknüpfen sollte. Der Librettist Pierre-René Lemonnier hatte vor diesem Libretto nur zwei Bühnenwerke geschrieben, eine Parodie von Rameaus *Les Paladins* und die Opéra-comique *Le Maître en droit* für Monsigny (1760). Die Handlung stammt aus *Mille et un jours*, aber Lemonnier stützte sich auch, wie Bruce A. Brown herausgefunden hat[1], auf die Opéra-comique Gallets, *Le Tour double, ou Le Prêté rendu*. Besonders interessant sind die a-partes und die zahlreichen Duette bei Lemonnier. Die Romance Zelmires »Plaignez mon état, le célibat est-il fait« fehlt im Librettodruck, sie ist in regelmäßigen Vierttakten vertont. Die rhythmische Regularität wird aus der Buffa in die Opéra-comique auf Kosten der guten Deklamation übernommen. Das hat Monsigny in diesem Fall mit Egidio Duni gemeinsam, der nach Chastellux[2] der wichtigste Vertreter dieses Kunstmittels war, das in den Augen eines Franzosen als Mangel galt. Ähnlichkeiten zwischen der Musik Monsignys, der seinem Werk eine dreisätzige italienische Ouvertüre voranstellte, und Glucks gibt es nur im Melodischen, da nur die Melodien der Airs im Libretto abgedruckt waren. In Lemonniers Libretto sind zehn Vaudevilles enthalten, auf die man in der Wiener Bearbeitung Glucks verzichtete, da sie dort nicht bekannt waren und den Zuschauern ihre Implikationen verschlossen geblieben wären. Die Mischung von Ariettes und Vaudevilles, die sogar noch für Monsignys *Le Maître en droit* und Philidors *Maréchal ferrant* (1761) typisch ist, war jedoch auch bald in Paris nicht mehr gern gesehen, wie aus Nougarets Verdikt hervorgeht:

»Je remarquerai encore, que des couplets sur des airs communs, sont mal placés parmi des morceaux de musique. Le mélange de l'Ariette et du Vaudeville, est, selon moi, tout-à-fait choquant, comme dans le Maréchal, etc. Les Poëtes feront bien de ne pas tomber dans cette faute. On permet aux Personnages du nouveau Drame, de se servir simplement de la parole, lorsqu'ils ne sont pas trop animés; mais on ne veut point qu'un Air de pont-Neuf se trouve à côté des chef-d'œuvre d'un Compositeur moderne; une pareille bigarrure deplaît.«[3]

Nach der »Querelle des Bouffons« war Favart zusammen mit dem Advokaten Pierre Baurans auch der beste Übersetzer italienischer Intermedien (*Baïocco et Serpilla* nach *Il giocatore*, 1753, *La bohémienne* nach *La zingara*, 1755, *Les chinois* nach *Il cinese rimpatriato*, 1756)

[1] B. Brown, *Gluck and the French Theatre in Vienna*, Oxford 1991, S. 385.
[2] Chastellux, *Essai sur l'union de la poësie et de la musique*, S. 82.
[3] Nougaret, *L'Art du théâtre en général*, Bd. II, S. 307f.

oder ihr freier Bearbeiter (*Ninette à la cour* nach Ciampis *Bertoldo in corte*, 1755, die neben Vaudevilles auch Parodien italienischer Ariettes enthält). Entscheidend für Favart ist die Verwandlung der Opéra-comique zu einem ernsten Stück mit einem hohen moralischen Anspruch. Er eliminierte »le merveilleux« und die Figur des Narren sowie anstößige sexuelle Anspielungen in seinen Texten, verzichtete auf Akrobatik und die Obszönitäten seiner Vorgänger. Seine Charaktere, die bäuerlicher Herkunft, ohne Eitelkeit und voller Naivität waren, wurden häufig dem materialistisch eingestellten und heuchlerischen Adel gegenübergestellt. In *Ninette à la cour* z.B. (12. Februar 1755 auf der Foire Saint-Germain aufgeführt) liebt die Titelperson den aus einem Dorf stammenden Colas, ist aber zugleich von einem vorbeikommenden Seigneur, dem Prince Adolphe, angetan, der sie mit der Beschreibung des bequemen höfischen Lebens und dem edlen und überheblichen Lebensstil verlockt. Die Eifersucht von Colas treibt sie schließlich dazu, das Angebot des Prinzen anzunehmen. Aber als sie die Wechselhaftigkeit und die sittliche Verkommenheit des Prinzen erfahren muß und den Reichtum und die snobistische Etikette des Hofes kennenlernt, kehrt sie gerne wieder zu ihrem naiven Colas zurück. Die Lehre besteht darin, daß die Einfachheit, das natürliche Leben im Dorf, wo man keine Korruption kennt, dem Reichtum und der Heuchelei vorzuziehen sind.

Mit *Ninette à la cour* (1755) betrat Favart insofern Neuland, als hier zwar adeliger Personen, der Prinzen Adolphe und der Comtesse Émilie, auftreten, aber das Landmädchen Ninette die zentrale Person, die Seele und moralische Autorität des Stückes ist. Höhe- und Kulminationspunkt der Handlung ist die von Ninette sorgfältig vorbereitete nächtliche Szene, in der sie alle in den Konflikt verwickelten Personen zusammenführt, um den Prinzen der Untreue zu überführen und ihr eigenes Verhalten und ihre Integrität unter Beweis zu stellen. Nach La Harpe ist diese Szene jener in *Le Mariage de Figaro* von Beaumarchais weit überlegen, da Favart nicht wie Beaumarchais die verwechselten Personen selbst reden läßt (ein Widerspruch gegen das Wahrscheinlichkeitsgebot), sondern anstelle der vertauschten die in der Dunkelheit unbemerkt aufgetretenen richtigen Personen. Große Teile des Dialogs sind von Favart auf die italienische Ariette »L'écho« parodiert und die französischen Verse in vollkommener Weise an die anderen Arietten angepaßt (vgl. z.B. »Colas je renonce au village« oder »Le vent dans la plaine/Suspend son haleine«). Für La Harpe ist *Ninette à la cour* die Opéra-comique, »(qui) s'élevait ici pour la première fois jusqu'à la bonne comédie, celle qui instruit en amusant et qui moralise en badinant.«[1] Das Stück, das zu seinen erfolgreichsten gehörte und in der Comédie Française 40 Jahre gespielt wurde, hatte Duni in Parma kennengelernt, bevor er nach Paris übersiedelte. Die Kochsche Truppe übernahm es bearbeitet als *Lottchen am Hofe* im Jahre 1767 in ihr Repertoire. *Ninette à la cour* steht auf dem Höhepunkt der Entwicklung der Comédie mêlée d'ariettes parodiées. Mit ihren 30 parodierten Arietten bildet das Werk den Übergang von der Opéra-comique mit Vaudevilles zu jener mit Arietten. Seinen endgültigen durchschlagenden Erfolg erlangte das Stück im übrigen erst, als Duni es 1756 für Parma neu vertonte. In Paris wurde dann sein *Peintre amoureux de son modèle* (1757) die erste einer Serie sehr erfolgreicher Opéras-comiques, von denen manche, wie etwa *Les deux chasseurs* (1763) bis in die 1790er Jahre in Paris gespielt wurden. Neben Duni hat Jean-Louis Laruette (*Le médecin de l'amour*, 1758, *L'ivrogne corrigé*, 1759) Entscheidendes zur Durchsetzung der Opéra-comique mit durchweg neu originaler Musik beigetragen.

Ninette à la cour steht auf dem Höhepunkt der Entwicklung der comédie mêlée d'ariettes parodiées. Insgesamt werden 30 Ariettes im Verlauf des Stückes parodiert. Bei dem Stück handelt es sich um die zweite der Adaptationen von Goldonis und Ciampis *Bertoldo, Bertoldino e Casasenno* (1748), eine Opera buffa, die 1753 von den Buffoni in Paris aufgeführt worden war. Anseaumes *Bertholde à la cour* (Foire Saint-Germain, 1754) war die erste der Parodien, eine Vaudeville-Komödie mit sechs Ariettes, darunter mindestens vier aus Ciampis Werk. Alle diese Stücke erschienen wieder in Favarts Bearbeitung, in der die Vaudevilles durch Prosa ersetzt worden waren. Jean-Jacques Rousseau wendete sich vergeblich gegen die Parodie der italienischen Ariettes bzw. Ariettes dialoguées, dennoch wurden sie für einige Jahre zu einer weitverbreiteten Praxis, die sogar von Parfaict gutgeheißen wurde: »Il [Favart] a réussi à allier des paroles Françaises, aussi ingénueusement que naturellement écrites, avec de la Musique Italienne«.[2]

Musikalisch bedeutet *Ninette à la cour* den Übergang von der Opéra-comique mit Vaudevilles zu jener mit Ariettes. Damit verlor der Dichter einen Teil seiner Verantwortung und

---

1 La Harpe, *Lycée, ou Cours de littérature ancienne et moderne*, Paris an IX, tome 12e, S. 336.
2 *Les Spectacles de Paris*, Paris 1760, S. 127.

Kompetenz an den Komponisten, da er mit der Übernahme der Arietten inhaltliche und formale Zwänge eingehen mußte. Schon in der ursprünglichen Version bestand die Musik der *Ninette à la cour* fast vollkommen aus parodierter italienischer Musik, ihren endgültigen durchschlagenden Erfolg erlangte sie jedoch erst, als Egidio Romoaldo Duni das Werk 1756 für Parma neu vertonte. Dunis *Le Peintre amoureux de son modèle* (1757) war das erste einer Serie sehr erfolgreicher Opéras-comiques, von denen manche, wie etwa *Les deux chasseurs* (1763) bis in die 1790er Jahre in Paris gespielt wurden.

Ein wichtiges Merkmal der französischen Opéra-comique, das weite Verbreitung auch in anderen Gattungen des Musiktheaters fand, ist das Finalvaudeville. Vor Favart steht es oftmals noch in recht lockerer Beziehung zum Inhalt des Stückes, es dient der abschließenden Vorführung aller Protagonisten und dem Werben um die Gunst des Publikums. Favart bindet es durch die Übertragung der moralischen Schlußfolgerung aus der Sicht jeder Person enger an den Inhalt des Stückes, wodurch es die Funktion eines Ruhepunktes mit belehrender und reflektierender Absicht erhielt. Das Finalvaudeville hatte entscheidenden Einfluß auf die Interpretation des Stoffes und auf den Erfolg des Stückes. Daher wurde auf sie eine besondere Sorgfalt verwendet: »Mais pour en revenir aux couplets, ceux même que chantent tous les acteurs à la fin des pieces, et qui devraient être les plus soignés et les mieux faits, sont rarement supportables.«[1] Ihre Bedeutung für die Bewertung des Stückes belegt auch die Tatsache, daß sie in den Inhaltsangaben der Theaterlexika des 18. Jahrhunderts als oftmals einzige Passagen aus den Stücken wörtlich zitiert sind. Nougaret nimmt eine ambivalente Stellung zum Finalvaudeville ein. Einerseits betont er, es müsse inhaltlich mit der Handlung verbunden, dürfe nicht aber Teil der Handlung sein und müsse auf die Protagonisten und auf das Publikum bezogen sein[2], andererseits lehnt er es ab, da die Lösung des dramatischen Konflikt (»dénouement«) keine Verzögerung dulde:

»Est-il vraisemblable que des personnages qui n'ont rien à faire sur la scène, y demeurent sans sujet? Lorsqu'on nous dit que le dénouement ne doit point traîner en longueur; on nous avertit aussi de ne placer après lui aucun mot inutile; par ce que l'action qui se termine promptement satisfait davantage le spectateur, et que le moindre mot lui paraît froid et ridicule, après que l'intrigue est dénouée.«[3]

Der meist dem Chor übertragene Refrain des Finalvaudeville sollte ihm zufolge so beschaffen sein, daß daraus ein Sprichwort wird oder aber bereits zuvor war.[4] Er fordert, es durch einen Chor zu ersetzen »parce qu'on suppose alors que l'on peint ce qui se passe dans l'âme des personnages. Le moyen que je conseille approche bien plus de la nature, que le vaudeville: des gens joyeux peuvent chanter tous ensemble quelques mots, et non un grand nombre de couplets.«[5] Michel Sedaine zog die Konsequenz aus dieser Diskussion und versuchte deshalb, eine Kombination von Aktions- und Vaudevillefinale zu erreichen.

Musikalisch lassen sich Formen des Finalvaudeville mit und ohne Refrain unterscheiden. Bei Favart ist der Refrain keineswegs die Regel, denn oft singen die Schauspieler ihre Strophe, ohne daß ein Tutti-Refrain darauf folgt (etwa Blaises Finalvaudeville zu *Isabelle et Gertrude* (1765), in dem Gertrude eine neue, in Moll stehende Strophe erhielt). Die jeweilige Neuvertonung der Couplets für jede einzelne Person, also nicht die Beibehaltung der gleichen Melodie, wie sie Jean-Jacques Rousseau im *Devin du village* zum ersten Mal einführte und durch die der Charakter der einzelnen Person bzw. die Spezifik seiner moralischen Quintessenz des Stückes zum Tragen kommen kann, erwies sich dann besonders in Wien als fruchtbar.

Die »Querelle des Bouffons« mit ihrem Krieg an Pamphleten stellt einen tiefen Einschnitt in der Entwicklung der Opéra-comique dar. Jean-Jacques Rousseau hatte mit seinem *Devin du village* (1753), der nach dem Modell der Opera buffa Rezitative hatte, also keine Opéra-comique ist, wichtige Anstöße gegeben, indem er Musik natürlicher Einfachheit komponiert hatte, die vieles den Buffonisten verdankte. Jean Monnet, der die französische Musik gegenüber der italienischen vorzog und favorisierte, ließ bekannt machen, er suche einen italienischen Komponisten, der Jean-Joseph Vadés Vierpersonenstück *Les Troqueurs* vertone, ein »Intermède«, das, wie so viele Opéras-comiques vor- und nachher, auf einer Erzählung von La Fontaines basiert (Charltons Statistik zufolge wurden zwischen 1702 und 1760 23 und zwischen 1761 und 1793 22 Opéras-comiques nach den Contes La Fontaines geschrieben).[6] Erst nachdem dieses »Intermède« Vadés beim Publikum, besonders bei denjenigen, die sich dem italienischen Geschmack verschrieben hatten, den Durchbruch erzielt hatte, gab Monnet

1 J. F. Laharpe, *Lycée, ou Cours de littérature ancienne et moderne*, Paris an IX, tome 12e, S. 281.
2 Vgl. Nougaret, *L'Art du théâtre*, Bd. I, S. 204.
3 Ebd., Bd. II, S. 304.
4 Vgl. ebd., S. 306.
5 Ebd., S. 305.
6 Vgl. David Charlton, *Grétry and the Growth of Opéra-comique*, Cambridge 1986, S. 49.

bekannt, die Musik stamme von Antoine Dauvergne. Der italienische Einfluß zeigt sich musikalisch besonders in der neapolitanischen Sinfonia, in der wirkungsvollen Verwendung des Streichertremolos und der ungewöhnlich variablen Gestaltung der Arien (Da-capo-Arien, zweiteilige und Zwei-Tempo-Arien). Die Ausweitung der Melodik, metrische und harmonische Kontraste und eine differenzierte Orchesterbehandlung stehen gleichermaßen im Dienst der Dramaturgie. Im langen Schlußballett vereinigte Dauvergne Instrumentalstücke und Tänze verschiedener Provenienz. Die Nähe der Musik Dauvergnes zu jener der italienischen Buffonisten wird bald durch größere Selbständigkeit der französischen Komponisten überwunden. Die Kritik, die sich bei Nougaret[1] und in ähnlichem Sinn später noch bei Grétry gegen die »longueur affreuse« der Ritornelle, gegen die Vokalisen und Koloraturen und die vielen melodischen und Wortwiederholungen vorgetragen wird, findet ihre unmittelbare Umsetzung in vielen Partituren, in denen gemäß Nougarets Forderung nach einem Realismus (»un laboureur, un artisan, une paysanne, ne remettent point tant d'apprêts dans leurs actions; ils disent tout de suite ce qui leur vient dans l'idée«) dem Einsatz der Singstimme lediglich ein Anfangsakkord des Orchesters vorausgeht.

[1] Vgl. Nougaret, *L'Art du théâtre*, Bd. II, S. 314–317.

Drame lyrique und *Opéra-comique*
»Un spectacle qui favorise le caractère de la nation«[2]

Zwischen 1760 und der Revolution wurde die ›Opéra-comique‹ vom französischen und europäischen Publikum als der ›Tragédie lyrique‹ gleichwertige Gattung aufgenommen. Ihre Librettisten und Komponisten erfreuten sich eines unerwarteten Erfolgs, so daß Gomicourt von einer Raserei (»fureur«) der Menschen für diese Gattung sprechen konnte, die das Parterre und die Logen belagerte. In ihrer erzieherischen Funktion schätzte er die ›Opéra-comique‹ bzw. das ›Drame lyrique‹ ebenso hoch ein wie die Collèges und die Akademien; die Aneignung und das Singen der Airs in den Salons gehört nach Gomicourt zu den Aktivitäten, die strebsamen jungen Menschen den Erfolg in der Gesellschaft ermöglichen.

Die Opéra-comique »remplit exactement les vues patriotiques du Législateur des nations. Il pourra plus que jamais [...] augmenter nos vertus et diminuer nos défauts. Nous deviendrons plus sociables, plus ouverts, plus enjouées, plus vifs et moins pédants, et nous apprendrons mieux que jamais à faire les choses frivoles sérieusement, et gaiment les choses sérieuses.«[3]

Das internationales Renommée der Gattung war größer als das der Tragédie lyrique mit Ausnahme Glucks. Viele Werke wurden in ganz Europa gespielt.[4] Ihre literarischen und musikalischen Qualitäten wurden von vielen Autoren wie La Harpe, Marmontel, Quétant, Framery u.a. diskutiert, von Theoretikern wie Chastellux, Grimm und Rosoi gingen Vorschläge für Reformen der französischen Oper aus. Die gesellschaftliche Bedeutung der Gattung wird außerdem durch die »Philosophes«, darunter Rousseau, Voltaire, Diderot und d'Alembert, unterstrichen. Die Bezeichnung ›Drame lyrique‹ entstand im Zusammenhang mit Diderots Theorie des Drame und ist in zwei Bedeutungen, einer spezifischen für bestimmte thematisch exponierte Opéra-comique und einer unspezifischen synonym für Opéra, nachzuweisen. In Kontext der Opéra-comique ist das Gegensatzpaar ›Drame lyrique‹, dem ›Drame bourgeois‹ nahestehend, und ›Opéra-comique ou bouffon‹ mit überwiegend komischen Situationen maßgebend.

Für das französische Theater der zweiten Hälfte des 18. Jahrhunderts ist die Konversation das konstitutive Kennzeichen und Wesen zugleich. Damit geht eine andere wichtige Tendenz einher, die Verankerung im täglichen Leben der Menschen, die mit dem Schlagwort »naturel« bezeichnet wurde und als Bruch mit dem Klassischen sowohl in der Stoffwahl wie in der Sprache zu verstehen ist.[5] Im neuen Drama waren die Personen weder Heroen noch komische Typen, die vom Zuschauer durch eine deutliche Distanz gekennzeichnet waren, sondern sie gehörten oder sollten zumindest ihrer Lebenswelt angehören. Librettisten wie Michel Jean Sedaine, B. Farmian de Rosoi und J.M. Boutet, genannt Monvel, schufen in der Opéra-comique des chevaleresken Typs Charaktere aus der sozialen Oberschicht. Historische und pseudohistorische Stoffe bilden den Hintergrund für gefährliche Situationen, Handlungen und das heldenhafte Verhalten der Protagonisten, wie etwa in Sedaines *Le Déserteur*.

[2] Auguste-Pierre Damien de Gomicourt, *Essai sur la poésie lyri-comique*, Paris 1770.
[3] Ebd., S. 177.
[4] Vgl. dazu K. Pendle, *Opéra-Comique as Literature: The Spread of French Styles in Europe, ca. 1760 to the Revolution*, in: *Grétry et l'Europe de l'opéra-comique*, hg. v. Ph. Vendrix, Liège 1992, S. 229–250. C. Pré, *Les traductions d'opéras-comiques en langues occidentales. 1741–1815*, ebd., S. 251–265. Th. Betzwieser, *Zwischen Kinder- und Nationaltheater: die Rezeption der Opéra-comique in Deutschland (1760–1780)*, in: *Theater im Kulturwandel des 18. Jahrhunderts*, hg. v. E. Fischer-Lichte und J. Schönert, Göttingen 1999, S. 245–264. E. Sala, *Réécritures italiennes de l'opéra comique français: le cas du Renaud d'Ast*, in: *Die Opéra comique und ihr Einfluß auf das europäische Musiktheater im 19. Jahrhundert*, hg. v. H. Schneider / N. Wild, Hildesheim 1997, S. 363–383. M. Marica, *Le traduzioni italiane in prose di opéras comiques francesi (1763–1813)*, ebd., S. 385–447.
[5] Schon 1742 hatte Landois, der heute vergessen ist, im Prolog seiner *Silvie* festgestellt: »L'auteur, ami de la nature, regardant le pompeux galimatias tragique comme un mauvais moyen pour exprimer les sentiments, a eu soin de le supprimer [...] C'est l'intérieur d'une maison dans laquelle des gens, affectés de passions peut-être assez vives, s'expriment conformément à leur situation, ne se mêlent que de ce qui les touche, n'abandonnent point l'intérêt principal, pour venir sur le devant du théâtre débiter des lieux communs de morale ou des rodomontades héroïques«.

Außerdem kann man, abgesehen von wenigen Ausnahmen, von einer deutlichen Distanz oder sogar Kluft zwischen der hochentwickelten Theorie bei Diderot, Beaumarchais und Mercier und der nur mittelmäßigen Realisierung dieser Ideale sprechen.[1] In der neuen Gattung des ›Drame‹ wurde der Weg zu einem realistischen Theater beschritten, in dem die familiäre, soziale und politische Situation der Menschen im Zentrum steht. An dieses Theater konnten Lessing und am Ende des 19. Jahrhunderts Tschechow, Ibsen oder Strindberg anknüpfen. Angesichts der Dominanz der klassischen Tragödie verwundert es nicht, daß Diderot sich auf Racines *Iphigénie* beruft, in der er »le tableau de l'amour maternel dans toute sa vérité« sieht, als er seine »tragédie domestique« konzipierte. Nicht mehr die Staatsangelegenheiten und der Ehrenkodex der regierenden Dynastie, sondern die affektiven, familiären und Liebesbeziehungen der Privatpersonen standen im Zentrum. Der moralische Anspruch, den Diderot an das Drame stellt, ist im neuen Musiktheater viel schwieriger zu realisieren. Damit stimmen auch Theoretiker wie Nougaret überein:

»J'avoue qu'on a d'abord quelques peines à appercevoir ce motif [le but moral – die moralische Zielsetzung]; en s'efforçant un peu, on le découvre enfin. De même qu'Esope fit servir à notre instruction l'*Apologue* [die Fabel], ainsi l'Opera Bouffon [d. h. die Opéra-comique] met en jeu des Ouvriers, des Artisans, afin que la vue de leurs passions nous corrige des notres«.[2]

Dies hatte auch Auswirkungen auf die Wahl eines niedrigen Sprachstils, den Nougaret eingesteht[3] und den man Sedaine immer wieder vorwarf, während Gomicourt die Qualität und den Erfindungsreichtum der Sprache in einer umfangsreichen Schrift zur Rhetorik des Librettos der Opéra-comique dieser Epoche unterstreicht.[4]

Im Zuge dieser Neuorientierung bahnt sich die Nationalisierung der Stoffe an, wobei Sedaines *Aucassin et Nicolette* (1779) und *Richard cœur-de-lion* (1784) nicht am Anfang der Adaptierung mittelalterlicher Stoffe stehen, sondern bereits auf eine Ahnenreihe zurückgehen, die mit Jonquières *Guy de Chesne* (1763) und Favarts *Fée Urgèle* begann.[5] In diesem Zusammenhang bediente man sich im Gegensatz zu dem älteren Begriff des »coloris« des Terminus »couleur locale qui convient à tel site, plutôt qu'à tel autre.«[6]

Nicht weniger gravierend sind die Veränderungen im Bereich der Komödie. Die Charakterkomödie Molières stand zwar in hohem Ansehen, aber nichtsdestoweniger wurde sie als überholt angesehen. Im Rahmen der neuen Sensibilität und der neuen Werte erhob Jean-Jacques Rousseau in seiner *Lettre à Monsieur d'Alembert sur les spectacles* (1758) den Vorwurf der Immoralität gegenüber der Komödie Molières, da Molière das Lachen auf Kosten der Personen erzeugt habe. Die Komödie entwickelt sich nunmehr in Richtung einer Moralisierung, die dem Lachen abträglich war. Wichtigste Repräsentanten waren Destouches und Nivelle de la Chaussée, die Pioniere des pathetischen ›genre sérieux‹ der Komödie »sans rire«. Bei Nivelle de la Chaussées ›comédie larmoyante‹ ist schwer zu entscheiden, ob es sich um eine Komödie handelt, die von der Melancholie angekränkelt ist, oder um eine pervertierte Tragödie. Seit seiner *Mélanide* (1741) war Komik ganz aus seiner ›Comédie larmoyante‹ verbannt, es herrschte allein das Pathetische. Ein wesentliches formales Merkmal des späteren Drame fehlte bei Destouches und Nivelle de la Chaussée noch, die Prosa anstelle der Verse, und außerdem der bürgerliche Charakter der Stücke. Mit ihren Stücken nehmen Destouches und La Chaussée seit der Mitte der 1730er Jahre das ›genre intermédiaire‹ vorweg, das Diderot und im Anschluß an ihn Sedaine propagierten.

Von diesen Entwicklungen sind die Théâtres de la Foire bis hin zu Favart und die sich fortsetzende ›tradition gauloise‹ (heitere Komödie, Farse, auch das nicht in öffentlichen Theaters gespielte ›Théâtre de société‹, besonders Charles Collés) weitgehend ausgenommen. Die Komödien und Parodien Lesages u.a. stehen noch insofern in der Tradition Molières, als die Moral- und Sozialkritik mit dem Lachen und der Ironie vereinbar blieb. Die Foire und das Théâtre de société erfüllten die Doppelfunktion, eine leichte, realistisch-gewöhnliche, auch schlüpfrige Komik zu realisieren, die auf den großen Bühnen verboten war, und außerdem mit ihren kurzen, freien Stücken (Farsen, Paraden, Monologen, ›proverbes dramatiques‹) eine Art experimentelles Theater zu bieten.

Das erwähnte mittlere dramatische Genre ist zwischen den großen traditionellen Gattungen angesiedelt, nach Diderot zwischen »burlesque« und »merveilleux« bzw., um moderner mit Fontenelle zu sprechen, zwischen »bouffon« und »terrible«. Die beiden epochemachen-

---

[1] Nougaret versucht, die neue Gattung des Drame lyrique dadurch zu rechtfertigen, daß er die Beachtung der Dramenregeln in dieser Gattung nachweist, vgl. *L'Art du théâtre*, Bd. II, Paris 1769, S. 210ff.

[2] Ebd., Bd. I, S. 130.

[3] Vgl. ebd., Bd. I, S. 291.

[4] Vgl. dazu H. Schneider: *L'importance de la rhétorique dans l'opéra-comique au XVIII siècle.* »Un Spectacle qui favorise le caractère de la nation« (Gomicourt, 1770), in: *Entre théâtre et musique: Récitatif en Europe aux XVIIe et XVIIIe siècles*, hg. v. R. Legrand et L. Quétin, Tours 1999 (Cahiers d'histoire culturelle 6), S. 149–175.

[5] Etwa zur gleichen Zeit begann man mittelalterliche Musik neu zu edieren, vgl. *Anthologie françoise ou chansons choisies, depuis le 13e siècle jusqu'à présent*, hg. v. Jean Monnet, 3 Bände, Paris 1765.

[6] B. Fabian de Rozoi, *Dissertation sur le drame lyrique*, La Haye et Paris 1775, S. 44.

den Stücke Diderots, *Le Fils naturel* (1757) und *Le Père de famille* (1758) und die Dramen seiner unmittelbaren Nachfolger, Sedaine, Beaumarchais und Mercier, stehen für diese neue Konzeption. Der Widerstand der Comédie Française gegen diese Entwicklung soll Sedaine dazu veranlaßt haben, der Opéra-comique überwiegend sein Genie zu widmen.

Eine andere weitere Orientierung im Theater der zweiten Hälfte des 18. Jahrhunderts, das historische Drama Sébastien Merciers und die Neigung zu historischen Stoffen im ernsten Theater, hinterlassen auch in der Oper und Opéra-comique deutliche Spuren (u. a. in *Richard cœur-de-lion*). In Merciers historischen Dramen kündigen sich politische und moralische Tendenzen der Revolution an: das Volk kritisiert und richtet die Könige, politische Ereignisse werden aus der Perspektive der Unterschichten geschildert und beurteilt. Charles Collé hatte sein schon seit 1762 in Privattheatern unter dem Titel *Le Roi et le Meunier* gespieltes Stück *La Partie de chasse de Henri IV* 1774 mit großem Erfolg in der Comédie Française gegeben und einen Typus geschaffen, in dem die Unterschichten die Großen erziehen. Alle diese Neuerungen und Tendenzen haben gerade auf die stets an den neuesten literarischen und ideologischen Entwicklungen partizipierenden Opéra-comique ihre Auswirkungen.

Nicht nur der Einfluß des italienischen ›Intermediums‹ und der ›Opera buffa‹, insbesondere ihrer Musik, haben den entschiedenen Wandel der Gattung bewirkt, sondern stofflich und dramatisch wichtiger waren die von Diderot propagierten Neuerungen. Im Gegensatz zur dominierenden naiven, antirealistischen, durchaus aber auch zeitkritischen ›pastourelle bourgeoise et paysanne‹[1] Favarts sollte in Diderots[2] neuem ›genre sérieux‹ des Drame die Realität bürgerlichen Lebens in ihrer »nudité naturelle« darzustellen. In der Sprache der Dramen schlug sich das durch die Ablösung des Verses durch die Prosa nieder, deren Natürlichkeit bei Sedaine bis heute immer wieder unterstrichen wird. Zu den negativen Konsequenzen kann man die Verwischung von Kontrasten etwa zwischen Herr und Diener rechnen, der im ›genre sérieux‹ in die Familie integriert und verbürgerlicht wird. Bezüglich der Opéra-comique betont Quétant in seinem *Essai sur l'opéra-comique* (1765):

»Les meilleures intrigues sont celles qui se passent entre les personnages gais; c'est pour cela que les villageois donnent plus de plaisir dans ce genre que les gens de la ville, et que parmi ces derniers, les artisans réussissent mieux que la bourgeoisie. Il seroit mal-adroit de prendre un prince fameux ou un conquérant illustre pour sujet d'un opéra-comique, à moins que ces personnages n'y soient représentés dans des situations singulières, plaisantes, et opposées, jusqu'à un certain point à leur dignité«.[3]

Adelige treten durchaus in Stücken dieser Zeit auf, sie werden aber oft recht gnadenlos bloßgestellt, wenn sie moralischen Maßstäben nicht standhalten wie in Favarts und Dunis *Les Moissonneurs* (1768), oder aber sie müssen sich wie andere Personen durch ihre »noble conduite« bewähren.

Beeinflußt durch die Philosophie stellt sich das Theater und in gleichem Maße die Opéra-comique zur Aufgabe, das Familien- und Liebesleben in ihre ursprünglichen Einfachheit, d.h. mit ihren natürlichen Grundlagen, in Übereinstimmung zu bringen. Deshalb werden natürliche Handlungen und Gefühle inszeniert, die über Vorurteile und Konventionen siegen. Zu den bevorzugten Themen bei Diderot, Sedaine und Mercier gehören Fragen des Geldes, des Erbes, der Familienzusammengehörigkeit, also die täglichen Probleme des Bourgeois. Das Drama setzt sich mit dem häuslichen Alltagsleben des Bürgertums auseinander. Dies hat eine Veränderung der Personenkonstellation zur Folge. Zu Beginn des *Philosophe sans le savoir* von Sedaine wird klar, daß die Hochzeit der Mlle Sophie nicht mehr wie in zahllosen Komödien das glückliche Ende der Handlung darstellt, sondern daß durch diese Familienzusammenkunft eine ideale Gelegenheit geschaffen wird, das häusliche Leben des Großbürgertums mit seinen Krisen und gelegentlichen Zerreißproben darzustellen, um schließlich ihre unerschütterliche Solidarität und Solidität unter Beweis zu stellen. Wenn das erste Charakteristikum also die Verankerung des Bürgers in seiner Familie darstellt, besteht das zweite darin, ihren Status bzw. ihren Beruf klarzulegen. Es werden, wie Diderot betont, nicht mehr Charaktere, sondern Stände auf die Bühne gebracht:

»Ce ne sont plus, à proprement parler, les caractères qu'il faut mettre sur la scène, mais les conditions [...] C'est la condition, ses devoirs, ses avantages, ses embarras, qui doivent servir de base à l'ouvrage. Il me semble que cette source est plus féconde, plus étendue et plus fertile que celle des caractères [...] Ainsi vous voudriez qu'on jouât l'homme de lettres, le philosophe, le commerçant, le juge, l'avocat, le politique, le citoyen, le magistrat, le

---

1 Vgl. L. Parkinson Arnoldson, *Sedaine et les musiciens de son temps*, Paris 1934, S. 211f.
2 D. Diderot, *De la Poésie dramatique*, Paris 1758. Darin revidierte er sein im »Troisième Entretien«, der im *Fils naturel* 1757 erschien, entworfenes System der klassischen Genres: »Voici donc le système dramatique dans toute son étendue. La comédie gaie qui a pour objet le ridicule et le vice. La comédie sérieuse qui a pour objet la vertu et les devoirs de l'homme. La tragédie qui aurait pour objet nos malheurs domestiques. La tragédie qui a pour objet les catastrophes publiques et les malheurs des grands«.
3 Antoine-François Quétant, *Essai sur l'opéra-comique*, in: *Le Serrurier*, Paris 1765, S. 29f.

financier, le grand seigneur, l'intendant. Ajoutez à cela toutes les relations: le père de famille, l'époux, la sœur, les frères«.[1]

Die Konfrontation der Berufe und Stände, die auch an jener des einfachen Soldaten und des Offiziers im *Déserteur* deutlich wird, führt aber zu keinen dynamischen Konfrontationen, sondern zieht eine oftmals problematische Statik des Theaters nach sich. Hinzu kommt, daß die Personen bei Diderot einer idealistischen Psychologie unterworfen werden, die mit ihrer Einbettung in ihrem Beruf einhergeht. Dadurch, daß die Autoren ihren Personen eine unbestrittene moralische Universalität verleihen, opfern sie deren Individualität und Einmaligkeit.

Die Probleme der neuen Gattung liegen auch darin, daß die Autoren den Ehrgeiz haben, ihre Personen und deren Gesellschaft genau zu beschreiben und dabei die Handlung vernachlässigen. Daraus ergibt sich die Dramaturgie des Tableau, die Diderot in Anlehnung an die Malerei seiner Zeit und insbesondere von Jean-Baptiste Greuze (etwa in dessen *Malédiction paternelle* von 1777/78) entwickelt und die von Sedaine auch in die Opéra-comique übernommen wird. So heißt es in den *Entretiens sur »Le Fils naturel«*, der Theaterbesucher befinde sich im Theater wie vor einer Leinwand, auf der nacheinander Gemälde präsentiert werden: »Le spectateur est au théâtre comme devant une toile où des tableaux divers se succéderaient comme par enchantement.« Diese Malerei des Theaters »doit être plus rigoureuse et plus vraie que tout autre genre de peinture«. Daher spielen die Szenenanweisungen eine so große Rolle, und die kurzen Ausrufe und Interjektionen sind durch eine eloquente Gestik zu begleiten und zu unterbrechen. Die Pantomime und die feierliche Gestik sind also im Tableau im Vergleich zum Wort überaus wichtig. So bemerkt Nougaret bezüglich der Opéra-comique:

»On a beau dire que le mérite des drames modernes dépend plutôt du décorateur que du poète, plutôt du jeu du comédien que de l'élégance du stile et de l'action représentée; on se moque de pareils discours, et l'on ne charge pas moins la scène de décorations éclatantes, et d'une pantomime difficile à bien exécuter.«[2]

Noch expliziter begründet er die Pantomime an anderer Stelle:

»Ce n'est pas seulement en portant la parole que l'acteur doit exprimer les passions du personnage qu'il représente; il faut qu'il se persuade que pendant le tems qu'il est sur la scène, tout ce qui s'y passe ne saurait lui être indifférent: ne serait-ce que dans l'instant qu'il parle, qu'il doit paraître ému, agité? Non, il faut que dans son silence même on découvre combien son âme est peu tranquille.«[3]

Sie stellen nicht nur den Rahmen für eine moralische Konfiguration, sondern eine Selbstdarstellung des bürgerlichen Alltags in seinen entscheidenden Augenblicken dar. Die am häufigsten behandelten Themen sind der Krieg (Kriegsariette meist als bloße Berichte ohne Relevanz für die Handlung), die Arbeit, bei der man vom Geliebten träumen kann (*Le Sorcier* mit der Bügelszene, die im *Fidelio* sogar wiedererscheint) sowie schließlich das Geld, das sich die Liebenden beschaffen müssen, um heiraten zu können.[4] Wie sehr die Maximen Diderots auch für die Opéra-comique gelten, beweist die Dédicace Poinsinets an Sedaine, die er seinem *Sancho-Pança dans son isle* (1762) voranstellt und in der es u.a. heißt:

> Que nos tragiques orgueilleux
> Esquissent à leur gré l'idéale peinture
> D'un César, d'un Caton, d'un farouche Annibal;
> J'aime mieux voir Blaise, Jacques, Dorval:
> Je retrouve en eux la nature.
> Elle seule a sur moi des droits victorieux;
> Mon cœur sourit à son image:
> Les Régulus ne sont plus de notre âge [...]
> L'art de peindre est l'art de plaire;
> C'est le secret de tous les arts.

Die Aufnahme neuer Stoffquellen, des englischen Romans, der vom Publikum so sehr geschätzt wurde, anderer erzählender Gattungen wie die Erzählungen Marmontels oder »faits divers« der Zeitschriften, hat das Drame mit der Opéra-comique gemeinsam, wenngleich die Schwerpunkte der Übernahmen verschieden verliefen. Erzählende Stoffe waren in der Opéra-comique nicht ohne erhebliche Vereinfachung und Transformation zu bewältigen, erwiesen sich aber auch im Drame, in dem man am Korsett klassischer Regeln festhielt, als problematisch. Die anfängliche Auseinandersetzung mit Shakespeare (z.B. Sedaines *L'anneau perdu et*

---

[1] Diderot, *Entretiens sur le fils naturel*, in: *Œuvres*, hg. v. A. Billy, Paris 1951, S. 1287f. Vgl. dazu auch A. Ménil, *Diderot et le drame*, Paris 1995, S. 53f.
[2] *De l'Art du théâtre*, Bd. I, S. 339.
[3] Ebd., S. 348.
[4] Vgl. dazu R. E. Müller, »*Il faut s'aimer pour s'épouser*«: *Das dramaturgische Konzept der Opéra-comique zwischen 1752 und 1769*, in: Jahrbuch des Staatlichen Instituts Musikforschung Preußischer Kulturbesitz 27 (1987/88), S. 139–183.

retrouvé nach *The Merry Wives of Windsor*) scheiterten. Erst Lachabeaussières *Azémia* (nach *The Tempest*), vom Librettisten charakteristischerweise als »Nouvelle dramatique« bezeichnet, Musik von Dalayrac, wurde dagegen 1787 erfolgreich aufgeführt. Die kritische Auseinandersetzung mit Shakespeare – Rozoi spricht davon, dessen Fehler zu vermeiden – trug entscheidend zur Entstehung des ›Théâtre de l'histoire‹ bei.

In den Stücken der neuen Gattung gelangt man in der Regel trotz allen Unglücks, aller Schwierigkeiten und Anfechtungen zu einem glücklichen Ende. Die Personen finden am Ende alles Unheils und aller Widrigkeiten zu ihrem Glück, wodurch das Drama als ein dornenreicher, von vielen Qualen begleiteter und vom Absturz gefährdeter Weg erscheint. Im ›genre sérieux‹ wie auch im Drame lyrique bzw. in einigen bedeutenden Opéras-comiques wird also eine doppelte Wende eingeführt, zunächst in Richtung der Katastrophe und des Untergangs und dann vom Unglück zum endgültigen Glück. Im Fall des *Déserteur* vermochte Monsigny in erstaunlicher Vollkommenheit diese Dramaturgie auch musikdramatisch mitzuvollziehen. Im Gegensatz zur klassischen Tragödie, in der der Heros an den Prüfungen des Schicksals scheitert, dienen diese im bürgerlichen Drama dazu, das Glück der Personen herbeizuführen. Ihr Leben steht nicht mehr unter dem Schwert des gottgewollten Schicksals, sondern ist ganz menschlich von Widerwärtigkeiten bedroht, die es zu bewältigen gilt. Der Bürger ist nicht mehr Gott, sondern nur der Gesellschaft Rechenschaft schuldig oder aber Gott durch das Ganze der menschlichen Gesellschaft. Die Menschen werden nun auch für ihre Tugendhaftigkeit entlohnt, aber nur selten und in Extremfällen für ihre Laster bestraft. Rousseaus Tabuisierung der komischen Grausamkeit und Sedaines Polemik gegen die tragische Spannung wirken sich in gleichem Maße auf die neuen Gattungen des Drame und der von ihm abhängigen Opéra-comique aus.

Im klassischen Theater bestand für das Bürgertum lediglich die Möglichkeit der Identifizierung mit einzelnen Personen, aber es konnte sich nicht in ihm wiedererkennen. Auch mit den Personen der Stücke von Lesage und seiner Generation konnte es sich nicht identifizieren. Dagegen sind die Personen des ›genre sérieux‹ und der neuen Opéra-comique bzw. des Drame lyrique in ihrer unmittelbaren Nähe angesiedelt und entsprechen damit auch der Lebenswelt der Bürger. Das Ziel beider Genres liegt darin, den Pessimismus der Vergangenheit durch den Optimismus des Zukünftigen zu ersetzen und damit die Psychologie des Bürgertums zu konsolidieren. Im Theater Diderots, Sedaines und Beaumarchais' werden Gedanke und Emotion eng miteinander verbunden und dienen der Erbauung des Bürgers. Dadurch wird das Theater zum Experimentierfeld, in dem die Werte der bürgerlichen Gesellschaft aufgestellt und erprobt werden.

Rousseaus *Contrat social* (1762) mit seinem Eintreten für das Naturgesetz und die angeborene Güte des Menschen hatte großen Einfluß auf die Opéra-comique (vgl. Marmontels *Le Huron* und *Lucile*, beide von Grétry vertont). Ein neuer Typus von Gesellschaftskritik, der auf die Sexualmoral und die Willkür des (männlichen) Adels zielte, gehörte seit den 1750er Jahren zu den wesentlichen Inhalten der Opéra-comique. Der Mißbrauch der Machtstellung höfischer Personen gegenüber der Landbevölkerung oder Dienerschaft und besonders von jungen Bräuten wurde immer wieder angeprangert. Am Ende steht aber stets der Sieg der Tugend, der oftmals erst durch die Intervention eines guten aufgeklärten Herrschers zugunsten der Liebenden erreicht wird (*Le Jardinier et son seigneur* von Philidor, 1761 oder *Le Roi et le fermier* von Monsigny, 1762). Mit Sedaines, Marmontels und Marsolliers Libretti gewinnen sentimentale Stoffe, die zu Tränenausbrüchen oder aber zu tiefer Erschütterung führen, im Anschluß an die Comédie larmoyante mit bürgerlichen Helden immer mehr Bedeutung (*Lucile* von Marmontel und Grétry, *Le Déserteur* von Sedaine und Monsigny). So berichtet Pixérécourt von einem Vorfall während der Aufführungen des *Déserteur*:

»Madame la Ruette, au troisième acte, dans la prison, jeta un cri si touchant et si vrai, qu'il fut redit du même ton par une femme qui était à l'amphithéâtre. Ce même cri d'effroi fut répété en plusieurs endroits de la salle par d'autres femmes, et communiqua une terreur universelle. Tout le monde s'agita, se leva; une grande partie s'enfuit jusque dans la rue, et du parterre même, et la pièce finit là. J'étais présent, et malgré toutes mes perquisitions, je n'ai pu attribuer à une autre cause, un mouvement aussi subit et aussi extraordinaire que celui-là. Dans une armée, les terreurs paniques n'arrivent pas autrement.«[1]

1 Charles Guilbert de Pixérécourt, *Théâtre choisi*, Nancy 1841–1843, Reprint Genf 1971, Bd. IV, S. 512f.

Michel Sedaine ist der Revolutionär unter den Librettisten der 1770er Jahre, der insbesondere für seine dramatischen Ideen gepriesen, aber wegen vieler sprachlichen Unzulänglichkeiten seiner Verse gescholten wurde und deshalb auch in seiner Rede bei der Aufnahme in die Académie Selbstkritik übte und sich zugleich rechtfertigte. Besonders hart geht La Harpe mit ihm ins Gericht, der angesichts des immensen Erfolges von Sedaines meint, für Komponisten hätte die Qualität der Verse keine große Bedeutung: »Une idée quelconque et des rimes, c'est tout ce qu'il leur faut [...] Je crois qu'à l'examen on trouverait que ce qu'il y a de meilleur dans notre musique, a été fait le plus souvent sur ce qu'il y a de plus mauvais ou de plus médiocre dans notre poésie.«[1] Er zitiert das Vorwort Sedaines zu *Le Magnifique*, in dem dieser die Unterordnung des Librettisten unter den Komponisten unterstreicht. Sedaine implizierte damit gewiß auch das in der Literatur mehrfach erwähnte Verfahren, Verse auf fertig komponierte Musik schreiben, d.h. Musik parodieren zu müssen. Dieses Parodieverfahren kann nur dann quellenmäßig belegt werden, wenn wie im Falle von Eugène Scribe Autographe der Libretti vorliegen. Jedoch kann es keinen Zweifel geben, daß bei extrem irregulärer Vers- und Reimfolge in geschlossenen Nummern von Opéras comiques oftmals Parodietexte in diesem Sinn vorliegen (sie sind den Parodietexten zum Timbre »Menuet d'Exaudet« ähnlich). Wenn La Harpe etwa von schockierenden Fehlern in den Versen der Ariette »Un fin chasseur qui suit à pas de loup« in Sedaines *Le Roi et le fermier* spricht, dann liegt hier wie in vielen anderen Fällen wahrscheinlich ein Parodietext vor, wie der unregelmäßige Bau der Verse zeigt: 10 Silben, Reim a, 8b 10b 8a 8b 2b 4c 4c 4d 2e 5e 4d 9f 4 g 4g 8h. Nachträglich auf eine komponierte Musik Verse anpassen zu müssen, ist aber ein besonders heikles Problem, denn nicht jeder musikalische Phrasenbau bietet die Möglichkeit, formvollendete, reguläre Verse darauf zu schreiben.

Sedaine war als Verfechter der Dramenreform Diderots zugleich ein Mann voller origineller dramatischer Ideen. So führte er z.B. in *Les Femmes vengées* (1775, Musik von Philidor) die Simultaneität zweier Bühnenräume ein, auf denen gleichzeitig gespielt wurde und die er auch auf andere Gattungen zu übertragen beabsichtigte. In *Aucassin et Nicolette* (1779, Musik von Grétry) setzte er die mit Favarts *Fée Urgèle* Aktualisierung mittelalterlicher Stoffe fort und führte bestimmte sprachliche und musikalische Archaismen ein. In diesem Zusammenhang spielt die Nachahmung der in Monnets *Anthologie française* (1765) enthaltenen mittelalterlichen Gesänge eine wichtige Rolle. Ein frühes Beispiel dafür ist u.a. die Ariette »*La sagesse est un trésor, Un trésor c'est la sagesse*« in Sedaines und Monsignys *Rose et Colas* (1764), »qui [rappelle] exactement les chansons morales du vieux tems«.[2] In *Aucassin et Nicolette* sind die Airs »*Simple, naïve et joliette*« und »*Pucelle au coeur franc*« Beispiele für den »vieux style«. Das Urteil über die Darstellung des Mittelalters in *Aucassin et Nicolette* fällt bei La Harpe allerdings sehr negativ aus. Ein gewisser Erfolg verdanke diese Opéra-comique allein den pantomimischen Fähigkeiten, der Ausstrahlung und der Stimme der Sängerin Louise-Rosalie Dugazon, die Konzeption der Personen durch Sedaine sei dagegen völlig mißlungen: »Le pere d'Aucassin est un imbécile [sic] odieux, le fils est un fou non moins odieux, et le pere de Nicolette un niais: ce ne sont pas là des caracteres de chevalerie. L'auteur appelle cela les moeurs du bon vieux tems«.[3]

In gewisser Weise stellt Marmontel als Librettist einen Gegenpol zu Sedaine dar. Sein erfolgreichstes Libretto war *Zémire et Azor* (1771, Grétry) nach dem Märchen *La Belle et la bête*. Während Sedaine als Dramatiker Marmontel weit überlegen ist, wurde Marmontel geschätzt, weil er streng auf die Einhaltung moralischer Grundsätze auf dem Theater achtete, sich an Metastasio orientierend vollendete Arientexte und gereimte Dialoge schrieb und ein Meister des Situativen war. Berühmtestes Beispiel dafür ist der »Tableau magique« mit seinem oftmals gerühmten Terzett in *Zémire et Azor*. Im übrigen verfügte er aber über keinen Sedaine oder Thomas d'Hèle vergleichbaren dramatischen Einfallsreichtum.

Le Jugement de Midas, dessen Libretto der sehr erfolgreiche aus England stammende d'Hèle geschaffen hatte, gehört zu den selten anzutreffenden mythologischen Komödien, zu der Grétry eine Musik schrieb, die Martine als Satyre der alten französischen Musik bezeichnete, wobei er insbesondere die Airs für Apollo heftig kritisierte.[4] D'Hèles und Grétrys *L'Amant jaloux* ist wohl ihr gelungenstes Werk, in dem sie zum ersten Mal in der Opéra-comique einen Komplex von fünf ununterbrochenen geschlossenen und sich steigernden Musikszenen geschaffen hatten, der von der Kritik als neuartig gepriesen wurde.

Der ideologische Wandel in den 1780er Jahren, der Vorzeichen des bevorstehenden Umbruchs der Revolution war, wird auch an der Entwicklung der Opéra-comique und an der

---

1 *Lycée, ou Cours de littérature ancienne et moderne*, Bd. 12, S. 392.
2 Ebd., S. 399.
3 Ebd., S. 407.
4 Vgl. Jacques Martine, *De la musique dramatique en France*, Paris 1813, S. 179.

Wiedergeburt der ›Comédie-en-vaudeville‹ offenbar. Pierre-Yon Barré und Antoine-Pierre-Augustin de Piis schufen seit den späten 1770er Jahren in ihren Parodien von Opern Glucks und in ihren ›Comédies en vaudevilles‹ die Basis für das Repertoire des von ihnen 1792 gegründeten Théâtre du Vaudeville und damit für das theatralisch so bedeutende dramatische ›Vaudeville des 19. Jahrhunderts‹. Ihre Stücke waren so populär, daß ein Teil der darin verwendeten Timbres zum Grundbestand des Melodienrepertoires des politischen Chansons der Revolution wurde. In den meisten Stücken vor 1789, in denen sie mehr als 500 Timbres verwendeten, vermieden sie deren Wiederholung und verlangten von ihren Darstellern, die wie bereits oftmals bei Lesage die Melodien dialogisch vorzutragen hatten, eine virtuose Beherrschung des Vaudevillegesangs.[1]

Die Aufspaltung des Repertoires der Opéra-comique in ein ernstes oder halbernstes, auch musikalisch anspruchsvolleres und in ein leichteres Genre, musikalisch an der Dominanz von anspruchsvollen Arien und Ensembles bzw. von liedhaften Gesängen abzulesen, beginnt schon in den 1780er Jahren. Der ernstere Typus ist in *Richard coeur-de-lion* repräsentiert, für diesen leichteren Typus ist *Les Dettes* (1787, Nicolas-Julien Forgeot, Stanislas Champein) charakteristisch. Inhaltlich geht es in *Les Dettes* um eine wenig originelle Geschichte des völlig verschuldeten, von vielen Gläubigern verfolgten, aber skrupellosen Chevalier. Der Diener macht sich zu seinem Komplizen, obwohl er dessen Lebensweise und Verhalten verurteilt. Zugleich ist er aber reichlich respektlos und äußert sich voller Ironie über seine Herrschaft. Durch die Intervention eines reichen Onkels, der »zufällig« mit der Geliebten des Chevalier, Lucinde, verwandt ist und durch ein Testament, das im Falle der Heirat des Chevalier mit Lucinde ein reiches Erbe verspricht, kommt es zum lieto fine. Diese harmlose Geschichte enthält ein niederschmetterndes Bild der Aristokratie. Die musikalischen Nummern, die Couplets, auch die beiden Terzette, sind mit Ausnahme der etwas mißglückten Ariette de bravoure »*Douce amitié*« sehr kurz und wenig anspruchsvoll, während sich in den beiden Finali die Turbulenz der Handlung wiederspiegelt, im ersten das geglückte Austricksen der Gläubiger durch den Chevalier, im zweiten die Hochzeitszeremonie, bei der der Chevalier bis zuletzt befürchtet, sein Onkel wolle Lucinde heiraten. Die Couplets »*On doit soixante mille francs*« gingen bald in die mündliche Überlieferung ein und gehörten während der Revolution zu den beliebtesten Timbres. Champeins *Mélomanie* (1781) bildet den Anfang einer Reihe von Opéras-comiques, in denen die Begeisterung für die Musik und manchmal auch den Tanz, die Musikmanie und das Musizieren von Dilettanten im Vordergrund steht. Dazu gehört auch die letzte programmatische Komposition von Dalayrac (*Le poète et le musicien*, 1811).

Der Chevalier Dalayrac begann, angeregt und unterstützt von seinem Freund Lachabeaussière, schon in den 1780er Jahre eine steile Karriere als Komponist, dessen Opern zum festen Bestandteil des Repertoires auch der französischen Provinz- und der Bühnen außerhalb Frankreichs bis zum Ende der Napoleonischen Ära wurde. Er ist nicht Repräsentant des ›genre noble et pathétique‹ (ihm ist nur seine *Nina* durch ihre düstere Ouvertüre, die Romanze »*Quand le bien-aimé reviendra*« mit Begleitung der sordinierten Streicher zuzurechnen), sondern vielmehr des ›genre agréable et léger‹, mit dem er außerordentlich erfolgreich war. In Deutschland stand Dalayrac zwischen 1780 und 1820 an der Spitze aller französischer Komponisten, denn hier spielte man 36 seiner Opern (es folgt Grétry mit 29 und Isouard mit 17).[2]

Zur musikalischen Entwicklung der Opéra-comique

Die Entwicklung der Opéra-comique nach dem Buffonistenstreit stellt sich D. Charlton[3] zufolge aus dem Blickwinkel der Art und Bedeutung der Musik in vier Stufen dar, die von der ›Comédie en vaudevilles‹, in die zunehmend italienische Musiknummern, also parodierte Ariettes, integriert wurden (1753–1758), über die neu komponierten Partituren Dunis, Philidors und Monsignys (1758–1762) und die »Konsolidierungsphase der komponierten Opéra-comique« bis zur Zusammenarbeit von Marmontel und Grétry seit 1769 reicht, durch die neue Maßstäbe gesetzt worden seien. Aus dieser Chronologie und der in sechs Punkten formulierten Kritik an der älteren Gattung kommt wiederum die offensichtlich langlebige Vorstellung zum Ausdruck, derzufolge sich die Entwicklung dieser Gattung als permanenter linearer Fort-

---

[1] Vgl. H. Schneider, *Die Revitalisierung des Vaudeville in der vorrevolutionären Opéra comique durch Barré und de Piis (1780–1787)*, in: *Das Vaudeville. Funktionen eines multimedialen Phänomens*, hg. v. H. Schneider, Hildesheim 1996, S. 75–164.

[2] Vgl. H. Schneider, *Die deutschen Übersetzungen französischer Opern zwischen 1780 und 1820. Zum Verlauf und zu den Problemen eines Transfer-Zyklus*, in: *Kulturtransfer im Epochenumbruch Frankreich-Deutschland 1770–1815*, hg. v. H.-J. Lüsebrink und R. Reichardt, Leipzig 1997, S. 587–670.

[3] D. Charlton, *Kein Ende der Gegensätze: Opertheorien und opéra comique*, in: *Text und Musik. Neue Perspektiven der Theorie*, hg. v. M. Walter, München 1992, S. 181–210.

schritt und die neue Gattung als der älteren überlegen darstellt. Dem ist entgegenzuhalten, daß die Opéra-comique der Generation von Lesage keineswegs dem neuen Typus nach 1762 unterlegen ist, sondern ganz andere Beurteilungskriterien erfordert. Während der Kontroverse, die sich bis 1769 fortsetzte, wurden Argumente für die alte Gattung von prominenten Personen wie Nougaret und Favart, aber auch im offiziellen Organ des *Mercure de France* vorgetragen. François-Antoine Quétant brachte eines der wichtigsten Argumente auf eine kurze Formel:

»Depuis l'établissement de la musique [gemeint ist die Vertonung der Libretti im Gegensatz zu Comédie-en-vaudeville], on n'a plus la ressource du comique que fournissoient les vaudevilles. Les ariettes en ont pris la place, et ce n'est pas chose aisée que de leur donner de l'agrément et de la vivacité.«

Selbst Sedaine erkannte die Möglichkeiten des Vaudeville an und betonte die Bedeutung der Wahl des Timbre für die Semantik des Gesangs.[1]

In den solistischen Vokalstücken entwickelten die Komponisten eine Vielfalt von Formen, die von der drei oder fünfteiligen Da-capo-, verschiedenen Varianten der Dal-segno- und der Sonatenarie bis zur Zwei- und Mehrtempoarie und zur Romanze reicht. In den 1750er Jahren nahm bereits die Anzahl und Bedeutung der Ensembles, besonders auch der größer besetzten wie Quartett und Quintett in der Opéra-comique zu. Außerdem wurden Ensembles aus Opere buffe entnommen.[2] Die Komponisten verfuhren hierbei mit den Vorgaben der Librettisten oftmals frei, d.h. ergänzten oder eliminierten Personen oder veränderten deren Text bzw. ordneten das Ensemble anderswo an als ursprünglich vorgesehen. Das Finalquartett in Vadés *Les Troqueurs* (1753) gehört zu den ersten Handlungsensembles in der Opéra-comique. Zu Anfang stehen sich die vier Personen noch im Dissens gegenüber, während sie im Verlauf des Stückes zu einer Lösung der Probleme und am Ende des mehr als 150 Takte langen Ensembles zu einer freundschaftlichen Übereinkunft kommen. Dieses unerhört neue Stück wurde sehr positiv aufgenommen und bald auch nachgeahmt.

Als Meister des Ensembles und der Kontrapunktik galt Philidor. Für das Verhältnis zwischen solistischen und Ensemble-Gesängen der 1760er Jahre ist sein *Tom Jones* (1766, Libretto von Sedaine) ein charakteristisches Beispiel. Darin gibt es neben einem Rezitativ und zwölf Ariettes, einer weiteren Ariette, die in ein Terzett mit Chor mündet, drei Duette, ein großes Septett als Finale des II. Akts (in unverändert beibehaltenem Tempo) und ein Finalvaudeville mit abschließendem Chor. Das abschließende Quartett in Monsignys und Sedaines *Le roi et le fermier* (1762) gehört zu den in der Opéra-comique der Zeit noch seltenen Handlungsensembles. Des öfteren begegnen Duette, die in Terzette münden, so u.a. das Finale des I. Akts von *Le roi et le fermier* (1762), die 9. Szene im II. Akt von François-Antoine Quétants und Philidors *Le Maréchal ferrant* (1761), die 8. Szene der *Femmes vengées* (1775, Sedaine und Philidor) und die 12. Szene der *Isle sonnante* (II. Akt, 1767, Collé und Monsigny). Ensembles, die zu einer Klimax führen und zugleich Überraschungsensembles sind, befinden sich in *Le Roi et le fermier* (III/14, mit sieben Personen), in Poinsinets *Tom Jones* (Finale I. Akt) und in Collés *L'isle sonnante* (III/14). Das zweite Finale im *Déserteur* dient dagegen nicht der Konfliktlösung, sondern als komisches Duett mit den beiden simultan gesungenen Chansons der Entspannung inmitten des tragischen Konflikts.

Le Maréchal ferrant (1761) basiert auf einer Erzählung aus dem *Decameron* (10. Novelle des 4. Tages) und gehört zum neuen Typus der Metier-Oper wie Philidors *Blaise le savetier* (1759). Diese die Handwerker thematisierenden Opern stehen, wie schon Nougaret bemerkt, im Zusammenhang mit der Publikation der *Encyclopédie*, in der den Handwerksberufen viel Aufmerksamkeit gegeben wurde, daß sie häufig auf der Bühne dargestellt wurden. Quétant stellt im Vorwort zum *Maréchal ferrant* fest, die Opéra-comique sei ebenso anspruchsvoll wie die Oper, wenn auch ihre Mittel reduziert seien. Den größten Anteil an der Neuartigkeit des *Maréchal ferrant* hatte wohl Philidor durch seine Musik. In der Auftrittsarie »Chantant à pleine gorge« (I/1) betätigt der Schmied Marcel seinen Blasebalg und schlägt seinen Amboß zu Beginn »une fois par mesure«, dann zweimal, »remettant le fer à la forge« etc. (siehe Beispiel S. 271–272).

---

1 »Que commandé par la délicatesse,/ L'air soit d'accord avec le sentiment;/ Que la mesure et que le mouvement/ Des passions augmentent la justesse.« Poème sur le vaudeville didactique, in: *Recueil de Poésies*, Paris 1760, S. 163.

2 Vgl. dazu E. Cook, *Duet and Ensemble in the Early Opéra-Comique*, New York und London 1995.

Später wird er in seiner zweiten koloraturenreichen Arie »*Oui, je suis expert en médecine*« bei den Worten »disant la chansonnette« seinen Gesang wieder zitieren, und außerdem erscheinen im Finalvaudeville die Amboßschläge erneut. Auch andere Naturalismen wie Warnrufe des Kutschers oder der Startlärm seiner Kutsche werden in der Musik imitiert. Die sehr ernsten Züge des Librettos, wie der vermeintliche Tod eines Bauern, der den Betäubungstrank für eine Operation getrunken hatte, sind für die Gattung der Opéra-comique neu. In Jeannettes »*J'ai perdu tout ce que j'aime*« sprengt Philidor mit seinen Seufzern im lombardischen Rhythmus und mit dem in den Bühnenanweisungen angeordneten realen Schluchzen der Sängerin die Konventionen der Gattung auf. Auch Colins Rezitativ könnte durchaus in einer ernsten Oper Platz finden. Quétant bleibt dennoch durch seine 22 Vaudevilles im *Maréchal ferrant* der Gattungstradition der Comédie-en-vaudeville noch verbunden.

Philidor beschreitet auch in anderer Hinsicht neue Wege. In dieser Epoche des Umbruchs, wie sie die Jahre während und nach dem Buffonistenstreit waren – auf der einen Seite war die Sinfonie durch die Böhmen und Mannheimer groß in Mode gekommen und übte eine große Anziehungskraft aus, auf der anderen Seite entstand mit dem Drame lyrique auf dem Gebiet der Opéra-comique etwas faszinierend Neues – nahmen viele Komponisten neue künstlerische Tendenzen gierig auf. Philidor und andere Komponisten übertrugen in zahlreichen Da-capo-Arien oder auch Ensembles mit Reprisen Elemente des Tonartenverlaufs der Sinfonie mit der Konsequenz der Transposition des zweiten Teils des A-Teils der Da-capo-Arie von der Dominante auf die Tonika in der Reprise, rein äußerlich am dadurch notwenig gewordenen Ausschreiben des Da capo abzulesen. In der im Versbau ziemlich unregelmäßigen Arie »*Chantant à pleine gorge*« übernimmt Philidor nicht nur diese entscheidende Gestaltveränderung, sondern die Arie folgt noch enger dem Verlauf eines Sonatensatzes, indem sie die Exposition mit Haupt- und Seitensatz, die Durchführung mit einer tonartlichen Ausweitung in den Dominant- und Doppeldominantbereich und thematischer Arbeit sowie der Reprise nachvollzieht, in der der Seitensatz regulär in die Tonika zurückversetzt ist. Im *Maréchal ferrant* ist außerdem La Brides »*Quand pour le grand voyage*« dieser Formgestalt angepaßt. In ihrer Reprise wird nach der Wiederholung des achttaktigen Themas die gesamte Fortführung, die in der Exposition auf der Dominante steht, auf die Tonika transponiert. Zwischen diesen beiden Formteilen steht ein periodisch gegliederter Zwischensatz, der sich im Bereich der Dominantparallele abspielt. Claudines Arie »*Je suis douce*« ist eines der Beispiele eines aus Siebensilbern gebauten Textes, den Philidor hier für eine ganz persönliche, aber doch auf für die Zeit des Empfindsamen typische Kompositionsweise benutzt. Alle Formteile werden mit demselben, auch in Umkehrung erscheinenden thematischen Material bestritten, wobei fünf von sechs Formteilen durch eine Fermate und der sechste durch eine Pause beendet wird. Die Arie »*Brillant dans mon emploi*« von La Bride, in der eine weitere realistische Nachahmung mit der Anweisung »En imitant avec la langue la façon d'agacer les cheveaux« gefordert wird, ist ein weiterer Beweis für das Bemühen Philidors, den Arien eine möglichst individuelle Formgestalt zu geben. Er wechselt zweimal vom Metrum 2 in den 6/8-Takt.

Das Modell für Sedaines *Le Roi et le fermier* (6.3.1762), ein Drame lyrique, war Robert Dodsleys einaktige »dramatic tale« *The King and the Miller of Mansfield* aus dem Jahre 1737, die 1756 in Patus Übersetzung in *Choix de petites pieces du théâtre anglois* erschienen war. Dodsleys Handlung enthält zwei Elemente, die von Sedaine miteinander verbunden wurden: Jenny, die Verlobte des Müllersohns Richard, wird vom Lord Lurewel verführt und verlassen. Nach ihrer Flucht zurück nach Mansfield entschließt sie mit Richard, sich dem König zu Füßen zu werfen und ihn um Gerechtigkeit zu bitten (ihre in Lurewels Schloß zurückgebliebene Schafherde ist ihre einzige Mitgift). Die Gelegenheit bietet sich bald dafür, als der König sich beim Jagen verirrt hat. Die Begegnung des nicht erkannten Königs mit klugen und couragierten Menschen aus dem Volk, die ihren Herrscher verehren, führt dazu, daß er mit Wahrheiten konfrontiert wird, die er sonst nicht zu hören bekommt. Der König schreitet gegen die Willkür der Aristokratie ein – in dem Stück repräsentiert durch Lurewel. Nicht nur Sedaine, sondern auch Collé bearbeitete dieses Stück für die Sprechbühne, der den französischen König Henri IV. zur Symbolfigur und zum Titelhelden machte und sein Stück aus vielen Gründen erst spät als *La Partie de chasse de Henri IV* im Druck erscheinen ließ.[1] Wenn Sedaine auch die Identität des Königs und die genaue Zeit der Ereignisse offenließ (in II/2 bezeichnet sich der König als »souverain de l'Angleterre«), war sowohl das Faktum, daß hier ein König auf der Bühne der Opéra-comique auftrat wie auch die Tatsache, daß er bestimmte Wahrheiten über die Aristokratie aussprach, ein besonderes Wagnis zu dieser Zeit.

---

1 Collés *Henri IV et le meunier* durfte in der Comédie Française im Jahre 1763 nicht aufgeführt werden, da ein französischer König in diesem Theater nicht in einem komischen Stück auftreten durfte. Er publizertes es erst 1766 unter dem Titel *La Partie de chasse de Henri IV*. Collé führte zur Unterhaltung des Königs mehrere Vaudevilles ein, u.a. »Si le Roi m'avait donné«, »Charmante Gabrielle«, ein Lied über Gabrielle d'Estrées, eine der vielen Geliebten dieses Königs, sowie »Vive Henri IV«.

Richard trifft auf den König, der bei Anbruch der Dunkelheit die Jagdgesellschaft aus den Augen verloren hat und nun orientierungslos ist, und führt ihn zu seinem Haus Lurewel, der sich zusammen mit einem anderen Höfling ebenso verirrt hat, erzählt, er habe Jenny entführt, die er noch immer in seinem Gewahrsam glaubt, die aber inzwischen entfliehen konnte. Die beiden Jagdaufseher Rustaut und Charlot kommen an und nehmen Lurewel und seinen Gefährten als vermeintliche Wilddiebe fest. Zu Beginn des III. Akts erwarten die Familie und Jenny die Rückkehr Richards, der zusammen mit dem König auftritt. Nun werden beide freundlich bewirtet, ohne daß der König erkannt ist. Bei dem Gespräch am Tische, das die Familie ganz unbefangen führt, kommt auch die Sprache auf Lurewel, wodurch dem König dessen schändliche Entführung zufällig und unbeabsichtigt bekannt wird. Als dieser verspricht, Lurewel zu bestrafen, kommt Freude in der Familie auf und Jenny singt ihre Romance, dem sich der König mit seiner Ariette anschließt. Inzwischen sind Charlot und Rustaut mit Lurewel angekommen. Als Lurewel Richard bedroht, verlangt der König von ihm eine Rechtfertigung für seine Untat und schickt ihn davon. Am Ende wird Richard geadelt, und Jenny erhält ihre Mitgift. Der König verabschiedet sich vor dem Finale.

Wie sehr dieser Stoff und seine Behandlung durch Sedaine auf die Zustimmung der Zeitgenossen traf, zeigt die kurze Würdigung im *Journal Encyclopédique* von 1762: »Il seroit à désirer, que toutes les Comédies eussent pour objet de vérités aussi utiles et aussi instructives que celles que l'Auteur a si bien présentées dans cette pièce. Ce seroit ramener la Comédie à sa véritable fin«. Der Baron Grimm lobte Sedaines »Shakespearschen Gebrauch« einfacher, wirkungsvoller Sätze im Prosadialog, krisierte aber den überaus häufigen Wechsel der Verslänge, der sich für die Vertonung besonders eignet, als »jargon détestable«: »Le génie de Sedaine est infiniment analogue à celui du tragique anglais [Shakespeare].«[1]

Laut Vorwort des Librettos hatte zunächst Philidor die Vertonung der Oper begonnen (»Philidor [...] me l'avait rendu, en me disant qu'il le croyoit infaisable. Il y a tout lieu de croire que quelqu'un l'avait dissuadé de le mettre en musique«), sie aber bald aufgegeben, da ihm das Libretto zu wenige Anlässe für musikalische Tableaux und »musique imitative« gegeben habe. Erst auf Bitten des Librettisten übernahm Monsigny die Vertonung. Der Es-Dur-Satz der zweisätzigen Ouvertüre ist ein regelrechter Sinfoniesatz mit der Besonderheit einer zusätzlichen Wiederkehr des Seitensatzes und einer Coda nach der Reprise. Im zweiten, einem c-Moll-Satz werden die motivisch geprägten einzelnen Abschnitte mehrfach, aber nicht immer vollständig wiederholt. Erst mit dem großen Monolog Richards zu Beginn des I. Akts wird die tonale Einheit des Opernbeginns bzw. der Exposition erreicht. Den zwölf Sologesängen stehen zehn Ensembles (fünf Duette, zwei Terzette, je ein Quartett, Septett und das Tutti des Finalvaudevilles) gegenüber.[2] Die Tonartenfolge der Nummern ist noch recht bunt, ihre Zuordnung zu den dramatis personae nicht so streng wie später im *Déserteur* geplant (Richard z.B. mit Es, G und A, Jenny mit A, G E, der König mit Es und G). Bereits der Auftrittsmonolog Richards zeigt wiederum den Einfluß des Tonartenplans der Symphonie bzw. des Sonatensatzes, denn im Da capo ist der 22 Takte lange zweite Abschnitt wie eine Dominantgruppe in die Tonika transponiert. In Jennys Romanze in Rondeau-Form mit Solo-Oboe »*Que le soleil dans la plaine*« (III. Akt), in dem es um den Gegensatz zwischen mühsamer Arbeit auf dem Lande und wechselnder Witterung (1. und 2. Couplet), zwischen Jugend und beschwerlichem Alter (3. Couplet) und glücklicher Liebesbeziehung (Refrain) geht, begegnen verschiedene Topoi pathetischer Musik (zahlreiche Vorhalte, große melodische Sprünge, verminderte Intervalle im achttaktigen Moll-Couplet). Monsigny verbindet das Finalduett des I. Akts (191 T., mit der stärksten Orchesterbesetzung der Partitur mit Streichern, Petites flûtes, Fagott und zwei Hörnern, nur die Oboe ist ausgespart) mit dem Entr'acte und dem Anfangsduett des II. Akts. Während sich Richard und Jenny zu Beginn des weitgehend rezitativischen und von Fermaten unterbrochenen Finalduetts ihrer Liebe versichern, zieht ein Gewitter auf, in dem die beiden Protagonisten die vergangenen Ängste und ihre Wut in Erinnerung bringen, bevor mit den fernen Jadgklängen der Hörner die zweite Handlungsebene eingeführt wird und das Gewitter beim Auftritt Betsys und im Entr'acte erneut in den Vordergrund tritt. Im nachfolgenden Duett der beiden Jagdgehilfen klingt dann der Donner in sich vergrößernden Abständen (12, 13, 21 Takte) und diminuierenden Tremolo der Streicher nach. Eine weitere Gelegenheit für naturalistische Tonmalerei, in diesem Fall das Klingen der Geldmünzen, nutzte Monsigny in Jennys erzählender Ariette »*Le Milord m'offre des richesses*«.

---

[1] Grimm, *Correspondance littéraire, philosophique et critique par Grimm, Diderot* [...], hg. v. M. Tourneux, Bd. VIII, Paris 1879, S. 316.

[2] Nougaret unterstreicht die Innovation Sedaines, in großen Ensembles wie Quintetten oder Septetten die Mehrzahl der Protagonisten auf der Bühne zu versammeln: »M. Sédaine est un de ceux qui se soient plû d'avantage à multiplier les objets sur la Scène. Il craint peu de brouiller les images en les rendant confuses. Il sait qu'un morceau de musique fait oublier bien des fautes«. *L'Art du théâtre*, Bd. I, S. 255.

Richard bittet Jenny im III. Akt, ein »chanson sur le bonheur« zu singen. Da sie es aber vorzog, eine Romance darzubieten, trägt der König das Chanson (laut Libretto, in der Partitur Ariette, »*Ce n'est qu'ici*«) vor. Wie in diesen beiden Gesängen klingt im Terzett des III. Akts (»*Lorsque j'ai mon tablier*«), in dem die drei Frauen jede ein Lied zunächst separat und dann die einzelnen Melodiezeilen wechselweise und z.T. simultan singen, populäres Liedgut an.[1] Im *Mercure de France* wird besonders ein Ensemble hervorgehoben: »La Scène où en attendant Richard, la mère, Betsi, et Jennie chantent chacune des choses différentes, est un tableau très-bien rendu, et dont l'effet agréable n'avoit pû être aussi-bien senti à la première Représentation; attendu la difficulté de l'extrême précision qu'il exige dans l'exécution«.[2] Monsignys Musik zeichnet sich dadurch aus, daß die Stücke auf prägnante Motive konzentriert sind, die es ermöglichen, die Stücke sich rasch einzuprägen. Allerdings herrscht bezüglich der Wahl der Taktarten gerade in *Le Roi et le Fermier* eine allzu große Einförmigkeit (nur je ein Stück steht im 6/8- und im 3/4-Takt, alle übrigen in geraden Taktarten). Der innovative Aspekt der Musik wird auch von Sedaine im Vorwort von *Rose et Colas* betont:

»C'est à l'instant où [...] le roi est reconnu: les compliments affectueux des courtisans, les interrogations du roi, la crainte de Richard d'avoir manqué de respect, la surprise mêlée de joie dans Jenni, respectueuse dans la mère, naïve dans la petite fille, étonnement simplement dans les gardes, tout ce concours de passions et d'affections n'eût été forcée de le prolonger, de faire parler les acteurs l'un après l'autre, et d'affaiblir la situation pour la rendre nettement avec noblesse ou décence; et la musique, en les faisant parler ensemble, a le droit de fixer le tableau, et de le tenir plus longtemps sous les yeux«.

Selbst wenn man berücksichtigt, daß dies die Musik zu dieser Zeit kaum vollkommen leisten konnte, war es außerordentlich neu und bekam dadurch einen Modellcharakter. Die Aktionsszenen – das beste Beispiele dafür ist das erwähnte Septett –, die später in Mozarts *Le Nozze di Figaro* oder in *Don Giovanni* bewundert werden, gehen nicht, wie meist einseitig angenommen wird, allein auf die Opera buffa, sondern auch auf die Opéra-comique zurück, in deren Ensembles die Fortsetzung des Dialogs mit musikalischen Mitteln einerseits, aktive Handlung und emotionale Ausbrüche andererseits entwickelt wurden. Sedaine begründete 1764 im Vorwort zu *Rose et Colas* den Unterschied der Opéra-comique zu Tragödien und Komödien mit »l'action«, »la chaleur«, »le mouvement«, »la précision, sur-tout dans ces mouvemens rapides sur lesquels la Tragédie et la Comédie ne peuvent et n'osent appuyer«. Im Rückblick urteilt Sedaine folgendermaßen über das Werk: »En 1762, dans *Le Roi et le fermier*, j'effectuai sur la scène dans un ouvrage en trois actes qui occupât la scène aussi longtemps qu'une pièce en cinq actes au Théâtre Français.«[3]

Philidors *Tom Jones* (27.2.1765, Drame en trois actes, Libretto von Antoine Alexandre Poinsinet und Bertin Davesne, zweite Fassung 30.1.1766 von Sedaine) ist ein weiteres prominentes Beispiel eines Drame lyrique, das von einem englischen Stoff inspiriert wurde. Er stammt aus Henry Fieldings Roman *The History of Tom Jones, a Foundling* aus dem Jahre 1749. Sophie leidet unter Liebeskummer, sie ist in den Findling Tom Jones verliebt. Ihre Jungfer berichtet, auch er schwärme für sie. Sophies Tante verspricht ihr, sie mit dem Geliebten zu vereinen, glaubt aber, es handle sich um Blifil. Als ihr Bruder Western in den Heiratsplan einstimmt, nimmt das Unheil seinen Lauf. Sophie erfährt, sie solle am folgenden Tag den Blifil heiraten und ist verzweifelt. Voller Zorn verbietet ihr ihre Tante jeden weiteren Umgang mit Tom.

Blifil bittet Dowling um die Wahrung eines nicht genannten Geheimnisses, bis er Sophie geheiratet habe. Dowling wirft ihm Verlogenheit vor und droht damit, alles aufzudecken. Sophie bittet ihren Vater vergeblich, ihr die Ehe mit Blifil nicht aufzunötigen. Western läßt sich nicht umstimmen und beauftragt Tom damit, Sophie zur Vernunft zu bringen. Als diese beiden allein sind, gestehen sie sich ihre Liebe ein, werden aber von Western überrascht, der daraufhin Tom aus seinem Haus verbannt. Zu Beginn des III. Akts begegnet Tom zufällig Dowling und berichtet, auch sein Pflegevater Alworthy habe ihn davongejagt. Dowling beruhigt ihn und sagt ihm ein gutes Ende voraus. Sophie und ihre Zofe haben auf der Flucht nach London, wo sie bei Verwandten Zuflucht suchen, im gleichen Ort Upton wie Dowling Station gemacht. Inzwischen wurden sie von ihren Verfolgern, Western und Blifil, eingeholt. Vor ihnen enthüllt Dowling das Geheimnis, daß Blifil und Tom Brüder sind. Der Verbindung zwischen Sophie und Tom steht damit nichts mehr im Wege.

---

1 An dieses Stück knüpfte vermutlich Philidor im Eingangsduett Sophies und Mme Honoras in seinem *Tom Jones* an, in dem Philidor den Personen Melodien in verschiedenen Metren in den Mund legt.
2 *Mercure der France*, Januar 1763, S. 162.
3 *Quelques réflexions inédites de Sedaine sur l'opéra comique*, in: Charles Guilbert de Pixérécourt, *Théâtre choisi*, Bd. IV, S. 507.

Die italienisch beeinflußte Musik Philidors ist in höherem Maß als in anderen zeitgenössischen Werken in die Handlung integriert. Die musikalischen Nummern zeigen eine instrumentale Kompositionsweise, die an den zeitgenössischen symphonischen Satztechniken und an der Sonatenform orientiert ist. Im Eingangsduett »*Que les devoirs que tu m'imposes*« kehrt der Anfangsteil, wie alle übrigen Abschnitte durchweg in Fünftaktphrasen gegliedert, nach zwei formal gleichen Teilen, der zweite davon in Moll, jeweils wieder. Unter dem Begriff der Ariette subsumiert Philidor in dieser Opéra-comique sehr verschiedene Gestaltungsweisen und Formverläufe. Es verbergen sich dahinter Rondeauformen (Mme Honoras »*Oui, toute ma vie*« mit einem Moll-Couplet), Da-capo-Arien (z.B. Westerns »*Ah j'aimais assez cette finesse*« in einfachster Ausprägung oder Sophies »*C'est à vous que je dois la vie*« mit einem Largo, in dem der Text dreimal hintereinander vertont ist, und dem nachfolgenden Presto, dem sich als Da capo die dritte Vertonung des Largo noch einmal anschließt), die Arie mit drei Tempi und einem Abschnitt mit pertichini (»*D'un cerf dix cors*«), eine dreiteilige Form (Toms »*Ami qu'en mes bras*« mit A Adagio, B Allegro und A) oder sogar eine durchkomponierte Form (Sophies »*O toi qui ne peux m'entendre*«). Der Einfluß der Mannheimer ist an Seufzerfiguren, lombardischen Rhythmen und »Walzen« zu erkennen, die dem Ausdruck des Empfindsamen dienen. Mit seinen von Soloinstrumenten begleiteten Vokalsätzen mit mehrfach wechselnden Tempi (Sophies Accompagnato im II. Akt) trug Philidor zur Entwicklung der ›Szene‹ des 19. Jahrhunderts bei und schuf ein Modell für seine Nachfolger. Emotionale Ausbrüche kontrastieren mit der sonstigen Schlichtheit der Gemüter und Charaktere. Zu erwähnen ist auch der Doppelkanon des A-cappella-Quartetts der Zecher zu Beginn des III. Akts. Nach einem ersten Kanon, der in einen freien Abschnitt mündet, erklingt ein zweiter Kanon mit einem einstimmigen Mittelteil vor dessen Wiederholung. Ein ganz einzeln stehendes Exempel einer dramatischen Musik ist das Septett des II. Akts, in dem sich die verschiedensten Emotionen zum Ensemble vereinigen und die Handlung auf dem Höhepunkt der Verwirrung zum Stillstand kommt. *Tom Jones* ist ein frühes Beispiel der Sentimentalisierung, die in Grétrys *Lucile* (1769) ihren ersten Höhepunkt erreichte. In der Vielschichtigkeit der Partitur mit empfindsamen Partien, komischen und malerischen Handlungselementen liegt die Stärke der Partitur. Grimm sah in dem Mißerfolg der ersten Fassung die Strafe für die Wahl eines schlechten Librettisten, »M. Philidor a été justement puni de son obstination à travailler avec cet indigne Poinsinet, qui est le prototype de la platitude«[1], hielt aber dennoch die Musik der ersten wie der zweiten Fassung für das beste Werk Philidors.[2]

Michel-Jean Sedaines und Monsignys *Déserteur*, der am 6. März 1769 Premiere hatte, gehört zu den Stücken des Musiktheaters, deren gesellschaftliche und politische Bedeutung unübersehbar ist und dessen Resonanz in Europa sehr groß war. Zum ersten Mal bezeichnete Sedaine ein Stück für die Opéra-Comique als »drame«. Sein Libretto war Grimm zufolge bereits 1766 unmittelbar nach *Le Philosophe sans le savoir* entstanden.[3] Die Häufigkeit der Fahnenflucht, die als Stoff französischer Bühnenwerke in Zusammenhang mit dem Siebenjährigen Krieg (1756–1763) gebracht wurde[4], wurde bereits im Artikel *Déserteur* der *Encyclopédie* unterstrichen[5] und mit den Bedingungen der Anwerbung von Soldaten im 18. Jahrhundert unterschiedslos bei allen Nationen begründet.

Wie fast überall in Europa schrieb die französische Gesetzgebung die Todesstrafe für Deserteure vor. Sie galten als Kriminelle und wurde in der Ancienne Eglise exkommuniziert, da man sie als »coupables d'un serment violé« ansah.[6] Die Desertion wurde in Frankreich nach einem genau geregelten Verfahren bestraft, das in der *Encyclopédie* genau beschrieben wurde.[7] Während im ersten Artikel der *Encyclopédie*, aus dem das Zitat stammt, die Gesetzgebung und Praxis der Verurteilung und Hinrichtung ohne Stellungnahme behandelt ist, nimmt der Chevalier de Jaucourt in einem zweiten Artikel gegen das Todesurteil Stellung und stützt sich dabei auf die Auffassung Montesquieus in dessen 1748 publiziertem *L'esprit des lois*. Das Gesetz über die Todesstrafe stamme aus der Zeit des Frankenreichs, als man freiwillig Soldat wurde und »avoit sa part des honneurs et du butin.« Die Situation sei aber heute ganze anders: »c'est que les soldats sont réellement dans les pays de l'Europe où on les prend par force et par stratagême, la plus vile partie des sujets de la nation, et qu'il n'y a aucune nation qui ne croye avoir un certain avantage sur les autres.«[8] Jaucourt betont, bei den Römern habe es kaum Deserteure gegeben; er nimmt eine sehr abwägende Stellung gegen die Ausbeutung von Deserteuren und Überläufern als Informanten ein und plädiert für die »générosité de

---

1 Grimm, *Correspondance littéraire*, Bd. VI, S. 218.
2 Vgl. ebd., S. 219 und 419.
3 Ebd., Bd. VIII, S. 307 (März 1769).
4 Vgl. A. Gier, Artikel »*Le Déserteur von Sedaine*«, in: *Kindlers Neues Literatur Lexikon*, München 1991, Bd. 15, S. 105. Gier nennt als Gattungsbezeichnung ›Opéra-comique‹. Laut Libretto- und Partiturdruck handelt es sich um ein »drame [lyrique]«.
5 Chevalier de Jaucourt, Artikel »*Déserteur (Morale et Politique)*«, in: *Encyclopédie*, Paris 1754, Bd. IV, S. 881: »Comme personne n'ignore les diverses causes qui rendent les désertions si fréquentes et si considérables [...].«
6 Ebd., S. 880.
7 »Lorsque le criminel, qui a été jugé par le conseil de guerre, doit être livré à l'exécuteur de justice, après sa sentence lûe à la tête des troupes qui battent aux champs dès qu'il entre dans leur enceinte, le sergent de la compagnie dont il étoit, l'arme de pié en cap; il tient de la main droite la crosse du fusil, et lui dit: Te trouvant indigne de porter les armes, nous t'en dégradons. Il lui ôte ensuite le fusil par derrière avec son ceinturon, il lui fait passer son fourniment par les piés; il se retire ensuite: l'exécuteur alors se saisir du criminel. S'il doit être passé par les armes après la sentence lûe, le détachement qui t'escorte le mene au lieu de l'exécution; le sergent de sa compagnie lui bande les yeux avec un linge; six ou huit grenadiers du détachement ôtent la bayonnette pendant cet appareil; ceux qui sont à sa droite tirent à la tête, ceux qui sont à sa gauche le tirent au cœur, les uns et les autres au signal que donne le major. Avant la lecture de la sentence, les tambours battent un ban, ensuite le major dit à haute voix et chapeau bas: De par le Roi, défense sous peine de la vie de crier grace. Les troupes défilent devant le mort après l'exécution.« Ebd., S. 880f.
8 Ebd., S. 881.

s'abstenir, tant qu'on peut, de ces sortes de voies.«[1] Der Siebenjährige Krieg (1756–1763) mag zur Aktualisierung des Themas der Desertion beigetragen haben, aber die Probleme waren bereits in der *Encyclopédie* in der nötigen Klarheit dargestellt. Die in Merciers Stück zum Ausdruck kommende Kritik an der Verurteilung der Fahnenflüchtigen und die Gründe, die er für die zahlreichen Desertionen anführt, stimmen weitgehend mit den Ausführungen Jaucourts überein.

Schon vor Sedaines *Déserteur* geht es in *Le Milicien* von Louis Anseaume und Egidio Duni (1763) um die Desertion eines Soldaten. In diesem Stück will der Bauer Lucas Colette nicht aus Liebe, sondern aus Berechnung heiraten, während der Offizier Dorville Colette wirklich liebt. Den Werber Labranche beauftragt Dorville, Lucas eine von ihm formulierte Verpflichtung unterschreiben zu lassen und ihn damit gegen seinen Willen als Soldaten zu gewinnen. Als der Soldat Lucas schließlich Wache stehen muß, sieht er wie sein Rivale Dorville Colette entführen will. Wie von Dorville und Labranche geplant, verläßt Lucas seinen Posten, um ihr zu Hilfe zu kommen (das Verlassen des Wachpostens wurde der *Encyclopédie* zufolge besonders streng geahndet).[2] Dem Tatbestand der Desertion folgt das Todesurteil. Vor seiner Erschießung verzichtet er auf Colette, um seine Begnadigung zu erwirken. Ja er bittet sie sogar, seinen Rivalen zu heiraten. Die Fahnenflucht kommt hier also aufgrund einer systematisch geplanten Intrige zustande und hat keine politischen Implikationen, denn die Verurteilung kann einfach rückgängig gemacht werden.

Die nächsten beiden Stücke, die die Desertion thematisieren, sind das schon genannte »drame lyrique« *Le Déserteur* von Michel-Jean Sedaine und Monsigny und das »drame en cinq actes et en prose«, *Le Déserteur*, von Louis-Sébastien Mercier, die 1769 bzw. 1770 im Druck erschienen. Wirkungsgeschichtlich sind beide Dramen bedeutend, da sie über Frankreich hinaus in zahlreichen europäischen Ländern gespielt, in mehrere Sprachen übersetzt und Sedaines Drama als Libretto für neue Opern bearbeitet wurde. In Sedaines Drame lyrique steht Alexis nach sechs Jahren, in denen er sich als Soldat bewährt hat, vor der Entlassung aus der Armee. Ein Auftrag führt ihn in die Nähe seines Heimatortes. Er möchte die Gelegenheit nutzen, um sein Verlobte Louise zu sehen. Auf Verlangen der Herzogin, die für seine Erziehung Sorge getragen hat, zwingt Jean-Louis, der Vater von Louise, seine Tochter, mit ihrem Vetter einen Hochzeitszug anzuführen, um Alexis vorzutäuschen, Louise heirate einen andern Mann. In einer Affekthandlung, die durch die Verzweiflung über die Untreue seiner Braut ausgelöst wurde, versucht Alexis, über die flandrische Grenze zu fliehen und wird dabei als Deserteur verhaftet. Im II. Akt befindet er sich im Gefängnis. Da er keinen Versuch unternimmt, sich zu verteidigen, wird er zum Tode verurteilt. Louise besucht ihn, klärt ihn über den wahren Sachverhalt auf und erfährt dabei auch, welches Schicksal ihm droht. Da der König das Lager besucht, will sie von ihm die Begnadigung erbitten. Courchemin, der aus dem Heerlager kommt, berichtet, der König habe Alexis auf die Bitte einer Frau begnadigt. Louise eilt zum Gefängnis zurück und kommt in dem Augenblick an, als Alexis zur Hinrichtung geführt wird, aber sie ist, da sie ohnmächtig zusammenbricht, nicht mehr in der Lage, das Begnadigungsschreiben zu überbringen. So wird Alexis erst im letzten Augenblick gerettet, als der König ankommt und selbst die Erschießung verhindert. Die Tragik der Handlung, deren Zuspitzung bis zur unmittelbar bevorstehenden Hinrichtung des Helden Alexis unaufhaltsam voranschreitet, wird durch den willkürlichen Befehl der ambivalent geschilderten Duchesse an den Vater Louises ausgelöst. Da keinerlei Motive für ihr Handeln genannt werden, kann man ihre unverständlich erscheinende Entscheidung auf verschiedene Weise deuten. Sie hat Alexis alias Alexandre Spinaski – der Name weist auf einen Emigranten hin – eine gute Schulbildung ermöglicht und will ihn nach einem sechsjährigen vorbildlich absolvierten Militärdienst zum Offizier ihres Regiments befördern, um ihn auf Dauer in ihren Diensten zu behalten. Den Befehl, dem kurz vor Ende seines Militärdienstes seine Braut besuchenden Alexis, die Heirat von Louise vorgaukeln zu lassen, könnte man auch als verordnete Charakterprüfung und Bewährungsprobe für Alexis verstehen, eine Hypothese, die allerdings nicht durch Aussagen der bürgerlichen Figuren im Umfeld von Louise gestützt wird. Für diese ist der Befehl eindeutig unmotiviert und boshaft. Da der König als generöser Retter in Erscheinung tritt, wird wie in anderen Stücken der Zeit zwischen einer Aristokratie, die ihre Macht und gesellschaftliche Stellung mißbraucht, und einem aufgeklärten guten König unterschieden. Er ist beim Volk sehr beliebt, weil er sich an die Gesetze hält und Gerechtigkeit im

---

[1] Im Artikel »Deserteur« von Zedlers *Universalenzyklopädie* wird noch stärker für die Berücksichtigung der Umstände der Fahnenflucht und der Person des Deserteurs bei der Festsetzung einer Strafe plädiert.

[2] Dies zeigt sich daran, daß die Strafe für dieses Vergehen besonders unnachsichtig gehandhabt wurde. Von der Ausnahmeregelung, die vorsah, daß man bei drei gleichzeitig verurteilten Deserteuren, diese drei ein Los ziehen ließ, wobei einen die Todesstrafe, die anderen ein lebenslängliche Galerenstrafe traf, waren Soldaten ausgenommen, die ihre Wache unerlaubt verlassen hatten: »Ceux qui sont convaincus d'avoir déserté étant en faction ou de garde, ou bien aux pays étranger, ne sont point admis à tirer au sort«, Artikel »Désertion«, in: *Encyclopédie*, S. 880.

höheren Sinn walten läßt (vgl. u.a. *Le Roi et le fermier*). Daß die auf ihren Privilegien bestehende Aristokratie durch eine weibliche Adelsperson repräsentiert wird, scheint allerdings eine Besonderheit des *Déserteur* zu sein. Im Gegensatz etwa zum Drama Lessings, in dem die Konfrontation mit der Willkür und dem gesetzlosen Handeln des Adels konsequent bis zum bitteren Ende ausgetragen wird, blieb der König in Frankreich zu dieser Zeit noch unangetastet.

Die vollkommene Neuorientierung der Werte zeigt sich an der Gegenüberstellung von Alexis, der kurz vor dem Ende seiner mehrjährigen Militärzeit steht und trotz seines Desertierens als integre, edle, tief empfindende Gestalt erscheint, und dem Berufssoldaten Montauciel, einem primitiven Trunkenbold, der auch angesichts des bevorstehenden Todes von Alexis nur an den Alkohol denkt. Der Kontrast zwischen Alexis und dem traditionellen Bild des Soldaten, der, ohne viel nachzudenken, seinem Vaterland treu dient und ein leidenschaftlicher Liebhaber ist, könnte kaum deutlicher ausfallen.[1]

Der *Déserteur* ist ein musikdramatisch höchst gelungenes Werk, das dem Anspruch, wirklich neue Maßstäbe für das Drame lyrique gesetzt zu haben, in vielerlei Hinsicht gerecht wird. Die dramatische Grundidee einer doppelten Wende ist von Monsigny in der Ouvertüre bereits vorausgenommen, eine Neuerung, die für die Opernouvertüre des 19. Jahrhunderts konstitutiv ist. Der Anfangsteil, der am Schluß der Ouvertüre wiederholt und durch eine Coda beschlossen wird, zitiert den Chor aus dem letzten Finale, in dem die erlösende Botschaft der Errettung von Alexis mitgeteilt und dem König gehuldigt wird:

> Oubliez jusqu'à la trace
> D'un malheur peu fait pour vous.
> Quel plaisir! Il a sa grâce,
> C'est nous la donner à tous!

In dem dreiteiligen Mittelteil der Ouvertüre, der die Wende zum Bösen in der Handlung mitvollzieht, ist eine kurze Pastorale von zwei konfliktgeladenen Abschnitten umrahmt (seine leicht variierte Wiederholung aller drei Teile kommt durch deren Transposition zustande). In der Pastorale gibt es Anklänge an Jeannettes »J'avais égaré mon fuseau« und die Briefszene des Alexis sowie in den Synkopen des Presto an das Duo Alexis Louise »O ciel! Puis-je ici te voir«. Nicht zuletzt entspricht die tonartliche Gliederung der Ouvertüre mit dem ausgedehnten Mittelteil in der Mollvariante d-Moll der Tonartendramaturgie der ganzen Oper. Mit der Tonart der Ouvertüre schließt auch das letzte Finale. Damit ist der tonartliche Rahmen des ganzen Werks gegeben; in ihrer Variante d-Moll steht auch die Arie »Mourir n'est rien«, die Alexis im Gefängnis zu Beginn des II. Akts singt. Er ist als Held gegenüber allen anderen Personen herausgehoben, indem Monsigny ihm, einem Baß, nicht nur die anspruchsvollsten Arien komponiert, sondern auch die größte Vielfalt an Tonarten zuordnet. Seine Auftrittsarie, als er sich auf das Wiedersehen mit Louise freut, steht noch im hellen D-Dur noch exponierter ist seine Arie in E-Dur im ersten Finale, als er aus Empörung und Enttäuschung über die Untreue seiner Braut über die Grenze fliehen will. Die Wahl der Tonarten f-Moll (im Duo mit Jeannette, als sie ihm vorheuchelt, Louise habe einen andern Mann geheiratet, und sein außerordentlich ausdruckgeladenes Air »Il m'eut été si doux«, dem inneren Abschied von Louise, bevor sie ihn im Gefängnis besucht), e-Moll (»On s'empresse, on me regarde«, Air, in dem er beschreibt, wie man ihn bei der Hinrichtung beobachten wird und wie schwer ihm nun der Abschied von der Welt fällt, nachdem er erfahren hat, daß Louise nicht verheiratet ist) und Es-Dur unmittelbar danach (Abschied von Louise, der ohne überleitenden Dialog in den Auftritt Louises übergeht) machen deutlich, daß Monsigny die Tonarten sehr reflektiert eingesetzt hat. Dies wird außerdem dadurch unterstrichen, daß Louises Arien mit Ausnahme der Szene, in der sie ohnmächtig wird, entsprechend ihrer unveränderten inniglichen Liebe zu Alexis in A-Dur stehen. Selbst in dem musikdramatisch vollendeten Bericht Courchemins über Louises Vordringen zum König steht der wörtliche Vortrag ihrer Bitte an den König durch Courchemin, »C'est mon amant, et s'il faut qu'il expire, que j'éprouve le même sort«, in »ihrer« Tonart A-Dur.

---

[1] Merciers Stück spielt auch an der Grenze Frankreichs, aber auf deutschem Gebiet, wo der Deserteur Durimel seit langem lebt und sich als Geschäftsführer des Unternehmens einer Witwe bewährt hat und deren Tochter heiraten soll. Dort wird er nach einer militärischen Intervention von Offizieren seines Regiments erkannt, von denen Saint Franc sich als sein Vater herausstellt. Das Verhalten der deutschen Soldaten angesichts der Eroberung durch französische Truppen, das Auftreten der französischen Offiziere auf fremden Territorium und schließlich die Hinrichtung des seit mehreren Jahren verurteilten Deserteurs, der im Ausland unbehelligt blieb, dienen Mercier dazu, seine Auffassung über das Militär und die seiner Gerichtsbarkeit zu präsentieren. Das Verhalten des Vaters des Deserteurs, der sich in der Armee zum Major emporgedient hat, von einem militärischen und bürgerlichen Ehrenkodex geprägt ist – Saint-Franc hat sich vom Soldat zum Major hochgedient –, dient der Bewältigung des Schicksals und der Kritik des politischen Systems. Während Sedaine den König von der Systemkritik ausspart, geht Mercier die Kritik des politischen und militärischen Systems grundsätzlicher an.

Tonartendramaturgie des *Déserteur*

Ouverture	
Allegretto soutenato	D (aus Finale)
Pastourelle	d
Presto man non troppo	F/modulierend/C7
Pastorale	a/E
Presto ma non troppo	c/modulierend/A7
Allegretto soutenato	D
Louise *Peut-on affliger*	A
Jeannette *J'avais égaré*	D
Alexis *Ah, je respire*	D/d/D
Marche des gens de la noce	D
Duo Alexis-Jeannette	f
Alexis *Infidèle que t'ai je fait*	e
Quintett=Finale I	E
Entr'acte *Peut-on affliger*	A
II. Alexis *Mourir n'est rien*	d/F/d
Montauciel *Je ne déserterai jamais*	F
Duo Alexis-Louise	g
Louise *Dans quel trouble je plonge*	A/a/A
Trio Louise, Jean-Louis, Alexis	c/C
Bertrand *Tous les hommes sont bons*	g (Tonalität vieler Vaudevilles)
Montauciel *Vive le vin*	g
Duo Bertrand-Montauciel=Finale II	g
Entr'acte=Mittelteil *Mourir n'est rien*	F
III. Montauciel *Vous êtes trompette*	B/g/B
Alexis *Il m'eût été si doux*	f
Courchemin *Le roi passoit*	C/A (Louise)/a/C
Alexis *On s'empresse, on me regarde*	e/G/e
Alexis *Adieu, chère Louise*	Es
Louise *Où suis-je, o ciel* u. Ensemble=Finale III	c/modulierend/F/D

Bezüglich der Vielfalt derAriengestaltung stellt Monsigny auch seine außerordentliche Meisterschaft unter Beweis. Jeannette erhielt ein Chanson im I. Akt, das nicht als bloßes Auftrittslied zu stehen ist, sondern aufgrund seines Refraintexts »Un peu d'amour, un peu de soin mènent souvent un cœur bien loin« im Hinblick auf das Verhalten des Alexis (aus der Sicht »einfacher« Personen) zu verstehen ist bzw. die Motivation für den Handlungsverlauf enthält, wie später die Romanze »*Une fièvre brulante*« in Grétrys *Richard coeur-de-lion*. In der Weiterentwicklung dieser Expositionslieder bildet sich im 19. Jahrhundert die Opernballade heraus, die den Schlüssel für die Handlung liefert. Darüber hinaus dient das Chanson dem allerdings vergeblichen Versuch, Alexis davon abzubringen, die Wahrheit über die angebliche Hochzeit Louises zu erfahren. Die beiden anderen Chansons oder Couplets, die dann wiederum simultan als Duett erklingen, erhalten Bertrand, »*Tous les hommes sont bons*«, und Montauciel, »*Vive le vin, vive l'amour*«. Diese beiden Stücke waren als die »Schlager« des *Déserteur* in aller Munde, sie sind in die mündliche Tradition eingegangen und während und nach der Revolution vielfach parodiert wurden. Die meisten Airs sind Da-capo-Arien, die der Komponist formal, in ihrer Ausdrucksgestaltung wie auch in ihren musikdramatischen Techniken außerordentlich vielfältig gestaltet. Louises Ariette »*Peut-on affliger ce qu'on aime*« – sie kehrt als erster Entr'acte wieder –, ihre Ariette »*Dans quel trouble te plonge Ce que je dis là?*« mit vielen Ornamenten und Vorhalten, mit der galanten Triole und der Chromatik des in Moll stehenden Mittelteils (darin wirft sie Alexis vor, wie er sie für untreu habe halten können). Wie ihre beiden Arien ist ihre Bitte an den König, »*C'est mon amant*«, von Courchemin im Mittelteil seiner Da-capo-Arie »*Le Roi passait et le tambour Battait au champs: une fille bien faite*«, einer sich nicht auf der Bühne vollziehenden Ariette, vorgetragen (»Amoroso«, Streicher con sordini), mit dem lombardischen Anfangsmotiv und den doppelten Vorhalten ganz empfindsam gehalten. Vier der sechs Arien des Alexis stehen in der teilweise sehr frei gehandhabten Da-capo-Form. Die kurze Arie »*Adieu, chère Louise*«, in der nur die erste Phrase im letzten Abschnitt noch einmal wiederholt wird, zitiert Monsigny in dem Rezitativ von Louises großer »Szene« nach dem Erwachen aus der Ohnmacht an zwei Stellen. Sie dient also auch der inhaltlichen und musikalischen Verbindung zweier Szenen. Alexis' sehr ausgedehnte Auftrittsarie in D-Dur zeigt eine innere Entwicklung auf, deren Stationen man als Aufatmen, Unruhe und Wiedersehensfreude grob charakterisieren kann und die musikdramatisch durch einen Metrumwechsel und Modulationen bis nach Cis- und nach B-Dur und eine Einbeziehung des Orchesters als Dialogpartner gekennzeichnet ist. Der anschließende Marsch dient wie andere Stücke als Melodram. In Alexis' Rezitativ wie in seinen beiden Arien im III. Akt setzt Monsigny alle Mittel pathetischer Wortausdeutung, eine sehr gespannte Melodik (Sprünge in verminderten oder übermäßigen Intervallen, Chromatik, phrygische Wendungen etc.), eine reiche Harmonik (besonders überraschender Gebrauch von Trugschlüssen und ganz neuartige Verwendung des verminderten Septakkordes, der sogar in chromatischen Tonschritten sequenziert wird) und das Orchestertremolo ein. Mit diesem Rezitativ leitet er in das Quintett-Finale des I. Akts über, in dem nach dem Solo des Alexis der Desertionsversuch bzw. dessen Verhinderung durch die Soldaten in einem Quintett wirkungsvoll in Szene gesetzt ist.

Den größten Stimmumfang mit fast zwei Oktaven erfordert das »*Mourir n'est rien*« von Alexis, eine Arie in sehr freier Da-capo-Form (Orchesterbesetzung mit Oboe, zwei Hörnern und Fagott), in der das Verlesen eines Liebesbriefes aus glücklichen Tagen einen Abschnitt des Mittelteils bildet (als zweiter Entr'acte noch einmal zu hören).

In Montauciels witziger Arie, in der er den Versuch macht, die Buchstaben, die ihm ein Kamerad aufgeschrieben hat, zu lesen, erprobt Monsigny eine Technik, die später zum Parlante weiterentwickelt wurde. Die Instrumente tragen eine regelrechte, den musikalischen Zusammenhang stiftende Orchestermelodie vor, zu der Montauciel jeweils nur zu Taktbeginn einen Ton mit einem Buchstaben singt. Dieses Buchstabieren entspricht der freien Deklamation im Parlante bei italienischen und französischen Komponisten des 19. Jahrhunderts.

Die Ensembletechnik des ersten Finale wird weit übertroffen in dem herausragenden mehrgliedrigen Terzett »*O ciel! quoi, tu vas mourir*«.[1] Inhaltlich stellt es den Augenblick dar, in dem Louise, ihr Vater und Alexis sich bewußt werden, daß Alexis wegen seines Desertion sterben muß. Monsigny greift hier zu den musikalischen Mitteln des strengen Stils, wie er auch zu dieser Zeit nicht oft im Grand Motet bzw. der Kirchenmusik Verwendung fand, um diese wirkliche schicksalhafte Erkenntnis darzustellen. Dem strengen Fugato mit einem achttaktigen Thema und obligatem Kontrapunkt folgt ein motettischer komponierter imitatorischer Abschnitt. Beide Abschnitte werden sozusagen dreimal vorgeführt, wobei beim zweiten Mal der motettische Teil formal stärker verändert wird, während er beim dritten Mal zwar

[1] Vgl. U. Schreiber, *Opernführer für Fortgeschrittene*, Bd. I, Kassel 1988, S. 336. Nach Schreiber wurde das Thema des Trios angeblich von Mozart »fast notengetreu in einer seiner Fugen übernommen«. Es besteht aber nur eine typologische Gemeinsamkeit der Themen wie etwa auch zu Bachs entsprechendem Thema.

in anderem tonartlichen Zusammenhang, aber formal wie eine Reprise behandelt wird. Nach diesem melodisch und harmonisch von barocker Gestik und barocken Trauertopoi charakterisierten Abschnitt folgt nach einem Zwischenteil der versöhnlichere, auch wegen seinem Wechsel in die Durvariante trostspendende Schlußteil im Dreivierteltakt. Die unmittelbare Konfrontation dieses exzeptionellen Ensembles mit dem anschließenden einfachen Chanson bzw. Vaudeville Bertrands ist nicht die einzige so extreme Kontrastierung in der Partitur des *Déserteur*. Mit dem Duett von Louise und Alexis im Kerker, »O ciel! puis-je te voir?« in g-Moll, griff Monsigny die bereits erwähnten eigenen Experimente und solche seiner Opéras-comiques komponierenden Kollegen auf, indem er Gestaltungsweisen der Sinfonie in einen Vokalsatz übertrug. Das erste Thema bestreiten das Orchester im Eingangsritornell und daraufhin Alexis. Dann folgt das zweite Thema der Louise in der Durparallele und ein kurzer Simultangesang (T. 1–41, Abschluß in der Tonikaparallele). Der Dialog der »Durchführung« ist durch eine rudimentäre Verarbeitung von Motiven der Themen und Modulationen in den Bereich der Doppeldominante, der Subdominante und der Dominante (T. 42–64) charakterisiert. In der Reprise verbleibt der Hauptsatz in der Tonika – Alexis singt auf sein Thema nunmehr seine Verse 9 sowie 2 bis 4 –, der »Seitensatz« Louises erscheint in g-Moll (ihre Verse 1–2), und die Arie wird mit einer Coda und einem Schlußritornell in der Tonika abgeschlossen. Eine Spezialität Monsignys, die Phrasenbildung mit Drei- bzw. Fünftaktern (Unregelmäßigkeiten des Periodenbaus gibt es bei ihm zuhauf), ist besonders in diesem sowie in dem Duett von Alexis und Jeannette zu beobachten.

Einige Finessen führt der Komponist noch im letzten Finale vor. Zu nennen sind zum einen der musikalische Mitvollzug des Wechsel der Tableaux durch den Tonartwechsel von F- nach D-Dur und die Integration eines achttaktigen Chorrefrains in eine Art freier Finalvaudevilleform mit variabler Gestalt der Couplets (zweimal in Gestalt von Soli, einmal als Chor mit Duett Louise-Alex, in dem das Refrain-Thema bereits vor dem Schlußrefrain erklingt). Schließlich gelingt es dem Komponisten, nicht nur die emotionale Situation besonders des Alexis, sondern das von Jacques Lacombe schon 1758[1] proklamierte Ideal zu erfüllen, das darin bestand, die verschiedenen Stände, den Dorfbewohner, den Soldaten, den noblen Landbewohner, den König musikalisch zu charakterisieren.

Die gegebenen Beispiele vermitteln einen Eindruck vom Gestaltungs- und Reflexionsniveau der Partitur, mit der alle bis dahin entstandenen Vertonungen des Drame lyrique in den Schatten gestellt wurden. Dank der Genialität Sedaines sind große Teile des II. Akts und die entscheidenden Szenen 10 bis 12 des III. Akts, in der die Handlung von der Fastkatastrophe zur Errettung führt – von Monsigny musikdramatisch durch den Wechsel der Tonartenbereiche von Es-Dur über g- und d-Moll zur »Grundtonart D-Dur mitvollzogen –, so konzipiert, daß die Musik fast ohne verbindende Dialoge auskommt.

Während Mercier in seinem fünfaktigen Drame vermochte, sich in größerer Detailfreudigkeit mit der Thematik der Fahnenflucht, ihrer Konsequenzen und der Bewältigung durch die Betroffenen auseinanderzusetzen und eine ungleich dezidiertere politische Stellungnahme zu Mißständen in der Armee, zur Willkür der Fürsten und zur Fahnenflucht einzunehmen, ist bei Sedaine und Monsigny die Intensität trotz des für das Drame lyrique der Zeit üblichen glücklichen Ausgangs in der Emotionalität und Betroffenheit der beiden Protagonisten Louise und Alexis gegeben.

Grimms Wertschätzung von Sedaines Libretto steht seine ebenso kategorische Ablehnung der Musik Monsignys gegenüber: »Lorsque Sedaine me lut la premiere fois son *Déserteur* il y a trois ans, je lui dit que le premier compositeur de l'Europe n'était pas trop bon pour mettre cette pièce en musique, je le pense encore. Monsigny n'était pas en état de se tirer d'une besogne de cette force.«[2] Wie bereits Grimm bemerkte, ist die zögernde Aufnahme der Stücke Sedaines zu Beginn und die zunehmende Zustimmung des Publikums nach einigen Aufführungen bezeichnend:

»C'est le sort des pièces de M. Sedaine de tomber à la première représentation, et puis de se relever successivement et d'aller aux nus [...] L'effet des grands morceaux des ouvrages de génie n'est pas subit, il est même médiocre au premier aspect; il s'accroît et se fortifie à mesure qu'on regarde, bientôt on n'en peut plus arracher des yeux, ou si l'on porte les regards ailleurs, les fantômes de ces tableaux nous suivent, et vous ne pouvez plus les effacer de votre imagination.«[3]

Aus der Perspektive eines klassizistisch orientierten Literaturkritikers konnte sich La Harpe im Rückblick auf das Werk nicht mit dem unter dem Einfluß Shakespeares stehenden Werk anfreunden. Für ihn war die Vermischung von Gattungselementen im *Déserteur* unakzeptabel:

»*Le Déserteur* en fit beaucoup [de bruit], quoique ce fût une tentative assez hasardeuse que de mettre dans un opéra comique un personnage menacé d'un supplice capital, et de l'espece de supplice qui inspire le plus de pitié, parce que le délit semble plus excusable. Il fallait pourtant adoucir ce triste sujet, soit pour la musique qui veut de la variété, soit pour l'opéra comique lui-même qui promet de la gaieté. Cela n'est pas aisé, et l'auteur, qui en est venu à bout, a fait preuve d'adresse et de sagacité. Il s'est jeté à l'autre extrême, et a opposé ce qu'il y a de plus bouffon à ce qui s'offrait sous l'aspect le plus tragique. Ce mélange est précisément la maniere de Shakespeare, que Diderot et consorts avaient bien envie d'introduire au théâtre français, et qui, je ne sais trop comment, n'a pu encore s'y

---

[1] Vgl. Lacombe, *Le Spectacle des Beaux arts*, Paris 1758, S. 296f.
[2] Grimm, *Correspondance littéraire*, Bd. VIII, S. 315.
[3] Grimm, *Correspondance littéraire*, Bd. VIII, S. 314.

établir. Ce mélange, très vicieux en lui-même, a passé dans un opéra comique; mais n'oubliez pas que cela ne pouvait arriver que dans un mélodrame, dans une piece comme le *Déserteur* ou comme *Tarare*; car j'apelle ici du même nom générique toute piece où la musique fait partie du dialogue et de l'action. Ailleurs, ce monstrueux amalgame du tragique et du comique sera toujours réprouvé par la nature et le goût, à moins que l'art ne soit entiérement perdu et oublié. [...] Si Alexis, dans la situation où il est, si Louise sa maîtresse et le pere de Louise parlaient comme dans le drame proprement dit, comme dans la tragédie domestique, d'abord ce ne serait plus un opéra comique, et la musique ne pourrait plus y atteindre; mais surtout un rôle tel que celui de Montauciel et celui du *grand-cousin* y seraient intolérables. Ils font au contraire un bon effet dans *le Déserteur*, et pourquoi? 1º. C'est que le langage d'Alexis n'est jamais au dessus de celui d'un soldat; 2º. qu'il parle peu, et ne s'exprime guere qu'en petites phrases entrecoupées, si ce n'est quand il chante, et il ne chante qu'une fois pour dire:

Mourir n'est rien, c'est notre derniere heure.

sorte de niaiserie de style, qui est assurément fort loin du tragique; 3º. c'est que l'uniforme des deux soldats rend aux yeux leur réunion toute naturelle, quoique les deux hommes soient si différens; 4º. c'est que rien jusque-là n'ayant monté au tragique l'imagination du spectateur, qui ne s'affecte qu'autant que le langage est conforme à la situation, la gaieté grivoise et soldatesque de Montauciel ne fait que nous distraire agréablement d'un objet qui ne faisait que nous attrister sans nous remplir [...] 5º. enfin, c'est qu'à ce théatre-là nous sommes parfaitement instruits par une habitude invariable, qu'au dénouement personne ne mourra. [...] Le rôle de Louise bien chanté, et le dénouement qui est heureux et en spectacle, ont achevé le succès de cet ouvrage, où, malgré tant de fautes, l'observation de l'art et de la scene mérite de l'estime, mais que je ne conseillerais à personne d'imiter. C'est aussi dans cette piece que l'on a remarqué le seul couplet d'un tour élégant que l'auteur ait jamais fait.

Vive le vin, vive l'amour [...].«[1]

Während la Harpe die Bedeutung des Werkes verkannte, wurde seine Einschätzung der Verwandtschaft zu Shakespeare auch von der Nachwelt geteilt:

»Il y avoit entre Sédaine et Shakespeare, toute proportion gardée, une sorte d'analogie et de rapport. C'étoit, dans l'un et dans l'autre, un génie naturellement dramatique, dont l'art n'avoit point dirigé la force, mais à qui il n'avoit pas donné ses entraves, et qui répandoit sans choix dans ses compositions des beautés naïves d'autant plus brillantes peut-être, que tout le reste étoit brut et n'avoit point ce poli, cet éclat que le travail sait donner aux pensées médiocres. [...] Lorsque la traduction de Letourner vint à paroître, il n'eut rien de plus pressé que de la lire ou plutôt de la dévorer. Il en étoit dans l'extase, dans le ravissement.«[2]

Der immense Erfolg des *Déserteur*, der auch in der Revolutionszeit noch sehr beliebt blieb, zeigt sich an der von D. Charlton erstellten Statistik[3]: In den 1770er Jahren war die Oper Monsignys mit 154 Aufführungen vor *Le Roi et le fermier* mit 141 und *Tom Jones* mit 124 in Paris die meistgespielte und im nachfolgenden Jahrzehnt mit 91 Aufführungen noch immer überaus erfolgreich. Das Werk steht zeitgenössischen italienischen Opern mit seinen beiden Aktionsfinali, in denen die Handlung in der Musik mitvollzogen wird, nicht nach. In vielen Ländern wurde das Werk meist in Übersetzungen gespielt. In Deutschland war es seit den Hamburger Aufführungen von 1770 in der Übersetzung von Johann Joachim Eschenburg rasch heimisch. In dieser Fassung erschien auch 1772 im dritten Band Andrés *Sammlung der komischen Operetten so wie sie von der Churpfälzischen Deutschen Hofschauspielergesellschaft unter der Direction des Herrn* [Theobald] *Marchand aufgeführt werden* mit vier Arien im Anhang in deutscher Übersetzung[4] (siehe Beispiel S. 284).

Zum Repräsentant eines neuen Zeitalters, des »enlighted style of music, of the age of Haydn«[5] und zum führenden Komponisten von Opéras comiques bzw. Drames lyriques wurde Grétry in den späten 1760er Jahren. Der Baron Grimm feierte ihn als Genius, ein Bild, zu dem Grétry selbst durch Berichte über seine Kompositionsweise der *Deux avares* oder der *Amitié à l'épreuve* beitrug. Die Anerkennung des Hofes und der Comédie Italienne führte dazu, daß ihm von beiden Pensionen gezahlt wurden. Mit einem Dutzend neuer Opéras-comiques zwischen 1771 und 1780 ist er der mit Abstand dominante Komponist dieser Zeit in dieser Gattung. In seiner Grétry-Monographie hat D. Charlton alle interessanten Facetten der Persönlichkeit Grétrys und seiner musikdramatischen Errungenschaften überzeugend dargestellt und dessen herausragende Bedeutung auch in einer Statistik belegt. Zwischen 1771 und 1780 steht er mit 1.222 Aufführungen von 17 Bühnenwerken gegenüber Monsigny mit 661 und dann zwischen 1781 und 1790 mit 1.418 Aufführungen von 24 Opéras-comiques (freilich unter Ausschluß der Comédie en vaudevilles, die in dieser Zeit mit Stücken von Antoine Piis, Pierre-Yon Barré u.a. eine neue Blüte erlebt)[6], gefolgt von Dalayrac mit weniger als der Hälfte von Aufführungen, in Paris weit an der Spitze aller Komponisten, obwohl es Dalayrac in diesem Zeitraum bereits gelingt, ihn mit 16 neuen Stücken um das doppelte zu übertreffen. Bei Grétry findet die Opéra-comique vor der Revolution nicht nur ihre Vollendung, sondern er setzte auch Maßstäbe für das 19. Jahrhundert und wies besonders mit seinem *Richard*

---

1 *Lycée, ou Cours de littérature ancienne et moderne*, S. 417f.
2 *Notice sur la vie et les ouvrages de Sédaine* [sic], in: *Œuvres choisies de Sédaine*, Bd. I, Paris 1813, S. XI.
3 D. Charlton, *Grétry and the growth of opéra-comique*, Cambridge 1986, S. 66.
4 »Ein solches Herz zu kränken=Peut-on affliger ce qu'on aime«; »Mein Schäferstab war fort=J'avais égaré mon fuseau«; die simultan gesungenen Airs »Aller Welt Blut Ist gut/Fort mit dem Gram=Tous les hommes sont bons/Vive le vin, vive l'Amour«; »Ach! vergesset alle Schmerzen=Oubliez jusqu'à la trace« (Finalvaudeville).
5 D. Charlton, *Grétry and the growth of opéra-comique*, S. 63.
6 Vgl. dazu H. Schneider, *Die Revitalisierung des Vaudeville*, S. 75–164.

(Der Deserteur.)

cœur-de-lion wie auch später Méhul mit Bühnenwerken aus den 1790er Jahren der romantischen Oper den Weg.

Die einaktige »Comédie« *Silvain* von Marmontel und Grétry (1770), die auch in Band III von Andrés *Sammlung der komischen Operetten* in deutscher Übersetzung erschien[1], ist ein charakteristisches Beispiel für die Transformation eines pastoralen Stoffes in ein Drama mit sehr ernsten Situationen. Silvain wurde es durch die Toleranz eines Grundbesitzers möglich, sich eine Existenz als Bauer und Jäger aufzubauen und ein glückliches Familienleben mit seiner Frau Hélène und den beiden Töchtern Pauline und Lucette zu führen. Am Vorabend der Hochzeit Lucettes erfährt er, daß der Besitz des Landes, auf dem er bisher seinen Beruf ausüben konnte, an den Vater Dolmon gewechselt hat, der ihn enterbt hat, da er gegen seinen Willen Hélène geheiratet hatte. In Unkenntnis der Identität des Bauers will ihm Dolmon die bisher eingeräumten Rechte und damit die Existenz wieder nehmen. Als Silvain für die Hochzeit ein Stück Wild erjagen will, kommt sein Bruder, der ihn nicht erkennt, mit einer Horde Bewaffneter, um ihn des Wilderns festzunehmen. In einem dramatischen Septett stehen sich

1 *Sammlung der komischen Operetten so wie sie von der Churpfälzischen Deutschen Hofschauspielergesellschaft untere der Direction des Herrn* [Theobald] *Marchand aufgeführt wurden*, Frankfurt, mit Andreaischen Schriften 1772, Bd. III. Darin sind auch drei Airs im Anhang im Notentext wiedergegeben: »*Glaube mir, was ich dir sage=Ne crois pas qu'un bon ménage*«, »*Ich weiß nicht, ob die Schwester liebe=Je ne sais pas si ma sœur aime*« und »*Er hat längst diesen Trieb verspürt=Hé comment ne pas chérir*«.

Silvain und sein künftiger Schwiegersohn Bazile, Hélène, seine Töchter Pauline und Lucette und die Garde (mit zwei Stimmen singend) gegenüber. Grétry nimmt eine Dreiergruppierung der Personen entsprechend der dramatischen Konstellation vor. Als Streitparteien stehen sich die Garde (Zwei- und gelegentlich Vierstimmigkeit) und die beiden Männer gegenüber, sie dialogisieren in raschem Wechsel, wärend die drei Frauen den Verlauf mit Rufen wie »Soyez touchés de nos larmes«, »Ciel!« oder »Ayez pitié de nos enfants« kommentieren. In der großen Szene Hélènes (Récitatif obligé und Arie) versucht sie, sich vor dem Zusammentreffen mit Dolmon, dem sie in der Jugend den Sohn »wegnahm«, Mut zu machen. Dolmon erkennt in dem Dialog mit Hélène, daß sie eine edle, gebildete Person ist, und bekennt, wie unglücklich er ohne seinen »verlorenen« Sohn sei. Als die beiden Töchter Hélènes ihn, den unbekannten Großvater, bitten, zusammen mit ihnen zu leben (Trio »*Venez, venez vivre avec nous*«), ist er zu Tränen gerührt. Die Eltern geben sich zu erkennen. Angesichts ihrer Tugendhaftigkeit und Redlichkeit versöhnt er sich mit ihnen und stimmt in der Überzeugung, die Tugend einfacher Menschen sei wichtiger als ihre Herkunft, der Hochzeit Paulines mit Bazile zu.

Für Marmontel ist es charakteristisch, daß er auch den gesprochenen Dialog in gebundener Sprache geschrieben hat. Charlton nennt in seiner Analyse drei miteinander verbundene Traditionsstränge, die von der in Frankreich in Mode befindlichen Naturidylle und Pastoralpoesie Salomon Gesslers, die an Eltern gerichtete moralische Belehrung und die Rechtstellung der Bauern, die mit ihrer ehrlichen Arbeit zum Wohlstand beitragen.[1] Als Anhänger der italienischen Musik und der Versifikation Metastasios[2] schreibt er überwiegend isometrische Verse für die Gesänge. Dies trifft auf Hélènes Arien (nicht aber ihr Rezitativ; zweimal Sieben- und einmal Viersilber), Silvains Auftrittsarie (Achtsilber, nur das zweite Couplet dieser Rondeau-Form hat abweichend davon durchweg Siebensilber), Paulines Air und das der ehelichen Liebe gewidmete Duo »*Dans le sein d'un père*« (Fünfsilber mit Ausnahme von vier nacheinander plazierten Versen), nicht aber auf diejenigen von Lucette (literarisch ein Rondeau), Bazile und die übrigen Ensembles zu.

Die Musik Grétrys besteht aus einer dreisätzigen italienischen Sinfonia (»Ouverture« betitelt) mit den Sätzen Allegro assai, Andantino und Non troppo Allegro, drei Arien für Hélène, darunter die erwähnte Szene, je eine Arie für Silvain, Lucette, Pauline und Bazile, je ein Duett für das Liebespaar Pauline und Bazile sowie die Eheleute Hélène und Silvain, die beiden schon genannten Ensembles und der aus den Solisten bestehende Schlußchor. Am ausdrucksintensivsten ist die c-Moll Arie Silvains, die mit ihrem 46 Takte langen Anfangsritornell mit dem Passus duriusculus im Baß, dem vertikal und horizontal ausgebreiteten verminderten Septakkord bei »frayeur mortelle« im ersten Couplet, der dreifachen Wiederkehr des Textrefrains (Allegro; bei der ersten Wiederkehr des Refrains wiederholt Grétry nur 6 Takte, in der zweiten 14 Takte unverändert und komponiert den Rest des Refrains jeweils neu), den beiden Largo Couplets und der großen Orchestersetzung mit Oboe, zwei Hörnern, zwei Fagotten und Streichern ein Äquivalent zu Hélènes großem Rezitativ mit Arie bildet. Dieses Rezitativ dient durch seine zahlreichen Tempowechsel, durch die Tremoli und die Tirata- und andere ausdrucksstarke gestische Motive und die Tonalität a-Moll (die Arie steht dann in C-Dur) der Charakterisierung der würdigen, rebellierenden, dann ihre Verantwortung für die Entzweiung von Vater und Sohn auf sich nehmenden (sie folgte dem »cri de la nature«) und sich dann ergebenden Person. In der nachfolgenden Ariette in C-Dur setzt Grétry mit c-Moll-Harmonien noch einmal dramatische Akzente. In den Dacapo-Teile seiner Arien zitiert Grétry lediglich den Anfang des A-Teil und komponiert den weiteren Verlauf neu. In Hélènes »*Ne crois pas qu'un bon ménage*« komponiert er ein Da capo, wiederum nur 4 Takte des A-Teils zitierend, obwohl textlich eine neue Strophe für diesen Teil vorliegt. Auch das Trio der beiden Töchter mit dem Großvater Dolmon ist in Da-capo-Form komponiert. In zwei Arien, in Lucettes »*Je ne sais pas si ma sœur aime*« (32 Verse) und in Basiles »*Tout le village l'envie*« (32 Verse, Grétry ergänzt hier zusätzlich die sechs Verse nach dem 9. Vers; Besetzung mit Petite flûte), liegt eine für die Zeit charakteristische große Zahl von Versen für Arien in der Opéra-comique vor, die Grétry rasch und weitgehend syllabisch, aber dennoch auch mit Verswiederholungen vertont. Während Hélène mit ihren Sologesängen in G-Dur, A-Dur und a-Moll mit C-Dur sowie dem Zwei-Tempo-Duett (Larghetto, Allegro assai) in B-Dur eine relativ breite tonale Facette aufweist, die ihre vielfältigen Rollen im Geschehen spiegelt, signalisiert Grétry durch die Wahl der Tonarten F und B für Pauline und Bazile, das junge Paar der Oper, ihre Zusammengehörigkeit.

---

[1] Vgl. D. Charlton, *Grétry and the growth of opéra-comique*, S. 56, dort auch eine detaillierte Darstellung des ideologischen Kontexts des Stoffes.

[2] Die Bewunderung galt der Versifikation Metastasios, während Marmontel dessen dramatische Konzeption ablehnte: »Dans Métastase même, que j'étudiais, que j'admirais comme un modèle de l'art de dessiner les paroles du chant, je voyais des longueurs et des vides insupportables. Ces doubles intrigues, ces amours épisodiques, ces scènes détachées et si multipliées, ces airs presque toujours perdus, comme l'on a dit, en cul-de-lampe au bout des scènes, tout cela me choquait.« *Mémoires de Marmontel*, Introduction von M. Fs. Barrière, Paris 1857, S. 388.

Während der Zusammenarbeit Grétrys mit Marmontel (1768–1775) standen Stoffe mit aufklärerischen Themen im Vordergrund. In *Zémir et Azor*, einem Sujet, in dem Mitleid und Sensibilität zentral sind, erreicht Grétrys Tonsprache einen ersten Höhepunkt. Als Sedaine in dem erblindeten Monsigny seinen Mitarbeiter verloren hatte, begann die Zusammenarbeit mit Grétry (*Aucassin et Nicolette* und *Richard cœur-de-lion*).

Der Stoff des *Richard cœur-de-lion* (1784) basiert auf der historischen Person Richard I. (1157–1199), der auf dem englischen Thron von 1189 bis zum seinem Tod während einer Schlacht herrschte. Er reiste 1190 ins Heilige Land und wurde von Leopold von Österreich, mit dem er zuvor die Kreuzzüge geführt hatte, auf dem Heimweg gefangen genommen und in Dürenstein an der Donau 1192 oder 1193 eingekerkert. Eine immense Summe Geldes mußte in England gesammelt werden, mit der man ihn 1194 wieder freikaufte. Über das Leben der zweiten Hauptperson der Oper, Blondel de Nesle, ist kaum etwas bekannt, aber seine Gesänge gehören zu den berühmtesten der Trouvères. Die Legende von Richards Entdeckung in der österreichsichen Festung war schon früh weitverbreitet. Sedaine kann sie am ehesten in dem 1705 anonym erschienenen Buch *La Tour ténébreuse* von Marie-Jeanne Lhétier de Villandon kennengelernt haben, das in der *Bibliothèque universelle des romans* 1776 in einer Zusammenfassung erwähnt worden war.[1]

Der Ort der Handlung ist in der Oper in eine Festung in Linz und in das Haus von Williams in der Nähe verlegt. Während der kurzen Ouvertüre, die unmittelbar in die Handlung einführt, zieht der Chor der Bauern vorbei, »*Chantons, célébrons ce bon ménage, Chantons, retournons dans nos ménages*«. Danach treten Antonio und Blondel auf, der sich als blind ausgibt, um auf der Suche des verschwundenen Königs unverdächtig zu sein. Er schickt Antonio mit dem Auftrag weg, ihm eine Unterkunft zu suchen und singt seine berühmte Arie, »*O Richard, o mon roi*«, die in der Revolutionszeit als Schlachtlied der Royalisten eine so wichtige Rolle spielen sollte. Williams kommt mit einem Brief, der vom Gouverneur stammt und an Laurette, seine Tochter, gerichtet ist. Da er selbst des Lesens nicht kundig ist und Blondel »blind« ist, muß Antonio den Brief vorlesen. Aus diesem Brief wird Blondel nicht nur klar, daß Laurette mit dem Gouverneur eine Liebesbeziehung eingegangen ist, sondern daß in der Festung ein Gefangener festgehalten wird. Nachdem Blondel ein Lied zu Ehren ihrer Liebe gesungen hat, das Laurette lernt, kommt eine adelige Dame mit ihrem Gefolge an und wird in Williams Haus aufgenommen. Blondel erkennt die Dame sofort als Marguerite, Comtesse de Flandre et d'Artois, die unglückliche Liebe Richards. Auf seiner Violine spielt Blondel einen Teil der Melodie von »*Une fièvre brûlante*«, ein Stück, das der König einst an Marguerite gerichtet hatte und das sie sofort wieder erkennt. Auf das Versprechen hin, eine Unterkunft von ihr für die Nacht zu erhalten, spielt er nun das ganze Stück mit Variationen. Den Abschluß des I. Akts bildet das Kreuzfahrerlied Blondels, das mit Chorrefrain vorgetragen und mit einer die hereinbrechende Nacht malenden instrumentalen Coda beendet wird.

Der II. Akt beginnt mit einem eigenartigen Marsch, vor deren Hintergrund die Wache wechselt. Der König Richard singt seine Arie »*Si l'univers entier m'oublie*«, in dem er auch seinen früheren Ruhm und seine Geliebte Marguerite erwähnt. Blondel, dessen Vermutung, der König sei der Gefangene in Florestans Burg, bestätigt ist, steigt auf die Brustwehr und spielt den Anfang von »*Une fièvre brûlante*« auf der Geige. Als er dann die Strophe zu singen beginnt, erkennt der König dessen Stimme und setzt mit dem Singen fort. Nach der zweiten Strophe, »*Dans une Tour obscure un roi puissant languit, Son serviteur gémit, de sa triste aventure*«, vereinen sich beide Stimmen im Refrain. Blondel macht durch sein Spiel der Variationen auf der Geige absichtlich auf sich aufmerksam und wird von Soldaten festgenommen. Es gelingt ihm in einem Ensemble, die Soldaten davon zu überzeugen, daß er mit dem Gouverneur sprechen muß, dem er eine Nachricht von Laurette zu übergeben vorgibt. Um den Gouverneur zu überlisten und aus seiner Burg zu locken, wird er zu einem Fest im Hause von Williams eingeladen, wo sich ihm die Möglichkeit bietet, auf unverdächtige Weise Laurette auf einem Fest für Marguerite zu treffen.

Im Haus von Williams wird während eines Terzetts Blondel zunächst von zwei Dienern daran gehindert, Marguerite zu sprechen. Als sie auftritt, kündigt sie an, wegen eines schweren Kummers ihr Leben im Kloster beschließen zu wollen. Der nun nicht mehr erblindete, schließlich doch vorgelassene Blondel gibt seine Identität preis und berichtet über die Gefangenschaft Richards in der Festung des Gouverneurs. Nun beschließen sie den Plan, wie der Gou-

---

[1] Grimm, *Correspondance littéraire*, Bd. XIV, S. 60, gibt eine jüngere Quelle an: »Ce fabliau se trouve dans un recueil d'ouvrages de ce genre, publié il y a quatre ans, par M. Le Grand d'Aussy.«

verneur Florestan gefangen genommen und dann gezwungen werden kann, den König freizulassen. Die Tänze des für Florestan improvisierten Fests beginnen, er tritt ein und unterhält sich mit Laurette. Als ein Trommelschlag erklingt, versucht Florestan zu fliehen, wird aber mit Gewalt festgehalten. Auf offener Bühne wechselt das Bild und man sieht die belagerte Festung. Unter den Klängen einer Schlachtenmusik führt Blondel als Ritter die Männer Marguerites an. Richard muß gegen drei Soldaten kämpfen und wird von Blondel gerettet. In dem abschließenden Chor, in dem der Sieg und die Vereinigung des Paares besungen wird, klingt noch ein letztes Mal »*Une fièvre brûlante*« an.

Das Zentrum der dramaturgischen Anlage bildet das Rettungslied, so daß Grétry selbst in seinen *Mémoires* bemerken konnte, es habe kein musikalischeres Sujet als das des König Richard Löwenherz geben können. Im weiteren Sinn vereinigt der Stoff aber eine Vielzahl szenischer und musikalischer Möglichkeiten, wie Charlton gezeigt hat[1], nämlich ein bewußt als mittelalterlich intendierter Stil der Romance, die damit in Zusammenhang stehende Couleur locale, ein mittelalterlicher Stoff mit hohem moralischem Anspruch, ein militärisches Spektakel als Klimax und eine royalistische Haltung, die durch die Rezeption während der Revolution vollkommen bestätigt wird. Durch eine strenge Konstruktion erhält das Ganze seine besondere Geschlossenheit und Einheit, an der der in allen Akten auf sehr differenzierte Weise eingesetzte Chor entscheidend beteiligt ist.

Es besteht kein Zweifel, daß Grétry mit der zentralen Romance bei den Zuhörern den Eindruck eines »genre ancien« bzw. eines »vieux style« intendiert und hervorgerufen hat. Charlton gibt sowohl Jean-Jacques Rousseaus »Dans ma cabane obscure« aus dem *Devin du village* wie auch Paradis de Moncrifs Romanze »Las! si j'avois pouvoir« als Modelle für »*Une fièvre brûlante*« an, das erste Stück wegen seiner vermeintlichen Unregelmäßigkeit der Phrasenbildung. Dem ist zu widersprechen, da Dreitaktperioden und -phrasen in Frankreich keineswegs eine Seltenheit sind und bei Zeitgenossen Grétrys wie Monsigny ohne irgend eine Konnotation mit mittelalterlicher Musik vorkommen und selbst im 19. Jahrhundert von Momigny noch gerechtfertigt werden. Die Ähnlichkeit der Beispiele von Moncrif ist dagegen überzeugender, wenngleich Grétry über ihn hinausgeht. Für die Erzeugung des Eindrucks eines »vieux style« bedient sich Grétry folgender Mittel in diesem berühmten Stück:

1. der Umfang wird auf die Sept und die Notenwerte wie in der zur Zeit Grétrys noch nicht wieder bekannten Modalnotation im Grunde auf die Viertel, die Halbe und die Ganztaktnote beschränkt.
2. auffallend ist die Oberterzklausel, die in drei von fünf Schlüssen und bei keinem der von Charlton genannten Modelle vorkommt.
3. Grétry folgt in diesem Stück nicht der Viertaktgliederung, also der Quadratur, wie Charlton annimmt, vielmehr biegt Grétry eine wirklich ungewöhnliche Syntax, die Gliederung in Siebentaktern, durch eine Taktverlängerung mit einer Liegenote zurecht. Die Syntax der Phrasen lautet: 7 Takte/ 1 T. Ritonell/ 3+(1)+4/ 4+4+(1)/ 4+3+(1)/ 4+3+(1). Die in Klammern befindlichen Takte sind sozusagen »blinde« Takte, da sie lediglich der Tonverlängerung und einer Art Halleffekt dienen. Lediglich die dritte Phrase hat eine wirklich quadratische Syntax, die vierte ist, abgesehen von dem abschließenden Tonaushalten mit der ersten siebentaktigen identisch.
4. Die Violine, das hat Charlton überzeugend belegt, galt bereits vor Grétry und dann noch zu seiner Zeit als authentisches mittelalterliches Instrument der Trouvères, da man die Geige u. a. auch als Instrument der fahrenden Leute und der Colporteure ansah, was übrigens fürs 18. Jahrhundert noch gültig ist.
5. Die Bedeutung der Violen im Orchester zur Begleitung der Solovioline stellt einen Topos für einen altertümlichen Stil dar, ein Topos, der, auch von Charlton nachgewiesen, noch bei Berlioz, Meyerbeer und Liszt gültig ist.
6. Auffallend und sehr überraschend sogar noch beim heutigen Hören im Verlauf dieser so schlichten Melodie ist drei Takte von Schluß die Ausweichung auf cis in der letzten Binnenkadenz, mit dem Grétry offenbar die »peine cruelle« ausdeutet.

Von der einst von König Richard komponierten Romanze werden zunächst die letzten 15 Takte, dann die ersten sieben und schließlich auf Bitten Marguerite die vollständige Melodie mit Variationen auf der Violine vorgetragen. Im II. Akt spielt Blondel den Anfang, singt dann selbst zum ersten Mal das Stück, das vom König zu Ende geführt wird. Am Ende der zweiten

[1] Vgl. *Grétry and the growth of opéra-comique*, S. 237ff.

Strophe singen beide gemeinsam den Refrain im Duett. Dann tanzt und springt Blondel auf die Melodie, die er selbst mit neuen Variationen vorträgt. Im III. Akt wird die Romanze dann versteckt in geradem Metrum bei »Sa voix a pénétré mon âme« zitiert, als Blondel über seine Entdeckung offenbar so berichtet, daß nur Marguerite, aber nicht die anderen anwesenden Personen, seine Botschaft verstehen kann. Zuletzt erfolgt eine Reminiszenz im Finale des letzten Akts. Die Romantiker wandelten das Prinzip der auch für die Handlung zentralen Ballade insofern ab, als diese meist in der Exposition bereits vollständig erklingt und dann, allerdings nicht nur in Wagners *Fliegendem Holländer*, im Verlauf der Oper noch einmal zitiert wird.

Nach »*O Richard, o mon roi*«, eine Arie, die trotz ihrer nicht ganz regelmäßigen Syntax zur späteren royalistischen Hymne wurde, folgt bereits eine erste musikalische Szene, in der die Personen auf- und abtreten und sich dabei kurz Zeit musikalisch zu beteiligen, um wieder zu verschwinden. Mit der ersten Entr'acte-Musik betrat Grétry bezüglich der Instrumentation völliges Neuland. Hörner, Trompeten und Streicher spielten mit Dämpfern und »les timballes avec deux morceaux de drap liés aux baguettes«, eine Innovation, die erst im Jahre 1797 in Dalayracs *Nina* aufgegriffen wurde. Mit dieser eigenartigen Musik erzeugt Grétry eine Stimmung, die dem düsteren Schloß in der nebligen Dämmerung entspricht und zugleich als Vorbereitung für die einzige, vom König gesungene Arie dient. Das Orchester erhielt bei dieser Arie »*Si l'univers entier m'oublie*« wie an anderen Stellen der Partitur genaue Spielhinweise: Hörner und Trompeten »peuvent donner fort, exceptez dans les solo«. Schon aus dem langen, gegenüber dem Entr'acte unverändert instrumentierten Eingangsritornell wird das besondere Gewicht der Person und Situation unterstrichen. Nur an der Textstelle »O mort, viens terminer ma peine« mit der phrygischen Sekund wird ein Leidenston in einer ansonsten von Niedergeschlagenheit fernen Arie angeschlagen. Im Finale dieses Aktes wird dann sogar durch die gespielte Auseinandersetzung zwischen Blondel und Florestan eine komische Episode eingebracht.

Der II. Akt kommt mit sehr wenig gesprochenem Dialog und wenig äußerer Handlung aus und ist im wesentlichen von expressiver Musik erfüllt. Obwohl es im III. Akt noch interessante dramatische Details gibt, fällt er gegenüber den vorausgehenden Akten etwas ab. Die Folge der Tänze z.B., ausgehend vom 6/8-Takt »Allegro à demi jeu« über einen 2/4 zu einem 3/8-Tanz »Très vif pour valser« entsprechen der sich steigernden immanenten Spannung vom Auftritt Florestans an bis zum Trommelwirbel, durch den die Gefangennahme des Gouverneurs angekündigt wird. Der Chor verlangt die Befreiung des Königs, beginnend mit »Que Richard à l'instant soit remis dans nos mains«, während das Orchester den Sturm auf die Festung darstellt: »Depuis la fanfare ou le combat se termine, tout le reste de l'action se fait sur la marche«. Daß es sich um keine sehr originale Schlachtenmusik handelt, geht daraus hervor, daß Grétry in seiner Verlegenheit ohne Schaden für die Einheit der musikalischen Sprache der Schlacht auf eine ältere Musik zurückgreifen konnte.

Obwohl das letzten Finale also nicht mehr ganz dem Anspruch der übrigen Teile der Partitur entspricht, ist es offenbar, wie weit Sedaine und Grétry mit *Richard cœur-de-lion* dramaturgisch und musikalisch Neuland betraten, das nicht nur für die neue Generation der Komponisten der Revolutionszeit, sondern auch für die Romantik in einiger Hinsicht bahnbrechend war. Die lange Rezeptionsgeschichte dieser Oper im 19. Jahrhundert, besonders auch in Deutschland, ist ein wichtiger Beleg dafür.

Der ideologische Wandel in den 1780er Jahren als deutliches Vorzeichen des bevorstehenden Umbruchs der Revolution und die damit zusammenhängende erstaunliche Wiedergeburt der Comédie en vaudeville sei am Beispiel einer durchschnittlichen, aber überaus typischen Opéra-comique dieser Epoche kurz aufgezeigt. Der Stoff von *Les Dettes* (Libretto von N.-J. Forgeot, Musik von Stanislas Champein, erste Aufführung am 8. Januar 1787) ist sehr typisch für die Zeit. Eine keineswegs originelle Geschichte eines völlig verschuldeten, von vielen Gläubigern verfolgten, aber dennoch skrupellosen Chevalier bildet das zentrale Problem der Geschichte. In dem Hotel, wo er von den Gläubigern belagert wird, lebt auch Lucinde, in die er hoffnungslos verliebt ist, vor der er deshalb seine Verschuldung unbedingt geheim gehalten haben will. Der Diener macht sich zum Komplizen des Chevalier, obwohl er dessen Lebensweise und Verhalten verurteilt. Zugleich ist er aber reichlich respektlos und äußert sich voller Ironie über seine Herrschaft. Durch die Intervention eines reichen Onkels, der »zufällig« mit Lucinde verwandt ist und durch ein Testament, das im Falle der Heirat des Chevalier mit Lucinde ein reiches Erbe verspricht, kommt es zum lieto fine. So harmlos die Geschichte erscheint, so niederschmetternd ist auch das darin gezeichnete Bild der Aristokratie. Die musikalischen Nummern, auch die beiden Terzette, sind sehr kurz und wenig anspruchsvoll, während sich in den beiden Finali die Turbulenz der Handlung wiederspiegelt, im ersten das geglückte Austricksen der Gläubiger durch den Chevalier, im zweiten die Hochzeitszeremonie, bei der der Chevalier bis zuletzt befürchtet, sein Onkel wolle Lucinde heiraten. Die Couplets »On doit soixante mille francs« gingen bald in die mündliche Überlieferung ein und wurden während der Revolution sehr häufig bei Mitberücksichtigung ihrer ursprünglichen Semantik parodiert. Champein und sein Librettist sind offensichtlich dem Publikum der Jahre unmittelbar vor der Revolution dadurch entgegengekommen, daß sie inhaltlich und musikalisch erhebliche Zugeständnisse gemacht haben.

Die Opéra-comique während der Revolution

Das Repertoire der französischen Oper während der Revolution ist so reich wie niemals zuvor. Im Abstand von ungefähr einer Woche fanden zwischen 1790 und 1794 Premieren statt, d.h. etwa zweimal so viele wie in der Zeit, als die Académie royale de musique und die Comédie Italienne noch durch Privilegien geschützt waren. Im Laufe der Revolution veränderte sich die Opéra-comique völlig. Dem weiter bestehenden älteren Typus gehören u.a. François Deviennes *Les Visitandines* (1792) und Jean-Pierre Soliés *Le Secret* (1796) an. Der neue Gattungstypus verdankt seine Charakteristika den politischen und sozialen Umwälzungen des neuen Zeitalters. Die entscheidenden Gattungsmerkmale, der gesprochene Dialog, melodramatische Szenen, Airs und Ensembles blieben bestehen. Parodistische und komische Elemente wurden verdrängt oder verschwanden vollkommen aus vielen Werken. Angesichts einer gezielten Musikpolitik, innerhalb derer man dem Musiktheater eine wichtige erzieherische und damit politische Funktion zuwies, trat die unterhaltende zugunsten der erzieherischen und propagandistischen Funktion zurück. Die Opéra-comique nahm an Bedeutung eine vergleichbare Stellung zur Tragédie lyrique ein, die nach der Revolution erst nach einer Periode der Stagnation durch Spontini wieder neue Impulse erhielt. Viele Beispiele der neuen Opéra-comique waren Propaganda-Stücke, in denen Ereignisse aus der Revolution auf die Bühne gebracht und politische Ziele der Revolution propagiert wurden. Dazu gehören die zahlreichen »Pièces de circonstance«, in denen glorreiche Ereignisse der Revolution und die Tugenden ihrer Verteidiger propagiert wurden, aber u.a. auch *Léonore* (1798) von Gaveaux und *Les deux journées* (1800) von Cherubini. Auch Opern nach antiken Stoffen wie Lemoynes *Miltiade à Marathon* (1793), *Horatius Coclès* von A.V. Arnault und Méhul oder das »Tableau patriotique« *Toute la Grèce ou Ce que peut la liberté* von Beffroy de Reigny (1794) oder Stoffen aus der Gegenwart etwa zur Feier eines militärischen Sieges (*Le Siège de Thionville* von Saulnier, Dutilh und L.E. Jadin, 1793) hatten ähnliche didaktische Ziele. Darin werden Schlachten, Belagerungen und Erstürmungen von Festungen szenisch und musikalisch durch Trommeln, Kanonenschläge, Bomben und Sturmglocken in Szene gesetzt.

Neben Henri Montan Bertons *Les Rigueurs du cloître* (1790, Libretto von Joseph Fiévée) gehört François Deviennes *Les Visitandines* (1792, Libretto von Louis Benoît Picard) zu den antiklerikalen Stücken des Musiktheaters der Zeit. In beiden Stücken werden die Verhältnisse in den Klöstern vor der Revolution kritisiert, in ersterem sehr drastisch und polemisch, im zweiten mit ironischer Distanz. In Bertons Oper, die während der ersten antiklarikalen Welle der Revolution entstand, wird die Heldin und mit ihre alle, die mit ihr im Kloster eingesperrt sind und leiden, von einem Grafen und der Nationalgarde befreit und verkündet als Vertreter des neuen Regimes die Menschenrechte. Mit einer Hymne an die Freiheit, die neue Göttin Frankreichs, und mit der Proklamation eines konstitutionellen Reformkönigtums endet der letzte Akt. Die Musik Bertons ist durch die Agitation der Epoche gekennzeichnet. Nur der Graf und seine Geliebte Lucile erhielten eine Arie, während der musikalische Schwerpunkt eindeutig auf den Ensembles und Chören liegt. Von großer dramatischer Wirkung sind die beiden Duette und die Chorszenen, in denen Berton sogar Doppelchöre aufbietet. Der Ge-

Comédie Italienne, zwischen 1781 und 1783 von dem Architekten Jean-François Heurtier (1739–1822) erbaut, der auch 1777 das Theater in Versailles errichtet hatte. Sie wurde am 28. April 1783 mit dem Prolog *Thalie au nouveau théâtre* und Th. d'Hèles und Grétrys *Les Evènements imprévus* eröffnet.

betschor, »*Dieu, reçois ce sacrifice*«, der mit gedämpften Pauken besetzt ist, ist ebenso erwähnenswert wie der bei allen möglichen politischen und gesellschaftlichen Gelegenheiten gesungene Chor »*Ah! quel scandale abominable*«. Deviennes Oper *Les Visitandines* liegt in einer zwei- und dreiaktigen Version (1792, 1793) vor. Picards Libretto präsentiert die dramaturgischen Topoi des zeitgenössischen Klosterstücks als effektvolle Unterhaltungsschablonen. Hinter den Mauern des Visitandinen-Klosters herrscht nicht Unterdrückung, sondern Kurzweil. Die Genreszenen entwerfen, abgesehen von dem III. Akt der zweiten Version, kein kritisch-polemisches Bild vom Alltag im Kloster, sondern zeigen eher die menschlichen Schwächen seiner Bewohnerinnen auf. Für den langanhaltenden Erfolg des Werkes sind die beachtlichen musikdramatischen Qualitäten des Werkes entscheidend gewesen. In der Ouvertüre, die mit einem Gewitter endet (lange Steigerung von PPPP bis FFF unter Beteiligung der Donnermaschine) und unmittelbar in die erste Szene überleitet, parodiert Devienne jene Glucks zu *Iphigénie en Tauride*, die er aus seiner Tätigkeit im Orchester der Opéra bestens kannte. Zwei Ähnlichkeiten bestehen zu Mozarts *Zauberflöte*, obwohl Devienne diese Oper zur Zeit der Entstehung der *Visitandines* nicht gekannt haben kann. Belforts »*Enfant chérie des dames*« (I. Akt) beginnt wie Mozarts »*Ein Mädchen oder Weibchen*« und der Anfang von Ephémies »*O toi dont la mémoire*« ist der Arie »*Dies Bildnis ist bezaubend schön*« ähnlich. Die Solonummern bewegen sich zwischen den Polen der hochvirtuosen ernsten Arie (Euphénies »*O toi dont la mémoire*« mit dem schwierigsten konzertierenden Hornpart dieser Zeit) und des schlichten Couplets der Pförtnerin (»*Ah de quel souvenir affreux*«). In Frontins Arie, »*Qu'on est heureux de trouver en voyage*«, sind die Mittel zur Darstellung des musikalischen Pathos parodistisch eingesetzt, während man als expressiven Höhepunkt Euphémies harfenbegleitete Romanze »*Dans l'asile de l'innocence*« bezeichnen kann. Der Erfolg dieser Oper läßt sich auch daran ablesen, daß sie noch 1825 in zwei Bearbeitungen unter dem Titel *Le Pensionnat de jeunes demoiselles* und *Les Français au Sérail* neu herauskam und unter verschiedenen Titeln in Deutschland lange Zeit gespielt wurde.

Méhuls »Comédie en trois actes et en vers« *Euphrosine* nach einem Libretto von François Benoît Hoffman, am 4. September 1790 uraufgeführt und der Mutter des Komponisten gewidmet, gehört zu den großen Erfolgsopern der Revolutionszeit. Der Librettist Hoffman war sich der Neuartigkeit seines Librettos bewußt:

»Quand je la composai, je sentis bien que tous les incidens qui s'y trouvent, toute l'action qu'elle comporte, excédoient naturellement l'espace prescrit des 24 heures. Je n'osai donc la nommer comédie en cinq actes et en vers; mais je lui donnai le titre bizarre et modeste de roman dramatique, en cinq journées, mis en vers. Vous verrez, en effet, M. que ce qui se passe dans chaque acte, rempliroit plus vraisemblablement l'espace d'une journée«.

Das Eifersuchtsduett aus dem II. Akt zwischen der Comtesse und Coradin »*Gardez-vous de la jalousie*«, das oftmals von Applaus unterbrochen und noch von Berlioz überschwenglich gelobt wurde, trug erheblich zu diesem Erfolg bei. Der in Alexandrinern gereimte Dialog des Librettos, das aus dem historischen Roman *Conradin* (1780 erschienen in der »Bibliothèque universelle des romans«), ist ebenso bemerkenswert gerade während der Epoche der Aufführung wie die erstaunliche, sich im Verlauf der Handlung steigernde innere Spannung. Sie reicht von komödienhaften, humorvollen Szenen und einer zu Beginn fast irreal erscheinenden Entschlossenheit der Titelheldin, den unnahbaren, tyrannischen und allgemein gefürchteten Coradin zu einem humanen Wesen zu bekehren und schließlich zu ehelichen, bis zur lebensbedrohlichen Situation für Euphrosine, die durch ihre skrupellose, vor keiner Schandtat zurückschreckenden Rivalin, die Comtesse, bewußt hervorgerufen wird. Eine wichtige, aber zwiegespaltene Rolle spielt der Arzt Alibour, der die charakterlichen und menschlichen Schwächen des Tyrannen Coradin genau kennt und Euphrosine schildert. Diese Hauptpersonen, zu denen auch die beiden Schwestern Euphrosines gehören, sind keine schematischen Gestalten, sondern wirkliche Charaktere, die sich bewähren müssen und in den verschiedensten Situationen neue Wesenszüge offenbaren.

Der Gestalttiefe der Personen dieser mehrfach überarbeiten Oper entspricht auch die Musik Méhuls, die nicht nur erfolgreich war, sondern auch die Anerkennung bedeutender Komponisten fand. In der Ouverture, die mit einem »Lent très marqué« in d-Moll beginnt, wird zu Beginn des Allegros zunächst ein erstes Thema in D-Dur vorgestellt, das nach 54 Takten erneut in der Grundtonart in veränderter Instrumentierung erscheint. Dann erfolgt nach einem durch Chromatik geprägten Abschnitt, der sich in einem dynamisch zu einem FF-Höhepunkt anschwellenden Formteil fortsetzt, ein zweites Thema zunächst auf der Dominante und später nach einer konfliktgeladenen Zuspitzung mit insgesamt 24 Takten transponiert in der Tonika zurückkehrt. Danach erfolgt ein weiterer, überwiegend dynamisch und durch das Orchestertremolo erzeugter abschließender Höhepunkt. Obwohl Méhul das Prinzip der gegensätzlichen Themen und die Verarbeitungstechniken des Symphoniesatzes verwendet, handelt es sich formal nicht um eine Sonatenform, sondern um eine Dreiteiligkeit mit einer mehrgliedrigen langsamen Einleitung von rund 40 Takten, mit dem mehr als 90 Takte umfassenden ersten Allegroteil, bestimmt von dem ersten Thema und schließlich einem weit längeren zweiten Teil mit kontrastierendem Thema, das in der Art einer Reprise auf die Tonika transponiert wiederholt wird. Diese Ouvertüre kündigt ein überaus konfliktbeladenes Drama an, dessen ganzer Ernst aber erst im Verlauf der Handlung deutlich wird.

In der gedruckten Version, deren III. Akt von Méhul später erheblich umgearbeitet wurde, ist nur Alibour durch zwei Sologesänge, die jeweils den I. und II. Akt musikalisch eröffnen, aus den Hauptpersonen herausgehoben. Die für die Opéra-comique typische Wut-Arie »*Eh que m'importe à moi leur insipide amour*« stellt die verärgerte Reaktion Coradins auf Euphrosines Meinung dar, er verdiene die Achtung der Untertanen eher durch seinen Großmut als durch kalte Strenge. Die Melodik mit ihren Tonwiederholungen und den kurzen Phrasen spiegelt den Stil der Opéra-comique. Vom Text her gesehen handelt es sich um eine ABA'-Form, d.h. die erste Strophe wird in verkürzter und veränderter Form als dritte wiederholt, wobei die Verkürzung der beiden mittleren Verse der steigenden Erregung Coradins entspricht.

»Eh que m'importe à moi leur insipide amour?
Il faut que l'on me craigne, il faut qu'on m'obéisse,
Il faut qu'à mon respect tout cède, tout fléchisse,
Et que tout tremble dans ma cour.

Rêves-tu du pouvoir suprême?
Irai-je m'abaisser à flatter mes sujets?
Acheter leur amour par de lâches bienfaits?
Non, je veux qu'on me craigne et non pas que l'on m'aime.

Eh que m'importe à moi leur insipide amour?
Je veux que l'on m'obéisse,
Je veux que tout fléchisse,
Et que tout tremble dans ma cour.«

Musikalisch macht Méhul daraus einen viel kunstvolleren musikalischen Verlauf, wie E. Bartlet nachgewiesen hat[1], indem er im dritten, dem A'-Teil den zweiten Abschnitt aus dem B-Teil zweimal in variierter Form aufnimmt (A mit abb' B mit cd A' mit a'd'b'' d''b''').

---

[1] Vgl. M. E. C. Bartlet, *Etienne-Nicolas Méhul and Opera: Source and Archival Studies of Lyric Theatre during the French Revolution, Consulate and Empire*, Heilbronn 1999, S. 178ff.

Das Quartett »*Toutes trois vous êtes jeunettes*« folgt mit seinem Refrain bekannten französischen Modellen, wobei es Méhul gelingt, die Schüchternheit Louises durch eine Melodie mit geringem Ambitus und die selbstbewußte Léonore durch eine ausladende Melodik zu charakterisieren. Im Finale »*Livrons-nous aux transports que ce jour nous inspire*« folgt der Komponist in Anlehnung an Modelle Grétrys der vom Text vorgegebenen Anlage und endet mit einem zweiteiligen Schlußabschnitt mit Coda, in dem die Solisten und der Chor eingesetzt sind.

Mit *Lodoïska* (1791), einer »comédie héroïque«, beginnt Cherubini die Serie seiner Pariser Meisterwerke. Mit der weniger als zwei Jahre danach aufgeführten *Zauberflöte* hat die Oper einige inhaltliche Gemeinsamkeiten wie die Überwindung vieler Hindernisse des Helden auf dem Weg zur Befreiung seiner Geliebten. Sie gehört wie Bertons *Les rigueurs du cloître* (1790) zu den für die Revolution charakteristischen Opernstoffen, die die Errettung Gefangener oder zu Unrecht eingekerkerter Personen zum Inhalt haben.

In der Musik schuf Cherubini deutliche Unterschiede zur Opéra-comique, indem er abgesehen von der Polonaise, Genrestücke vermeidet und große dramatische Szenen wie Lodoïskas »*Que dis-je, o ciel*« oder Ensembles wie das Septett im II. Akt schuf. Damit wollte er seine Oper bewußt in Kontrast zur Opéra-comique Grétrys stellen. Lodoïska wird nicht mehr mit einer Auftrittsarie eingeführt, sondern sie ist in einem Turm unsichtbar gefangen und gibt sich – in deutlicher Parallele zu Grétrys *Richard cœur-de-lion* – durch ihren Gesang zu erkennen. Während des ganzen Finales singt sie hinter der Szene, eine Ausweitung des theatralischen Raumes, die in der französischen Oper nicht neu ist, aber erst für die Romantik charakteristisch wurde. Die zunächst am konventionellsten erscheinende Person ist Varbel, der zusammen mit Floreski wie Don Giovanni und Leporello ein Paar bildet, während Dourlinskys dämonische Baßpartie in die Zukunft weist. Die Arien sind fast durchweg deklamatorisch gehalten, d.h. der Singstimmenpart ist mit vielen Pausen durchsetzt. Die fast durchgängig Aperiodik der Arien entsteht dadurch, daß im Orchester sich das wesentliche motivisch-thematische Geschehen vollzieht und die Stimmen den Text deklamieren. Höchst wirkungsvoll ist die Behandlung der verschiedenen Motive, die im Zusammenhang mit der Personencharakterisierung, des Handlungsablaufs und der Stimmungen ihre sinnfällige Bedeutung erhalten. In den verschiedenen Formen der Verarbeitung von der Variation bis zur Kontrapunktik erlangen sie ein Eigenleben, das an die in der Durchführung der Sonatenhauptsatzform entwickelten Techniken anknüpft. Damit tritt neben die im Bühnengeschehen wirksame Musikdramaturgie eine stringent musikalische des Satzes, die in der Fülle der Motive, ihrer Verwendung als Haupt- und Nebengedanken und ihre strukturelle Verknüpfung ein dichtes System musikalischer Bezüge herstellt. Von Bedeutung ist auch das Aufgreifen der Ouvertüre mit dem letzten Finale. Mit der *Lodoïska* rückte Cherubini in gleichem Maße von der leichten Opéra-comique wie von Glucks Tragédie lyrique ab. Trotz der Verlegung der Handlung nach Polen, das durch die polnischen Teilung von 1772 (1793 und 1795 folgten weitere Teilungen nach) einen aktuellen Bezug erhielt, wurde *Lodoïska* von Komponisten wie Méhul und Le Sueur bald nachgeahmt und war auch für *Fidelio* von nicht zu unterschätzender Bedeutung. Die solistische Verwendung von Horn und Klarinette gehörte zu jenen Elementen, die Weber besonders angesprochen haben, der ein großer Bewunderer Cherubinis war und für *Lodoïska* 1817 in Dresden eine Einlage-Arie komponierte (»*Ja was sag ich*«, J. 239).

Die Orchesterbehandlung und die Dichte der motivischen Arbeit unter Beteiligung der Bläser in *Lodoïska* ist ohne Vorbild in der französischen Oper oder bei Gluck. Über die Besetzung mit Streichern, Hörnern, Oboen, Fagotten hinaus, die selbstverständlich zuvor bereits häufiger durch die Heranziehung anderer Instrumente erweitert wurde, setzt er verschiedene Kombinationen von Klarinetten, Flöten, Posaunen und Trompeten in bestimmten Stücken ein.

Die Ouvertüre in D-Dur beginnt mit einem weit ausladenden, 44 Takte langen Andante maestoso (Einleitung), dem ein rascher Sinfoniesatz mit einigen formalen Eigenarten nachfolgt. Dem Hauptsatz, in dem das Thema zweimal erklingt, schließt sich ein neuer Gedanke auf der Dominante an, der durch einen 32tel-Auftakt gekennzeichnet ist. Der durch eine Generalpause abgetrennte ausdrucksmäßig gegensätzliche Seitensatz steht in a-Moll und wird in A-Dur wiederholt. Der rudimentäre »Durchführungsteil« besteht aus einigen Takten mit Skalen und Tremoli, einer harmonisch dichten kurzen Verarbeitung des Synkopenmotivs aus dem Hauptsatz und einer stagnierenden Überleitung mit zwei Generalpausen. In der insgesamt verkürzten Reprise sind Seitensatz und der neue Gedanke (in der Exposition auf der Dominante) umgestellt. Danach erscheinen zunächst die harmonisch verdichtete Verarbeitung des Synkopenmotivs aus der »Durchführung« transponiert, als Coda ein Moderato-Abschnitt, der im letzten Finale von Floreski wiederkehrt, als er endlich mit Lodoiska vereinigt ist, und ein Fanfarenmotiv, das weder mit dem Trompetensignal des I. Finale noch mit den Signalen der Schlachtenmusik des III. Finale übereinstimmt.

Die Sologesänge, die allesamt im Gegensatz zu den textreichen Ariettten der Opéra-comique vor der Revolution nur mit wenigen Versen auskommen, verteilen sich auf Lodoiska (2), Floreski (2, darunter die Polonaise), Varbel (2, darunter die Polonaise), Dourlinsky und Titzikan (jeweils 1). Die Rachearien Titzikans und Dourlinskys sind jeweils dreiteilig (A B A' Coda) und durch sehr knappe Ritornelle gekennzeichnet (diejenige Titzikans z.B. zwei Takte zu Beginn, drei vor der Rückkehr von A, sieben am Ende). In dem bei Hoffmeister und Kühnel erschienenen Klavierauszug[1] ist der Übersetzer Herklots den dramaturgischen Absichten Cherubinis, dem Gehalt und der Gestalt der Musik in höchst anspruchsvoller Weise gerecht geworden. Als Beispiel dafür kann die inhaltlich relativ freie Übersetzung der Triumph-Arie Dourlinskys dienen. Die originale Reimordnung ist respektiert, aber um die konnotative Äquivalenz hat sich der Übersetzer nicht bemüht, denn zentrale Begriffe sind in beiden Texte verschieden (»triompher/siegen; rival/Feind; conduire au port/gab den Sieg in meine Hand«). Außerdem haben mehrere Begriffe in dem jeweils anderen Text keine Entsprechung:

»Voyez ma belle besogne,
Je triomphe dans ce jour;
Mon rival, en son ivresse,
S'est perdu par trop d'amour.
Une sage surveillance
Vient de me conduire au port,
Par sa fougueuse imprudence
Je suis maître de son sort.«

»Ha, nun ist mein Werk gelungen!
Schon bekränzt der Sieg mein Haupt;
Denn mein Feind von Wut bezwungen,
Hat sich selbst sein Glück geraubt.
Schlaue Vorsicht bei Gefahren,
Gab den Sieg in meine Hand.
Die Tapferkeit konnt ich sparen
Bei des Gegners Unverstand.«

Die deutsche Übersetzung von Dourlinskys Arie »*Ha! Nun ist mein Werk gelungen*« könnte Pizarros »*Ha! welch ein Augenblick*« angeregt haben.[2] Auch Beethoven beschränkt sich in seiner berühmten Arie auf knappe Ritornelle und ist durch die gleichen dynamischen Gegensätze gekennzeichnet. Im Gegensatz zu seinen italienischen Zeitgenossen und in auffallender Übereinstimmung mit Beethovens Arie vermeidet Cherubini selbst in dieser Triumph-Arie jegliche Melismen (lediglich im Orchester jagen die Sechzehntel in beiden Stücken durch die Streicher).

1 Cherubini, *Lodoiska, eine heroische Oper, vollständiger Klavierauszug*, Leipzig, Hoffmeister et Kühnel, Bureau de musique, PlNr. 326, S. 75ff.
2 Der erste Librettodruck von Herklots Übersetzung der *Lodoïska* erschien 1797 in Berlin.

Ein Meisterwerk kontrapunktischer Arbeit und in der Tradition der Opéra-comique stehend (vgl. etwa das simultane Singen von Bertrands »*Tous les hommes sont bons*« und Montauciels »*Vive le vin, vive l'amour*« im *Déserteur*, II/17) ist die Polonaise Varbels (er singt die erste Strophe mit sieben Versen aabbcca) und Floreski (zweite Strophe in neuer Vertonung, mit Versen aabbccd, eine Bildnis-Arie) und die Simultaneität beider Gesänge (Floreski wiederholt seinen Text, Varbel singt ein neues Couplet; vgl. das Beispiel S. 293).

Varbels Arie »*Oui, pour mon heureuse adresse*« besteht aus drei Strophen, von denen man aufgrund ihrer formalen Gestalt annehmen muß, sie seien vom Librettisten für eine strophische Form vorgesehen worden, eine Vorgabe, der sich Cherubini in seiner Vertonung verschließt. Der Übersetzer beachtet die Grundregel der Übertragung gesungener Dichtung und respektiert die weibliche und männliche Reim-Kadenz in diesem syllabisch vertonten Satz. Da er sich die Freiheit nimmt, die Verse 5 bis 8 der ersten Strophe nicht zu übersetzen (das Motiv für die Reise durch Polen wird deshalb erst in der zweiten Strophe genannt), sondern die ersten vier zu wiederholen, weicht er von der Reimordnung des Librettisten Fillette-Loraux ab. Die zweite und dritte Strophe sind bei diesem durch zwei gemeinsame Reime verbunden. Außerdem endet die dritte Strophe mit einem Zitat zweier Verse aus der ersten Strophe in umgekehrter Reihenfolge. Der Übersetzer hält in der zweiten Strophe die Reimanordnung ein, bringt die dritte Strophe durch die Wiederholung des letztes Verses auf die volle Verszahl, fügt dann aber vier neue Verse ein und schließt wie Fillette-Loraux mit einem Zitat zweier Verse aus der ersten Strophe. Die direkte Rede, im französischen Original auf die zweite Strophe beschränkt, wird in der deutschen Version auf die dritte Strophe ausgedehnt. Damit gewinnt der Bericht Varbels in der deutschen Übertragung erheblich an Lebendigkeit, die außerdem dem dramatisch geprägten Durchführungsteil der Arie in Sonatenform angemessen ist.

Exposition – »Hauptsatz«
Voyez la belle besogne,
Vraiment j'en rougis pour vous;
Courir toute la Pologne!
On nous prendrait pour deux fous.
Vous cherchez une maîtresse
Que vous ne trouverez pas;

»Seitensatz«
Moi, j'ai la sotte faiblesse
De m'égarer sur vos pas.

Durchführung
Partout dans notre déroute
Nous demandons tous les jours,
Si l'on a vu sur la route
L'objet de vos chers amours.
On répond avec surprise:
Quel est donc ce bijou-là?
Nous disons avec franchise:
La belle Lodoïska.

On rit de notre sottise,
Et puis l'on plante-là.
Courtiser femme jolie
On veut aimer pour la vie
Et conserver sa raison:
Mais: courir toute la Pologne!
Vraiment j'en rougis pour vous.

Reprise – »Hauptsatz«
Voyez la belle besogne,
Vraiment j'en rougis pour vous;

Herr! Der Teufel soll mich holen!
Schon lang schäm' ich mich für euch.
Wir durchstreifen schon ganz Polen,
Ist das nicht ein Narrenstreich?
Ja Herr, der Teufel soll mich holen!
Fürwahr, lang schon schäm' ich mich für euch.

Wir durchstreifen schon ganz Polen,
Ist das nicht ein Narrenstreich?

Euer Liebchen wollt ihr finden,
Das man nirgens noch entdeckt,
Mich zur Strafe meiner Sünden,
Hat die Torheit angesteckt.
Wohin uns der Zufall leitet,
Fragen wir fast jedermann:
Ist hier niemand, der uns deutet,
Wo man sie finden kann?

Jedem scheint dies unerklärlich:
Wer ist die, von der man spricht?
Wir erwidern dann ganz ehrlich:
Man lacht über unsre Frage,
Man scherzt über unsre Klage,
Kein Mensch gibt uns Unterricht,
Kein Mensch gibt uns Unterricht.
Seine Schöne zärtlich lieben,
Das ist brav und wohl getan,
Aber bei Vernunft geblieben,
Das gehört zum klugen Plan.
Doch wir durchstreifen schon ganz Polen,
Ist das nicht ein Narrenstreich?

Herr! Der Teufel soll mich holen!
Schon lang schäm' ich mich für euch.

Courir toute la Pologne!	Wir durchstreifen schon ganz Polen,
On nous prendrait pour deux fous.	Ist das nicht ein Narrenstreich?
	Ja Herr, der Teufel soll mich holen!
	Fürwahr, lang schon schäm' ich mich für euch.
	Wir durchstreifen schon ganz Polen,
	Ist das nicht ein Narrenstreich?

Die Gegenüberstellung der beiden Texte macht deutlich, daß sich hier erhebliche Abweichungen ergeben, da Herklots, dem Durchführungsteil entsprechend, den formalen Aufbau der Strophen sprengt und in der Reprise im Gegensatz zu Cherubini textlich analog zur Musik verfährt. Allerdings erscheint der originale Text für den »Seitensatz« besser geeignet, als die Wiederholung der beiden bereits gehörten Verse bei Herklots. Aufgrund der thematischen Arbeit mit den Situationsmotiven ist Cherubinis Musik hier dem Stil Mozarts auffallend ähnlich. Außerdem besteht eine deutliche Parallele zum Sonatensatz, da die ersten beiden Strophen als zwei Themen vertont sind, die Strophen zwei und drei die mehrteilige Durchführung und die Reprise beider Themen die erste Halbstrophe im Original bilden.

Auch die mit Rezitativ (durchweg im Larghetto) eingeleitete Arie der Lodoiska zu Beginn des II. Akts, in der sie befürchtet, ihren Geliebten und Retter in Lebensgefahr zu bringen, ist eine Arie in Sonatenform mit der Besonderheit, daß das Larghetto in F-Dur und die Arie in f-Moll steht.[1]

Die dramatischen Konstellationen und die Besetzungen der Ensembles sind jeweils verschieden (je ein Quartett in den drei Akten für TTBB, SSBB, STBB, je ein Terzett in I und II für TTB und SBB, ein Duett in II und I für ST und TB, wenn man die Polonaise dazu zählt). Die Introduktion des I. Akts ist dem Fürsten Titzikan und dem Chor der Tartaren vorbehalten und knapp in seinen Dimentionen (51 Takte), während die drei Finali entsprechend ihrem dramatischen Verlauf außerordentlich vielgestaltig verlaufen, wie an der Besetzung der Abschnitte, ihrem Tempo, der tonartlichen Gliederung etc. zu erkennen ist (1. Finale 513, 2. Finale 605 und das an äußerer Aktion reichste 3. Finale 361 Takte). Für die einzelnen Abschnitte der Finali schuf Cherubini Situationsmotive, die er wie in der Durchführung eines Sinfoniesatzes behandelt.

Nicht nur in *Lodoïska* betrat Cherubini kompositorisch und dramaturgisch Neuland. In seiner Oper *Elisa, ou Le voyage au Mont Saint-Bernard* (1794, Libretto von Révéroni St.

---

1 Interpretierte man das Larghetto als Einleitung, dann entspricht der Wechsel vom Dur der Introduktion zum Moll des Sonatensatzes Beethovens Kopfsatz der Kreutzersonate, vgl. dazu auch unten das Beispiel aus Dalayracs *Camille, ou le souterrain*.

Cyr) mied er die politische Thematik der Revolutionszeit und wies durch viele stoffliche und musikalische Charakteristika auf die Romantik voraus. Webers Einschätzung Cherubinis ist besondes aufschlußreich: Er ist

»einer der wenigen Kunstheroen unserer Zeit, der, als klassischer Meister und Schöpfer neuer, eigener Bahnen, ewig in die Geschichte der Kunst hell erglänzen wird. Die Tendenz seiner Geisteskraft gehört, gleich der Mozarts und Beethovens – obwohl jeder auf seine ihm rein eigentümliche Weise – dem in unserer Zeit Vorherrschenden – dem Romantischen an. Ernst, ob bis zum düstern Brüten – stets die schärfest-bezeichnendsten Mittel wählend, daher glühendes Kolorit – gigantisch groß im Auffassen des ganzen und der einzelnen Situationen – kurz und energisch – manchmal scheinbar abgerissen, die Ideen hingeworfen, die aber, in dem tiefgedachtesten innern Zusammenhange stehend, mit dem üppig gewürztesten harmonischen Reichtume geschmückt, recht das wahrhaft Bezeichnende dieses Tonschöpfers ausmachen und die Tiefe seines Gemütes – das, bei den großgedachten Konturen und Massen, die reichlichst ausgestattete Ausführung jedes scheinbaren Nebenzweiges sorgfältig berücksichtigt, beurkunden – das ist seine Weise.«[1]

[1] C. M. von Weber, *Künstlerleben. Ausgewählte Schriften*, hg. v. R. Kleinecke, Leipzig o. J., S. 157.

Der Librettist Alphonse du Congé Dubreuil und der Komponist Jean-François Lesueur entnahmen den Stoff ihrer Oper *Paul et Virginie* (1794, im Partiturdruck als Drame lyrique bezeichnet) der berühmten Novelle von Bernardin de Saint-Pierre von 1788. Wie E. de Favières und Rodolphe Kreutzers gleichnamige Oper spielt ein neuer Typus von Exotik eine wichtige Rolle, die im Gegensatz zum eher dekorativen Typus der älteren Oper in ihrer schlichten Ausprägung als natürliche Couleur locale eingesetzt ist. Im Gegensatz zur Novelle endet die Oper mit einem spektakulär herbeigeführten lieto fine, da die Indianer die erzwungene Rückkehr Virginies nach Europa dadurch verhindern, daß sie den Kapitän des Schiffes töten, der sie auf Geheiß des Königs nach Europa zurückbringen sollte.

Nach einer zweiteiligen Ouvertüre (Andantino und Allegro vivace) erklingt die vielgerühmte *»Hymne des sauvages Indiens au soleil«*, in denen die Gottheit in zweitaktigen Phrasen mehrfach angerufen wird. Diese Hymne wurde von den Zeitgenossen besonders geschätzt und kann als Illustration des edlen Wilden in der spezifischen Ausprägung dieser Zeit angesehen werden. Besonders zu erwähnen ist Virginies Air *»Je veux à force de caresses lui faire oublier son malheur«* in der Steigerungsform mit Andante und Allegro assai und einem Terzett als Abschluß. Der Partiturdruck enthält zahlreiche genaue Ausführungsvorschriften für die Instrumentalisten, wie Angaben zu den Lagen der Violinen oder die Haltung des Instrumentes bei den Blechbläsern oder die extreme dynamischen Anweisungen (bis PPPP), aus denen die genauen klanglichen Vorstellungen des Komponisten abzulesen sind. Auch szenische Anweisungen gibt es darin häufig, so im ersten Entr'acte und im »mélodrame hypocritique« für Paul et Virginie. Das zweite und dritte Finale sind regelrechte Aktionsfinali, das erste endet im Chant de bénédiction »Au dieu de la lumière«, der im PPPP schließt. Die für Lesueur charakteristische Erweiterung des Bühnenraums kommt z.B. im Duo Herminies und St. Albes zum Beginn des III. Akts durch einen Gesang hinter der Bühne zum Tragen. Im letzten Finale wird ein spektakulärer Wechsel der Dekoration verlangt: es erscheint der Hafen, wo ein Gewitter tobt und das Schiff vom Blitz getroffen in Flammen aufgeht. Nach der Errettung Virginies singt St. Albin noch einmal seine Arie aus dem I. Akt *»Voilà mes plaisirs les plus doux«*.

Dalayrac, der seinen ersten großen Erfolg mit der sentimentalen *Nina, ou la Folle par amour* (1786), später mit *Les Deux petits savoyards* (1789, bis weit ins 19. Jahrhundert in Deutschland erfolgreich) und *Raoul de Créqui* (1789), in der die Befreiung eines guten Adeligen aus einem grauenvollen Gefängnis im Mittelpunkt steht, festigte, vertonte 1791 mit *Camille, ou Le Souterrain*, Libretto von Marsollier des Vivetières, einen Stoff, in dem wie in Cherubinis *Lodoïska* erneut die Befreiung einer unschuldig eingekerkerten Person im Mittelpunkt steht. Die Motivation für die Stoffwahl war hier die Anklage gegen die Willkür männlicher Adeliger gegen ihre wehrlosen Ehefrauen. Der Duc Alberti hält aus krankhafter Eifersucht seine Ehefrau Camille in einem unheimlichen Gewölbe im Keller seines heruntergekommenen Landschlosses, einem ehemaligen Kloster, gefangen. Der Neffe Albertis, Lorédan, hatte Camille einst das Leben gerettet und sie in seiner jugendlichen Verliebtheit in sein Haus entführt. Um Lorédan vor dem rachesüchtigen Alberti zu schützen, hat Camille geschworen, den Namen des Entführers nicht preiszugeben, aber gleichzeitig immer ihre Unschuld und Treue zu ihrem Ehemann beteuert. Das Verschweigen ihres Entführers war der Grund dafür, daß Alberti sie seit sieben Jahren in dem kalten und feuchten Kellergewölbe gefangen hält und ihrem Sohn vorgibt, die Mutter sei gestorben. Er selbst führt das Leben eines vergrämten, wunderlichen, mürrischen Mannes, der sein Geheimnis hütet und wie seine Schloßruine zu vielerlei Gerüchten Anlaß gibt. Erschöpft von einer langen Reise sucht Lorédan mit seinem Diener Fabio Unterkunft in dem Schloß, um das sich Legenden gebildet haben, und kann aus einem Versteck beobachten, wie Alberti den von einem Bild verstellten Eingang zu dem Gewölbe öffnet und Camille mit Nahrung versorgt. Inzwischen hat die Familie Camilles Alberti beim König in Neapel des Mordes an seiner Frau angeklagt, der den Befehl gibt, Alberti zu verhaften.

Es kommt zu einem nächtlichen Treffen zwischen Alberti, Camille und ihrem Sohn Adolphe im Gewölbe. Als Alberti nach Neapel befohlen wird, bleiben Adolphe und Camille alleine zurück. Die vorbildliche und tugendhafte Mutter rechtfertigt sich vor ihrem Sohn und begründet ihr Verhalten mit der Maxim: »On doit se sacrifier pour tenir la parole qu'on a donnée«. Als die Soldaten des Königs unter der Führung Lorédans Camille befreien wollen, kommt Alberti reumütig zurück, um Camille die Freiheit zurückzugeben. Der Bestrafung sucht Camille Alberti dadurch zu entziehen, daß sie alle Schuld auf sich nimmt. Erst in diesem Augenblick erkennt Alberti, daß sie unschuldig ist.

Es handelt sich bei *Camille* also um ein sentimentales, melodramatisches Stück, in dem der Einfluß der »Gothic novel« (des englischen Schauerromans) greifbar ist. Der König erscheint als der gegen das Unrecht des adeligen Einzeltäters intervenierende Herrscher. Die dramatis personae sind in solche hohen Standes und in die Dienerschaft gegliedert, die auch sprachlich durch einen Dialekt zu unterscheiden ist.

Dalayrac lag die Erfindung eingängiger Melodien und der Einsatz der verschiedenen Bläsertimbres, mit Vorliebe des Fagotts, besonders am Herzen. Es geht ihm im Gegensatz zu Cherubini nicht um einen Orchestersatz, der durch die motivische Arbeit gekennzeichnet ist, sondern – in der Fortentwicklung des Stils von Grétry – um einen melodiebetonten Satz, der bei Boieldieu und Auber später nachwirkte.

Als einzige Hauptperson singt Lorédan nur in den Finali und in einem Duett, während alle anderen mit Sologesänge vertreten sind (Camille mit drei, der Gärtner Marcellin mit zwei, seine Tochter, Alberti und der Diener Fabio mit einem). Seit dem letzten Viertel des 18. Jahrhunderts entwickelt sich in der Opéra-comique das Ende des II. Akts zum dramatischsten und musikalisch abwechslungsreichsten Finale, eine Praxis, die lange Zeit für das 19. Jahrhundert bestimmend war. Ein gutes Beispiel dafür ist das Finale des II. Akts von Camille mit seinem sechsfachen Tempo- und Metrumwechsel. Die düstere Tonart d-Moll, sehr wirkungsvoll eingesetzte harmonische Mittel und der gegen Alberti gerichtete »Cri terrible« des Tutti »Ah, *réponds à nos cris!*« tragen zur Dramatik dieses Finale bei. Dagegen erscheint das erste, ganz in Es-Dur und in einem Tempo verlaufende erste Finale recht harmlos, während das letzte Finale in der späteren Fassung aus einem Air final Camilles (a-Moll, »Ciel protecteur«) mit Ensemble-Beteiligung, dem Gebetsruf in a-Moll »Dieu tout puissant« und zwei Chören in A-Dur (»Ah, quel moment, ah, quel bonheur« und »O jour d'allégresse, moment enchanteur«) besteht. In beiden Teilen der Ouvertüre, dem Larghetto d-Moll und dem Allegro assai D-Dur mit starken Moll-Eintrübungen ist der neapolitanische Sextakkord sehr wirkungsvoll eingesetzt.

Die Solonummern sind durchweg durch eine sehr eingängige Melodik ausgezeichnet, die vom Orchester mitgetragen wird. Wie in der Arie Lodoiskas zu Beginn des II. Akts beginnt die Duett Albertis und Camilles im II. Akt, »Non, non jamais de ma tendresse« mit einem langsamen Teil »Cantabile e Larghetto« in Dur (bereits vielfach mit Mollharmonien) und schließt mit einem Allegro molto-Teil in c-Moll, in dem sich die Dramatik und die Gegensätze der Protagonisten zuspitzen. Voller Witz ist das als Melodram endende Air Fabios (»*Je suis gaillard*«), der während des Anfangsritornells Tonsilben deklamiert, um seine vor Angst zitternde Stimme in den Griff zu bekommen, und dann während des Air mehrfach gähnt und in Schlummer fällt, träumt und schnarcht. Der Hirte darf zur Hochzeit kein mit dem Ancien Régime assoziiertes »vieux menuet« mehr aufführen, sondern erhält die Anweisung, eine der neuen Zeit angemessene »Ronde« vorzutragen. Camilles Freude über das Wiedersehen mit ihrem Sohn kommt in ihrer innigen Da-capo-Arie »*Heureux moment, bonheur suprême*« zum Ausdruck.

Neben dem neuen Repertoire konnte sich während der Revolution auch die älterer Tradition behaupten, denn in den Spielplänen blieben Opéras comiques von Philidor, Monsigny,

Grétry und anderen Komponisten der vorrevolutionären Zeit präsent. Aber auch im 19. Jahrhundert blieben im Gegensatz zur Opéra in der Opéra-Comique Stücke aus dem 18. Jahrhundert wie Grétrys *L'Epreuve villageoise* und Monsignys *Le Déserteur* in von Adolphe Adam bearbeiteten und neu instrumentierten Fassungen, *Rose et Colas* von Monsigny, *La Servante maîtresse* von Pergolesi und viele andere im Repertoire.

Der aus Marseille stammende, früh verstorbene Komponist Dominique Dellamaria (eigentlich Lamarie) führte mit *Le Prisonnier* (1798) eine stilistische Wende weg von der Emotionalität der Werke Méhuls hin zu den »chants si simples et si expressifs«, die von dem Tenor Elleviou vorgetragen wurden, einem Sängertypus, der für die Opéra-comique charakteristisch ist, der mehr durch sein darstellerischen als durch seine gesanglichen Fähigkeiten bzw. eine große Stimme überzeugte.

In seinem Rückblick auf die Oper der Revolution bezeichnet Choron[1] Cherubini und Méhul als die führenden Köpfe und als entscheidendes Werk *Euphrosine et Conradin*. Cherubini habe nach seiner Übersiedlung nach Paris seinen Kompositionsstil gründlich gewandelt. Beiden Komponisten hätten sich Berton, Boieldieu, Kreutzer und Lesueur angeschlossen.

[1] *Manuels-Roret*, Paris 1839, 3. Teil, Bd. 1, S. 116f.

Literaturhinweise

Albert, M.: *Les Théâtres de la Foire (1660–1789)*, Paris 1900.
Albert, M.: *Les Théâtres des Boulevards (1789–1848)*, Paris 1902.
Annonces, affiches et avis divers, Affiches de Paris, Paris 1783–1811.
Attinger, G.: *L'Esprit de la commedia dell'arte dans le théâtre français*, Paris 1950.
Barnes, C.: *Vocal Music at the Théâtres de la Foire 1697–1762*, in: Recherches sur la musique française classique 8 (1968).
Bartlet, M. E. C.: *Etienne Nicolas Méhul and Opera. Source and Archival Studies of Lyric Theatre During the French Revolution, Consulate and Empire*, Heilbronn 1999.
Bartlet, M. E. C.: *Patriotisme at the Opéra-Comique During the Revolution. Grétry's »Callias, ou nature et patrie«*, in: Atti del XIV Congresso della Società Internazionale di Musicologia, hg. v. A. Pompilio, D. Restani, L. Bianconi, F. A. Gallo, Bd. 3, Turin 1990, S. 839–852.
Beaulieu, H.: *Les Théâtres du Boulevard du Crime de Nicolet à Dejazet 1752–1862*, Paris 1905.
Betzwieser, T.: *Funktion und Poetik des Vaudevilles im Théâtre de la foire*, in: Chanson und Vaudeville. Gesellschaftliches Singen und unterhaltende Kommunikation im 18. und 19. Jahrhundert, hg. v. H. Schneider, St. Ingbert 1999, S. 157–184.
Boquet, G.: *La Comédie italienne sous le régence: Arlequin poli par Paris (1716–1725)*, in: Revue d'histoire moderne et contemporaine 24 (1977), S. 189–214.
Borgerhoff, E. B. O.: *The Evolution of Liberal Theory and Practice in the French Theater. 1680–1757*, Princeton 1936.
Boyd, M. (Hg.): *Music and the French Revolution*, Cambridge Univ. Press 1992.
Burke, P.: *Oblique approaches to the history of popular culture*, in: Approaches to Popular Culture, hg. v. C. W. E. Bigsby, London 1976.
Cailhava, J.-F. de: *Les Causes de la Décadence du théâtre et les moyens de le faire refleurir*, Paris 1789.
Carlson, M.: *The Theatre of the French Revolution*, Ithaca 1966.
Carmody, F.: *Le répertoire de l'opéra-comique en vaudevilles de 1708 à 1764*, Berkeley 1933.
Charlton, D.: *Grétry and the growth of opéra-comique*, Cambridge 1986.
Charlton, D.: *Kein Ende der Gegensätze: Operntheorien und opéra comique*, in: Text und Musik. Neue Perspektiven der Theorie, hg. v. M. Walter, München 1992, S. 181–210.
Charlton, D.: *L'Art dramatico-musical: an Essay*, in: Festschrift W. Dean, hg. v. N. Fortune, Cambridge 1987, S. 229–262.
Charlton, D.: *Motif and Recollection in Four Operas of Dalayrac*, in: Soundings 7 (1978), S. 38–61.
Charlton, D.: *Orchestra and Chorus at the Comédie-Italienne (Opéra-Comique), 1755–1799*, in: Festschrift G. Abraham, hg. v. H. M. Brown und R. J. Wiley, Ann Arbor 1985, S. 87–108.
Cook, E.: *Duet and Ensemble in the Early Opéra-Comique*, New York und London 1995.
Cucuel, C.: *Les créateurs de l'opéra-comique français*, Paris 1914.
Des Essarts, N. L. M.: *Les Trois Théâtres de Paris ou abrégé historique de l'établissement de la Comédie Française, de la Comédie Italienne et de l'Opéra*, Paris 1777.
Diderot, D.: *De la Poésie dramatique*, Paris 1758.
Farmian de Rozoi, B.: *Dissertation sur le drame lyrique*, La Haye und Paris 1775.
Font, A.: *Favart, l'opéra-comique et la comédie-vaudeville aux XVIIe et XVIIIe siècles*, Paris 1894.
Frank, F.: *Dramatic Parody by Marionnettes in 18th-century Paris*, New York 1946.
Glaesner, E.: *Strukturelemente der frühen Opéra comique, aufgezeigt an ausgewählten Beispielen von Egidio Romualdo Duni*, Mainz 1999.
Gourret, J.: *Histoire de l'Opéra-Comique*, Paris 1983.
Grannis, V. B.: *Dramatic Parody in 18th-century France*, New York 1931.

Grétry et l'Europe de l'opéra-comique, hg. v. Ph. Vendrix, Lüttich 1992.
Hallays-Dabot, V.: *L'histoire de la censure théâtrale en France*, Paris 1862.
Heers, J.: *Fêtes des fous et carnaval*, Paris 1983.
Isherwood, R. M.: *Farce and Fantasy. Popular Entertainment in Eighteenth-Century Paris*, New York-Oxford 1986.
Jullien, J.-R. / Mongrédien, J.: *Le Tambour et la Harpe. Oeuvres pratiques et manifestations musicales sous la Révolution 1788–1800*, Paris 1991.
Karro, F.: *Le Musicien et le librettiste dans la Nation: propriété et défense du créateur par N. Dalayrac et M. Sedaine*, in: *Fêtes et musique révolutionnaires: Grétry et Gossec*, hg. v. R. Mortier und H. Pasquin, Brüssel 1990, S. 9–52.
Kopp, J. B.: *The »drame lyrique«: a Study in the Esthetics of Opéra-comique 1762–1791*, PhD. Univ. of Pennsylvania 1982.
Legrand, R. / Taïeb, P.: *L'Opéra-Comique sous le Consulat et l'Empire*, in: *Le Théâtre lyrique en France au XIXe siècle*, hg. v. P. Prévost, Metz 1995, S. 1–61.
Legrand, R.: *Les décors du théâtre de l'Opéra-Comique de 1789 à 1799*, in: ebd. S. 53–60.
Les Spectacles de Paris et de toute la France ou, Calendrier historique et chronologique des théâtres, Paris 1754–1815.
Lough, J.: *Paris Theater Audiences in the Seventeenth and Eighteenth Centuries*, Oxford 1972.
Lucan, A.: *Traité de la législation et de la jurisprudence des théâtres*, Paris 1853.
Mamczarz, I.: *Les Intermèdes comique italiens au XVIIIe siècle*, Paris 1972.
Mercier, L. B.: *Du théâtre; ou nouvel essai sur l'art dramatique*, Amsterdam 1773.
Mercier, L. S.: *Tableau de Paris*, nouvelle édition, 1783–1789.
Michel-Jean Sedaine (1719–1797). Theatre, Opera and Art, hg. v. D. Charlton und M. Ledbury, Aldershot etc. 2000 (der Band lag erst nach der Fertigstellung des Manuskripts vor).
Mongrédien, J.: *La musique en France des Lumières au Romantisme 1789–1830*, Paris 1986.
Moss, L. J.: *The Solos of the one-act opéras-comique by N. Dalayrac (1753–1809)*, Ann Arbor 1978.
Müller, R. E.: *»Il faut s'aimer pour s'épouser«. Das dramaturgische Konzept der Opéra-comique zwischen 1752 und 1769*, in: Jahrbuch des Staatlichen Instituts für Musikforschung Preußischer Kulturbesitz 27 (1987/1988), S. 139–183.
Noiray, M.: *L'Opéra de la Révolution (1790–1794): un »tapage de chien«?*, in: *La Carmagnole des muses*, hg. v. J. C. Bonnet, Paris 1988, S. 359–379.
Noiray, M.: *Les créations d'opéra à Paris de 1790 à 1794: chronologie et sources parisiennes*, in: *Orphée phrygien. Les Musiques de la Révolution*, hg. v. J.-R. Julien und J.-Cl. Klein, Paris 1989, S. 103–203.
Nougaret, P. J. B.: *De l'Art du théâtre*, Paris 1769.
Nougaret, P. J. B.: *La littérature renversée, ou l'art de faire des pièces de théâtre sans paroles*, Bern et Paris 1775.
Nougaret, P. J. B.: *Les Spectacles des foires et des boulevards de Paris*, 8 Bände, Paris 1733–1788.
Pitou, A.: *Les Origines du Mélodrame français à la fin du XVIIIe siècle*, in: Revue d'histoire littéraire de la France 18 (1911), S. 256–296.
Robinson, M. F.: *Opera buffa into opéra comique, 1771–1790*, in: *Music of the French Revolution*, hg. v. M. Boyd, Cambridge 1992, S. 37–56.
Root-Bernstein, M.: *Boulevard Theater and Revolution in Eighteenth-Century Paris*, Ann Arbor 1984 (Theater and Dramatic Studies 22).
Schneider, H.: *Die deutschen Übersetzungen französischer Opern zwischen 1780 und 1820. Zum Verlauf und zu den Problemen eines Transfer-Zyklus*, in: Kulturtransfer im Epochenumbruch Frankreich-Deutschland 1770–1815, hg. v. H.-J. Lüsebrink und R. Reichardt, Leipzig 1997, S. 587–670.
Schneider, H.: *Die Revitalisierung des Vaudeville in der vorrevolutionären Opéra-comique durch Barré und de Piis*, in: *Das Vaudeville. Funktionen eines multimedialen Phänomens*, hg. v. H. Schneider, Hildesheim 1996, S. 165–213.
Schneider, H.: *L'importance de la rhétorique dans l'opéra-comique au XVIII siècle. »Un Spectacle qui favorise le caractère de la nation« (Gomicourt, 1770)*, in: *Entre théâtre et musique: Récitatifs en Europe aux XVIIe et XVIIIe siècles*, hg. v. R. Legrand et L. Quétin, Tours 1999 (Cahiers d'histoire culturelle 6), S. 149–175.
Schneider, H.: *Metastasio in Frankreich*, in: Händel-Jahrbuch 45 (1999), S. 186–205.
Schneider, H.: *Tradition und Fortschritt in Grétrys Poetik*, in: *Florilegium Musicologicum. Fs. für H. Federhofer*, hg. v. Ch.-H. Mahling, Tutzing 1988, S. 327–374.
Schneider, H.: *Vaudeville-finali in Haydns Opern und ihre Vorgeschichte*, in: *Internationaler Joseph Haydn Kongress Wien 1982*, München 1986, S. 302–309.
Smith, K. M.: *Egidio Duni and the Development of the Opéra-Comique*, Ph.D. Cornell Univ. 1980.
Théâtre des Boulevards ou Recueil de Parades, Paris 1756, hg. v. Georges d'Heylli, Paris 1881.

Kapitel VIII:
Das Singspiel vor Mozart
Von Herbert Schneider

Zur Terminologie

Der Begriff ›Singspiel‹ ist umstritten, unscharf und ungenau. Als Bezeichnung für eine deutschsprachige Oper mit gesprochenem Dialog und einer komischen oder durch die Empfindsamkeit geprägten Stoff wurde er erst im Verlauf des 19. Jahrhunderts üblich. Joachim Reiber verwirft sowohl eine nur auf formale Kriterien gegründete enge als auch eine weitgefaßte Definition, die auf eine »kulturhistorische, -geographische und -soziologische Eingrenzung«[1] rekuriert. Im 17. Jahrhundert ist ›Singspiel‹ weitgehend mit dem Oberbegriff Oper synonym. Für den hier in Frage kommenden Zeitraum nach dem Siebenjährigen Krieg, dem Neubeginn der Gattung, und etwa 1780, herrscht die größte terminologische Vielfalt. Das Unterscheidungsmerkmal von als Rezitativ gesungenen oder gesprochenen Dialoge war weniger relevant als die Dichotomie »ernst« versus »komisch«: Termini wie ›Oper‹, ›Operette‹, ›Singspiel‹, ›Singeschauspiel‹, ›Lust-/Trauer-/Schauspiel/Drama mit Gesang‹, ›Schauspiel mit untermischten Gesängen‹, ›Lyrisches Drama/Schauspiel‹, ›Drama zur Musik‹, ›Scenen mit Gesang‹, ›Musikalisches Drama‹ u.a. sind nachzuweisen. Lediglich im Bereich des ›Mono-‹ bzw. ›Duo-Drama (mit Musik)‹ ist mit der Gattungsbezeichnung eine strukturelle Kennzeichnung getroffen (das in Anlehnung an Jean-Jacques Rousseau ›Scène lyrique‹ *Pygmalion*, 1762/1770, in Deutschland entstandene Melodram). Goethe bezeichnete sein erstes Singspiel, *Erwin und Elmire*, gekennzeichnet durch den Wechsel von Dialog und Musik, in der ersten Fassung als »Schauspiel mit Gesang«, die während der italienischen Reise vorgenommene Revision des Werkes mit Rezitativtexten anstelle der Dialoge dagegen als ›Singspiel‹.[2]

Thomas Bauman hat für die »norddeutsche Oper im Zeitalter Goethes« (1767–1799) eine Statistik erstellt, derzufolge von 154 gedruckten Libretti die Termini ›Komische Oper‹ (36), ›Singspiel‹ (28), ›Operette‹ (24), ›Schauspiel mit Gesang‹ (16), ›Komische Operette‹ (12), ›Oper‹ und ›Komisches Singspiel‹ (je 8) und ›Lustspiel mit Gesang‹ (6) am häufigsten vorkommen. Ohne die verschiedenen Zusätze wie »komisch«, »romantisch«, »tragisch«, »romantisch-komisch« zu berücksichtigen, kommt Bauman auf die vier Gruppierungen, ›Oper‹ (48), ›Operette‹ (36), ›Singspiel‹ (40) und ›...mit Gesang‹ (30).[3] In der dreibändigen Werkausgabe, die von 1768 ab in Leipzig unter dem Titel *Komische Opern* erschien, verwendete Christian Felix Weiße eine einheitliche Terminologie.

Die Übersetzungen französischer ›Opéras-comiques‹ und italienischer ›Opere buffe‹ spielten für die Entwicklung des deutschen Musiktheaters bzw. für das ›Singspiel‹ eine wichtige Rolle. In Schwans zweibändiger Ausgabe von Übersetzungen[4] von Opéras-comiques werden die Stücke »komische Opern« genannt, obwohl sich darunter u.a. auch das ›Intermède‹ *Die Sclavin und der großmüthige Seefahrer* (*L'Esclave ou Le marin généreux*) von Piccinni befindet.[5] Der Einzeldruck des *Maréchal ferrant* von A.-F. Quétant, Louis Anseaume und François-André Dunican Philidor erschien unter dem Titel *Der Hufschmied, eine Operette*[6], während Theobald (Hilarius) Marchand und sein Übersetzer Johann Heinrich Faber ihre 31 französische Opéras-comiques enthaltende sechsbändige Sammlung als »komische Operetten« bezeichnen, obwohl sich darunter auch der dem ›Drame bourgeois‹ bzw. der ›Comédie larmoyante‹ nahestehende Typus des ›Drame lyrique‹ befindet.[7] Auch hier zeigt sich die terminologische Ungenauigkeit. In seiner umfangreichen, außerordentlich innovativen Untersuchung *Deutschsprachiges Musiktheater im späten 18. Jahrhundert* (1998), in dem er mit der musikwissenschaftlichen Literatur zum ›Singspiel‹ hart ins Gericht geht, unterscheidet Jörg Krämer zwischen Stücken mit eher »akzidentellen Verwendungen der Musik als bloße Zutat zur dramatischen Aktion« und den »Formen einer strukturellen Verbindung von Musik, Text und Szene«.[8] Um möglichst viele Ausprägungen des zuletzt genannten Typus zu erfassen, entschied er sich, entgegen die terminologische Wahl von Hans-Albrecht Koch[9] und Thomas

---

[1] J. Reiber, Artikel »*Singspiel*«, in: *Musik in Geschichte und Gegenwart,* Bd. 8, Kassel etc. 1998, S. 1470.
[2] Vgl. H.-A. Koch, *Das deutsche Singspiel*, Stuttgart 1974, S. 26.
[3] Vgl. Th. Bauman, *North German Opera in the Age of Goethe*, Cambridge etc. 1985, S. 10.
[4] *Komische Opern für die Churpfälzische teutsche Schaubühne,* Mannheim, 1771 und 1773.
[5] Vermutlich handelt es sich hierbei um *La schiava seria*, Neapel 1757.
[6] *Der Hufschmied, eine Operette in einem Aufzuge. Nach dem Französischen des Herrn Quetant. Die Musik ist von Herrn Philidor,* Frankfurt und Leipzig, 1772.
[7] *Sammlung der komischen Operetten so wie sie von der Churpfälzischen Deutschen Hofschauspielergesellschaft unter der Direction des Herrn* [Theobald] *Marchand aufgeführt werden,* Frankfurt am Main, mit Andreaischen Schriften, 1772 bis 1778 in sechs Bänden.
[8] J. Krämer, *Deutschsprachiges Musiktheater im späten 18. Jahrhundert,* Tübingen 1998, S. 12.
[9] Koch, *Das deutsche Singspiel,* S. 28. In Kochs Begriff sind die »ernsthaften« Singspiele in der Definition »komische Oper mit deutschem Libretto oder deutschem musikalischem Lustspiel« ausgeschlossen.

Bauman, den Begriff ›Singspiel‹ als übergeordneten Begriff zu vermeiden und dafür den musikologischen Terminus ›deutschsprachiges Musiktheater‹[1] zu verwenden.

Der Terminus ›Singspiel‹ wurde erst in der Literatur und in der Opernforschung seit dem 19. Jahrhundert auf einen bestimmten Gattungstypus verengt mit Rückwirkungen für seine Verwendung im 18. Jahrhundert. Dennoch soll hier an dem Begriff ›Singspiel‹ festgehalten werden, da auf deutsche Opern mit Rezitativen wie Christoph Martin Wielands und Anton Schweitzers *Alceste* (1773), die für höfische Aufführungen in Weimar entstand, aus Platzgründen nicht eingegangen werden kann.

Zur Theorie des ›Singspiels‹

In der »Vorrede« zu den komischen Opern von 1768 unterstreicht der führende Librettist Christian Felix Weiße wie andere Autoren dieser Zeit noch die Unregelmäßigkeit der »komischen Opern« und die darin häufigen Verstöße gegen die in Deutschland gültige »Moral«. Entscheidend sei aber das Vergnügen, das die Gattung bei einem Publikum, das sich der Opera buffa verweigere, insbesondere während der Aufführungen der Theatertruppe Heinrich Gottfried Kochs mit der »Steinbrecherin« (Karoline Elisabeth Steinbrecher) als deutscher Madame Marie Justine Benoîte Favart erzeuge.[2] Dazu trügen wesentlich die Lieder Johann Adam Hillers bei. Außerdem nennt er die englischen und französischen Quellen vier seiner erfolgreichen Stücke:[3] Als Vorbilder für die Gattung bezeichnet er noch 1768 die *Beggar's opera*, den *Devin du village* von Jean-Jacques Rousseau und die *Serva padrona* von Giovanni Battista Pergolesi, also noch nicht die bald auch in Deutschland in den Blickpunkt tretenden Komponisten François-André Dunican Philidor, Jean-Joseph Cassanéa de Mondonville und André-Ernest-Modeste Grétry. In ganz anderer Weise faßte Weiße die nach seiner Auffassung bestehenden Schwierigkeiten der Gattung ›komische Oper‹, der er sieben seiner Stücke zurechnete, in seinem Widmungsgedicht der 1778 erschienenen dreibändigen Ausgabe seiner Libretti an die Förderin des Singspiels, die Herzogin Anna Amalia von Sachsen-Weimar und Eisenach, zusammen: Die komische Oper wurde nicht vom Hofe gefördert, sondern fast ausschließlich durch Wandertruppen gepflegt; ihre Konkurrenten waren die Opéra-comique, die wegen ihres »Esprit«, und die Opera buffa, die wegen ihrer Musik als dem Singspiel überlegen angesehen wurden; deutsche Dichter wagten kaum, Stücke der neuen Gattung zu schreiben; ihre Mäzene sollten Nachsicht mit Mängeln der existierenden Werke und Vertrauen in die zukünftige Entwicklung haben:

> »Wenn unsere deutsche Schauspielkunst
> Nicht Eines Fürsten Schuz, nicht Eines Höflings Gunst
> Durch ganz Germanien sich noch zu rühmen wußte,
> Und ihre Scen' umher, wie Thespis, fahren mußte:
> Bald Gallien durch Wiz, bald Welschland durch Gesang,
> Wo sie kaum athmete, sie wiederum verdrang.
> Wenn man das kleinste Lob der armen Kunst versagte,
> So bald sie sich nur zu gefallen wagte;
> Was Wund! daß sich nie ihr Lob
> Zu jener Bühnen Stolz erhob?
> Daß Deutschlands Dichter selbst Kothurn und Soccus scheuten,
> Und jeden Schritt, den sie darauf gethan, bereuten?«

> »Allein, wenn dieser Kunst ein Thron selbst Schatten giebt;
> Wenn der, der diesen schmückt, sie schüzt, belohnt und liebt,
> Sich, als ein Patriot, an ihrem Spiel ergözet,
> Und sie nicht nur nach dem, was sie bereits gethan,
> Nein; nach der Hoffnung auch, was sie einst werden kann –
> Nach ihrem Fleiß, nach ihren Kräften schäzet:
> Nicht junge Dichter unsrer Bühnen
> Nach Molieren und Racinen,
> Nach Sophoklen und Shakspearen mißt,
> Und keine Hinderniß vergißt,
> Die ihren schweren Lauf noch hier und da verschließt:
> Wie muß sich da Thalia freuen,

---

[1] Hier wurde am Begriff ›Singspiel‹ festgehalten, da die deutschsprachige Rezitativoper des 18. Jahrhunderts nicht behandelt wird.

[2] Diese »Vorrede« ist abgedruckt bei R. Schusky, *Das deutsche Singspiel im 18. Jahrhundert. Quellen und Zeugnisse zu Ästhetik und Rezeption*, Bonn 1980, S. 13f.

[3] *Lottchen am Hofe* basiert auf Charles-Simon Favarts *Ninette à la cour*, *Die Liebe auf dem Lande* auf *Annette et Lubin* von Favart und *La Clochette* von Louis Anseaume, *Der Teufel ist los* auf *The Devil to pay, or the Wives metamorphos'd* von Charles Coffey sowie *Der lustige Schuster* auf *The Merry Cobler* von Coffey.

[1] Chr. F. Weiße, *Komische Opern*, Karlsruhe 1778: Teil I enthält *Lottchen am Hofe* und *Die Liebe auf dem Lande*, Teil II *Die verwandelten Weiber*, *Der lustige Schuster* und *Der Dorfbalbier*, Teil III *Die Jagd* und *Der Aerntekranz*. Der hier nicht zitierte zweite Teil der Widmung ist ein Lobgedicht auf die Mäzenin des Musiktheaters Anna Amalie.
[2] Weiße, Vorbericht, in: *Komische Opern*, ohne Paginierung.
[3] *Sammlung der komischen Operetten*, Bd. 1, Vorbericht.

> Sich auch auf unbetretner Bahn
> Solch einem Thron sich zu nahn,
> Und ihren Weihrauch ihm, so gut sie kann, zu streuen!«[1]

Der »Vorbericht« dient Weiße dazu, den Erfolg der neuen Gattung in ganz Europa und den seiner eigenen Stücke in Deutschland zu betonen und sie vor dem Publikum zu rechtfertigen: »Wirft man diesem Schauspiele die Unwahrscheinlichkeit vor, so müßte man, mit noch mehrerm Rechte, die ganze Oper verbannen; ja, man könnte den ganzen Theaterkram wegwerfen.« Erstes und für ihn offenbar wichtigstes Motiv für das Schreiben von Singspielen war,

> »[…] das kleine gesellschaftliche Lied unter uns einzuführen. Wer weiß nicht, wie bald in gemischten Gesellschaften das Gespräch erschöpft, der Scherz selbst, wenn er lange dauert, stumpf, und bey empfindlichen Personen selbst gefährlich wird? Nichts aber ermuntert und beseelet die Gesellschaft mehr, als ein scherzhaftes heiteres Lied, von mehr oder weniger Personen gesungen [...] Kein Mittel aber kann kräftiger seyn, den Gesang allgemeiner zu machen, als die komische Oper. Gefällt bey der Vorstellung ein Liedchen, so kann man darauf rechnen, daß es bald von dem ganzen Publikum gesungen wird [...] Alle Gesänge, die bey der Vorstellung gefielen, waren bald in aller Munde, machten einen Theil des gesellschaftlichen Vergnügens aus, und giengen so gar zu dem gemeinen Volke über. Man hörte sie auf den Gassen, in den Wirthshäusern und auf den Hauptwachen, in der Stadt und auf dem Lande, vor Bürger- und Bauernvolk singen. Statt daß ich mich dessen schämen sollte, mache ich mir es vielmehr zum Verdienste, weil ich dadurch so glücklich gewesen, manches ungezogene, schmuzige Lied zu verdrängen, und das allgemeine Vergnügen bis auf den gemeinen Mann zu befördern. In dieser Absicht habe ich oft die Lieder in mehr Strophen verfertiget, als sie auf dem Theater brauchen gesungen zu werden. Hier ist oft Eine genug, und die Direktoren thun wohl, wenn sie sich hierinn nach den Umständen richten. Das Lied hält immer die Handlung auf: denn oft ist eine blosse Empfindung ausgedrückt, und die Melodie muß vorzüglich schön seyn, wenn man sie zu wiederholten malen hören soll.«[2]

Auch Johann Heinrich Faber weist im Vorbericht seiner Übersetzungen von Opéras-comiques auf die Bedeutung des Musizierens der musikalischen Nummern hin. Man habe darauf gesehen,

> »[…] daß der Text [der Arien] allgemein sey und auch ohne Zusammenhang der Scenen, wo die Arie vorkömmt, gesungen werden könne, theils daß die Melodie derselben nicht nur der Kehle eigen, sondern auch für das Clavier passend sey, um alle Arten von Musikliebhaberinnen unter dem schönen Geschlechte zu befriedigen.«[3]

Die Übersetzungen der Arien geschahen aus der doppelten Perspektive: Im Notendruck wiedergegebene Gesänge sollten zwar auch ihre Funktion im dramatischen Zusammenhang erfüllen, aber sich zugleich für das private Musizieren im Salon oder im Bürgerhaus eignen. Wie in Frankreich hatte der Komponist neben der Bühne auch das Musizieren außerhalb der Theater im Blickfeld. Er komponierte deshalb bestimmte Gesänge, die so eingängig waren, daß sie beste Aussichten hatten, außerhalb des Theaters Erfolg zu haben, und die in den Drukken des Librettos, in Einzeldrucken oder in periodisch erscheinenden Musikalien publiziert wurden. Hillers »Singspiele« erschienen im Jahr der Uraufführung sowie oftmals in mehreren Ausgaben im leicht spielbaren Klavierauszug, der es erlaubte, die Musik auch im häuslichen Rahmen, im Salon oder am Hof zu musizieren.

Die Wahl »ländlicher Gegenstände zum Inhalte dieser Operetten« wird von Weiße damit gerechtfertigt, es sei natürlicher, »bey Versammlungen eines fröhlichen Landvolks auf dem freyen Schauplaze der Natur, als in Besuchszimmern gezwungener Städter ein Liedchen singen zu lassen«. Daß die sich in neuerer Zeit immer mehr breit machende »Aria di Bravura« der Gattung nicht angemessen sei, darin sei er mit Hiller einer Meinung: »Uns lag mehr daran, von einer fröhlichen Gesellschaft, als von Virtuosen gesungen zu werden. Überdieß mußte er und ich auf die damaligen Schauspieler des Kochschen Theaters sehen, für die es hauptsächlich verfertigt war. Diese waren keine grossen gelehrten Sänger, deren Stimmen zu diesem Liede zureichten; die aber, was ihnen an musikalischer Kunst fehlte, durch ein vortrefliches Spiel ersetzten.« Weiße zufolge trug die neue Gattung zur Rettung der Truppe Kochs bei, denn die zuvor »bekannten Schauspiele« hatten keinen Erfolg mehr beim Publikum. Die Stücke von Teil II seiner erstmals 1768 bis 1771 erschienenen »Komischen Opern« (*Die verwandelten Weiber, Der lustige Schuster* und *Der Dorfbalbier*) bezeichnet Weiße als dem »Niedrigkomischen« zugehörend, »Nothstücke für ein Theater, das Hülfe brauchte, und sie dadurch fand,« Stücke, die es auch bei anderen Nationen gebe und die in den niederländischen Gemälden bäuerlicher Milieus eine Parallele habe.

Christoph Martin Wieland, der Librettist der besonders erfolgreichen *Alceste* (Musik von Anton Schweitzer, 1773), publizierte seit 1773 in dem von ihm gegründeten *Teutschen Mer-*

kur mehrere Essays über das Singspiel, darunter 1775 den *Versuch über das teutsche Singspiel und einige dahin einschlagende Gegenstände*, eine Art Manifest des Singspiels und seiner ästhetischen Grundsätze[1], in dem er die Anforderungen an den Stoff und das Wesen der dramatischen Musik definierte. Die Stoffe müssen »der musikalischen Behandlung fähig« sein: die Handlung darf nicht mit zu »vielen Begebenheiten beladen« sein, muß also in Anlehnung an Glucks »Reformoper« auf wenige Personen und die Hauptepisoden eines Dramas beschränkt bleiben, sie darf durch die »musikalische Verschönerung nichts von ihrer Wahrheit verlieren«[2], die Personen sind mehr in ihrer »inneren Gemüthsbewegung als in äusserlicher Handlung darzustellen.«[3]

Johann Friedrich Reichardt nennt Hiller als Vorbild für die Komponisten:

»Er verwarf die langen weitschweifigen Arien: denn er wußte, daß dieses fürs Comische unschicklich ist [...] Indessen konnte H[err]. H[iller]. die großen Arien doch nicht ganz verwerfen, sondern behielt sie nur zum Unterscheidungszeichen edlerer Personen vor, wenn die in der Gesellschaft natürlicherer Menschen auftreten. Ich finde dieses sehr schicklich, und besonders alsdenn, wenn ich in der Galerie, über jenen König, oder diesen Hofmann, mit dem weit aufgesperreten Maule, lachen höre. Aber auch selbst in diesen großen Arien hat sich H[err]. H[iller]. der überflüßigen Ausdehnungen der Worte enthalten.«[4]

Bezüglich der formalen Gestaltung der Arien Hillers stellt Reichardt eine Sonderform fest, die er auf das französische Rondeau – die Form ABA' – zurückführt:

»Ohne den ersten Theil der Poesie in zwey verschiedenen Abtheilungen hintereinander zu singen, singt er gleich, gemeinhin nach dem Schluße in der Quinte des Hauptones den zweyten Theil der Worte, und läßt hernach die ersten Worte ganz oder auch nur zum Theil, nachdem es der Affekt des Stücks erfordert, mit dem Thema wiederholen.«[5]

Die Lieder Hillers unterscheidet Reichardt von den »schleppenden und gedehnten« Liedern der Italiener und den »mageren und monotonischen« der Franzosen: »Sie sind also von dem unnatürlichen Gesange und von der gar zu natürlichen, ich meyne gar zu einförmigen Deklamation gleich weit entfernt.«[6] Die französischen »Chansons«, von denen er solche Philidors, Monsignys und Grétrys hervorhebt, hält er insofern für vorbildlich, als sie jeder beim zweiten Hören mitsingen könne.

Bei der Komposition der Gesänge, die sich durch die größtmögliche Ökonomie der eingesetzten Mittel und große Einheit auszeichneten, habe Hiller drei Kriterien beachtet, die »Situation in ihrer Verbindung mit dem Vorausgegangenen und Folgenden«, den Charakter der Person und die mangelnden sängerischen Fähigkeiten der Darsteller der Theatertruppen sowie die technischen Möglichkeiten der Instrumentalisten.[7]

Reichardt formuliert einige Grundregeln für den Librettisten, die spezifisch für das Schreiben von ›Singspielen‹ sind:[8] Die Schreibart solle ungezwungen, deutlich, fließend und rührend sein, die Sprache die der Empfindungen und Leidenschaften. Nicht der Verstand und die Einbildungskraft, sondern das Herz sei der Hauptgegenstand der Musik. Der »musikalische Dichter« bediene sich aller Arten von »Silbenmaaßen« und wähle dasjenige aus, das es erlaube, den Ausdruck der Empfindung der Szene am besten wiederzugeben. Dem Komponisten obliege dann zu entscheiden, welche Verse er für Rezitative, für ein Arioso oder eine Arie verwende. Bilder und Malereien seien von Dichter behutsam zu verwenden. Sie dienten der Verstärkung des Ausdrucks, der Komponist solle die von ihnen ausgelösten Empfindungen zum Ausdruck bringen. Der Dichter solle kurze Perioden schreiben und jegliche Weitschweifigkeit vermeiden. Reime seien nicht zwingend erforderlich. In strophische Formen (»Oden«) seien weder die Einheit der Empfindung in allen Strophen noch die Beibehaltung der Zäsuren und Satzzeichen an der entsprechenden Stelle der Strophe erforderlich. Bei ihrer Vertonung könne zwischen geschlossener Form und Rezitativ gewechselt werden, um dem Charakter und Ausdruck der Strophen besser zu entsprechen.

Zur Entwicklung im 18. Jahrhundert

Zur Vorgeschichte des deutschen »Musiktheaters« gehören neben den Schäferspielen, Maskeraden des Karnevals, höfischen Festspielen, Aufzügen, neben der Commedia dell'arte besonders die englischen Komödianten, die z.B. am brandenburgischen Hof seit 1665 als engli-

---

1 Abgedruckt bei R. Schusky, *Das deutsche Singspiel*, S. 38–49.
2 Nur eine Musik, die den behandelten Gegenstand verschönert und Vergnügen bereitet, hat nach Wieland eine Berechtigung.
3 Wieland, *Versuch über das teutsche Singspiel*, in: Schusky, *Das deutsche Singspiel*, S. 48.
4 J. Fr. Reichardt, *Über die Deutsche comische Oper nebs einem Anhange eines freundschaftlichen Briefes über die musikalische Poesie*, Hamburg 1774, S. 7f.
5 Ebd., S. 9f. Demnach endet in dieser Form A auf der Dominante oder in Mollstücken in der Mediante, A' dann auf der Tonika.
6 Ebd., S. 10.
7 Bezogen auf die Orchestermusiker bemerkt Reichardt: »so geben sich an den meisten Orten nur die schlechtesten Leute des Orts damit ab.«, ebd., S. 14.
8 Vgl. ebd. das Kapitel »Freundschaftlicher Brief über die musikalische Poesie«, S. 105–124.

sche Fiedler, Trompeter und Pfeifer nachzuweisen sind, oder die Comédiens italiens, die 1696 aus Paris verbannt wurden und im norddeutschen Raum ihre Stücke aufführten. Im Gefolge der englischen Komödianten kamen im 16. Jahrhundert englische Schauspielertruppen nach Deutschland, die auch in Holland und Dänemark spielten. Die englischen Komödianten waren die ersten Berufsschauspieler in Deutschland, zu denen erst im 17. Jahrhundert deutsche Vertreter des Berufsstandes hinzukamen. Die Stücke wurden zunächst in englischer Sprache aufgeführt, als erste Figur versuchte die komische Person, sich radebrechend in Deutsch auszudrücken. Zum Repertoire gehörten im 17. Jahrhundert Stücke der Shakespeare-Vorgänger George Peeles und Christoph Marlow, dann auch Shakespeare-Stücke in verkürzter und verstümmelter Gestalt. Obligatorisch ist die Person des Clown und der Pickelhering, die in Hamburg eine wichtige Rolle spielte. Während der Stücke erklang Instrumentalmusik der Trompeter, Trommler, der Hörner und Spielleute.

Die Kritik Jonathan Swifts an der in London gespielten Opera seria griff 1728 John Gay, der Librettist von Händels ›Masque‹ *Acis and Galatea*, in seiner von der französischen Opéra-comique mit Vaudeville angeregten Opernparodie *The Beggar's Opera* auf, die in England ohne Vorbild war. Der vielfach genannte Arrangeur der Musik dieses Werkes soll Christoph Pepusch gewesen sein, dessen Autorschaft jedoch nicht gesichert ist. Mit der *Beggar's Opera* war die ›Ballad opera‹ geschaffen, die wie die ›Opéra-comique‹ durch den charakteristischen Wechsel von gesprochenem Dialog und den meist dramatisch motivierten Songs gekennzeichnet ist. Sie gewann rasch große Popularität. Von den 69 Songs waren 28 englische und 23 weitere irische, schottische und französische Balladen oder Melodien, die übrigen Stücke stammten von Komponisten wie Purcell, John Barrett, Jeremiah Clark, Händel, Henry Carey u.a. Die erfolgreichste Nachahmung war *The Devil to Pay or the Wives metamorphos'd* (1731) von Charles Coffey und John Mottley nach dem Stück *The Devil of a Wife* (1686) von Thomas Jevon. Die Musik arrangierte der aus Preußen stammende Seedo (Sydow). Das Stück erlebte in einer deutschen Übersetzung als *Der Teufel ist los oder Die verwandelten Weiber* 1743 in Berlin durch die Theatertruppe Johann Friedrich Schönemanns seine erste deutsche Aufführung. Vermutlich verwendete man hierbei die Melodien des Originals. Den Text hatte der Shakespeare-Übersetzer und preußische Gesandte Caspar Wilhelm von Borck ins Deutsche übertragen. Das auch in Berlin erfolgreiche Stück wurde auch in Hamburg und Leipzig nachgespielt. Die neue Übersetzung als *Der Teufel ist los oder die verwandelten Weiber* von Christian Felix Weiße, einem Jugendfreund Lessings, brachte Heinrich Gottfried Koch 1752 mit seiner Truppe in Leipzig auf die Bühne. Die von Johann C. Standfuß bearbeitete Musik, die in einem Ariendruck erhalten ist und von Hiller geschätzt wurde, besteht neben den englischen ›Ballads‹ vergleichbaren Stücken und Tanzsätzen aus Gesängen, die von der italienischen Arie beeinflußt sind. Diese stilistische Uneinheitlichkeit ist für das frühe deutsche ›Singspiel‹ im mittel- und norddeutschen Raum charakteristisch. Waren die Bearbeitungen des Stückes von Coffey noch von der Parodie bestimmt, so geriet das Parodistische, Burleske der Gattung in Deutschland bald in den Hintergrund, nicht aber die Zeit- und Gesellschaftskritik. Seit etwa 1750 beginnt eine Verschmelzung der Einflüsse von ›Opéra-comique‹, von ›Opera buffa‹[1] und Bearbeitungen englischer Stücke im ›Singspiel‹, das sich dem Kanon klassischer dramatischer Gattungen entzog und auf den heftigen Widerstand Gottscheds und anderer Literaten traf.

Die Wanderbühnen und Schauspielertruppen wurden die entscheidenden Institutionen, die ausgehend von einer Theatertradition den Neuanfang des Singspiels betrieben. Zunächst waren sie auf Bearbeitungen von Stoffen und Stücken aus England und Frankreich angewiesen, zunehmend kam es dann aber zu originalen Schöpfungen. Das ›Singspiel‹ war gegenüber der in Deutschland dominierenden italienischen Hofoper eigenständig, übernahm jedoch einzelne Elemente wie den Bau von Strophen (neben in Deutschland populären bestimmtem Lied- oder Choralstrophen) und musikalische Formen (z.B. die Da-capo-Arie). Insgesamt entstand es als »Teil einer lebendigen Theaterkultur, nicht als Ableger der musikalisch-literarisch vorgeprägten Opernkultur«[2], allerdings wurde die Musik immer prägender für die Gestalt der Stücke. In Hillers Vertonung der *Verwandelten Weiber, oder Der Teufel ist los* von 1766 hat sich die Anzahl der Musikstücke gegenüber 1752 verdoppelt.

Nach dem Siebenjährigen Krieg (1756–1763), der sich für die Theater sehr negativ ausgewirkt hatte, nahm der Geschmack des Publikums an der neuen ›Operette‹ schlagartig zu und

---

1 Koch fügte 1751 zwischen den Akten von Gottscheds *Cato* Pergolesis *La Serva padrona* als Intermezzo ein, vgl. Koch, *Das deutsche Singspiel*, S. 45.
2 Vgl. Krämer, *Deutschsprachiges Musiktheater*, S. 11.

brachte den Schauspielertruppen mehr Einnahmen als die der Opera buffa naheliegenden Stücke wie Georg Philipp Telemanns *Pimpinone, oder die ungleiche Heirat*, das auch von Kochs Truppe gegeben wurde.

Im Jahre 1766 errang Weißes neue Fassung von *Die verwandelten Weiber* mit der Musik von Johann Adam Hiller »einen überwältigenden Erfolg, der endgültig als der Ausgangspunkt des neuen deutschsprachigen Musiktheaters betrachtet werden kann. Der eigentliche Neubeginn liegt nicht zufällig nach dem Siebenjährigen Krieg, der in mehrfacher Hinsicht einen Einschnitt in der Theaterpraxis des 18. Jahrhunderts bedeutet. Zum einen brachte er die Tätigkeit der Wanderbühnen, v.a. in Mittel- und Norddeutschland, weitgehend zum Erliegen, so daß diese nach dem Krieg erst wieder neue Kader und Repertoires aufbauen mußten. Zum andern schwächte er entscheidend die finanziellen Möglichkeiten v.a. der mittleren und kleineren Höfe.«[1] Nach dem Krieg übernahmen die privaten Truppen vielerorts die Aufgaben der Hoftheater und wurden in einigen Fällen wie etwa in Berlin später in Nationaltheater übergeleitet.

Der entscheidende Schritt zur Etablierung des ›Singspiels‹ im mittel- und norddeutschen Raum wurde durch die Zusammenarbeit zwischen Weiße und Hiller erreicht. Weiße war 1759 nach Paris gereist, um dort die in der Blüte stehende neue Opéra-comique mit Originalmusik zu studieren. Die erwähnte Bearbeitung des *Devil to pay* durch Weiße und Hiller als *Die verwandelten Weiber* (1766) zeigt auch Einflüsse von Michel Jean Sedaines Bearbeitung des gleichen Stücks als *Le Diable à quatre* (1754, mit Vaudevilles und Musiknummern verschiedener Komponisten). In Weißes Bearbeitung sind die Gesangsnummern von 18 auf 37 erweitert, von denen die meisten als einfache Gesellschaftslieder zu bezeichnen sind. Hiller bemerkt selbst, er habe seine Vertonung auf im Gesang wenig erfahrene Schauspieler zugeschnitten.[2]

Selbständiger als *Die verwandelten Weiber* ist Hillers 1766 aufgeführte ›Operette‹ bzw. ›comische Oper‹ *Lisuart und Dariolette oder die Frage und die Antwort* nach einem Text von Daniel Schiebeler, der auf Voltaires Erzählung *Ce qui plaît aux dames* basiert. Schiebelers Stück, *Die Frage, Antwort und Belohnung*, ursprünglich ein »Nachspiel ohne Gesänge«, wurde 1767 auf drei Akte ausgedehnt und um das Nachspiel *Die Muse* erweitert.[3] In dem Stück geht es um die von einer Fee entführte und in eine Alte verwandelte Königstochter Dariolette, die der Ritter Lisuart ein Jahr lang vergeblich sucht. Um seine Schuld wegen der Entführung einer Hofdame abzutragen, hätte er Dariolette, in deren Bild er sich verliebt (Bildnis-Arie), wieder an den Hof zurückbringen oder aber ein Rätsel lösen müssen. Mit Hilfe der »Alten« gelingt es ihm, das Rätsel zu lösen. Als er sie umarmt, wird ihre Verzauberung überwunden. Mit der Zustimmung der Königin heiratet er Dariolette.

Schiebler betont in seinem Libretto, er habe den »Arien etwas von derjenigen Symmetrie zu geben [versucht], welche bey Versen, die in die Musik gesetzt werden sollen, ganz unumgänglich nöthig ist.«[4] Koch hatte »liedermäßige«[5] Stücke verlangt, die jeder Zuschauer auf Anhieb mitsingen konnte. Jedoch wollte Hiller Bauern und Könige oder Aristokraten musikalisch unterscheiden, indem er den höheren Schichten angehörenden Personen »Opernarien« zugedachte, die jedoch angesichts der Gattung kleinere Dimensionen als in der Opera seria haben sollten. Für *Lisuart und Dariolette* komponierte Hiller bewußt relativ anspruchsvolle Arien, um die Schauspieler der Kochschen Theatertruppe allmählich an spezifisch sängerische Aufgaben heranzuführen bzw. »diesen Sängern nach und nach ein Mehreres zuzumuten, um sie Stufenweise wirklichen Sängern immer etwas näher zu bringen.«[6] Die Musik des Werkes enthält nur drei Strophenlieder, die Akte enden mit einem komischen Duett (I. Akt), mit einem Terzett (II. Akt), einem Chor und Finalvaudeville (III. Akt). Die c-Moll Arie der Königin im I. Akt kann als Beispiel für die stilistische Orientierung Hillers in diesem Werk dienen. Für jeden der beiden Teile der Da-capo-Arie schrieb Schiebeler drei Verse. Beide Dreizeiler vertont Hiller zweimal, wobei er im Mittelteil besonders die Worte »Wie lange« oftmals wiederholt. Charakteristisch für viele seiner Da-capo-Arien ist das Ende des A-Teils auf der Mediante (da es sich um eine Molltonart handelt) und die Neuvertonung des Texts im Da capo, nachdem der Anfang von A wörtlich zitiert ist. So ergibt sich eine kurze Form AA' BB' A''' A''''.[7]

Hiller kehrte in den nachfolgenden Singspielen wieder zu einfacheren Liedformen zurück. In *Lottchen am Hofe* (1767) folgte Weiße dem Vorbild von Favarts *Ninette à la cour* ziemlich getreu, wählte aber deutsche Namen aus. Das Libretto ist insofern neu, als hier die aus der Opéra-comique bekannte Gegenüberstellung der verdorbenen Sitten der Aristokratie, des Hofes und der Stadt mit den idealisierten Landleuten ins ›Singspiel‹ eingeführt wurde.

1 Ebd., S. 10.
2 Vgl. J. A. Hiller, *Lebensbeschreibung berühmter Musikgelehrten und Tonkünstler neuerer Zeit*, Leipzig 1784, S. 311.
3 Vgl. dazu K. Kawada, *Studien zu den Singspielen von Johann Adam Hiller (1728–1804)*, Marburg 1969, S. 49.
4 D. Schiebeler, *Anmerkungen zu Lisuart und Dariolette*, in: *Wöchentliche Nachrichten und Anmerkungen, die Musik betreffend*, hg. v. J. A. Hiller, 1766/1770, Bd. II, 1767, Nr. 18, S. 138.
5 Vgl. ebd.
6 Ebd.
7 Der modulatorische Verlauf entspricht demjenigen (nach Meinung Reichardts) des französischen »Rondeau«, vgl. Anm. 20.

Der Versuch der Verführung Lottchens und ihre List, mit der sie den Adeligen Astolph seiner Braut wieder zuführt, erinnert an Mozarts *Le Nozze di Figaro*. Hiller versucht in diesem Werk, die Personen möglichst genau zu charakterisieren. Astolphe wird entsprechend seinem Stand mit Seria-Arien bedacht, aber solche Arien werden auch eingesetzt, wenn es um die Darstellung von Leidenschaften unabhängig vom Stand der Personen geht.

In *Die Liebe auf dem Lande* (1768), einem der erfolgreichsten Werke Weißes und Hillers, das lange Zeit, an vielen Orten gespielt und häufig rezensiert wurde, geht es wiederum um den Gegensatz von Land und Hof nach dem Modell von Favarts *Annette et Lubin* (1762) und Louis Anseaumes *La Clochette* (1766). Das hübsche Bauernmädchen Lieschen wird von ihrem Vetter Hänschen geliebt, aber der Graf interessiert sich plötzlich auch für sie. Hänschen träumt von dem gemeinsamen Glück auf dem Lande und baut ihr eine Laube. Der Schösser (Steuereinnehmer) warnt sie, ihren Verwandten zu ehelichen. Hänschen ist erbost darüber und beginnt, den Schösser zu verprügeln. Im Terzett gelingt es Lieschen, ihren Geliebten wieder zu beruhigen. Der II. Akt besteht aus der Intrige aus Anseaumes *La clochette*. Das Lämmchen Lieschens wurde von Schösser gestohlen, um durch die Rückgabe ihre Liebe und ein Eheversprechen zu erzwingen. Hänschen holt das Lämmchen aus dem Versteck und sperrt den Schösser im Stall ein. Über das Dach entkommt er, stürzt aber in die Tiefe. Im III. Akt läßt der Graf, der bereits dreimal verheiratet war und seine Frauen durch den Tod verloren hatte, Lieschen in sein Schloß entführen. Das wehrhafte Hänschen befreit sie wieder. Als der Graf während der Auseinandersetzung mit Hänschen von dem Erpressungsversuch des Schössers erfährt, gibt er dem jungen Paar die Erlaubnis zu heiraten.

Die dörfliche Ordnung wird in *Die Liebe auf dem Lande* durch zwei negative Figuren, den Steuereinnehmer und den auf dem Landschloß ansässigen aristokratischen Entführer gestört, eine Grundkonstellation, die für mehrere Singspiele Weißes bestimmend ist. Dadurch ergeben sich zwei semantische Räume, der positive der ländlichen Idylle, der ebenso ein Konstrukt ist wie der ungenau definiert bleibende negative Raum des gräflichen Schlosses.[1]

Die folgende Übersicht soll Einblick in die musikalische Komplexität des Werkes, in die Vielfalt der Vokalformen und die Verteilung der Tonarten auf die Personen geben:

---

1 Vgl. dazu Krämers Kapitel »Codierungen der Emotionalität«, *Deutschsprachiges Musiktheater*, S. 147ff.

Hiller, *Die Liebe auf dem Lande*, Leipzig 1770 (Klavierauszug, L = Libretto)

Person	Inhalt	Form	Tonart	Tempo-Metrum
I. Akt				
Der Schösser	»*Des Frühlings junge Zier*«: Lieschen gleicht dem Frühling	3 Strophen (L: 4) 6+8+8+3 Takte	C-Dur	Moderato 2/4
Der Schösser	»*Es ist ein schlanker Bauernjunge*«: der Bauernjunge Hänschen wird von Lieschen umschwärmt	zweiteilige Arie	F-Dur	Tempo di minuetto 3/8
Der Graf	»*Nur in süßer Einsamkeit*«: Einsamkeit bringt Zufriedenheit; Tugend bringt Glück	zweiteilige Arie AB (1. Strophe) AC (2. Strophe)	D-Dur	Non molto allegro Alla breve
Hänschen	»*Nur für mein Mädchen*«: Ich tue alles für Lieschen, baue ihr eine Laube	2 Strophen	C-Dur	Grave ma non lento 2/4
Hänschen	»*Wie wird mir bange*«: Lieschen bleibt aus	Zwei-Tempo-Arie	B-Dur	Andante ed un poco languente 3/8 – Allegro 2/4
Lieschen	»*Es trug einst Gretchen*«: Lieschen träumt vom Erfolg durch Fleiß	3 Strophen (Ballade)	F-Dur	Moderato 3/4
Lieschen und Hänschen	»*Unserm Glücke kömmt nichts gleich*«: Gemeinsames Glück in der Natur	zweiteiliges Duett; Wechsel Dialog– Simultangesang	Es-Dur	Affettuoso 3/4
Hänschen	»*Dies Bette*«: Moosbett ist dem Federbett vorzuziehen	2 Strophen	G-Dur	Andante 2/4
Hänschen	»*Der Strauß, den ich hier binde*«: Das Rosenbouquet gleicht dir	zweiteilige Arie (L: fehlt)	A-Dur	Commodetto 2/4
Lieschen	»*Ein Mädchen, das auf Ehre hielt*«: Edelmann will Mädchen vom Lande verführen, wird aber überlistet	4 Strophen (Ballade)	C-Dur/ c-Moll	Allegretto 6/8
Hänschen	»*Der Strauß, den ich hier binde*«	fehlt im Klavierauszug		
Hänschen	»*Der Gott der Herzen findet*«: Amor herrscht	einteilige Koloraturarie (L: 3 Strophen)	D-Dur/ E-Dur[1]	Allegro C
Lieschen	»*O wie sehr*«: Hänschen liebt mich sehr	zweiteilige Arie	g-Moll	Andantino 2/4
Der Schösser	»*Wenn uns der Sturm die Felder verwüstet*«: Schuld am Verderben tragen Lieschen und Hänschen	AB und AC (Strophe zweimal vertont)	c-Moll	Allegro di molto 3/4
Lieschen und Schösser	»*Hänschen liebst du mehr als mich?*« Lieschen wird unglücklich mit Hänschen	dialogisierendes Duett	F-Dur	Con gravità ma non lento C
Lieschen	»*So ist denn dies die Liebe*«: Jetzt weiß ich, was Liebe ist	zweiteilige Arie (L: 3 Strophen)	B-Dur	Andante vive C
Lieschen und Hänschen	»*Wir sind nur eins*«: Gemeinsames Glück in Unschuld	5 Strophen mit Duett-Refrain	A-Dur	Allegretto 6/8
Schösser und Hänschen	»*Ha, deiner Liebe droht*«: Bedrohung des Glücks	dialogisierendes Duett	G-Dur	Con gravità, ma un poco più presto C
Lieschen, Hänschen u. Schösser	»*Übern Kopf?*« Streit zwischen Hänschen und Schösser	Streit-Terzett	D-Dur	Vivace 3/4
II. Akt				
Hänschen	»*Ach! meines Mädchen Lämmchen ist*«: Lämmchen ist gestohlen	2 Strophen; Dialog Singstimme–Orchester	c-Moll	Allegretto 6/8
Lieschen	»*Das liebe Tier*«: Schmerz über Verlust des Lämmchens	zweiteilige Arie	c-Moll	Più andante della precedente 6/8
Hänschen	»*Ich suche, such du auch*«: Suche nach dem Lämmchen	zweiteilige Arie mit Tonmalerei	F-Dur	Andante C

1 Im Klavierauszug *Die Liebe auf dem Lande*, der 1770 bei B. Chr. Breitkopf und Sohn in Leipzig im Druck erschien, endet die Arie auf einem Fermaten-Akkord in E-Dur, dem letzten Wort fehlt die letzte Silbe (»Blumenfes...«). Ist dies ein Element der Satyre, die J. Fr. Reichardt anspricht?

Zur Entwicklung im 18. Jahrhundert

Gretchen	»*Das kleine Lieschen*«: Schösser warb um mich	3 Strophen jeweils mit Tempowechsel	G-Dur	Allegro 6/8 – Andante 3/4
Gretchen	»*Hab ich einmal ihn zum Mann*«: Schösser verspricht materielles Glück in der Ehe	zweiteilig; Dialog Singstimme–Orchester	C-Dur	Tempo di Gavotta C
Hänschen	»*Nur einen freundlichen Blick*«: Gegen freundlichen Blick erhältst du das Schäfchen zurück	Zwei-Tempo-Arie (L: Inversion mit folgender Arie)	d-Moll	Grave, ma non lento C – Allegretto 6/8
Gretchen	»*Was sich neckt, das liebet sich*«: Sich necken heißt lieben	einteilige Arie	B-Dur	Non troppo allegro 2/4
Lieschen	»*Umsonst, mein Schäfchen ist fort*«: Ich gebe alles, wenn ich das Lämmchen wieder erhalte	2 Strophen	A-Dur	Allegretto 3/8
Lieschen und Schösser	»*Mich soll keine Müh verdrießen*«: Für die Rückgabe des Lämmchen küsse ich dich	dialogisierendes Duett	B-Dur	Allegro moderato 2/4
Der Schösser	»*Der Henker hole!*«: Verstecktes Lämmchen ist verschwunden	zweiteilige Buffo-Arie	d-Moll	Allegretto 3/8
Hänschen und Schösser	»*Monsieur Hänschen, spaß er nicht!*«: Schösser bittet, freigelassen zu werden	Streitduett einteilig	E-Dur	Moderato assai 2/4
Lieschen	»*Und warum sollt' ich mich so sehr*«	fehlt im Klavierauszug		
Hänschen	»*Ein alter Dieb hat unser Lamm*«: ich habe das Lämmchen befreit und Schösser im Stall eingesperrt	3 Strophen mit Tonmalerei (balladenartig)	A-Dur	Allegretto 2/4
Der Schösser	»*Au weh! wie ist mir geschehen*«: Racheschwur des Verletzten	Zwei-Tempo-Arie	e-Moll	Un poco lento 3/4 Allegro 6/8
III. Akt				
Lieschen	»*Ich lieb ihn*«: als Waisen standen wir uns immer bei	3 Strophen	A-Dur	Lento, ma non troppo C
Lieschen und Hänschen	»*Hab ich dich*«: mit dir ist das vollkommene Glück	zweiteiliges, ganz simultan gesungenes Duett	F-Dur	Vivace 2/4
Hänschen	»*Man sperre mich mit Lieschen ein*«: um Lieschen zu haben, fürchte ich nichts	zweiteilige Arie	C-Dur	Allegretto 3/8
Der Schösser	»*Drei Weiber, die schon Witwen waren*«: der Graf hat 3 Witwen gefreit und beerdigt	zweiteilige Arie	B-Dur	Allegro con brio C
Hänschen	»*Ich habe dich in Schutz genommen*«: wer sich dir nähert, muß mich fürchten	Zwei-Tempo-Arie	D-Dur	Andante 3/4 Allegro 2/4
Lieschen und Hänschen	»*Sehn sie meine Tränen fließen*«: Bitte an den Grafen um Gnade	1. Strophe Lieschen; 2. Hans; 3. Duett, der Refrain im Duett	a-Moll	Un poco lento 2/4
Divertissement=Vaudeville	»*Alle, die in diesen Gründen*«: Einladung zur Hochzeitsfeier, Segen Hymens und Amors	4 Solo-Couplets des »Herrn«, je 1 von Hänschen und Lieschen; Duett-Refrain	C-Dur	Andante 3/4
Rundgesang	»*Die Liebe, die dies Paar entzündet*«: »Moral« der einzelnen Personen	7 Solo-Couplets und 16 Takte Chor-Refrain	G-Dur	Allegretto 2/4

Insgesamt enthält das Werk 14 mehrstrophische Gesänge, darunter zwei Strophenformen mit Refrain sowie die beiden, mit zwei verschiedenen Begriffen bezeichneten Finalvaudevilles, eines davon mit Duett, eines mit Chorrefrain.[1] In einer Strophenform nimmt Hiller sogar einen Tempowechsel vor. »*Ein Mädchen, das auf Ehre hielt*« aus dem I. und »*Ein alter Dieb*« aus dem II. Akt sind als balladenähnliche Lieder zu bezeichnen. Die einteilige Arie kommt zweimal, die Zwei-Tempo-Arie mit dem Wechsel zum rascheren Tempo im zweiten Teil viermal vor. Der häufigste Typus der Arie mit zwölf Beispielen ist zweiteilig, deren erster Teil immer auf einer nächstver-

---

1 Zwei der Gesänge fehlen in dem bei Breitkopf gedruckten Klavierauszug. Sie bleiben hier unberücksichtigt.

wandten Tonart (Dominante in Dur, Parallele in Moll) endet und der zweite Teil zur Tonika zurückführt. Von den Duetten sind drei durchgehend dialogisierend, d.h. hier verzichtet der Komponist vollständig auf das simultane Singen, während in zweien die Partner nach dem Dialog gemeinsam singen und in einem Duett schließlich durchweg die Stimmen simultan erklingen.

Die Verteilung der Sologesänge auf die Personen entspricht ihrer Beteiligung an der Handlung und dem Konflikt: Hänschen singt zehn Solonummern, vier Duette mit Lieschen und das konfliktreichste Duett des Werkes zusammen mit Schösser. Lieschen ist mit sieben Soli und neben den Duetten mit Hänschen an drei weiteren Duetten mit Schösser beteiligt. Wie es einem Vertreter der Staatsmacht zusteht, singt Schösser vier zweiteilige und eine Zwei-Tempo-Arie, aber nur einen Strophengesang. Seine dramatische Bedeutung ist an der Mitwirkung an jeweils zwei Duetten mit Hänschen und mit Lieschen und am einzige Terzett abzulesen. Gretchen, die vergeblich Schösser für sich einzunehmen versucht, trägt drei Arien, der Graf eine einzige vor. Das aktions- und konfliktreiche Terzett steht in der exponiertesten Tonart des Werkes, E-Dur, und bildet den Abschluß des I. Akts. Von den insgesamt 38 Gesängen stehen acht in Molltonarten (Schösser mit drei, Hänschen und Lieschen mit zwei und ein Duett). Die tonartliche Spanne reicht von Es-Dur im Bereich der B- bis E-Dur in Bereich der Kreuztonarten. Bei der Wahl der Metren zeichnen sich die Vorliebe für kleinmensurierte Taktarten bei »ländlichen« Personen ab: 2/4 (11), 3/8 und 6/8 (je 5), dagegen C (9), 3/4 (7) und einmal Alla breve.

Modelle für die Texte einer Reihe von Sologesängen stammen aus den beiden erwähnten Opéras-comiques von Favart und Anseaume (hier in der Abfolge von Weiße):

Favart, *Annette et Lubin*	Weiße, *Die Liebe auf dem Lande*
I. Akt	
Annette à l'âge de quinze	Des Frühlings junge Zier
Ce n'est que dans la retraite	Nur in süßer Einsamkeit
Ma chère Annette/N'arrive pas	Wie wird mir bange
C'est la fille à Simonette	Es trug einst Gretchen
Ces lits, où la mollesse	Dies Bette, wo die Weichlichkeit
Chère Annette, reçois cet hommage	Der Strauß, den ich hier binde
Il était une fille/Une fille d'honneur	Ein Mädchen, das auf Ehre hielt
Du Dieu des cœurs	Der Gott der Herzen findet
Si par les vents nos champs sont ravagés	Wenn uns der Sturm die Felder verwüstet
Lubin a la préférence	Hänschen liebst du mehr als mich
Jeune et novice encore	So ist denn dies die Liebe
Le cœur de mon Annette	Wir sind nun eins (Duett)
Ton amour te prépare/Le plus funeste sort	Ha, deiner Liebe droht (Duett)
(Air à deux)	
II. Akt	Anseaume, *La Clochette*
Mon cher agneau, quel triste sort	Ach! meines Mädchens Lämmchen ist
wiederum: Mon cher agneau	Das liebe Tier
Hélas! tout est perdu,/Ma proie est échappée	Der Henker hole! mein Lämmchen ist fort
Chut, chut, j'entends la petite clochette (Dialog	Monsieur Hänschen, spaß er nicht (Duett
mit zahlreichen Szenenanweisungen)	mit den zahlreichen Szenenanweisungen)
Je l'entends encore (Duett)	Ein alter Dieb hat unser Lamm
Favart, *Annette et Lubin*	III. Akt
Lorsqu'Annette est avec Lubin	Hab ich dich, mein Lieschen/Hänschen nur
Mes trois femmes étaient veuves	Drei Weiber, die schon Witwen
Non, non, je ne crains personne	Ich habe dich in Schutz genommen
Monseigneur, voyez mes larmes	Sehn sie meine Tränen fließen

Hierbei handelt es sich in keinem Fall um Übersetzungen der französischen Verse, in denen die Textgestalt beibehalten ist, sondern um Übertragungen des Inhalts in eine neue Form bei Weiße. Eine weitere Parallele besteht in der Abfolge eines ›Vaudeville‹ (»*Que tout le hameau s'apprête*«) und einer ›Ronde‹ (»*Lubin aime sa bergère*«) bei Favart und entsprechend bei Weiße eines Divertissement und eines Rundgesangs, die jedoch textlich verschieden sind.

Der Vergleich der entsprechenden Vokalsätze ergab nur in zwei Fällen Gemeinsamkeiten zwischen Hiller und Adolfe Benoît Blaises *Annette et Lubin*. Bei der Arie Hänschens »*Der Gott der Herzen findet – Du Dieu des cœurs*« bestehen hinsichtlich der Deklamation bzw. des Rhythmus eine Verwandtschaft (Halbenoten) zu Beginn, durch einen Sekundabgang bei »Sein

1 J. Fr. Reichardt, *Briefe eines aufmerksamen Reisenden die Musik betreffend* (1774), zitiert nach R. Schusky, *Das deutsche Singspiel*, S. 36.
2 Ebd., S. 35.
3 Ebd., S. 25.
4 Reichardt, *Über die Deutsche comische Oper*, S. 22.
5 J. Krämer zufolge entstand Charles Collés Stück 1766 – dies ist aber das Jahr der Veröffentlichung – und meint, Collé habe den Stoff dem Werk Sedaines entnommen, *Deutschsprachiges Musiktheater*, Bd. I, S. 161. Collés Stück wurde bereits im Juli 1762 in Bagnolet beim Duc d'Orléans in einem Privattheater aufgeführt (vgl. L. Parkinson Arnoldson, *Sedaine et les musiciens de son temps*, Paris 1934, S. 121), Sedaine und Monsignys Werk am 22. November 1762. Sedaine berichtet selbst, sein Libretto sei erst kurz zuvor entstanden: »En 1762, dans le Roi et le fermier, j'effectuai ce que j'avais cru impossible, d'élever le ton de ce genre et de mettre même un roi sur la scène dans un ouvrage en trois actes qui occupa la scène aussi longtemps qu'une pièce en cinq actes au Théâtre Français. Philidor, après avoir gardé cet ouvrage très-longtemps, me l'avait rendu, en me disant qu'il le croyait infaisable. Il y a tout lieu de croire que quelqu'un l'avait dissuadé de le mettre en musique. Je priai M. Monsigny de le tenter; il n'hésita pas, et fit la musique telle qu'elle est, et en très-peu de temps. M. Favard, qui avait bien voulu se charger de le lire aux Italiens, me fit attendre si longtemps pour cela, que j'allai retirer le manuscrit de ses mains et à le lire moi-même. Je n'ai su que depuis les minutieuses raisons de ce retard. [...] Il devait en première représentation être donné à la cour; mais les fausses interprétations données au titre et à quelques scènes, en empêchèrent.« *Quelques réflexions inédites de Sedaine sur l'opéra comique*, in: Charles Guilbert de Pixérécourt, *Théâtre choisi*, Nancy 1841–1843, Reprint Genf 1971, Bd. IV, S. 507f. Worin die Abhängigkeit von Collés Stück von jenem Sedaines besteht, bedarf noch einer gründlichen Untersuchung. Wo Krämer darauf eingeht, behandelt er nur deren Unterschiede.
6 Krämer, *Deutschsprachiges Musiktheater*, S. 133.
7 *Der König als Pachter*, in: G. K. Pfeffel, *Theatralische Belustigungen*, Bd. II, Frankfurt-Leipzig 1766. In der Übersetzung durch Faber erschienen in: *Sammlung der komischen Operetten*, Bd. 4, 1774, sowie als Einzeldruck Frankfurt 1774.

Reich jetzt überall – Enchaîne tout ce qui respire« und schließlich ein langes Melisma auf »belegt« bzw. »chaîne«. Dies ist um so auffallender, als Hiller sonst fast durchweg syllabisch vertont und das Wort »belegt« keine Koloratur erfordert. Johann Friedrich Reichardt bringt die parodistische Absicht zu Sprache, die Hiller mit dieser Arie verbunden habe:

»Die Arie, die Hänschen in der Stadt gelernt hat, und der Lieschen vorsingt, ist eine sehr gute Satyre auf den Bombast und den leeren Klingklang vieler italiänischer Arien von der Art; und noch mehr ist es eine feine Satyre auf unsre italiänisirte deutsche Componisten. Denn man sieht doch hier wohl deutlich genug, wie schön sich solche Musik zu unsrer Sprache schickt. Und wenn der gleich drauf folgende allerliebste Gesang Lieschens nicht um tausendmal mehr gefällt, der ist seines Vaterlands nicht werth, nicht seines Vaterlands Lieblingssänger werth.«[1]

Weit enger verschwistert sind die Arien *»Wenn uns der Sturm die Felder verwüstet – Si par les vents nos champs sont ravagés«* durch die Verwendung des gleichen Topos: der Wind wird in beiden Kompositionen durch laufende Sechzehntel-Figuren dargestellt. Wiederum ist die Deklamation des Anfangsverses sehr verwandt. Blaise hebt den Vers »Et s'ils meurent de soif« durch den Tempowechsel zum Adagio und eine komplementäre Achtelbewegung zwischen Singstimmen und Instrumenten aus dem Zusammenhang heraus, Hiller bringt die Achtelbewegung im Baß.

Johann Friedrich Reichardt sieht 1774 die Musik dieses Werkes als originellste, unverwechselbare Komposition Hillers an:

»Ueberhaupt sind alle Arien des Schössers lebhaft und comisch, und einige voll ungestümen Feuers. Hänschen seine alle zärtlich und feurig, wie seine Liebe zu Lieschen: Lieschen ihre lieblich, zärtlich, schmeichelnd, rührend wie ihre ganze Gestalt, und ihr weiches Herz – beydes wohl zu verstehen, wie sie Herr Weiße in seinen lebenathmenden Bildern mahlt – Gretchens Gesänge haben hingegen den muthwilligsten, leichtsinnigsten und drolligsten Charakter. Der erzählende Ton ist wohl nie besser getroffen worden, als in dem Stücke: Es trug einst Gretchen ihre Eyer.«[2]

Reichardt lobt insbesondere Details der Personencharakterisierung, den natürlichen und »ausdrückenden Gesang« und die »comische Laune« dieses Werkes und schätzt Hillers »Feuer, Stärke und Erhabenheit der Gedanken.«[3]

Die Jagd (1770) stellt den Höhepunkt der Zusammenarbeit zwischen Weiße und Hiller dar. Reichardt, der zwar *Die Liebe auf dem Lande* auch hochschätzt, meint zur *Jagd*, »Hoheit und bäurische Einfalt, sanftes und comisches Wesen sind in dieser Operette so glücklich ausgedrückt, daß man bloß dieser wegen die Jagd für das vorzüglichste Stück halten muß.«[4] Zwei Stücke kamen als Vorlage für Weißes Stück in Frage: Michel Jean Sedaines und Monsignys *Le Roi et le fermier* (1762) und Charles Collés *La Partie de chasse de Henri IV* (1762), eine dreiaktige Prosakomödie, die für das »Théâtre de société«, also das nichtöffentliche Theater der aristokratischen Salons, geschrieben wurde.[5] Beide Stücke stellen Bearbeitungen von Robert Dodsleys *The King and the Miller of Mansfield. A Dramatic Tale* (1737) dar, die schon 1756 von Claude Pierre Patu ins Französische übersetzt worden war. Collés entscheidender Beitrag zur Interpretation des Stoffes war seine Identifizierung des (bei Dodsley und Sedaine englischen) Königs mit Heinrich IV., der in Frankreich als Symbol des guten, volksnahen und gerechten Herrschers über die Revolution hinaus bis ins 20. Jahrhundert galt. Die Orientierung Weißes an Sedaines Drama, die Krämer zufolge »eigentlich unmittelbar nahegelegen hätte«[6], ist allein schon deshalb nicht in einem gattungsmäßig vergleichbaren Stück zu erwarten, da *Le Roi et le fermier* in Deutschland in der Übersetzung von Gottlieb Johann Pfeffel als *Der König und der Pachter* bereits 1766 publiziert worden war (er erschien 1773 und 1774 in einer neuen Version durch Johann Heinrich Faber unter dem gleichen Titel und wurde von der Truppe Theobald Marchands gespielt).[7] Die Personenkonstellation ist bei Weiße mit dem Elternpaar des Dorfrichters Michel-Marthe, ihren Kindern Christel und Röschen, mit Töffel, dem Liebhaber Röschens, und der Pachterstochter Hannchen an Collé orientiert (dort der Müller Michau, seine Frau Margot, ihre Kinder Richard und Catau, ihr Liebhaber, der Bauer Lucas, die Bäuerin Agathe, die Liebhaberin Richards sowie der König Heinrich IV.). Von den vier Höflingen und den beiden Jagdoffizieren bei Collé sind bei Weiße nur der Graf Schmetterling übrig geblieben. Sedaine kommt mit weniger Personen aus: die Mutter, ihre beiden Kinder Richard und Betsy, Jenny als Geliebte Richards, Lurewel und ein weiterer namenloser Höfling. Weiße und Hiller kannten zweifellos *Le Roi et le fermier* und dessen deutsche Übersetzung und stellten ihm eine eigene gegensätzliche Konzeption gegenüber, auch wenn mindestens drei Vokalstücke mit dem französischen Werk verwandt sind (linke Spalte: französischer und deutscher Textincipit in der Übersetzung Fabers):

Sedaine-Monsigny (französischer Textincipit; deutscher in der Übersetzung von Faber)[1]	Weiße-Hiller
I/8 Jenny »Le Milord m'offre des richesses« Ariette	II/6 Hannchen »Der Graf bot seine Schätze mir« 3 Strophen
»Der Milord wies mir Kostbarkeiten« Allegro, Alla breve, A-Dur	Andante, C, E-dur
III/12 Jenny »Que le soleil dans la plaine« Romance, 3 Couplets	I/3 Michel: »Bey'm schönsten Sonnenschein« zweiteilige Arie
»Laßt uns Schaaf und Trift verzehren« Moderato, 2, G-Dur, Mittelteil in g-Moll	Andante, C, C-Dur, g- und a-Moll im Mittelteil
III/12 Le Roi »Le bonheur est de le répandre« Ariette	III/11 Der König »Welch königliche Lust« Da-capo-Arie
»Der glücklichste Monarch auf Erden« Affectuoso, 2, G-Dur, Triolen im Orchester	Andante ma non languente, 2/4, Es-Dur, Triolen im Orchester

1 *Sammlung der komischen Operetten so wie sie von der Churpfälzischen Deutschen Hofschauspielergesellschaft unter der Direction des Herrn [Theobald] Marchand aufgeführt werden*, Frankfurt am Main 1773.
2 Faber orientiert sich wie in seinen übrigen Übersetzungen eng am französischen Original, lediglich das Duett zwischen Lurewel und dem Courtisan in II/3, sowie der »Grand Chœur« am Ende des III. Akts sind entfallen.
3 Vgl. dazu Th. Bauman, *North German Opera*, S. 45.
4 J. Krämer, *Deutschsprachiges Musiktheater*, S. 137.
5 Vgl. dazu ebd., S. 140f.

Bei den drei Sätzen bestehen nicht nur inhaltliche Gemeinsamkeiten, die durch eine Reproduktion des gesamten Texts zu zeigen wären, sondern auch musikalisch Verwandtschaften, wie die beigefügten Stichworte zum Tempo, zum Metrum, zu harmonischen Gemeinsamkeiten und in der Orchesterbegleitung zeigen. Der Transfer des englischen Stoffes über die beiden französischen Bühnenwerke zur Übersetzung des Werkes von Sedaine durch Faber[2] bis zur *Jagd* ist ein Lehrstück, der Aneignung und Transformation eines Stoffes und einer Gattung.

Wie bei Sedaine handelt es sich um einen englischen König, der gleichwohl »anonym« bleibt. Zu Beginn des I. Akts der *Jagd* zögert Michel, die Zustimmung zur Heirat von Röschen und Töffel zu geben, da er das Schicksal der verschwundenen Hannchen, der Verlobten seines Sohnes Christel, aufgeklärt haben möchte. Man vermutet, sie sei einem Adeligen in die Stadt gefolgt und begegnet ihr deshalb mit Mißtrauen, als sie wieder zurückkehrt. Im II. Akt überzeugt Hannchen Röschen davon, sie sei aus dem Dorf verschleppt worden und dem Entführer entkommen. Der König hat sich bei der Jagd während eines Gewitters verirrt und wird nach anfänglichem Zögern unerkannt von Töffel freundschaftlich aufgenommen. In den Gesprächen mit den Dorfbewohnern erfährt er, wie beliebt er bei seinen Untertanen ist. Der Graf Schmetterling, eine Sprechrolle, wird von Töffel als Wilderer und dann auch als Entführer Hannchens überführt und vom König, der sich nun zu erkennen gibt, verbannt. Im Finalvaudeville wird der tugendhafte König, der sich zuvor verabschiedet hat, in fünf der sechs Couplets sowie im Refrain gefeiert. Das Couplet des Michel, dessen letzte beide Verse vom Chor als Refrain wiederholt werden, lauten:

> »Wer wollte nicht sein Blut und Leben
> Für einen solchen König geben,
> Der uns wie seine Kinder liebt,
> Uns Ruhe, Glück und Freyheit giebt!
> Und fühl' ich mich auf's neu verjüngest:
> Es jauchzt mein Mund, mein Herze springet:
> Es lebe der König, mein Marthchen und ich!
> Der König für alle, mein Schätzchen für mich!«

Im letzten Couplet tritt an die Stelle des Königs jedoch der (sächsische) »Churfürst«, der wie der König gefeiert wird, wie es in Leipzig nahe lag.[3] In seiner Analyse der Dramaturgie zeigte Jörg Krämer, »daß die Makrostruktur des Handlungsverlaufs insgesamt bemerkenswert statisch angelegt ist. [...] der Schwerpunkt der Darstellung liegt nicht auf einem handlungsintensiven, spannungsgeladenen, abwechslungsreichen und beschleunigten Bühnengeschehen [...] sondern auf dem Abschluß an lebensweltliche Normen und der Ausprägung und Bestätigung verbreiteter Wahrnehmungsweisen.«[4] Die dramentechnischen Besonderheiten sieht er im Gegensatz zur Commedia dell'arte oder der Opera buffa in der Beiläufigkeit burlesker Szenen (z.B. die Ohrfeige Röschens), die ohne Auswirkung auf den Handlungsablauf bleiben, und in der beabsichtigten Eigenständigkeit gegenüber dem Sprechdrama. Sie ist am Fehlen einer konsequent vorangetriebenen Handlung ablesbar, an deren Stelle die Darstellung der Empfindung tritt.[5] Im I. und II. Akt schuf Weiße Gelegenheit für 13 bzw. 17 Gesänge, die die Handlung unterbrechen und den »Raum für Empfindungen« schaffen. Nur im dritten handlungsintensiveren Akt benötigt Weiße einige Szenen, in denen er auf Musik verzichtet (der Akt hat einschließlich des Finalvaudeville nur neun Vokalstücke):

Hiller, *Die Jagd*, Leipzig 1771 (L = Libretto)

Person	Inhalt	Form	Tonart	Tempo-Metrum
dreisätzige Sinfonie				
I. Akt				
Röschen	»*Mein Töffel ist ein Mann für mich*«	3 Strophen	A-Dur	Vivace 3/8
Röschen	»*Ich sah da Töffel an den Hecken*«: Töffel wird geneckt	zweiteilige Arie mit Reprisenelementen (4 Textstrophen, balladenartig)	B-Dur	Allegretto 2/4
Töffel	»*Wenn mich nur mein Röschen liebt*«: Röschen geht mir über alles	je 2 Strophen sind eine musikalische Strophe	F-Dur	Andante 2/4
Röschen	»*Und käm ein Graf mit einem Band*«: Werben des Grafen abgelehnt	zweiteilig	C-Dur	Allegretto 3/8
Töffel	»*Ich traue keinem Mädchen nicht*«: mit vornehmer Kleidung bin ich nicht zu verführen	zweiteilige Arie; 1. Strophe zweimal vertont, 2. einmal	D-Dur	Tempo vivo 6/8
Michel	»*Bey'm schönsten Sonnenschein*«: bei schönem Wetter Mantel mitnehmen gegen Unwetter	zweiteilige Arie	a-Moll	Andante C
Marthe, Röschen, Töffel	»*Nein! nein! es könnte was geschehn*«: Mutter will Unglück verhindern	dialogisierendes Terzett	B-Dur	Allegro moderato C
Töffel	»*Mein Engelchen, was machst du hier?*«: ein Junker versucht, das Mädchen zu verführen	2 Strophen dialogisierend mit natürlicher und Falsett-Stimme gesungen	G-Dur	Larghetto 6/8
Röschen	»*Als da der Jäger Gabel kam*«: Gabel warb um mich und bekam eine Abfuhr	2 Strophen mit gesprochenen Einwürfen (Balladen-ähnlich)	F-Dur	Allegretto 2/4
Hannchen	»*Du süßer Wohnplatz stiller Freuden*«: Glück auf dem Dorf, auch in der Liebe	2 Strophen	Es-Dur	Con tenerezza 3/4
Töffel	»*Das weint und lachet*«: launische Frauenzimmer	2 Strophen	C-Dur	Allegro moderato 6/8
Michel, Marthe, Röschen, Töffel	»*Nu, Marthe, lebe wohl!*«: Abschied nehmen	dialogisierendes Quartett mit musikalischer Schlußreprise	A-Dur	Vivace 6/8
Chor	»*Der König jagt, der ganze Wald*«: Jagd mit dem König	4 Strophen mit Tonmalerei	C-Dur	Con spirito 2/4
II. Akt				
Töffel	»*Ist das nicht eine liebe Not*«: ich mag die Jagd nicht	ABA' (Da-capo-Arie; A schließt auf D, A' auf T)	B-Dur	Andante vivo 2/4
Röschen	»*Ach nein! was kann ich hören?*«: Töffel liebt mich nicht, es gibt bessere Männer	Zwei-Tempo-Arie	g-Moll	Mesto 6/8 Allegro C
Hannchen	»*O, daß mich noch sein Herze liebte*«: Hoffnung auf Fortdauer der Liebe und Unschuld	ABA' (Da-capo-Arie; A mit zweiter Vertonung der Verse 1-2, schließt auf D; A' nur die vier Verse)	B-Dur/ f-Moll/ B-Dur	Allegro moderato C Lento, ma poco 3/4 Allegro moderato C
Hannchen	»*Man liebt die Bosheit nur*«: Bosheit in vornehmem Gewand	zweiteilige Arie	G-Dur	Con spirito 6/8
Hannchen	»*Als ich auf meiner Bleiche*«: Geschichte einer Entführung und Befreiung aus eigener Kraft	Ballade mit 6 Strophen und gesprochenen Zwischentexten	A-Dur	Commodetto C
Röschen	»*Ich habe Töffeln auf mich*«: Launen von Töffel überwunden	Zwei-Tempo-Arie	C-Dur	Non molto allegro, più tosto andante 2/4 Allegretto 3/8

Christel	»*Mein Hannchen war für mich allein*«: Ich habe sie verloren	Ritornell; A(aa) B (2+bb) Ritornell; a C	c-Moll	Un poco lento C
Christel	»*Wie schön war sie*«: Hannchen liebt mich nicht mehr	3 Strophen	F-Dur	Con dolcezza 3/8
Hannchen	»*Ich habe meinen Christel wieder*«	zweiteilige Arie (4. Vers des L fehlt)	G-Dur	Allegro non troppo 3/8
Christel	»*Du warst zwar sonst ein gutes Kind*«: du wurdest durch schöne Kleider und Worte verführt	zweiteilige Arie	F-Dur	Più tosto andante C
Röschen	»*Die den Bruder Christel liebt*«: Gut bleibt gut, böse bleibt böse	einteilige Arie	B-Dur	Mezzo allegro 2/4
Christel, Hannchen, Röschen	»*Ich sterbe fast für* [L:vor] *Freuden*«: Freude über wiedergewonnenes Glück	zweiteiliges Terzett; 6-, dann 2-Taktgliederung	B-Dur	Allegretto 2/4 Più vivo 6/8
Hannchen	»*Der Graf bot seine Schätze mir*«: auch mit Schmuck, mit Bitten, mit Drohungen verführte mich der Graf nicht	3 Strophen	E-Dur	Andante C
Hannchen, Christel	»*Siehst du, wie jene Wolken ziehn?*«: keine Angst vor aufziehendem Gewitter	Dialog und abschließender Simultangesang	d-Moll	Allegro moderato C
Sinfonie	Gewittermusik		d-Moll	Allegro di molto C
Der König	»*Was sind die Menschen nicht für Toren*«: alle Menschen sind gleich und schwach, pflichtvergessen und bringen anderen Leid	zweiteilige Arie (L:Varianten)	D-Dur	Andante e con gravità 2/4
Der König	»*Was noch jung und artig ist*«: Liebe zu allen jungen und anständigen Menschen	2 Strophen	A-Dur	alla Polacca 3/4
Michel und der König	»*Wer unsern lieben König liebt*«: der ehrliche Mann, der den König liebt, ist brav; mit dem König als Brüder anstoßen	zweimal strophisch, dann dialogisch, langes Melisma im Simultanteil	G-Dur	Allegro moderato 2/4, 2. Teil 3/8
III. Akt				
Röschen	»*Mein! lobt mir doch nur nicht die Nacht*«: Nacht negativ besetzt; mit Töffel ruhiger Schlaf	2 musikalische Strophen und freier Schlußteil (5 Text-Strophen)	F-Dur	Andante 2/4
Marthe	»*Ich bin dein Vater und bin todt*«: nächtliche Erscheinung des toten Vaters, der keine Ruhe im Grab findet	2 Strophen, Ballade[1]	f-Moll	Non troppo lento 3/4
Der König	»*Eine Flasche in Philis Hand*«: Trinklied, Lob des Weins	zweiteilige Arie	C-Dur	Moderato 6/8
Christel	»*Schön sind Rosen und Jasmin*«: reizender als Rosen und Jasmin ist die Iris	3 Strophen	Es-Dur	Allegretto C
Röschen	»*Wollt ein großer König mich*«: Töffel ziehe ich einem König vor	einteilige Arie	A-Dur	Allegretto 2/4
Michel	»*Ich liebe die Mädchen*«: Liebe und Wein machen fröhlich	3 Strophen mit Chor-Abschluß (12 Takte)	D-Dur	Vivace 3/8
Der König	»*Welche königliche Lust*«: Liebe der Untertanen zu mir, sie sind meine Brüder und Freunde	Da-capo-Arie ABA	Es-Dur	Andante ma non languente 2/4
Hannchen, Christel, Röschen, Töffel	»*Holdes Glück, mit welchen Freuden*«: Glück der beiden Paare	4 Soli, dann dialogisierend	F-Dur	Con spirito 2/4
Divertissement	»*Wer wollte nicht sein Blut und Leben*«: es lebe der gute König	6 Strophen mit Chor-Refrain alternativ als homophoner Satz oder Kanon	A-Dur	Allegretto 2/4

[1] J. Krämer bezeichnet das Stück zurecht als »Gespensterballade«, *Deutsches Musiktheater*, I, S. 140.

In Hillers *Die Jagd* ist die Zahl an solistischen Gesängen, darunter in der Mehrzahl kurze strophische Formen, nicht nur weit größer als in der Opera seria, in der die einzelne Arie eine weit größere Länge beansprucht, sondern auch als in der *Le Roi et le fermier* mit einen 11 Ariettes, einer Romance, fünf Duetten, zwei Terzetten, je einem Quartett, Septett, Chor und Vaudeville (insgesamt 23 Nummern). Unter den insgesamt 39 Vokalstücken Hillers ist Röschen mit 9 am reichsten bedacht, gefolgt von Hannchen (6), Töffel (5), Christel und König (je 4), Michel (2) und Marthe (1). Alle Ensembles, je zwei Duette, Terzette und Quartette sind verschieden besetzt. Die Strophengesänge sind am häufigsten vertreten (14)[1] – der König bleibt hier nicht ausgespart –, gefolgt von der zweiteiligen Arie (9), der Da-capo-Arie (3 und eine frei behandelte), der Zwei-Tempo-Arie und der einteiligen Arie (je 2). Während in *Die Liebe auf dem Lande* 1770 die Da-capo-Arie noch ausgespart ist, wird sie hier von Hiller in jeweils individueller Gestalt viermal eingesetzt.[2] Lediglich in derjenigen des Königs wird der A-Teil (fast) unverändert wiederholt. Alle anderen Da-capo-Abschnitte beginnen mit einem Zitat der ersten Phrase des A-Teils und werden mit neuen Abschnitten zu Ende geführt. In Hannchens »*O, daß mich doch sein Herze*« kommt es ansatzweise zu einer Ausweitung des ersten A-Teils durch die zweite Vertonung der ersten beiden Verse der ersten Strophe, sonst ist kein Ansatz mehr zur fünfteiligen Da-capo-Arie festzustellen. Als Aktschlüsse komponiert Hiller im I. Akt einen Chor, der in Anlehnung an die deskriptive Jagdarie »*D'un cerf dix cors*« aus *Tom Jones* von Philidor (1765) durch die Imitation von Jagdklängen gekennzeichnet ist, im II. Akt das mit langen Melismen endende Duett zwischen Michel und dem König, in dem auf den König angestoßen wird, im III. schließlich ein Finalvaudeville nach dem Vorbild der Opéra-comique.[3] Zwar gibt es, so weit bisher bekannt, keinen Chorrefrain in einem französischen Finalvaudeville, aber Kanons gibt es in dieser Gattung mehrfach, so u.a. in *Tom Jones* (Doppelkanon des A-cappella-Quartetts der Zecher zu Beginn des III. Akts) von Philidor, der schon 1768 in Mannheim in deutscher Übersetzung gespielt wurde und als Libretto erschienen war.

Wie schon in *Liebe auf dem Lande* dominieren die kleingliedrigen Metren (dreizehnmal 2/4, fünfmal 3/8 sowie fünfmal die zusammengesetzte Taktart 6/8) mit 23 Beispielen über die anderen Metren (zehnmal C und dreimal 3/4). Zwar entfallen die »großen« Taktarten in der Mehrzahl auf die Repräsentanten der Empfindsamkeit (Hannchen und Christel), aber auch auf das Elternpaar Michel und Marthe und das Terzett von Marthe, Röschen und Töffel. Andererseits stehen zwei der Arien des Königs, darunter seine Da-capo-Arie im 2/4-Takt. Eine strikte Zuordnung der Taktarten zur gesellschaftlichen Zugehörigkeit der Personen oder zu emotionalen Konstellationen verbietet sich also.

Von den Da-capo-Arien entfällt jeweils eine auf Hannchen, Christel und den König, der als Strophengesang eine Polonaise zu singen hat. Johann Friedrich Reichardt widmete seine Abhandlung *Über die deutsche comische Oper* (1774) fast ausschließlich der »Zergliederung« der *Jagd*. Als Lieder bezeichnet er in der Regel die strophischen Gesänge. Eine Ausnahme bildet Hannchens Strophenlied »*Du süßer Wohnplatz stiller Freuden*«, das Ausdruck ihres vollkommenen Glücks ist und die »Lieblings=Arie aller derer, die diese Operette recht kennen.«[4] Von den Arien unterscheidet er zwei als »Ariette« bezeichnete Gesänge, Röschens »*Und käm ein Graf mit einem Band*«, eine zweiteilige Arie mit zwei Textstrophen, und »*Wollt ein König mich*«, eine einteilige Arie mit acht Versen. Bei Röschens »*Mein!, lobt mir doch nur nicht die Nacht*«, von Reichardt als Arie bezeichnet, gliedert Hiller den Verlauf in zwei musikalische Strophen, denen jeweils zwei Text-Strophen zugrunde liegen, und einen freien Schlußteil. Hannchens sechsstrophige ›Ballade‹ »*Als ich auf meiner Bleiche*«, in der sie in sechs Strophen, unterbrochen von gesprochenen Dialogen, über ihre Entführung berichtet, soll bereits vor der Entstehung der *Jagd* bekannt gewesen sein[5] und wurde zum populärsten Lied des Singspiels. Reichardt zufolge ist es wegen der syllabischen Vertonungsweise das »allergemeinste« der Lieder Hillers und deshalb für den »gemeinen Mann«[6] prädestiniert: »Jedermann, vom hohen bis zum niedrigsten, singt und spielt es und pfeift es, und fast sollte ich sagen und trommelt es, so sehr wird es in ganz Deutschland auf alle nur mögliche Art gebraucht.«[7]

---

1 J. Krämer, *Deutschsprachiges Musiktheater*, Bd. I, S. 175, kommt auf 13 Strophenlieder, da er das Finalvaudeville offenbar nicht dazurechnet.

2 Ebd., S. 178 und 183, nennt nur zwei »große Da-capo-Arien.« Einerseits ist die Bezeichnung irreführend, da große Da-capo-Arie die fünfteilige Form AA' B AA' bezeichnet, die Hiller in seinem Werk meidet, andererseits sind Töffels »*Ist das nicht eine liebe Not*« (textlich zwei Strophen, die erste Strophe wird in der Vertonung am Ende wiederholt; musikalisch eine unveränderte Wiederaufnahme von acht Takten des A-Teils und veränderte Fortführung, die sich u.a. zwangsläufig durch den Schluß des A-Teils auf der Dominante und die Notwendigkeit des Abschlusses der Arie auf der Tonika ergibt) und Christels »*Mein Hannchen war für mich allein*« Da-capo-Arien, wenn auch in sehr knapper Form (textlich liegen hier zwei »Strophen« mit vier Versen und zwei Schlußverse vor, die sich aus Bestandteilen der ersten beiden Verse ergeben; musikalisch liegt ein A-Teil mit aa und Halbschluß auf der Dominante vor, dann ein B-Teil mit der Wiederholung von 8 Takten und eine Wiederaufnahme von a mit Fortführung, die Elemente aus dem Anfangsritornell und A aufnimmt). Da im Singspiel zur Zeit der Entstehung von *Die Jagd* keine festen Formkonventionen wie etwa in der Opera buffa vorlagen, konnten sowohl Weiße als auch Hiller unkonventionelle, an etablierten Arienformen angelehnte Stücke ohne Probleme einführen.

3 Es ist kaum nachzuvollziehen, wenn Krämer bei den Schlußnummern der Akte von Schluß-Tableaus spricht, vgl. *Deutschsprachiges Musiktheater*, S. 142.

4 Reichardt, *Über die Deutsche comische Oper*, S. 49.

5 Vgl. J. Krämer, *Deutschsprachiges Musiktheater*, Bd. I, S. 134. Belege für die Existenz des Liedes vor dem Singspiel (1770) gibt Krämer leider nicht an. Die Analyse des Stücks und seine dramaturgischen Motivation (die Empfindsamkeit Hannchens, ihr Mitleid mit dem Mädchen, die ihre Entführung erst ermöglicht), vgl. ebd., S. 156, scheinen eher ein Hinweis dafür zu sein, daß das Lied für die Szene geschaffen wurde.

6 Reichardt, *Über die Deutsche comische Oper*, S. 62.

7 Ebd., S. 61. Reichardt gesteht ein: »Wollte ich doch lieber das kleine Lied gemacht haben, als alle die tausend Stükke, die aus meinem Gehirne oder meiner Hand geflossen! Denn was kann wohl angenehmer seyn, als das Bewußtseyn, zu der Fröhlichkeit einer ganzen Nation so vieles beyzutragen.« Das Lied blieb lange populär, erscheint es doch noch in August Härtels *Deutschem Liederlexikon*, Leipzig 31869 (Nr. 37).

Der menschenfreundliche König tritt erst kurz vor Ende des II. Akts auf. Mit seiner ersten Arie »*Was sind die Menschen nicht für Toren*« – er nimmt hierbei Fürsten nicht aus – führt Hiller einen neuen »Ton« ein, »in dem stille Größe und wahre Hoheit herrscht.«[1] Die ›Polacca‹ als Ausdruck »stolzen Schwungs«[2] ist sowohl der Gestalt des Königs als auch dem Inhalt seiner ersten Strophe angemessen: »*Was noch jung und artig ist, Lebhaft scherzt und feurig küßt: Das gefällt uns allen.*« Die fehlende strenge und ausschließliche Zuordnung von schlichten strophischen Formen allein zu Personen niederen Standes oder ruraler Herkunft teilt das ›Singspiel‹ mit französischen Konventionen, wo alle Personen in der Tragédie lyrique mit schlichten Strophenformen wie Vaudeville oder Chanson bedacht wurden. Als Finale des II. Akts singen der König und Albert das Duett »*Wer unsern lieben König liebt*«, das vor Reichardt keine Gnade findet: »An Beobachtung der Charaktere ist da gar nicht zu denken: der König singt wie der Bauer, und der Bauer wie der König.«[3] Bei Hiller spielt das in der Opera buffa entwickelte Aktionsfinale keine Rolle. Es paßt auch nicht in die Konzeption seines von der Empfindsamkeit geprägten ›Singspiels‹ hinein. Hiller begründet selbst seine Ablehnung dieses Finaletyps: »die sogenannten Finale der neueren komischen Opern [...sind] wegen der vielen Handlung, die darin vorgeht, außer dem Theater wenig zu gebrauchen.«[4]

Zwar kritisiert Reichardt Details der Text-Deklamation im Trinklied der Königs (»*Welch ein schöner Gegenstand*«), betont aber seinen »edlen Gang«. Der Höhepunkt der Darstellung des Königs durch Weiße und Hiller gleichermaßen ist seine letzte Arie, die dreiteilige Dacapo-Arie, in der er die Liebe zu seinen Untertanen und seine Sorge um ihr Glück zum Ausdruck bringt:

»Und bey aller Erhabenheit, die dieses Stück hat, hat H[err]. H[iller]. doch nicht die Stelle aus den Augen gelassen, wo sie steht. Es ist keine Arie, so wie sie für eine ernsthafte Oper seyn müßte [...] Der König, der sich hier anders beträgt, als bey Hofe, der von ganz andern Leuten umgeben ist, als gewöhnlich, und itzt eine Bauernhütte mit seinem Throne vertauschet hat, muß hier eben so wenig im strengsten Ton der Majestät singen, als er es im Sprechen thut. Wiewohl das Königliche auch bey der größten Herablassung durchschimmern muß.«[5]

Daher ist diese Arie für Reichardt ein »Muster für ernsthafte Arien in comischen Opern.«[6]

---

[1] Reichardt, *Über die Deutsche comische Oper*, S. 79.
[2] Ebd., S. 80.
[3] Ebd., S. 81.
[4] *Von den Gattungen der Vokalmusik*, zitiert nach Stephan Stompor, *Texte zur Ästhetik, Dramaturgie und Aufführungspraxis der deutschen Oper im 18. und 19. Jahrhundert*, Berlin 1975, S. 46.
[5] Reichardt, *Über die Deutsche comische Oper*, S. 91f.
[6] Ebd., S. 93.

Zur Entwicklung im 18. Jahrhundert   *317*

Die meist simple Schematik der Personenkonstellation der »Singspiele« ist der Zweiteilung in einen »Negativ-« und einen »Positivraum« zu entnehmen, repräsentiert in der Welt des Hofes und der Stadt auf der einen und dem Land und Dorf auf der anderen Seite, hier im »galanten« Diskurs mit seiner Falschheit, seiner Schmeichelei der Höflinge und der Städter und dort in der Ursprünglichkeit, Ehrlichkeit und Treue der ländlichen Bevölkerung.[1] Jörg Krämer hat durch seine Textanalyse von Röschens Auftrittslied die Elemente des »Positivraums« erschlossen: Anfang und Ende des Lieds definieren eine Übereinstimmung, die in den Strophen begründet wird (insbesondere mit dem letzten Vers der ersten Strophe, mit der Beschreibung des Äußeren Töffels in der zweiten und schließlich seiner moralischen Qualitäten in der dritten). »Anfang und Ende stimmen überein, das Ergebnis des Lieds entspricht seinem Ausgangspunkt.«[2]

1 Vgl. dazu das Kapitel »Codierung der Emotionalität« bei Krämer, ebd., Bd. I. S. 147ff.
2 Ebd., S. 150.
3 J. Krämer nennt auch den durchgehenden vierfüßigen Jambus, der jedoch im Schlußvers der zweiten Strophe unterbrochen ist.

»Mein Töffel ist ein Mann für mich.
Er ist so flink, und rasch wie ich,
Wie eine junge Birke, schlank,
Hat Arbeit lieb und liebt Gesang.

Sein Gesicht ist voll und rund,
Die Wange glüht, es glüht der Mund,
Er hat ein großes Augenpaar,
Braun ist er selbst, schwarz ist sein Haar.

Ich kann ihm traun, er ist mir treu,
Von guter Laun' ist er dabey:
Er steht mir an: ich steh' ihm an:
Mein Töffel ist für mich ein Mann!«

Die Kunstfertigkeit des Baus der Strophen und die »Natürlichkeit« der emotionalen Verbindung von Röschen und Töffel im Gegensatz zur höfischen Galanterie erweisen sich als »kulturelles Konstrukt«. Die Regelmäßigkeit des Versbaus (durchweg beibehaltene Paarreime, Übereinstimmung von Vers- und Satzgrenzen)[3] und Nähe zur Alltagssprache einerseits und der Einsatz der rhetorischen Kunstgriffe (Chiasmen in den Versen 4 und 6, Parallelismus membrorum in Vers 8, 9, 11, verstärkt durch Mittelzäsur, Binnenreim »traun« und »Laun«)

andererseits sind Belege für die These Krämers. Mit der verschiedenen Gliederung der Strophen weicht Weiße von den Normen des für ein Strophenlied geforderten parallelen Baus der Strophen ab. Es stellt sich damit auch die Frage, ob Weiße die drei Strophen für eine Arie vorgesehen hatte, wobei keine der Standardformen der Arie in Frage kommt, es sei denn, der Komponist vertont zwei Strophen im A oder im B-Teil. Hillers Vertonung macht die Probleme deutlich, die bei so verschiedener Strophengestalt für den Komponisten entstehen.

Es ist offenbar, daß die Vertonung an der ersten Strophe orientiert ist: »ein Mann für mich« wird durch die zweitaktige Erweiterung des ersten Viertakters und der Schlußvers durch seine vollständige unveränderte Wiederholung (abgesehen von der Schlußnote) als besonders wichtig hervorgehoben, bei »flink« und »rasch« ergibt sich eine motivische Parallelität und Variante zugleich, deren Bewegungsbeschleunigung mit dem Sinn der Worte übereinstimmt. Das Wort »Arbeit« ist durch die herausgehobene Lage ebenso betont wie »liebt« durch das kleine Melisma. In der zweiten Strophe bestehen die größten Probleme im letzten Vers mit der unangemessenen melodischen Hervorhebung von *ist* er« bzw. die Ausschmückung von »ist« gegenüber dem zweimaligen »schwarz«. In der dritten Strophe gibt es Diskrepanzen im ersten Vers (bei »*ist* mir«), im zweiten (»*ist* er«), im vierten (»*ist* für«). Dagegen hat der Parallelismus (»Er *steht mir* an, ich steh ihm an«) im dritten Vers auch musikalisch eine Entsprechung. Das Wechselspiel zwischen einer elementaren Artifizialität und «Natürlichkeit« besteht ansatzweise auch in der Vertonung Hillers, wie die Behandlung der Ausweitungen der schlichten Viertaktigkeit zeigt: Das »Echo« der Takte 5–6 wird als tonsprachliches Element der Arie empfunden; ein Parallelismus besteht zwischen dieser »Echo«-Erweiterung und der Schlußwiederholung der letzten vier Takte, die in einem Volkslied »überflüssig« wäre.

Anhand der Arientexte Hannchens wies Krämer nach, daß »Weißes Stück keineswegs ein ungebrochenes ›zurück zur Natur‹ beschwört. Der Landbereich reicht für die empfindsamen Figuren [Hannchen und Christel] offenbar nicht aus, sie benötigen die Stadt, und ihnen gegenüber erscheinen die rustikalen Landfiguren [Töffel und Röschen] teilweise als beschränkt.«[1] Krämer unterscheidet drei »Codierungen menschlicher Emotionalität«, die im Zentrum stehende empfindsame von Hannchen und Christel, die galante des Hofes, repräsentiert im Grafen von Schmetterling, und die ländliche von Töffel und Röschen. Krämer widerlegt frühere Auffassungen, die Schleuning noch vertritt[2], derzufolge das ›Singspiel‹ eine antifeudale Gattung sei. Der Vergleich mit Collés *La Partie de chasse de Henri IV.* macht deutlich, daß die Identifizierung des Königs mit Heinrich IV. bei Weiße entfallen ist und es bei einem Lob des guten Herrschers bleibt, aber die Kritik am Hof erheblich reduziert ist. Nicht die Aristokratie allgemein, sondern ein einziger Adeliger mit seinem Fehlverhalten wird kritisiert und mit dem König eine positive höfische Sphäre an die Seite derjenigen des Ländlichen gestellt. Krämers Ergebnis ist zuzustimmen, »daß im Stück keine direkte Kritik der Feudalgesellschaft erfolgt [...] Kritisiert wird nicht schlechte Regierung [sic] oder das feudale System an sich, sondernd dessen kultureller Code – als Kälte, Verstellung, Differenz von Herz und Rede. An die Stelle des galanten Codes setzt das Stück die empfindsame Emotionalität.«[3] Wie in der ›comédie larmoyante‹ bzw. ›tragédie bourgeoise‹ steht die Familie als soziale Gemeinschaft im Vordergrund. Damit ist auch die Entfernung von der ›Opera seria‹ und der ›Opera

---

1 Ebd., S. 158.
2 Vgl. P. Schleuning, *Geschichte der Musik in Deutschland. Das 18. Jahrhundert: Der Bürger erhebt sich*, Reinbeck 1984, S. 553.
3 Krämer, *Deutschsprachiges Musiktheater*, Bd. I. S. 171.

buffa‹ und die Nähe zum französischen bürgerlichen Drama, der ›Opéra-comique‹ bzw. dem ›Drame lyrique‹ gegeben.

Johann André debütierte im Jahre 1773 als Opernkomponist mit der ›komischen Oper‹ *Der Töpfer*, die er über ein eigenes Libretto für die Truppe Theobald Marchands schrieb und dem Landgrafen und Erbprinzen Wilhelm von Hessen widmete. Es geht um den Töpfer Michel, der seine Tochter mit dem Bauern Gürge verheiraten möchte, aber seine Frau Marthe hat größere Pläne mit ihrer Tochter, zumal sie die Hoffnung in einen hohen Lotteriegewinn hat. Der Jude Amschel, der sich durch einen eigenen Dialekt von den übrigen Personen unterscheidet, erhielt bei der Lotterieauslosung nur zwei Lose, eines für Marthe und eines für ihn selbst und bietet Marthe an, im Falle des Gewinns die Summe zu teilen. Marthe kann aber nicht glauben, daß Gott dem Juden den Gewinn über eine Christin zugestehen wird. Gürge schlägt Amschel einen anderen Handel vor, auf den Amschel entgegenkommenderweise eingeht. Am Ende verliert Marthe, und Gürge erhält von Amschel 1.000 Gulden. Daraufhin stimmt sie der Verbindung von Hannchen und Gülge zu. Am Ende erfährt sie von Amschel, daß sie den zweiten Preis der Lotterie mit 5.000 Gulden gewonnen hat.

André komponierte für den Einakter 11 Vokalnummern, darunter das Quintett, in dem sich Marthe gegen die vier anderen Personen behaupten muß. Zwei weitere Stücke hat er vermutlich nach dem Erscheinen des Partiturdrucks angefügt, je eine Ariette für Michel und Gürge. Die Verteilung der solistischen Gesänge ist abgestuft zwischen Michel (2), Marthe (2), Gürge, Amschel und Hannchen (1), die beiden Duette sind mit Hannchen und Marthe und Hannchen und Gürge besetzt. Im Finalvaudeville greift André auf die beliebte Form der Solocouplets mit Chorrefrain zurück. Letzterer ist mit seinen ungewöhnlich vielen Textwiederholungen und seinen polyphonen Abschnitten kaum als französisch zu bezeichnen.

---

1 Als Quellen wurden benutzt, Partiturdruck: *Der Töpfer, eine komische Oper in einem Aufzuge verfertigt und in Musick gesetzt von J. André. Auf dem Fürstlichen Theater zu Hanau am 22. Jaenner 1773 zum erstenmale aufgeführt*, Offenbach, André s.d. (*German Opera 1770–1800*, edited with introductions by Th. Bauman, New York 1986); Libretto: *Der Töpfer, eine komische Oper in einem Aufzuge. Verfertiget und in Musick gesetzt von Johann André*, zweite verbesserte Auflage, Frankfurt und Leipzig, 1774 (*German Opera 1770–1800*, edited with introductions by Th. Bauman, New York 1986).

J. André, *Der Töpfer* (1773; die hier wiedergegebenen Gattungsbezeichnungen, ›Ariette‹ etc., stammen aus dem Librettodruck)[1]

Person	Inhalt	Form	Tonart	Tempo-Metrum
Overtura	zwei Sätze		F-Dur	Allegro C Andantino 2/4
Michel	»*O Schüssel, glücklich ist der Mann*«: Freunde zum Essen und Trinken einladen, macht glücklich	Ariette; Da-capo-Arie A Rit B C AB' D (Coda)	C-Dur/ g-Moll/ C-Dur	Allegro non troppo 3/4 – Allegretto C
Michel	»*Ich bin vergnügt mit meinem Glücke*«: Arbeit macht mich glücklich; Streit mit Weib ist Zeitvertreib	Ariette; Da-capo-Arie ABA'	G-Dur	Allegretto 2/4
Hannchen-Michel	»*Hat meine Mutter sich erklärt*«: auf der Suche nach dem Reim	Duett; Rondeau-artig	F-Dur	Allegro C
Marthe	»*Du bist die gute Frau nicht werth*«	Ariette; Da-capo-Arie AA'BAA'	A-Dur/ a-Moll/ A-Dur	Allegro assai C – Vivace 3/8
Michel	»*Bis einst gewinnt*«	Ariette; fehlt in der Partitur		
Gürge	»*In unsern stillen Hütten*«: dort Unschuld, Zufriedenheit, Redlichkeit; bei den Großen Mißgunst, Haß, Neid	Ariette AA'BAA'	D-Dur/ h-Moll/ D-Dur	Andante gratioso 3/4 – Allegretto 2/4
Hannchen, Marthe, Gürge, Amschel, Michel	»*Das alte Sprichwort ist bekannt*«: das Wagnis des Lotteriespiels	Quintett; kontrovers geführter Dialog (Textreprise)	C-Dur	Moderato C
Amschel	»*Au! wenn ich fasten will so lange*«: beim Fasten riskier ich zu sterben, beim Geldverleih werde ich hart bleiben	Ariette; zweiteilige Arie	d-Moll	Andantino 2/4

Marthe	»*Die Nachricht wird sich schnell verbreiten*«: seit meinem überraschenden Reichtum bin ich von Profiteuren umworben	Ariette ABA (Dialog imitierend)	F-Dur	Allegretto 6/8 – B: Andante C – Allegro, Andantino 6/8
Hannchen, Gürge	»*Liebes Hannchen/Lieber Gürge*«: Beteuerung gegenseitiger Liebe	Duett; dialogisierend, dann Simultangesang	F-Dur	Amoroso, un poco lento 3/4
Hannchen	»*Wie mancher plumpe Bauersjunge*«: Arroganz der Neureichen; Gürge wird artig bleiben	Ariette; Da-capo-Arie mit ABA' C ABA'	D-Dur/ h-Moll/ D-Dur	Allegro moderato C – Allegretto 12/8 C: Andantino 3/4
Gürge	»*Ich frage nicht nach großen*« Schätzen	Ariette; fehlt in der Partitur		
Michel etc.	»*Bis jetzo war ich frey von Schulden*«: das größte Los ist der Ehestand	Vaudeville Couplets und Chor-Refrain	B-Dur	Allegretto 6/8

Eine hochgestellte Persönlichkeit fehlt unter den Protagonisten. Um so erstaunlicher ist es, daß André mit der Ausnahme einer zweiteiligen Arie, wie sie auch von Hiller bekannt sind, allen Personen Da-capo-Arien, allerdings mit durchaus individueller Gestalt zugedacht hat. Martha und Gürge erhielten je eine fünfteilige Da-capo-Arie. In Michels Auftrittsarie ist der erste Teil in zwei selbständige, durch in Ritornell geteilte Abschnitte gegliedert, die ohne Ritornell im Da capo aufeinanderfolgen. An das Da capo (AB') schließt sich ein umfangreicher selbständiger Teil mit Rückgriff auf den Text von A an, den man als Coda bezeichnen kann. Marthes zweites Solo ist eine einfache Da-capo-Form (ABA), dagegen gliedert André den ersten und den Da-capo-Teil von Hannchens Arie ungewöhnlicherweise in drei Abschnitte (ABA').[1] In vier Da-capo-Arien bildet der Mittelteil jeweils durch den Tempo- und Metrumwechsel sowie den Wechsel in eine Molltonart (je einmal in die Dominante und in die Variante, zweimal in die parallele Molltonart) einen besonders starken Kontrast. Moll-Abschnitte in zwei- oder dreiteiligen Gesängen waren in Frankreich, besonders bei Philidor, zu dieser Zeit sehr beliebt, so daß sich bezüglich des Tonartwechsels eine besondere Affinität Andrés zur Opéra-comique ergibt. André bewegt sich auch sonst im *Töpfer* stilistisch in der Nähe der Opéra-comique von Komponisten wie Philidor und Grétry, die von der italienischen Musik stark beeinflußt waren. Wie ambitiös André in seinem Erstlingswerk vorging, in einem Stück, das Th. Bauman als Farse bezeichnet[2], zeigt die Tatsache, daß er auch für Personen, die dem Kleinbürgertum angehören, große Da-capo-Arien komponierte. Die stärksten karikierenden Züge trägt der Mittelteil der zweite Arie Michels (»Zwar manchmal zankt mein liebes, liebes Weib«) und Amschels Arie, u.a. durch die langen chromatischen Haltetönen auf »lange« und »angst und bange« und den schon erwähnten sprachlichen Eigenarten, mit dessen Person aber im übrigen keine negativen Implikationen verbunden sind.

In der »Vorrede« zu seiner ›Operette‹ *Die Frühlingsnacht* (1773) unterstrich Johann Wolfgang Andreas Schöpfel die führende Stellung des ›Singspiels‹ als dramatische Gattung:

> »Die Operetten machen seit einigen Jahren, wie in Italien und Frankreich, also auch in Deutschland, den Hauptgegenstand des Theaters aus, und der Geschmack an Komödien und Trauerspielen ist dadurch um ein merkliches gefallen. Das weiche Gefühl, welches die mit Gesängen untermischte Musik der Oper in uns hervorbringt, gab vermuthlich zu dieser Veränderung Anlaß. Die Komödie sey noch so unterhaltend, noch so regelmäßig – wir werden doch immer einer Operette beyfallen, die weniger vollkommen ist, und ein dramatisches Singestück wird uns eben so, wo nicht mehr, rühren, als die beste Art des Trauerspiels. Ist der Componiste überdem noch glücklich genug, die Idee des Verfassers lebhaft durch die Musik auszudrücken, so weiß ich nicht, was unsrer Empfindung mehr schmeicheln könne, als eine Operette. Und mit Stücken von solcher Art, in denen außer der simplen ungeschmink=/ten Natur der Handlung auch lebendiger musikalischer Ausdruck das Herrschende ist, kann unser teutsches Theater immer getrost an die Seite der Ausländer treten, und unsre komische Oper der italiänischen *Opera Buffa* Hohn sprechen.«[3]

Die drei wichtigsten Punkte Schöpfels sind die Quantität der neuen Stücke, die das Repertoire der Schauspielbühnen dominieren, ihre Qualität, fokussiert in den Begriffen Rührung, Empfindung, ungeschminkte Natur der Handlung und lebendiger musikalischer Ausdruck sowie die Anerkennung der Gleichwertigkeit mit der Opera buffa und der Opéra-comique und damit die Diskussion um die deutsche Nationaloper. Krämer hat deshalb das sächsische Singspiel

---

1 Während alle Arien des Werks mit Ritornellen beginnen, wenn auch mit sehr kurzen wie in Amschels »*Au! wenn ich fasten müsst so lange*«, so steht zu Beginn von Hannchens Arie ein einfacher Anfangsakkord mit Fermate, ein Beginn, wie er in der Opéra-comique in den 1760er Jahren angesichts der Polemiken gegen die langen Anfangsritornelle der italienischen Da-capo-Arie beliebt war. In Grétrys im gleichen Jahr wie Andrés Werk aufgeführter Opéra-comique *La Rosière de Salency* beginnen drei Stücke hintereinander jeweils mit zweitaktigem Ritornell (Colins »*Eh! que me fait l'orage*«, Herpins »*Du poids de la vieillesse*« und das »Duo avec Chœur« »*O malheureuse*«).

2 Vgl. Artikel »André«, *The New Grove Dictionary of Opera*, Bd. 1, London 1992, S. 124.

3 Zitiert nach Schusky, *Das deutsche Singspiel*, S. 22.

1 Vgl. Krämer, *Deutschsprachiges Musiktheater*, S. 130ff.
2 U.a. Wieland, *Versuch über das Teutsche Singspiel, und einige dahin einschlagende Gegenstände* (1773), in: Der Teutsche Merkur 1773, Heft 4, S. 34ff.
3 Vgl. dazu Krämer, *Deutschsprachiges Musiktheater*, S. 208.
4 Goethe, *Italienische Reise*, zitiert nach J. Reiber, Artikel *»Singspiel«*, Sp. 1481.
5 Vgl. ebd., Sp. 1474.
6 Krämer, *Deutschsprachiges Musiktheater*, S. 20. Vgl. dazu auch sein »Verzeichnis aufgeführter deutscher Musiktheater-Werke 1760–1800, ebd., Bd. 2, S. 783–847.
7 Ebd., S. 27.

als »empfindsame Leitgattung« bezeichnet.[1] Die Diskussion um die Nationaloper wird im Zusammenhang mit Wielands und Anton Schweitzers *Alceste* (1773) und der publizistischen Offensive Wielands in ihrem Umfeld virulent.[2] *Alceste* rekuriert im Gegensatz zu Hillers ›Singspielen‹, die »sozialintegrativ« konzipiert waren, auf die höfische Sphäre und Rezeption, aber erstaunlicherweise findet dennoch eine breite außerhöfische Rezeption des Werkes statt.[3] Entscheidend für die Entwicklung der Idee des Nationaltheaters aus der Sicht des Repertoires ist 1782 der Erfolg von Mozarts, Christoph Friedrich Bretzners und Gottlieb Stephanies d.J. Singspiel *Die Entführung aus dem Serail*, das Goethe tief beeindruckt: »Alles unser Bemühen [...], uns im Einfachen und Beschränkten abzuschließen, ging verloren, als Mozart auftrat. Die *Entführung aus dem Serail* schlug alles nieder.«[4] Schon zuvor wurden Weiße und Hiller als »Stifter der wahren deutschen Operette« gefeiert.[5] Kurfürst Karl Theodor förderte bereits in Mannheim und auch nach der Übersiedlung nach München 1778 das ›Singspiel‹. Die durch Josef II. in den 1780er Jahren gewährte Freiheit der Theater führte zur Gründung dreier neuer, privat getragener Theater in den Vorstädten Wiens, das Leopoldstädter Theater, das Theater an der Wieden und das Josefstädter Theater. Nach dem Siebenjährigen Krieg war es in den 1760er Jahren zu einer geradezu explosionsartigen Entwicklung der Gattung gekommen, wie folgende statistische Übersicht Krämers verdeutlicht, die das gesamte Musiktheater einbezieht[6]:

Jahre	absolute Zahl	Zunahme um %
1761–1765	23	
1766–1770	65	182
1771–1775	103	58
1776–1780	237	130
1781–1785	210	-11
1786–1790	201	-4
1791–1795	223	11
1796–1800	286	28

Mit dieser Entwicklung ging auch die Kritik der Intellektuellen und Literaten an der Vorherrschaft des »Singspiels« einher: »Das für die Theoriebildung der Zeit unlösbare Problem der Dichotomisierung hoher Elitekunst und niederer Massenkultur, von emanzipatorischer Poetik und realem Publikumsverhalten, prägt sich im Bereich des Musiktheaters besonders deutlich aus.«[7] Inzwischen hatte das ›Singspiel‹ so viel Anziehungskraft für die Eliten gewonnen, daß sich auch Goethe mit der Gattung intensiv auseinandersetzte, der nach einer anfänglichen Orientierung an der Opéra-comique, die er aus Frankfurt gut kannte, sich mehr dem Typus der Opera buffa mit Rezitativen zuwandte.

Für die Theater hatte diese Neuorientierung erhebliche Folgen, mußte man nun zunehmend qualifizierte Sänger engagieren und einen weit höheren Aufwand an Bühnenausstattung treiben, um der Oper nahezukommen. Den Schauspielergesellschaften waren zunächst die wichtigsten Träger des »Singspiels«, freie Unternehmen, die auf eigenes Risiko spielten. Kochs Theatertruppe bespielte 1768 bis 1771 Weimar und Leipzig und etablierte sich 1772 in Berlin. Von 1772 an übernahm die Truppe Abel Seylers die führende Rolle im norddeutschen Raum (seit 1769 war Anton Schweitzer sein Musikdirektor). Aus der von Carl Theophil Döbbelin nach Kochs Tod 1775 übernommenen Theatertruppe ging 1786 das Berliner Nationaltheater hervor. Damit war eine neue Etappe der Geschichte des Musiktheaters in Deutschland erreicht.

Literaturhinweise

Bauman, Th.: *North german Opera in the Age of Goethe*, Cambridge 1985.
Bauman, Th.: *W. A. Mozart. Die Entführung aus dem Serail*, Cambridge etc. 1987.
Bauman, Th.: *Music and Drama in Germany: a Travelling Company and its Repertory, 1767–1781*, Ph.D. Univ. of California at Berkeley 1977.
Bauman, Th.: *Benda, the Germans, and Simple Recitative*, in: Journal of the American Musicological Society 34 (1981), S. 119–131.
Bolte, J.: *Die Singspiele der englischen Komödianten und ihrer Nachfolger in Deutschland, Holland und Skandinavien*, Hamburg 1893.

Bötcher, W.: *Goethes »Erwin und Elmire« und »Claudine von Villa Bella« und die »Opera buffa«*, Marburg 1912.
Bretzner, Chr. Fr.: *Operetten*, 2 Bände, Leipzig 1779 und 1796.
Brueggemann, F. (Hg.): *Bänkelgesang und Singspiel vor Goethe*, Leipzig 1937.
Busch, G.: *Von den Gleimschen Romanzen zur ersten deutschen »romantisch-comischen« Oper*, in: *G. A. Bürger und J. W. L. Gleim*, hg. v. H.-J. Kertscher, Tübingen 1996, S. 58–67.
Calmus, G.: *Die ersten deutschen Singspiele von Standfuss und Hiller*, Leipzig 1908.
Corneilson, P. E.: *Opera at Mannheim, 1770–1778*, PhD. Univ. of North Carolina, Chapel Hill 1992.
Croll, G. / Müller, U. (Hg.): *Wolfgang Amadeus Mozart. Die Entführung aus dem Serail*. Faksimile-Ausgabe zur Geschichte des Librettos, Anif bei Salzburg 1993.
Flaherty, G.: *Opera in the Development of German Critical Thought*, Princeton 1978.
Flemming, W.: *Goethe und das Theater seiner Zeit*, Stuttgart 1968.
Groat, J. E. de: *Leben und Singspiele des Ignaz Umlauf*, Diss. Wien 1984.
Gruenter, R. (Hg.): *Das Deutsche Singspiel im 18. Jahrhundert*, Kolloquium der Arbeitsstelle 18. Jahrhundert Gesamthochschule Wuppertal, Universität Münster, Hamburg 1981.
Ders.: *Das Nationaltheater in Deutschland als höfisches Institut: Versuch einer Begriffs- und Funktionsbestimmung*, in: *Das Ende des Stegreifspiels – die Geburt des Nationaltheaters*, hg. v. R. Bauer, J. Wertheimer, München 1983, S. 124–152.
Goethe, J. W. *Singspiele*, hg. v. H.-A. Koch, Stuttgart 1974.
Hiller, J. A.: *Lebensbeschreibung berühmter Musikgelehrten und Tonkünstler neuerer Zeit*, Leipzig 1784.
Kawada, K.: *Studien zu den Singspielen von J. A. Hiller*, Diss. Marburg 1969.
Koch, H.-A.: *Das deutsche Singspiel*, Stuttgart 1974.
Komische Opern, 3 Bände, Berlin und Leipzig 1774–1776.
Krämer, J.: *Deutschsprachiges Musiktheater im späten 18. Jahrhundert. Typologie, Dramaturgie und Anthropologie einer populären Gattung*, Tübingen 1998.
Krause, Chr. G.: *Von der musikalischen Poesie*, Berlin ²1753.
Krebs, R.: *L'idée de »Théâtre National« dans l'Allemagne des Lumières. Théorie et réalisations*, Wiesbaden 1985.
Küster, U.: *Das Melodrama. Zum ästhetikgeschichtlichen Zusammenhang von Dichtung und Musik im 18. Jahrhundert*, Frankfurt etc. 1994.
Lühning, H.: *Aufkündigung einer Gattungstradition. Das metastasianische Drama, Wielands Singspieltradition und die deutsche Oper »Günther von Schwarzburg«*, in: *Mannheim und Italien*, hg. v. R. Würtz, Mainz 1984, S. 162–199.
Marshall, W. H.: *»The devil to pay« and its influence on eighteenth-century German Singspiel*, Diss. London 1985.
Martin, Ch. / Martin, D.: *Johann Joachim Eschenburg. Musikalien. Erträge eines unbekannten Auktionskatalogs*, in: *Das achtzehnte Jahrhundert* 24 (2000), S. 54–74.
Martino, A.: *Geschichte der dramatischen Theorien in Deutschland im 18. Jahrhundert*, Tübingen 1972.
Meyer, R. (Hg.): *Die Hamburger Oper. Eine Sammlung von Texten der Hamburger Oper aus der Zeit 1678–1730*, 3 Bände, München 1980.
Meyer, R.: *Der Anteil des Singspiels und der Oper am Repertoire der deutschen Bühnen in der zweiten Hälfte des 18. Jahrhunderts*, in: *Das Singspiel im 18. Jahrhundert*, hg. v. R. Gruenter, Heidelberg 1981, S. 27–76.
Michaelis, J. B.: *Operetten*, Leipzig 1772.
Reiber, J.: *Artikel »Singspiel«*, in: *Musik in Geschichte und Gegenwart*, Bd. 8, Kassel etc. 1998, Sp. 1470–1489.
Reichardt, J. Fr.: *Über die Deutsche Comische Oper nebst einem Anhange eines freundschaftlichen Briefes über die musikalische Poesie*, Hamburg 1774.
Sammlung der komischen Operetten so wie sie von der Churpfälzischen Deutschen Hofschauspielergesellschaft unter der Direction des Herrn Marchand aufgeführt werden, 6 Bände, Frankfurt 1772–1778.
Sauder, G.: *Empfindsamkeit*, Bd. 1, Voraussetzungen und Elemente, Stuttgart 1974.
Scheibe, S.: *Zur Entstehungsgeschichte von Wielands Singspiel »Rosamunde«*, in: *Wieland-Studien* 2 (1994), S. 97–119.
Schuhnauer, J.: *Über die Singspiele*, in: *Abhandlungen der Baierischen Akademie über Gegenstände der schönen Wissenschaften*, Bd. I., München 1781, S. 169–238.
Schusky, R.: *Das deutsche Singspiel im 18. Jahrhundert. Quellen und Zeugnisse zu Ästhetik und Rezeption*, Bonn 1980.
Stauder, W.: *Johann André. Ein Beitrag zur Geschichte des Singspiels*, in: *Archiv für Musikwissenschaft* 1 (1936), S. 318–360.
Treisch, M.: *Goethes Singspiele in Kompositionen seiner Zeitgenossen*, Diss. Berlin 1951.
Umlauf, I.: *Die Bergknappen*, hg. und bearb. v. R. Hasse, Wien 1911.
van Ingen, F.: *Goethes Singspiele: Literarischer Anspruch und Autonomie der Musik*, in: *Revolution und Autonomie. Deutsche Autonomieästhetik im Zeitalter der Französischen Revolution*, hg. v. W. Wittkowski, Tübingen 1990, S. 102–131.
Vogel, W.: *Alceste, Wielands erste deutsche Oper*, Bonn 1995.
Weisse, C. F.: *Selbstbiographie*, hg. von dessen Sohne C. E. Weiße und dessen Schwiegersohne S. G. Frisch, Leipzig 1806.
Wesseler, K.: *Untersuchungen zur Darstellung des Singspiels auf der deutschen Bühne des 18. Jahrhunderts*, Diss. Köln 1954.
Wicke, G.: *Die Struktur des deutschen Lustspiels der Aufklärung. Versuch einer Typologie*, Bonn 1965.
Wieland, Chr. M.: *Sämtliche Werke*, Bd. 26, Singspiele und Abhandlungen, Leipzig 1796.
Winsor, A. S.: *The Melodramas and Singspiels of Georg Benda*, Ann Arbor 1967.
Zander, C.-G.: *Christian Felix Weiße und die Bühne*, Diss. Mainz 1949.

KAPITEL IX:
MOZART UND DIE OPERNGATTUNGEN
Von Reinhard Wiesend

Es gehört zu den paradoxen Erfahrungen der Musikgeschichte, daß der unbestrittene besondere Rang einzelner Werke nicht in jedem Fall mit ihrer Relevanz für die Gattungsentwicklung korrespondiert. So gelten vielen die Opern von Wolfgang Amadeus Mozart, zumal diejenigen ab dem *Idomeneo* oder der *Entführung aus dem Serail*, als Inbegriff der Oper nicht nur des späten 18. Jahrhunderts. Im breiteren Bewußtsein gar repräsentieren sie so gut wie ausschließlich die Oper der Zeit, machen also trotz Bemühungen um Erforschung und Wiederbelebung der Opernproduktion von Mozarts Zeitgenossen die kaum zu überblickende Quantität an Opern des 18. Jahrhunderts fast völlig vergessen. Es wäre jedoch unangemessen vereinfachend, das Zustandekommen eines solchen Bildes mit bekannten Automatismen der Rezeptionsgeschichte erklären zu wollen; schon früh wurde vielmehr an Mozarts Werken der hohe Grad an Originalität vermerkt und ihre singuläre Besonderheit herausgestellt.

Der gewaltige Überschuß über das zeitgenössische Gattungsniveau wirft allerdings Fragen prinzipieller Art auf. So stellen Mozarts Werke, anders als bei den nach Rang und Anspruch vielleicht vergleichbaren Symphonien Beethovens, Beiträge zu einer über den Kontinent verbreiteten, etablierten Gattung dar, die selbst im Bereich der Opera buffa bereits über eine jahrzehntelange, ungebrochene Tradition verfügte. Auch ist beim derzeitigen Stand der Forschungen noch nicht abzusehen, welche Wirkung Mozarts Schaffen im Bereich der Oper tatsächlich nach sich zog und auf welcher der denkbaren Ebenen – z.B. der der musikalischen Dramaturgie, der der Formen oder der des musikalischen Satzes – eine solche Wirkung vor allem anzusiedeln wäre. Wahrscheinlich ist sie geringer, als ein einseitig auf Heroisierung angelegtes Bild glauben machen möchte: Rossini etwa knüpfte eher an Simon Mayr (1763–1845) und dessen italienische Zeitgenossen als an Mozart an, und der *Fidelio* wäre auch ohne die *Zauberflöte* entstanden, zumal unter den vielfältigen Wurzeln des deutschen Singspiels vom Anfang des 19. Jahrhunderts die am wenigsten gewichtigen die – ohnehin nicht zahlreichen – Beispiele einer deutschen Oper sind.[1]

Wie unter einem Brennspiegel werden wesentliche Züge der Voraussetzungen wie der individuellen Situation, die Mozarts Opernschaffen von dem vieler Zeitgenossen schon äußerlich unterscheidet, bei einem Blick auf die Sommermonate des Jahres 1791 deutlich. Mozart litt Zeit seines Lebens daran, nicht in größerem Umfang an Opernaufträge heranzukommen, mithin weniger als erwünscht an der traditionell renommiertesten und einträglichsten Gattung teilhaben zu können. In seinem letzten Lebensjahr sah er sich nun unversehens in die Lage versetzt – die für erfolgreiche Komponisten des 18. Jahrhunderts gleichwohl nicht ganz außergewöhnlich war –, zwei Opern praktisch zur selben Zeit fertigstellen zu müssen.[2] Die spätere Rezeption sah in der einen, in der *Zauberflöte*, ein Hauptwerk, die andere, *La clemenza di Tito* – wegen der er die Komposition der *Zauberflöte* für einige Wochen unterbrach –, versah sie immer wieder mit dem Signum der unwillig übernommenen Gelegenheitsarbeit (obwohl sie zunächst erfolgreich war[3]). Mozart würde dieses Urteil nicht geteilt haben: Zumindest wird ihm der Auftrag nicht ungelegen gekommen sein, zum herausragenden Anlaß der Krönung von Kaiser Leopold II. zum König von Böhmen die Festoper zu schreiben, die im September 1791 in Prag zu ihrer ersten Aufführung kam. Auch hat ihn die Herausforderung spürbar fasziniert, dem Publikum erneut das fast 60 Jahre alte Opera seria-Libretto zur Diskussion zu stellen, das der seinerzeit Maßstäbe setzende kaiserliche Hofdichter Pietro Metastasio ebenfalls für einen mit dem Hause Habsburg verbundenen Feierlichkeit, für den Namenstag des Jahres 1734 von Kaiser Karl VI. geschrieben hatte und das nach der ersten Vertonung durch Antonio Caldara im Lauf der Jahrzehnte weit mehr als fünfzig mal in Musik gesetzt worden war. Der oft zitierte Eintrag in das eigenhändige Werkverzeichnis: »La Clemenza di Tito. opera Seria in Due Atti [...] ridotta á vera opera dal Sig:re Mazzolá«[4] (... von Herrn Mazzolà zu einer richtigen Oper gemacht) verrät gleichermaßen Mozarts Distanz zum

---

1 S. Döhring / S. Henze-Döhring, *Oper und Musikdrama im 19. Jahrhundert*, Laaber 1997 (Handbuch der musikalischen Gattungen 13), S. 92.

2 Die Überlappung der Arbeiten war im Ausmaß und in ihren Folgen weitaus gewichtiger als im Falle von *Le nozze di Figaro* und *Der Schauspieldirektor* (1785/86).

3 J. A. Rice, *W. A. Mozart, La clemenza di Tito*, Cambridge u.a. 1991 (Cambridge Opera Handbooks), S. 104ff.

4 *Mozart. Briefe und Aufzeichnungen. Gesamtausgabe*, hg. v. W. A. Bauer u. O. E. Deutsch, Bd. IV: 1787–1857, Kassel u.a. 1963, S. 154 (mit Faksimile nach S. 160).

Original wie seine Befriedigung über die zusammen mit dem Librettisten Caterino Mazzolà gefundene Lösung der einschneidenden Adaption auf inzwischen etablierte dramaturgische und formale Standards der heroischen Oper.

Mozarts Beiträge von 1791 zur Gattung Oper sind nach ihren Voraussetzungen verschieden, wie sie verschiedener kaum sein können: Der Krönungsoper liegt ein Stoff aus der römischen Geschichte zugrunde, der in der Fassung eines der Gesellschaft seit Jahrzehnten vertrauten und immer wieder vertonten Librettos von international renommierten Gesangsstars (darunter einem Kastraten) in Form einer Opera seria als Allegorie auf die zu feiernden gesellschaftlichen Verhältnisse dargeboten worden ist, während die *Zauberflöte*, die zunächst der in Wien gepflegten Gattung der deutschsprachigen, volkstümlich bunten Zauberoper mit gesprochenen Dialogen folgt, speziell für Mozart geschrieben und in einem Vorstadttheater von einer der typischen familiär organisierten Theatertruppen aufgeführt worden ist, bei der der Prinzipal, der Schauspieler und Sänger Emanuel Schikaneder, in Personalunion auch Theaterunternehmer, Librettist und Darsteller des Papageno war. Nicht übersehen werden sollte die signifikante Kluft, die sich allein schon im Vergleich des Erscheinungsbildes der Uraufführungslibretti auftut: Die Titelseite von *La clemenza di Tito* vermerkt nach italienischer Operntradition ausdrücklich den Anlaß der Aufführung und realisiert selbst in der Typographie, der Angleichung der Schriftgröße bei den Namen Titus und Leopold, die allegorische Verbindung zwischen historischem und aktuellem Herrscher. Auf den Autor des altbekannten Librettos hinzuweisen war nicht nötig, und Mozart wird – wiederum der Tradition gemäß – an untergeordneter Stelle im Innern des Librettos beim Personenverzeichnis erwähnt, nach der Liste der Rollen (Sänger sind keine verzeichnet) und in einem Atemzug mit Kostümschneider und Bühnenbildnern. Und wenn die Nennung Mozarts eingeleitet wird mit dem Vermerk »La musica è tutta nuova«[1], glaubt der moderne Betrachter angesichts des Einfallsreichtums und der singulären Produktivität des Komponisten ein »Was sonst?« einwenden zu müssen, bevor ihm bewußt wird, daß dieser in Libretti häufig anzutreffende Hinweis nichts weiter ist als ein Reflex der zeitgenössischen Aufführungsusancen vor allem der Opera seria, im Hinblick auf die optimale Präsentation der Sänger aus anderen Werken Arien zu entlehnen. Das Libretto

[1] »[...], composta dal celebre Sig. Wolfgango Amadeo Mozart, maestro di capella in attuale servizio di sua Maestà imperiale« (Die Musik ist völlig neu, komponiert von dem berühmten Herrn W. A. Mozart, derzeit Kapellmeister in Diensten seiner kaiserlichen Majestät).

W. A. Mozart, *La clemenza di Tito* und *Die Zauberflöte*: Titelseiten der Libretti zu den Erstaufführungen von 1791. Die gezeigten Seiten verraten viel von der gesellschaftlichen Einschätzung der Opern. Im Falle der Opera seria wird der Anlaß der Krönung bezeichnet, und typographisch entspricht dem Namen des historischen Kaisers, Tito, der des aktuellen, Leopold. Im Falle der *Zauberflöte* werden dagegen die beiden Autoren genannt, traditionell allerdings mit einem deutlichen Gefälle vom Librettisten zum Komponisten.

zur *Zauberflöte* hingegen spiegelt nicht nur die anderen sozialen Voraussetzungen, sondern repräsentiert ein moderneres Stadium: Es kann auf die Angabe eines Anlasses und einer gesellschaftlichen Einbindung verzichten, dafür werden durch ihre Nennung auf dem Titelblatt die beiden Autoren aufgewertet, allerdings in einer hierarchisch gestuften Weise, die letztlich wiederum auf das Werkverständnis der Opera seria zurückgeht: Mit der Formulierung »Eine große Oper [...] von [...] Schikaneder« wird die Autorschaft primär dem Librettisten zugeschrieben, während die Komposition eher als Teilaspekt oder Zutat verstanden wird (»Die Musik ist von [...] Mozart«).

Die gleichzeitige Arbeit an zwei völlig verschiedenen Möglichkeiten von Oper und damit die Berücksichtigung prinzipiell unterschiedlicher äußerer Anforderungen und Gattungsimplikationen ist für Mozart ungewöhnlich, gleichwohl wird seine künstlerische Biographie von Anfang an durch eine extreme Heterogenität des Opernschaffens geprägt. Mit dem Dramma giocoso per musica *La finta giardiniera*, das er 1775 in München zur Aufführung bringt (und das allgemein als entscheidende Wendung in Mozarts Weg als Musikdramatiker gesehen wird[1]), tritt der knapp 19jährige mit seiner zweiten Opera buffa hervor, hat aber bereits ein breites Spektrum an musiktheatralischen Werken vorgelegt: die Universitätskomödie in lateinischer Sprache *Apollo et Hyacinthus* (Salzburg 1767), die Opera buffa *La finta semplice*, die ebenso wie das deutsche Singspiel (die ›operetta‹) *Bastien und Bastienne* 1768 in Wien entstanden ist, die Opera seria *Mitridate re di Ponto* (Mailand 1770), die Serenata teatrale *Ascanio in Alba* (Mailand 1771), die Serenata drammatica *Il sogno di Scipione* (Salzburg 1772) und die Opera seria *Lucio Silla* (Mailand 1772). Hinzu kommen Skizzen zum Ballett *Le gelosie del serraglio* (als Einlage in den *Lucio Silla*), eine erste Beschäftigung mit der Musik zum Schauspiel *Thamos, König in Ägypten* (1773), und wegen ihrer Nähe zum szenischen Genre sollten auch das deutsche geistliche Singspiel *Die Schuldigkeit des ersten Gebots* (1767) sowie die Azione sacra *La Betulia liberata* (entstanden 1771) nicht unerwähnt bleiben.

Die Erfahrung der bunten Vielfalt bleibt auch für Mozarts weiteres Bühnenschaffen bestimmend. Sie verhindert eine Spezialisierung und eine nachhaltige örtliche wie institutionelle Verklammerung, wie sie viele seiner Kollegen zumindest partiell gesucht und gefunden haben; hinzu kommt auch, daß die Pausen zwischen den Aufträgen nicht geringer werden: Im Jahr der *Finta giardiniera* vertont Mozart Metastasios *Il re pastore*, der in Salzburg 1775 aller Wahrscheinlichkeit nach nur konzertant gegeben worden ist[2], 1778 schreibt er in Paris eine Musik zum Ballett *Les petits riens* (auf ein Szenario von Jean Georges Noverre, dem Schöpfer des dramatischen Handlungsballetts) und trägt sich in Mannheim offensichtlich mit dem Gedanken, zur modischen Gattung des Duodrama eine *Semiramis* beizutragen.[3] Ein Jahr später beendet er in Salzburg die bereits erwähnte Schauspielmusik zu *Thamos, König in Ägypten*. Ein deutsches Singspiel, das im 19. Jahrhundert den Titel *Zaide* erhalten sollte, blieb Fragment (1779/80), auf die Opera seria *Idomeneo* (München 1781) folgt das Singspiel *Die Entführung aus dem Serail* (Wien 1782), es schließen sich die Fragment gebliebenen Opere buffe *L'oca del Cairo* und *Lo sposo deluso* an. Eine gewisse Kontinuität erfährt Mozarts Opernschaffen durch die für ihn ungewöhnlich enge Zusammenarbeit mit ein und demselben Librettisten, dem kaiserlichen Hoftheaterdichter Lorenzo Da Ponte[4], aber selbst die drei mit diesem geschaffenen Opere buffe *Le nozze di Figaro* (Wien 1786), *Il dissoluto punito ossia Il Don Giovanni* (Prag 1787) und *Così fan tutte* (Wien 1790) bilden trotz ihres alles überragenden Ranges eine vergleichsweise schwach ausgeprägte Konstante in Mozarts künstlerischer Biographie, erstreckt sich doch ihre Entstehung über einen Zeitraum von rund vier Jahren und sind die Aufführungen auf Wien und Prag verteilt. Zudem bleibt die Zusammenarbeit eine deutlich umrissene Episode: Der Beginn überlappt sich, zumindest partiell, mit der Entstehung der einaktigen »Komödie mit Musik« *Der Schauspieldirektor* auf einen Text von Joh. Gottlieb Stephanie dem Jüngeren (Wien 1786), und nach der Konzentration auf das italienische komische Genre folgt mit *La clemenza di Tito* und der *Zauberflöte* die erwähnte Hinwendung zu anderen Erscheinungsformen der Oper.

Zumal in der konkreten schaffensbiographischen Situation Mozarts bringt die Gattungsvielfalt zwangsläufig eine extreme Buntheit der Stoffe mit sich, die über eine vordergründige Trennung in die Grundkategorien der ernsten und der komischen Oper weit hinausgeht. Nichts verbindet den eine Episode der römischen Geschichte bemühenden Fürstenspiegel von *La clemenza di Tito* mit der *Zauberflöte*, die auf scheinbar inkonsistente Weise spektakuläre Ef-

---

1 Vgl. z.B. V. Mattern, Artikel »*La finta giardiniera*«, in: *Pipers Enzyklopädie des Musiktheaters*, hg. v. C. Dahlhaus und dem Forschungsinstitut für Musiktheater der Universität Bayreuth unter der Leitung v. S. Döhring, Bd. 4, München und Zürich 1991, S. 288–291.
2 Vgl. P. Petrobelli, »*Il Re pastore*«: una serenata, in: Mozart-Jahrbuch 1984/85, S. 109–114.
3 Vgl. KV1 Anh. 11 = KV6 315e.
4 Richard Wagners Diktum, es habe sich um eine »überraschend glückliche Beziehung zwischen Dichter und Komponisten« gehandelt, wird differenziert durch S. Kunze, *Mozart und Da Ponte. Eine glückliche Begegnung zwischen Textdichter und Komponist?*, in: *Mozart e la drammaturgia veneta. Mozart und die Dramatik des Veneto. Bericht über das Colloquium Venedig 1991*, hg. v. W. Osthoff und R. Wiesend, Tutzing 1996 (Mozart Studien 6), S. 15–29.

fekte in der Tradition der Wiener Zauberkomödie mit Gedanken und Ritualen verquickt, die von der Freimaurerei (und möglicherweise dem ihr nahestehenden Illuminatenorden[1]) übernommen sind, und ein ähnlich heterogenes Bild ergibt sich aus dem Nebeneinander der Singspielhaltung mit exotischem Kolorit in der *Entführung* mit der Opera seria-Welt im wenig älteren *Idomeneo* und mit der von Joseph II. angeregten Persiflage Wiener Theaterverhältnisse im *Schauspieldirektor*, die die alte Tradition der metatheatralischen Werke aufnimmt. Und selbst die drei Da Ponte-Opern streben in einem Maße auseinander, daß die Subsumierung unter die gemeinsame Gattungsvorgabe Opera buffa nicht mehr als eine erste, lose Klammer bedeutet: *Le nozze di Figaro*, das vorrevolutionäre Zeitstück auf der Basis von Beaumarchais' (in Wien verbotener) Komödie *La Folle journée ou Le Mariage de Figaro* (erste öffentliche Aufführung Paris 1784) hat nichts gemein mit dem *Don Giovanni*, der in einer jahrhundertealten Tradition der Don Juan-Stücke und -Opern[2] steht, und wiederum eine andere Seite wird in *Così fan tutte* aufgeschlagen mit der Liebesverwirrung aufgrund einer rational kalkulierten Intrige.

Daß schon das komponierende Wunderkind Werke aus den verschiedensten Bereichen des Musiktheaters zu schreiben bekam, hat unter anderem biografische Voraussetzungen: In der bischöflichen Residenzstadt Salzburg konnte sich nur ein bescheidenes musiktheatralisches Leben ohne Ausbildung prägender Traditionen entfalten, auch war es den Mozarts auf ihren Reisen nicht gelungen, nachhaltig Kontakte zu Opernunternehmungen zu knüpfen, mit Ausnahme von Mailand, das bezeichnenderweise unter der Herrschaft der Habsburger stand. Eine Vielfalt lag wahrscheinlich auch im Interesse Leopold Mozarts, der sich unter dem Aspekt der Karriereplanung Vorteile aus der Breite der Erfahrungen versprochen haben dürfte. Ohnehin war es für ihn selbstverständlich, seinen Sohn in die Komposition von Vokalmusik am Beispiel der italienischen Oper einzuführen: Die erste überlieferte Vokalkomposition Wolfgangs besteht in der Vertonung einer Arie aus Metastasios *Ezio* (II/4), »*Va, dal furor portata*« (KV 21/19c);[3] Mozart hat die Arie 1765 in London offensichtlich unter dem Eindruck der dortigen Aufführung eines *Ezio*-Pasticcios komponiert. Und wenn er in den folgenden Jahren nicht nur Werke Metastasios vertont hat, sondern immer wieder auch auf einzelne Arien aus dessen Libretti zurückgegriffen hat, dann geschah dies stets im Bewußtsein der normsetzenden Bedeutung der Textvorlagen: Dem komponierenden Anfänger waren sie Prüfstein, denn mit der Vertonung von Metastasio-Arien eignete sich der junge Mozart die kompositorischen Standards der Affektdarstellung und der italienischen Prosodie an und erlernte ein Eingehen auf die genuinen Bedürfnisse von Sängern. Später dienten sie in vielen Fällen dazu, den Wunsch von Sängern nach Einlagearien oder Konzertstücken zu befriedigen. Insofern aber als der metastasianische Operntypus zunächst in besonderem Maße von der einzelnen Arie geprägt wird, bedeutete das Komponieren auch und gerade von separierten »Nummern« eine Auseinandersetzung mit zentralen Aspekten der Dramaturgie des Dramma per musica.

Die unbestrittene Sonderstellung und Bedeutung von Mozarts Opern spätestens ab dem *Idomeneo* gründet zweifellos auf der Qualität ihrer musikdramatischen Gestaltung. In vielem radikaler und gekonnter als seine Zeitgenossen, und im Verlauf seines Schaffens in zunehmendem Maße verknüpft Mozart die szenische Aktion mit musikalischen Nummern und bezieht sie funktional dadurch aufeinander, daß die entscheidenden Momente des dramatischen Fortgangs musikalisch nicht nur gestaltet, sondern begründet werden.[4] Und während in der älteren Oper dem Komponisten wenig mehr als die Aufgabe des musikalischen Vollstreckens der im Libretto angelegten Vorgaben zukam, wird Mozart vermehrt zum Partner des Textdichters, in vielen Fällen wohl gar zu dessen Anreger. Bereits in den Briefen anläßlich der Entstehung des *Idomeneo* tritt sein klarer Blick für neue dramaturgische Möglichkeiten hervor. Und wie der Komponist dem Librettisten immer wieder offensichtlich bis in Einzelheiten verbindliche Angaben machte, läßt sich exemplarisch an einem Detail der Introduktion zur *Zauberflöte* zeigen: Das plötzliche Dazwischentreten der drei Damen realisiert Mozart mit einem Überraschungseffekt, der in der Partitur alle denkbaren musikalischen Parameter bemüht. Im Libretto aber fällt die maßgebliche Verszeile »Stirb, Ungeheu'r, durch unsre Macht!« mit ihrem entschieden abtaktigen Metrum so auffällig aus dem glatten auftaktigen Schema der übrigen Verse, daß als Begründung für diese Ausnahme eine Reaktion Schikaneders wenn nicht Mozarts Komposition, dann zumindest auf seine Vorschläge angenommen werden muß.[5] Mozarts Diktum, »bey einer opera muß schlechterdings die Poesie der Musick gehorsame Tochter seyn«[6], ist also alles andere als ein unverbindlich hingeworfenes Bonmot.

1 Vgl. hierzu H. Perl, *Der Fall »Zauberflöte«. Mozarts Oper im Brennpunkt der Geschichte*, Darmstadt 2000.
2 S. Kunze, *Don Giovanni vor Mozart. Die Tradition der Don-Giovanni-Opern im italienischen Buffa-Theater des 18. Jahrhunderts*, München 1972 (Münchener Universitäts-Schriften 10).
3 Vgl. zu ihr H. Lühning, *Mozart und Metastasio*, in Händel-Jahrbuch 45 (1999), S. 96–116.
4 S. Henze-Döhring hat diesen Sachverhalt unter dem Gesichtspunkt der Gattungskonvergenz dargestellt: *Opera seria, Opera buffa und Mozarts Don Giovanni. Zur Gattungskonvergenz in der italienischen Oper des 18. Jahrhunderts*, Laaber 1986 (Analecta musicologica 24).
5 Im originalen Librettodruck fehlt die Verszeile, was wohl auf ein Versehen der Druckerei im Zusammenhang mit einem nachträglichen Korrekturwunsch des Textdichters zurückzuführen ist; vgl. hierzu R. Wiesend, *Regieanweisung, Werk, Edition – am Beispiel der »Zauberflöte«*, in: Mozart Studien 3, Tutzing 1993, S. 115–136: 125–128.
6 Im Brief an den Vater vom 13. 10. 1781: *Mozart. Briefe und Aufzeichnungen. Gesamtausgabe*, hg. v. W. A. Bauer u. O. E. Deutsch, Bd. III: 1780–1786, Kassel u.a. 1963, S. 167.

Oben: Richard Strauss, »Interludio«, Einlage in W. A. Mozarts *Idomeneo*, Wien 1931 (Autograph im Richard-Strauss-Archiv, Garmisch-Partenkirchen). Die einschneidenden Veränderungen, die Strauss zusammen mit dem Regisseur Lothar Wallerstein vorgenommen hatte, führten zu wütenden Protesten bei Mozartkennern. Wenn Strauss sich darauf berief, den *Idomeneo* für die deutsche Bühne gerettet zu haben, steht er mit seinem Pragmatismus für eine jahrhundertealte Bearbeitungstradition, für die die Befolgung einer rigorosen Werkidee sekundär war.

Links: Kostümentwurf »Madame Müller als Sextus in Breslau anno 1805« (Köln, Insitut für Theaterwissenschaften an der Universität). Die Ablösung barocker Kostümtraditionen zugunsten eines antikisierenden Gewandes ist zeitgemäß. Unempfindlich blieb man allerdings gegenüber einer naturalistischen Darstellung des Geschlechts: Wenn man in Breslau die ursprünglich für den berühmten Kastraten Domenico Bedini konzipierte Rolle des vornehmen Römers einer Sängerin übertrug, wurde die größere historische Genauigkeit des Kostüms unterlaufen durch eine umso deutlichere Betonung weiblicher Körperformen.

1 S. Kunze, *Mozarts Opern*, Stuttgart 1984, z.B. S. 16: »In den Opern Mozarts fallen Gattung und Werk zusammen«.

Mozarts eminenter Theatersinn reagierte auf die spezifischen Notwendigkeiten eines jeden Opernprojekts, insbesondere einer jeden Gattung verschieden: Mit der *Zauberflöte* hatte er, wie oben dargelegt, andere gesellschaftliche Erwartungen zu erfüllen und befand er sich in einer anderen gattungsgeschichtlichen Situation als im Falle der *Clemenza di Tito*, auch stand er selbstverständlich noch in jener älteren Tradition, in der jedes Werk auf die Möglichkeiten der bevorstehenden konkreten Aufführung hin konzipiert bzw. revidiert worden ist. (Daß der *Idomeneo* eine weitaus größere orchestrale Fülle und einen dramaturgisch zwingenderen Einsatz von Orchestermotiven aufweist als die wenig spätere *Entführung aus dem Serail*, erklärt sich vor allem aus der besonderen Qualität des Mannheim-Münchner Hoforchesters.) Dennoch tritt im Vergleich der Mozartschen Opern untereinander das Verbindende hinsichtlich der Musikdramaturgie unübersehbar hervor, denn vor allem die reiferen Werke sind sich trotz der erwähnten mehrfach differenzierten Heterogenität auf eine gewisse, subtile Weise ähnlicher als es der oberflächliche Blick auf schematische Gattungskategorisierungen vermuten läßt. Mozarts Opern sind also nur bedingt sub specie der Gattung erfaßbar; das Gemeinsame, Mozarts spezifische Fähigkeit der Begründung und Realisierung dramatischer Entwicklungen und Zusammenhänge durch Musik, ist in vielem gewichtiger als jede Gattungszugehörigkeit. Aufgrund vor allem ihrer dramaturgischen Lösungen weisen Mozarts Opern spätestens ab dem *Idomeneo* die Tendenz zum solitären Einzelwerk auf, in dem das je Besondere jede Gattungsnorm weit in den Hintergrund treten läßt. Die zeitlich benachbarten, in Zusammenarbeit mit demselben Librettisten entstandenen Opern *Le nozze di Figaro* und *Don Giovanni* mit demselben Etikett der Opera buffa zu belegen ist also gleichermaßen korrekt, wie es andererseits eine wenig besagende Simplifizierung bedeutet. Denn das gattungsgeschichtliche Stadium der musikalischen Komödie ermöglicht, wie Stefan Kunze hervorgehoben hat, im Zusammenhang mit Mozarts Dramaturgie eine inhaltliche Breite und eine affektive und gedankliche Vertiefung, die dem Unwiederholbaren, Individuellen eines jeden Werkes einen völlig neuen Stellenwert einräumt.[1] Daß sich andererseits zumindest die späteren Opern so gut wie ungebrochen im Repertoire halten konnten (bzw. ein Repertoire überhaupt erst mit begründeten), beruht auf der verbreiteten Einschätzung als singuläre Kompositionen und nicht etwa deshalb, weil sie besonders gelungene Gattungsbeispiele wären, zumal es um die Virulenz der von Mozart bedienten Gattungen bald geschehen war. Der alles überragende Kunstcharakter rettete Mozarts Opern auch über die Zeitgebundenheit ihrer Stoffe hinweg. Von der kulturgeschichtlichen Sonderrolle eben von Mozarts Opern zehrt letztlich immer auch das gelegentlich aufflammende Interesse an Opern von Mozarts Zeitgenossen, selbst wenn dieses von einer bewußten Suche nach einer Alternative zum standardisierten Kulturbetrieb genährt wird.

Das herausgestellte gattungsübergreifende Gemeinsame besteht vor allem in einer spezifischen Musiksprache, einem musikalischen Satz, der Mozarts Vokalmusik ebenso wie seine Instrumentalwerke (die nicht weniger bedeutend sind) prägt. Diese Musiksprache verleiht bereits Arien, die zunächst vorwiegend lyrisch angelegt sind, dramatische Lebendigkeit. Die Gestaltungsmittel von Sarastros zweiter Arie, »*In diesen heil'gen Hallen*« (*Die Zauberflöte*, II/12), mögen in ihrer Abgeklärtheit einen Sonderfall darstellen, für den Satz des reifen Mozart sind sie jedoch charakteristisch. Die beiden Textstrophen der Arie kommen nach Art des Strophenliedes mit exakt derselben Musik zum Vortrag (siehe Beispiel S. 329–330). Die intendierte edle Simplizität beruht unter anderem auf dem Gleichmaß der Deklamation von zwei Takten je Vers. Nach dem Vortrag der ersten vier Verse tritt der liedhafte Charakter allerdings zurück, die Singstimme erscheint nunmehr in eine autonom musikalische Konstruktion eingebettet (T. 11ff.): Die Harmonie pendelt über der festgehaltenen Achse *h* im gleichmäßigen Wechsel zwischen Dominante und Tonika, die Außenstimmen stehen in einem imitatorischen Verhältnis zueinander. Nicht zufällig wechseln an jener Stelle auch das Versmaß (von dreihebigen Versen zu vierhebigen) und die metrische Qualität der Singstimme, deren Auftakt innerhalb des Ganzen des musikalischen Satzes jetzt auf einen zweiten statt wie bisher auf einen ersten Takt zielt. Mit dem Aufgeben der liedhaften Selbstbekundung und durch das Gewicht der autonom musikalischen, instrumental geprägten Konstruktion wird die von der Singstimme repräsentierte Rolle mit einem Anderen, einem außerhalb der genuinen Möglichkeiten der Deklamation Liegenden konfrontiert: Sarastro gewinnt – nicht zuletzt durch die Emanzipation von der schlichten Unmittelbarkeit des Liedgesanges sowie dadurch, daß er in einem nicht liedhaften, mit der Singstimme nicht kongruenten Partiturgeschehen zu bestehen hat – in einem Maße an Profil, daß der Zuschauer die Bühnenrealität einer souveränen, zutiefst menschlich differenzierten Persönlichkeit zu empfinden bereit ist. Charakteristische Einzelheiten auch im Instrumentalen, die jede für sich und in ihrer Summe jene menschliche Spontaneität und Würde zu konstituieren helfen, sind unter anderem der singuläre, unbegleitete Sechzehntelauftakt, die Beschleunigung des Klangwechsels Tonika – Dominante in T. 2, die Tatsache, daß in den T. 3–6 jeder Takt eine etwas anders gestaltete Instrumentalbegleitung aufweist, die Dehnung der letzten Phrase der Textdeklamation auf drei Takte (ab T. 24 mit Auftakt), die auch die gewichtigste Kadenz der Arie bringen, sowie die höchst lebendige Differenzierung allein der letzten vier Takte.

Mit Recht wird immer wieder etwa auf die Gefühlstiefe und leidenschaftliche Individualität hingewiesen, die Mozarts Opernfiguren so unverwechselbar machen und über das ältere Ideal einer objektivierten Öffentlichkeit in der Affektdarstellung ebenso hinausheben wie über eine lediglich sentimentale Affizierung, und dieser Eindruck hat, wie angedeutet, seine satztechnischen Grundlagen. Wesentliche Voraussetzung ist eine Agilität des musikalischen Satzes, ein extremes Maß an freien Gesten, die jenseits eines ableitenden Schemas oder einer musikalischen Logik stehen, für die andererseits aber die Zuordnung zu einer rigoros gehandhabten Kadenzmetrik wesentlich ist. Diese Verfahrensweisen, die denen in Mozarts Instrumentalmusik in hohem Maße verwandt sind, heben Mozarts Opernmusik wahrscheinlich sogar prinzipiell von der seiner Zeitgenossen ab; selbst der ihm im Handwerklichen in vielem nahestehende Joseph Haydn, der mit Recht für die Konsequenz seiner motivischen Arbeit und für seinen musikalischen Witz gerühmt wird, findet in seinem umfangreichen musiktheatralischen Œuvre nicht zu jener idealen Opernsprache.

Mozarts gattungsübergreifende Einzigartigkeit der musikalischen und musikdramatischen Gestaltung tritt insbesondere in den Ensembles hervor, die, der allgemeinen historischen Entwicklung folgend, in seinen Opern immer mehr Raum einnehmen und ins Zentrum der Auf-

merksamkeit rücken, im Singspiel ebenso wie in Opera buffa und Opera seria usw. Innerhalb des umfangreichen Finales des II. Akts von *Le nozze di Figaro* kommt es nach dem unerwarteten Heraustreten Susannas aus dem gewaltsam geöffneten Nebenzimmer zu einer Szene zwischen Graf, Gräfin und Susanna voll Verwirrung, Vorwurf und Bitte um Verzeihung (II/8). Die Passage von großer Suggestivität ist geprägt von einer bemerkenswerten Ökonomie der musikalischen Mittel (vgl. die vereinfachte Reduktion des Beginns im Beispiel S. 332): Die kurzen Motive des Orchesters folgen im Verlauf der 161 Takte kaum verändert oder verarbeitet aufeinander, in lockerer Reihung und in stets neuer Abfolge. In dieses Gerüst werden die Deklamationsphrasen der Singstimmen eingelegt, deren motivisch-melodische Qualität teilweise äußerst gering ist. Die Instrumentalmotive wiederum sind weder bestimmten Personen zugeordnet noch bestimmten Gesten der Deklamation. Eine semantische Qualität der Motive ergibt sich somit nicht vordergründig aus der Zuordnung zu Passagen des Dialogs. So wird z.B. das markanteste Motiv, die synkopisch angelegte Drehfigur von T. 171ff. in der Literatur gern »Versöhnungsmotiv« genannt[1], was – abgesehen von der Wortwahl, die an unselige Usancen der Leitmotiv-Rubrizierung erinnert – seine Rechtfertigung in der emotionalen Qualität und aus dem Verlauf der Passage finden kann. Mozarts Gestaltungsweise ist jedoch vielschichtig: Dem erstmaligen Vorkommen des Motivs fehlt jede Konnotation der Versöhnung, die ja erst im weiteren Verlauf vom düpierten Grafen erfleht wird, das Motiv fällt vielmehr mit einer Dialogpassage der beiden Frauen zusammen, die deren Verschnaufpause bedeutet: »Susanna, ich sterbe; mir stockt der Atem. – Seid beruhigt, er [Cherubino] ist schon in Sicherheit.« Zu Mozarts musikdramatischen Technik gehört auch, daß das Tonmaterial der Phrase Susannas mühelos auf das Orchestermotiv bezogen werden kann, und gerade diese Nähe läßt die Distanz umso deutlicher hervortreten: Für sich genommen realisiert die Singstimme einen eigenen, auftaktigen und sequenzierenden Gestus, der zudem gegenüber dem Orchestermotiv metrisch verschoben und im Gegensatz zu diesem zielgerichtet angelegt ist.

Die teilweise schwache Ausprägung von Motiven der Singstimmen, die vorherrschende Unabhängigkeit von den Motiven im Orchester und ihre unschematische Reihung setzen einen starken Bezugsrahmen voraus, der wie so oft in Mozarts Satz in den Vorgaben einer klar sich akzentuierenden Taktmetrik mit dem Pendeln zwischen wenigen Akkorden vorwiegend im Abstand eines Taktes zu suchen ist. Das Auseinanderfallen von Deklamation und musikalischer Konstruktion ermöglicht erst jene Freiheit in der Zeichnung der Personen, jene Spontaneität, die als zutiefst menschlich empfunden wird. Im Gegensatz zum statischen Bild, wie es Ensemblesätze zu vergleichbaren Situationen z.B. in der älteren Opera seria charakterisiert, legt Mozart Wert auf Lebendigkeit und Aktion; die beschriebenen satztechnischen Möglichkeiten erst setzen jenes Höchstmaß an Flexibilität, an Profilierung und Differenzierung der Personen frei. Letztlich sind es auch satztechnische Kriterien, die die zur Diskussion stehende 8. Szene nicht nur formal zu einem sinnvollen Ende bringen, sondern die musikdramaturgisch Sinn stiften. Zusammen mit der kadenzmetrischen Grundierung und gerade durch die nicht schematische Wiederkehr bindet die erwähnte lockere Reihung der immer gleichen Motive die handelnden Personen immer stärker aneinander; besonders nach der Fermate des T. 233 bestärkt der mediantisch geprägte Neuansatz die Vorstellung des Unausweichlichen, dem die handelnden Personen unterliegen. Die Lösung, die sich als Versöhnung darstellt, erfolgt zum einen durch die Intensivierung des sogenannten Versöhnungsmotivs, das die letzten 30 Takte so gut wie ausschließlich beherrscht. Zwingender aber ist seine Einbettung in eine autonom musikalische Struktur, einen groß angelegten Kadenzvorgang, den ein dominantischer Orgelpunkt einleitet (T. 306ff.) und der durch die plötzliche Streckung des harmonischen Rhythmus von einem auf zwei Takte (T. 314ff.) und die entschieden gesetzten Fundamentschritte VI–VI–IV–IV–V–V–I markiert wird. Die Botschaft der 8. Szene, die erbetene und gewährte Verzeihung, kommt weniger verbal zur Wirkung oder, sozusagen semantisch vermittelt, durch eine spezielle Motivik, als vielmehr durch die Rigorosität des Einsatzes satztechnischer Mittel. Auch in dieser Hinsicht ist Mozart allen Zeitgenossen überlegen; jenseits von Gattungsanforderungen und nachhaltiger als diese prägen solche und ähnliche Gestaltungsmomente seine Opernmusik.

---

[1] Vgl. die Aufarbeitung der Diskussion dieser Szene bei F. Della Seta, *Cosa accade nelle »Nozze di Figaro«, II, VII–VIII? Problemi di teoria e analisi del melodramma*, in Il saggiatore musicale 5 (1998), S. 269–307.

Literaturhinweise

Abert, A. A.: *Die Opern Mozarts*, Wolfenbüttel 1970.
Abert, H.: *W. A. Mozart. Neubearbeitete und erweiterte Ausgabe von Otto Jahns Mozart*, Leipzig ⁹1978.
Angermüller, R.: *Mozart. Die Opern von der Uraufführung bis heute*, Frankfurt a.M. u.a. 1988.
Convegno italo-tedesco »Mozart, Paisiello, Rossini e l'opera buffa« (Rom 1993), hg. v. M. Engelhardt und W. Witzenmann, Laaber 1998 (Analecta musicologica 31).
Della Seta, F.: *Cosa accade nelle »Nozze di Figaro«, II, VII–VIII? Problemi di teorie e analisi del melodramma*, in Il saggiatore musicale 5 (1998), S. 269–307.
Döhring, S.: *Die Arienformen in Mozarts Opern*, in: Mozart-Jahrbuch 1968/70, Salzburg 1970, S. 66–76.
Döhring, S. / Henze-Döhring, S.: *Oper und Musikdrama im 19. Jahrhundert*, Laaber 1997 (Handbuch der musikalischen Gattungen 13).
Gallarati, P.: *La forza delle parole. Mozart drammaturgo*, Turin 1993 (Piccola biblioteca Einaudi 581).
Georgiades, T. G.: *Aus der Musiksprache des Mozart-Theaters*, in Mozart-Jahrbuch 1950, S. 76–98; auch in: ders., *Kleine Schriften*, Tutzing 1977 (Münchner Veröffentlichungen zur Musikgeschichte 26), S. 9–32.
Gianturco, C.: *Mozart's Early Operas*, London 1981.
Heartz, D.: *Mozart's Operas*, hg. v. T. Bauman, Berkeley u.a. 1990.
Henze-Döhring, S.: *Opera seria, Opera buffa und Mozarts Don Giovanni. Zur Gattungskonvergenz in der italienischen Oper des 18. Jahrhunderts*, Laaber 1986 (Analecta musicologica 24).
Hunter, M.: *The Culture of Opera Buffa in Mozart's Vienna. A Poetics of Entertainment*, Princeton 1999 (Princeton Studies in Opera).
Kunze, S.: *Don Giovanni vor Mozart. Die Tradition der Don-Giovanni-Opern im italienischen Buffa-Theater des 18. Jahrhunderts*, München 1972 (Münchener Universitäts-Schriften 10).
Kunze, S.: *Mozarts Opern*, Stuttgart 1984.
Kunze, S.: *Mozart und die Tradition des Bühnenlieds. Zur Bestimmung eines musikdramatischen Genres*, in: Liedstudien. Wolfgang Osthoff zum 60. Geburtstag, hg. v. M. Just und R. Wiesend, Tutzing 1989, S. 229–278.
Kunze, S.: *Mozart und Da Ponte. Eine glückliche Begegnung zwischen Textdichter und Komponist?*, in: Mozart e la drammaturgia veneta. Mozart und die Dramatik des Veneto. Bericht über das Colloquium Venedig 1991, hg. v. W. Osthoff und R. Wiesend, Tutzing 1996 (Mozart Studien 6), S. 15–29.
Lühning, H.: *Mozart und Metastasio*, in Händel-Jahrbuch 45 (1999), S. 96–116.
Mattern, V.: Artikel *»La finta giardiniera«*, in: Pipers Enzyklopädie des Musiktheaters, hg. v. C. Dahlhaus und dem Forschungsinstitut für Musiktheater der Universität Bayreuth unter der Leitung v. S. Döhring, Bd. 4, München und Zürich 1991, S.288–291.
Mozart. Briefe und Aufzeichnungen. Gesamtausgabe, hg. v. W. A. Bauer u. O. E. Deutsch, 7 Bände, Kassel u.a. 1962–1975.
Mozart e la drammaturgia veneta. Mozart und die Dramatik des Veneto. Bericht über das Colloquium Venedig 1991, hg. v. W. Osthoff und R. Wiesend, Tutzing 1996 (Mozart Studien 6)
Mozart und die Oper seiner Zeit (Opernsymposium 1978 in Hamburg), in: Hamburger Jahrbuch für Musikwissenschaft 5 (1981), S. 115–266.
Opera buffa in Mozart's Vienna, hg. v. M. Hunter und J. Webster, Cambridge 1997 (Cambridge Studies in Opera 1).
Perl, H.: *Der Fall »Zauberflöte«. Mozarts Oper im Brennpunkt der Geschichte*, Darmstadt 2000.
Petrobelli, P.: *»Il Re pastore«: una serenata*, in: Mozart-Jahrbuch 1984/85, Kassel u.a. 1986, S. 109–114.
Rice, J. A.: *W.A. Mozart, La clemenza di Tito*, Cambridge u.a. 1991 (Cambridge Opera Handbooks).
Webster, J.: *The Analysis of Mozart's Arias*, in: Mozart Studies, hg. v. C. Eisen, Oxford 1991, S. 101-199.
Wiesend, R.: *Regieanweisung, Werk, Edition – am Beispiel der »Zauberflöte«*, in: Mozart Studien 3, Tutzing 1993, S. 115–136

Anhang

Namenregister

Abeille, Abbé 165
Adam, Adolphe 298
Adam, Johann 10
Addison, Joseph 38, 132
Alamanni, Vincenzo 65
- *L'arrivo di Enea nel Lazio* 65
Alard 244
Albinoni, Tommaso 108
- *Didone abbandonata* 108
Alembert, Jean le Rond d' 148, 179, 202, 263
Algarotti, Francesco 12, 17, 49, 75–78, 184f., 189
André, Johann 319f.
- *Der Töpfer* 319
Andreozzi, Gaetano 45, 49, 52, 54, 74
- *Amleto* 49, 54
- *Giovanna d'Arco* 52
- *Gli amanti in Tempe* 74
Anfossi, Pasquale 131
Angiolini, Gasparo 82, 236
- *Le Festin de pierre, ou Don Juan* 82
Anna Amalia von Sachsen-Weimar und Eisenach 302
Anseaume, Louis 214, 248, 259, 261, 277, 302, 307, 310
- *Bertholde à la cour* 261
- *La Clochette* 302, 307
- *Le Chinois poli en France* 259
- *Le Milicien* 277
- *Les Deux Chasseurs et la laitière* 214
Ariosti, Attilio 38f., 44, 232
Ariosto, Ludovico 44, 86
Aristoteles 26ff., 32, 152
Arnaud, Abbé François 184f., 199
Arnault, Antoine Vincent 215, 289
- *Horatius Coclès* 289
Arnould, Sophie 180
Arteaga, Esteban de 26f., 34, 36, 75, 90
Astrua, Giovanna 34
Auber, Daniel François Esprit 297
Aubert, Jacques 244

Bach, Johann Christian 67, 74, 150, 181f., 205
- *Amadis de Gaule* 205
- *Endimione* 67
Bach, Johann Sebastian 280
Badini, Carlo Francesco 91
Baglioni, Antonio 123
Baglioni, Francesco 115f., 122f., 125f.
Ballard 150, 162

Bambini, Eustachio 109
Banzy 222
Barré, Pierre-Yves 269, 283
Barrère 213
Bartlet, E. 291
Batteux, Abbé Charles 152f.
Bauman, Thomas 301f., 320
Baurans, Pierre 258, 260
Beaumarchais, Pierre Augustin Caron de 89, 208f., 259, 261, 264f., 267, 326
- *La Folle journée* 326
- *Le Mariage de Figaro* 259
Bedini, Domenico 327
Beethoven, Ludwig van 33, 199, 292f., 295f., 323
- *Fidelio* 292, 323
Beffara, Louis-François 232
Belfort 290
Benincasa, Bartolomeo 91
- *Il disertore* 91
Benti Bulgarelli, Marianna 33
Berenstadt, Gaetano 39
Berger, François 179
Berlioz, Hector 216, 287, 290
Bernacchi, Antonio Maria 40
Bernard, Pierre-Joseph (genannt Gentil-Bernard) 173, 232
Bernardi, Francesco 39f.
Bernardin de Saint-Pierre 296
Bernasconi, Antonia 132
Berrett, John 305
Bertati, Giovanni 86, 131, 141
- *Il cavaliere errante* 86
- *Il matrimonio segreto* 131, 141
Berthélémy, Jean-Simon 215
Berton, Henri Montan 182, 206, 289, 292, 298
- *Les Rigueurs du cloître* 289, 292
Bianchi, Francesco 45, 49, 51, 72, 91
- *Aci e Galatea* 49
- *Il disertore francese* 91
- *Piramo e Tisbe* 51, 72
Blainville, Charles-Henri 179, 185, 234
Blaise, Adolphe Benoît 259, 262, 310f.
- *Annette et Lubin* 310
- *Isabelle et Gertrude* 262
Blamont, Colin de 156
Blavet, Michel 258
- *Le Jaloux corrigé* 258
Blondel de Nesle 286
Boccaccio, Giovanni 245
Boieldieu, François-Adrien 297f.

Boileau 156, 240
Boismortier, Joseph Bodin de 222, 225
Bonneval, Michel de 221f.
Bononcini, Antonio Maria 45
- *Serse* 45
Bononcini, Giovanni 38ff., 44, 107
- *Astarto* 39
- *Camilla* 38
Boquets, Louis-René 234
Borck, Caspar Wilhelm von 305
Bordoni, Faustina 39
Boroni, Antonio 81
- *Sofonisba* 81
Borosini, Francesco 39
Borsa, Matteo 75
Boschi, Giuseppe Maria 38
Bottarelli, Giovanni Gualberto 81
- *Sofonisba* 81
Bourgeois, Thomas Louis 222f.
Boutet, J. M. 263
Boyle, Richard Earl of Burlington 38
Bretzner, Christoph Friedrich 321
- *Die Entführung aus dem Serail* 321
Broschi, Carlo 18, 33f., 40f.
Brosses, Charles de 111
Brown, Bruce A. 260
Brzoska, Matthias 92
Burlington s. Boyle, Richard

Cabanis 214
Caffarelli s. Majorano, Gaetano
Cahusac, Louis de 154, 169, 177, 179f., 221f., 234
Caldara, Antonio 66f., 209, 323
- *L'Asilo d'amore* 66f.
- *La clemenza di Tito* 323
Calegari, Antonio 49
- *Telemaco in Sicilia* 49
Calzabigi, Ranieri de 23f., 32, 45, 53, 67, 71, 74f., 82ff., 185, 189, 206
- *Alceste* 82f.
- *Ipermestra* 206
- *L'opera seria* 75
- *Orfeo ed Euridice* 53, 67, 71, 74
- *Paride ed Elena* 82f.
Campioli s. Gualandia, Antonio
Campra, André 156, 161–166, 221–224, 228
- *Achille et Deidamie* 156
- *Ballet des Muses* 224
- *Hésione* 162
- *Idoménée* 162–165

- *L'Europe galante* 162, 221, 223, 225
- *Les Fêtes vénitiennes* 224
- *Les fragments de Lully* 222
- *Les Muses* 228
- *Tancrède* 162

Capeci, Carlo Sigismondo 33, 38, 42f.
- *Orlando* 43

Caracciolo, Domenico 202
Carattoli, Francesco 115, 122f., 126
Carestini, Giovanni 33, 40f.
Carey, Henry 305
Carpani, Giuseppe 132, 138
Caruso, Luigi 49
- *Amleto* 49

Castelvecchi, Stefano 91
Casti, Giambattista 75, 88f.
- *Catilina* 89
- *Cublai Gran Can de' Tartari* 89
- *Il re Teodoro* 88
- *Prima la musica e poi le parole* 75

Cavalli, Francesco 165
- *Ipermestra* 165

Cavana, Giovanni Battista 107f.
Cerlone, Francesco 131f.
- *L'osteria di Marechiaro* 132

Cesarotti, Melchiorre 49f.
Chabanon, Michel Paul Guy de 182
Champein, Stanislas 269, 288f.
- *Les Dettes* 269, 288
- *Mélomanie* 269

Chancel, La Grange 224
Chareton 262
Charlton, D. 269, 283, 285, 287
Charpentier, Marc Antoine 167
- *David et Jonathas* 167

Chastellux 260, 263
Chénier, André 213, 216f.
Cherubini, Maria Luigi 53, 199, 202f., 209–212, 214, 289, 292–298
- *Démophoon* 202, 209, 212
- *Elisa, ou Le voyage au Mont Saint-Bernard* 295
- *Euphrosine et Conradin* 298
- *Ifigenia in Aulide* 53
- *Les deux journées* 210, 289
- *Lodoïska* 212, 292, 295f.
- *Médée* 210, 217

Choiseul, Duc de 148
Choron, Etienne 298
Ciampi, Vincenzo Legrenzio 261
- *Bertoldo, Bertoldino e Casasenno* 261

Cimarosa, Domenico 17, 45, 131, 133f., 141ff.
- *Il fanatico per gli antichi romani* 134
- *Il matrimonio segreto* 131, 141f.
- *L'impresario in angustie* 141

- *L'italiana in Londra* 141
- *Le magie di Merlina e Zoroastro* 141
- *Le stravaganze del conte* 141

Clark, Jeremiah 305
Cochin, C. N. le Jeune 230
Coffey, Charles 302, 305
- *The Devil to pay* 302, 305
- *The Merry Cobler* 302

Colasse, Pascal 157, 161, 221f., 253
- *Ballet de Villeneuve-Saint Georges* 222
- *Ballet des saisons* 222

Collé, Charles 232, 264f., 270, 273, 311, 318
- *Henri IV et le meunier* 273
- *L'isle sonnante* 270
- *La Partie de chasse de Henri IV* 311, 318

Collet de Messine, Jean Baptiste 235
Collin de Blamont, François 222
Colman d. Ä., George 141
Coltellini, Marco 20, 66, 71ff., 76, 82
- *La finta semplice* 20
- *Lucinda e Armidoro* 66
- *Piramo e Tisbe* 71, 73
- *Telemaco* 82

Comte de Clermont 177
Comte de Saint-Florentin 177
Conti, Gioacchino 33, 41
Coquéau 191f., 194, 198f.
Corelli, Arcangelo 38
Corneille, Pierre 26, 28, 33, 37, 42, 78, 85, 155ff., 249
- *Cinna* 26

Corneille, Thomas 26
- *Camma* 26
- *Ezio* 26

Corrado, Gioacchino 106, 108
Corvo, Niccolò 98, 101
Croce, Benedetto 101
Cuzzoni, Francesca 39

Dahlhaus, Carl 199
Dalayrac, Nicolas 92, 138, 267f., 283, 288, 295ff.
- *Camille ou Le Souterrain* 92, 295ff.
- *Le Poète et le musicien* 269
- *Les Deux petits savoyards* 296
- *Nina, ou La Folle par amour* 92, 138, 288, 296
- *Raoul sire de Créqui* 296

Danchet, Antoine 156, 162f., 222, 224, 228
- *Ballet des Muses* 224
- *L'Europe galante* 221
- *Les fêtes galantes* 221

- *Les Fêtes vénitiennes* 224
- *Les fragments de Lully* 222
- *Les Muses* 228

Dancourt, Florent Carton 222, 241, 246
- *Ballet de la Jeunesse* 222

Da Ponte, Lorenzo 131, 325f.
Dauvergne, Antoine 263
Davesne, Bertin 275
David, Jacques-Louis 216f.
De Falco, Michele 98f.
- *Pisciaportelle* 99

De Gamerra, Giovanni 26, 45, 56, 74
- *Gli amanti in Tempe* 74
- *Pirro* 26, 56
- *Sismano nel Mogol* 56

Delalande, Michel Richard 222f.
- *Ballet de la Jeunesse* 222
- *Les Eléments* 223

Delaplace 243
Dellamaria, Dominique 298
- *Le Prisonnier* 298

De Mauro, Tommaso 98f.
- *Lo Spellecchia finto razullo* 99

Dennis, John 38
De Petris, Carlo 99
- *Lo Spellecchia finto razullo* 99

Dercy 215
- *Ossian ou les Bardes* 215

Desaugiers, Auguste Félix 206
Deschamps 215
- *Ossian ou les Bardes* 215

Desfontaines 214
- *La Chaste Suzanne* 214

Desmarets, Henri 162, 221, 223
- *L'Europe galante* 221
- *Les Amours de Momus* 221
- *Les Fêtes galantes* 221, 224

Desriaux 215
- *La Montagne ou la Fondation du Temple de la Liberté* 215

Destouches, André Cardinal 38, 156f., 159ff., 166, 222ff., 264
- *Amadis de Grèce* 38
- *Issé* 224
- *Le Carnaval et la Folie* 222
- *Les Eléments* 223
- *Omphale* 159ff.
- *Sémiramis* 163

Devienne, François 289f.
- *Le Pensionnat de jeunes demoiselles* 290
- *Les Français au Sérail* 290
- *Les Visitandines* 289f.

Diderot, Denis 182, 184, 186, 188, 201, 214, 233f., 260, 263–268, 282
- *Le Fils naturel* 266

Diodati, Giuseppe Maria 141
- *L'impresario in angustie* 141
Döbbelin, Carl Theophil 321
Dodsley, Robert 273, 311
- *The King and the Miller of Mansfield* 273, 311
Donizetti, Gaetano 143
- *Don Pasquale* 143
Dorat, Claude-Joseph 185
Dorfeno, Fabio 49
- *Amleto* 49
Du Roullet, Marie-François-Louis Lebland 185–190, 192, 203, 205f., 209f.
Du Tillot, Guillaume 76
Dubos, Abbé 152
Dubreuil, Alphonse du Congé 296
- *Paul et Virginie* 296
Dubuisson, Simon-Henri 175, 221
Duché de Vancy, Joseph-François 221, 224
- *L'Europe galante* 221, 224
- *Les Amours de Momus* 221
- *Les Fêtes galantes* 221, 224
Ducis, François 49
Dufresny 241
Duni, Egidio Romoaldo 90, 127, 214, 260ff., 265, 269, 277
- *La buona figliuola* 90, 127
- *Le Milicien* 277
- *Le peintre amoureux de son modèle* 261f.
- *Les Deux chasseurs et la laitière* 214, 265
- *Les Moissonneurs* 265
Duplat de Monticourt 232
Durastanti, Marguerita 38
Durazzo, Giacomo 82f.
- *Armida* 82f.
Dutilh 215, 289
- *Le Siège de Thionville* 289
Duval, Mlle 222
- *Les Génies* 222

Eschenburg, Johann Joachim 283
Estève, Pierre 221
Euripides 169f.

Faber, Johann Heinrich 301, 303, 311
Fabris, Giacomo 43
Faggioli, Michelangiolo 97, 99ff.
- *La Cilla* 97, 99ff.
Farinelli s. Broschi, Carlo
Favart, Charles-Simon 240, 245, 254f., 257–262, 264f., 268, 302, 306, 310
- *Acajou* 255
- *Annette et Lubin* 307, 310
- *Fée Urgèle* 264, 268

- *La chercheuse d'esprit* 255, 257f.
- *Ninette à la cour* 261, 302, 306
- *Raton et Rosette* 258
- *Soliman II* 245
Favart, Marie-Justine-Benoîte 259, 302
Favières, E. de 296
Fedeli, Ruggiero Fedel 38
Federico, Gennarantonio 98, 104, 108, 110, 115
- *Il Flaminio* 104
- *La serva padrona* 108, 110, 115
- *Lo frate nnamorato* 104
- *Perinotta e Bombo* 110
Fénelon, François 162
Ferrandini, Maddalena 19
Fielding, Henry 275
Fiévée, Joseph 289
Fillette-Loraux 294
Fleury, Jacques (oder Nicolas) 222
Floquet, Etienne-François 237
- *Azolan ou le Serment indiscret* 237
- *L'Union de l'Amour et les Arts* 237
Fontenelle, Bernard Le Bovier de 152f., 181f.
Fontenelle, Granges de 215, 264
- *La Montagne ou la Fondation du Temple de la Liberté* 215
Foppa, Giuseppe Maria 46, 49, 54
- *Aci e Galatea* 49
- *Amleto* 49, 54
- *Giulietta e Romeo* 49
Forgeot, Nicolas-Julien 269, 288
- *Les Dettes* 269, 288
Framéry, Nicolas Etienne 191, 199, 221f.
Franceschi, Francesco 75
Francœur, François 182, 222
Francœur, Louis Joseph 222
Frantz, Pierre 214
Fréron, Elie-Cathérine 176
Friedrich II. 77f.
Frugoni, Carlo Innocenzo 76f., 79, 82
- *Ippolito ed Aricia* 77
Fux, Johann Joseph 67
- *Il tempio dell'eternità* 67
Fuzée, Claude-Henri de 232, 235
Fuzelier, Louis de 222, 225f., 228, 243–246, 249
- *La Reine de Péris* 225
- *Les Animaux raisonables* 249
- *Les Indes galantes* 226
- *Les Pèlerins de la Mecque* 245

Gabrielle d'Estrée 273
Gallet 260
- *Le Tour double* 260

Galuppi, Baldassare 19, 65, 81, 116, 122–127, 130f.
- *Il filosofo di campagna* 19, 126
- *L'Arcadia in Brenta* 122ff.
- *L'arrivo di Enea nel Lazio* 65
- *La diavolessa* 126f.
- *La forza d'amore* 122
- *Sofonisba* 81
Garcin 185
Gardel 188
Garrick, David 141, 255
Gasparini, Francesco 39f., 107–110
- *Erighetta e Don Chilone* 110
- *L'avaro* 108
- *Lisetta e Astrobolo* 109
- *Taican rè della Cina* 109
Gassmann, Florian 75
- *L'opera seria* 75
Gautier de Montdorge, Antoine 228
- *Fêtes d'Hébé* 228
Gaveaux 289
- *Léonore* 289
Gavinies 259
Gay, John 305
Gazzaniga, Giuseppe 45, 51, 91, 131
- *Idomeneo* 51
- *Il disertor francese* 91
Gervais, Charles-Hubert 156, 165f.
- *Hypermnestre* 165f.
Ghezzi, Pierleone 18
Giacomelli, Geminiano 40
Gigli, Girolamo 110
- *La Dirindina* 110
Gilliers, Jean-Claude 244, 249f.
Ginguené 199, 201, 221f.
Girault 180
Girdlestone, Cuthbert 163, 179
Giuliani, Abbé Ferdinando 203
Giziello s. Conti, Gioacchino
Gluck, Christoph Willibald 9, 15, 45, 53, 67, 71, 74, 82ff., 86, 132, 134, 150, 154f., 177, 181–203, 206–210, 214, 216, 246, 255, 259f., 263, 269, 290, 292
- *Alceste* 82f., 132, 183, 186, 188–192, 198, 201f.,
- *Armide* 83f., 183, 193ff., 202
- *Echo et Narcisse* 84, 183
- *Ezio* 82
- *Il trionfo di Clelia* 82
- *Iphigénie en Aulide* 84, 183, 185–188, 195, 199, 200ff.
- *Iphigénie en Tauride* 84, 183, 190, 195–199, 205, 290
- *L'Arbre enchanté* 183
- *L'Isle de Merlin* 196

- *L'Ivrogne corrigé* 82
- *La Rencontre imprévue* 209
- *Le Festin de pierre, ou Don Juan* 82
- *Les Pèlerins de la Mecque* 246
- *Orfeo ed Euridice* 53, 67, 71, 82, 86, 134, 150, 177, 183, 188f., 200, 202
- *Paride ed Elena* 71, 82f., 189, 199, 201
- *Telemaco* 82f.
- *Tetide* 82

Goethe, Johann Wolfgang von 9, 301, 321
- *Erwin und Elmire* 301

Goldoni, Carlo 16f., 19f., 90, 92, 115–130, 138, 261
- *Amor contadino* 121
- *Arcifanfano re de' matti* 117f.
- *Bertoldo, Bertoldino e Cacasenno* 119
- *I portentosi effetti della madre natura* 119
- *Il buon padre* 116
- *Il festino* 120
- *Il filosofo di campagna* 19, 120, 126
- *Il gondoliere veneziano* 116
- *Il mondo alla roversa* 117f.
- *Il mondo della luna* 117f.
- *Il negligente* 117
- *Il paese della Cuccagna* 117f.
- *Il povero superbo* 120f.
- *L'amante cabala* 117
- *L'amore artigiano* 121
- *L'amore in caricatura* 120f.
- *L'Arcadia in Brenta* 117, 122ff., 138
- *La bella verità* 121f.
- *La birba* 116
- *La bottega da caffè* 117
- *La buona figliuola* 90, 117, 120f., 126ff.
- *La buona figliuola maritata* 121
- *La contessina* 117, 122
- *La conversazione* 120
- *La diavolessa* 120, 126f.
- *La fiera di Sinigaglia* 120
- *La finta semplice* 20
- *La fondazion di Venezia* 119
- *La mascherata* 119
- *La pelarina* 116
- *La scuola moderna* 117
- *Le pescatrici* 119f.
- *Monsieur Petiton* 117

Gombeaud, Jean-Ogier de 165
Gomicourt 263f.
Gonella, Francesco 49
- *Oreste* 49

Gossec 181f., 217
- *L'Offrande à la Liberté* 217
- *Le Camp de Grand-Pré* 217
- *Sabinus* 182

Gottsched, Johann Christoph 305
Gozzi, Carlo 132
Graun, Carl Heinrich 65, 78f.
- *Armida* 78
- *Artaserse* 79
- *Britannico* 78
- *Cinna* 78
- *Fetonte* 78
- *I fratelli nemici* 78
- *Ifigenia in Aulide* 78
- *Le feste galanti* 65
- *Merope* 78
- *Mitridate* 78
- *Semiramide* 78

Gravina, Gian Vincenzo 23
Grétry, André-Ernest-Modeste 65, 151, 182, 196, 208, 237, 260, 263, 267f., 276, 279, 283–288, 292, 297f., 302, 304, 320
- *Amitié à l'épreuve* 283
- *Aucassin et Nicolette* 268
- *Aucassin et Nicolette* 286
- *Céphale et Procris* 182
- *L'Amant jaloux* 268
- *L'Epreuve villageoise* 298
- *La Caravane du Caire* 208, 237
- *La Rosière de Salency* 65
- *Les Deux avares* 260, 283
- *Les Evènements imprévus* 290
- *Lucile* 276
- *Richard-cœur-de-lion* 279, 283, 286, 288, 292
- *Silvain* 284
- *Zémir et Azor* 65, 196, 286

Greuze, Jean-Baptiste 266
Grewe, A. 247
Grimaldi, Nicolini 30
Grimaldi, Vincenzo 38
- *Agrippina* 38

Grimm, Baron 161, 184, 207, 263, 274, 276, 282f.
Gualandia, Antonio 40
Guarini, Giovanni Battista 38, 64
Guglielmi, Pietro 91
- *Il disertore* 91

Guillard, Nicolas-François 195, 205

Händel, Georg Friedrich 9, 12, 15, 30, 37–45, 86, 177, 305
- *Acis und Galathea* 305
- *Admeto* 43
- *Agrippina* 38f.
- *Alcina* 44
- *Alessandro* 43
- *Alessandro Severo* 42
- *Amadigi* 38
- *Arianna in Creta* 40, 43
- *Ariodante* 44
- *Arminio* 45
- *Atalanta* 44
- *Deidamia* 39
- *Der beglückte Florindo* 38
- *Der in Kronen erlangte Glückswechsel, oder: Almira* 38
- *Die durch Blut und Mord erlangte Liebe, oder: Nero* 38
- *Die verwandelte Daphne* 38
- *Ezio* 30, 43
- *Faramondo* 40, 42
- *Flavio* 44
- *Giulio Cesare in Egitto* 39f., 43
- *Il pastor fido* 38, 43f.
- *Imeneo* 39
- *Jupiter in Argos* 39
- *Lotario* 43
- *Orlando* 43f.
- *Ottone* 43
- *Partenope* 40, 43
- *Poro* 40, 43
- *Radamisto* 38f.
- *Riccardo Primo* 43
- *Rinaldo* 38f., 43
- *Rodelinda* 44
- *Rodrigo* 38
- *Scipione* 43
- *Serse* 45
- *Siroe re di Persia* 43
- *Sosarme* 43
- *Terpsichore* 44
- *Teseo* 38
- *Titus l'Empereur* 43
- *Tolomeo re d'Egitto* 38, 43

Hardy, Alexandre 224
Hasse, Johann Adolf 10, 15, 17, 30, 32f., 40, 44, 46, 66, 71f., 82, 108, 111f., 114f., 187, 209
- *Achille in Sciro* 32
- *Alcide al bivio* 82
- *Artaserse* 30
- *Attilio Regolo* 30
- *Ezio* 10
- *Il tutore* 111
- *L'asilo d'Amore* 66
- *La contadina* 108, 112, 114
- *Piramo e Tisbe* 71

Haydn, Joseph 15, 37, 86f., 92, 328
- *Orlando paladino* 86f., 92

Haym, Nicola Francesco 38, 45
Heidegger, Jacob 38f., 42
Heinrich IV. 240, 245, 311, 318
Hèle, Thomas d' 268, 290
- *L'Amant jaloux* 268

- *Les Evènements imprévus* 290
Hénault 229
Herberey des Essarts, Nicolas d' 157
Herklots 293, 295
Herzog von Chartres 166
Heurtier, Jean-François 290
Hill, Aaron 38
Hiller, Johann Adam 302–313, 315f., 318, 320f.
- *Die Jagd* 311, 313, 315
- *Die Liebe auf dem Lande* 307f., 315
- *Die verwandelten Weiber, oder Der Teufel ist los* 305f.
- *Lisuart und Dariolette* 306
- *Lottchen am Hofe* 306
Hilverding, Franz Anton Christoph 236
Hofer, Josepha 20
Hoffman, François-Benoît 217f., 290
- *Euphrosine, ou Le Tyran corrigé* 217
Hugo, Voctor 199

Ibsen, Henrik 264

Jadin, Louis Emanuel 215
- *Le Siège de Thionville* 289
Jaucourt, Chevalier de 276f.
Jélyotte, Pierre de 152, 177
Jevon, Thomas 305
- *The Devil of a Wife* 305
Jolyot de Crebillon, Prosper 162
Jommelli, Niccolò 33, 65f., 74, 78f., 81f., 209
- *Endimione* 66
- *Enea nel Lazio* 79
- *Fetonte* 78f., 81
- *Ifigenia in Aulide* 79
- *Il trionfo d'Amore* 65
- *Pelope* 79
- *Vologeso* 81
Jonquières 264
- *Guy de Chesne* 264
Joseph II. 326

Karl Theodor (Kurfürst) 321
Karl V. 229
Karl VI. 323
Keiser, Reinhard 37, 40
Kennedy, Emmet 214
Kintzler 224
Koch, Hans-Albrecht 301
Koch, Heinrich Gottfried 302, 305
Krämer, Jörg 301, 312, 317f., 320
Kreutzer, Rodolphe 296, 298
Kunze, Stefan 327
Kunzen, Friedrich Ludwig Aemilius 183

La Barre, Michel de 228
- *Le Triomphe des arts* 228
La Baume Leblanc, Louis-César de, duc de Lavallière 221
La Borde, Benjamin de 182f., 217, 246, 259
- *Ismène et Isménias* 182f.
La Bruyère, Jean de 153
La Chaussé, Pierre Claude Nivelle de 119
La Chevardière 182f.
La Coste, Louis de 223, 244
- *Aricie* 223
La Font, Joseph de 225
La Fontaine, Jean de 156, 232, 262
La Guerre, Elisabeth Jacquet de 221
La Harpe, Frédéric César de 193, 207f., 213, 261, 263, 268. 282f.
La Motte-Houdar, Antoine de 25f., 152f., 157, 160, 169f., 181f., 221–224, 228, 249, 253
- *Amadis de Grèce* 157
- *Inès de Castro* 25f.
- *Issé* 157
- *L'Europe galante* 157
- *L'Europe galante* 221, 223
- *Le Triomphe des arts* 223
La Porte, Joseph de 177
La Salle, Nicolas Bourguignon de 193
La Vergne, Louis-Elisabeth de 232
Lachabeaussière 267, 269
- *Azémia* 267
Lacombe, Jacques 221, 282
Lacoste, Louis de 163
- *Philomèle* 163
Lafont, Joseph de 165
Lagrave, Henri 242
Lalli, Domenico 42
Landois 263
Laruette, Jean-Louis 261
- *L'Ivrogne corrigé* 261
- *Le Médecin de l'amour* 261
Laschi, Filippo 108
Latilla, Gaetano 122
- *Madama Ciana* 122
Laujon, Pierre 182f.
Lazzaroni, Lodovico 64
- *Il giudizio d'Aminta* 64
Le Bel 243
Le Cerf de La Viéville, Laurent 155, 157, 162
Le Chapelier 213
Le Clerc de la Bruère, Charles-Antoine 222, 235
Le Franc de Pompignan, Jean-Jacques 222f.
Le Gand 249
- *Les Animaux raisonables* 249

Le Gros 200
Le Sage 243–249, 251, 264, 267
- *Arlequin Valet de Merlin* 248
- *La Boîte de Pandore* 246
- *La Foire de Guibrai* 251
- *Le Monde renversé* 246f.
- *Le Temple de Mémoire* 249f.
- *Les Pèlerins de la Mecque* 245
Le Texier de Forge 172
Lediard, Thomas 43
Lemierre 163
Lemonnier, Pierre-René 237, 260
- *Azolan ou le Serment indiscret* 237
- *L'Union de l'Amour et les Arts* 237
Lemoyne, J.-B. 215, 289
- *Miltiade à Marathon* 289
Leo, Leonardo 33f., 40, 104, 106, 110, 187
- *Amor vuol sofferenza* 104, 106
- *Perinotta e Bombo* 110
Leopardi, Giacomo 23
Leopold I., Großherzog von Toskana 189
Leopold II. 323
Leopold von Österreich 286
Lesczynska, Maria 223, 226
Lespinasse, Mlle de 202
Lessing, Gottfried Ephraim 264, 305
Lesueur, Jean-François 215, 292, 296, 298
- *Ossian ou les Bardes* 215
- *Paul et Virginie* 296
- *Télémaque dans l'Isle de Calypso* 217f.
Lhétier de Villandron, Marie-Jeanne 286
Lic, Abbé 223
- *Aricie* 223
Lippmann, Friedrich 45, 139
Liszt, Franz 287
Livigni, Filippo 133
- *La Frascatana* 133
Loo, Charles André van 177
Lorenzi, Giambattista 131–134, 138
- *Il Socrate immaginario* 134
- *Il tamburo* 132
- *L'idolo cinese* 133
- *Nina* 132, 138
Lotti, Antonio 39, 108
Ludwig XIV. 148, 155ff., 239, 243ff.
Ludwig XV. 177, 223, 228f., 260
Ludwig XVI. 225
Lully, Jean-Baptiste 11, 38, 78, 148, 150ff., 155ff., 160–163, 165, 168ff., 172f., 175, 179, 184, 188, 191, 193ff., 203, 205, 209, 221, 230, 241f., 252f., 255
- *Alceste* 173
- *Atys* 253
- *Bourgeois gentilhomme* 159
- *Isis* 151

- *Phaéton* 253
- *Roland* 157, 253
- *Thésée* 38, 157, 255
Lully, Louis 157
MacPherson, James 49
Madame de Pompadour 235, 255
Madame Maurice 242
Majorano, Gaetano 33f., 41
Mancini, Francesco 34, 38, 111
- *Colombina e Pernicone* 111
- *Il Traiano* 111
Marais, Marin 156f., 161f., 224
- *Alcione* 161f., 224
Marat 214
Marcello, Benedetto 9, 75, 111
Marchand, Theobald 283, 301, 311, 319
Marchesini, Santa 108
Maréchal de Saxe 255
Maria Teresa von Spanien 228
Mariani, Tommaso 108, 110
- *La contadina astuta* 108
- *La maga per vendetta e per amore* 110
Marie Antoinette 185, 203, 206
Marie Josephe von Sachsen 223
Marino, Giovan Battista 64
Marivaux, Pierre Carlet de Chamblain de 225, 227, 232
Marlow, Christoph 305
Marmontel, Jean-François 49, 177, 181f., 193, 202ff., 209f., 263, 266f., 284ff.
- *Silvain* 284
Marquise de Châtelet 175
Marsollier, Benoît-Joseph 92, 132, 267
- *Camille ou Le Souterrain* 92
- *Nina ou La Folle par amour* 92, 132
Martello, Pier Jacopo 37ff.
Martine 268
Maruyama 223
Masson, Paul-Marie 179
Mattheson, Johann 221
Maurice, Charles 151
Mayr, Johann Simon 45, 53, 92, 323
- *Gli sciti* 53
Mazzolà, Caterino 17, 323f.
Medebach, Girolamo 116, 122
Méhul, Etienne Nicolas 215, 217, 284, 289–292, 298
- *Adrien* 217
- *Ariodant* 217
- *Cora* 217
- *Euphrosine* 290
- *Horatius Coclès* 289
- *Joseph* 217
- *L'Irato* 217
- *Mélidore et Phrosine* 217
- *Stratonice* 217

- *Une Folie* 217
- *Uthal* 217
Menesson, A. 223
Mercier, Louis-Sébastien 91, 147, 264f., 277, 282
- *Le Déserteur* 277
Mercotellis, Agasippo 98, 101
- *Patrò Calienno de la costa* 98, 101
Metastasio, Pietro 9f., 12, 17, 23–36, 43, 46–53, 64, 66f., 73f., 76, 78f., 82f., 86f., 109f., 112, 115, 130, 150, 154, 181ff., 184, 189, 203f., 209, 259, 268, 285, 323, 326
- *Achille in Sciro* 26, 30
- *Adriano in Siria* 25f., 28, 34
- *Alcide al bivio* 73, 82
- *Alessandro nell'Indie* 28, 34
- *Antigono* 25
- *Artaserse* 28, 30
- *Attilio Regolo* 25f., 28, 30, 34
- *Catone in Utica* 25, 28, 51
- *Ciro riconosciuto* 25, 34
- *Demetrio* 26
- *Demofoonte* 25f., 28f., 34, 36
- *Didone abbandonata* 23, 28, 30, 34, 51, 109
- *Endimione* 66
- *Ezio* 10, 26, 28, 30, 43, 82, 326
- *Il re pastore* 26, 34
- *Il tempio dell'eternità* 67
- *Il trionfo di Clelia* 25, 28, 34, 82
- *Ipermestra* 25
- *Issipile* 25–29
- *L'asilo d'Amore* 66f.
- *L'eroe cinese* 26
- *L'impresario delle Canarie* 110, 112
- *L'isola disabitata* 4
- *La clemenza di Tito* 17, 26, 28, 323
- *La strada della gloria* 23
- *Le cinesi* 34
- *Nitteti* 25, 34, 36
- *Olimpiade* 26, 29
- *Romolo ed Ersilia* 25, 28
- *Ruggiero* 26, 34
- *Semiramide riconosciuta* 28, 34
- *Siroe re di Persia* 28, 43
- *Temistocle* 26, 34
- *Zenobia* 25f., 28
Meyerbeer, Jakob 287
Mililotti, Pasquale 141
- *Le stravaganze del conte* 141
Mingotti, Angelo 109
Mingotti, Pietro 82, 109
Mion, Ch. L. 222
Molière, Jean Baptiste 37, 108, 155ff., 230, 252, 264

Moline, Pierre-Louis 188
Momigny, Jérôme Joseph de 287
Mondonville, Jean Joseph Cassanéa de 222, 234–237, 258, 302
- *Les Fêtes de Paphos* 234f., 237
- *Titon et l'Aurore* 258
Moneta, Giuseppe 49
- *Oreste* 49
Moniglia, Giovanni Andrea 165
Monnet, Jean 147, 255, 259, 262, 268
Monsigny, Pierre Alexandre 91, 237, 260, 267–270, 274–283, 286f., 297f., 304, 311f.
- *Aline, reine de Golconde* 237
- *L'Isle sonnante* 270
- *Le Déserteur* 91, 274, 276ff., 281ff., 298
- *Le Maître en droit* 273
- *Le Roi et le fermier* 275, 283, 311
- *Rose et Colas* 298
- *Tarare* 283
Montagnana, Antonio 40
Montéclair, Michel Pignolet de 154, 156, 166–169, 222, 225
- *Jephté* 166–169
- *Les Fêtes de l'été* 225
Montesquieu, Charles de Secondat 208, 227, 245, 248, 276
- *L'esprit des lois* 276
Monvel 263
Mora, Marquis de 202
Morel de Chédeville, Etienne 208, 215, 237
- *Tamerlan* 215
Moretti, Ferdinando 46, 53
- *Ifigenia in Aulide* 53
Mottley, John 305
- *The devil to Pay* 305
Mouret, Jean-Joseph 156, 165, 221f., 225
- *Les Fêtes de Thalie* 165, 225
Mozart, Leopold 326
Mozart, Wolfgang Amadeus 9, 11f., 15, 17f., 20, 33, 37, 45, 63, 74, 116, 123, 131, 143, 162, 209, 224, 226, 245f., 260, 275, 280, 292, 295f., 307, 321, 323–332
- *Apollo et Hyacinthus* 325
- *Ascanio in Alba* 63, 325
- *Bastien und Bastienne* 325
- *Così fan tutte* 325f.
- *Der Schauspieldirektor* 323, 325f.
- *Die Entführung aus dem Serail* 209, 226, 245f., 321, 323, 325ff.
- *Die Schuldigkeit des ersten Gebots* 325
- *Die Zauberflöte* 20, 143, 290, 292, 323–328

NAMENREGISTER

- *Don Giovanni* 18, 116, 224, 275, 325ff.
- *I fuorusciti* 92
- *Idomeneo* 162, 323, 325ff.
- *Il dissoluto punito ossia Il Don Giovanni* 325
- *Il re pastore* 325
- *Il sogno di Scipione* 325
- *L'oca del Cairo* 325
- *La Betulia liberata* 325
- *La clemenza di Tito* 17, 323ff., 327
- *La finta giardiniera* 325
- *La finta semplice* 20, 325
- *Le gelosie del serraglio* 325
- *Le nozze di Figaro* 97, 275, 307, 323, 325ff., 331
- *Les petits riens* 325
- *Lo sposo deluso* 325
- *Lucio Silla* 325
- *Mitridate re di Ponto* 325
- *Semiramis* 325
- *Thamos, König in Ägypten* 325
- *Zaide* 325

Muratori, Ludovico Antonio 40

Napoli Signorelli, Pietro 75, 84
Nasolini, Sebastiano 56
- *La morte di Cleopatra* 56
Netter, Maurice-Laurence 214
Nicolet, Jean-Baptiste 243
Nicolini, Giuseppe 52
- *Fedra* 52
Niel, Jean-Baptiste 221f.
- *Les romans* 221
Nivelle de la Chaussée 264
Nougaret 254, 260, 262ff., 270, 273f.
Noverre, Jean-Georges 79, 182, 188, 234, 236, 244, 259, 325

Olivero, Pietro Domenico 16
Orefice, Antonio 98, 101
- *Patrò Calienno de la costa* 98, 101f.
Orilia, Nicola 99
- *Pisciaportelle* 99
Orlandini, Giuseppe 108, 110, 116
- *Il marito giocatore* 110, 116
- *L'artigiano gentiluomo* 108
- *Monsieur di Porsugnacco* 110
- *Serpilla e Bacocco* 108
Orneval, d' 243, 245–248
- *Les Pèlerins de la Mecque* 245
Ovid 64, 162

Paër, Ferdinando 45, 92, 206
- *Agnese* 92
- *Camilla* 92
- *Griselda* 92

- *Leonora* 92
- *Sargino* 92
Paisiello, Giovanni 45, 56, 66, 92, 124, 131–140, 199, 209
- *Achille in Sciro* 66
- *Il barbiere di Siviglia* 124, 131, 134–138
- *Il Socrate immaginario* 134
- *Il tamburo* 132
- *L'idolo cinese* 133
- *L'osteria di Marechiaro* 132
- *La Frascatana* 133
- *Lucinda e Armidoro* 66
- *Nina* 92, 131f., 138f.
- *Nitteti* 66
- *Pirro* 56
- *Sismano nel Mogol* 56
Palat 217
Palomba, Giuseppe 134
- *Il fanatico per gli antichi romani* 134
Parfaict, Gebrüder 173
Pariati, Pietro 43, 108, 110
- *Arianna in Creta* 43
Parini, Giuseppe 63
- *Ascanio in Alba* 63
Pascal, Blaise 156
Pavis 254
Peeles, George 305
Pellegrin, Abbé Simon-Joseph 76f., 166f., 169ff., 222, 225
- *Hippolyte et Aricie* 76
Pepusch, Christoph 305
Perez, Davide 110
- *La maga per vendetta e per amore* 110
Pergolesi, Giovanni Battista 11, 15, 33f., 104, 108, 110ff., 115, 187, 230, 298, 302
- *Adriano in Siria* 34, 108
- *Il Flaminio* 104, 111
- *Il prigionier superbo* 108
- *La contadina astuta* 108
- *La serva padrona* 11, 15, 108, 110f., 115, 302
- *La Servante maîtresse* 298
- *Livietta e Tracollo* 112
- *Lo frate nnamorato* 104
- *Olimpiade* 34
Perti, Giacomo Antonio 39
Perrault, Charles 157
Pertici, Pietro 108
Petrosellini, Giuseppe 131
- *Il barbiere di Siviglia* 131
Pezzana, Giuseppe 26f., 34
Pfeffel, Gottlieb Johann 311
- *Der König und der Pachter* 311
Philidor, François-André Dunican 91, 148, 181f., 201, 246, 259ff., 268ff., 272–297, 301., 304, 315, 320

- *Blaise le savetier* 270
- *Ernelinde* 182, 201
- *Le Maréchal ferrant* 270, 273
- *Les Femmes vengées* 268, 270
- *Tom Jones* 91, 270, 275f., 315
Philippe II. von Orléans 225, 244
Pic, Abbé 221f.
- *Le Ballet des Saisons* 222
Picard, Louis Benoît 289
Piccinni, Niccolò 73f., 90, 121, 126, 130f., 150, 155, 181f., 184, 187, 190, 198f., 201–205, 207, 209, 301
- *Atys* 205
- *Didon* 205
- *L'Esclave ou Le marin généreux* 301
- *La buona figliuola* 73, 90, 121, 126ff.
- *Roland* 202f., 205
Piis, Antoine-Pierre Augustin de 269, 283
Pio, Antonio 74
- *Nettuno ed Egle* 74
Piovene, Agostino Conte di 42
Pisano, Antonio 98
Pitrot, Antoine 259
Pixérécourt 267
Planelli, Antonio 75f., 84
Poinsinet, Antoine Alexandre Henri 182, 266, 270, 275f.
- *Tom Jones* 270, 283
Porpora, Niccolò 33, 40, 44, 187
Porta, Giovanni 38
Porta, Nunziato 86f.
- *Orlando paladino* 86f.
Pougin, Arthur 222
Prince de Carignan 179
Prota, Ignazio 98
Prunetti, Michelangelo 52
- *Fedra* 52
Purcell, Henry 305

Quadrio, Francesco Saverio 109
Quantz, Johann Joachim 38
Quétant, François-Antoine 263, 265, 270, 272, 301
- *Le Maréchal ferrant* 270, 272, 301
Quinault, Baptiste Maurice 202–205, 222, 241
Quinault, Philippe 78, 82f., 150f., 156f., 160, 162f., 170, 177, 181f., 186, 193
- *Alceste* 160
- *Atys* 163

Racine, Jean Baptist 25f., 37, 43, 78, 155ff., 169ff.
- *Andromaque* 26
- *Bérénice* 43
- *Britannicus* 25f.

Radet 214
- *La Chaste Suzanne* 214
Raffael (Raffaelo Santi) 200
Raguenet, François 155
Rameau, Jean-Philippe 76f., 147, 150–157, 162, 165f., 168–182, 184f., 189, 197, 201, 222, 225–234, 244, 260
- *Castor et Pollux* 147, 172–177, 180, 225
- *Dardanus* 178ff.
- *Hippolyte et Aricie* 76, 226, 150, 156, 166, 169–173, 175f., 179, 228f.
- *La Princesse de Navarre* 179, 182
- *Le Temple de la gloire* 223
- *Les Boréades* 165, 177, 179ff., 232
- *Les Indes galantes* 173, 179, 225, 229
- *Les Paladins* 231–234, 260
- *Linus* 179
- *Platée* 231
- *Zoroastre* 147, 150, 174, 177–180, 189
Rauzzini, Venanzio 73
- *Piramo e Tisbe* 73
Rebel, François 182, 222
Regnard 241, 253, 259
Reiber, Joachim 301
Reichardt, Johann Friedrich 174, 183, 304, 311, 315f.
Reigny, Beffroy de 214f., 289
- *Toute la Grèce ou Ce que peut la liberté* 289
Rica 248
Riccoboni, Luigi 245, 253
Rich, Christopher 44
Rich, John 39
Richardson, Samuel 90, 119
Richelieu, Armande Jean du Plessis 228f.
Rinaldo da Capua 122
Ristorini, Antonio 108
Riupeirous, Théodore de 165
Riva, Giuseppe 39f., 75
Robespierre, Maximilien de 214
Robinson, Anastasia 38
Rochemont de 154, 185
Rodríguez de Montano, Garci 157
Rolli, Paolo Antonio 38, 43
- *Scipione* 43
Rosoi, Farmian de 263
Rossi, Gaetano 49, 53
- *Gli sciti* 53
Rossi, Giacomo 45
Rossini, Gioacchino 11, 15, 45, 136, 141–143, 323
- *Il barbiere di Siviglia* 136
Rousseau, Jean-Jacques 148, 154, 188ff., 200, 213f., 221, 259, 261ff., 287, 301f.
- *Le Devin du village* 259, 262, 264, 267, 287, 302

- *Pygmalion* 301
Roy, Pierre-Charles 163, 221ff.
- *Les Grâces* 221
Rozoi 267
Rushton, Julien 203

Sacchini, Antonio Maria Gasparo 56, 91, 150, 203, 205f.
- *Calliroe* 56
- *Il disertore per amore* 91
- *Œdipe à Colonne* 205
Saddumene, Bernardo 102ff., 114
- *La contadina* 114
- *Li zite 'ngalera* 102ff.
Saint Mard, Rémond de 175
Saint-Germain, Douet de 179
Saint-Marc 182
Salieri, Antonio 45, 75, 89, 150, 183, 202f., 206, 208f.
- *Axur Rè d'Ormus* 89
- *Catilina* 89
- *Cesare in Farmacusa* 89
- *Cublai Gran Can de' Tartari* 89
- *Les Danaïdes* 206
- *Prima la musica e poi le parole* 75
- *Tarare* 89, 208
Sallée, Marie 44, 244
Salvi, Antonio 33, 38, 42f., 108, 110
- *Il marito giocatore* 110
- *L'artigiano gentiluomo* 108
- *L'avaro* 108
- *Lotario* 43
- *Monsieur di Porsugnacco* 110
- *Serpilla e Bacocco* 108
- *Sosarme* 43
Sarro, Domenico 34, 108ff., 112ff.
- *Brunetta e Burlotto* 108
- *Didone abbandonata* 108f., 112f.
- *Ginevra principessa di Scozia* 108
- *L'impresario delle Canarie* 108ff., 112ff.
- *La capricciosa e il credulo* 108
Sarti, Giuseppe 45, 51
- *Giulio Sabino* 51
Saulnier 215, 289
- *Le Siège de Thionville* 289
Sauval 241
Sauveterre, François 79
Scalzi, Carlo 41
Scarlatti, Alessandro 17, 38ff., 98, 102, 107, 187
- *Il trionfo dell'onore* 98, 102
Scarlatti, Domenico 38, 43, 110
- *La Dirindina* 110
- *Narciso* 43
Scarlatti, Pietro Filippo 114

- *Clitarco* 114
Schiassi, Gaetano Maria 35
- *Demofoonte* 35
Schiebeler, Daniel 306
Schikaneder, Emanuel 324ff.
Schiller, Friedrich 190
Schleuning, Peter 318
Schmierer, Elisabeth 203, 205
Schönemann, Johann Friedrich 305
Schöpfel, Wolfgang Abndreas 320
- *Die Frühlingsnacht* 320
Schulz, Johann Abraham Peter 183
Schürmann, Georg Caspar 39
Schwan 301
Schweitzer, Anton 302f., 321
- *Alceste* 302f., 321
Scribe, Eugène 151, 268
Sedaine, Michel-Jean 91, 182, 237, 262–268, 270, 273–278, 282f., 286, 288, 306, 311f.
- *Aline, reine de Golconde* 237
- *L'anneau perdu et retrouvé* 266
- *Le Déserteur* 91, 277f.
- *Le Diable à quatre* 306
- *Le Philosophe sans le savoir* 276
- *Le Roi et le fermier* 270, 273, 311
- *Les Femmes vengées* 270
- *Rose et Colas* 275
Seedo 305
Ségur, Joseph A. O. Vicomte de 215
Sellitto, Giuseppe 34, 259
- *Il Cinese rimpatriato* 259
Senesino s. Bernardi, Francesco
Sertor, Gaetano 46, 48, 51, 71, 74
- *Idomeneo* 51
- *Nettuno ed Egle* 74
- *Piramo e Tisbe* 51, 72
Sévigné, Mme de 156
Seyler, Abel 321
Shakespeare, William 49, 266f., 274, 282f., 305
Sharp, Samuel 47
Sieyès 214
Silvani, Francesco 38
Slodtz, René-Michel 178
Slovskij 254
Sodi 259
Sografi, Giuseppe 46, 48f., 52, 56
- *Apelle* 49
- *Giovanna d'Arco* 52
- *La morte di Cleopatra* 56
- *Telemaco in Sicilia* 49
Solié, Jean-Pierre 289
- *Le Secret* 289
Soufflot, Jacques Germain 147
Spagnoli, Caterina 30

Namenregister

Spontini, Gasparo 199, 203, 206, 289
- *Vestale* 203

St. Cyr, Révéroni 295

Stampiglia, Silvio 42f., 45, 107
- *Partenope* 43, 107
- *Serse* 45

Standfuß, Johann C. 305

Starzer 259

Steffani, Agostino 38

Steibelt, Daniel Gottlieb 215f.
- *Roméo et Juliette* 215

Steinbrecher, Karoline Elisabeth 302

Stephanie, Gottlieb d.J. 321, 325
- *Die Entführung aus dem Serail* 321

Sterbini, Cesare 136

Strada del Pò, Maria 40f.

Strauss, Richard 327

Strindberg, August 264

Suard, Jean-Baptiste Antoine 192, 196, 201

Swift, Jonathan 305

Tagliazucchi, Giampietro 65, 78
- *Il trionfo d'Amore* 65
- *Le feste galanti* 65

Talma 217

Tartini, Giuseppe 33

Tasso, Torquato 26, 38, 64

Telemann, Georg Philipp 39, 306
- *Pimpinone, oder die ungleiche Heirat* 306

Thierot, Nicolas-Claude 175

Titon de Tillet, Évard 162

Torri, Pietro 38

Tosi, Pier Francesco 39f.

Traëtta, Tommaso 74, 77, 79, 81ff., 86
- *Armida* 82f.
- *Il cavaliere errante* 86
- *Sofonisba* 81

Trapassi, Pietro s. Metastasio, Pietro

Travaglia, Pietro 86

Tréfontaine, Guénot de 179

Tressan, Comte de 232

Trinchera, Pietro 98

Tritto, Giacomo 138
- *Il convitato di pietra* 138

Tschechow, Anton Pawlowitsch 264

Tschudi, Louis Théodore de 206

Tullio, Francesco Antonio 97–102
- *Il gemino amore* 102
- *Il trionfo dell'onore* 98, 102
- *La Cilla* 97, 99ff.

Turcotti, Giustina 34

Usbek 248

Vadé, Jean-Joseph 259, 262, 270
- *Le Trompeur trompé* 259
- *Les Troqueurs* 262, 270

Valadier 217

Vanbrugh, John 38

Varesco, Giambattista 162

Vento, Mattia 81
- *Sofonisba* 81

Veracini, Francesco Maria 44

Verazi, Mattia 45, 47f., 56, 65, 77ff., 81f.
- *Calliroe* 56
- *Cleopatra* 56
- *Enea nel Lazio* 79
- *Europa riconosciuta* 47f., 56
- *Fetonte* 78
- *Ifigenia in Aulide* 79
- *La festa della rosa* 65
- *Pelope* 79
- *Sofonisba* 81
- *Troia distrutta* 56
- *Zemira e Azor* 65

Verdi, Giuseppe 90, 196
- *Otello* 196
- *Un giorno di regno* 90

Vergil 65

Vestri 188

Villati, Leopoldo da 78
- *Fetonte* 78

Vinci, Leonardo 30, 33, 40, 98, 102ff., 110, 187
- *Artaserse* 30
- *Il corteggiano affettato* 110
- *Li zite 'ngalera* 102ff.

Vintimille, Charles 166

Vivaldi, Antonio 37, 39, 86

Vivetières, Marsollier de 296

Vogel, Johann Christoph 209

Voisenon, Abbé de 232, 259

Voltaire, François Marie 9, 49, 78, 149, 151, 175, 182, 185, 214, 216, 228f., 231, 237, 249f., 263, 306
- *La Princesse de Navarre* 228ff.
- *Mahomet* 149
- *Samson* 176, 228f.

Wagner, Richard 47, 288, 325
- *Der fliegende Holländer* 288

Wallerstein, Lothar 327

Watteau, Antoine 222

Weber, Carl Maria von 292, 296

Weiße, Christian Felix 301ff., 305f., 310ff., 315f., 318, 321
- *Der Dorfbalbier* 303
- *Der lustige Schuster* 303
- *Die Jagd* 311
- *Die Liebe auf dem Lande* 307, 310f.
- *Die verwandelten Weiber* 303, 306

Wieland, Christoph Martin 302f., 321
- *Alceste* 303, 321

Wilderer, Johann Hugo von 38

Wilhelm von Hessen 319

Winter, Peter 215
- *Tamerlan* 215

Wolf-Ferrari, Ermanno 130

Wright, Edward 111

Zellbell, Ferdinand 64
- *Il giudizio d'Aminta* 64

Zeno, Apostolo 23, 26, 32f., 42f., 78, 106
- *Lucio Vero* 26

Zingarelli, Niccolò 45, 49
- *Apelle* 49
- *Giulietta e Romeo* 49

Sachregister

Absolutismus 12
Académie royale de musique 11, 37
Accademia dell'Arcadia 23, 37f., 98
Accompagnement 179
Accompagnato 207
Acte de ballet 234
Action pressée 188
Action rapide 186
Affektdarstellung 29f.
Air 164, 166, 171, 174, 181, 195, 199, 223, 225, 230, 239, 257, 260, 285, 296f.
Air dansant 182
Akademie 37
Akrobat 241, 244
Aktionsfinale 262, 316
Alexandriner 158, 184, 200
Antikenrezeption 51
Arie 29, 32f., 46, 164, 182, 184, 189, 191f. 194–198, 201, 270f., 278, 280, 285, 306, 310, 315
– Aria con pertichini 53, 143
– Arie in Sonatenform 294f.
– Arie mit Chor 52
– Ariencharaktere 40
– Ariette 32, 117, 156, 169, 178, 180, 233, 236, 239, 258, 260f., 266, 273–276, 279, 285, 315, 319f.
– Ariette de bravour 269
– Bildnis-Arie 294, 306
– Dreiteilige Arie 212, 216
– Gleichnisarie 19, 53
– Rachearie 20
– Rondo-Arie 138, 165
– Sentenzarie 53
– Sonatenarie 270
– Tanzarie 112
Arioso 40
Aristotelismus 64
Armensteuer 148
Aufführungspraxis 10
Aufklärung 12
Azione comica per musica 91
Azione pastorale 65
Azione sacra 325
Azione teatrale 63, 183, 188

Ballade 308, 313, 315
Bälle 12
Ballad Opera 39, 305
Ballett 169, 244
– Ballet de cour 221
– Ballet figuré 178
– Ballet héroïque 156, 169, 221
Ballett 10f., 47, 51, 65, 71, 77, 79, 82, 179, 182, 325
Ballettopern 44
Barkarole 209
Barock 17
Beffroi 216
Beggar's Opera 39, 302
Belcanto 11, 19
Belle simplicité 190, 199
Berlin 37, 46
Bologna 37f.
Botenbericht 29
Bourree 164
Braunschweig-Wolfenbüttel 37, 39
Bühnenbild 10, 16, 90
Bürgerliches Trauerspiel 91
Buffonistenstreit 161, 171, 184
Burleske 39
»burlesque« 264

Cabaletta 203
Canevas 151
Cantata 63, 72
Cantatille 169
Canzone 19
Canzonetta 29
Capitation 148, 157
Castigar ridendo mores 213
Cavatina 53
Cavatine 174, 203
Chaconne 161, 168, 171, 193, 195, 231
Chanson 169, 215, 240, 275, 279, 281
Chansonette 270
Chant de bénédiction 296
Chant périodique 203
Charakterkomik 225
Chiaroscuro 29
Chœur avec la danse 190
Chœur en action 187
Chor 71, 77, 82f., 162, 164f., 167, 170, 178, 181, 184, 190f., 196ff., 200f., 215, 223, 278, 287f. 306, 309, 315, 319
Choral 192, 205
Coloris 199, 222
Comédie-ballet 156, 179, 230
Comédie-en-vaudeville 239, 269f., 273, 283
Comédie héroïque 85
Comédie larmoyante 138, 264, 301, 318
Comédie lyrique 156, 168, 179, 255
Comédie mêlée d'ariettes 240
Commedia dell'arte 16, 111, 116, 123, 131, 223, 239, 244, 312
Commedia per musica 97–106, 115, 133
Componimenti drammatici 63–74
Concert spirituel 148
Couleur locale 98, 287
Coupe 187, 198
Couplet 158, 168, 269, 276, 282, 319

Da-capo-Arie 32, 40, 90, 126, 156f. 160, 164ff., 180, 191f., 194, 197, 203, 224, 233, 263, 270, 279, 305, 313–316
Da-capo-Anlage, -Form 32, 40, 90, 126, 160, 162f. 180, 194, 204, 207
Da-capo-Duett 197
Da-capo-Monolog 165, 182f.
Dal-segno-Arie 270
Danse en action 234
Danse imitative 184
Dekoration 184
Descente 156, 164
Devisenarie 164f.
Dialog 46f., 163
Divertissement 150, 154f., 158f., 161f., 164, 168f., 171, 173, 176, 178, 180ff., 188, 193, 195, 203, 209, 211, 221, 223, 226, 232f., 236, 258
Doppelchor 168, 195
Doppelte Katastrophe 28
Drame 91, 276
Drame héroïque 193
Drame lyrique 91, 182, 184, 263, 301
Drame-opéra 185
Drame sérieux 91
Dramma eroicomico 84–92
Dramma giocoso per musica 17, 72, 90, 116
Dramma per musica 17, 23ff., 33, 38, 42, 48, 63f., 74, 84
Dramma tragicomico 84
Dresden 10, 37, 46
Druckprivileg 150
Duett 34, 54, 126, 134, 171, 174, 194, 203, 205, 211, 274, 276, 281, 288, 295, 297, 306, 308f., 315f., 320
Duo 187, 194, 278, 285
Duodrama 301, 325
Düsseldorf 37

Encyclopédie 34
Empfindsamer Stil 17

Ensemble 34, 46, 47, 54, 67, 79, 83, 102, 117, 133, 143
Enthüllung 30
Entr'acte 178, 181, 274, 288, 296
Epilog 209
Epochengliederung 17
Erdbeben 162, 166, 184, 208
Eröffnungsarie 133
Exotik 49
Exotismus 226
Exposition 186, 209

Farsa 139
Festa morale 74
Festa musicale 65
Festa teatrale 63ff., 74
Finale 56, 117, 126, 133f., 143, 215f., 236, 259, 278, 280, 288, 292, 295ff.
Finalduett 274
Finalvaudeville 240, 249, 262, 274, 282, 306, 312, 315, 319
Florenz 37f., 46
Forlane 225
Fragment 221
Freimaurer, Freimaurerei 74, 173, 180, 213, 326

Galanter Stil 17
Gattungsmischung 48, 73
Gavotte 172, 231, 236
Gebet 174, 178, 196, 209f.
Gebundene Tänze 156, 182f.
Geistliches Schauspiel 325
Genre historique 208
Genre poissard 253
Gewitter 184, 196, 274
Glocke 216
Gluckisten 184, 186, 190, 207
Gotha 45
Gothic Novel 297
Grand chœur 152
Grand Motet 280

Hamburg 37-39, 42
Handlungsballett 325
Hannover 37
Haute-contre 152, 177f.
Heureuse simplicité 186
Hymne 197, 215, 288f., 296

Imitation de la nature 152
Intermède 262, 301
Intermezzo 106–116, 230
Intermezzo tragico 71
Intrige 26
Introduktion 47, 133f.

Introduzione musicale 65
Invocation 170, 181

Jeu de Paume 147, 242

Kammerkantate 113
Kanon 276, 314f.
Kantate 33
Kastrat 9, 18, 20, 33, 51, 91, 133f., 324
Klarinette 177f.
Klassik 17
Klassik, französische 24, 47, 50
Komische Operette 301
Komödie 28, 90, 131
Komödie mit Musik 325
Komödienreform 16, 117, 122
Konfliktregie 25–27
Kopenhagen 15
Kostüm 10, 16, 327

La belle nature 152
Lamento 180
Le fils naturel 266
Liaison de scènes 29
Libretto 10
Licenza 64, 66
Lied 240, 305, 317
Lieto fine 28, 42, 51, 89, 162, 186, 269, 289
Lissabon 15
London 9, 37–46, 131
Loure 161
Lyrisches Drama 301

Madrid 34
Madrigal 33
Mailand 38, 46, 326
Mannheim 46, 81, 327
Mantel-und-Degen-Komödie 102f.
Marionettes 243
Marche 156, 174, 212
Marsch 164, 171, 182, 209, 286
Masque 305
Mattarella 102
Melodram 297
Melodramma 45
Melodramma serio 90
Melodramma semiserio 85, 92
Menuett 161, 225, 231, 233, 235f., 268
Mehr-Tempo-Arie 270
Merveilleux 152,ff., 180, 184, 186, 208, 233
Mezzo carattere 90, 116f.
Modena 38, 52
Mono-Drama 301

Monolog 158, 160, 162, 164, 166, 174, 176, 195, 203, 205, 207, 211, 216, 233, 242, 264
Monstre 150
München 19, 327

Neapel 16, 18, 23, 33, 38, 42, 46f., 97ff., 108ff., 130f.

Ode 304
Ombra-Arie 207
Ombra-Szene 157, 224
Opéra-ballet 11, 76, 156f., 162, 169, 170
Opera buffa 11, 12, 16, 19f., 64, 84–92, 97–143, 302, 305, 312, 316, 323, 325–327, 331,
Opéra comique 10, 11, 76, 82, 84, 90, 138, 242
Opéra-drame 186
Opera semiseria 46, 84–92, 131, 139
Opera seria 11, 16, 20, 33, 37, 45–57, 63, 65f., 74, 78, 85, 106f., 109, 115, 133, 323–326
Opéra-tragédie 185
Opera tragicomica 84
Operette 301
Opernparodie 75, 113, 125, 253
Opernreform 11, 74–84
Opernsaison 148
Orakel 165f. 189, 197, 209f., 224
Oratorium 38, 42, 45, 63
Orchester 151, 163, 167f., 177, 181
Ossian 49
Ouvertüre 171, 174, 177, 180f., 189f., 194f., 209, 215, 230f., 278, 290, 296f.
Ouverture 210, 285, 291

Palermo 15
Pantomime 47, 51, 81, 182ff., 184, 187f., 192, 200f., 207, 233, 242, 266
Paraden 264
Paris 11, 131
Parlante 198, 280
Parma 76f.
Parodie 173, 231, 235, 239, 246, 253, 256, 268, 289
Parte buffa 90, 116
Parte seria 19, 85, 90, 116f.
Partitions générales 150
Partitions réduites 150
Pas de trois 236
Passacaille 164, 182f.
Pastorale 38, 43, 44, 66, 156, 168, 179, 214, 222, 224
Pastorale héroïque 156
Pasticcio 38ff., 43, 48

SACHREGISTER

Petit chœur 152, 178
Piccinnisten 184, 186
Pièce à la muette 242
Pièce a tiroir 247
Pièce de circonstance 215, 289
Poema eroicomico 85
Polacca 316
Polonaise 295
Prag 17
Preghiera 207
Prélude 158
Prières 186
Privileg 149
Prolog 160, 165f., 168f., 171, 177, 209, 223f., 229, 251, 254
Prosateur en Musique 199
Publikum 12, 16, 75

Quadro 47
Quartett 178, 187, 205, 295, 313, 315
Querelle des bouffons 11, 108, 176, 260
Querelle des Anciens et des Modernes 248
Quintett 319
Quintett-Finale 280

Raccolta copiosa d'intermedj 109
Récitatif accompagné 205
Récitatif chanté, parlé 187
Récitatif obligé 197, 205, 285
Récitatif pathétique 197
Recitativo accompagnato, obbligato 30, 46, 66f., 71, 133
Reform 42, 45, 51, 67
Refrain 158, 161, 163f., 190, 196, 279, 282, 286, 288, 292, 308f., 314, 319
Regisseur 244, 255
Repertoire 9, 11, 15, 327
Répétiteur 255
Repräsentation 12, 15, 16
Revolutionsfest 213, 215f.
Revolutionshymne 214
Rezitativ 29, 82, 163, 168, 171ff., 175ff., 182, 184f.
Ritornell 172, 263
Ritterepos 86
Rollenfächer 116
Rollenhierarchie 104
Rom 11, 18, 23, 33, 37f., 130

Romanze 269, 274f., 279, 287, 290, 315
Ronde 197, 310
Rondeau 158, 164, 236, 276, 304
Rondò 53
Royal Academy of Music 38

Salle des machines 147, 180
Salzburg 326
Sans-culottide dramatique 213
Sarabande 231
Scena ed aria 29
Scene buffe 106, 108, 113
Schauessen 12
Schauspiel mit Gesang 301
Schauspielmusik 325
Schwur 158, 167f., 182f., 207
Sentimentalisierung 90
Septett 274f., 315
Serenata 33, 63
Serenata drammatica 325
Serenata teatrale 325
Sinfonia, Sinfonie 15, 81, 122, 133f., 273, 285
Singspiel 10, 12, 325f., 331
Sommeil 162, 195, 224
Sotteraneo 207
St. Petersburg 15, 46, 131
Stegreiftheater 99, 128, 132
Streichquartett 15
Strophenlied 306
Sturm (siehe auch Tempête) 162, 164ff., 181, 196
Sturm der Bastille 214
Sturmmusik, Sturm-Topos 164, 181, 184, 196, 168
Stuttgart 66, 78f.
Surnaturel 186
Symphonie 171

Tableau 30, 47, 52, 177, 209, 268
Tableau patriotique 213, 215
Tambourin 230, 235
Tanz 170, 182
Tanzchor 211
Tempel 170, 182
Tempelszene 168, 207, 209, 211
Tempête (siehe auch Sturm) 162, 188, 196, 224, 236

Terzett 166, 178, 194f., 268, 274f., 280, 286, 289, 295, 306, 308, 313, 315
Théâtre de l'Ambigu-Comique 214
Théâtre de la Porte Saint Martin 214
Théâtre de Monsieur 152, 216
Théâtre de Montansier 214, 216
Théâtre du Vaudeville 216
Théâtre Feydeau 214f.
Timbre 151, 239f., 254, 257, 268f.
Tragedia 23, 33
Tragédie bourgeoise 318
Tragédie lyrique 11, 38, 49, 51, 71, 75f., 79
Tragédie-opéra 188, 195, 216
Tragicomedia eroico-pastorale 84
Tragicomedia per musica 84
Tragödie 28, 32, 75, 78, 85, 90
Trait historique 213, 216
Traum 194, 196f., 205
Trinklied 316
Trio 187
Trio des parques 171
Turin 16, 46, 90

Ungebundene Tänze 156, 183
Universitätskomödie 325

Vaudeville 169, 214, 239f., 245, 248, 254, 260, 269, 272f., 310, 315, 320
Venedig 9, 11, 15, 19, 37ff., 46, 107ff., 116ff., 130
Versi sciolti 29
Vers libre 204
Vers mêlés 150, 157
Vers régulier 24

»Walzen« 276
Werkidee 18
Weißenfels 37
Wien 23, 33, 37, 46, 82, 88, 131, 324

Zauberoper 86, 132, 324, 326
Zensur 149
Zweiteilige Arie 203, 308f., 313f.
Zwei-Tempo-Arie 178, 191, 207, 231, 263, 309f., 313
Zwei-Tempo-Duett 285

Registererstellung: Hermann Zanier